GRAMMAIRE COMPARÉE

DES

LANGUES INDO-EUROPÉENNES

LIBRAIRIE DE L. HACHETTE ET Cie,

BOULEVARD SAINT-GERMAIN, N° 77.

GRAMMAIRE COMPARÉE

DES

LANGUES INDO-EUROPÉENNES

COMPRENANT

LE SANSCRIT, LE ZEND, L'ARMÉNIEN
LE GREC, LE LATIN, LE LITHUANIEN, L'ANCIEN SLAVE
LE GOTHIQUE ET L'ALLEMAND

PAR M. FRANÇOIS BOPP

TRADUITE

SUR LA DEUXIÈME ÉDITION

ET PRÉCÉDÉE D'UNE INTRODUCTION

PAR M. MICHEL BRÉAL

CHARGÉ DU COURS DE GRAMMAIRE COMPARÉE AU COLLÉGE DE FRANCE

TOME PREMIER

PARIS
IMPRIMERIE IMPÉRIALE

M DCCC LXVI

INTRODUCTION.

I.

En présentant au lecteur français une traduction de la *Grammaire comparée* de M. Bopp, il ne sera pas inutile de donner quelques explications sur la vie et sur les œuvres de l'auteur, sur la part qui lui revient dans le développement de la science du langage et sur les principes qui servent de fondement à ses observations. Mais, avant tout, nous demandons la permission de dire les motifs qui nous ont décidé à entreprendre cette traduction.

Quand la *Grammaire comparée* de M. Bopp parut en Allemagne, elle fut bientôt suivie d'un grand nombre de travaux, qui, prenant les choses au point où l'auteur les avait laissées, continuèrent ses recherches et complétèrent ses découvertes. Un ouvrage dont le plan est à la fois si étendu et si détaillé invitait à l'étude et fournissait pour une quantité de problèmes des points de repère commodes et sûrs : une fois l'impulsion donnée, cette activité ne s'est plus ralentie. Nous osons espérer que le même livre, singulièrement élargi dans sa seconde édition, produira des effets analogues en France, et que nous verrons se former

GRAMMAIRE COMPARÉE

DES

LANGUES INDO-EUROPÉENNES

COMPRENANT

LE SANSCRIT, LE ZEND, L'ARMÉNIEN
LE GREC, LE LATIN, LE LITHUANIEN, L'ANCIEN SLAVE
LE GOTHIQUE ET L'ALLEMAND

PAR M. FRANÇOIS BOPP

TRADUITE

SUR LA DEUXIÈME ÉDITION

ET PRÉCÉDÉE D'UNE INTRODUCTION

PAR M. MICHEL BRÉAL

CHARGÉ DU COURS DE GRAMMAIRE COMPARÉE AU COLLÉGE DE FRANCE

TOME PREMIER

PARIS
IMPRIMERIE IMPÉRIALE

M DCCC LXVI

INTRODUCTION.

I.

En présentant au lecteur français une traduction de la *Grammaire comparée* de M. Bopp, il ne sera pas inutile de donner quelques explications sur la vie et sur les œuvres de l'auteur, sur la part qui lui revient dans le développement de la science du langage et sur les principes qui servent de fondement à ses observations. Mais, avant tout, nous demandons la permission de dire les motifs qui nous ont décidé à entreprendre cette traduction.

Quand la *Grammaire comparée* de M. Bopp parut en Allemagne, elle fut bientôt suivie d'un grand nombre de travaux, qui, prenant les choses au point où l'auteur les avait laissées, continuèrent ses recherches et complétèrent ses découvertes. Un ouvrage dont le plan est à la fois si étendu et si détaillé invitait à l'étude et fournissait pour une quantité de problèmes des points de repère commodes et sûrs : une fois l'impulsion donnée, cette activité ne s'est plus ralentie. Nous osons espérer que le même livre, singulièrement élargi dans sa seconde édition, produira des effets analogues en France, et que nous verrons se former également parmi nous une famille de linguistes qui poursuivra l'œuvre du maître et s'avancera dans les routes qu'il a frayées. Par le nombre d'idiomes qu'elle embrasse, la *Grammaire comparée* ouvre la carrière à des recherches fort diverses, et se trouve comme située à l'entrée des principales voies de la philologie indo-européenne : quelle que soit, parmi les langues de la famille, celle dont on entreprenne l'étude, on est sûr de trouver dans M. Bopp un guide savant et ingénieux qui vous en montre les affinités et vous en découvre les origines. Non-seulement il replace tous les idiomes dans le milieu où ils ont pris naissance et il les fait mieux comprendre en les commentant l'un par l'autre, mais il soumet chacun d'entre eux à une analyse exacte et fine qui commence précisément au point où finissent les grammaires spéciales. Que nos philologues se proposent des recherches comparatives ou qu'ils veuillent approfondir la structure d'un seul idiome, le livre de M. Bopp les conduira jusqu'à la limite des connaissances actuelles et les mettra sur la route des découvertes.

Mais la traduction de cet ouvrage nous a encore paru désirable pour une autre raison. A vrai dire, les travaux de linguistique ne manquent pas en France, et notre goût pour ce genre d'investigation ne doit pas être médiocre, s'il est permis de mesurer la faveur dont jouit une science au nombre des livres qu'elle suscite. Parmi ces travaux, nous en pourrions citer qui sont excellents et qui valent à tous égards les plus savants et les meilleurs de l'étranger. Mais, pour parler ici avec une pleine franchise, la plupart nous semblent loin de révéler cette série continue d'efforts et cette unité de direction qui sont la condition nécessaire du progrès d'une science. On serait tenté de croire que la linguistique n'a pas de règles fixes, lorsque, en parcourant le plus grand nombre de ces ouvrages, on voit chaque auteur poser des principes qui lui sont propres et expliquer la méthode qu'il a inventée. Très-différents par le but qu'ils ont en vue et par l'esprit qui les anime, les livres dont nous parlons offrent entre eux un seul point de ressemblance : c'est qu'ils s'ignorent les uns les autres, je veux dire qu'ils ne se continuent ni ne se répondent; chaque écrivain, prenant la science à son origine, s'en constitue le fondateur et en établit les premières assises. Par une conséquence naturelle, la science, qui change continuellement de terrain, de plan et d'architecte, reste toujours à ses fondations. Ce n'est pas de tel ou tel idiome, encore moins d'un point spécial de philologie que traitent ces ouvrages à vaste portée : leur objet habituel est de rapprocher des familles de langues dont rien jusque-là ne faisait pressentir l'affinité, ou bien de se prononcer sur l'unité ou la pluralité des races du globe, ou de remonter jusqu'à la langue primitive et de décrire les origines de la parole humaine, ou enfin de tracer un de ces projets de langue unique et universelle dont chaque année voit augmenter le nombre. A la vue de tant d'efforts incohérents, le lecteur est tenté de supposer que la linguistique est encore dans son enfance, et il est pris du même scepticisme qu'exprimait saint Augustin, il y a près de quinze siècles, quand il disait, à propos d'ouvrages analogues, que l'explication des mots dépend de la fantaisie de chacun, comme l'interprétation des songes.

La plupart des sciences expérimentales ont traversé une période d'anarchie, et c'est ordinairement au défaut de suite, à l'amour exclusif des questions générales, à l'absence de progrès qu'on reconnaît qu'elles ne sont pas constituées. La grammaire comparée en serait-elle encore là? faut-il croire qu'elle attend son législateur? Pour nous convaincre du contraire, il suffit de jeter les yeux sur ce qui se passe à l'étranger. Tandis que nous multiplions les projets ambitieux que l'instant d'après change en ruines, ailleurs l'édifice se construit peu à peu. Cette terre inconnue, ce continent nouveau dont tant de navigateurs nous parlent en termes vagues, comme s'ils venaient tous d'y débarquer les premiers, d'exacts et patients voyageurs l'explorent en divers sens depuis cinquante ans. Les ouvrages de grammaire comparée se succèdent en Allemagne, en se contrôlant et en se complétant les uns les autres, ainsi que font chez nous les livres de physiologie ou de botanique; les questions générales sont mises à l'écart ou discrètement touchées, comme étant les dernières et non les premières que doive résoudre une science; les observations de détail s'accumulent, conduisant à des lois qui servent à leur tour à des découvertes nouvelles. Comme dans un atelier bien ordonné, chacun a sa place et sa tâche, et l'œuvre, commencée sur vingt points à la fois, s'avance d'autant plus rapidement que la même méthode, employée par tous, devient chaque jour plus pénétrante et plus sûre.

De tous les livres de linguistique, l'ouvrage de M. Bopp est celui où la méthode comparative peut être apprise avec le plus de facilité. Non-seulement l'auteur l'applique avec beaucoup de précision et de délicatesse, mais il en met à nu les procédés et il permet au lecteur de suivre le progrès de ses observations et d'assister à ses découvertes. Avec une bonne foi scientifique plus rare qu'on ne pense, il dit par quelle conjecture il est arrivé à remarquer telle identité, par quel rapprochement il a constaté telle loi; si la suite de ses recherches n'a pas confirmé une de ses hypothèses, il ne fait point difficulté de le dire et de se corriger. L'école des linguistes allemands s'est principalement formée à la lecture des ouvrages de M. Bopp : elle a grandi dans cette salle d'expériences qui lui était sans cesse ouverte et où les pesées et les analyses se faisaient devant ses yeux. Ceux mêmes qui contestent quelques-unes des théories de l'illustre grammairien se regardent comme ses disciples, et sont d'accord pour voir en lui, non-seulement le créateur de la philologie comparative, mais le maître qui l'a enseignée à ses continuateurs et à ses émules.

Tels sont les motifs qui nous ont décidé à traduire l'ouvrage de M. Bopp : nous avons voulu rendre plus accessible un livre qui est à la fois un trésor de connaissances nouvelles et un cours pratique de méthode grammaticale. Il est à peine nécessaire d'ajouter que nous ne songions pas aux seuls linguistes de profession, en entreprenant une traduction qui sans doute ne leur eût pas été nécessaire. Il y a parmi nous un grand nombre d'hommes voués par état et par goût à l'enseignement et à la culture des langues anciennes : ils ne veulent ni ne doivent rester étrangers à des recherches qui touchent de si près à leurs travaux. C'est à eux surtout que, dans notre pensée, nous destinons le présent ouvrage, pour qu'ils apprécient la valeur de cette science nouvelle et pour qu'ils s'en approprient les parties les plus utiles. Si les études historiques ne sont plus aujourd'hui en France ce qu'elles étaient il y a cinquante ans, si les leçons de littérature données dans nos écoles ne ressemblent pas aux leçons littéraires qu'ont reçues nos pères et nos aïeux, pourquoi la grammaire seule resterait-elle au même point qu'au commencement du siècle? De grandes découvertes ont été faites : les idiomes que l'on considérait autrefois isolément, comme s'ils étaient nés tout à coup sous la plume des écrivains classiques de chaque pays, ont été replacés à leur rang dans l'histoire, entourés des dialectes et des langues congénères qui les expliquent, et étudiés dans leur développement et leurs transformations. La grammaire, ainsi comprise, est devenue à la fois plus rationnelle et plus intéressante : il est juste que notre enseignement profite de ces connaissances nouvelles qui, loin de le compliquer et de l'obscurcir, y apporteront l'ordre, la lumière et la vie.

Ce serait, du reste, une erreur de croire que toutes les recherches grammaticales doivent nécessairement embrasser à l'avenir l'immense champ d'étude parcouru par M. Bopp. Il y a plus d'une manière de contribuer aux progrès de la philologie comparative. La méthode qui a servi pour l'ensemble de la famille indo-européenne sera appliquée avec non moins de succès aux diverses subdivisions de chaque groupe. Quelques travaux remarquables peuvent servir de modèle en ce genre. Un des plus solides esprits de l'Allemagne, M. Corssen, en rapprochant le latin de ses frères, l'ombrien et l'osque, et en comparant le latin à lui-même, c'est-à-dire en suivant ses transformations d'âge en âge, a renouvelé en partie l'étude d'une langue sur laquelle il semblait qu'après tant de siècles d'enseignement il ne restât plus rien à dire. La science du langage peut encore être abordée par d'autres côtés. Les recherches d'épigraphie, de critique verbale, de métrique, les études sur le vocabulaire d'un auteur ou d'une période littéraire, sont autant de sources d'information qui doivent fournir à la philologie comparée leur contingent de faits et de renseignements. Aujourd'hui que les grandes lignes de la science ont été marquées, ces travaux de détail viendront à propos pour déterminer et, au besoin, pour rectifier ce qui ne pouvait, dès le début, être tracé d'une façon définitive.

Ce ne sont ni les sujets, ni les moyens de travail qui feront défaut à nos philologues. Mais en cherchant à provoquer leur concours, nous ne songeons pas seulement à l'intérêt et à l'honneur des études françaises. Il faut souhaiter pour la philologie comparée elle-même qu'elle soit bientôt adoptée et cultivée parmi nous. On a dit que la France donnait aux idées le tour qui les achève et l'empreinte qui les fait partout accueillir. Pour que la grammaire comparative prenne la place qui lui est due dans toute éducation libérale, pour qu'elle trouve accès auprès des intelligences éclairées de tous pays, il faut que l'esprit français y applique ces rares et précieuses qualités qui, depuis Henri Estienne jusqu'à Eugène Burnouf, ont été l'accompagnement obligé et la marque distinctive de l'érudition dans notre contrée. La France, en prenant part à

ces études, les répandra dans le monde entier. En même temps, avec ce coup d'œil pratique et avec cet art de classer et de disposer les matières que l'étranger ne nous conteste pas, nous ferons sortir de la grammaire comparée et nous mettrons en pleine lumière les enseignements multiples qu'elle tient en réserve. Une fois que la science du langage aura pris racine parmi nous, aux fruits qu'elle donnera, on reconnaîtra le sol généreux où elle a été transplantée.

II.

L'auteur de la *Grammaire comparée*, M. François Bopp, est né à Mayence, le 14 septembre 1791. Il fit ses classes à Aschaffenbourg, où sa famille, à la suite des événements militaires de cette époque, avait suivi l'Électeur. On remarqua de bonne heure la sagacité de son esprit, ses goûts sérieux et réfléchis, ainsi que sa prédilection pour l'étude des langues : non pas qu'il eût une aptitude particulière à les parler ou à les écrire; mais son intention, en les apprenant, était de pénétrer par cette voie dans une connaissance plus intime de la nature et des lois de l'esprit humain. Après Leibnitz, qui eut sur ce sujet tant de vues profondes et justes[1], Herder avait appris à l'Allemagne à considérer les langues autrement que comme

[1] On trouvera des détails intéressants sur la part que prit Leibnitz au développement de la linguistique, dans le bel ouvrage de M. Max Müller : La science du langage. T. I, leçon quatrième. Le premier volume de cet ouvrage a été traduit en français par MM. Harris et Perrot. La traduction du second volume doit paraître prochainement.

de simples instruments destinés à l'échange des idées : il avait montré qu'elles renferment aussi, pour qui sait les interroger, les témoignages les plus anciens et les plus authentiques sur la façon de penser et de sentir des peuples. Au lycée d'Aschaffenbourg, qui avait, en partie, recueilli les professeurs de l'Université de Mayence, M. Bopp eut pour maître un admirateur de Herder, Charles Windischmann, à la fois médecin, historien et philosophe, dont les nombreux écrits sont presque oubliés aujourd'hui, mais qui joignait à des connaissances étendues un grand enthousiasme pour la science. Les religions et les langues de l'Orient étaient pour Windischmann un objet de vive curiosité : comme les deux Schlegel, comme Creuzer et Gœrres, avec lesquels il était en communauté d'idées, il attendait d'une connaissance plus complète de la Perse et de l'Inde des révélations sur les commencements du genre humain. C'est un trait remarquable de la vie de M. Bopp que celui dont les observations grammaticales devaient porter un si rude coup à l'une des théories fondamentales du symbolisme ait eu pour premiers maîtres et pour premiers patrons les principaux représentants de l'école symbolique. La simplicité un peu nue, l'abstraction un peu sèche de nos encyclopédistes du xviiie siècle avaient suscité par contre-coup les Creuzer et les Windischmann ; mais si M. Bopp a ressenti la généreuse ardeur de cette école, et si la parole de ses maîtres l'a poussé à scruter les mêmes problèmes qui les occupaient, il sut garder, en dépit des premières impressions de sa jeunesse, sur le terrain spécial qu'il choisit, toute la liberté d'esprit de l'observateur. Les doctrines de Heidelberg ne troublèrent point la clarté de son coup d'œil, et sans l'avoir cherché, il contribua plus que personne à dissiper le mystère dont ces intelligences élevées, mais amies du demi-jour, se plaisaient à envelopper les premières productions de la pensée humaine.

Après avoir appris les langues classiques et les principaux idiomes modernes de l'Europe, M. Bopp se tourna vers l'étude des langues orientales. Ce qu'on entendait par ce dernier mot, au commencement du siècle, c'étaient les langues sémitiques, le turc et le persan. On savait toutefois, grâce aux publications de la Société asiatique de Calcutta et aux livres de quelques missionnaires ou voyageurs, qu'il s'était conservé dans l'Inde un idiome sacré dont l'antiquité dépassait, disait-on, l'âge de toutes les langues connues jusqu'alors. On ajoutait que la perfection de cet idiome était égale, sinon supérieure, à celle des langues classiques de l'Europe. Quant à la littérature de l'Inde, elle se composait de chefs-d'œuvre de poésie tels que Sacountalâ, récemment traduite par William Jones, d'immenses épopées remplies de légendes vieilles comme le monde et de trésors de sagesse comme la philosophie du Védanta. Le jeune étudiant prêtait l'oreille à ces renseignements dont le caractère vague était un aiguillon de plus. Il résolut d'aller à Paris pour y étudier les idiomes de l'Orient et particulièrement le sanscrit.

Un ouvrage resté célèbre, qui se perd, après les premiers chapitres, dans un épais brouillard d'hypothèses, mais dont le commencement devait offrir le plus vif intérêt à l'esprit d'un linguiste, ne fut sans doute pas étranger à cette décision. Nous voulons parler du livre de Frédéric

Schlegel « Sur la langue et la sagesse des Indous[1]. » Malgré de nombreuses erreurs, on peut dire que ce travail ouvrait dignement, par l'élévation et la noblesse des sentiments, l'ère des études sanscrites en Europe. Il eut surtout un grand mérite, celui de pressentir l'importance de ces recherches et d'y appeler sans retard l'effort de la critique.

« Puissent seulement les études indiennes, écrivait
« Schlegel à la fin de sa préface, trouver quelques-uns de
« ces disciples et de ces protecteurs, comme l'Italie et
« l'Allemagne en virent, au xve et au xvie siècle, se lever
« subitement un si grand nombre pour les études grecques
« et faire en peu de temps de si grandes choses! La renais-
« sance de la connaissance de l'antiquité transforma et ra-
« jeunit promptement toutes les sciences : on peut ajouter
« qu'elle rajeunit et transforma le monde. Les effets des
« études indiennes, nous osons l'affirmer, ne seraient pas
« aujourd'hui moins grands ni d'une portée moins géné-
« rale, si elles étaient entreprises avec la même énergie et
« introduites dans le cercle des connaissances européennes.
« Et pourquoi ne le seraient-elles pas? Ces temps des Mé-
« dicis, si glorieux pour la science, étaient aussi des temps
« de troubles et de guerres, et précisément pour l'Italie
« ce fut l'époque d'une dissolution partielle. Néanmoins il
« fut donné au zèle d'un petit nombre d'hommes de pro-
« duire tous ces résultats extraordinaires, car leur zèle était
« grand, et il trouva, dans la grandeur proportionnée
« d'établissements publics et dans la noble ambition de

---

[1] Heidelberg, 1808.

« quelques princes, l'appui et la faveur dont une pareille
« étude avait besoin à ses commencements. »

Paris était alors, de l'aveu de tous, le centre des études orientales, grâce à sa magnifique Bibliothèque et à la présence de savants comme Silvestre de Sacy, Chézy, Étienne Quatremère, Abel Rémusat. En ce qui concerne la littérature sanscrite, il s'était formé à Paris, depuis 1803, un petit groupe d'hommes distingués qui recueillait avec une curiosité intelligente les renseignements venant de l'Inde sur une matière si peu connue. Un membre de la Société de Calcutta, Alexandre Hamilton, fut le maître de cette colonie savante : retenu prisonnier de guerre après la rupture de la paix d'Amiens, il employa ses loisirs à passer en revue et à cataloguer la belle et riche collection de manuscrits sanscrits formée pour la Bibliothèque du roi, dans la première moitié du xviiie siècle, par le Père Pons : en même temps, par ses conversations, il introduisait dans la connaissance du monde indien Langlès, le libéral conservateur des manuscrits orientaux, Frédéric Schlegel, Chézy, qui devait plus tard monter dans la première chaire de sanscrit fondée en Europe, et Fauriel, dont la curiosité universelle ne se contentait pas des littératures de l'Occident. Quelques années après, le célèbre critique Auguste-Guillaume Schlegel venait à son tour à Paris préparer ses éditions de l'Hitôpadêça et de la Bhagavad-Gîtâ. Le trait distinctif du plus grand nombre de ces savants était une aptitude à s'assimiler les idées nouvelles qui est rare en tout temps, mais qui l'était surtout à l'époque dont nous parlons.

Toutefois, ce groupe d'hommes, en qui se résumaient alors les études sanscrites de l'Europe, avait ses côtés faibles, ses préférences et ses préventions. N'ayant aucun moyen de contrôler les assertions de l'école de Calcutta, qui écrivait elle-même sous la dictée des brahmanes, il était obligé à une confiance docile ou réduit à des suppositions sans preuve : ainsi que le dit quelque part Chézy, on ressemblait à des voyageurs en pays étranger, contraints de s'en reposer sur la bonne foi des truchemans[1]. Frédéric Schlegel, comme les autres, puisait sa science dans les Mémoires de la Société de Calcutta : il adaptait les faits qu'il y apprenait à une chronologie de son invention et à une philosophie de l'histoire arrangée d'avance. Tout ce qui touchait aux doctrines religieuses, aux œuvres littéraires, à la législation de l'Inde, sollicitait vivement l'attention de ces écrivains et de ces penseurs; mais les travaux purement grammaticaux jouissaient auprès d'eux d'une estime médiocre. On regardait l'étude du sanscrit qui, il faut le dire, était alors rebutante et hérissée de difficultés, comme une initiation pénible, quoique nécessaire, à des spéculations plus relevées. Par la rigueur et la sagesse de son intelligence, plus portée à l'observation qu'aux systèmes, par son indépendance d'esprit, qui ne s'en rapportait à personne et ne se prononçait que sur les faits constatés, par la préférence qui l'entraînait aux recherches grammaticales, le jeune et modeste philologue qui, en 1812, arrivait à Paris, formait un contraste frappant avec ces savants qui représentent, dans l'histoire

[1] Article sur la grammaire de Wilkins, dans le *Moniteur* du 26 mai 1810.

des études sanscrites, l'âge de foi et d'enthousiasme. Le futur auteur de la *Grammaire comparée* devait inaugurer une période nouvelle : il apportait avec lui l'esprit d'analyse scientifique.

M. Bopp passa quatre années à Paris, de 1812 à 1816, s'adonnant, en même temps qu'à l'étude du sanscrit, à celle du persan, de l'arabe et de l'hébreu. Nous trouvons dans son premier ouvrage l'expression de sa reconnaissance envers Silvestre de Sacy, dont il suivit les cours, et envers Langlès qui, outre les collections du Cabinet des manuscrits, mit à sa disposition sa bibliothèque particulière, l'une des plus riches et des mieux composées qu'on pût trouver alors. Plus heureux que ses prédécesseurs, réduits à apprendre les éléments de la langue sanscrite dans des travaux informes, il eut entre les mains les grammaires de Carey[1], de Wilkins[2] et de Forster[3] : le Râmâyana et l'Hitôpadêça de Sérampour, publiés par Carey, furent les premiers textes imprimés qu'il eut à sa disposition. En même temps, il tirait des manuscrits de la Bibliothèque des matériaux pour ses éditions futures. La guerre qui mettait alors aux prises l'Allemagne et la France ne put le distraire de son long et paisible travail : comme un sage de l'Inde transporté à Paris, il était tout entier à ses recherches, et, au milieu de la confusion des événements, il gardait son attention pour les chefs-d'œuvre de la poésie sanscrite et pour la série des faits

---

[1] Sérampour, 1806.

[2] Londres, 1808.

[3] Calcutta, 1810. — La grammaire de Colebrooke, quoique publiée la première, ne fut connue de M. Bopp que plus tard.

si curieux et si nouveaux qui se découvraient à son esprit.

Le premier résultat de son séjour de quatre ans à Paris fut cette publication dont l'Allemagne se prépare à célébrer comme un jour de fête le cinquantième anniversaire. Le livre a pour titre : « Du système de conjugaison de la langue sanscrite, comparé avec celui des langues grecque, latine, persane et germanique[1]. » Cet ouvrage, intéressant à plus d'un titre, mérite bien, en effet, d'être regardé comme faisant époque dans l'histoire de la linguistique. Nous nous y arrêterons quelques moments, pour examiner les nouveautés qu'il renferme.

III.

Ce qui fait l'originalité du premier livre de M. Bopp, ce n'est pas d'avoir présenté le sanscrit comme une langue de même famille que le grec, le latin, le persan et le gothique, ni même d'avoir exactement défini la nature et le degré de parenté qui unit l'idiome asiatique aux langues de l'Europe. C'était là une découverte faite depuis longtemps. L'affinité du sanscrit et de nos langues de l'Occident est si évidente, elle s'étend à un si grand nombre de mots et à tant de formes grammaticales, qu'elle avait frappé les yeux des premiers hommes instruits qui avaient entre-

---

[1] Francfort-sur-le-Mein, 1816. La préface, qui est de Windischmann, est datée du 16 mai 1816. Le 16 mai 1866, une fondation, qui portera le nom de M. Bopp et à laquelle concourent ses disciples et ses admirateurs de tous pays, sera constituée à Berlin pour l'encouragement des travaux de philologie comparative.

pris l'étude de la littérature indienne. L'idée d'une parenté reliant les idiomes de l'Europe à celui de l'Inde ne pouvait guère manquer de se présenter à l'esprit d'un observateur érudit et attentif[1]. On attribue d'ordinaire à William Jones l'honneur d'avoir, le premier, mis en lumière ce fait qui est devenu l'axiome fondamental de la philologie indo-européenne. Mais vingt ans avant Jones et avant l'Institut de Calcutta, le même fait avait déjà été publiquement exposé à Paris. Il y aura bientôt un siècle que l'Académie des inscriptions et belles-lettres a été saisie de la question.

L'abbé Barthélemy s'était adressé, en 1763, à un jésuite français, le P. Cœurdoux, depuis longtemps établi à Pondichéry, pour lui demander une grammaire et un dictionnaire de la langue sanscrite. Il le priait en même temps de lui donner divers renseignements sur l'histoire et la littérature de l'Inde. En répondant en 1767 au savant helléniste, le P. Cœurdoux joignit à sa lettre une sorte de mémoire intitulé : « Question proposée à M. l'abbé « Barthélemy et aux autres membres de l'Académie des « belles-lettres et inscriptions. » Cette question est conçue ainsi : « D'où vient que dans la langue samscroutane il se « trouve un grand nombre de mots qui lui sont communs « avec le latin et le grec, et surtout avec le latin[2] ? » A

---

[1] On sait que les ressemblances de l'allemand et du persan ont été observées de bonne heure; mais on les expliquait par des conjectures aujourd'hui abandonnées. Il est constaté à présent que ces analogies proviennent de la parenté générale qui unit tous les idiomes indo-européens, et que les langues germaniques n'ont pas avec le persan ou avec le zend une affinité plus étroite qu'avec le sanscrit.

[2] Le missionnaire ajoutait ces derniers mots pour prévenir une objection

INTRODUCTION.

l'appui de son assertion, le P. Cœurdoux donnait quatre listes de mots et de formes grammaticales[1]. Il remarque que l'augment syllabique, le duel, l'*a* privatif se trouvent en sanscrit comme en grec. Pour justifier quelques-uns de ses rapprochements, il donne des indications sur la prononciation des lettres indiennes : ainsi *aham* ne ressemble pas, à première vue, à *ego;* mais il faut observer que le *h* sanscrit est une lettre gutturale ayant un son analogue à celui du *g*. Le *c'* de *ćatur* répond au *q* de *quatuor*. Résolvant enfin lui-même la question qu'il posait à l'Académie, il réfute par d'excellentes raisons toutes les explications qu'on pourrait avancer en se fondant sur des relations de commerce ou sur des communications scientifiques, et il conclut à la parenté originaire des Indous, des Grecs et des Latins[2]. Dans une lettre subséquente, il ajoute qu'il a trouvé d'autres identités entre le sanscrit, l'allemand et l'esclavon.

Nul doute que si l'Académie, en 1768, eût possédé un philologue éminent comme Fréret[3], cette communication

---

qu'on ne devait pas manquer de lui opposer, celle d'un emprunt fait aux royaumes grecs fondés dans le voisinage de l'Inde.

[1] Il rapproche, par exemple, *dânam* de *donum*, *dattam* de *datum*, *vîra* de *virtus*, *vidhavâ* de *vidua*, *agni* de *ignis*, *nava* de *novus*, *divas* de *dies*, *madhya* de *medius*, *antara* de *inter*, *janitrî* de *genitrix*. Il met le présent de l'indicatif et le potentiel du verbe *asmi* en regard de εἰμί et de *sim*. Il compare les pronoms personnels et interrogatifs en sanscrit, en grec et en latin. Il rapproche enfin les noms de nombre dans les trois langues.

[2] *Mémoires de l'Académie des Inscriptions et Belles-Lettres*, t. XLIX, p. 647-697.

[3] Voyez, par exemple, aux tomes XVIII et XXI de l'*Histoire de l'Académie des Inscriptions*, l'analyse de deux mémoires de Fréret intitulés : *Vues générales sur l'origine et le mélange des anciennes nations* et *Observations gé-*

ne fût pas restée stérile. Malheureusement l'abbé Barthélemy s'en remit sur Anquetil-Duperron du soin de répondre au missionnaire. Le traducteur du Zend-Avesta poussait jusqu'à la passion le goût des recherches historiques; mais il n'avait aucun penchant pour les spéculations purement grammaticales, et les rapprochements d'idiome à idiome, comme ceux que proposait le P. Cœurdoux, lui inspiraient une invincible défiance. Persuadé que les analogies signalées étaient chimériques ou provenaient du contact des Grecs, il laissa tomber ce sujet de discussion pour entretenir son correspondant des questions qui lui tenaient à cœur. Le peu d'empressement qu'il mit à publier les lettres du missionnaire les empêcha d'avoir sur d'autres l'effet qu'elles n'avaient pas produit sur lui-même. Lues devant l'Académie en 1768, elles ne furent imprimées qu'en 1808, après la mort d'Anquetil-Duperron, à la suite d'un de ses mémoires. Dans l'intervalle, les études sanscrites avaient été constituées et la question soumise par le P. Cœurdoux à l'Académie des Inscriptions posée par d'autres devant le public.

« La langue sanscrite, disait William Jones en 1786 dans
« un de ses discours à la Société de Calcutta[1], quelle que
« soit son antiquité, est d'une structure merveilleuse; plus
« parfaite que la langue grecque, plus abondante que la
« langue latine, d'une culture plus raffinée que l'une et
« l'autre, elle a néanmoins avec toutes les deux une parenté

nérales sur l'origine et sur l'ancienne histoire des premiers habitants de la Grèce. Dans ces mémoires, le pénétrant critique essaye déjà la méthode et pressent quelques-unes des découvertes de la linguistique moderne.

[1] *Recherches asiatiques*, t. I, p. 422.

« si étroite, tant pour les racines verbales que pour les
« formes grammaticales, que cette parenté ne saurait être
« attribuée au hasard. Aucun philologue, après avoir exa-
« miné ces trois idiomes, ne pourra s'empêcher de recon-
« naître qu'ils sont dérivés de quelque source commune,
« qui peut-être n'existe plus. Il y a une raison du même
« genre, quoique peut-être moins évidente, pour supposer
« que le gothique et le celtique, bien que mélangés avec
« un idiome entièrement différent, ont eu la même ori-
« gine que le sanscrit; et l'ancien persan pourrait être
« ajouté à cette famille, si c'était ici le lieu d'élever une
« discussion sur les antiquités de la Perse. »

Sauf la supposition d'un mélange qui aurait eu lieu pour le gothique et pour le celtique, le principe de la parenté des langues indo-européennes est très-bien exprimé dans les paroles de William Jones. Il est intéressant, en outre, de remarquer que, dès le début des études indiennes, le sanscrit est présenté comme la langue sœur et non comme la langue mère des idiomes de l'Europe. Presque en même temps que W. Jones, un missionnaire, Allemand d'origine, qui avait longtemps séjourné dans l'Inde, le Père Paulin de Saint-Barthélemy, publiait à Rome des traités où il démontrait, par des exemples nombreux et généralement bien choisis, l'affinité du sanscrit, du zend, du latin et de l'allemand. La même idée se retrouve enfin dans le livre de Frédéric Schlegel dont nous avons déjà parlé, où elle sert de support à une vaste construction historique.

Mais si l'on avait déjà fait des rapprochements entre

les divers idiomes indo-européens, personne ne s'était encore avisé que ces comparaisons pouvaient fournir les matériaux d'une histoire des langues ainsi mises en parallèle. On donnait bien les preuves de la parenté du sanscrit et des idiomes de l'Europe; mais ce point une fois démontré, on semblait croire que le grammairien était au bout de sa tâche et qu'il devait céder la parole à l'historien et à l'ethnologiste. La pensée du livre de M. Bopp est tout autre : il ne se propose pas de prouver la communauté d'origine du sanscrit et des langues européennes; c'est là le fait qui sert de point de départ et non de conclusion à son travail. Mais il observe les modifications éprouvées par ces langues identiques à leur origine, et il montre l'action des lois qui ont fait prendre à des idiomes sortis du même berceau des formes aussi diverses que le sanscrit, le grec, le latin, le gothique et le persan. A la différence de ses devanciers, M. Bopp ne quitte pas le terrain de la grammaire; mais il nous apprend qu'à côté de l'histoire proprement dite il y a une histoire des langues qui peut être étudiée pour elle-même et qui porte avec elle ses enseignements et sa philosophie. C'est pour avoir eu cette idée féconde, qu'on chercherait vainement dans les livres de ses prédécesseurs, que la philologie comparative a reconnu dans M. Bopp, et non dans William Jones ou dans Frédéric Schlegel, son premier maître et son fondateur.

Par une conséquence naturelle, l'analyse de M. Bopp est bien autrement pénétrante que celle de ses devanciers. Il y a entre le sanscrit et les langues de l'Europe des ressemblances qui se découvrent à première vue et qui frappent tous les yeux; il en est d'autres plus cachées, quoique non moins certaines, qui ont besoin, pour être reconnues, d'une étude plus délicate et d'observations multipliées. Ceux qui voyaient dans l'unité de la famille indo-européenne un fait qu'il appartenait au linguiste de démontrer, mais dont les conséquences devaient se développer ailleurs qu'en grammaire, pouvaient se contenter des analogies évidentes. Mais M. Bopp, pour qui chaque modification faite au type de la langue primitive était comme un événement à part dans l'histoire qu'il composait, devait approfondir les recherches, mettre au jour les analogies secrètes et raviver les traits de ressemblance effacés par le temps. Si ses rapprochements surpassent en clairvoyance et en justesse tout ce qui avait été essayé jusqu'alors, il ne faut donc pas seulement en faire honneur à la pénétration et à la rectitude de son esprit. La supériorité de l'exécution vient chez lui de la supériorité du dessein : la même vue de génie qui lui a montré un but qu'avant lui on ne soupçonnait pas, lui a fait trouver des instruments plus parfaits pour y atteindre.

Le livre de M. Bopp renfermait une autre nouveauté, non moins importante : pour la première fois un ouvrage de grammaire se proposait l'explication des flexions. Ces lettres et ces syllabes qui servent à distinguer les cas et les nombres dans les noms, à marquer les nombres, les personnes, les temps, les voix et les modes dans les verbes, avaient toujours été considérées comme la partie la plus énigmatique des langues. Tous les grammairiens les avaient énumérées : aucun n'avait osé se prononcer sur leur origine [1].

Fort récemment, Frédéric Schlegel, dans son livre « Sur la langue et la sagesse des Indous », avait émis à ce sujet une théorie singulière, que M. Bopp a expressément contestée plusieurs fois [2], et que contredisent les observations de toute sa vie. Il ne sera donc pas inutile d'en dire ici quelques mots. L'hypothèse de Schlegel, qui se rattachait dans sa pensée à un ensemble de vues aujourd'hui discréditées, n'a pas d'ailleurs entièrement disparu. Elle se retrouve, avec toute sorte d'atténuations et de restrictions, dans beaucoup d'excellents esprits qui ne songent pas à en tirer les mêmes conséquences et qui ne se doutent peut-être pas où ils l'ont prise.

Selon Schlegel, les flexions n'ont aucune signification par elles-mêmes et n'ont pas eu d'existence indépendante. Elles ne servent et n'ont jamais servi qu'à modifier les racines, c'est-à-dire la partie vraiment significative de la langue. D'où proviennent ces syllabes, ces lettres additionnelles si précieuses dans le discours? elles sont le produit immédiat et spontané de l'intelligence humaine. En

---

[1] Il faut excepter le seul Adelung, qui, dans son Mithridate (I, p. xxvii et suiv.), propose sur la nature et sur l'origine des flexions des vues pleines de sens et de justesse. Mais il eût été en peine de les démontrer sur le grec ou sur le latin. Même après la publication du premier ouvrage de M. Bopp, Ph. Buttmann, dans son Lexilogus (1818), déclare qu'il est obligé de laisser les flexions en dehors de ses recherches, et Jacob Grimm, en 1822, dans la seconde édition de sa Grammaire allemande (I, p. 835), dit que les signes casuels sont pour lui « un élément mystérieux » dont il renonce à découvrir la provenance.

[2] Voyez surtout *Grammaire comparée*, § 108.

même temps que l'homme a créé des racines pour exprimer ses conceptions, il a inventé des éléments formatifs, des modifications accessoires, pour indiquer les relations que ses idées ont entre elles et pour marquer les nuances dont elles sont susceptibles. Le vocabulaire et la grammaire ont été coulés d'un même jet. Dès sa première apparition, le langage fut aussi complet que la pensée humaine qu'il représente. Une telle création peut nous sembler surprenante et même impossible aujourd'hui. Mais l'homme, à son origine, n'était pas l'être inculte et borné que nous dépeint une philosophie superficielle. Doué d'organes d'une extrême finesse, il était sensible à la signification primordiale des sons, à la valeur naturelle des lettres et des syllabes. Grâce à une sorte de coup d'œil divinateur, il trouvait sans tâtonnement le rapport exact entre le son et l'idée : l'homme d'aujourd'hui, avec ses facultés oblitérées, ne saurait expliquer cette relation entre le signe et la chose signifiée qu'une intuition infaillible faisait apercevoir à nos ancêtres. D'ailleurs, poursuit Schlegel, toutes les races n'ont pas été pourvues au même degré de cette faculté créatrice. Il y a des langues qui se sont formées par la juxtaposition de racines significatives, invariables et inanimées, le chinois, par exemple, ou les langues de l'Amérique, ou encore les langues sémitiques ; ces idiomes sont régis par des lois purement extérieures et mécaniques. Ils ne sont pas incapables, toutefois, d'un certain développement : ainsi l'arabe, en adjoignant, sous la forme d'affixes, des particules à la racine, se rapproche jusqu'à un certain point des langues indo-européennes. Mais ce sont ces dernières seules qui méritent véritablement le nom de langues à flexions; elles sont les seules, continue l'auteur dans son langage figuré, qu'il semble parfois prendre à la lettre, où la racine est un germe vivant, qui croît, s'épanouit et se ramifie comme les produits organiques de la nature. Aussi les langues indo-européennes ont-elles atteint la perfection dès le premier jour, et leur histoire n'est-elle que celle d'une longue et inévitable décadence[1].

Quand on examine de près cette théorie, on voit qu'elle tient de la façon la plus intime au symbolisme de Creuzer. Le professeur de Heidelberg appuyait aussi ses explications sur cette faculté d'intuition dont l'homme était doué à l'origine, et qui lui révélait des rapports mystérieux entre les idées et les signes; il parlait des dieux, des mythes, des emblèmes, dans les mêmes termes que Schlegel des formes grammaticales : tous deux se référaient à une éducation mystérieuse que le genre humain, ou du moins une portion privilégiée de la famille humaine, aurait reçue dans son enfance. Aux assertions de Creuzer, Schlegel apportait le secours de sa connaissance récente de l'Inde. Après les études qui venaient de le conduire jusqu'au berceau de la race, le doute, assurait-il, n'était plus possible : la perfection de l'idiome, non moins que la majesté de la poésie et la grandeur des systèmes philosophiques, attestait que les ancêtres des Indous avaient été éclairés d'une « sagesse » particulière[2].

A ces idées qui ne manquaient pas d'une certaine apparence de profondeur, M. Bopp se contenta d'opposer

---

[1] Ouvrage cité, p. 44 et suiv.
[2] De là le titre de l'ouvrage de Schlegel.

quelques faits aussi simples qu'incontestables. Il avait choisi pour sujet de son premier travail la conjugaison du verbe, c'est-à-dire l'une des parties de la grammaire où l'on peut le plus clairement découvrir la vraie nature des flexions. Il montra d'abord que les désinences personnelles des verbes sont des pronoms personnels ajoutés à la racine verbale. « Si la langue, dit-il, a employé, avec le génie pré-
« voyant qui lui est propre, des signes simples pour re-
« présenter les idées simples des personnes, et si nous
« voyons que les mêmes notions sont représentées de la
« même manière dans les verbes et dans les pronoms, il
« s'ensuit que la lettre avait à l'origine une signification
« et qu'elle y est restée fidèle. S'il y a eu autrefois une
« raison pour que *mâm* signifiât « moi » et pour que *tam*
« signifiât « lui », c'est sans aucun doute la même raison
« qui fait que *bhavá-mi* signifie « je suis » et que *bhava-ti*
« signifie « il est ». Du moment que la langue marquait
« les personnes dans le verbe en joignant extérieurement
« des lettres à la racine, elle n'en pouvait légitimement
« choisir d'autres que celles qui, depuis l'origine du lan-
« gage, représentaient l'idée de ces personnes[1]. »

Il fait voir de même que la lettre *s*, qui, en sanscrit comme en grec, figure à l'aoriste et au futur des verbes, provient de l'adjonction du verbe auxiliaire *as* « être » à la racine verbale : μαχ-έσ-ο-μαι, ὀλ-έσ-ω renferment la même syllabe εσ qui se trouve dans ἐσ-μέν, ἐσ-τί[2]. Les futurs et les imparfaits latins comme *ama-bam*, *ama-bo*, contiennent également un auxiliaire, le même qui se trouve

---

[1] Système de conjugaison de la langue sanscrite, p. 147.
[2] Ouvrage cité, p. 66. Cf. la *Grammaire comparée*, § 648 et suiv.

dans le futur anglo-saxon en *beo, bys, byth;* c'est la racine *bhû* « être », qui, à l'état indépendant, a donné au latin le parfait *fui* et à l'allemand le présent *ich bin, du bist*[1].

Par ces exemples et par beaucoup d'autres du même genre, il montre que les flexions sont d'anciennes racines qui ont eu leur valeur propre et leur existence individuelle, et qu'en se combinant avec la racine verbale elles ont produit le mécanisme de la conjugaison. On ne saurait priser trop haut l'importance de ces observations. La théorie de Schlegel ouvrait une porte au mysticisme; elle contenait des conséquences qui n'intéressaient pas moins l'histoire que la grammaire, car elle tendait à prouver que l'homme, à son origine, avait des facultés autres qu'aujourd'hui, et qu'il a produit des œuvres qui échappent à l'analyse scientifique. C'est un des grands mérites de M. Bopp d'avoir combattu cette hypothèse toutes les fois qu'il l'a rencontrée et d'avoir accumulé preuve sur preuve pour l'écarter des études grammaticales.

La troisième et dernière nouveauté que nous voulons relever dans l'ouvrage qui nous occupe, c'est l'indépendance que, dès ses premiers pas, M. Bopp revendique pour la philologie comparative, en regard des grammaires particulières qui donnent les règles de chaque langue. Avant lui, on s'en était tenu, pour l'explication des formes sanscrites, aux anciens grammairiens de l'Inde. Colebrooke résume Pânini; Carey et Wilkins transportent dans leurs livres les procédés grammaticaux qui sont en usage

---

[1] P. 96. Cf. la *Grammaire comparée*, § 526.

dans les écoles des brahmanes. On concevait à peine l'idée d'une autre méthode : l'opinion générale était qu'il fallait s'en rapporter à des maîtres qui joignaient une si prodigieuse faculté d'analyse à l'avantage d'enseigner leur langue maternelle. M. Bopp n'est pas l'élève des Grecs et des Romains; mais il n'est pas davantage le disciple des Indous. « Si les Indous, dit-il[1], ont méconnu quelquefois « l'origine et la raison de leurs formes grammaticales, ils « ressemblent en cela aux Grecs, aux Romains et aux mo- « dernes, qui se sont fait souvent une idée très-fausse de « la nature et de la signification des parties du discours les « plus importantes, et qui mainte fois ont plutôt senti que « compris l'essence et le génie de leur langue. Les uns « comme les autres ont pris pour sujet de leurs observa- « tions leur idiome déjà achevé ou plutôt déjà parvenu au « delà du moment de la perfection et arrivé à son déclin; « il ne faut pas s'étonner s'il a été souvent pour eux une « énigme et si le disciple a mal compris son maître. Il est « certain que chez les Indous les méprises sont plus rares, « parce que dans leur idiome les formes se sont conservées « d'une façon plus égale et plus complète; mais il n'en est « pas moins vrai que, pour arriver à une étude scientifique « des langues, il faut une comparaison approfondie et phi- « losophique de tous les idiomes d'une même famille, nés « d'une même mère, et qu'il faut même avoir égard à « d'autres idiomes de famille différente. En ce qui concerne « la langue sanscrite, nous ne pouvons pas nous en tenir « aux résultats de la grammaire des indigènes; il faut pé- « nétrer plus avant, si nous voulons saisir l'esprit des

[1] Ouvrage cité, p. 56.

« langues que nous nous contentons d'apprendre machi-
« nalement dans notre enfance. »

Si l'on se reporte à l'époque où ces lignes ont été écrites, elles paraîtront d'une grande hardiesse : elles étaient l'annonce d'une méthode nouvelle. M. Bopp prend dans chaque grammaire toutes les observations dont il reconnaît la justesse, de même qu'il emprunte tantôt à l'école grecque et tantôt à l'école indienne les termes techniques qui lui paraissent nécessaires et commodes. Mais, ainsi qu'il le dit, il ne reconnaît d'autre maître que la langue elle-même, et il contrôle les doctrines des grammairiens au nom du principe supérieur de la critique historique.

Après avoir indiqué les idées essentielles du livre de M. Bopp, il resterait à citer quelques-uns des faits qu'il renferme, pour montrer à quels résultats la méthode comparative conduisait dès le premier jour. Il n'y avait pas longtemps que l'école hollandaise, représentée par Hemsterhuys, Valckenaer, Lennep et Scheide, avait essayé de renouveler l'étude de la langue grecque en y appliquant les procédés de la grammaire sémitique et en divisant les racines grecques en racines bilitères, trilitères et quadrilitères. On ne doit pas s'étonner si une pareille tentative ne produisit que des erreurs : ainsi στάω (considéré à tort comme le primitif de ἵστημι) est ramené par Lennep à une racine τάω, τέρπω à τέρω, ἕρπω à ἐρέω. M. Bopp ne devait pas avoir de peine à prouver, par la comparaison des verbes sanscrits *sthâ*, *trĭp*, *srĭp*[1],

---

[1] Plus tard, M. Bopp devait montrer que *trĭp*, *srĭp* supposent d'anciennes formes *tarp*, *sarp*. (Voyez *Grammaire comparée*, § 1.)

combien ces éliminations de lettres étaient arbitraires. Mais ce qui, chez les savants que nous venons de nommer, doit surprendre plus que toutes les erreurs de détail, c'est l'idée qu'ils se faisaient encore des racines, car non-seulement ils comptent l'ω du présent de l'indicatif parmi les lettres radicales, et ils voient, par exemple, dans λέγω une racine quadrilitère, mais ils font servir les désinences grammaticales à l'explication des dérivés : ainsi ἀφή est rapporté à un prétendu parfait ἦφα, ἅμμα à ἧμμαι, λέξις à λέλεξαι, πατήρ à πέπαται. Pour la première fois, dans le livre de M. Bopp, on voit figurer de vraies racines grecques et latines; pour la première fois, les éléments constitutifs des mots sont exactement séparés. Appliquant aux verbes grecs la division en dix classes établie par la grammaire de l'Inde, il reconnaît dans δίδωμι, ἵστημι les racines δο et στα, redoublées de la même façon que dans *dadámi*, *tishthámi*; il montre que les formes comme ῥήγνυμεν, δείκνυμεν, δαίνυμεν doivent être décomposées ainsi : ῥήγ-νυ-μεν, δείκ-νυ-μεν, δαί-νυ-μεν, et que ces verbes correspondent aux verbes sanscrits de la cinquième classe, tels que *su-nu-mas*; il rapproche, comme exemple d'un verbe de la huitième classe, le grec τάν-υ-μεν du sanscrit *tan-u-mas*; il montre enfin que le ν est une lettre formative dans les verbes comme κρίνω, κλίνω, τέμνω, dont les racines sont κρι, κλι, τεμ[1].

Frédéric Schlegel avait déjà reconnu l'identité des infinitifs sanscrits en *tum*, comme *sthátum*, *dátum*, avec les supins latins comme *statum*, *datum*. Mais M. Bopp, allant

---

[1] Cf. *Grammaire comparée*, § 109ᵉ et suiv.

plus loin dans cette voie, explique ces mots comme des accusatifs de substantifs abstraits formés à l'aide du suffixe *tu*. Il en rapproche les gérondifs sanscrits comme *sthitvâ*, dans lesquels il reconnaît l'instrumental d'un nom verbal formé de la même façon. On peut voir dans la Bibliothèque indienne d'Auguste-Guillaume Schlegel [1] l'étonnement que lui causait une analyse aussi hardie : il devait arriver souvent à M. Bopp de soulever des réclamations dans les camps les plus divers. Ceux qui avaient appris le grec et le latin à l'école de l'antiquité, ceux qui avaient étudié le sanscrit dans les livres de l'Inde, comme ceux qui expliquaient les langues germaniques sans sortir de ce groupe d'idiomes, devaient à tour de rôle être déconcertés par la nouvelle méthode. Au point de vue élevé où il se plaçait, les règles des grammaires particulières devenaient insuffisantes et les faits changeaient d'aspect en étant rapprochés de faits de même espèce qui les complétaient et les rectifiaient.

IV.

Le livre de M. Bopp parut en 1816, à Francfort-sur-le-Mein, précédé d'une préface de Windischmann et suivi de la traduction en vers de quelques fragments des deux épopées indiennes [2]. Le roi de Bavière, à qui Windisch-

---

[1] T. I, p. 125.

[2] Dès l'année 1819, quelques-unes des idées exposées par M. Bopp étaient reproduites en tête d'un livre qui est encore entre les mains de tous nos lycéens. Nous voulons parler de la *Méthode pour étudier la langue grecque* de J. L. Burnouf (voir l'*Avertissement de la sixième édition*). Le savant univer-

mann lut un de ces morceaux, accorda au traducteur un secours pécuniaire qui lui permit d'aller continuer ses études à Londres. M. Bopp y connut Wilkins et Colebrooke; mais il fut surtout en rapport avec Guillaume de Humboldt, alors ambassadeur de Prusse à la cour d'Angleterre. Il eut l'honneur d'initier à la connaissance du sanscrit le célèbre diplomate, depuis longtemps renommé comme philosophe, et qui venait de se montrer linguiste savant dans ses travaux sur le basque. L'esprit lucide et net du jeune professeur servit peut-être jusqu'à un certain point de correctif à cette large et puissante intelligence, qui arrivait quelquefois à l'obscurité, en recherchant, comme elle excellait à le faire, dans les lois de la pensée, la cause des phénomènes les plus délicats du langage[1].

En 1820, M. Bopp fit paraître en anglais, dans les Annales de littérature orientale, un travail qui reprend avec plus d'ampleur et de développement le sujet traité dans son premier ouvrage[2]. L'auteur ne se borne plus,

---

sitaire, qui s'était fait l'auditeur du cours de Chézy, avait vu le parti qu'on devait tirer de la langue de l'Inde pour éclairer la grammaire grecque. Il a indiqué avec plus de détail ses vues sur ce sujet, dans un articl séré, en 1823, dans le *Journal asiatique* (t. III). Ce n'est pas ici le lieu d'examiner pourquoi ces commencements n'ont pas été suivis, en France, d'un effet plus prompt et plus général.

[1] Comme modèles de cette analyse philosophique où Guillaume de Humboldt est incomparable, on peut citer les écrits suivants : De l'écriture phonétique et de son rapport avec la structure des idiomes (1826); Du duel (1828); De la parenté des adverbes de lieu avec les pronoms dans certaines langues (1830).

[2] Ce travail a été traduit en allemand par le docteur Pacht, dans le recueil de Gottfried Seebode : Nouvelles archives de philologie et de pédagogie. 1827.

cette fois, à l'étude du verbe : il esquisse déjà sa *Grammaire comparée*. Quelques lois phoniques sont indiquées; il présente pour la première fois la comparaison si intéressante entre les racines sémitiques et les racines indo-européennes, qu'il devait développer plus tard dans le premier de ses Mémoires lus à l'Académie de Berlin, et qu'il a peut-être trop condensée dans un des paragraphes de sa *Grammaire comparée;* il donne déjà de l'augment, qu'il identifie avec l'*a* privatif, l'explication qu'il reproduira dans son grand ouvrage [1].

Revenu en Allemagne, M. Bopp fut proposé par le gouvernement bavarois comme professeur à l'université de Würzbourg; mais l'université refusa de créer une chaire nouvelle pour des études qu'elle jugeait peu utiles. Il passa alors un hiver à Göttingue, où il fut en relation avec Otfried Müller. En 1821, sur la recommandation de Guillaume de Humboldt, devenu ministre, il fut appelé comme professeur des langues orientales à l'université de Berlin. Il se partagea dès lors entre son enseignement et ses écrits, qui se sont succédé sans interruption jusqu'à ce jour.

De 1824 à 1833, il inséra dans le Recueil de l'Académie de Berlin six mémoires, moins remarquables par leur étendue que par leur importance; ils contiennent en germe sa *Grammaire comparée*. Nous ne voulons pas les analyser ici [2]. Mais il est intéressant d'observer comment

---

[1] *Grammaire comparée*, § 537-541.

[2] Ils ont pour titre collectif : Analyse comparative du sanscrit et des langues congénères. En voici la liste :

1824. Des racines et des pronoms de la 1re et de la 2e personne. (Voir la recension d'Eugène Burnouf dans le *Journal asiatique*, t. VI.)

peu à peu, à mesure que des sujets d'information nouveaux se présentent devant lui, l'auteur élargit le cercle de ses recherches.

Aux langues qui lui avaient servi pour ses premières comparaisons, il ajoute d'abord le slave [1], ensuite le lithuanien [2]. Ce fut pour lui un surcroît de richesse et une mine pleine d'agréables surprises, car ces langues, très-riches en formes grammaticales, se sont mieux conservées, à quelques égards, que le reste de la famille. Se référant à ces points de rencontre, M. Bopp regarde les peuples letto-slaves comme les derniers venus en Europe, et il admet qu'une parenté plus intime relie leurs idiomes au zend et au sanscrit. Nous devons dire qu'il a été contredit sur ce sujet par un philologue particulièrement versé dans l'étude du slave et du lithuanien. M. Schleicher conteste le lien spécial de parenté qu'on voudrait établir entre les deux langues asiatiques et les langues letto-slaves, et c'est de la famille germanique qu'il rapproche ces derniers idiomes.

La découverte du zend ouvrit une autre carrière, à l'activité de M. Bopp. Ce fut, comme il le dit, un des

---

1825. Du pronom réfléchi.
1826. Du pronom démonstratif et de l'origine des signes casuels.
1829. De quelques thèmes démonstratifs et de leur rapport avec diverses prépositions et conjonctions.
1831. De l'influence des pronoms sur la formation des mots.
1833. Des noms de nombre en sanscrit, en grec, en latin, en lithuanien et en ancien slave. — Des noms de nombre en zend.
(Tous ces mémoires ont paru en brochures à part.)

[1] Grâce aux travaux de Dobrowsky, de Kopitar, de Schaffarik.
[2] Avec l'aide des grammaires de Ruhig et de Mielcke.

triomphes de la science nouvelle, car le zend, dont le sens était perdu, fut déchiffré en partie par une application de la méthode comparative. Jusque-là, M. Bopp s'était servi du persan moderne pour ses rapprochements; mais le persan, qui est au zend ce que le français est au latin, ne présente qu'anomalies et obscurités sans le secours de l'idiome dont il est sorti. Il est vrai que Paulin de Saint-Barthélemy, faisant preuve d'un véritable sens philologique, avait déjà reconnu, à travers la transcription défectueuse d'Anquetil-Duperron, un certain nombre de mots communs au zend, au sanscrit, à l'allemand et aux langues classiques. Mais les doutes injustes qui pesaient sur l'authenticité de la langue de l'Avesta empêchèrent d'abord M. Bopp d'entrer dans la même voie. Ce fut Rask qui, le premier, par des raisons toutes grammaticales, leva les scrupules. Eugène Burnouf commença bientôt après le déchiffrement qui fut un de ses plus grands titres de gloire. En faisant lithographier un manuscrit du Vendidad-Sadé, il permit à M. Bopp de prendre sa part d'un travail qui s'accommodait si bien au tour de son esprit. Il s'engagea entre les deux savants une lutte courtoise de pénétration et de savoir : l'estime qu'ils faisaient l'un de l'autre est marquée dans les comptes rendus qu'ils ont réciproquement donnés de leurs découvertes[1].

Nous arrivons à un travail qui marque une direction nouvelle dans les recherches de M. Bopp. Dans ses premiers ouvrages, il s'était surtout occupé de l'analyse des

---

[1] *Annales de critique scientifique*, 1831. — *Journal des Savants*, 1833.

formes grammaticales. Il fut conduit sur un autre terrain, non moins fécond en enseignements, par la Grammaire allemande de Grimm. Si M. Bopp a frayé la route en tout ce qui touche à l'explication des flexions, Jacob Grimm est le vrai créateur des études relatives aux modifications des sons. Cette histoire des voyelles et des consonnes, qui ne peut sembler inutile ou aride qu'à ceux qui sont toujours restés étrangers à l'examen méthodique des langues, venait de trouver dans l'illustre germaniste le plus délicat et le plus séduisant des narrateurs. Il avait montré, par la loi de substitution des consonnes allemandes, combien est important le rôle des lois phoniques dans la formation et dans la métamorphose des idiomes [1]. Allant plus loin encore, il avait analysé la partie la plus subtile du langage, savoir les voyelles, et ramené à des séries uniformes, qu'il compare lui-même à l'échelle des couleurs, les variations dont chaque voyelle allemande est susceptible. Mais ici il se trouva, sur un point capital, en désaccord avec M. Bopp. Ce n'est pas le lieu d'exposer la théorie de Grimm sur l'apophonie (*ablaut*) [2] : il nous suffira de dire que, non content d'attribuer à ces modifications de la voyelle une valeur significative, il y voyait une manifestation immédiate et inexplicable de la faculté du langage. M. Bopp combattit cette hypothèse comme il avait combattu la théorie de Frédéric Schlegel sur l'origine des flexions. Il s'attacha à montrer, par la comparaison des autres idiomes indo-européens, que l'apophonie, telle qu'elle existe dans

---

[1] Cf. *Grammaire comparée*, § 87, 1.

[2] Il s'agit de ce changement de voyelle qu'on observe dans les verbes comme *ich singe, ich sang, gesungen; I sing, I sang, sung.*

les langues germaniques, n'a rien de primitif, que les modifications de la voyelle n'entraînaient, à l'origine, aucun changement dans le sens, et que ces variations du son étaient dues à des lois d'équilibre et à l'influence de l'accent tonique[1]. Une fois attiré vers ce nouveau genre de recherches, M. Bopp continua ses découvertes; il fit connaître l'origine des voyelles indiennes *ri* et *li*, montra la présence du gouna et du vriddhi dans les langues de l'Europe, distingua dans la conjugaison les désinences *pesantes* et *légères*, dans la déclinaison les *cas forts* et les *cas faibles*, et établit ces lois qu'il a ingénieusement appelées lois de gravité des voyelles.

Après vingt ans de travaux préparatoires, le moment parut enfin venu à M. Bopp d'élever le monument auquel son nom restera désormais attaché. Il commença en 1833 la publication de sa *Grammaire comparée*[2]. L'impression produite par cet ouvrage fut grande : tous les esprits sérieux furent frappés du développement des recherches, de la simplicité des vues principales, de la nouveauté et de

---

[1] M. Bopp n'a pas donné dans sa *Grammaire comparée* une exposition d'ensemble sur ce sujet. Il explique les diverses variétés de l'apophonie à mesure qu'elles se présentent. Voir les §§ 7 et suiv., 26 et suiv., 489 et suiv., 506, 589 et suiv., 602 et suiv. La polémique contre Grimm se trouve dans deux articles insérés, en 1827, dans les Annales de critique scientifique. Ils sont reproduits dans le volume intitulé Vocalisme (Berlin, 1836), où ils sont suivis d'un autre article publié, en 1835, dans le même recueil, sur le Dictionnaire de Graff.

[2] Grammaire comparée du sanscrit, du zend, du latin, du lithuanien, du gothique et de l'allemand, in-4°. L'ouvrage parut en six livraisons, de 1833 à 1849.

l'importance des résultats. Eugène Burnouf, qui rendit compte du premier fascicule dans le *Journal des Savants*, dit que ce livre resterait, « sous la forme que lui avait donnée l'auteur, comme l'ouvrage qui renferme la solution la plus complète du problème que soulève l'étude comparée des nombreux idiomes appartenant à la famille indo-germanique[1]. » Une traduction anglaise, due à M. Eastwick, parut sous les auspices de l'illustre Wilson[2].

Les ouvrages de linguistique qui commencèrent dans le même temps à se multiplier en Allemagne, firent encore ressortir l'importance du livre de M. Bopp, qu'ils complétaient ou qu'ils continuaient par certains côtés. Il faut au moins nommer ici M. Pott[3], le savant étymologiste, et M. Benfey[4], qui poussa de front les études de grammaire comparée et les études sanscrites. Pendant que se publiait la *Grammaire comparée*, paraissait aussi le grand ouvrage où Guillaume de Humboldt montrait, avec une finesse et une profondeur singulières, quels enseignements on pouvait tirer, pour l'analyse de l'esprit humain, de l'examen historique et comparatif des langues[5]. Le mouvement phi-

---

[1] *Journal des Savants*, 1833, p. 413.

[2] Londres. 3 volumes, 1845-53. Cette traduction est arrivée à sa troisième édition.

[3] La première édition des Recherches étymologiques de M. Pott est de 1833. La seconde édition, encore inachevée (1859-61), a subi un remaniement complet, qui en a fait un livre nouveau.

[4] Les principaux ouvrages de M. Benfey sont le Lexique des racines grecques (1839), l'édition du Sâma-véda (1848), la Grammaire sanscrite (1852), l'édition du Pantchatantra (1859). Depuis 1862, M. Benfey dirige une revue de philologie, intitulée : Orient et Occident.

[5] De la langue kawie, 1836-39, 3 volumes in-4°. — L'introduction

lologique, qui depuis ne s'est plus ralenti, se manifestait avec éclat : parmi cette variété de travaux, le livre de M. Bopp était comme l'ouvrage central, auquel la plupart de ces écrits se référaient ou qu'ils supposaient implicitement. Essayons donc de nous en rendre compte et de dégager, à travers la multiplicité des faits et des observations de détail, les principes qui y sont contenus.

V.

La vue fondamentale de la philologie comparative, c'est que les langues ont un développement continu dont il faut renouer la chaîne pour comprendre les faits qu'on rencontre à un moment donné de leur histoire. L'erreur de l'ancienne méthode grammaticale est de croire qu'un idiome forme un tout achevé en soi, qui s'explique de lui-même. Cette hypothèse, qui est sous-entendue dans les spéculations des Indous aussi bien que dans celles des Grecs et des Romains, a faussé la grammaire depuis son origine jusqu'à nos jours. Mais s'il est vrai que nos langues modernes sont un héritage que nous tenons de nos ancêtres, si, pour nous rendre compte, en français ou en italien, du mot le plus usuel et de la forme la plus simple, il faut remonter jusqu'au latin, si le grec d'aujourd'hui est incompréhensible sans la lumière du grec ancien, le même principe conserve toute sa force pour les idiomes de l'antiquité, et la structure du grec et du latin restera pour nous une énigme aussi longtemps que nous voudrons l'expliquer

forme une œuvre à part : De la différence de structure des langues et de son influence sur le développement intellectuel du genre humain

par les seules informations qu'ils nous fournissent. Comment comprendrons-nous pourquoi l'italien *dirigere* fait au participe *diretto*, ou pourquoi le français *venir* fait au présent singulier *je viens* et au pluriel *nous venons*, sans le secours de la conjugaison latine et sans la connaissance des lois phoniques qui ont présidé à la décomposition du latin ? Mais sommes-nous plus en état de dire sans sortir du grec pourquoi βάλλω fait à l'aoriste ἔϐαλον, ou pourquoi εἰμί fait ἦν à l'imparfait ? Il serait impossible, sans l'aide de la langue mère, d'indiquer d'une façon satisfaisante le lien de parenté qui unit le substantif français *jour* à la syllabe *di* renfermée dans *lundi, mardi*; mais l'affinité du grec Ζεύς avec son génitif Διός est-elle plus apparente ? Le grec et le latin, pas plus que le français ou l'italien, ne sauraient rendre compte des formes grammaticales qu'ils emploient, et, dans le plus grand nombre des cas, ils ne donnent pas la clef de leur vocabulaire. Ce serait une étrange illusion de croire qu'un idiome entre dans l'existence en même temps qu'un certain groupe d'hommes commence à former un peuple à part. Quand Romulus assembla ses bergers sur le mont Aventin, les mots, l'organisme grammatical qui devaient composer le langage de ses descendants, étaient créés depuis des siècles. Pour découvrir les origines d'une langue, il ne suffit donc pas d'interroger les documents qui nous l'ont conservée, quelque anciens qu'ils puissent être. La question première, celle de la formation, resterait impénétrable, si la philologie comparative ne fournissait d'autres moyens d'investigation et d'analyse.

La grande expérience tentée par M. Bopp a prouvé

qu'en réunissant en un faisceau tous les idiomes de mêm[e] famille, on peut les compléter l'un par l'autre et expliqu[er] la plupart des faits que les grammaires spéciales enregi[s]trent sans les comprendre. Il est inutile de donner ici d[es] exemples : le livre de M. Bopp en est rempli de la pr[e]mière à la dernière page. Il nous montre, à travers la d[i]versité apparente de tant d'idiomes, le développeme[nt] d'un vocabulaire et d'une grammaire uniques. Ce n'e[st] pas que chaque langue ne porte en soi un principe de r[é]novation qui lui permet de modifier le type héréditaire [et] de substituer en quelque sorte des organes nouveaux a[ux] mots usés et aux formes grammaticales hors de servic[e]. Mais si les langues ont été justement comparées à d[es] monuments dont on renouvelle constamment les parti[es] vieillies, il faut ajouter que les matériaux qui servent [à] réparer les brèches sont tirés de l'édifice lui-même. L[e] verbe français a perdu les formes personnelles du pass[é], mais il les remplace à l'aide d'un verbe auxiliaire et d'[un] participe qui sont aussi anciens que le reste de la lang[ue] française. De même, en latin, le passif n'a plus de secon[de] personne du pluriel; mais la forme en *mini* qui en tie[nt] lieu (*amamini, monemini*) est un participe moyen dont l[es] formes grecques, comme φιλούμενοι, τιμώμενοι, atteste[nt] l'antiquité[1].

Chaque mot, chaque flexion nous ramène par u[ne] filiation directe jusqu'aux temps les plus reculés de

poser le langage. Elle constate que les idiomes indo-européens se réduisent, en dernière analyse, à deux sortes de racines : les unes, appelées racines verbales, qui expriment une action ou une manière d'être; les autres, nommées racines pronominales, qui désignent les personnes, non d'une façon abstraite, mais avec l'idée accessoire de situation dans l'espace. C'est par la combinaison des six ou sept cents racines verbales avec un petit nombre de racines pronominales que s'est formé ce mécanisme merveilleux, qui frappe d'admiration celui qui l'examine pour la première fois, comme il confond d'étonnement celui qui en mesure la portée indéfinie après en avoir scruté les modestes commencements. L'instinct humain, avec les moyens les plus simples, a créé un instrument qui suffit depuis des siècles à tous les besoins de la pensée. La *Grammaire comparée* de M. Bopp est l'histoire de la mise en œuvre des éléments primitifs qui ont servi à former la plus riche comme la plus parfaite des familles de langues.

Cependant le livre de M. Bopp n'est pas resté à l'abri de la critique. Nous avons essayé d'en exposer l'idée mère et d'en faire voir les mérites : nous croyons qu'il est aussi de notre devoir d'indiquer les principaux reproches qu'on a pu adresser à l'auteur [1].

Une lacune qui a été signalée quelquefois, c'est l'absence de la syntaxe, c'est-à-dire de cette partie de la grammaire qui est traitée d'habitude avec le plus de dé-

---

[1] Il serait impossible d'entrer dans les critiques de détail : un travail aussi étendu sur des matières aussi variées et aussi neuves devait nécessairement renfermer des points contestables.

veloppement. Il est naturel que les règles de construction tiennent une large place dans les livres qui enseignent à parler ou à écrire une langue; mais le dessein de M. Bopp est tout autre. Il ne veut pas nous apprendre le maniement pratique des idiomes dont il nous retrace les origines, les affinités et les changements. Il en écrit l'histoire, ou plutôt il a choisi dans cette histoire, trop étendue et trop compliquée pour les forces d'un seul homme, la phonétique et la théorie des formes. La tâche, ainsi réduite, était encore assez grande pour satisfaire l'ambition et pour suffire au travail d'une vie entière.

Mais la lacune qu'on a remarquée s'explique encore par une autre raison. La syntaxe d'une langue consiste dans l'emploi qu'elle fait de ses formes grammaticales; pour rapprocher, à cet égard, plusieurs idiomes entre eux, et pour tirer de ces rapprochements des conclusions historiques, il faut d'abord établir, d'une façon incontestable, quelles sont les formes grammaticales qui, par leur origine, se correspondent. Avant de comparer le rôle du datif grec à celui du datif latin, il est nécessaire de savoir si la comparaison porte sur deux formes congénères[1]. La tâche la plus pressante de la philologie indo-européenne était donc l'étude des flexions. Entreprise trop tôt, la syntaxe comparative aurait manqué de principes solides, sans avoir, comme les syntaxes spéciales, l'utilité pratique pour excuse[2].

[1] Voyez *Grammaire comparée*, § 177.
[2] Un premier essai de syntaxe comparative a été tenté par M. Albert Hœfer, dans son traité : De l'infinitif, particulièrement en sanscrit. Berlin, 1840. On trouvera deux articles de M. Schweizer, sur l'emploi de l'ablatif

Dans un ordre d'idées tout différent, on a fait une autre objection à M. Bopp. On lui a reproché d'attribuer au sanscrit une importance excessive, et de ramener trop souvent le reste de la famille au modèle de la langue de l'Inde. Il ne faudrait pas s'étonner si la philologie comparée, créée par des indianistes, avait d'abord traité avec prédilection l'idiome qui jetait tant de lumière sur ses frères. Mais il faut ajouter que M. Bopp, parmi ses contemporains et ses émules, est celui qui a le moins cédé à cette préférence; mieux que personne et dès ses premiers ouvrages[1], il a fait voir le parti qu'on doit tirer du grec et du latin, et même de l'allemand et du slave, pour corriger et pour compléter le sanscrit, que des lois phoniques d'une extrême rigueur, ou une prononciation vicieuse ont parfois mutilé ou altéré. En isolant et en prenant à la lettre certaines phrases de M. Bopp, on pourra faire croire qu'il regarde le mot sanscrit comme le prototype des mots congénères; mais toutes les sciences comparatives se servent d'abréviations convenues, que le lecteur n'a pas de peine à interpréter. Le sanscrit étant

---

et de l'instrumental, dans le Journal pour la science du langage, de M. Hœfer. Mais le plus grand nombre de remarques sur la syntaxe comparative se trouve dans le livre de M. Adolphe Regnier : *Études sur l'idiome des Védas et les origines de la langue sanscrite,* Paris, 1855.

[1] « Je ne crois pas, dit M. Bopp dans les Annales de littérature orientale (1820), qu'il faille considérer comme issus du sanscrit le grec, le latin et les autres langues de l'Europe... Je suis plutôt porté à regarder tous ces idiomes sans exception comme les modifications graduelles d'une seule et même langue primitive. Le sanscrit s'en est tenu plus près que les dialectes congénères... Mais il y a des exemples de formes grammaticales perdues en sanscrit qui se sont conservées en grec et en latin. »

l'idiome dont nous avons gardé les monuments les plus anciens et dont les formes grammaticales sont d'ordinaire les plus intactes, il est naturel qu'il serve de point de départ aux recherches; parmi ces sœurs inégales en âge et en beauté, le chœur est mené par l'aînée et la plus belle. On ne veut pas nier d'ailleurs qu'il est quelquefois arrivé à M. Bopp de mettre, d'une façon un peu imprévue et sans intermédiaires suffisants, le sanscrit en présence d'un idiome qui n'y touche que de loin. Mais cette critique doit moins s'adresser à la *Grammaire comparée* qu'aux mémoires spéciaux dont nous parlerons tout à l'heure.

Un reproche qu'on ferait peut-être avec plus de raison à M. Bopp, c'est de trop laisser ignorer à ses lecteurs combien les recherches de linguistique sont redevables aux grammairiens de l'Inde. S'il faut louer l'illustre savant d'avoir réservé à leur égard tous les droits de la critique européenne, on peut regretter qu'il ait quelquefois relevé leurs erreurs, tandis que les hommages qu'il leur rend sont muets. Ce ne fut pas un médiocre avantage de trouver une langue toute préparée d'avance pour l'étude grammaticale, par ceux mêmes qui la maniaient, et de n'avoir qu'à appliquer aux idiomes de l'Occident des procédés d'analyse que la science européenne, depuis plus de deux mille ans, n'avait pas su trouver. Le classement méthodique des lettres d'après les organes de l'appareil vocal, l'observation du gouna et du vriddhi, les listes de suffixes, la distinction de la racine et du thème, ce sont là, parmi beaucoup d'autres idées neuves et justes, des découvertes qui ont passé de plain pied de la grammaire indienne dans la grammaire comparative; mais ce que, par-dessus tout,

INTRODUCTION.

nous devons aux écoles de l'Inde, c'est l'idée d'une grammaire expérimentale, nullement subordonnée à la rhétorique ni à la philosophie, et s'attachant à la forme avant de s'occuper de la fonction des mots. Si à une clairvoyance admirable il se mêle beaucoup de subtilité, si nous avons employé, pour un usage qu'on ne soupçonnait pas, des procédés qui avaient été inventés dans un dessein tout différent, il n'en est pas moins juste de reconnaître que le progrès accompli, depuis cinquante ans, par les études grammaticales est dû, en grande partie, à la connaissance de la méthode indienne. Comme tous les novateurs, M. Bopp a été plus frappé des défauts que des mérites d'un système qu'il a perfectionné en le simplifiant. Il faut ajouter que M. Bopp a d'abord appris à connaître les grammairiens indiens, non dans leurs livres originaux, mais par les traductions des Carey, des Wilkins, où ils gardaient leur air étrange et leur subtilité en perdant leur brièveté et leur précision.

Il nous reste, avant de quitter le grand travail de M. Bopp, à faire quelques remarques sur la composition et sur le style de cet ouvrage. La *Grammaire comparée* est un livre d'étude savante; quoique le langage de l'auteur soit d'une parfaite clarté, on ne saurait le lire sans une attention soutenue. Chaque mot a besoin d'être pesé sous peine d'erreur. Supposant son lecteur non-seulement attentif, mais bien préparé, M. Bopp distribue ses développements d'une façon un peu inégale : il passe vite sur les principes généraux et il insiste sur les particularités; il dit en quelques mots qu'il adopte l'opinion d'un auteur et il s'étend sur les faits qui la limitent ou la rectifient.

Les grandes lois ne ressortent peut-être pas toujours assez au milieu des observations secondaires, et le ton uni dont M. Bopp expose ses plus belles trouvailles fait qu'on n'en aperçoit pas du premier coup toute l'importance. Le passage continuel d'un idiome à un autre est un procédé d'exposition excellent, parce qu'il nous montre comment l'auteur a poussé ses recherches et comment il a fait ses découvertes; mais il exige chez le lecteur de la suite et de la réflexion. C'est la plume à la main, en s'entourant autant qu'il est possible des livres cités par M. Bopp, qu'il faut étudier la *Grammaire comparée*. Outre l'instruction, on y trouvera alors un très-sérieux attrait, en découvrant la raison et l'origine des règles que tant de générations se sont transmises sans les comprendre, et en voyant peu à peu un jour nouveau éclairer et transformer des faits que nous croyions connaître depuis l'enfance.

VI.

Une fois la *Grammaire comparée* conduite à bonne fin, et en attendant le dernier remaniement qu'il devait lui donner, où M. Bopp allait-il tourner son zèle infatigable? Il restait encore quelques idiomes indo-européens qu'il avait laissés en dehors de ses rapprochements, soit que les moyens de les étudier lui eussent manqué, soit que les textes qui nous les ont conservés fussent trop récents ou trop courts. Il y consacra les mémoires que, de 1838 à 1854, il inséra dans le Recueil de l'Académie de Berlin. Mais ces essais, il faut le dire, se ressentent de l'insuffisance des documents sur lesquels ils s'appuient. N'ayant pas à sa disposition des matériaux étendus, il est parfois obligé de recourir à des comparaisons lointaines et à des rapprochements aventurés. C'est ici que se découvrent les dangers d'une méthode qui, pour être employée avec sûreté, suppose la connaissance complète et approfondie des idiomes auxquels elle s'applique.

Un mémoire de M. Pictet sur les langues celtiques venait d'être couronné par l'Institut de France[1]. M. Bopp, partant de cet écrit qui s'inspirait directement de sa méthode, et s'aidant, en outre, des livres de Mac Curtin et d'O'Reilly, essaya sur le rameau celtique l'étude qu'il avait faite sur les autres branches indo-européennes[2]. Cependant le celtique occupe peu de place dans la seconde édition de la *Grammaire comparée* : l'auteur reconnut sans doute que les matériaux dont il disposait étaient trop rares et la lumière renvoyée sur le reste de la famille trop faible et trop incertaine. Il ne paraît pas avoir eu l'idée de dépouiller le grand ouvrage de M. Zeuss, qui, grâce à des moyens d'information dont avaient manqué ses prédécesseurs, a fondé enfin l'étude comparative des langues celtiques sur une base large et solide[3].

Un curieux problème de linguistique ramena M. Bopp vers l'extrême Orient. Dans son grand ouvrage sur la langue kawie, Guillaume de Humboldt avait exposé comment la

---

[1] A. Pictet, *De l'affinité des langues celtiques avec le sanscrit*. Paris, 1837.

[2] *Des langues celtiques au point de vue de la grammaire comparative*. Mémoires de l'Académie de Berlin, 1838.

[3] Zeuss, *Grammatica celtica*. Leipzig, 1853. — M. Schleicher, dans son excellent *Compendium* de la Grammaire comparée des langues indo-européennes, s'est servi de cet ouvrage et a régulièrement rapproché les formes celtiques des formes congénères des autres idiomes.

civilisation brahmanique se répandit de l'Inde dans les îles de la Malaisie et de la Polynésie. M. Bopp cherche à rattacher au sanscrit un certain nombre de mots des langues malayo-polynésiennes [1]. Mais, si nous en croyons les spécimens qu'il nous donne, le sanscrit souffrit de singulières déformations dans la bouche de ces peuples incultes. Tout l'organisme grammatical a disparu : le vocabulaire seul a subsisté. « Ces idiomes se sont dépouillés de leur ancien vêtement et en ont revêtu un autre, ou bien, comme dans les langues des îles de la mer du sud, ils se montrent à nous dans un état de nudité complète. » M. Bopp est le premier à nous avertir que des observations ainsi limitées à la partie la moins caractéristique d'un idiome, doivent être accueillies avec précaution.

Les mémoires subséquents sur le géorgien [2], sur le borussien [3] et sur l'albanais [4] se ressentent plus ou moins de cette même difficulté qui résulte de la jeunesse relative et de la maigreur des documents mis à contribution. On en pourrait dire à peu près autant pour l'arménien que l'au-

---

[1] De la parenté des langues malayo-polynésiennes avec les langues indo-européennes. Mémoires de l'Académie de Berlin. 1840.

[2] Les Membres caucasiques de la famille des langues indo-européennes. 1846. — L'auteur, dans ce mémoire, traite surtout du géorgien, d'après une grammaire de G. Rosen.

[3] De la langue des Borussiens. Mémoires de l'Académie de Berlin. 1853. — Le borussien ou ancien prussien est un dialecte de la famille lithuanienne, présentant certaines particularités qui ont disparu des autres dialectes. Il s'est éteint au XVII° siècle : le seul souvenir qui nous en reste est une traduction, d'ailleurs très-fautive, du petit catéchisme de Luther.

[4] De l'albanais et de ses affinités. Mémoires de l'Académie de Berlin. 1854. — L'auteur s'est surtout servi de l'ouvrage de Hahn. — Tous ces Mémoires ont paru aussi comme brochures à part.

teur, déjà engagé dans la publication de la seconde édition de la *Grammaire comparée*, y fit un peu tardivement entrer en ligne. L'origine iranienne de l'arménien paraît incontestable; mais la grammaire de cette langue a subi des modifications trop profondes, et son système phonique est encore trop peu connu pour que les rapprochements avec le zend et le sanscrit ne semblent pas quelquefois prématurés.

Tout en poussant de la sorte ses travaux de philologie comparative, M. Bopp ne négligeait aucun moyen de faciliter l'accès de la langue qui lui avait donné l'idée et la clef de ces recherches. Grammaires, vocabulaires, textes, traductions, il a tout mis en œuvre pour rendre l'étude du sanscrit plus simple et plus aisée[1]. Sa Grammaire sans-

---

Voici la liste des publications sanscrites de M. Bopp :

1. — GRAMMAIRES.

1824-1827. Exposition détaillée du système de la langue sanscrite. — Voir la recension d'Eugène Burnouf, dans le *Journal asiatique*, t. VI.

1829-1832. *Grammatica critica linguæ sanscritæ.*

1834. Grammaire critique de la langue sanscrite, sous une forme abrégée.

1845. 2ᵉ édition du même ouvrage. — C'est à cette édition que se rapportent les renvois de la *Grammaire comparée*.

1861-1863. 3ᵉ édition du même ouvrage.

2. — TEXTES ET TRADUCTIONS.

1819. *Nalus, carmen sanscritum* (Londres). Texte et traduction latine.

1830. 2ᵉ édition du même ouvrage (Berlin).

1838. Nalas et Damayanti. (Traduction allemande.)

1824. Voyage d'Arjuna dans le ciel d'Indra, avec quelques épisodes du Mahâbhârata. (Texte et traduction allemande.)

1829. Le Déluge et trois autres épisodes du Mahâbhârata. (Texte et traduction allemande.)

3. — GLOSSAIRES.

1828-1830. *Glossarium sanscritum.*

1840-1847. *Glossarium sanscritum in quo omnes radices et vocabula usitatissima ex-*

crite a subi autant et plus de remaniements encore que
la *Grammaire comparée* : après deux premiers essais, il la
condensa en un petit volume qui est un modèle de saine
critique et d'exposition lumineuse. Le succès de ce livre
est attesté par trois éditions que distinguent l'une de l'autre de constantes améliorations. Pour ses publications de
textes, il choisit, avec un bon goût parfait, les épisodes les
plus intéressants et, en même temps, les plus faciles des
deux principaux poëmes épiques de l'Inde. C'est à M. Bopp
que nous devons le texte et la première traduction exacte
de l'histoire de Nala, devenue justement populaire en Allemagne. Nous lui devons aussi cette délicieuse idylle de Sâvitrî, l'un des morceaux les plus touchants qu'il y ait dans
la littérature d'aucun peuple. Le Glossaire sanscrit de
M. Bopp, qui contient de nombreux rapprochements lexicologiques, est également arrivé aujourd'hui à sa troisième
édition. Il complète cette série de travaux que recommandent l'unité de vues, une grande clarté et l'éloignement
pour l'érudition inutile.

Un mémoire de M. Bœhtlingk sur l'accentuation en
sanscrit fournit à M. Bopp l'occasion de porter ses recherches sur un point encore inexploré de la philologie
comparative. Il rapprocha de l'accent indien le système
de l'accentuation grecque, et montra avec quelle merveilleuse fidélité certaines particularités de l'intonation se sont
conservées dans la déclinaison et dans la conjugaison de
l'une et l'autre langue. Il borna d'ailleurs ses observations

---

plicantur et cum vocabulis græcis, latinis, germanicis, lithuanicis, slavonicis, celticis comparantur.

Une troisième édition est sous presse.

au sanscrit et au grec, les analogies faisant défaut ou les renseignements étant trop rares pour les autres idiomes de la famille[1]. L'histoire complète de l'accent tonique dans les langues indo-européennes demeure encore à l'heure qu'il est une tâche réservée pour l'avenir.

Cependant M. Bopp amassait de nouveaux et amples matériaux pour la seconde édition de sa *Grammaire comparée*. Les différentes branches de la philologie indo-européenne avaient grandi rapidement dans l'intervalle qui sépare les deux éditions, grâce surtout aux progrès de l'épigraphie grecque et latine et à la publication des textes védiques. Les travaux de M. Ahrens avaient montré combien la science pouvait encore récolter dans le champ des idiomes classiques, en ne se bornant pas aux formes de la langue littéraire, mais en dépouillant les dialectes et en interrogeant les inscriptions, ces fidèles témoins des variations de la langue hellénique. Depuis les premiers livres de M. Ahrens, le grand recueil de M. Bœckh n'avait pas cessé de s'accroître et de fournir à la grammaire comparative un riche butin qui est loin encore d'être épuisé[2]. Des publications analogues se faisaient pour les

[1] Système comparatif d'accentuation (Berlin, 1854). — Les vues de M. Bopp sur l'accent ont été soumises à une critique savante par MM. H. Weil et L. Benlœw, dans leur ouvrage intitulé : *Théorie générale de l'accentuation latine*. Paris, 1855.

[2] Les beaux travaux de M. G. Curtius sur la langue grecque nous montrent la méthode comparative s'aidant de tous les secours que lui fournissent l'épigraphie et la connaissance des dialectes. Parmi les ouvrages de ce savant, dont le tact et la réserve seront particulièrement appréciés du public français, il faut citer surtout le suivant : Principes de l'étymologie

inscriptions de l'Italie; nous avons déjà dit combien les travaux de M. Corssen, qui avaient été précédés des recherches de MM. Mommsen, Aufrecht et Kirchhoff, ont jeté de jour sur la structure de l'ancien latin [1]. L'histoire de la langue allemande et de ses nombreux dialectes, commencée avec tant de succès par les frères Grimm, avait donné naissance à une quantité de publications, qu'il serait impossible d'énumérer ici. En même temps, MM. Schleicher et Miklosich soumettaient les dialectes lithuaniens et slaves à une étude rigoureuse et approfondie [2].

De tous côtés on se partageait, pour en décrire les particularités, le vaste empire embrassé par M. Bopp. Les idiomes asiatiques n'étaient pas oubliés dans cette grande enquête. La langue des Védas, plus archaïque, plus riche en formes grammaticales, plus voisine du grec et du latin que le sanscrit de l'épopée, était mieux connue de jour en jour, et M. Bopp avait la satisfaction de voir réellement

grecque (Leipzig, 1858-62). Une seconde édition de cet ouvrage vient de paraître. M. G. Curtius a également publié une Grammaire grecque à l'usage des classes (7ᵉ édition, Prague, 1866), où il fait entrer, dans une juste mesure, les faits constatés par la nouvelle méthode. A cette grammaire est joint un volume d'Éclaircissements (Prague, 1863).

[1] Mommsen. Études osques (Berlin, 1845-46). — Les Dialectes de l'Italie méridionale (Leipzig, 1850).

Aufrecht et Kirchhoff. Les Monuments de la langue ombrienne (Berlin, 1849-51).

Corssen. Prononciation, vocalisme et accentuation de la langue latine (Leipzig, 1858-59). — Études critiques sur la théorie des formes en latin (Leipzig, 1863).

[2] Schleicher. Grammaire lithuanienne (Prague, 1856).

Miklosich. Grammaire comparée des langues slaves (Vienne, 1852-56).

conservées dans ces antiques documents des formes qu'il avait autrefois restituées par conjecture, en s'appuyant sur le zend ou sur les langues classiques [1]. L'explication des livres sacrés des Parses, laissée malheureusement interrompue par Eugène Burnouf, avait trouvé dans M. Spiegel un infatigable continuateur, pendant que l'ancien perse, c'est-à-dire le dialecte des inscriptions, s'enrichissait par la découverte inespérée du monument de Bisoutoun.

Une si grande abondance de matériaux devait donner la plus vive activité aux travaux de grammaire comparée. Depuis 1852, un excellent recueil, devenu bientôt trop étroit, servait d'organe à ces études et inaugurait l'ère des recherches de détail [2]. On y trouve, sur les sujets les

---

[1] La première connaissance de la langue védique est due à Fr. Rosen, qui publia en 1838 le premier livre du Rik. Les quatre Védas sont entièrement édités aujourd'hui. On a publié également les plus anciens livres grammaticaux des Indous, et M. Bopp a encore pu mettre à profit, pour la seconde édition de sa *Grammaire comparée*, les belles et pénétrantes études de M. Adolphe Regnier sur le *Prâtiçâkhya* du Rig-véda (*Études sur la grammaire védique;* Paris, 1857-59). Il a aussi eu entre les mains les premiers volumes du grand Dictionnaire sanscrit, encore inachevé, publié par l'Académie impériale de Saint-Pétersbourg, sous la direction de MM. Bœhtlingk et Roth (1852-66).

[2] Nous voulons parler de la Revue de philologie comparée dirigée d'abord par MM. Aufrecht et Kuhn, puis par M. Kuhn seul (Berlin, 1852-1865, 14 volumes). Depuis 1856, il se publie, en outre, un recueil dirigé par MM. Kuhn et Schleicher, qui s'occupe plus spécialement des langues celtiques et slaves. Avant ces deux journaux, M. Hœfer avait fait paraître le Journal pour la science du langage (Berlin, 1845-1853). Nous avons déjà cité le journal de M. Benfey, Orient et Occident (Gœttingue, 1862-65). Il y faut encore joindre celui de MM. Lazarus et Steinthal, la Revue pour la psychologie des nations et la science du langage, qui cherche à mettre en lumière le côté philosophique de l'étude des langues (Berlin, 1860-65).

plus divers, mais surtout sur la phonétique, des travaux souvent cités par M. Bopp dans le cours de sa deuxième édition, et signés des noms de MM. Pott, Benfey, Ahrens, Kuhn, Max Müller, Aufrecht, A. Weber, G. Curtius, Corssen, Schleicher, Leo Meyer[1].

Entouré de ces secours, mais consultant par-dessus tout ses propres observations, M. Bopp commença en 1857 la publication de la seconde édition de sa *Grammaire comparée*. Elle porte à chaque page la marque du continuel travail d'amendement et de correction que M. Bopp n'a jamais cessé de faire subir à ses idées. Elle contient peu de paragraphes qui n'aient été remaniés ou augmentés[2]. En même temps, il y fit entrer la substance de ses plus récents écrits, en sorte qu'on peut regarder cet ouvrage comme le dernier mot de l'auteur et comme le résumé de ses travaux.

En parcourant la liste des publications de M. Bopp, qui toutes concourent au même but, on ne peut s'empêcher d'admirer la persévérance et l'unité de ses efforts. Il a passé sa vie entière à confirmer et à développer les principes qu'il avait posés dans son premier livre : poursuivant sans relâche les mêmes études, il s'est attaché

---

[1] M. Schleicher a publié, en 1861, un *Compendium* de la grammaire comparée des langues indo-européennes, qui se recommande par l'excellente disposition des matières, par la précision des idées et la nouveauté d'une partie des observations. De son côté, M. Leo Meyer fait paraître une Grammaire comparée du grec et du latin, que distinguent l'abondance des exemples et la hardiesse souvent heureuse des rapprochements.

[2] De là les nombreux sous-chiffres, l'auteur, avec raison, n'ayant pas voulu changer les numéros de ses paragraphes.

pendant cinquante ans à en étendre la portée, à en multiplier les applications et à en assurer les progrès dans l'avenir. Aussi son nom restera-t-il inséparable d'une science dont il est, en un sens, le plus parfait représentant : sa récompense a été de la voir grandir sous ses yeux. Peu de recherches ont pris un accroissement aussi rapide : créée il y a un demi-siècle, la philologie comparative est enseignée aujourd'hui dans tous les pays de l'Europe; elle a ses chaires, ses livres, ses journaux, ses sociétés spéciales; elle a introduit des idées nouvelles sur l'origine et le développement des idiomes, modifié profondément l'ethnographie et l'histoire, transformé les études mythologiques et éclairé d'un jour inattendu le passé de l'humanité. L'auteur de ce grand mouvement scientifique est un homme modeste jusqu'à la timidité, ne parlant jamais de ses découvertes les plus importantes, mais aimant à citer quelque fait de détail, et laissant voir alors par moments, aux saillies discrètes d'un enjouement candide, la joie intime que lui causent ses travaux.

Il nous reste à dire quelques mots de la présente traduction [1]. Nous avons scrupuleusement respecté le texte d'un livre qui est devenu classique et dont même les points contestables ont besoin d'être conservés, car ils appartiennent à l'histoire de la science, et une quantité d'autres écrits s'y réfèrent. Un examen attentif nous a d'ailleurs

---

[1] Dès 1858, M. Adolphe Regnier, sentant la nécessité d'une traduction française de la *Grammaire comparée*, avait entamé à ce sujet avec M. Bopp des négociations, qui, pour des raisons étrangères à leur volonté, ne purent alors aboutir.

montré que toutes les parties de la *Grammaire comparée* se tiennent d'une façon étroite : la suite de l'ouvrage révèle l'importance de telle observation dont on ne voit pas, au premier coup d'œil, la valeur ou l'opportunité. Les modifications que je me suis permises sont tout extérieures : elles ont pour objet de rendre le livre d'un usage plus commode et plus facile. Après mûre délibération, je me suis abstenu de donner des notes critiques au bas des pages[1]. Outre qu'il eût fallu, pour répartir ces notes d'une façon égale sur toutes les parties de la *Grammaire comparée*, un savoir non moins étendu que celui de l'auteur, il eût été impossible de condenser d'une façon intelligible, dans des remarques nécessairement peu développées, des observations qui, pour être utiles, ont besoin d'être accompagnées de leurs preuves. Peut-être essayerai-je plus tard, si nul autre n'entreprend cette tâche, de donner un commentaire critique sur quelques parties de la *Grammaire comparée* de M. Bopp.

Les précieux encouragements qui m'ont soutenu dans mon travail me faisaient un devoir de n'y épargner aucune peine. Mes premiers remerciements sont dus au Comité des souscriptions aux publications littéraires, qui a rendu possible cette édition française, en la proposant au patronage de Son Exc. M. le comte Walewski, ministre

---

[1] Le petit nombre de notules que j'ai ajoutées n'a d'autre objet que de fournir au lecteur quelques éclaircissements relatifs à la composition ou au texte du livre de M. Bopp. J'ai traduit en français le titre des ouvrages en langue étrangère cités par l'auteur, ne voulant pas augmenter la complication d'une lecture que les rapprochements d'idiome à idiome rendent déjà assez peu aisée. Un index bibliographique sera joint aux tables alphabétiques qui termineront le dernier volume.

d'État. Je suis heureux de nommer ensuite M. Bopp, qui, malgré l'affaiblissement de sa vue, a demandé à relire les épreuves, et m'a fourni, avec ses corrections, quelques additions utiles. J'ai trouvé, pour la révision des épreuves, un autre collaborateur dans M. Baudry, bien connu par ses études de linguistique et de mythologie. L'exécution typographique, confiée par M. Hachette à l'Imprimerie impériale, est digne de ce grand établissement. J'ai réservé pour la fin mes remerciements à M. Adolphe Regnier, qui m'a bien voulu aider de sa haute expérience, et à mon ancien maître, M. Egger[1], qui a prêté à ce travail, commencé sur son conseil, l'attention affectueuse et le concours efficace que trouvent auprès de lui toutes les entreprises utiles aux lettres.

Épinal, le 1ᵉʳ novembre 1865.

Michel Bréal.

[1] Le premier enseignement régulier de la grammaire comparée est dû, dans notre pays, à M. Egger, qui introduisit la méthode comparative dans les leçons professées par lui à l'École normale supérieure, de 1839 à 1861. Une partie de cet enseignement se trouve résumée dans les *Notions élémentaires de grammaire comparée pour servir à l'étude des trois langues classiques*. Paris, 1865, 6ᵉ édition.

GRAMMAIRE COMPARÉE

DES

LANGUES INDO-EUROPÉENNES.

PRÉFACE

DE

LA PREMIÈRE ÉDITION.

Je me propose de donner dans cet ouvrage une description de l'organisme des différentes langues qui sont nommées sur le titre, de comparer entre eux les faits de même nature, d'étudier les lois physiques et mécaniques [1] qui régissent ces idiomes, et de rechercher l'origine des formes qui expriment les rapports grammaticaux. Il n'y a que le mystère des racines ou, en d'autres termes, la cause pour laquelle telle conception primitive est marquée par tel son et non par tel autre, que nous nous abstiendrons de pénétrer; nous n'examinerons point, par exemple, pourquoi la racine *I* signifie « aller » et non « s'arrêter », et pourquoi le groupe phonique *STHA* ou *STA* veut dire « s'arrêter » et

---

[1] Nous donnons, d'après une communication écrite de l'auteur, l'explication des mots *physique*, *mécanique* et *dynamique* : « Par lois *mécaniques*, j'entends principale-« ment les lois de la pesanteur (§§ 6, 7, 8), et en particulier l'influence que le « poids des désinences personnelles exerce sur la syllabe précédente (§§ 480, 489, « 604). Si, contrairement à mon opinion, l'on admet avec Grimm que le changement « de la voyelle dans la conjugaison germanique a une signification grammaticale, et « si, par exemple, l'*a* du prétérit gothique *band* « je liai » est regardé comme l'expres-« sion du passé, en opposition avec l'*i* du présent *binda* « je lie », on sera autorisé à « dire que cet *a* est doué d'une force *dynamique*. Par lois *physiques*, je désigne les « autres règles de la grammaire et notamment les lois phoniques. Ainsi quand on dit « en sanscrit *at-ti* « il mange » au lieu de *ad-ti* (de la racine *ad* « manger »), le chan-« gement du *d* en *t* a pour cause une loi physique. »

non « aller ». A la réserve de ce seul point, nous chercherons à observer le langage en quelque sorte dans son éclosion et dans son développement. Si le but que nous nous proposons est de nature à mettre en défiance certains esprits qui ne veulent pas qu'on explique ce qui, à leur gré, est inexplicable, la méthode que nous suivrons sera peut-être faite pour dissiper leurs préventions. La signification primitive et par conséquent l'origine des formes grammaticales se révèlent, la plupart du temps, d'elles-mêmes, aussitôt qu'on étend le cercle de ses recherches et qu'on rapproche les unes des autres les langues issues de la même famille, qui, malgré une séparation datant de plusieurs milliers d'années, portent encore la marque irrécusable de leur descendance commune.

Cette nouvelle manière d'envisager nos idiomes européens ne pouvait manquer de se produire après la découverte du sanscrit[1], qui fut, dans l'ordre des études grammaticales, comme la découverte d'un nouveau monde; on reconnut, en effet, que le sanscrit se trouve, par sa structure, dans le rapport le plus intime avec le grec, le latin, les langues germaniques, etc. et que, grâce à la comparaison de cet idiome, on était enfin sur un terrain solide, non-seulement pour expliquer les relations qui unissent entre eux les deux idiomes appelés classiques, mais encore pour marquer les rapports qu'ils ont avec le germanique, le lithuanien, le slave. Qui se serait douté, il y a un demi-siècle, que de l'extrême Orient il nous viendrait une langue qui partagerait et quelquefois surpasserait toutes les perfections de forme qu'on était habitué à regarder comme le privilège de la

---

[1] Le mot *sanskṛta* (§ 1) veut dire « orné, achevé, parfait », et, appliqué à la langue, il équivaut à notre mot « classique ». On pourrait donc s'en servir très-bien pour désigner la famille entière. Les éléments qui composent ce mot sont la préposition inséparable *sam* « avec » et le participe *kṛta* (nominatif *kṛtas*, *kṛtā*, *kṛtam*) « fait » avec insertion d'un *s* euphonique (§§ 18, 96).

langue hellénique, et qui serait partout en mesure de mettre fin à la rivalité des dialectes grecs, en montrant lequel d'entre eux a conservé sur chaque point la forme la plus ancienne et la plus pure?

Les rapports de la langue ancienne de l'Inde avec ses sœurs de l'Europe sont en partie si évidents qu'on ne peut manquer de les apercevoir à première vue; mais, d'autre part, il y en a de si secrets, de si profondément engagés dans l'organisme grammatical que, pour les découvrir, il faut considérer chacun des idiomes comparés au sanscrit et le sanscrit lui-même sous des faces nouvelles, et qu'il faut employer toute la rigueur d'une méthode scientifique pour reconnaître et montrer que tant de grammaires diverses n'en formaient qu'une seule dans le principe. Les langues sémitiques sont d'une nature moins fine; si l'on fait abstraction de leur vocabulaire et de leur syntaxe, il ne reste qu'une structure excessivement simple. Elles avaient peu de chose à perdre et conséquemment devaient transmettre à tous les âges à venir ce qui leur avait été attribué au commencement. La trilitérité des racines (§ 107), caractère qui distingue cette famille de langues, suffisait à elle seule pour faire reconnaître les individus qui en faisaient partie. Au contraire, le lien qui rattache entre eux les idiomes de la famille indo-européenne, s'il n'est pas moins étroit, est, dans la plupart de ses ramifications, infiniment plus ténu. Les membres de cette race avaient été richement dotés dans la première période de leur jeunesse, et ils tenaient de cette époque, avec la faculté indéfinie de composer et d'agglutiner (§ 108), tous les moyens d'exercer cette faculté. Comme ils avaient beaucoup, ils pouvaient perdre beaucoup, sans cesser pour cela de participer à la vie grammaticale; à force de pertes, de changements, de suppressions, de transformations et de substitutions, les anciennes ressemblances se sont presque effacées. C'est un fait que le rapport du latin avec le grec, rapport qui est pourtant le plus évident de tous, a été, sinon méconnu entièrement, du moins faussement expliqué jusqu'à nos jours, et que la langue des Romains a été traitée de langue mixte, parce qu'elle a des formes qui ne s'accordent pas bien avec celles du grec, quoiqu'en réalité le latin n'ait jamais été mêlé, sous le rapport grammatical, qu'avec lui-même ou avec des idiomes congénères, et quoique les éléments d'où proviennent les formes qui lui appartiennent en propre ne soient étrangers ni au grec ni au reste de la famille [1].

La parenté étroite des langues classiques avec les idiomes germaniques a été presque complétement méconnue avant la connaissance du terme de comparaison que fournit l'idiome indien. Nous ne parlons pas ici de nombreux rapprochements faits sans principe ni critique. Et pourtant il y a plus d'un siècle et demi qu'on s'occupe du gothique, et la grammaire de cette langue, ainsi que ses relations avec les autres idiomes, sont d'une clarté parfaite. Si la grammaire comparée, avec ses procédés systématiques qui la font ressembler à une sorte d'anatomie du langage, avait existé plus tôt, il y a longtemps que les rapports intimes du gothique (et par conséquent de tous les idiomes germaniques) avec le grec et le latin auraient dû être découverts et poursuivis dans toutes les directions, en sorte qu'ils seraient connus et admis aujourd'hui de tous les savants. Or, qu'y avait-il de plus important, et que pouvait-on demander de plus pressant aux philologues adonnés en Allemagne à

---

[1] J'ai touché pour la première fois à ce sujet dans mon Système de conjugaison de la langue sanscrite, Francfort-sur-le-Mein, 1816. Lors du remaniement que j'ai donné de cet écrit en anglais, dans les Annales de littérature orientale, Londres, 1820, je ne pouvais encore profiter de l'excellente Grammaire allemande de Grimm, qui n'était pas arrivée à ma connaissance : je n'avais pour les anciens dialectes germaniques que Hickes et Fulda. [Le premier volume de la Grammaire de Grimm a paru en 1819. — Tr.]

l'étude des idiomes classiques, que d'expliquer les rapports existant entre ces idiomes et leur langue maternelle prise dans sa forme la plus ancienne et la plus parfaite?

Depuis que le sanscrit est apparu à l'horizon scientifique, il ne peut, lui non plus, être exclu des études grammaticales, du moment qu'on entreprend des recherches quelque peu approfondies sur l'un des membres de cette famille de langues. Aussi les esprits les plus larges et les plus sûrs se sont-ils gardés de le négliger[1]. Qu'on ne craigne pas qu'en se répandant sur une trop grande variété de langues, le savoir philologique perde en profondeur ce qu'il aura gagné en étendue; car la variété cesse du moment qu'on la ramène à l'unité, et les fausses différences s'évanouissent avec le faux jour qui en est la cause. Quant au maniement pratique des langues, dont les philologues font ordinairement le but principal de leurs études, il est nécessaire d'établir une distinction : autre chose est d'apprendre un idiome, autre chose de l'enseigner, c'est-à-dire d'en décrire le jeu et l'organisme. Celui qui apprend une langue pourra se renfermer dans les bornes les plus étroites et limiter sa vue à l'idiome dont il s'occupe; mais le regard de celui qui enseigne doit embrasser plus d'un ou de deux individus de la race; il doit rassembler autour de lui les témoignages de tous les membres de la famille,

---

[1] Nous renvoyons le lecteur au jugement de Guillaume de Humboldt, sur la nécessité du sanscrit pour les recherches de linguistique et pour un certain ordre d'études historiques (Bibliothèque indienne, I, 133). Citons aussi quelques mots que nous empruntons à la préface de la Grammaire de Grimm (2ᵉ édit. I, vi.) : «Si «le latin et le grec, quoique placés à un degré supérieur, ne suffisent pas toujours «pour éclaircir toutes les difficultés de la grammaire allemande, où certaines cordes «résonnent encore d'un son plus pur et plus profond, à leur tour ces idiomes, comme «l'a très-bien remarqué A. G. Schlegel, trouveront un correctif dans la grammaire «beaucoup plus parfaite du sanscrit. Le dialecte que l'histoire nous prouve être le plus «ancien et le moins altéré doit servir de règle en dernier ressort, et il doit réformer «certaines lois admises jusqu'à présent pour les dialectes plus modernes, sans pourtant abroger totalement ces lois.»

pour introduire de la sorte la vie, l'ordre et l'enchaînement organique dans le classement des matériaux de la langue qu'il analyse. Je crois du moins que nous devons tendre vers ce but, si nous voulons répondre à l'une des plus justes exigences de notre siècle, qui, depuis quelques années, nous a fourni les moyens d'y atteindre.

La grammaire zende ne pouvait être restituée que par le moyen d'une analyse étymologique sévère et régulière, ramenant l'inconnu au connu, et réduisant à un petit nombre l'extrême multiplicité des faits. Cette langue remarquable, qui, sur beaucoup de points, remonte plus haut que le sanscrit, le corrige et en fait mieux comprendre la théorie, paraît avoir cessé d'être intelligible pour les sectateurs de Zoroastre. Rask, qui, dans l'Inde, eut les moyens de s'en convaincre, dit expressément que la connaissance des écrits zoroastriens est perdue et doit être retrouvée de nouveau. Nous croyons aussi pouvoir démontrer que l'auteur du vocabulaire zend-pehlvi qui se trouve dans Anquetil [1] a fréquemment méconnu la valeur grammaticale des mots zends qu'il traduit. On y trouve les méprises les plus singulières, et si la traduction française d'Anquetil est en désaccord avec le texte zend, il faut la plupart du temps s'en prendre aux erreurs de l'interprétation pehlvie. Presque tous les cas obliques sont pris les uns après les autres pour des nominatifs; les nombres eux-mêmes sont parfois méconnus; on trouve, en outre, des formes casuelles que l'auteur de la traduction pehlvie prend pour des personnes verbales; celles-ci à leur tour sont confondues ou traduites par des noms abstraits [2]. Anquetil ne dit rien, que je sache, sur l'âge dudit vocabulaire, tandis qu'il assigne une date

---

[1] Tome II, p. 433.

[2] Nous n'avons pas pensé qu'il fût nécessaire de reproduire une note assez longue, où M. Bopp relève un certain nombre d'erreurs du vocabulaire zend-pehlvi. Le progrès des études iraniennes a mis ce point suffisamment en lumière. — Tr.

de quatre siècles à un autre vocabulaire pehlvi-persan. Il est donc probable que celui dont nous parlons appartient à une époque assez ancienne; en effet, le besoin d'explication a dû se faire sentir beaucoup plus tôt pour le zend que pour le pehlvi, qui est resté plus longtemps une langue courante chez les Persans. Ce fut donc pour la philologie sanscrite en Europe une tâche assez glorieuse de ramener à la lumière cette langue, sœur des nôtres, qui était en quelque sorte enfouie dans la terre, et qui, dans l'Inde, en présence du sanscrit, avait cessé d'être comprise : que si cette tâche n'est pas encore entièrement accomplie, elle le sera sans aucun doute. Ce que Rask, dans son écrit publié en 1826 et traduit en allemand par Von der Hagen[1], a publié d'abord sur cette langue, doit être tenu en haute estime, en tant que premier essai. Ce pénétrant esprit, dont nous déplorons vivement la perte prématurée, a donné à la langue zende, en rectifiant la valeur des lettres, un aspect plus naturel. Il donne les paradigmes au singulier de trois mots de déclinaisons différentes, quoiqu'il soit vrai d'ajouter que ces déclinaisons offrent chez lui des lacunes d'autant plus sensibles qu'elles portent sur les formes les plus intéressantes, je veux dire sur celles où le zend se sépare du sanscrit. Ces formes viennent à l'appui de la thèse que soutient Rask (peut-être en la poussant trop loin) sur le développement indépendant de la langue zende. Nous ne regardons pas non plus le zend comme un simple dialecte du sanscrit, mais nous croyons qu'il est avec le sanscrit à peu près dans le même rapport que le latin avec le grec, ou le vieux-norrois avec le gothique. Pour le reste, je renvoie le lecteur à ma recension des écrits de Rask et de Von Bohlen (Annales de critique scientifique, décembre 1831) ainsi qu'à un autre article publié précédemment (mars 1831) sur les beaux travaux

---

[1] Sur l'Age et l'authenticité de la langue zende et du Zend-Avesta.

d'Eugène Burnouf dans ce champ nouvellement ouvert. Mes observations, dans ces deux articles, s'étendent déjà à toutes les parties de la grammaire zende, grâce aux textes originaux publiés par Burnouf, à Paris, et par Olshausen, à Hambourg; il ne me restait plus qu'à les confirmer par de nouvelles preuves, à les compléter, à les rectifier sur certains points, et à les coordonner de telle sorte que le lecteur pût se familiariser plus aisément, à l'aide des langues déjà connues, avec cette langue sœur nouvellement retrouvée. Pour faciliter au lecteur l'accès du zend et du sanscrit, et pour lui épargner l'étude toujours pénible et quelquefois rebutante d'écritures inconnues, j'ai toujours eu soin d'ajouter au mot écrit en caractères étrangers la transcription en caractères romains. Peut-être est-ce encore le meilleur moyen d'introduire peu à peu le lecteur dans la connaissance des écritures originales.

Les langues dont traite cet ouvrage sont étudiées pour elles-mêmes, c'est-à-dire comme objet et non comme moyen de connaissance; on essaye d'en donner la physique ou la physiologie, plutôt qu'on ne se propose d'en enseigner le maniement pratique. Aussi a-t-on pu omettre plus d'une particularité qui sert peu à caractériser l'ensemble. Grâce à ces sacrifices, il m'a été possible de gagner de la place pour étudier en détail les faits plus importants et ceux qui influent plus profondément sur la vie grammaticale. Par une méthode sévère, qui rassemble sous un seul point de vue les observations de même nature et pouvant s'éclairer réciproquement, j'ai réussi, si je ne m'abuse, à réunir dans un espace relativement restreint et à présenter dans leur ensemble les faits principaux d'idiomes aussi riches que nombreux.

J'ai accordé une attention toute particulière aux langues germaniques : je ne pouvais guère m'en dispenser si, après le grand ouvrage de Grimm, je voulais encore enrichir et rectifier en quelques endroits la théorie des formes grammaticales, découvrir de nouvelles relations de parenté ou définir plus exactement celles qui étaient déjà connues, et consulter sur chaque point, avec autant d'attention que possible, les autres idiomes de la famille, tant asiatiques qu'européens. En ce qui concerne la grammaire germanique, j'ai pris partout pour point de départ le gothique, que je place sur la même ligne que les langues classiques anciennes et que le lithuanien.

Dans la théorie de la déclinaison, à la fin de chaque cas, j'ai donné un tableau comparatif indiquant les résultats acquis. Tout se résume naturellement, dans ces tableaux, à séparer le plus exactement possible la désinence du thème; cette séparation ne pouvait être faite d'une manière arbitraire : en rejetant, comme cela se fait ordinairement, une partie du thème dans la flexion, on ne rend pas seulement la division inutile, mais on commet ou l'on provoque des erreurs. Là où il n'y a pas de terminaison, il ne faut pas non plus qu'il y en ait l'apparence; nous donnons donc, au nominatif, χώρα, *terra*, *giba*, etc. comme formes dénuées de flexion (§ 137); la division *gib-a* ferait croire que l'*a* est la désinence, tandis que cet *a* est simplement l'abréviation de l'*ô* du thème, lequel *ô* est mis lui-même pour un ancien *â* (§ 69)[1]. Dans les langues qui ne se comprennent plus elles-

---

[1] Je rappelle ici un principe qui ne pouvait être rigoureusement démontré qu'à l'aide du sanscrit, et qui étend ses effets à la formation des mots et à toute la grammaire germanique : c'est que, sauf les cas indiqués au § 69 2, la longue de l'*a* en gothique est l'*ô*; que, par conséquent, un *ô* abrégé doit devenir *a*, et qu'un *a* allongé se change en *ô*. On comprend dès lors comment de *dags* «jour» (thème *daga*) peut dériver sans apophonie l'adjectif *-dôgs* (thème *dôga*) qui marque, à la fin d'un mot, la durée par jours. En effet, cette dérivation est exactement de la même sorte que celle qui fait venir en sanscrit *râgata* «argenteus» de *râgata* «argentum». Nous reviendrons sur ce point dans la suite.

En général, la grammaire germanique reçoit une vive lumière de la comparaison avec le système des voyelles indiennes, lequel est resté, à peu d'exceptions près, à l'abri des altérations que l'influence des consonnes et d'autres causes encore pro-

mêmes, il est quelquefois très-difficile de trouver la vraie division et de distinguer les désinences apparentes des désinences réelles. Je n'ai jamais dissimulé ces difficultés au lecteur, mais, au contraire, je me suis attaché partout à les lui signaler.

Berlin, mars 1833.

L'AUTEUR.

duisent habituellement. C'est par cette comparaison que je suis arrivé à une théorie de l'apophonie (*ablaut*) qui s'éloigne très-notablement de celle de Grimm. En effet, j'explique ce phénomène par des lois mécaniques, au lieu que chez Grimm il a une signification dynamique (§§ 6, 489, 604). On s'expose, ce me semble, dans beaucoup de cas, à obscurcir la question, au lieu de l'éclaircir, en comparant le vocalisme germanique au vocalisme grec et latin, sans tenir compte des renseignements fournis par le sanscrit. En effet, le gothique, dans son système de voyelles, est resté la plupart du temps plus primitif ou du moins plus conséquent que le grec et le latin. Pour ne citer qu'un exemple, le latin rend la seule voyelle indienne *a* par toutes les voyelles dont il dispose (*septimus* pour *saptamas*, *quatuor* pour *čatvâr-as*, τέσσαρες). Il est vrai qu'on peut entrevoir les lois qui président à ces variations.

PRÉFACE

DE

LA DEUXIÈME ÉDITION.

Aux langues dont il a été traité dans la première édition est venu maintenant se joindre l'arménien : toutefois, ce n'est qu'au moment où j'étudiai l'ablatif singulier, dont la forme arménienne avait déjà été rapprochée de la forme zende dans la première édition (p. 1272), que je me décidai à approfondir l'organisme entier de cette langue et à mettre en lumière les rapports, quelquefois très-cachés, et en partie encore inconnus, qui l'unissent au sanscrit, au zend et aux idiomes congénères de l'Europe. Le point de départ de mes nouvelles recherches sur l'arménien a été la dernière lettre de notre alphabet, à savoir le z, dont le son est marqué dans l'écriture arménienne par la lettre g ($= ts$) et que je transcris par $\dot{z}$ (§ 183^b 2) pour éviter toute confusion avec le z français. Déjà le ζ grec ($= \delta s$) avait été reconnu comme étant une altération du य y sanscrit (§ 19), dont le son équivaut à celui du j allemand. Nous ne parlons pas des cas où le ζ est une transposition pour $\sigma\delta$, comme dans Ἀθήναζε. J'étais donc naturellement amené à me demander si, parmi les diverses lettres arméniennes qui se prononcent comme une dentale suivie d'une sifflante, il n'y en avait pas quelqu'une qui fût, soit partout, soit seulement dans certaines formes, l'altération de la semi-voyelle j; et si, de cette manière, plusieurs points restés obscurs dans la structure de la langue arménienne ne pouvaient pas recevoir une solution. Or, en examinant cette question, j'ai reconnu que le ᳺ *ż*, qui joue un grand rôle dans la grammaire arménienne, est, toutes les fois qu'il fait partie d'une flexion ou qu'il constitue à lui seul la flexion, dérivé d'un य़ *y* sanscrit, c'est-à-dire du son qui est représenté en latin et en allemand par le *j*, en anglais par le *y*. Entre autres conséquences résultant de ce fait, j'ai constaté que le futur arménien répond, quant à sa formation, au précatif sanscrit, c'est-à-dire à l'optatif de l'aorist grec, de la même façon que le futur latin des deux dernières conjugaisons est identique, comme on l'a fait observer depuis longtemps [1], au potentiel sanscrit, c'est-à-dire au présent de l'optatif grec et du subjonctif germanique. Nous avons donc d'un côté, en latin, des formes comme *ferês, feret*, qui répondent au grec φέροις, φέροι, au gothique *bairai-s, bairai*, au vieux haut-allemand *bërê-s, bëre*, au sanscrit *bárê-s, bárê-t*; d'autre part, nous avons en arménien des formes comme *ta-że-s, ta-żé* «dabis, dabit», venant de *ta-ye-s, ta-yê*, qui répondent au sanscrit *dê-yấ-s, dê-yấ-t* (venant de *dâ-yấ-s, dâ-yấ-t*) et au grec δοίης, δοίη, venant de δο-jη-s, δο-jη (§ 183[b] 2). Le présent du subjonctif arménien se rapporte au présent de l'optatif grec, c'est-à-dire au potentiel sanscrit, avec le même changement du य़ *y* sanscrit, ou de l'ι grec en ᳺ *ż*; toutefois, je ne peux reconnaître à l'arménien qu'un seul subjonctif simple, à savoir celui du verbe substantif, avec lequel se combinent les verbes attributifs.

Dans la formation des cas, ᳺ *ż*, comme désinence du datif-ablatif-génitif pluriel, répond au य़ *y* de la désinence sanscrite *byas* (§ 215, 2), et, au contraire, le ծ *ç*, qui est en quelque sorte la moyenne de ᳺ *ż*, répond, dans le datif singulier *in-ç*

---

[1] Voyez mon Système de conjugaison de la langue sanscrite, Francfort-sur-le-Mein, 1816, p. 98.

« à moi », au *y* de la désinence sanscrite *hyam* (§ 215. 1). En général, dans l'examen du système de déclinaison arménien, je me suis surtout attaché, comme je l'avais fait auparavant pour le gothique, le lithuanien et le slave, à bien déterminer les vraies finales des thèmes, surtout dans les mots où le thème finit par une voyelle. Le résultat le plus important de cette recherche a été celui-ci : c'est que l'*a* sanscrit, à la fin des thèmes masculins, a revêtu en arménien une triple forme, en sorte qu'il a donné lieu à trois déclinaisons différentes, savoir les déclinaisons en *a*, en *o* et en *u* (183ᵇ 1); la première est presque la déclinaison gothique (*vulf-s* venant de *vulfa-s*); la seconde correspond à la déclinaison grecque, latine et slave; la troisième rappelle la relation qui existe entre les datifs pluriels, comme *wolfu-m* en vieux haut-allemand, et le même cas en gothique, comme *vulfa-m*. L'arménien a, par exemple, des datifs pluriels comme *waraṣu-ż*; le thème de ce mot est, selon moi, *waraṣu* « sanglier », et dans le ու *u*[1] qui termine le thème, je reconnais un affaiblissement de l'*a* final du mot congénère sanscrit *varâhd* (§ 255). Si l'on détermine de la sorte le vrai thème des mots arméniens, en y comprenant les thèmes en *i* (§ 183ᵃ 4), on donne une base plus solide et un plus grand intérêt aux comparaisons qui ont été faites jusqu'à présent entre l'arménien et le sanscrit ou d'autres langues indo-européennes : en effet, les ressemblances ressortent d'une façon plus précise du moment que la lettre finale du thème a été fidèlement conservée ou n'a été que légèrement altérée. Si l'on veut comparer, par exemple, l'arménien տապ *tap* « chaleur », dont le thème est

---

[1] Il faut se garder de prendre le ու *u* arménien pour une voyelle longue : c'est une erreur à laquelle le signe employé pour cette lettre dans l'écriture pourrait donner lieu. Cet *u* est bref, ainsi que l'admet également Petermann (Gramm. p. 39), et il répond, là où il n'est pas un affaiblissement de l'*a*, à un *u* sanscrit, comme dans *dustr* (nominatif-accusatif-vocatif) = sanscrit *duhitár* (thème), ancien slave *düster* (thème, § 265).

tapo, avec un mot sanscrit, on aimera mieux le rapprocher du thème *tâpa* « chaleur » que de la racine *tap* « brûler », qui a formé ce dernier substantif; au thème sanscrit *śâvaka* « pullus, catulus » (racine *śvi* « croître », par contraction *śu*), on comparera plutôt le thème arménien զաւակ *şavaka* « enfant », que le nominatif mutilé *şavak*[1]; à अहि *dhi* « serpent » (grec ἔχι), plutôt le thème arménien օձի *óżi* que le nominatif-accusatif *óż*, qui est avec son thème dans le même rapport qu'en vieux haut-allemand le nominatif-accusatif *gast* avec son thème *gasti*.

En ce qui concerne le caractère général de l'arménien, on peut dire que l'arménien ancien ou savant appartient aux idiomes les plus parfaitement conservés de notre grande famille. Il est vrai qu'il a perdu la faculté de distinguer les genres et qu'il traite tous les mots comme des masculins (§ 183^b 1); il a aussi laissé s'oblitérer le duel, qui est encore en plein usage aujourd'hui dans le slovène et le bohémien : mais la déclinaison des substantifs et des adjectifs se fait encore tout entière d'après l'ancien principe; il a au singulier autant de cas que le latin, sans compter les formes périphrastiques, et au pluriel il ne manque qu'une forme spéciale pour le génitif, qui est remplacé par le datif-ablatif dans la plupart des classes de mots. Dans la conjugaison, l'arménien rivalise encore plus avantageusement avec le latin que dans la flexion nominale : il désigne les personnes par les désinences primitives; il a notamment conservé partout au présent le *m* de la première personne, qui subsiste encore aujourd'hui dans la langue vulgaire; sous ce rapport, l'arménien ressemble au slovène et au serbe, et, parmi les langues celtiques, à l'irlandais. Au contraire, à la troisième personne du pluriel, il

---

[1] Le rapprochement en question n'a pas encore été fait, que je sache : mais si on l'avait essayé, on se serait contenté de comparer le nominatif arménien au thème sanscrit, puisque l'*a*, pas plus que l'*o*, l'*u* et l'*i*, n'avait été reconnu comme lettre finale des thèmes arméniens.

a perdu, comme le haut-allemand moderne, le signe de la personne (*t*), qui suit celui de la pluralité (*n*); il fait donc *beren* « ils portent », qu'on peut comparer au sanscrit *bʿáranti*, au dorien φέροντι, au latin *ferunt*, au gothique *bairand*, au vieux haut-allemand *bërant*, au moyen haut-allemand *bërent*, au haut-allemand moderne *bären* (dans *gebären*). Pour les temps, l'arménien peut soutenir la comparaison avec le latin, car il a, outre les temps périphrastiques, le parfait, le plus-que-parfait, deux prétérits et, comme on l'a dit plus haut, un futur d'origine modale. Les prétérits sont l'imparfait et l'aoriste : à l'imparfait, les verbes attributifs prennent, comme en latin, un verbe auxiliaire qui vient s'annexer au thème; l'aoriste se rapporte, comme le parfait latin, au prétérit multiforme sanscrit, c'est-à-dire qu'il correspond, quant à la forme, à l'aoriste grec (§ 183^b 2).

Comme l'arménien fait partie du rameau iranien de notre famille de langues, ce fut pour moi une observation importante de constater que, comme l'ossète, il se réfère, pour plus d'une particularité phonique ou grammaticale, à un état de la langue plus ancien que celui que nous offrent la langue des Achéménides et le zend (§ 216). Le premier de ces deux idiomes n'avait pas encore été ramené à la lumière au moment où je commençai la première édition de cet ouvrage : les proclamations de Darius, fils d'Hystaspe, sont redevenues intelligibles, grâce surtout aux magnifiques travaux de Rawlinson. L'idiome où elles sont conçues a sur le zend cet avantage que des monuments irrécusables en attestent l'existence et en déterminent la patrie et l'ancienneté : personne ne peut douter que cette langue n'ait été réellement parlée à peu près dans la forme où elle est écrite sur ces monuments. Au contraire, pour établir l'authenticité du zend, nous n'avons, pour ainsi parler, que des raisons intrinsèques, c'est-à-dire que nous rencontrons en zend des formes qui ne sauraient avoir été inventées, et qui sont bien celles que réclamait théoriquement la grammaire comparée de la famille entière. Il serait, en effet, difficile de croire qu'une forme d'ablatif qui s'est, pour ainsi dire, éteinte en sanscrit (§ 102), ait pu être ravivée en zend par un travail artificiel, de manière à figurer presque à nos yeux l'ablatif osque ou l'ablatif archaïque de la langue latine. Aux impératifs sanscrits en *hi* ne répondraient pas en zend des formes en *d'i* ou en *di*, plus anciennes et plus en harmonie avec les formes grecques en θι. Les formes moyennes en *maidê* ne s'expliqueraient pas davantage dans cette hypothèse, car le *d*, comme le prouve le grec μεθα, est plus ancien que le *h* de la terminaison sanscrite en *mahê*.

Il est remarquable que les langues iraniennes, y compris l'arménien, aient éprouvé un certain nombre d'altérations phoniques qui se rencontrent également dans les langues lettes et slaves (§ 88). Je mentionnerai seulement ici l'accord surprenant du zend *aśĕm* « je » et de l'arménien *es* avec le lithuanien *aś*, le vieux slave *aźŭ*, pendant qu'en sanscrit nous avons *ahám* (= *agam*, § 23), en grec et en latin ἐγώ, *ego*, en gothique *ik*. Mais il ne faut pas se fonder sur ces rencontres pour supposer que les langues lettes et slaves tiennent de plus près au rameau iranien qu'au rameau proprement indien : ces ressemblances viennent simplement de la tendance inhérente aux gutturales de toutes les langues à s'affaiblir en sifflantes. Le hasard a pu faire aisément que deux idiomes ou deux groupes d'idiomes se rencontrassent sous ce rapport et fissent subir à un seul et même mot la même modification. Il en est autrement des altérations phoniques qui sont communes au sanscrit et aux langues iraniennes, telles que le changement d'un *k* primitif en un *ś* palatal, changement que présentent également les langues lettes et slaves dans la plupart des mots susceptibles d'être comparés : j'ai inféré de ce fait, ainsi que d'un certain nombre d'autres altérations grammaticales, qui se présentent simultanément dans les langues indo-iraniennes et les langues letto-slaves, que ces derniers idiomes se sont séparés de la souche asiatique à une époque plus récente que tous les autres membres européens de notre grande famille [1]. Je ne puis, par conséquent (abstraction faite des mots empruntés), admettre de relation spéciale de parenté entre les langues germaniques, d'une part, et les langues letto-slaves de l'autre ; en d'autres termes, je ne puis leur reconnaître que cette identité qui provient d'une parenté commune avec les langues sœurs de l'Asie [2]. J'accorde que, par leur structure, les langues germaniques se rapprochent plus des langues letto-slaves que des langues classiques, et, à plus forte raison, que des langues celtiques : mais cependant, en examinant le gothique, le membre le plus ancien et le plus fidèlement conservé du groupe germanique, je n'y vois rien qui puisse obliger à le mettre avec les langues letto-slaves en une relation de parenté spéciale et, pour ainsi parler, européenne. Ce serait attacher une trop grande importance à cette circonstance, que les datifs pluriels gothiques, comme *sunu-m* « filiis », ressemblent plus aux datifs lithuaniens, comme *sūnù-mus* (ancienne forme), et à l'ancien slave *sŭno-mŭ*, qu'aux datifs latins, comme *portu-bus*. Mais le passage d'une moyenne à une nasale du même organe est si facile que deux langues ont bien pu se rencontrer fortuitement, sous ce rapport, dans un cas particulier. Cette rencontre est moins surprenante que celle qui fait que le latin et le zend sont arrivés à un même adverbe numéral *bis* « deux fois » et à une même expression *bi* (au commencement des composés) pour désigner le nombre *deux* : il a fallu que des

---

[1] Voyez §§ 21ᵃ, 145, 211, 214 et 265, et comparez Kuhn dans les Études indiennes de Weber, I, p. 324.

[2] L'opinion contraire est soutenue par J. Grimm (Histoire de la langue allemande, 1848, p. 1030) et par Schleicher (Sur les formes du slave ecclésiastique, p. 10 et suiv.). Voyez aussi un article de Schleicher dans le recueil publié par Kuhn et Schleicher (Mémoires de philologie comparée), I, p. 11, ss.

deux parts, mais d'une façon indépendante, le *d* du sanscrit *dvis*, *dvi* fût sacrifié, et que, par compensation, le *v* s'endurcît en *b*, au lieu que le grec, dont le latin est pourtant bien plus près que du zend, a simplement changé *dvis*, *dvi* en δίς, δι.

Dans la plupart des cas où il y a une ressemblance bien frappante entre les langues germaniques et les langues letto-slaves et où elles paraissent s'écarter du grec et du latin, le sanscrit et le zend viennent s'interposer pour former la transition. Si j'ai raison de considérer l'impératif slave comme étant originairement identique avec le subjonctif germanique et le potentiel sanscrit, il n'y a certes pas de concordance plus frappante que celle qui existe entre les formes slovènes, comme *délaj-va* « nous devons travailler tous deux », et les formes gothiques comme *bairai-va*, « que nous portions tous deux », quoique les deux verbes en question n'appartiennent pas, dans les deux langues, à la même classe de conjugaison. La forme gothique répond à la forme sanscrite *bárê-va* (même sens), venant de *barai-va* (§ 2, note), et à la forme zende ꟻꟻꟻꟻ *baraiva* (§ 33). Pour citer aussi un cas remarquable tiré du système de déclinaison, les génitifs gothiques comme *sunau-s* (thème *sunu*) sont, en ce qui concerne la flexion, complétement identiques avec les génitifs lithuaniens, tels que *sūnaú-s* (même sens); mais les génitifs sanscrits comme *sûnô-s* (contraction pour *sûnau-s*, § 2) forment encore ici la transition entre les deux langues sœurs de l'Europe et nous dispensent d'admettre qu'une parenté toute spéciale les relie entre elles.

Pour la première édition de cet ouvrage je n'avais guère à ma disposition, en ce qui concerne l'ancien-slave, que la grammaire de Dobrowsky, où l'on trouve beaucoup de formes appartenant au russe plutôt qu'à l'ancien-slave. Comme le ъ (§ 92°) n'a pas de valeur phonétique en russe, Dobrowsky l'omet tout à fait dans les nombreuses terminaisons où il paraît en ancien-slave : il donne, par exemple, *rab* comme modèle du nominatif-accusatif singulier d'une classe de mots que déjà, dans la première édition (S 257), j'ai rapprochée des thèmes masculins terminés en sanscrit par *a*, et de la première déclinaison masculine (forme forte) de Grimm; cette dernière déclinaison a perdu également au nominatif-accusatif singulier la voyelle finale du thème, et à l'accusatif elle a perdu en outre le signe casuel. (En haut-allemand moderne le signe casuel manque aussi au nominatif.) La forme *rab*, « servus, servum », si c'était là la vraie prononciation de ρабъ, serait aussi à comparer à l'arménien, qui supprime au nominatif-accusatif singulier la finale de tous les thèmes terminés par une voyelle. Dobrowsky supprime également le ь *ĭ* final partout où il a disparu en russe dans la prononciation, mais où il est remplacé graphiquement par le ъ, lettre aphone en russe. Il donne par conséquent à la troisième personne du singulier du présent la désinence т au lieu du russe тъ = *t*, et il n'attribue la terminaison ть *tĭ* qu'au petit nombre de verbes qui, à la première personne, ont la désinence мь *mĭ*. Les inexactitudes et les altérations graphiques de ce genre ont eu d'ailleurs peu d'influence sur notre analyse comparative; en effet, même dans des formes comme *nov* (au lieu de *novŭ*) « novus, novum », on ne pouvait méconnaître la parenté avec le grec *νέος, νέον*, le latin *novu-s, novu-m*, (= sanscrit *náva-s, náva-m*), du moment qu'on avait reconnu *novo* comme le vrai thème du mot en question, et qu'on avait constaté la nécessité de la suppression des flexions casuelles commençant par des consonnes. Les formes comme везет « vehit » (d'après l'orthographe de Dobrowsky) pouvaient être rapprochées des formes sanscrites *váh-a-ti* tout aussi bien que les formes en ть *tĭ*. Mais tant qu'on disait avec Dobrowsky *veṣet*, et à la première personne du pluriel *veṣem*, à l'aoriste *veṣoch, veṣochom* (au lieu de *veṣochŭ, veṣochomŭ*), il fallait entendre la loi mentionnée au § 92 ᵐ comme elle est appliquée dans les langues slaves vivantes : à savoir, que les consonnes finales primitives ont dû tomber, et que les consonnes qui se trouvent aujourd'hui à la fin d'un mot ont dû toutes être primitivement suivies d'une voyelle [1]. Cette loi ne m'a pas été sans secours pour les idiomes germaniques; j'ai été amené à examiner s'il n'y avait pas une loi générale qui expliquât pourquoi beaucoup de formes gothiques se terminent par une voyelle, tandis que, dans les langues congénères le plus fidèlement conservées, les mêmes mots finissent par une consonne. J'ai recherché, en outre, si les dentales qui se trouvent à la fin de tant de terminaisons germaniques n'étaient pas primitivement suivies d'une voyelle. Ma conjecture s'est vérifiée à cet égard, et j'ai déjà pu consigner dans la première édition (1835, p. 399) la loi de la suppression des dentales finales [2].

---

[1] Pour cette nouvelle édition, je me sers, en tout ce qui concerne l'ancien-slave, des excellents écrits de Miklosich.

[2] Les formes *tiuhaith*, *bairaith* et *svignjaith*, qu'ont fait remarquer d'abord Von der Gabelentz et Löbe, dans leur édition d'Ulfilas (I, p. 315), ne m'étaient pas encore connues alors. Elles démentiraient la loi en question si elles appartenaient en effet à l'actif, et si *bairaith*, par exemple, correspondait au sanscrit *bárêt* qu'il « porte ». Mais je regarde ces formes comme appartenant au moyen, et je compare, par conséquent, *bairaith* au zend baraita, au sanscrit *báréta*, au grec φέροιτο. J'admets qu'au lieu de *bairaith* il y a eu d'abord *bairaida* (comparez le présent passif *bair-a-da* = sanscrit *bár-a-té*, le grec φέρ-ε-ται). Après la perte de l'*a* final, il a fallu que l'aspirée, qui convenait mieux à la fin du mot, prît la place de la moyenne (§ 91, 4). *Bairaith* est donc venu d'une forme *bairai-da*, qu'il faut restituer, d'après l'analogie grammaticale, de la même façon que le nominatif-accusatif *haubith* vient du thème neutre *haubida* (génitif *haubidi-s*). Les passifs gothiques, qui répondent tous, quant à leur origine, au moyen sanscrit, zend et perse, ont donc adopté une double forme à la troisième personne du singulier : l'une, la plus fréquente, a ajouté un *u* à la forme primitive *bairai-da* = zend *barai-ta*, et fait, par conséquent, *bairai-dau* (comparez les formes sanscrites comme *dadáu* « il plaça », au lieu qu'en zend nous avons *dadá*); la seconde, comme on vient de le faire observer, a supprimé l'*a* final, ainsi que le font tous les accusatifs singuliers des thèmes masculins et neutres en *a*, et elle a donné à la dentale la forme qui convenait le mieux à la fin du mot. Je

PRÉFACE DE LA DEUXIÈME ÉDITION.

Je donne le nom « d'indo-européenne » à la famille de langues dont le présent livre rassemble en un corps les membres les plus importants ; en effet, à l'exception du rameau finnois, ainsi que du basque, qu'on ne peut rattacher à rien, et de l'idiome sémitique laissé par les Arabes dans l'île de Malte, toutes les langues de l'Europe appartiennent à cette famille. Je ne puis approuver l'expression « indo-germanique », ne voyant pas pourquoi l'on prendrait les Germains pour les représentants de tous les peuples de notre continent, quand il s'agit de désigner une famille aussi vaste, et que le nom doit s'appliquer également au passé et au présent de la race. Je préférerais l'expression « indo-classique », parce que le grec et le latin, surtout le premier, ont conservé le type originel de la famille mieux que tout autre idiome européen. C'est pour cela, sans doute, que G. de Humboldt évite la dénomination « d'indo-germanique », dont il aurait trouvé l'emploi dans son grand ouvrage sur la langue kawie, surtout dans la préface, qui est consacrée aux langues de tout le globe. Il appelle notre souche « la souche sanscrite », et ce terme convient d'autant mieux qu'il n'implique aucune idée de nationalité, mais qu'il relève une qualité à laquelle ont plus ou moins de part tous les membres de la famille de langues la plus parfaite; aussi ce terme, qui a d'ailleurs l'avantage d'être plus court, pourrait-il être adopté dans la suite de préférence à tous les autres. Quant à présent, pour être plus généralement compris, je me servirai du nom « d'indo-européen », qui a déjà reçu une certaine consécration de l'usage en France et en Angleterre.

Berlin, août 1857.

L'AUTEUR.

rappelle à ce propos la double forme qu'ont prise en gothique les neutres pronominaux qui en sanscrit sont terminés par un *t* : ou bien la dentale finale a été supprimée suivant la loi en question, ou bien on y a ajouté, pour la conserver, un *a* inorganique (§ 92 ^{m}).

GRAMMAIRE COMPARÉE

DES

LANGUES INDO-EUROPÉENNES.

SYSTÈME PHONIQUE ET GRAPHIQUE.

ALPHABET SANSCRIT.

§ 1. Les voyelles simples en sanscrit. — Origine des voyelles ऋ *r* et ऌ *l*[1].

Les voyelles simples en sanscrit sont :

1° Les trois voyelles primitives, communes à toutes les langues, अ *a*, इ *i*, उ *u*, et les longues correspondantes, que je marque dans la transcription latine d'un accent circonflexe.

2° Les voyelles propres au sanscrit *r* (ऋ) et *l* (ऌ), auxquelles les grammairiens indiens adjoignent également des longues, bien qu'il soit impossible, dans la prononciation, de distinguer la voyelle longue ॠ *r̂* de la consonne *r* jointe à un *î*, et que la voyelle longue ॡ *l̂* ne se rencontre nulle part dans la langue, mais seulement dans les mots techniques à l'usage des grammairiens. ऌ *l*, également très-rare, ne se trouve que dans la seule racine *kalp*, quand, par la suppression de l'*a*, elle se contracte en क्लृप् *klp*, notamment dans le participe passif क्लृप्तस् *klpta-s* « fait », et dans le terme abstrait क्लृप्तिस् *klpti-s*. Les

---

[1] L'auteur, après avoir énuméré les voyelles sanscrites, passe immédiatement à l'examen de celles qui offrent le plus d'intérêt à cause de leur nature et de leur origine exceptionnelles, à savoir *r* et *l*. Mais il reviendra sur les autres voyelles dans les paragraphes suivants. — Tr.

grammairiens indiens prennent néanmoins *klp* pour la vraie forme radicale et *kalp* pour la racine élargie à l'aide du gouna ; nous reviendrons sur ce point. Ils font de même pour les racines où *ar* alterne avec *r̥*, et ils donnent la forme mutilée comme étant la forme primitive, tandis que *ar* est, selon eux, la forme renforcée.

Je regarde, au contraire, ऋ, qui a le son d'un *r* suivi d'un *i* presque imperceptible à l'oreille[1], comme étant toujours le résultat de la suppression d'une voyelle, soit avant, soit après la consonne *r*. Nous voyons dans la plupart des cas, par la comparaison avec les langues congénères de l'Europe et de l'Asie, que *r̥* est une corruption de *ar*; il correspond en grec à ερ, ορ, αρ (§ 3), et en latin à des formes analogues. Comparez, par exemple, φερτο-ς, conservé seulement dans ἄφερτος, avec *br̥tá-s* «porté»; δερκτο-ς, conservé dans ἄδερκτος, avec *dr̥ṣṭá-s* pour *darktá-s* «vu»; στόρ-νῡ-μι avec *str̥-ṇá-mi* «j'étends»; βροτός pour μροτός, venant de μορτός, avec *mr̥tá-s* «mort»; ἄρκτος avec *r̥kṣá-s* «ours»; ἧπαρ pour ἧπαρτ avec *yákr̥t* «foie», latin *jecur*; πατράσι, métathèse pour πατάρσι, avec *pitŕ̥-ṣu* (locatif pluriel du thème *pitár*); *fer-tis* avec *bibr̥tá* «vous portez»; *sterno* avec *str̥ṇó-mi* «j'étends»; *vermis* (venant de *quermis*), avec *kŕ̥mi-s* «ver»; *cord* avec *hr̥d* «cœur»; *mor-tuus* avec *mr̥-tá-s* «mort»; *mordeo* avec *mr̥d* «écraser». Je ne connais pas en latin d'exemple certain de *ar* tenant la place d'un *r̥*; peut-être *ars*, thème *art*, est-il pour *carti-s*, et répond-il au sanscrit *kr̥-ti-s* «action» (cf. *kr̥trima-s* «artificiel»). Avec métathèse et allongement de l'*a*, nous avons *strá-tus* pour *star-tus*, qu'on peut comparer au sanscrit *str̥-tá-s* «épars», et au zend *starĕta* (dans *fra-starĕta*, qu'on écrit aussi *fra-stĕrĕta*).

L'exemple que nous venons de citer nous amène à remar-

---

[1] A peu près comme dans l'anglais *merrily*. Le *l* voyelle est à la consonne *l* ce que *r̥* est à *r*. (Voyez mon Système comparatif d'accentuation, note 3.)

quer que le *r* voyelle est étranger également au zend. On trouve à l'ordinaire à sa place ࢪ, qu'il ne faut pas, comme l'admet Burnouf¹, faire dériver du sanscrit *r*, mais de *ar*, par l'affaiblissement de l'*a* en *ĕ* et l'addition d'un *ĕ* après le *r*. Le zend, en effet, ne souffre pas que *r* soit suivi d'aucune consonne, excepté de *s*, à moins que devant le *r* ne se trouve inséré un *h*; ainsi *vṛ́ka* pour *várka* « loup », se trouve en zend sous les formes *vĕhrka* (quelquefois *vahrka*) et *vĕrĕka*. Dans les cas où le *r* zend est suivi d'un ࢽ *s*, l'*a* s'est conservé, apparemment par le secours que lui a prêté le groupe de trois consonnes qui le suivait; exemple : *karsta* « labouré », *karsti* « le labourage », *parsta* « interrogé », formes qu'on peut comparer au sanscrit *kṛṣṭá*, *kṛṣṭi*, *pṛṣṭá*.

Le *r* voyelle est également inconnu à l'ancien perse, qui a, par exemple, *karta* « fait », au lieu du sanscrit कृत *kṛtá*, *barta* (*parâ-barta*) pour भृत *bṛtá*. Si, dans les formes comme *akunauš* « il fit », un *u* prend la place du *r* sanscrit (védique *ákṛṇôt*), je considère cet *u* comme un affaiblissement de l'*a* primitif (§ 7), comme cela se voit dans le sanscrit *kur-más* « nous faisons », opposé au singulier *karṓmi*. Dans l'exemple en question, le *r* a disparu dans l'ancien perse; pareille chose arrive fréquemment dans le pâli et le prâcrit, qui ne possèdent pas non plus le *r* voyelle et qui, sous ce rapport, se réfèrent à un état de la langue plus ancien que ne sont le sanscrit classique et le dialecte des Védas. Je ne voudrais pas du moins reconnaître avec Burnouf et Lassen² dans l'*a* du pâli *kasi* le *r* du sanscrit *kṛ́si* « le labourage », ou dans l'*u* de *suṇotu* « qu'il écoute », le ऋ *r* de शृणोतु *śṛṇṓtu*; je n'hésite pas à expliquer *kasi* par une forme *kársi*, qui a dû exister anciennement en sanscrit, et *suṇotu* par *śruṇṓtu*, comme la racine *śru* devait faire régulièrement à la 3ᵉ personne de l'im-

---

¹ Voir, dans le Journal des Savants, 1833, la recension de la première édition de cet ouvrage, et *Yaçna*, notes p. 50, 61, 97. Voir aussi mon Vocalisme, p. 157-193.
² *Essai sur le pâli*, p. 82 suiv.

pératif. L'*u* de *utu* « saison » est pour moi un affaiblissement de l'*a* de *artú*, forme qui a dû précéder ऋतु *rtú*, et l'*i* de *tiṇa* « herbe » (sanscrit *tṛṇá*) est l'affaiblissement de l'*a* de la forme primitive *tarṇá*; nous avons en gothique le même mot avec l'affaiblissement de l'*a* du milieu et de celui de la fin en *u*: *thaurnus*, par euphonie pour *thurnus* (§ 82); le sens du mot a légèrement varié dans les langues germaniques, où il signifie « épine » (en allemand *dorn*). Ce que *tiṇa* est à *tarṇa*, le prâcrit *hidaya* l'est à *hárdaya*, forme qui a dû précéder le sanscrit *hṛ́daya*, et qui est identique, abstraction faite du genre du mot, au grec καρδία. Quelquefois le prâcrit a la syllabe रि *ri*, au lieu du ऋ *ṛ* sanscrit (voyez Vararuci, éd. Cowell, p. 6); exemple: रिणं *riṇaṁ* pour le sanscrit ऋणम् *ṛṇá-m* « dette ». Si रि *ri* était en prâcrit le remplaçant constant ou seulement habituel du sanscrit *ṛ*, on pourrait admettre que l'*i*, imperceptible à l'oreille, contenu dans la voyelle *ṛ*, est devenu plus sonore[1]. Mais comme il n'en est pas ainsi, et que, au contraire, *ri* est presque le remplaçant le plus rare du sanscrit *ṛ*, j'admets que l'*i* de रिणं *riṇaṁ* n'est pas autre chose qu'un affaiblissement de l'*a* de *arṇá-m*, qui a dû être la forme primitive de *ṛṇá-m*. On trouve même en sanscrit des exemples de *ar* changé en *ri*, entre autres au passif, dans les racines en *ar* qui permettent la contraction de cette syllabe en *ṛ*; exemple: क्रियते *kriyátê* « il est fait », de la racine *kar*, *kṛ*. La forme primitive *ar* reste, au contraire, intacte quand elle est protégée par deux consonnes, exemple: *smaryátê* de *smar*, *smṛ* « se souvenir ».

Si nous passons maintenant à des modes de formation plus rares, nous trouverons que le *ṛ* sanscrit provient d'une corrup-

---

[1] On doit remarquer que le *ṛ* peut se prononcer plus aisément que n'importe quelle autre consonne, sans être précédé ou suivi d'une voyelle; ainsi le *r* renfermé dans le gothique *brôthrs*, *brôthr* « du frère, au frère », pourrait être considéré comme une voyelle presque au même droit que le *ṛ* sanscrit dans *brấtṛ-byas* « fratribus ».

tion de la syllabe *âr* à certains cas (nous dirons plus tard lesquels) des noms d'agents en *târ*, comme *dâtâr* « celui qui donne », ou des noms marquant la parenté, comme *náptâr* « neveu », *svásâr* « sœur »; de là *dâtṛ-byas*, *svásṛ-byas* correspondant au latin *datôr-i-bus*, *sorôr-i-bus*. Au locatif, nous avons des formes comme *dâtṛ-su*, en grec au datif δοτῆρ-σι. Il y a aussi une racine verbale qui change *âr* en *ṛ* de la même façon que beaucoup d'autres changent *ar* en *ṛ* : je veux parler de la racine *mârǵ*, dont la forme affaiblie est *mṛǵ*; ce verbe fait au pluriel *mṛǵ-más* « nous séchons », tandis qu'au singulier il fait *mârǵ-mi*, de la même manière qu'on a au pluriel *biḃṛ-más* « nous portons », et au singulier *biḃár-mi* « je porte ». Les grammairiens indiens regardent *mṛǵ* comme la racine.

On trouve aussi *ṛ* pour *ra*, par exemple dans certaines formes du verbe *praĉ*, comme *pṛĉáti* « il interroge », *pṛṣṭá-s* « interrogé ». Cette racine *praĉ*, qui est également admise comme la forme primitive par les grammairiens indiens, est de la même famille que la racine gothique *frah* (présent *fraihna*, par euphonie pour *frihna*, prétérit *frah*). La contraction de *ra* en *ṛ* est analogue à celle des syllabes *ya* et *va* en *i* et en *u*, laquelle a lieu assez fréquemment dans la grammaire sanscrite; ces sortes de mutilations se présentent seulement dans les formes grammaticales où, d'après les habitudes générales de la langue, la forme faible est substituée à la forme forte, par exemple dans les participes passifs comme *iṣṭá-s* « sacrifié », *uktá-s* « parlé », *pṛṣṭá-s* « interrogé », par opposition à *yáṣṭum*, *váktum*, *práṣṭum*. Comme exemple de *ṛ* mis pour *ra*, je mentionne encore l'adjectif *pṛtú-s* « large », pour *pratú-s* (racine *prat* « être étendu »), qui correspond au grec πλατύ-ς, au lithuanien *platù-s*, à l'ancien perse *frâtu*, dans le composé *u-frâtu* (pour *hu-frâtu*) « Euphrate », proprement « le très-large ». Nous n'avons de ce mot que le locatif féminin *ufrâtavâ*, où le *i* (𐎡) exigé par l'*u* au nominatif, est changé en *t* (𐎫)

à cause de l'*a* qui le suit. Le zend *pĕrĕtu*, de *parĕtu* pour *partu*, contient une transposition, ce qui n'a rien de surprenant, aucune lettre ne changeant aussi aisément de place que *r*. Ainsi en latin nous avons *tertius* pour *tri-tius* (§ 6), en zend *tri-tya*; au contraire, le sanscrit contracte dans ce seul mot la syllabe *ri* en *r̥*, et donne *tr̥-tī́ya-s*, nombre ordinal formé de *tri* « trois ».

Le *r̥* est pour *ru* au présent et dans les formes analogues au présent de la racine *śru* « entendre » (voyez plus haut, p. 25); nous avons, par exemple, *śr̥-ṇṓ-ti* « il entend », *śr̥-ṇṓ-tu* « qu'il entende »; en outre, dans le composé *bʰr̥kuṭi-s* ou *bʰr̥kuṭī*, pour *bʰrukuṭi-s*, *bʰrukuṭī*, qui sont également usités et où l'*u* de la première syllabe tient la place de l'*ū* long de *bʰrū* « sourcil ».

§ 2. Diphthongues sanscrites.

Il y a en sanscrit deux classes de diphthongues : la première, qui comprend ए *ê* et ओ *ô*, provient de la fusion d'un *a* bref avec un *i* ou un *î* conséquent, ou d'un *a* bref avec un *u* ou un *û* conséquent. Dans cette combinaison, on n'entend ni l'un ni l'autre des deux éléments réunis, mais un son nouveau qui est le résultat de leur union : les diphthongues françaises *ai*, *au* sont un exemple d'une fusion de ce genre.

L'autre classe, qui comprend ऐ *âi* (prononcez *âï*) et औ *âu* (prononcez *âou*), provient de la combinaison d'un *â* long avec un *i* ou un *î* conséquent, ou d'un *â* long avec un *u* ou un *û* conséquent. Dans cette combinaison les deux voyelles réunies en diphthongue, et particulièrement l'*â*, sont perceptibles à l'oreille. Il est certain que dans ए *ê* et ओ *ô* il y a un *a* bref, dans ऐ et औ un *â* long; car toutes les fois que, pour éviter l'hiatus, le dernier élément d'une diphthongue se change en la semi-voyelle correspondante, ए *ê* et ओ *ô* deviennent अय् *ay* et अव् *av*, tandis que ऐ *âi* et औ *âu* deviennent आय् *ây* et आव् *âv*. Si, d'après les règles de contraction, un *â* final devient *ê* en se combinant avec un *i* ou un *î* initial, et s'il devient *ô* en se combinant avec un *u* ou un *û* initial, au lieu de devenir ऐ *âi* et औ *âu*, cela tient, selon moi, à ce que l'*â* long s'abrége avant de se joindre à la voyelle qui se trouve en tête du mot suivant. On ne s'en étonnera pas en voyant que l'*â* est supprimé tout à fait quand, dans l'intérieur d'un mot, il se trouve devant une flexion ou un suffixe commençant par une voyelle dissemblable; exemple : *dâdâ* devant *us* ne devient ni ददौस् *dadâus*, ni ददोस् *dadôs*, mais ददुस् *dadús* « dederunt ». Cette opinion, que j'avais déjà exprimée ailleurs[1], s'est trouvée confirmée depuis par le zend, où le ऐ sanscrit est représenté par ‎ *âi*, et le औ par ‎ *âo* ou ‎ *âu*.

REMARQUE. Je ne crois pas que la diphthongue exprimée en sanscrit par ए et prononcée *ê* aujourd'hui, ait déjà eu avant la séparation des idiomes une prononciation qui ne laissait entendre ni l'*a* ni l'*i*; il est, au contraire, très-probable qu'on entendait les deux éléments de la diphthongue, et qu'on prononçait *ai*, lequel *ai* se distinguait sans doute de la diphthongue ऐ *âi*, en ce que le son *a* n'était pas prononcé d'une façon aussi large dans la première de ces diphthongues que dans la seconde. Il en est de même pour ओ qui se prononçait *aou*, tandis que औ sonnait *âou*. En effet, si, pour ne parler ici que de la diphthongue ए *ê*, elle avait déjà été prononcée *ê* dans la première période de la langue, on ne comprendrait pas comment le son *i*, qui aurait été en quelque sorte enfoui dans la diphthongue, serait revenu à la vie après la séparation des idiomes, dans des branches isolées de la souche indo-européenne : nous trouvons en grec l'*ê* sous la forme de αι, ει, οι (voy. *Vocalisme*, p. 193 suiv.); la même diphthongue se montre en zend comme *ai* (§ 33) ou comme *ôi*, ou comme *ê*; en lithuanien comme *ai* ou *ê*; en lette comme *ai*, *ê* ou *ee*; en latin comme *ae*, venant immédiatement de *ai*, ou comme *ê*. Si, au contraire, la diphthongue avait encore, avant la séparation des idiomes, sa véritable prononciation, on s'explique aisément que chacun des idiomes dérivés ait pu fondre en *ê* l'*ai* qu'il tenait de la langue mère, soit qu'il fît de cette fusion une règle constante, soit qu'il ne l'accomplît que partiellement; et, comme rien n'est plus naturel que cette fusion de l'*ai* en *ê*, beaucoup de langues dérivées ont dû se rencontrer en l'opérant. Ainsi que nous l'avons

---

[1] *Grammatica critica linguæ sanscritæ*, § 33 annot.

dit plus haut, le sanscrit, suivant la prononciation venue jusqu'à nous, change toujours en *é* la diphthongue *ai* suivie d'une consonne, tandis que le grec suit une voie opposée et représente la diphthongue sanscrite par αι, ει ou οι.

L'ancien perse confirme cette opinion : il représente toujours la diphthongue sanscrite *é* par *ai* et *ô* par *au*. Ces deux diphthongues sont figurées dans l'écriture cunéiforme à l'intérieur et à la fin des mots d'une façon particulière, que Rawlinson a reconnue avec beaucoup de pénétration : à côté de l'*a* contenu dans la consonne précédente, on place soit un *i* soit un *u*, suivant qu'on veut écrire *ai* ou *au*. Mais quand l'*i* ou l'*u*, ou la diphthongue qui se termine par l'une de ces voyelles, est à la fin d'un mot, on y joint, suivant une règle phonique propre à l'ancien perse, la semi-voyelle correspondante, à savoir *y* après un *i*, *v* après un *u*; exemple : *astiy* « il est », en sanscrit *asti*; *maiy* « de moi, à moi », en sanscrit *mê*; *pâtuv* « qu'il protège », en sanscrit *pâtu*; *bâbirauv* « à Babylone ». Après *h* (qui représente le *s* sanscrit), il y a, au lieu d'un *iy*, un simple *y*; exemple : *ahy* « tu es », en sanscrit *ási*. Au commencement des mots où ⫞⫞⫞ représente l'*a* bref aussi bien que l'*à* long, les diphthongues *ai*, *au* ne sont pas distinguées dans l'écriture de *âi*, *âu*; exemples : ⫞⫞⫞.⫞⫞.⫞⫞⫞ *aita* « ceci », en sanscrit *état*, et ⫞⫞⫞.⫞⫞.⫞⫞ *âiśa* « il vint », en sanscrit ऐषत् *âiśat* « il alla. » Comparez le composé ⫞⫞.⫞⫞⫞.⫞⫞.⫞⫞.⫞⫞⫞.⫞⫞.⫞⫞ *patiy-âiśa* « ils arrivèrent (ils échurent) » (en sanscrit *praty-âiśan*), où l'*a* de la diphthongue *âi* est indubitablement long, l'écriture cunéiforme n'ayant pas plus que le sanscrit l'habitude d'exprimer l'*a* bref quand il vient après une consonne. La diphthongue *âu* ne s'est pas rencontrée jusqu'à ce jour sur les inscriptions perses au commencement d'un mot dont la formation fût certaine : mais sûrement elle ne différerait pas du signe qui représente *au* (⫞⫞⫞.⫞⫞), par exemple, dans *auramaṣdâ* (en zend *ahuramaṣdâ*). De la transcription grecque Ὠρομάζης (c'est ainsi que les Grecs écrivent le nom du dieu suprême de la religion zoroastrieme), je ne voudrais pas conclure avec Oppert[1] que les anciens Perses, soit dans ce mot, soit en général, prononçaient l'*au* comme un *ô* : autrement on pourrait, en suivant la même voie, tirer encore d'autres conséquences de la transcription que nous venons de citer, dire, par exemple, que l'*a* en ancien perse se prononçait comme un *o* bref, l'*â* long comme un η, et le groupe *ṣd* comme *ds*.

---

[1] Le système phonique de l'ancien perse, p. 23.

§ 3. Le son *a* en sanscrit et ses représentants dans les langues congénères.

Parmi les voyelles simples, il y en a deux qui manquent à l'ancien alphabet indien : ce sont l'ε et l'ο grecs. S'ils ont été en usage au temps où le sanscrit était une langue vivante, il faut au moins admettre qu'ils ne sont sortis de l'*a* bref qu'à une époque où l'écriture était déjà fixée. En effet, un alphabet qui représente les plus légères dégradations du son n'aurait pas manqué d'exprimer la différence entre ă, ĕ et ŏ si elle avait existé [1]. Il est important de remarquer à ce propos que, dans le plus ancien dialecte germanique, le gothique, les sons et les lettres *e* et *o* brefs manquent. En zend, le sanscrit अ *a* est resté la plupart du temps ـا *a*, ou s'est changé d'après des lois déterminées en ع ĕ. Ainsi, devant un *m* final il y a constamment ع ĕ : comparez l'accusatif پوترم *puĭrĕ-m* « filium », avec पुत्रम् *pu-trá-m*, et d'autre part le génitif پوتره *puĭra-hê* avec पुत्रस्य *pu-trá-sya*.

En grec, l'ε et l'ο sont les représentants les plus ordinaires d'un *a* primitif; il est représenté plus rarement par l'α. Sur l'altération de l'*a* bref en ι et en υ, voyez §§ 6 et 7.

En latin, comme en grec, ĕ est l'altération la plus fréquente de l'*a* primitif; l'ŏ remplace l'*a* plus rarement qu'en grec. Je cite quelques exemples d'un ŏ latin tenant la place d'un *a* sanscrit :

Latin.	Sanscrit.	Latin.	Sanscrit.
octo	aṣṭắu	sopor	svap « dormir »
novem	návan	coctum	páktum
novu-s	náva-s	loquor	lap « parler »
socer	śváśura-s	sollus	sárva-s « chacun »
socrus	śvaśrū́-s	sono	svan « résonner »
sororem	svásār-am	pont	pánian « chemin »

[1] Cf. Grimm. Grammaire allemande, I, p. 594.

dit plus haut, le sanscrit, suivant la prononciation venue jusqu'à nous, change toujours en *é* la diphthongue *ai* suivie d'une consonne, tandis que le grec suit une voie opposée et représente la diphthongue sanscrite par αι, ει ou οι.

L'ancien perse confirme cette opinion : il représente toujours la diphthongue sanscrite *é* par *ai* et *ô* par *au*. Ces deux diphthongues sont figurées dans l'écriture cunéiforme à l'intérieur et à la fin des mots d'une façon particulière, que Rawlinson a reconnue avec beaucoup de pénétration : à côté de l'*a* contenu dans la consonne précédente, on place soit un *i* soit un *u*, suivant qu'on veut écrire *ai* ou *au*. Mais quand l'*i* ou l'*u*, ou la diphthongue qui se termine par l'une de ces voyelles, est à la fin d'un mot, on y joint, suivant une règle phonique propre à l'ancien perse, la semi-voyelle correspondante, à savoir *y* après un *i*, *v* après un *u*; exemple : *astiy* «il est», en sanscrit *asti*; *maiy* «de moi, à moi», en sanscrit *mé*; *pâtuv* «qu'il protége», en sanscrit *pâtu*; *bâbirauv* «à Babylone». Après *h* (qui représente le *s* sanscrit), il y a, au lieu d'un *iy*, un simple *y*; exemple : *ahy* «tu es», en sanscrit *ási*. Au commencement des mots où 𒀀 représente l'*a* bref aussi bien que l'*â* long, les diphthongues *ai*, *au* ne sont pas distinguées dans l'écriture de *âi*, *âu*; exemples : 𒀀𒆠𒋫 *aita* «ceci», en sanscrit *état*, et 𒀀𒅖𒊭 *âiša* «il vint», en sanscrit आयत् *âišat* «il alla.» Comparez le composé 𒉺𒋾𒅀𒀀𒅖𒊭 *patiy-âiša* «ils arrivèrent (ils échurent)» (en sanscrit *praty-âišan*), où l'*a* de la diphthongue *âi* est indubitablement long, l'écriture cunéiforme n'ayant pas plus que le sanscrit l'habitude d'exprimer l'*a* bref quand il vient après une consonne. La diphthongue *âu* ne s'est pas rencontrée jusqu'à ce jour sur les inscriptions perses au commencement d'un mot dont la formation fût certaine : mais sûrement elle ne différerait pas du signe qui représente *au* (𒀀𒌑), par exemple, dans *auramazdâ* (en zend *ahuramazdâ*). De la transcription grecque Ὠρομάζης (c'est ainsi que les Grecs écrivent le nom du dieu suprême de la religion zoroastrienne), je ne voudrais pas conclure avec Oppert[1] que les anciens Perses, soit dans ce mot, soit en général, prononçaient l'*au* comme un *ô* : autrement on pourrait, en suivant la même voie, tirer encore d'autres conséquences de la transcription que nous venons de citer, dire, par exemple, que l'*a* en ancien perse se prononçait comme un *o* bref, l'*â* long comme un η, et le groupe *zd* comme *ds*.

---

[1] Le système phonique de l'ancien perse, p. 23.

§ 3. Le son *a* en sanscrit et ses représentants dans les langues congénères.

Parmi les voyelles simples, il y en a deux qui manquent à l'ancien alphabet indien : ce sont l'ε et l'o grecs. S'ils ont été en usage au temps où le sanscrit était une langue vivante, il faut au moins admettre qu'ils ne sont sortis de l'*a* bref qu'à une époque où l'écriture était déjà fixée. En effet, un alphabet qui représente les plus légères dégradations du son n'aurait pas manqué d'exprimer la différence entre *ă*, *ĕ* et *ŏ* si elle avait existé [1]. Il est important de remarquer à ce propos que, dans le plus ancien dialecte germanique, le gothique, les sons et les lettres *e* et *o* brefs manquent. En zend, le sanscrit अ *a* est resté la plupart du temps ܘ *a*, ou s'est changé d'après des lois déterminées en ܐ *ĕ*. Ainsi, devant un *m* final il y a constamment ܐ *ĕ* : comparez l'accusatif ܘܐ *puĭrĕ-m* « filium », avec पुत्रम् *putrá-m*, et d'autre part le génitif ܘܐ *puĭra-hĕ* avec पुत्रस्य *putrá-sya*.

En grec, l'ε et l'o sont les représentants les plus ordinaires d'un *a* primitif; il est représenté plus rarement par l'α. Sur l'altération de l'*a* bref en ι et en υ, voyez §§ 6 et 7.

En latin, comme en grec, *ĕ* est l'altération la plus fréquente de l'*a* primitif; l'*ŏ* remplace l'*a* plus rarement qu'en grec. Je cite quelques exemples d'un *ŏ* latin tenant la place d'un *a* sanscrit :

Latin.	Sanscrit.	Latin.	Sanscrit.
octo	aṣṭáu	sopor	svap « dormir »
novem	návan	coctum	páktum
novu-s	náva-s	lŏquor	lap « parler »
socer	śváśura-s	sollus	sárva-s « chacun »
socrus	śvaśrû'-s	sono	svan « résonner »
sororem	svásâr-am	pont	pántan « chemin »

[1] Cf. Grimm, Grammaire allemande, I, p. 594.

Latin.	Sanscrit.	Latin.	Sanscrit.
tonitru	stan «tonner»	vomo	vám-â-mi
ovi-s	ávi-s	voco	vác-mi «je parle»
poti-s	páti-s «seigneur¹»	proco	prać «demander»
noct-em	nákt-am «de nuit»	morior	mar, mṛ «mourir».

§ 4. L'*â* long sanscrit et ses représentants en grec et en latin.

De même que le grec remplace plus souvent l'*a* bref sanscrit par un ε ou un ο que par un α bref, de même il substitue plus volontiers à l'आ *â* un η ou un ω qu'un α long. Le dialecte dorien a conservé l'α long en des endroits où le dialecte ordinaire emploie l'η; mais il ne s'est conservé en regard de l'ω aucun reste de l'*ā* primitif. दधामि *dádâmi* «je place» est devenu τίθημι, ददामि *dádâmi* «je donne» a fait δίδωμι; la terminaison du duel ताम् *tâm* est représentée par την et par των, ce dernier à l'impératif seulement; au contraire, il y a partout ων pour le génitif pluriel, dont la désinence sanscrite est आम् *âm*.

En latin, les remplaçants ordinaires de l'*â* sanscrit sont *ô* et *a* bref; exemples : *sôpio*, en sanscrit *svâpáyâmi* «j'endors»; *datôrem*, en sanscrit *dâtâram*; *sorôrem*, en sanscrit *svásâram*; *pô-tum*, en sanscrit *pâ-tum* «boire;» *nô-tum*, en sanscrit *ǵñâ-tum* «connaître». L'*â* long s'est conservé, par exemple, dans *mâter*, *frâter*, en sanscrit *mâtấ*, *brâtấ* (thèmes, *mâtár*, *brấtar*); de plus, dans les accusatifs pluriels féminins, comme *novâs*, *equâs*, en sanscrit *návâs*, *ásvâs*, en analogie avec les formes grecques νέᾱς, μούσᾱς, νίκᾱς. Jamais il n'y a ni η ni ω pour les diphthongues indiennes ए *ê* et ओ *ô*, formées par la combinaison d'un इ *i* et d'un उ *u* avec un अ *a* antécédent. Pour la première de ces diphthongues, il y a, en grec, soit ει, soit οι, soit αι (अ *a* étant représenté par α, ε ou ο); et pour la seconde, soit ευ, soit ου, soit αυ. Exemples : एमि *êmi* «je vais» = εἶμι; भरेस् *bárês* «que tu portes» = φέροις;

---

¹ Racine *pâ* «conserver, protéger, commander»; cf. πόσις de πότις.

भरते *bárate* (moyen) = φέρεται; भरन्ते *báranté* (pluriel) = φέρονται; गो *gô*, masculin « bœuf », féminin « vache » = βοῦ. Sur ओ *ô* = ευ, voyez § 26. Nous avons un exemple de ओ *ô* pour αυ dans la racine ओज् *ôǵ* « briller » (d'où vient *óǵas* « éclat »), à laquelle correspond la racine grecque αὐγ dans αὐγή, etc. L'αυ de ναῦς, au contraire, représente un औ *âu* en sanscrit, comme on le voit par le mot *nâu-s* « vaisseau ». La déclinaison du mot grec montre, d'ailleurs, que l'α est long par lui-même dans ce mot; en effet, le génitif dorien est ναός pour ναϝός = sanscrit *nâvás*, et le génitif ionien νηός.

Il peut arriver que, par la suppression du dernier élément de la diphthongue, c'est-à-dire de l'*i* ou de l'*u*, un *ê* ou un *ô* sanscrit soit représenté, en grec, par un α, un ε ou un ο. Ainsi, एकतरस् *ékatará-s* « un des deux », en grec ἑκάτερος; देवर् *dêvár*, *dêvṛ* « beau-frère » (nominatif, देवा *dêvā́*), en grec δαήρ (venant de δαϝέρ, δαιϝέρ); d'autre part, l'ο dans βοός, βοΐ est pour ου (βου-ός, βου-ί); l'υ aurait dû se changer, et s'est certainement changé, dans le principe, en ϝ, comme cela ressort du latin *bovis*, *bovi* et du sanscrit गवि *gávi* (locatif), venant de *gô-i* pour *gau-i*.

§ 5. Origine des sons *a*, *æ* et *œ* en latin.

L'*ê* latin a une double origine. Ou bien il est, comme l'η grec et l'*ê* gothique, l'altération d'un *â* long, comme par exemple dans *sêmi-* = ἡμι- qui répond au sanscrit et au vieux haut-allemand *sâmi-*; dans *siês* = εἴης (venant de ἐσίης) qui répond au sanscrit *syâs*; dans *rê-s*, *rê-bus* pour le sanscrit *râ-s*, *râ-byás*. Ou bien il résulte, comme l'*ê* en sanscrit et en vieux haut-allemand, de la contraction d'un *a* et d'un *i* (§ 2). La langue latine a perdu toutefois la conscience de cette contraction que le sanscrit, le latin et le vieux haut-allemand ont opérée d'une façon indépendante, de sorte qu'il faut attribuer en partie au hasard la similitude qui existe, par exemple, entre le latin *stê-s*, *stê-mus*, *stê-tis* et le sanscrit *tiṣṭê-s*, *tiṣṭê-ma*, *tiṣṭê-ta*, et le vieux haut-allemand *stê-s*, *stê-mês*, *stê-t*[1]. C'est aussi le hasard qui est cause de la rencontre du latin *lêvir* (pour *laivirus* de *daivirus*) avec le sanscrit *dêvára-s* venant de *daivára-s*. On peut comparer à ce sujet la contraction qui a eu lieu dans le lithuanien *dêveris* qui est de la même famille. Le thème δαέρ en grec se rapporte au thème sanscrit *dêvár* (par affaiblissement *dêvŕ*, nominatif *dêvá*), et a compensé la perte de la seconde voyelle de la diphthongue par l'allongement de la première. L'anglo-saxon *tacur*, *tacor* a perdu également l'*i* de la diphthongue et prouve par son *a* la vérité de la proposition émise plus haut, que l'*ê* sanscrit s'est formé de l'*ai* après la séparation des idiomes.

Après *ê*, c'est *œ* qu'on trouve le plus souvent en latin comme contraction de *ai*, surtout dans les formes où la langue a encore conscience de la contraction[2]. On peut citer à ce sujet le mot *quæro* (de *quaiso* cf. *quaistor*), dans lequel je crois retrouver la racine sanscrite *c'êṣṭ* (venant de *kaiṣṭ*) « s'efforcer »[3]. Comparez aussi le gallois *cais* « contentio, labor ».

De même qu'en grec l'*a* primitif de la diphthongue sanscrite *ê* = *ai* s'est altéré fréquemment en *o*, de même en latin nous avons *œ* (venant de *oi*) pour *ai* : il est vrai que cette altération est très-rare. Elle a lieu dans *fœdus* de la racine *fid* qui, comme la racine

---

[1] Les formes germaniques précitées ne sont pas appuyées d'exemples dans Graff; mais elles sont prouvées théoriquement, par les formes semblables dérivées de la racine *gá* (= sanscrit *gá* « aller »), *gê-s*, *gê-t*, *gê-mês*, *gê-t*. Sur des formes analogues en albanais, où nous avons, par exemple, les formes *kĕ-m* « habeam », *kĕ-t* « habeat », *kĕ-mi* « habeamus », *kĕ-nĕ* « habeant », qui font pendant aux formes de l'indicatif *ka-m*, *ká*, *kĕ-mi* (pour *ka-mi*), *ká-nĕ*, voir ma dissertation *Sur l'albanais et ses affinités*, p. 12 suiv.

[2] Dans les monuments les plus anciens de la langue, c'est en effet la forme orthographique *ai* qui domine encore. (Schneider, I, p. 50 suiv.)

[3] Une autre racine qui veut dire « s'efforcer » en sanscrit a pris en grec le sens de « chercher », à savoir *yat*, dont le causatif *yâtáyámi* répond au grec ζητέω. (Sur ζ = *y* voir § 19.)

grecque correspondante πιθ signifie originairement *lier*, comme Ernesti l'avait déjà conclu avec raison de πεῖσ-μα. Pott a rapproché très-justement cette racine de la racine sanscrite *band*. En ce qui concerne l'affaiblissement de l'ancien *a* en *i*, πιθ et *fid* se comportent comme le thème du présent germanique *bind*[1]; le prétérit singulier (*band*) a sauvé au contraire la voyelle radicale primitive, comme cela a lieu, au prétérit, pour tous les autres verbes de la même classe de conjugaison dans les formes monosyllabiques du singulier. De la racine *fid* (cf. *fides* et d'autre part *fido*) devait venir avec le gouna (§ 26) *faid*, d'où *fœd* (dans *fœdus*) pour *foid* = ποιθ de πέποιθα.

§ 6. Pesanteur relative des voyelles. *A* affaibli en *i*.

Si nous examinons la pesanteur des trois voyelles fondamentales, nous trouvons les résultats suivants : l'*a* est la voyelle la plus grave, l'*i* la plus légère, et l'*u* tient le milieu entre l'*a* et l'*i*. Les langues sont plus ou moins sensibles à ces différences de gravité qui sont devenues en partie imperceptibles à notre oreille. La découverte de ce fait auparavant inaperçu m'a conduit à une théorie neuve et, à ce qu'il me semble, très-simple, d'un phénomène grammatical qui joue un grand rôle dans les langues germaniques : je veux parler de ce changement des voyelles connu sous le nom d'*apophonie* (*ablaut*)[2]. Le sanscrit a été le point de départ de mes observations : il renferme une classe de verbes qui changent *â* long en *î* long précisément dans les formes où d'autres classes de verbes éprouvent d'autres affaiblissements. Il y a, par exemple, un parallélisme parfait entre le changement de *yu-nấ-mi* « je lie » en *yu-nî-mấs* « nous lions » d'une part, et, d'autre

---

[1] Je crois avoir reconnu la racine en question dans la langue albanaise, sous la forme *bind*. (Voir mon Essai sur l'albanais, p. 56.)

[2] J'ai rassemblé mes observations sur ce sujet, en les resserrant autant que possible, dans mon Vocalisme, p. 214 suiv. et p. 227 suiv.

part, celui de *émi* = *aimi* « je vais » en *imás* « nous allons », et celui du grec εἶμι en ἴμεν. Nous rechercherons plus tard la cause de ce changement de voyelle qui a lieu dans les verbes, et qui fait que nous avons, d'un côté, une voyelle pour le singulier actif, de l'autre, une autre voyelle pour le duel et le pluriel, ainsi que pour le moyen tout entier dans les verbes sanscrits de la deuxième conjugaison principale et dans les verbes grecs en μι.

Le latin montre également qu'il est sensible à la différence de gravité des voyelles *a* et *i* : entre autres preuves, nous pouvons citer le changement d'un *a* primitif en *i*, dans les syllabes ouvertes, lorsqu'il y a surcharge par suite de composition ou de redoublement; dans le dernier cas le changement est de rigueur; exemples : *abjicio, perficio, abripio, cecini, tetigi, inimicus, insipidus, contiguus* pour *abjacio, perfacio,* etc. Dans les syllabes fermées[1], il y a ordinairement un *e* au lieu d'un *i*, conformément au même principe d'affaiblissement; exemples : *abjectus, perfectus, inermis, expers, tubicen* (qui vient s'opposer à *tubicinis*); ou bien l'*a* primitif reste, comme dans *contactus, exactus*.

Les langues germaniques, pour lesquelles le gothique nous servira surtout de type, ont la même tendance à alléger le poids de la racine en changeant l'*a* en *i*; elle paraît surtout dans les verbes que Grimm a classés dans ses 10e, 11e et 12e conjugaisons, lesquels ont conservé l'*a* radical au singulier du prétérit, à cause de son monosyllabisme, mais ont affaibli l'*a* en *i* au présent et dans les formes qui en dérivent, à cause du plus grand nombre de syllabes. Nous avons, par exemple, *at* « je mangeai », et *ita* « je mange », de la même façon qu'en latin nous avons *cano* et *cecini*, *capio* et *accipio*. On voit par le sanscrit, pour tous les verbes qui se prêtent à cette comparaison, que, dans les classes de conjugaisons gothiques précitées, le prétérit singulier contient la vraie voyelle

[1] La syllabe est dite *fermée* si la voyelle est suivie de deux consonnes, ou même, à la fin du mot, d'une seule.

radicale; comparez *at* « je mangeai » (ou « il mangea »), *sat* « je m'assis », *vas* « je restai, je fus », *vrak* « je poursuivis », *ga-vag* « je remuai », *frah* « j'interrogeai », *qvam* « je vins », *bar* « je portai », *ga-tar* « je déchirai, je détruisis », *band* « je liai », aux racines *ad*, *sad*, *vas* « demeurer », *vraǵ* « aller », *vah* « transporter », *praĉ*, *gam* « aller », *bar* (par affaiblissement *br̥*), *dar* (*dárâmi* « je fends »), *bandᶜ*. La grammaire historique devra donc cesser de regarder l'*a* des prétérits gothiques dont nous venons de parler, et des autres formes semblables, comme l'apophonie de l'*i* du présent, destinée à marquer le passé. Il est vrai qu'au point de vue spécial des idiomes germaniques, cette explication paraissait assez plausible, d'autant plus que la véritable expression du rapport de temps, c'est-à-dire le redoublement, a réellement disparu de ces prétérits, ou bien est devenue méconnaissable, par suite de contraction, dans les formes comme *êtum* « nous mangeâmes », *sêtum* « nous nous assîmes ». Nous reviendrons sur ce point.

Le grec est moins sensible que le sanscrit, le latin et le germanique, à la pesanteur relative des voyelles, et ne présente aucun changement de l'*a* en *i* qui soit régulier et qui frappe les yeux du premier coup. On peut, toutefois, citer certaines formes où, pour alléger le poids, un *ι* est venu prendre la place d'un *a* primitif, notamment les syllabes redoublées des verbes comme δίδωμι, τίθημι, en opposition avec le sanscrit *dádâmi*, *dádâmi*. Dans *tisṭâmi* « je suis debout », et *ǵiǵrâmi* « je flaire », le sanscrit met également un *i* au lieu d'un *a*, pour éviter, à ce que je pense, un surcroît de poids dans une syllabe déjà longue par position ; de même au désidératif, où la racine est chargée par l'adjonction d'une sifflante, exemple : *pipakṣ* « désirer cuire », auquel on peut opposer *bubukṣ* « désirer manger ». Il y a encore en grec des formes sporadiques où l'*ι* tient la place d'un α primitif : je mentionne l'homérique πίσυρες, dont l'*ι* répond, comme l'*i* du gothique *fidvôr*, à l'*a* du sanscrit *catvâras*, et du latin *quatuor* ; λιγνύς dont la racine, devenue méconnaissable, de même que celle du latin *lignum* (« le bois » en tant que « combustible ») répond au sanscrit *dah*, à l'irlandais *dagh*, du verbe दहामि *dáhâmi*, *daghaim* « je brûle »; ἵππος de ἵκκος pour ἴκϝος, qui répond au sanscrit *áśva-s*, venant de *ákva-s* « cheval », et au lithuanien *aświa* « jument ».

§ 7. *A* affaibli en *u*.

Le sanscrit, le latin et le germanique traitent l'*u* comme une voyelle plus légère que l'*a*, car quand il y a lieu d'affaiblir l'*a*, ils le changent quelquefois en *u*. Ainsi la racine sanscrite *kar* (par affaiblissement *kṛ*) donne au singulier du présent *karómi* « je fais », mais au pluriel *kurmás* « nous faisons », à cause de la terminaison pesante[1]; de même les désinences personnelles du duel *tas*, *tas* se changent en *tus*, *tus* au temps qui correspond au parfait grec, évidemment à cause de la surcharge produite par le redoublement, surcharge qui a occasionné aussi l'expulsion d'un *n* à la 3ᵉ personne plurielle du présent des verbes de la 3ᵉ classe de conjugaison : *bibrati* pour *bibranti*. Il ne manque pas en sanscrit d'autres faits pour montrer que l'*u* est plus léger que l'*a*. Mais nous passons à présent au latin, où les formes comme *conculco*, *insulsus*, pour *concalco*, *insalsus*, reposent sur le même principe qui a fait sortir *abjicio*, *inimicus*, *inermis*, de *abjacio*, etc. Les liquides ont une certaine affinité avec l'*u*, mais sûrement la langue aurait préféré conserver l'*a* de *calco*, *salsus*, si l'*u* n'avait pas été plus léger que l'*a*. Les labiales ont également une préférence pour l'*u* et le prennent dans des formes composées où l'on aurait plutôt attendu un *i*; exemples : *occupo*, *aucupo*, *nuncupo*, *contubernium*, au lieu de *occipo*[2], etc.

---

[1] Il sera question plus tard, dans la théorie du verbe, de la distinction entre les terminaisons *pesantes* et les terminaisons *légères*. Il suffira de dire ici que les terminaisons pesantes, à l'indicatif présent, sont celles du duel et du pluriel. — Tr.

[2] En sanscrit, les labiales exercent souvent une influence sur la voyelle suivante et

Le germanique affaiblit un *a* radical en *u* dans les formes polysyllabiques du prétérit de la 12ᵉ conjugaison de Grimm ; cette conjugaison ne contient que des racines terminées ou par deux liquides, ou, plus fréquemment, par une liquide suivie d'une muette ou d'une sifflante. La liquide exerce donc encore ici son influence sur l'apparition de l'*u* ; mais cette influence ne resterait certainement pas bornée aux formes polysyllabiques, si l'*u* n'était pas une voyelle plus légère que l'*a*. Le rapport de formes comme le vieux haut-allemand *bant* (ou *pant*) « je liai, il lia » avec *bunti* « tu lias », *buntumês* « nous liâmes », etc.[1], *bunti* « je lierais, il lierait », est analogue à celui du latin *calco* avec *conculco*, de *salsus* avec *insulsus*. Le participe passif (*buntanêr* « lié ») subit également l'affaiblissement de l'*a* radical en *u* ; il le montre même dans des racines qui, comme *quam* « aller » (= गम् *gam* « aller »), se terminent par une simple liquide[2], et qui ne subissent aucun affaiblissement de l'*a* en *u* à l'indicatif et au subjonctif du prétérit, parce qu'elles ont, dans les formes où cet affaiblissement pourrait avoir lieu, un redoublement caché par une contraction (*quâmi* « tu vins », *quâmumes* « nous vînmes » ; gothique *qvêmum*).

En grec, où l'ancien *u* est représenté par l'υ=ü, à l'exception de quelques formes du dialecte béotien, qui emploie ου, il n'y a qu'un petit nombre de mots isolés où l'ancien α se soit affaibli en υ, et cela sans aucune règle fixe. Comparez νύξ, νύκτ-α, avec le sanscrit *nâkt-am* « de nuit », le lithuanien *nakti-s* « nuit », le gothique *naht-s* (thème *nahti*) ; ὄ-νυξ, thème ὄ-νυχ, avec le sanscrit

---

la changent en *u* ; exemple : *pupûrś* « désirer remplir » (de la racine *par*, *pṛ*), par opposition à *cikîrś* « désirer faire », de *kar*, *kṛ*.

[1] J'ai cru, pendant un temps, que l'*u* des formes gothiques, comme *hulpum* (venant de *halpum*), était dû à l'influence assimilatrice de l'*u* de la désinence (Annales berlinoises, février 1827, p. 270). Mais cette explication ne s'accorde pas avec les participes passifs, comme *hulpans*, et les subjonctifs, comme *hulpjau* ; aussi l'ai-je déjà retirée dans mon Vocalisme (notes 16 et 17).

[2] Grimm, 11ᵉ conjugaison.

nakd-s, le lithuanien *nága-s;* γυνή avec le sanscrit *ǵáni-s* « épouse » (racine *ǵan* « engendrer, enfanter »), le borussien *ganna-n* « femme » (accusatif), le gothique *qvên-s* (thème *qvêni*, venant de *qváni*); σύν avec le sanscrit *sam* « avec ».

Nous retournons au latin pour faire observer que les mutilations éprouvées par les diphthongues *æ* (= *ai*) et *au*, quand les verbes où elles paraissent sont surchargés par suite de composition, reposent sur le même principe que le changement de l'*a* en *i* et en *u* (*accipio, occupo*, §§ 6, 7). Les diphthongues *æ* et *au* renoncent, pour s'alléger, à leur premier élément, mais allongent, par compensation, le second, *î* et *û* étant plus légers que *ai* et *au*. Exemples : *acquîro, occîdo, collîdo, conclûdo, accûso* (de *causa*), pour *acquaero*, etc. Au lieu de l'*au* de *faux, fauces*, nous avons un *ô* (*suffôco*), que je ne voudrais pas expliquer d'après le principe sanscrit, par une contraction de la diphthongue *au*, mais plutôt par la suppression du second élément de la diphthongue : cette suppression aurait entraîné, par compensation, l'allongement de l'*a*, qui se serait changé en *ô*, comme dans *sôpio* = sanscrit *svâpáyâmi* (§ 4).

§ 8. Pesanteur relative des autres voyelles.

Quant au rapport de gravité entre *u* et *i*, il n'est pas difficile d'établir que la première de ces voyelles est plus pesante que la seconde. Le sanscrit le prouve en changeant un *u* radical en *i* dans les aoristes, comme *âúnd-id-am* (racine *und*) pour *âúnd-und-am*: la racine redoublée, qui doit paraître dans la deuxième syllabe, sous la forme la plus affaiblie [1], change *u* en *i*, et évite la longue en supprimant la nasale. Le latin, pour alléger le poids du mot, transforme toujours en composition l'*u* radical qui termine le premier membre du composé en *i*; exemples : *fructi-fer, mani-pulus* pour *fructu-fer, manu-pulus*.

[1] Grammaire critique de la langue sanscrite, §§ 387, 388.

Il reste à parler du rapport de gravité des voyelles inorganiques (ĕ, ê, ŏ, ô, ε, η, ο, ω) entre elles et avec les voyelles organiques[1]. En ce qui concerne l'*e* bref, la prononciation de cette voyelle permet de telles dégradations de son, qu'il est impossible d'étendre les conclusions fournies par un idiome à un autre. En latin, un *e* radical est plus lourd que l'*i*, comme on le voit par des formes telles que *lego, rego, sedeo*, par opposition aux composés *colligo, erigo, assideo*. Au contraire, un *e* final paraît être, en latin, plus faible qu'un *i*, puisque cette dernière voyelle se change en *e* à la fin des mots[2], notamment aux cas dénués de flexion des thèmes neutres en *i*; exemple : *mite*, à côté du masculin et du féminin *miti-s*, des neutres grecs, comme ἴδρι, et des neutres sanscrits, comme *śúci*. En grec, l'ε paraît être plus léger que l'ι, à quelque place du mot qu'il se trouve; c'est pour cela que l'ι s'altère en ε quand le mot reçoit un accroissement, comme dans les formes πόλε-ως, πόλε-ι. Le rapport de formes comme *corporis, jecoris*, à *corpus, jecur*, montre que l'*o* bref, en latin, est plus léger que l'*u*.

§ 9. L'anousvâra et l'anounâsika.

Deux sons nasaux, l'*anousvâra* et l'*anounâsika*, et une aspiration finale, nommée *visarga*, ne sont pas regardés, par les grammairiens indiens, comme des lettres distinctes, mais seulement comme les concomitants d'une voyelle précédente, parce qu'ils n'ont pas toute la force d'une consonne, et qu'ils ne peuvent commencer une syllabe. L'anousvâra (˙), c'est-à-dire *le son qui vient après*, est un son nasal qu'on entend après les voyelles, et qui répond probablement à notre *n* français à la fin des

---

[1] L'auteur appelle *inorganiques* les voyelles qui ne sont pas primitives. (Comparez §§ 2-5). — Tr.

[2] Quand elle n'est pas supprimée tout à fait, comme dans les désinences personnelles.

mots ou, au milieu des mots, devant des consonnes. Nous le transcrirons *ṅ*. Sous le rapport étymologique, il remplace toujours, à la fin des mots, un *m* primitif, lequel doit être nécessairement transformé en anousvâra devant une sifflante initiale, un ह *h* ou les semi-voyelles यू *y*, रू *r*, लू *l*, वू *v*. Exemples : तं सूनुम् *taṅ sûnúm* « ce fils », तं वृकम् *taṅ vṛkam* « ce loup », pour *tam sûnúm, tam vṛkam*. En prâcrit et en pâli, l'anousvâra s'emploie devant toutes les consonnes initiales au lieu et place d'un *m* primitif. Le *n* final s'est également changé en anousvâra dans ces dialectes amollis; exemples : en prâcrit भञवं *baavaṅ* pour le sanscrit *bágavan* et *bágavân*, le premier vocatif, le second nominatif du thème *bágavant* « seigneur » (proprement « doué de bonheur »; c'est un terme honorifique); en pâli, गुणवं *guṇavaṅ* « vertueux » (au vocatif) pour le sanscrit गुणवन् *gúṇavan*. A l'intérieur des mots, l'anousvâra ne paraît en sanscrit que devant les sifflantes, comme altération d'un *n* primitif; exemples : हंस *haṅsá* « oie », qui est de même famille que l'allemand *gans*, le latin *anser* (pour *hanser*) et le grec χήν; पिंस्मस् *piṅsmás* « nous écrasons » (singulier, *pinásmi*), qu'on peut comparer au latin *pinsimus*; le verbe हन्मि *hán-mi* « je tue » fait, à la seconde personne, *háṅ-si*, parce qu'un *n* primitif ne peut pas se trouver devant un *s*.

L'anounâsika ◡ *ñ* (appelé aussi *anounâsîya*) ne paraît guère que comme transformation euphonique d'un *n* devant une sifflante. Dans le dialecte védique, on le trouve aussi devant un *r*, quand celui-ci provient d'un *s* primitif; nous reviendrons plus tard sur ce point. Dans la langue des Védas, quand l'anounâsika paraît à la fin d'un mot, à la suite d'un *â* long, il faut admettre que, après le ◡ *ñ*, il y avait d'abord encore un *r*. Du groupe *ñr*, auquel on peut comparer le *nr* français dans *genre*, on peut, je crois, conclure que la prononciation de l'anounâsika était plus faible que celle de l'anousvâra, car le son *n* peut beaucoup moins se faire entendre devant un *r* que devant un *s*, lequel supporte devant lui un *n* prononcé pleinement. La faiblesse de l'anounâsika se déduit encore de sa présence devant *l*, dans les cas où un *n* final se change en *ñl* devant un *l* initial, transformation qui n'est, d'ailleurs, pas obligée, et que les grammairiens indiquent seulement comme étant permise. Or, il est presque impossible qu'après un son nasal, deux *l*, dont l'un serait final et l'autre initial, puissent véritablement se faire entendre.

§ 10. L'anousvâra en lithuanien et en slave.

En lithuanien, il y avait un son nasal qui n'est plus prononcé aujourd'hui, d'après Kurschat, mais qui est encore indiqué dans l'écriture par des signes spéciaux ajoutés aux voyelles ; on le rencontre notamment à l'accusatif singulier, où il tient la place du *m* sanscrit et latin, du *v* grec, et, ce qu'il est particulièrement important de remarquer, du *n* borussien. Ce son nasal, que nous marquerons, dans l'écriture, comme l'anousvâra sanscrit, par un *ṅ*, a avec lui cette ressemblance que, dans l'intérieur des mots, il tient la place d'un *n* primitif. De même, par exemple, qu'en sanscrit le *n* du verbe *man* « penser » devient *ṅ* devant le *s* du futur (*maṅ-syê* « je penserai »), de même, en lithuanien, le *n* de *laupsinu* devient, au futur, *laupsiṅsiu* « je louerai », que l'on prononce aujourd'hui *laupsisiu*, mais où l'écriture a conservé le signe de l'ancienne nasale. J'écris également *ṅ* la nasale conservée dans la prononciation de quelques voyelles en ancien slave, sur lesquelles nous reviendrons plus tard. Je me contenterai de rappeler ici l'accord du neutre мѧсо *maṅso*, en ancien slave, avec le sanscrit मांसम् *mâṅsá-m* « chair » ; j'admets toutefois que le passage du son plein de *n* au son obscurci de l'anousvâra s'est opéré d'une façon indépendante dans les deux idiomes.

§ 11. Le visarga.

L'aspiration finale, appelée par les grammairiens indiens *vi-*

sarga, c'est-à-dire émission, est toujours la transformation euphonique d'un स् *s* ou d'un र् *r*. Ces deux lettres sont très-sujettes au changement à la fin des mots, et se transforment en visarga (ः) devant une pause, ainsi que devant *k*, *k̄*, *p*, *ṗ*. Nous représenterons, dans notre système de transcription, le visarga par un *ḣ*. En ce qui concerne les altérations auxquelles sont soumis un *s* ou un *r* final, le sanscrit occupe, parmi toutes les langues indo-européennes, si l'on en excepte le slave, le dernier degré de l'échelle; car, tandis que, par exemple, *dêvás* « dieu », *agnís* « feu », *sûnús* « fils » ne conservent l'intégrité de leur terminaison que devant un *t* ou un *ṭ* initial (*ad libitum* aussi devant *s*), les formes lithuaniennes correspondantes *diewas*, *ugnis*, *sunus*, gardent invariablement leur *s* dans toutes les positions; le lithuanien est, par conséquent, à cet égard, mieux conservé que le sanscrit dans la forme la plus ancienne qui soit venue jusqu'à nous. Une circonstance digne de remarque, c'est que même le perse et le zend, ainsi que le pâli et le prâcrit, ne connaissent pas le son du visarga. Dans la première de ces langues, le *s* final primitif est régulièrement supprimé après *a* ou *â*, mais conservé, après les autres voyelles, sous la forme d'un 𐎿 *ś*, quelle que soit, d'ailleurs, la lettre initiale du mot suivant. De même, en zend, pour le 𐬯 *s*, par exemple dans 𐬞𐬀𐬯𐬎 *paśus* « animal » (latin *pecus*). Pour un *r* final, le zend met *rĕ* (§ 30), mais conserve partout cette syllabe invariable. Comparez le vocatif zend 𐬛𐬁𐬙𐬀𐬭𐬉 *dâtarĕ* « créateur! » au vocatif sanscrit धातर् *dătar*, qui, devant *k*, *k̄*, *p*, *ṗ* et une pause, devient धातः *dătaḣ*, devant *t*, *ṭ*, *dătas*, et ne reste invariable que devant les voyelles, les semi-voyelles, les moyennes et leurs aspirées.

§ 12. Classification des consonnes sanscrites.

Les consonnes proprement dites sont rangées dans l'alphabet sanscrit suivant les organes qui servent à les prononcer, et forment sous ce rapport cinq classes. Une sixième classe se compose des semi-voyelles, et une septième des sifflantes et de ह *h*. Dans les cinq premières classes les consonnes sont rangées dans l'ordre suivant : en premier lieu les consonnes sourdes (§ 25), c'est-à-dire la ténue et son aspirée correspondante, puis les consonnes sonores, c'est-à-dire la moyenne avec son aspirée. La dernière consonne de chaque classe est la nasale. Les aspirées, que nous transcrivons *k̇*, *ġ*, etc. sont prononcées comme les non aspirées correspondantes suivies d'un *h* parfaitement sensible à l'ouïe : ainsi फ *ṗ* ne doit pas être prononcé comme un *f*, mais, suivant Colebrooke, comme *ph* dans le composé anglais *haphazard*, et भ *ḃ* comme *bh* dans le mot *abhorr*. Quant à l'origine plus ou moins ancienne des aspirées sanscrites, je regarde les moyennes aspirées comme les premières en date, les ténues aspirées comme les plus récentes. Ces dernières ne se sont développées qu'après la séparation des langues de l'Europe d'avec le sanscrit ; mais elles sont antérieures à la séparation du sanscrit et des langues iraniennes. Cette opinion s'appuie surtout sur ce que les aspirées sanscrites sonores sont représentées par des aspirées en grec, et pour la plupart aussi en latin. Mais ces aspirées grecques et latines ont été soumises à une loi de substitution analogue à celle qui, dans les langues germaniques, a changé la plupart des moyennes primitives en ténues ; ainsi le grec θυμός, le latin *fumus*, répondent au sanscrit *dûmá-s* « fumée », de la même façon que le gothique *tunthu-s* « dent », répond au sanscrit *dánta-s*. Au contraire, les ténues aspirées sanscrites sont représentées presque constamment dans les langues classiques par des ténues pures ; l'aspirée sanscrite *ṫ*, la plus communément employée parmi les aspirées dures, est notamment toujours remplacée en grec et en latin par τ, *t*. Comparez le grec πλατύς, latin *latus*, avec le sanscrit *priṫú-s* et le zend *pĕrĕṫu-s* ; le latin *rota* avec le thème sanscrit et zend *raṫa* « chariot » ; le grec ὀστέον et l'albanais *ástĕ* (féminin) avec le thème neutre sanscrit *dsti*; les désinences personnelles du pluriel τε, *tis* avec la terminaison sanscrite et zende *ta* du présent et du futur. Je regarde comme accidentelle la rencontre de la terminaison grecque θα dans des formes comme ἦσθα, οἶσθα avec le sanscrit *ta* du prétérit redoublé, en ce sens que le θ grec, à cette place, provient très-probablement d'un τ, sous l'influence euphonique du σ qui précède. En effet, le grec préfère après le σ le θ au τ, sans pourtant éviter entièrement le τ; c'est pour cela qu'au moyen et au passif il a changé le τ des terminaisons personnelles de l'actif en θ, sous l'influence du σ précédent, qui est l'exposant de l'action réfléchie marquée par le verbe [1].

§ 13. Les gutturales.

La première classe des consonnes sanscrites comprend les gutturales, à savoir : क् *k*, ख् *k̔*, ग् *g*, घ् *ǵ*, ङ् *ñ*. La nasale, que nous transcrivons par un *ñ*, se prononce comme *n* dans *manquer*, *engager*; elle ne paraît à l'intérieur des mots que devant les muettes de sa classe, et elle remplace un *m* à la fin des mots, quand le mot suivant commence par une gutturale. Quelques composés irréguliers, dont le thème se termine en च् *ńć*, comme प्राच् *prâńć* « situé à l'est », formé de la préposition *pra* et *ańć* « aller », changent au nominatif-vocatif singulier la nasale palatale en gutturale, après avoir supprimé la consonne finale; mais *prâńć* n'est qu'une altération de *prâńk* (§ 14), et il reviendrait à cette forme au nominatif-vocatif si deux consonnes pouvaient subsister à la fin d'un mot. La forme *prâñ* dérive donc de *prâńk* et non de *prâńć*, par la suppression obligée de la dernière des deux consonnes.

Les aspirées gutturales, ख् *k̔* ainsi que घ् *ǵ*, sont d'un usage relativement rare. Les mots les plus usités où elles paraissent

---

[1] Je me suis expliqué ailleurs avec plus de détail sur la jeunesse relative des aspirées dans la plupart des langues de l'Europe, notamment dans les langues celtiques. (Voyez Système comparatif d'accentuation, notes 16 et 18.)

sont *nakû-s* « ongle », *ġarmá-s* « chaleur », et *laġú-s* « léger ». Du premier mot il faut rapprocher le lithuanien *naga-s*, qui suppose, toutefois, comme le russe *nogotj*, un mot sanscrit *naġa-s*, dont le *ġ* serait représenté régulièrement en grec, à cause de la substitution des aspirées (§§ 12, 87 1), par le χ de ὄνυχ. De *ġarmá-s* « chaleur », l'équivalent en grec est θέρ-μη[1] avec changement de la gutturale en dentale, comme dans τίς « qui? » au lieu du védique *ki-s*, en latin *quis*. Le même changement a lieu également dans πέντε, sur lequel nous reviendrons plus tard, et, pour la moyenne, dans Δημήτηρ au lieu de Γημήτηρ. Avec *laġú-s* comparez le grec ἐλαχύς et le lithuanien *lengwa-s* « léger » (venant de *lengu-a-s*), dont le thème s'est élargi par l'addition d'un *a*[2]. La nasale du mot lithuanien se retrouve aussi en sanscrit dans la racine de *laġú-s*, à savoir *laṅġ* « sauter ».

Nous retrouvons encore le *k* sanscrit remplacé par un χ dans κόγχη = *śaṅkā-s* « coquillage » (venant de *kaṅkā-s*). Je ne voudrais pas me servir de cet exemple pour prouver l'ancienneté de l'aspiration dure, car le sanscrit a pu aisément, après la séparation des idiomes, changer dans ce mot en *k* un *ġ* dont la prononciation s'était endurcie. Le latin *concha* est évidemment un emprunt fait au grec.

§ 14. Les palatales.

La deuxième classe de consonnes comprend les palatales, c'est-à-dire les sons *tch* et *dj* (les sons italiens *c* et *g* devant *e* et *i*), avec leurs aspirées respectives et leur nasale. Nous transcrirons la ténue (च्) par un *ć*, la moyenne (ज्) par un *ġ*, la nasale (ञ्) par un *ñ*. Nous avons donc च् *ć*, छ् *ćʻ*, ज् *ġ*, झ् *ġʻ*, ञ् *ñ*. Cette classe est issue, au moins en ce qui concerne la ténue et la moyenne,

---

[1] La racine contenue dans *ġar-má-s* est *ġar*, *ġr* qui se retrouve, mais sans aspiration, dans l'irlandais *gar*, de *garaim* « j'échauffe », et dans le russe *gor*, de *gorju* « je brûle ».

[2] Pour d'autres rapprochements, voyez le Glossaire sanscrit, 1847, p. 296.

de la classe des gutturales, et doit être considérée comme en étant un amollissement. On ne rencontre les consonnes de cette classe que devant des voyelles ou des consonnes faibles (semi-voyelles et nasales); devant les consonnes fortes et à la fin des mots les consonnes gutturales reparaissent la plupart du temps. Les thèmes वाच् *vâć* « parole, voix » (latin *vôc*), et रुज् *ruǵ* « maladie », font au nominatif *vâk, ruk*, à l'instrumental et au locatif pluriels *vâg-bis, rug-bis, vâk-śú, ruk-śú*. Dans les langues congénères, au lieu et place des palatales sanscrites, il faut s'attendre à trouver, ou bien des gutturales, ou bien des labiales, les labiales étant souvent sorties par altération des gutturales, comme dans l'éolien πέσυρες, l'homérique πίσυρες, le gothique *fidvôr* « quatre », à côté du latin *quatuor* et du lithuanien *keturi* (nominatif pluriel); ou bien encore des dentales, les dentales étant également une altération des gutturales primitives (§ 13), mais seulement en grec; exemples : τέσσαρες de κέσσαρες qui lui-même est pour κέτϝαρες, en sanscrit *ćatvấras*; πέντε de πέγκε, éolien πέμπε, pour le sanscrit *pánća* (thème *pánćan*), venant de *pánka*. Dans les langues qui ont formé des palatales d'une façon indépendante du sanscrit, on peut s'attendre naturellement à en trouver au même endroit qu'en sanscrit. Comparez, par exemple, l'ancien slave печетъ *pećeti* « il cuit », avec le sanscrit *páćati*. Le slave ч *ć* est sorti ici d'un *k* par l'influence rétroactive de є; le *k* s'est conservé dans la première personne пекѫ *pekun*, et dans la troisième personne du pluriel пекѫтъ *pekuntĭ*, tandis qu'en sanscrit on trouve dans les mêmes formes la palatale *páć-â-mi, páć-a-nti*.

La ténue aspirée de cette classe, à savoir छ *ć̓*, est une altération du groupe *sk, sc* : c'est ce qu'on voit par la comparaison des idiomes européens congénères. Comparez, par exemple, la racine छिद् *ćid* « fendre », avec le latin *scid*, le grec σκιδ (σκίδνημι), et, par la substitution du χ au *k*, σχιδ, d'où viennent σχίζω (pour σχιδjω), σχίδη; enfin avec le gothique *skaid* de *skaida* «je sépare» (*ai* pour *i*, § 26). Sur les représentants de ए *ê* en zend, voy. § 37.

§ 15. Les cérébrales ou linguales.

La troisième classe est appelée celle des cérébrales ou linguales[1] et comprend une catégorie toute particulière de consonnes qui n'ont rien de primitif, mais qui sont une modification des dentales. Nous les désignons de la façon suivante : ट *ṭ*, ठ *ṭ̔*, ड *ḍ*, ढ *ḍ̔*, ण *ṇ*. En prâcrit cette classe a pris une grande extension et a remplacé fréquemment les dentales ordinaires. On prononce ces lettres en repliant profondément la langue vers le palais, de manière à produire un son creux qui a l'air de venir de la tête. De là leur dénomination sanscrite *mûrdanyâ* «capitalis». Les muettes de cette classe paraissent très-rarement au commencement des mots, la nasale jamais[2]. La racine la plus usitée commençant avec une cérébrale est डी *ḍî* «volare».

Une chose digne de remarque, c'est que les dentales se changent en cérébrales après un *ś*; exemple : द्वेष्टि *dvéś-ṭi* «il hait», *dviś-ṭá* «vous haïssez». Cette règle vient de l'affinité des sons cérébraux avec le *ś* (le *ch* français dans *charme*).

§ 16. Les dentales.

La quatrième classe comprend les dentales et le *n* ordinaire

---

[1] Je donne la préférence à la première dénomination, parce qu'elle répond exactement au terme indien *mûrdanyâ* «capitalis» (de *mûrdan* «tête») et parce que l'on désigne ordinairement dans les langues de l'Europe sous le nom de *linguales* les consonnes qui correspondent aux dentales (§ 16) sanscrites.

[2] Les racines commençant par un *n* dental (न *n*) changent cette lettre en un *n* cérébral (ण *ṇ*) sous l'influence de certaines lois phoniques; par exemple : *pra-naś-yati* «il périt», à cause de la consonne *r* qui précède. Dans ces cas, les grammairiens indiens supposent que le *ṇ* cérébral est primitif : ils donnent par exemple une racine *ṇaś*. Mais le verbe simple venant de cette racine, à laquelle répondent le latin *nec* (dans *nex*, *necis*) et le grec νεκ (dans νεκ-ρός, νέκ-υς) a partout un *n* dental.

de toutes les langues : त् *t*, त़् *t̤*, द् *d*, द़् *d̤*, न् *n*. Il a déjà été question de l'âge relativement récent du *t* et du changement par substitution de *d̤* en ϑ (§ 12). Le latin, qui a perdu l'aspirée de cet organe, la remplace quelquefois par l'aspirée labiale ; exemple : *fûmus*, qui répond au sanscrit *dûmá-s* « fumée » et au grec ϑῡμός. Je reconnais dans *infra, inferior, infimus* des mots de même famille que le sanscrit *adás* « en bas », *ádara-s* « inférieur », *ádamá-s* « le plus bas »[1]. De même dans l'osque *mefiai* (*viai mefiai* « in via media ») le *f* correspond au *d̤* de *mádyâ*; le latin *medius* a supprimé complètement l'aspiration, ce qui arrive fréquemment dans cette langue, à l'intérieur des mots, même pour les classes de consonnes qui en latin disposent d'une aspirée : comparez par exemple *mingo, lingo* aux racines sanscrites *mih̤, lih̤*, aux racines grecques ὀ-μιχ, λιχ; *tibi* au sanscrit *túbyam*; *bus* désinence du datif-ablatif pluriel au sanscrit *b̤yas*.

Le grec a cette particularité qu'il joint quelquefois au commencement des mots, comme surcroît inorganique, un τ, ϑ ou δ à des muettes initiales d'une autre classe : comparez πτόλις, πόλις à पुरी *purí* (venant de *parí*) « ville »; πτίσσω à पिष् *piṣ* « écraser », en latin *pinso*; κτάομαι à l'albanais *ka-m* « j'ai »; χθές à ह्यस् *hyas* « hier » (latin *heri, hes-ternus*); γδοῦπος, γδουπέω à l'ancien perse *gaub-a-tay* « il se nomme », persan گفتن *guf-ten* « parler »[2].

Quelquefois aussi le son dental qui se montre en grec après la gutturale est la corruption d'une ancienne sifflante, notam-

---

[1] Voir ma Dissertation sur le pronom démonstratif et l'origine des cas. (Mémoires de l'Académie de Berlin, 1826, p. 90.)

[2] La racine sanscrite correspondante *gup* ne s'est pas encore rencontrée avec le sens de « parler ». Je regarde le grec δοῦπος, δουπέω, comme des formes mutilées pour γδοῦπος, γδουπέω, dont il ne serait resté que le surcroît inorganique, à peu près comme dans le latin *vermis* (venant de *qvermis*) et le gothique *vaurms* comparés au sanscrit *kṛmi-s* venant de *kármis*, en albanais *krüm*; ou comme dans l'allemand *wer*, comparé au gothique *hva-s* et au sanscrit *ka-s*.

ment dans κτείνω, ἔκτανον, comparé à la racine sanscrite क्षण् *kṣan* « blesser, tuer »; dans ἄρκτος = sanscrit *ṛkṣá-s*, venant de *arkṣá-s*, en latin *ursus*; dans χθαμαλός (forme mutilée χαμαλός; cf. χαμαί, χαμάθεν, χαμᾶζε) comparé au sanscrit *kṣamā́* « terre ».

§ 17ª. *D* affaibli en *l* ou en *r*.

On connaît le changement de *d* en *l* par le rapport entre δάκρυ, δάκρυμα et *lacrima*. On trouve aussi en sanscrit un *d*, qui probablement est primitif, à la place où certaines langues de l'Europe ont un *l*. Exemple : *déha-s* « corps », gothique *leik* (neutre, thème *leika*) « chair, corps ». Pott rapproche de *dah* « brûler » le latin *lignum*, et je crois que le grec λιγνύς se rapporte à la même racine, dont le *d* primitif s'est conservé dans δαίω. Je retrouve le द *d* du nom de nombre *dáśan* (venant de *dákan*) « dix », dans la lettre *l* de l'allemand *eilf, zwölf* « onze, douze », en gothique *ain-lif, tva-lif*, et dans le lithuanien *lika* de *wienolika* « onze », *dwylika* « douze », *trylika* « treize », etc. Nous y reviendrons. On trouve aussi *r* remplaçant le *d*, notamment dans le latin *meridies* pour *medidies*. On peut ajouter ici que dans les langues malayo-polynésiennes l'affaiblissement du *d* en *r* ou en *l* est également très-ordinaire; ainsi le thème sanscrit *dva* « deux » est représenté en malais et dans le dialecte de la Nouvelle-Zélande par *dûa*, en bugis par *duva*; dans le tahitien au contraire par *rua*, et dans le hawaïen, qui n'a pas de *r*, par *lua*. Le tagalien présente les formes redoublées *dalua* et *dalava*, qui ont conservé le *d* dans la première syllabe et l'ont affaibli en *l* dans la deuxième[1].

§ 17ᵇ. *N* dental changé en *ṇ* cérébral.

Le *n* dental sanscrit (न्), quand il se trouve dans une désinence grammaticale, dans un suffixe formatif ou dans la syllabe

---

[1] Comparez mon Mémoire sur la parenté des langues malayo-polynésiennes avec les langues indo-européennes, p. 11, 12.

marquant la classe des verbes, ou bien encore quand il est intercalé pour éviter un hiatus, se change en un *ṇ* cérébral (ण) s'il est précédé d'une des lettres cérébrales ऋ *r̥*, ॠ *r̥̄*, र *r*, ष *ṣ* : mais il faut, pour que ce changement ait lieu, que le *n* soit suivi d'une voyelle ou d'une semi-voyelle, et que la lettre cérébrale en question soit dans la partie radicale du mot. Il peut se trouver entre les deux lettres une ou plusieurs labiales, gutturales, ainsi que les semi-voyelles य *y* et व *v*, sans que l'influence de *r*, etc. sur le *n* soit interceptée. Voici des exemples : *dvéšâṇi* « que je haïsse », *śr̥ṇómi* « j'entends », *śr̥ṇvánti* « ils entendent »; *ruṇádmi* « j'arrête », *prīṇámi* « j'aime », *pūrṇá-s* « rempli », *hr̥śyamâṇa-s* « se réjouissant », *vâ'ri-ṇ-as* (génitif) « de l'eau »; pour *dvéšâni, śr̥nómi*, etc.

§ 18. Les labiales.

Nous arrivons aux labiales, à savoir : प *p*, फ *ph*, ब *b*, भ *bh*, म *m*. L'aspirée sourde de cette classe फ *ph* est employée rarement; les mots les plus usités où on la rencontre sont *phéna-s* « écume » (slave пѣна *péna*, féminin), *palá-m* « fruit », et les autres formes dérivées de la racine *pal* « éclater, se fendre, s'ouvrir, porter des fruits ». L'aspirée sonore भ *bh* appartient avec ध *dh* aux aspirées les plus usitées; en grec, elle est remplacée par un φ, en latin au commencement des mots par un *f*, et, au milieu, comme on l'a déjà fait observer (§ 16), la plupart du temps par un *b*. Le भ *bh* de la racine *labh* « prendre » a perdu en grec l'aspiration (λαμβάνω, ἔλαβον), à moins qu'inversement le sanscrit *labh* ne soit une forme altérée de *lab*. Quand la nasale म (*m*) se trouve en sanscrit à la fin d'un mot, elle se règle sur la lettre initiale du mot suivant, c'est-à-dire qu'elle permute avec la nasale gutturale devant une gutturale, avec la nasale palatale, cérébrale ou dentale devant une palatale, une cérébrale ou une dentale (exemple : *tan dántam* « hunc dentem », pour *tam dántam*). Elle se change nécessairement en anousvâra devant les semi-voyelles, les sifflantes et ह *h*; exemple : तं सिंहम् *tan sinhắm* «hunc leonem», pour *tam sinhắm*. En grec, le μ final s'est partout affaibli en ν, par exemple à l'accusatif ϖόσιν pour le sanscrit *páti-m*; au génitif pluriel ϖοδῶν pour le sanscrit *pad-ắm*; à l'imparfait ἔφερον pour le sanscrit *ábaram*; ἐφέρετον pour *ábaratam* «vous portiez tous deux». De même en borussien, par exemple dans *deiwa-n* «deum» pour le sanscrit *dĕvá-m*. En gothique, on trouve encore le *m* final, mais seulement dans les syllabes où il était primitivement suivi d'une voyelle ou d'une voyelle suivie elle-même d'une consonne; exemple : *im* «je suis» pour le sanscrit *ásmi*; *bairam* «nous portons» pour le sanscrit *bárâmas*; *qvam* «je vins, il vint» pour le sanscrit *gagáma* «j'allai, il alla». Le *m*, primitivement final, a ou bien disparu en gothique, comme au génitif pluriel où nous avons une forme *namn-ê*, correspondant au sanscrit *nắmn-âm* et au latin *nomin-um*; ou bien il s'est affaibli en un *n*, auquel, dans la déclinaison pronominale, on adjoint un *a* à l'accusatif singulier, exemple : *hva-na* «quem» pour le sanscrit *ka-m*, en borussien *ka-n*; ou bien enfin, il s'est vocalisé en *u* (comparez les formes grecques telles que φέρουσι, venant de φέρονσι, pour φέροντι), comme, par exemple, dans *êtja-u* «que je mangeasse», lequel, quant à la forme, représente le potentiel sanscrit *ad-yắ-m*. Le latin, parfaitement d'accord en cela avec le sanscrit, a partout conservé le *m* final.

§ 19. Les semi-voyelles.

Suivent les semi-voyelles, à savoir : य *y*, र *r*, ल *l*, व *v*. Le *y* se prononce comme le *j* allemand ou le *y* anglais dans le mot *year* (zend *yârĕ* «année»). Il est assez souvent représenté, en latin, par la lettre *j*, en grec par un ζ, ce qui a besoin d'être expliqué. De même que le *j* latin a pris en anglais le son *dj*, le य *y* sanscrit est devenu à l'ordinaire en prâcrit un ज *ǵ* (prononcez *dj*), quand il se trouve au commencement d'un mot ou à l'intérieur entre deux voyelles. Pareille chose est arrivée en grec : dans cette langue, c'est le ζ (= δs) qui se rapproche le plus par la prononciation du ज् (= *dj*) sanscrit. Or, je crois pouvoir affirmer que ce ζ tient partout la place d'un *j* primitif, comme on le voit clairement, en comparant, par exemple, la racine ζυγ au sanscrit युज् *yuǵ* « unir » et au latin *jung* [1]. Dans les verbes en αζω, je reconnais la classe sanscrite des verbes en *ayâ-mi*, exemple : δαμάζω, en sanscrit *dam-áyâ mi* « je dompte », et en gothique *tam-ja* « j'apprivoise ». Dans les verbes en ζω, comme φράζω, σχίζω, ἵζω, ὅζω, κρίζω, βρίζω, κλάζω, κράζω, je regarde le ζ avec la voyelle qui le suit comme le représentant de la syllabe य *ya*, qui est la caractéristique de la quatrième classe de conjugaison en sanscrit[2]; j'admets en même temps que, devant ce ζ, la consonne finale de la racine (δ ou γ) est tombée. On pourrait supposer, il est vrai, que le ζ (= δs) de σχίζω renferme le δ de la racine suivi d'une sifflante; mais il vaut mieux admettre que le δ est tombé, parce que cette explication convient également bien à tous les verbes en ζω, et rend compte de formes comme κρίζω, βρίζω (pour κρίγ-jω, βρίγ-jω), aussi bien que des formes σχίζω, ἕζω, ἕζομαι. La suppression d'une dentale devant la syllabe ζω[3] n'a rien de surprenant, si l'on songe que la même suppression a lieu devant un σ à l'aoriste et au futur, par exemple dans σχί-σω, dont la forme correspondante en sanscrit est *čêt-syâ-mi* (pour *čêd-syâ-mi*, de *čid* « fendre »).

Il est important de faire observer qu'il y a aussi quelques

---

[1] Il faut excepter toutefois les cas où ζ (= δs) est une métathèse de σδ, comme dans Ἀθήναζε pour Ἀθήνασδε.

[2] Voyez § 109 * 2, et Système comparatif d'accentuation, p. 225 suiv.

[3] Le ζ ne devrait se trouver que dans la première série de temps (présent et imparfait), qui correspond aux temps spéciaux en sanscrit; mais il s'est introduit abusivement dans d'autres formes où il n'a point de raison d'être. Pareille chose est arrivée dans la conjugaison prâcrite.

racines terminées par une voyelle, lesquelles, dans la première série de temps, peuvent prendre le ζ : telles sont βλύ-ω, βύ-ω, qui peuvent faire βλύ-ζω, βύ-ζω. Ces formes montrent bien que le ζ = j est la lettre initiale de la syllabe marquant la classe du verbe, et elles nous empêchent d'admettre que le ζ de σχίζω, κρίζω soit seulement une modification de la consonne finale, δ ou γ, de la racine. J'explique également le ζ des substantifs comme σχί-ζα, φύ-ζα par le य् *y* du suffixe sanscrit य *ya*, féminin या *yâ*.

La semi-voyelle *y*, qui, comme nous l'avons dit, représente le son *j*, s'est ordinairement, en grec, vocalisée en ι. Mais il est arrivé aussi que le *j*, au temps où il existait encore en grec, s'est assimilé à la consonne précédente. Je mentionne seulement ici, comme exemple de ce dernier fait, le mot ἄλλος, que j'explique par ἄλjος, et que je rapproche du sanscrit अन्यस् *anyá-s* [1]; la semi-voyelle *y* s'est conservée intacte dans le thème gothique *alja* (§ 20), tandis qu'elle s'est assimilée à la consonne précédente dans le prâcrit अण्ण *aṇṇa*, absolument comme en grec. En latin, le *j* s'est vocalisé, comme il le fait toujours dans cette langue après une consonne : *alius* pour *aljus*. On pourrait rapprocher du même mot sanscrit le latin *ille*; en effet, *ille* veut dire « l'autre », par rapport à *hic*, et la production de deux mots différents quant à la forme, plus ou moins analogues quant au sens, par une seule et même forme primitive, n'a rien de rare dans l'histoire des langues. *Ullus* est de même origine ; la voyelle de la forme primitive s'est un peu moins altérée dans ce dernier mot, ainsi que dans *ul-tra*, *ul-terior*, *ul-timus*.

---

[1] C'est sur ce mot que j'ai d'abord constaté le fait en question. (Voyez mon Mémoire sur quelques thèmes démonstratifs et leur rapport avec diverses prépositions et conjonctions, 1830, p. 20.) Je ne pouvais encore confirmer cette observation par la comparaison du prâcrit, l'édition de *Sakountalá*, de Chézy, ne m'étant pas connue alors.

Au commencement des mots, la semi-voyelle *j* s'est souvent changée en grec en esprit rude. Comparez ὅς avec le sanscrit *ya-s* « qui »; ἧπαρ, ἥπατ-ος (venant de ἥπαρτ-ος) avec le sanscrit *yákṛt* (venant de *yákart*) « foie », et avec le latin *jecur*; ὑμεῖς pour ὑμμεῖς, venant de ὑσμεῖς, avec le thème pluriel sanscrit *yuṣmá*; ἄ-ζω (de ἄγ-jω), ἄγ-ιος avec *yaǵ* « honorer », *yâǵ-yá-s* « qui doit être honoré »; ἥμερος avec *yam* « dompter », racine à laquelle appartient aussi ζημία.

Nous transcrivons la semi-voyelle व par notre *v*; après une consonne, cette lettre se prononce, dit-on, en sanscrit, comme le *w* anglais. De même que le *j*, le grec a perdu la semi-voyelle *v*, au moins dans la langue ordinaire. Après les consonnes, le *v* s'est quelquefois changé en *υ*; exemple : σύ, dorien τύ, pour le sanscrit *tvam* « toi »; ὕπνος pour le sanscrit *svápna-s* « rêve » (racine *svap* « dormir »), vieux norrois *sveƒn* (thème *sveƒna*) « sommeil »; κύων pour le sanscrit *śvan* (thème). Mais, en général, le digamma, qui répond au व *v* sanscrit, a entièrement disparu après une consonne, aussi bien qu'après l'esprit rude représentant le *s* sanscrit; exemple : ἑκυρός, en sanscrit *śváśura-s* (venant de *svákura-s*) « beau-père », vieux haut-allemand *swehur* (thème *swehura*). Σειρήν conduit à la racine sanscrite *svar*, *svṛ* « résonner », à laquelle appartient aussi le latin *ser-mo*; au contraire, σειρ-, σειρός, σείριος, Σείριος, σέλας, σελήνη (λ pour ρ, § 20) appartiennent à स्वर् *svar*, forme primitive de सुर् *sur* « briller ». Le substantif *svàr* « ciel » (en tant que « brillant »), contient la racine encore intacte; il en est de même du zend *hvarĕ* « soleil » qui a pour thème *hvar* (§ 30), mais qui se contracte en *hûr* aux cas obliques.

Quelquefois aussi le *v* sanscrit s'est changé en φ après un σ initial, le φ tenant la place d'un ancien ϝ (digamma); exemple : σφό-ς « sien », en sanscrit *sva-s*, en latin *suu-s*. Dans l'intérieur d'un mot, il est arrivé quelquefois que le ϝ, comme le *j*, s'est assimilé à la consonne précédente; exemple : τέσσαρες, τέτταρες, pour le sanscrit *ćatvā́ras*; en prâcrit et en pâli, par une assimilation du même genre, *ćattârô*[1]. Dans ce mot, la première consonne s'est assimilée la seconde; on peut dire, en général, que les deux idiomes que nous venons de citer assimilent la consonne la plus faible à la plus forte, quelle que soit leur place relative. Citons encore le grec ἵππος (venant de ἵκκος, qui lui-même est pour ἰκϝος) à côté du sanscrit *áśva-s* (venant de *ákva-s*, § 21ᵃ), en latin *equus*, et en lithuanien *aśwa* (= sanscrit *áśvā́*) « jument ».

Entre deux voyelles, le son *v* a entièrement disparu en grec, à l'exception de quelques formes dialectales[2]; exemples : πλέω pour πλέϝω (racine πλυ, avec gouna πλευ, § 26 2), pour le sanscrit *plávâmi* (racine *plu* « nager, naviguer, etc. »); ὄϊς, en sanscrit *ávi-s* « brebis »; en lithuanien *awi-s*, en latin *ovis*.

Comme représentant du digamma, on trouve assez souvent un β au milieu et surtout au commencement des mots; cette différence est probablement toute graphique, et ne correspond à aucune diversité de prononciation. S'il en était autrement, on pourrait rappeler que le *v* sanscrit est devenu, en règle générale, un *b* en bengali.

Mentionnons, en terminant, un fait qui s'est produit quelquefois: l'endurcissement du *v* en gutturale; par exemple, dans le latin *vic-si* (*vixi*), *vic-tum* de la racine *viv* (sanscrit *ǵîv* « vivre »). Dans le *c* de *facio*, je reconnais le *v* du causatif sanscrit *bâvâyâmi* « je fais exister, je produis », de la racine *bû* « être » (en latin, *fu*). Au *v* du sanscrit *dêvára-s*, lévir (§ 5), répond le *c* de l'anglo-

---

[1] C'est sur cet exemple que j'ai constaté d'abord en grec l'assimilation du ϝ. Voyez ma Dissertation sur les noms de nombre. (Mémoires de l'Académie de Berlin, 1833, p. 166.)

[2] Entre autres Διϝί, qui répond, quant à la forme, au locatif sanscrit *diví* « dans le ciel ».

saxon *tacor* et le *h* du vieux haut-allemand *zeihur* (thème *zeihura = dêvara*). Au *v* du latin *navi-s* et du sanscrit *nâv* (radical qui se retrouve dans les cas obliques, quand la désinence commence par une voyelle) répond le *c* anglo-saxon et le *ch* vieux haut-allemand de *nac̓*, *nacho* « barque ». Au *v* du thème gothique *qviva* (nominatif *qviu-s*, sanscrit *ǵiva-s* « vivant ») répond le *k* du vieux haut-allemand *quek*, thème *queka*.

§ 20. Permutations des semi-voyelles et des liquides.

Les semi-voyelles et les liquides se confondent souvent entre elles, par suite de leur nature mobile et fluide. La permutation la plus fréquente est celle de *r* et de *l* : ainsi la racine sanscrite *ruć* (venant de *ruk*) « briller » a un *l* dans toutes les langues de l'Europe. Comparez le latin *lux*, *luceo*, le grec λευκός, λύχνος, le gothique *liuhath* « lumière », *lauhmôni* « éclair », le slave лоүча *luća* « rayon de lumière », l'irlandais *logha* « brillant ». A la racine *rić* (venant de *rik*) « abandonner » appartient le latin *linquo*, le grec λείπω, ἔλιπον, le gothique *af-lifnan* « relinqui », le borussien *po-linka* « il reste ».

L pour *n* se trouve dans le grec ἄλλος, le latin *alius*, le gothique *alja*, le gaélique *eile* et dans d'autres formes analogues, par opposition au sanscrit *anyá-s* et au slave инъ *inŭ*, thème *ino*, « autre ».

L est pour *v* dans le suffixe latin *lent*, qui répond au suffixe grec εντ pour Ϝεντ, et au suffixe sanscrit *vant* (dans les cas forts). Comparez les formes latines, comme *opulent-*, aux mots sanscrits comme *dăna-vant* « pourvu de richesse » (de *dăna* « richesse »). La même permutation de *v* et de *l* se remarque dans le gothique *slêpa* « je dors », le vieux haut-allemand *slâfu*, qui répondent au sanscrit *svấp-i-mi*; dans le lithuanien *saldù-s* « doux », le slave слaдъкъ *sladŭkŭ* (même sens), qui répondent au sanscrit *svâdŭ-s*, à l'anglais *sweet*, au vieux haut-allemand *suazi* (c'est-à-dire *svazi*).

R pour *v* se trouve, par exemple, dans le latin *cras* comparé au sanscrit *śvas* (venant de *kvas*) « demain »; dans *cresco, cre-vi,* comparé à la racine sanscrite *śvi* (venant de *kvi*) « croître », d'où est formé *śváy-â-mi* « je crois »; dans *plôro,* comparé au sanscrit *plâváyâmi* « je fais couler » (racine *plu*; latin, *flu* pour *plu,* cf. *pluit*); dans le crétois τρέ « toi » (voyez Ahrens, *De dial. dorica,* p. 51) pour le sanscrit *tvâm, tvâ;* dans la racine gothique *drus* « tomber » (*driusa, draus, drusum*) pour le sanscrit *dvaṅs*[1]; dans le vieux haut-allemand *bir-u-mês, pir-u-mês* « nous sommes », comparé au sanscrit *báv-â-mas,* dont le singulier *báv-â-mi* (racine *bû*) s'est contracté, en vieux haut-allemand, en *bim, pim;* de même dans *scrir-u-mês* pour *scriw-u-mês* « nous crions » (sanscrit *srâv-âyâmas* « nous faisons entendre », zend *srâvayêmi* « je parle »), dont le *w* s'est conservé dans la 3ᵉ personne du pluriel *scriw-un* (*er-scriu-un;* Graff, vi, 566), et, en outre, dans le moyen haut-allemand, à la 1ʳᵉ personne, et au participe passif, *schriuwen, geschriuwen* (au lieu de *schriwen;* voyez Grimm, p. 936).

Dans le dialecte irlandais du gaélique, *arasaim* signifie « j'habite »; j'en rapproche le sanscrit *â-vasâmi* (racine *vas,* préposition *â*). On y peut comparer aussi le gothique *raṣ-n* « maison » (thème, *raṣ-na,* § 86 5), quoique la racine sanscrite *vas* se trouve aussi, en gothique, sous sa forme primitive *vas* (par exemple, dans *visa* « je reste », *vas* « j'étais »)[2]. Cette coexistence de deux formes, l'une altérée, l'autre pure, venant d'une seule et même racine, est un

---

[1] Le changement de l'*a* en *u* a dû être amené en partie par le voisinage de la nasale qui le suivait.

[2] Peut-être aussi faut-il voir, dans le *r* du gothique *raṣ-da* « discours », l'altération d'un ancien *v,* de sorte que ce mot appartiendrait à la racine sanscrite *vad* « parler ». En effet, le *d* de *vad* doit devenir un *t* en gothique (§ 87), et ce *t* doit se changer, à son tour, en sifflante devant la dentale qui commence la terminaison (§ 102). Je regarde le suffixe *da* comme celui du participe passif. Nous reviendrons plus tard sur ce point. Rapprochez encore le vieux haut-allemand *far-wâzu* « maledico », où le *v* s'est conservé, et l'irlandais *raidim* « je dis ».

fait qui n'est pas sans exemple. Ainsi, en vieux haut-allemand, à côté de la forme *slâfu* « je dors », il y a une autre forme qui a maintenu intact le son primitif *w*, à savoir *in-swepiu* (qui s'écrit *insuepiu*) « j'endors »; comme le latin *sôpio*, cette forme correspond au causatif sanscrit *svâpáyâmi*.

En slave, je crois trouver un *v* initial remplacé par un *r* dans рекѫ *rekuṅ* « je dis » (lithuanien, *prá-raka-s* « prophète », *rekiu* « j'appelle, je crie »); je suppose, en effet, que ces mots appartiennent à la racine *vać* (venant de *vak*) « parler »[1]. En borussien, nous retrouvons, au contraire, le *w* dans *en-wackêmai* « invocamus », formé de la préposition *en* et de la racine *wack*. En serbe, *vik-a-ti* veut dire « crier », *vić-e-m* « je crie ».

On pourrait encore admettre le changement de *v* primitif en *r* dans le slave раз *raṣ*[2] (*ras* devant les ténues et х), comparé au sanscrit वहिस् *vahis* « dehors », attendu que le з est le représentant ordinaire du ह *h* sanscrit. Mentionnons aussi l'ancien slave риза *riṣa* « habit », qui est peut-être dérivé de la racine sanscrite *vas* « habiller » (en gothique, *vasja* « j'habille »).

Un exemple unique en son genre, d'un *l* mis pour un *j* (च् *y*) primitif, est le mot allemand *leber*, vieux haut-allemand *lebara*, *libera*, etc. s'il faut, en effet, le rapprocher, comme le fait Graff, du sanscrit *yákṛt* (venant de *yákart*). L'ancienne gutturale se serait alors changée en labiale, comme dans le grec ἧπαρ (§ 19).

---

[1] Schleicher (Théorie des formes du slave ecclésiastique, p. 131) rapproche le verbe *rēkuṅ* du sanscrit *lap*; mais nous ne pouvons approuver cette étymologie. Le sanscrit *lap* a donné, en latin, *loquor*, par le changement de la labiale en gutturale, qui se retrouve dans *coquo* comparé au sanscrit *pácâmi* (venant de *pak*), au grec πέσσω, au serbe *péćem* (même sens), à l'ancien slave *pekuṅ*. *Lap* a peut-être donné, en borussien, la racine *laip* « commander » (*laipinna* « il commanda »), et en lithuanien *lêpju* « je commande », *at-si-lêpju* « je réponds ».

[2] Le mot *raṣ* est employé, au commencement des composés, de la même façon et avec le même sens que le *dis* latin; nous avons, par exemple, en russe, *raṣbiráju* « dirimo », *raṣvlekáju* « distraho », *raspadáju-sj* « disrumpor ».

Si les langues de l'Europe n'offrent pas d'autre exemple d'un *l* tenant la place d'un *j* primitif, cela ne doit pas nous empêcher d'admettre la parenté des mots en question, car, outre le principe déjà établi que les liquides et les semi-voyelles permutent facilement entre elles, nous voyons que l'arménien ԼԵԱՐԴ *ljeard* « foie » (Ե est le représentant primitif de *ĕ*) a opéré le même changement. (Voyez Petermann, Grammaire arménienne, p. 29.)

L pour *m* dans le latin *flâ* comparé à la racine sanscrite *dmâ* « souffler » (*f* pour *d'* d'après § 16), dans *balbus* comparé au grec βαμϐαίνω.

M pour *v*, par exemple dans le latin *mare*, thème *mari*, et les autres mots de même famille, parallèlement au sanscrit *vâri* (neutre) « eau »[1]; dans le latin *clâmo* comparé au sanscrit *srâvâyâmi* « je fais entendre » (racine *sru*, de *kru*); dans δρέμω comparé au sanscrit *drâvâmi* « je cours » (racine *dru*).

V pour *m*, par exemple dans le slave *črŭvi*, thème *črŭvi* « ver », à côté du sanscrit *kṛ́mi-s* et du lithuanien *kirmini-s*.

§ 21ᵉ. La sifflante *s*.

La dernière classe de consonnes comprend les sifflantes et ह *h*. Il y a trois sifflantes : श *ś*, ष *š* et स *s*.

La première est prononcée comme un *s* accompagné d'une faible aspiration; elle appartient à la classe des palatales et s'unit, comme sifflante dure, aux palatales dures (च *ć*, छ *ćʻ*); exemple : सूनुश्च *sûnuś-ća* « filiusque ». Examiné au point de vue de son origine, श *ś* est presque partout l'altération d'un ancien *k*, ce qui explique pourquoi, dans les langues de l'Europe, il est ordinairement représenté par une gutturale. Comparez, par exemple, avec le thème *śvan*, dans les cas faibles (§ 129) *śun*, le grec

---

[1] Voyez Système comparatif d'accentuation, note 24.

κύων, le latin *cani-s* et le gothique *hund-s* (ce dernier venant du thème élargi *hunda*); avec la racine *daṅs* « mordre », le grec δάκνω, le latin *lacero*, le gothique *tah-ja* « je déchire » et le gallois *danhezu* « mordre »; avec *dáśan* « dix » (nominatif-accusatif *dáśa*), le grec δέκα, le latin *decem*, le gothique *taihun*, l'armoricain *dek* et l'irlandais *déagh*, *deich*. Les langues lettes et slaves, qui sont restées unies au sanscrit plus longtemps que les langues classiques, germaniques et celtiques, ont apporté avec elles la palatale *ś*, sinon prononcée complétement comme le श *ś* sanscrit, du moins parvenue déjà à l'état de sifflante. Ainsi, en lithuanien, le sanscrit श *ś* et le zend ⵯ *ś* sont représentés, à l'ordinaire, par *ś* (qu'on écrit *sz*), et, en slave, par с *s*. Comparez, par exemple, avec le sanscrit *dáśan*, le lithuanien *deśimtis* et le slave ДЕСАТЬ *desantĭ*[1]; avec *śatá-m* « cent », le lithuanien *śimta-s* et le slave СТО (neutre); avec *śvan* (nominatif *śvâ*, génitif *śunás*), le lithuanien *śuo*, génitif *śun-s*, et le russe *sobaka* pour *sbaka*, lequel suppose un *śvaka* sanscrit, qu'on peut rapprocher du médique σπάκα

---

[1] Je me suis déjà prononcé dans ce sens, quoique d'une façon dubitative, dans la première édition de cet ouvrage (p. 446) : «Si l'on voulait expliquer, par des «raisons historiques, le cas présent et plusieurs autres, il faudrait admettre que les «familles lette et slave ont quitté le séjour primitif de la race à une époque où la «langue s'était déjà amollie, et que ces affaiblissements n'existaient pas encore au «temps où les Grecs et les Romains (ainsi que les Germains, les Celtes et les Alba-«nais) apportèrent en Europe l'idiome primitif.» Depuis ce temps, ma conviction, sur ce point, n'a fait que s'affermir. Il est très-important d'observer que la formation de certains sons secondaires nous fournit comme une échelle chronologique, d'après laquelle nous pouvons estimer l'époque plus ou moins reculée où les peuples de l'Europe se sont séparés de leurs frères de l'Asie. C'est ainsi que nous voyons que toutes les langues de l'Europe, même le lette et le slave, se sont détachées du sanscrit avant les langues iraniennes ou médo-perses. Cela ressort particulièrement de ce que le zend et le perse n'ont pas seulement la sifflante palatale, mais encore les muettes de même classe (च *ć*, ज *ǵ*); l'accord avec le sanscrit est si grand à cet égard, qu'on ne peut admettre que le zend et le perse les aient formées d'une manière indépendante, comme il est arrivé peut-être, en slave, pour le ч *ć*; il faut, au contraire, que ce soit, pour ainsi dire, un héritage du sanscrit.

dans Hérodote. En un petit nombre de mots, où les langues letto-slaves ont conservé la gutturale, tandis que le sanscrit l'a changée en sifflante, la sifflante sanscrite paraît ne s'être développée qu'après le départ des langues letto-slaves; exemples : *akmuo* (thème *akmen*) « pierre », ancien slave камзı *kamü* (thème *kamen*), par opposition au thème sanscrit *áśman* (nominatif *áśmâ*).

Il y a aussi quelques mots en sanscrit où le *ś* (श) initial est sorti évidemment d'un ancien *s* (स); par exemple dans *śuṣká-s* « sec », pour lequel nous avons, en zend, *huska* (thème), et en latin *siccus*. Si le श *ś* de ce mot était sorti d'un *k*, et non d'un *s* ordinaire, nous devrions nous attendre à trouver également *ś* (ॐ) en zend et *c* en latin. Il en est de même pour le mot *śváśura-s* « beau-père »; on le voit par le *s* du latin *socer*, celui du gothique *svaihra* (thème *svaihran*), l'esprit rude du grec ἑκυρός; il est, d'ailleurs, vraisemblable que la première syllabe de ce mot contient le thème réfléchi *sva* (स्व); de même, dans श्वश्रूः *śvaśrû-s* « belle-mère », latin *socrus*.

§ 21ᵇ. La sifflante *ṣ*.

La seconde sifflante, qui appartient à la classe des cérébrales, se prononce comme le *ch* français, le *sh* anglais, l'allemand *sch*, le slave ш. Elle remplace le स *s* dans certains cas déterminés. Ainsi, après un *k* ou un *r* il ne peut y avoir un स *s*, mais seulement un ष *ṣ*. Exemples : *vák-ṣi* « tu parles », *bibár-ṣi* « tu portes », pour *vák-si*, *bibár-si*; *dákṣiṇa-s* qu'on peut comparer au grec δεξιός, au latin *dexter*, au gothique *taihsvô* (thème *taihsvôn*) « la main droite ». Le sanscrit évite également le स *s* après les voyelles, excepté *a*, *â*; aussi, dans les désinences grammaticales, le *s* se change-t-il en *ṣ* après *i*, *î*, *u*, *û*, *ṛ*, *ê*, *ô* et *âu*. De là, par exemple, *áviṣu* (locatif) « dans les brebis », *sûnú-ṣu* « dans les fils », *nâu-ṣú* « dans les navires », *ê-ṣi* « tu vas », *śṛṇô-ṣi* « tu entends », pour *ávi-su*, *sûnú-su*, etc.

Comme lettre initiale *ś* est extrêmement rare [1]; le mot le plus usité commençant par *ś*, est *śaś* « six » avec ses dérivés. Je regarde ce mot comme une altération de *kśaś*, en zend 𐬑𐬱𐬬𐬀𐬴 *kśvas*, en sorte que très-probablement le *ś* sanscrit sera sorti d'un *s* par l'influence du *k* précédent. A la fin d'un mot, et à l'intérieur devant d'autres consonnes que ड *t*, ड *t*, ण *n*, la lettre *ś* ne se rencontre pas dans l'usage ordinaire; les racines et les thèmes qui finissent par un *ś* le changent en *k*, *g* ou en *t*, *d*. Le nom de nombre mentionné plus haut fait au nominatif *śaṭ*; devant les lettres sonores (§ 25) *śaḍ*; à l'instrumental *śaḍ-bis*, au locatif *śaṭ-su*.

§ 22. La sifflante *s*.

La troisième sifflante est le *s* ordinaire de toutes les langues, lequel, en sanscrit, comme on l'a déjà fait remarquer (§ 11), est très-sujet à changement à la fin des mots et se transforme d'après des lois déterminées en visarga (: *ḥ*), *ś*, *ṣ*, *r* et *u*. Toutefois il est difficile d'admettre qu'un *s* final se soit changé d'une façon immédiate en *u* (l'*u* contenu dans la diphthongue *ô*, voir § 2); on sait que le changement en question a lieu quand le *s* final est précédé d'un *a* et que le mot suivant commence par un *a* ou une consonne sonore : il faut supposer que le *s* se change d'abord en *r* et le *r* en *u*; les liquides se vocalisent aisément en un *u*, même dans les autres langues, comme on le voit par le français *al* qui devient *au*, le gothique *am* qui devient *au*, le grec ον qui devient ου.

Nous venons de voir que le *s* sanscrit se change dans certains cas en *r*; pareil changement a lieu en grec, en latin et dans

---

[1] Toutefois les grammairiens indiens écrivent par un *ṣ* les racines qui, commençant par un *s*, le changent en *ṣ* sous l'influence d'une voyelle précédente, autre que *a*, *â*, contenue, soit dans une préposition préfixée, soit dans la syllabe réduplicative, exemple : *ni-ṣîdati* « il s'assied », en opposition avec *sîdati*, *prasîdati*.

plusieurs langues germaniques. En grec, seulement dans certains dialectes, notamment en laconien : exemples ἐπιγελασ7άρ, ἀσκόρ, πίσορ, γονάρ, τίρ, νέκυρ, ζούγωνερ (βόες ἐργάται) pour ἐπιγελασ7ής, ἀσκός, πίθος, γονάς, τίς, νέκυς, ζούγωνες. (Voir Ahrens, II, 71, suiv.) Le latin change surtout *s* en *r* entre deux voyelles; exemples : *eram, ero* pour *esam, eso; quorum, quarum* pour le sanscrit *késâm* (venant de *késâm*, le *s* s'étant changé en *ś* à cause de l'*ê* qui précède), *kâsâm*, et pour le gothique *hviṣệ, hviṣô*. On trouve souvent aussi en latin un *r* final à la place d'un *s*, par exemple au comparatif, et dans les substantifs comme *amor, odor, dolor*; nous y reviendrons. Le haut-allemand présente très-souvent un *r* pour un *s* primitif, soit au milieu des mots entre deux voyelles, soit à la fin : je ne mentionnerai ici que la terminaison *ro* du génitif pluriel de la déclinaison pronominale, au lieu du sanscrit *sâm, śâm*, du gothique *ṣê, ṣô*; les comparatifs en *ro* (nominatif masculin) au lieu du gothique *ṣa*, et les nominatifs singuliers masculins en *r*, comme, par exemple, *ir* « il » pour le gothique *is*.

§ 23. L'aspirée ḥ.

ह *h* est une aspirée molle et est compté par les grammairiens indiens parmi les lettres sonores (§ 25). Comme les autres lettres sonores, le *h* initial détermine le changement de la ténue qui termine le mot précédent en la moyenne correspondante. Dans quelques racines ह *h* permute avec घ् *ģ*, dont il paraît être sorti. Il n'est donc pas possible que la prononciation de cette aspirée ait été, au temps où le sanscrit était parlé, celle d'un *h* dur, quoique, à ce qu'il semble, on prononce de cette façon dans le Bengale. Je désigne cette lettre dans ma transcription par *h* et la regarde comme un χ prononcé plus mollement. Sous le rapport étymologique elle répond en général au χ en grec, à un *h* ou à un *g* en latin (§ 16), et à un *g* en germanique (§ 87 1). Comparez, par exemple, avec हंसस् *haṁsá-s* « oie », le grec χήν, l'allemand *gans*; avec *himá-m* « neige », *hâimantá-m* « hiver », le grec χιών, χεῖμα, le latin *hiems*; avec *váhâmi* « je transporte », le latin *veho*, le grec ἔχω, ὄχos, la racine gothique *vag* « mouvoir » (*viga, vag, vêgum*); avec *lêhmi* (racine *lih*) « je lèche », le grec λείχω, le latin *lingo*, le gothique *laigô*, ce dernier identique pour la forme au causatif sanscrit *lêháyâmi*. Dans *hrd* (de *hard*) « cœur » le *h* paraît tenir la place d'une ancienne ténue qui s'est conservée dans le latin *cord-, cordis*, le grec κέαρ, κῆρ, καρδία, et que laissent supposer le gothique *hairtô* (thème *hairtan*) et l'allemand *herz*.

Quelquefois le *h* est le débris d'une lettre aspirée autre que le *ġ*, de laquelle il ne reste que l'aspiration : par exemple dans *han* « tuer » (comparez *nidana-s* « mort ») pour *dan*, en grec θαν, ἔθανον; dans la désinence de l'impératif *hi* pour *di* (*di* ne s'est conservé dans le sanscrit ordinaire qu'après des consonnes); dans *grah* « prendre », pour lequel on trouve dans le dialecte des Védas *grab*, en slave *grabljun* « je prends », en albanais *grabit*[1] « je pille »; dans la terminaison *hyam*, en latin *hi*, de *máhyam* « à moi », *mi-hi*, qu'on peut comparer à la forme pleine *byam*, en latin *bi* (§ 16), de *túbyam* « à toi », *tibi*.

A la fin des mots et à l'intérieur devant les consonnes fortes, *h* est soumis en sanscrit aux mêmes changements que les autres aspirées, et devient, suivant des lois déterminées, ou bien *ṭ, ḍ*, ou bien *k, g*.

§ 24. Tableau des lettres sanscrites.

Nous donnons ici le tableau des lettres sanscrites avec leur transcription.

---

[1] Au sujet de la perte de l'ancienne aspirée en albanais, voir mon Mémoire sur l'albanais et ses affinités, pages 56 et 84.

VOYELLES.

अ *a*, आ *â*; इ *i*, ई *î*; उ *u*, ऊ *û*; ऋ *r*, ॠ *r̂*, ऌ *l*;
ए *ê*, ऐ *âi*; ओ *ô*, औ *âu*.

ANOUSVÂRA, ANOUNÂSIKA ET VISARGA.

˙*n*, ̐*ñ*, : *h*.

CONSONNES.

Gutturales....	क *k*,	ख *k̂*,	ग *g*,	घ *ĝ*,	ङ *ṅ*;
Palatales.....	च *c*,	छ *ĉ*,	ज *ǵ*,	झ *ĝ*,	ञ *ń*;
Cérébrales....	ट *ṭ*,	ठ *ṭ̂*,	ड *ḍ*,	ढ *ḍ̂*,	ण *ṇ*;
Dentales......	त *t*,	थ *t̂*,	द *d*,	ध *d̂*,	न *n*;
Labiales......	प *p*,	फ *p̂*,	ब *b*,	भ *b̂*,	म *m*;
Semi-voyelles..	य *y*,	र *r*,	ल *l*,	व *v*;	
Sifflantes et *h*..	श *ś*,	ष *ṣ*,	स *s*,	ह *h*.	

Les lettres indiquées dans ce tableau pour les voyelles ne s'emploient que quand elles forment à elles seules une syllabe, ce qui n'arrive guère en sanscrit qu'au commencement des mots, mais ce qui a lieu très-fréquemment en prâcrit, soit au commencement, soit au milieu, soit à la fin. Dans les syllabes qui commencent par une ou plusieurs consonnes et qui finissent par une voyelle, on n'écrit pas l'*a* bref; cet *a* est contenu dans chaque consonne, à moins qu'elle ne soit marquée du signe du repos (ͺ), qu'elle ne soit suivie dans la prononciation de quelque autre voyelle, ou qu'elle ne soit unie graphiquement avec une ou plusieurs consonnes. क se lit donc *ka*, et la simple lettre *k* s'écrit क्; pour आ *â*, on met simplement ा; exemple : का *kâ*. इ *i* et ई *î* sont désignés par ि, ी; le premier de ces deux signes est placé *avant* la consonne qu'il suit dans la prononciation; exemples : कि *ki*, की *kî*. Pour उ *u*, ऊ *û*, ऋ *r*, ॠ *r̂*, ऌ *l*, on place au-dessous des consonnes les signes ु, ू, ृ, ॄ, ॢ; exemple : कु *ku*,

5.

कू *kû*, कृ *kṛ*, कॢ *kḷ*, कॣ *kḹ*. Pour ए *ê* et ऐ *âi* l'on place ˊ et ˆ au-dessus des consonnes; exemples : के *kê*, कै *kâi*. On écrit ओ *ô* et औ *âu* en laissant de côté le signe अ, exemples : को *kô*, कौ *kâu*.

Quand une consonne n'est pas suivie d'une voyelle, au lieu d'en tracer la représentation complète et de la marquer du signe du repos, on se contente d'en écrire la partie essentielle qu'on unit à la consonne suivante; on écrit, par exemple, त्, स्, य्, au lieu de तू, सू, यू, comme dans मत्स्य *matsya*, au lieu de मतूसूय. Au lieu de त् + त्, on écrit त्त, et pour क् + ष् on écrit क्ष.

§ 25. Division des lettres sanscrites en *sourdes* et *sonores*, *fortes* et *faibles*.

Les lettres sanscrites se divisent en *sourdes* et *sonores*. On appelle *sourdes* toutes les ténues avec leurs aspirées correspondantes, c'est-à-dire dans le tableau ci-dessus les deux premières lettres des cinq premières lignes; en outre, les trois sifflantes. On appelle *sonores* les moyennes avec leurs aspirées, le ह *h*, les nasales, les semi-voyelles et toutes les voyelles.

Une autre division, qui nous paraît utile, est celle des consonnes en *fortes* et en *faibles;* par *faibles,* nous entendons les nasales et les semi-voyelles; par *fortes,* toutes les autres consonnes. Les consonnes faibles et les voyelles n'exercent, comme lettres initiales d'une flexion ou d'un suffixe formatif, aucune influence sur la lettre finale de la racine, au lieu que cette lettre finale subit l'influence d'une consonne forte venant après elle.

LE GOUNA.

§ 26, 1. Du gouna et du vriddhi en sanscrit.

Les voyelles sanscrites sont susceptibles d'une double gradation, dont il est fait un usage fréquent dans la formation des mots et le développement des formes grammaticales; le premier degré de gradation est appelé गुण *guṇa* (c'est-à-dire, entre autres sens, *vertu*), et le second वृद्धि *vṛddî*[1] (c'est-à-dire *accroissement*). Les grammaires sanscrites de mes prédécesseurs ne donnent aucun renseignement sur la nature de ces changements des voyelles : elles se contentent d'en marquer les effets. C'est en rédigeant la critique de la *Grammaire allemande* de Grimm[2] que j'ai aperçu pour la première fois la vraie nature de ces gradations, le caractère qui les distingue l'une de l'autre, les lois qui exigent ou occasionnent le gouna, ainsi que sa présence en grec et dans les langues germaniques, surtout en gothique.

Il y a gouna quand un *a* bref, vriddhi quand un *a* long est inséré devant une voyelle; dans les deux cas, l'*a* se fond avec la voyelle, d'après des lois euphoniques déterminées, et forme avec elle une diphthongue. इ *i* et ई *î* se fondent avec l'*a* du gouna pour former un ए *ê*, उ *u* et ऊ *û*, pour former un ओ *ô*. Mais ces diphthongues, quand elles sont placées devant les voyelles, se résolvent à leur tour en अय् *ay* et en अव् *av*.

अर् *ar* est pour les grammairiens indiens le gouna et *âr* le vriddhi de ऋ *ṛ* et de ॠ *ṝ*; mais en réalité, *ar* est la forme complète et *ṛ* la forme mutilée des racines qui présentent tour à tour ces deux formes. Il est naturel, en effet, que, dans les cas où les racines aiment à montrer un renforcement, ce soit la forme complète qui paraisse, et que ce soit la forme mutilée là où les racines capables de prendre le gouna s'en abstiennent. Le rapport de *bibhármi* « je porte » à *bibhṛmás* « nous portons » repose donc au fond sur le même principe que celui de *védmi* (formé

---

[1] Nous écrivons *vriddhi* et *gouna* et non *vṛddî*, *guṇa*, comme nous devrions le faire d'après le mode de transcription que nous avons adopté, parce que ce sont des termes déjà consacrés par l'usage; il en est de même pour le mot *sanscrit* que nous devrions écrire *sanskṛt*, le mot *zend* qu'il faudrait, d'après le même système, écrire *zend*, et quelques autres mots qui sont devenus des termes techniques.

[2] Annales berlinoises, 1827, p. 254 et suiv. Vocalisme, p. 6 et suiv.

de *vaídmi*) « je sais » à *vidmás* « nous savons ». Il n'y a qu'une seule différence : tandis que dans le dernier exemple le verbe présente au singulier la forme renforcée, au pluriel la forme pure, dans le premier exemple, le verbe montre au singulier la forme pleine, mais primitive, correspondant au gothique *bar* et au grec φερ, et au pluriel *bibʳmás* la forme mutilée, ayant supprimé la voyelle du radical et vocalisé le *r*. C'est encore sur le même principe que repose, entre autres, le rapport de l'irrégulier *vášmi* « je veux » avec le pluriel *ušmás* ; *ušmás* a perdu la voyelle radicale de la même façon que *bibʳmás*, et a de même vocalisé la semi-voyelle. Il sera question plus loin de la loi qui détermine, dans certaines classes de verbes, cette double série de formes : formes susceptibles du gouna ou non ; ou bien, ce qui, selon moi, tient à la même cause, formes pleines et formes mutilées.

§ 26, 2. Le gouna en grec.

En grec, dans les racines où des formes frappées du gouna alternent avec les formes pures, la voyelle du gouna est ε ou ο ; on sait (§ 3) que ces deux voyelles remplacent ordinairement en grec l'*a* sanscrit. Εἶμι et ἴμεν sont donc entre eux dans le même rapport qu'en sanscrit *émi* (de *aimi*) « je vais » avec *imás* ; λείπω (de λείκω) est à son aoriste ἔλιπον ce que le présent du verbe sanscrit correspondant *réćámi* (de *raikámi*) est à *driçam*. La forme οι apparaît au parfait comme gouna de l'ι : λέλοιπα = sanscrit *riréća*. Le verbe αἴθω conserve partout la voyelle du gouna qui est ici α : αἴθω répond à la racine sanscrite *ind*[1] « allumer » ; ἰθαρός et ἰθαίνω (d'où vient ἰαίνω) appartiennent à la même racine ; mais la grammaire grecque réduite à ses seules ressources n'aurait pu démontrer leur parenté avec αἴθω.

[1] Ou mieux *id*; le *n* sert à marquer la classe du verbe et c'est par abus qu'il s'est introduit dans d'autres temps que les *temps spéciaux* (§ 409ᵃ, 3).

Devant υ, dans les verbes susceptibles de gouna, on trouve seulement ε ; la gradation de υ à ευ est donc parallèle à celle qui a lieu en sanscrit de u à ô = au : πεύθομαι (de la racine πυθ, sanscrit *bud* « savoir ») est avec son parfait πέπυσμαι dans le même rapport que le sanscrit *bôdĕ* (moyen, formé de *baŭdĕ*) avec *bubudĕ*. La relation de φεύγω à ἔφυγον est pareille à celle des présents sanscrits comme *bôdâmi* aux aoristes comme *ábudam*. Un gouna oublié en quelque sorte et devenu permanent, consistant dans l'α placé devant l'υ, est renfermé dans αὔω « je sèche » ; en effet, ce verbe, qui a perdu à l'intérieur un σ, est parent, selon toute apparence, du sanscrit *ôśâmi* (de *aŭśâmi*) « je brûle » (de la racine *uś*, anciennement *us*, en latin *uro, ustum*). Le grec considère comme radicale la diphthongue αυ dans αὔω, parce que nulle part on ne voit la racine sans la gradation ; d'autre part, le latin ne reconnaît plus le rapport qui existe entre le substantif *aurum* « l'or » considéré comme « ce qui est brillant », et le verbe *uro*, parce que le gouna est rare dans cette langue et que le verbe *urere* a perdu sa signification de « briller »[1], quoiqu'elle apparaisse encore dans le mot *auróra*, qui a également le gouna et qui correspond, entre autres, quant à la racine, au lithuanien *auśra* « aurore ».

Un exemple isolé de l'*i* frappé du gouna est en latin le mot *fœdus* (de *foidus*), qui vient de la racine *fid* signifiant « lier » (§ 5), et auquel font pendant en sanscrit les thèmes neutres comme *tĕǵas* (de *taiǵas*) « éclat » (racine *tiǵ*).

§ 26, 3. Le gouna dans les langues germaniques.

Dans les langues germaniques, le gouna joue un grand rôle, aussi bien dans la conjugaison que dans la déclinaison. Mais, en ce qui concerne le gouna des verbes, il faut renoncer à l'idée

---

[1] Les idées de « briller, éclairer, brûler » sont renfermées fréquemment en sanscrit dans une seule et même racine.

généralement adoptée que la vraie voyelle radicale se trouve au présent et que les voyelles qui se distinguent de celle du présent sont dues à l'apophonie. Pour prendre un exemple, il ne faut pas admettre que l'*ai* du gothique *bait* (*and-bait*), et l'*ei* du vieux haut-allemand *beiz* « je mordis, il mordit », proviennent par apophonie du gothique *ei* (= *î*, § 70) et du vieux haut-allemand *î* du présent *beita* (*and-beita*) et *bîzu*. Je reconnais, au contraire, la voyelle radicale pure, pour ce verbe comme pour tous ceux que Grimm a classés dans sa huitième conjugaison forte, au pluriel et, pour le gothique, au duel du prétérit indicatif, ainsi que dans tout le subjonctif du prétérit et au participe passif. Dans le cas présent, je regarde comme renfermant la voyelle radicale les formes *bit-um*, vieux haut-allemand *biz-umês* « nous mordîmes »; *bit-jau*, vieux haut-allemand *biz-i* « que je mordisse ». Le vrai signe distinctif du temps, c'est-à-dire le redoublement, a disparu. Comparez *bitum*, *bizumês* avec le sanscrit *bibid-i-má* « nous fendîmes »; et, au contraire, *bait*, *beiz* « je mordis, il mordit » avec le sanscrit *bibéda* (de *bibaida*) « je fendis, il fendit ».

La 9ᵉ conjugaison de Grimm montre la voyelle radicale pure à la même place que la 8ᵉ, seulement c'est un *u* au lieu d'un *i*. Par exemple l'*u* du gothique *bug-u-m* « nous pliâmes », correspond à l'*u* sanscrit de *bu-bug-i-má*, et la forme du singulier frappée du gouna *baug* « je pliai, il plia », s'accorde avec l'*ô* sanscrit de *bubôga*. Il n'y a qu'une différence : le gothique *baug*, ainsi que *bait*, nous représente un état plus ancien de la langue que la forme sanscrite, en ce sens que *baug* n'a pas opéré la contraction de *au* en *ô*, ni *bait* celle de *ai* en *ê* [1].

---

[1] Toutefois, cette contraction a lieu partout en vieux saxon; le vieux saxon *bêt* « je mordis, il mordit », est à cause de cela plus près du sanscrit *bibéda* que du gothique *bait*; et *kôs* « je choisis, il choisit », est plus près du sanscrit *gugôsa* « j'aimai, il aima » (racine *gus* formée de *gus*), que du gothique *kaus*.

§ 26, 4. Le gouna dans la déclinaison gothique.

La déclinaison gothique nous fournit des exemples de *a* employé comme gouna : 1° dans les génitifs comme *sunau-s* « du fils », en sanscrit *sûnô-s*; 2° dans les datifs comme *sunau* (sans désinence casuelle), en sanscrit *sûnáv-ê*; 3° dans les vocatifs comme *sunau*, en sanscrit *sûnô*. De même, pour les thèmes féminins en *i*, dans les génitifs comme *ga-mundai-s* « de la mémoire », et dans les datifs comme *ga-mundai*, comparés aux génitifs et datifs sanscrits, comme *matê'-s*, *matáy-ê*, venant du thème *matí* « raison, opinion », de la racine *man* « penser ».

§ 26, 5. Le gouna en lithuanien.

La gradation du gouna se retrouve aussi en lithuanien; mais dans la conjugaison le gouna a ordinairement fait disparaître la voyelle radicale, ou le rapport qui existe entre les formes frappées du gouna et celles qui sont restées pures n'est plus clairement perçu par la langue. Comme gouna de l'*i* nous trouvons *ei* ou *ai*; le premier, par exemple, dans *eimi* « je vais » = sanscrit *émi* (contracté de *aimi*), grec εἶμι; mais *ei* persiste dans le pluriel *ei-me* « nous allons », contrairement à ce que nous voyons dans le sanscrit *i-más* et le grec ἴ-μες. La racine sanscrite *vid* « savoir » (peut-être cette racine signifiait-elle aussi dans le principe « voir »), d'où vient *védmi* « je sais », pluriel *vid-más*, a bien formé en lithuanien le substantif *pá-wizd-is* « modèle », qui conserve la voyelle pure; mais le verbe montre partout la forme frappée du gouna *weizd* (*wéizdmi* « je vois »); de même aussi le substantif *pá-weizdis* qui a le même sens que *pá-wizdis*. On retrouve la diphthongue *ai*, plus rapprochée de la forme sanscrite que *ei*, dans *uż-waizdas* « surveillant », et dans le causatif *waidinō-s* « je me fais voir », dont le thème peut être rapproché du gothique *vait* « je sais » (pluriel *vitum*). Dans le causatif lithuanien *pa-klaidinù*

« je séduis », *ai* représente le gouna d'un *y* radical (l'*y* lithuanien = *î*) qui se trouve dans *pa-klys-tu* (*s* pour *d*, § 102) « je m'égare ». Il en est de même de l'*ai* de *atgaiwinù* « je récrée » (proprement « je fais vivre »; comparez le sanscrit *ġîvâmi* « je vis »); nous trouvons, au contraire, le *y* (= *î*) dans *gywa-s* « vivant », *gywénu* « je vis » [1].

Au comme gouna de l'*u* ne paraît que dans le causatif *grâu-ju* « je démolis » (proprement « je fais tomber »), de *grûw-ù* [2] « je tombe ». En outre, on le trouve dans tous les génitifs et vocatifs singuliers des thèmes en *u*, d'accord en cela avec les formes sanscrites et gothiques correspondantes; exemples : *sûnaù-s* « du fils », *sûnaù* « ô fils ! » = sanscrit *sûnố-s*, *sûnố*, gothique *sunau-s*, *sunau*.

§ 26, 6. Le gouna en ancien slave.

De même qu'en sanscrit nous avons la diphthongue *ô* (contraction pour *au*), qui se résout en *av* devant les voyelles, nous trouvons en ancien slave оъ *ov*, par exemple dans сꙑнови *sŭnov-i* « au fils », qu'on peut comparer au sanscrit *sûnáv-ê*. Au contraire, сꙑноу *sŭnu*, qui a le même sens, correspond, en ce qui concerne l'absence de flexion casuelle, au gothique *sunau*. Nous y reviendrons.

De même qu'en sanscrit nous avons la diphthongue *ê* (contraction de *ai*), qui se résout en *ay* devant les voyelles, par exemple, dans le thème *bay-á* « peur », venant de la racine *bî*, de même nous trouvons en ancien slave *oj* dans боіати са *boja-ti-san* « s'effrayer ». Il est difficile de décider si le *j* du lithuanien *bijaù* « je m'effraye », est sorti d'un *i* radical, à peu près

---

[1] *At-gyjù* « je me récrée, je revis », et *gyju* « je reviens à la santé », ont évidemment perdu un *w* comme le zend *ġî* de *hu-ġîti* « bonam vitam habens ».

[2] *Ûw* par euphonie pour *û*, à peu près comme dans le sanscrit *ábûv-am* « j'étais » (aoriste), en lithuanien *buw-aù*, de la racine *bû*, en lithuanien *bu* « être ».

comme le *y* sanscrit (= *j*) de formes comme *bíy-am* « timorem », *bíy-ás* « timoris », venant du thème *bî*; ou bien si l'*i* de *bij-aù* est un affaiblissement de la voyelle *a* exprimant le gouna, en sorte que *ij* correspondrait au slave *oj* et au sanscrit *ay*. La deuxième opinion me paraît plus vraisemblable, parce que le gouna s'est parfaitement conservé dans *bái-mê* « peur », *bai-daù* « j'effraye », et *baj-ús* « effrayant », sans que toutefois la langue se doute encore que *bi* soit la véritable racine.

§ 27. De l'*i* gouna dans les langues germaniques.

Il est impossible de ne pas reconnaître qu'outre la voyelle *a*, dont nous avons parlé plus haut, la voyelle *i* joue aussi dans les langues germaniques le rôle du gouna : je vois dans cet *i* un ancien *a* affaibli d'après le même principe qui fait qu'un *a* radical devient souvent un *i*. De même, par exemple, que l'*a* de la racine sanscrite *band* « lier » ne s'est conservé dans le verbe gothique correspondant qu'aux formes monosyllabiques du prétérit, et s'est affaibli en *i* au présent qui est nécessairement polysyllabique (*binda* « je lie », à côté de *band* « je liai »), de même l'*a* marquant le gouna dans *baug* « je pliai », est devenu *i* au présent *biuga* [1]. C'est en vertu d'un principe analogue que l'*a* du gothique *sunau* « filio », est remplacé par un *i* dans le vieux haut-allemand *suniu*. Déjà dans la déclinaison gothique des thèmes en *u*, on voit un *i* tenir lieu au nominatif pluriel de l'*a* gouna sanscrit : cet *i* est toutefois devenu un *j* à cause de la voyelle suivante. Ainsi s'explique, selon moi, de la façon la plus satisfaisante la relation du gothique *sunju* de *sunju-s* « fils » (nominatif pluriel), avec le sans-

---

[1] J'ai renoncé depuis longtemps à l'opinion que l'*i* des désinences ait pu influer par assimilation sur la syllabe radicale : en général, il n'y a pas lieu de reconnaître en gothique une influence de ce genre. Il n'y en a pas trace non plus en latin; les formes comme *perennis* pour *perannis*, s'expliquent autrement que par l'action de l'*i* de la terminaison (§ 6).

crit *sûnáv* de *sûnáv-as*. Dans les génitifs gothiques comme *sunivê* (de *sunav-ê*) « filiorum », l'*i* est également l'expression du gouna, quoique le sanscrit, au génitif pluriel, ne frappe pas du gouna la voyelle finale du thème, mais l'allonge et ajoute un *n* euphonique entre le thème et la terminaison (*sûnú-n-âm*).

Dans les verbes qui renferment un *i* radical et dans les thèmes nominaux terminés en *i*, l'*i* gouna germanique se confond avec cette voyelle *i* pour former un *î* long, qui, en gothique, est exprimé par *ei* (§ 70); exemples : la racine gothique *bit*, vieux haut-allemand *biz*, fait au présent *beita*, *bîzu* « je mords », à côté du prétérit *bait*, *beiz* (pluriel *bitum*, *bizumês*), et des présents sanscrits comme *tvês-â-mi* (de *tvaís-â-mi*) « je brille », de la racine *tvis*; de même nous avons le gothique *gasteis* (= *gastî-s*, formé de *gastii-s* pour *gastai-s*) « hôtes », comme analogue des formes sanscrites *ávay-as* « brebis » (latin *ovê-s* formé de *ovai-s*). En ce qui concerne les verbes, il est important d'ajouter l'observation suivante : ceux des verbes germaniques dont la vraie voyelle radicale, suivant ma théorie, est *u* ou *i*, ainsi que tous les verbes germaniques à forme forte, à très-peu d'exceptions près, se réfèrent à la classe de la conjugaison sanscrite qui frappe du gouna, dans les temps spéciaux, un *u* ou un *i* radical, à moins qu'il ne soit suivi de deux consonnes; par exemple : le gothique *biuda* « j'offre » (racine *bud*), répond au sanscrit *bôdâmi*, « je sais » (contracté de *baudâmi*, causatif *bôdáyâmi* « je fais savoir »), tandis que le prétérit *bauth* (par euphonie pour *baud*) répond à *bubôda*, et le pluriel du prétérit *budum* à *bubud-i-má*.

§ 28. Du gouna et de la voyelle radicale dans les dérivés germaniques.

Nous allons parler d'un fait qui vient à l'appui de la théorie précédente sur le gouna. Parmi les substantifs et les adjectifs qui tiennent à des verbes à voyelle changeante, un certain nombre a pour voyelle du thème celle que précédemment j'ai montrée être la vraie voyelle de la racine, au lieu que le présent des verbes en question renferme une voyelle frappée de l'*i* gouna ou affaiblie de *a* en *i*. A côté des verbes *driusa* « je tombe » (prétérit *draus*, pluriel *drusum*), *fra-liusa* « je perds » (-*laus*, -*lusum*), *ur-reisa* (= *ur-risa* de *ur-rüsa*) « je me lève », (*ur-rais, ur-risum*), *vrika* « je poursuis » (*vrak, vrêkum*), nous trouvons les substantifs *drus* « chute », *fra-lus-ts* « perte », *ur-ris-ts* « résurrection », *vrakja* « poursuite », qu'il n'est pas possible de faire dériver du prétérit; encore faudrait-il supposer que les trois premiers viennent du pluriel, le quatrième du singulier. Nous dirons la même chose des substantifs et des adjectifs frappés de l'*a* gouna ou ayant un *a* affaibli en *u* : il n'est pas possible de les faire dériver d'une forme du prétérit tantôt fortifiée tantôt affaiblie ; on ne peut, par exemple, faire venir *laus* (thème *lausa*) d'un singulier *laus* qui ne se trouve nulle part comme forme simple ; *staiga* « montée » de *staig* « je montai », *all-brun-s-ts* « holocauste », de *brunnum* « nous brûlâmes », ou de *brunnjau* « que je brûlasse ». Il y aurait tout aussi peu de raison à faire dériver en sanscrit *bêda-s* « fente », de *bibêda* « je fendis, il fendit » ; *krôda-s* (contracté de *kraúda-s*) « colère », de *ćukrôda* « iratus sum, iratus est », et, d'autre part, *bidá* « fente », de *bibid-i-má* « nous fendîmes » (présent *binádmi*, pluriel *bindmás*), et *krudá* « colère », de *ćukrud-i-má* « irati sumus » (présent *krôd-â-mi*). En grec nous avons λοιπός, par exemple, qui a le gouna comme λέλοιπα : ce n'est pas une raison pour l'en faire dériver. Pour στοῖχος nous n'avons pas une forme analogue du verbe primitif ; mais, en ce qui concerne la racine et le gouna, il correspond au gothique *staiga* (racine *stig*) que nous venons de citer ; la racine sanscrite est *stiġ* « ascendere », qui a laissé aussi des rejetons en lithuanien, en slave et en celtique [1].

---

[1] Voyez Glossaire sanscrit, 1847, p. 385.

§ 29. Du vriddhi.

La gradation sanscrite du vriddhi (§ 26) donne ऐ *âi*, et devant les voyelles, आय् *ây*, lorsqu'elle affecte *i*, *î*, *ê* (= *ai*); elle produit औ *âu*, et devant les voyelles आव् *âv*, lorsqu'elle affecte *u*, *û*, *ô* (= *au*); quand ऋ *r̥*, ou plutôt sa forme primitive *ar*, est marqué du vriddhi, il devient *âr*; *a* devient *â*. Cette gradation n'a lieu que pour les racines qui se terminent par une voyelle, et pour certaines classes de substantifs et d'adjectifs dérivés qui marquent du vriddhi la voyelle de la première syllabe du thème, par exemple : *yâuvaná-m* «jeunesse», de *yúvan* «jeune» (thème); *hâimá-s* «d'or», de *hêmá-m*, contraction pour *haimá-m* «or»; *râǵatá-s* «d'argent», de *raǵatá-m* «argent».

Les racines susceptibles du vriddhi le prennent entre autres au causatif; exemples : *śrâv-áyâ-mi*, par euphonie pour *śrâu-áyâ-mi*) «je fais entendre», de *śru*; *nây-áyâ-mi* «je fais conduire, de *nî*. Les langues de l'Europe ont très-peu de part à cette sorte de gradation; toutefois il est fort probable qu'à *śrâv-áyâ-mi* se rapportent le latin *clâmo*, venant de *clâvo* (§ 20) et le grec κλάω «pleurer» : ce dernier verbe montre particulièrement par son futur κλαύσομαι qu'il est une altération de κλα-Ϝω, comme plus haut (§ 4) nous avons vu dans *vāús*, équivalent du sanscrit *nâvás*, une altération de *vaϜós*. Quant à l'*ι* de la forme κλαίω, on peut le rapprocher du *y* sanscrit dans *śrâvá-yâmi*, en sorte que κλαίω se présente comme une forme mutilée pour κλāϜjω.

En lithuanien, comme exemple de vriddhi, il faut citer *slowiju* (– ⏑ ⏑) «je vante» (comparez κλυτός, sanscrit *vi-śru-ta-s* «célèbre»); en ancien slave, entre autres, *slava* «gloire», car il faut remarquer que l'*a* slave, quoique bref, se rapporte ordinairement à un *â* long sanscrit.

ALPHABET ZEND.

§ 30. Les voyelles ‌ *a*, ‌ *ĕ*, ‌ *â*.

Nous allons nous occuper de l'écriture zende, qui va, comme l'écriture sémitique, de la droite à la gauche. Un progrès notable dans l'intelligence de ce système graphique est dû à Rask, qui a donné à la langue zende un aspect plus naturel et plus conforme au sanscrit; en suivant la prononciation d'Anquetil, on confondait, surtout en ce qui concerne les voyelles, beaucoup d'éléments hétérogènes. Nous nous conformerons à l'ordre de l'alphabet sanscrit, et nous indiquerons comment chaque lettre de cet alphabet est représentée en zend.

Le अ *a* bref sanscrit est doublement représenté : 1° par ‌, qu'Anquetil prononce *a* ou *e*, mais qui, ainsi que l'a reconnu Rask, doit toujours être prononcé *a*; 2° par ‌, que Rask compare à l'*æ* bref danois, à l'*ä* bref allemand dans *hände*, ou à l'*e* français dans *après*. Je regarde ce ‌ comme la voyelle la plus brève, et le transcris par *ĕ*. Cette voyelle est souvent insérée entre deux consonnes qui se suivent immédiatement en sanscrit; exemples : ‌ *dâdarĕśa* (prétérit redoublé), pour le sanscrit *dudárśa* « je vis » ou « il vit », ‌ *dadĕmahî* « nous donnons », pour la forme védique दद्मसि *dadmási*. On fait suivre aussi de cet *e* bref le *r* final sanscrit; exemples : ‌ *antarĕ* « entre », ‌ *dâtarĕ* « créateur », ‌ *hvarĕ* « soleil », pour les formes sanscrites correspondantes *antár*, *dâtar*, *svàr* « ciel ». Il faut encore remarquer que toujours devant un ‌ *m* et un ‌ *n* final, et souvent devant un ‌ *n* médial non suivi de voyelle, le अ *a* sanscrit devient ‌ *ĕ*. Comparez, par exemple, ‌ *putrĕ-m* « filium » avec पुत्रम् *putrá-m*; ‌ *aṅh-ĕn* « ils étaient » avec आसन् *ásan*, ἦσαν; ‌ *hĕnt-ĕm* « étant » avec सन्तम् *sánt-am*, *præ-sentem*, *ab-sentem*.

L'*a* long (*â*) est écrit ࠵.

§ 31. La voyelle ࠵ *ë*.

Anquetil ne mentionne pas dans son alphabet une lettre qui diffère peu par la forme du ࠵ *ĕ* dont nous venons de parler, mais qui dans l'usage s'en distingue nettement : c'est la lettre ࠵, à laquelle Rask donne la prononciation de l'*œ* long danois. En pârsi, elle désigne toujours l'*e* long [1], et nous pouvons sûrement lui attribuer la même prononciation en zend. Je la transcris par un *ë* pour la distinguer de la sorte de ࠵ *ĕ* et de ࠵ *ê*. Nous la rencontrons surtout dans la diphthongue ࠵ *ëu* (prononcez *éou*), l'un des sons qui représentent en zend le sanscrit ओ *ô* (contraction pour *au*), notamment devant un ࠵ *s* final; exemple : ࠵ *paśëus* = sanscrit पशोस् *paśôs*, génitif du thème पशु *paśú* « animal »; quelquefois on trouve aussi la même diphthongue *ëu* devant un ࠵ *d* final, à l'ablatif des thèmes en *u*. Ceci ne nous empêche pas d'admettre que le ࠵ *ë* dans cette combinaison représente un *e* long; nous voyons, en effet, le premier élément de la diphthongue sanscrite *ê* = *ai* représenté souvent en zend par une voyelle évidemment longue, à savoir ࠵ *ô*. On rencontre encore fréquemment ࠵ dans les datifs féminins des thèmes en *i*, où je regarde la terminaison ࠵ *ëê* comme une contraction de *ayê*, en sorte que le ࠵ contient l'*a* de *ayê* avec la semi-voyelle suivante vocalisée en *i* [2].

Une certaine partie du Yaçna est écrite dans un dialecte particulier, qui s'écarte du zend ordinaire en plusieurs points : on y trouve le ࠵ tenant la place d'un *â* sanscrit; on peut comparer ce ࠵ *ë* à l'*η* grec et à l'*ê* latin, là où ce dernier tient la place d'un *â* primitif (§ 5). On trouve notamment ce ࠵ représentant un *â* devant une nasale finale (*n* et *m*) au potentiel du verbe

---

[1] Voyez Spiegel, Grammaire pârsie, p. 22 et suiv.
[2] Comparez les formes prâcrites comme *cintêmi* pour *cintáyâmi*.

substantif : ⸱⸱⸱ *ḳyëm*, en sanscrit *syâm* « que je sois » (§ 35),
en grec εἴην (formé de ἐσιην), en latin *siem* (pour *siêm*, dans
Plaute); ⸱⸱⸱ *ḳyën* « qu'ils soient », en sanscrit *syus* (venant de
syânt). Au contraire, dans *ḳyâḍ* « qu'il soit », *ḳyâmâ* « que nous
soyons », *ḳyâtâ* « que vous soyez », l'*â* primitif du sanscrit *syât*,
syâma, *syâta* s'est conservé.

On trouve ⸱ dans la déclinaison des thèmes en *aś* (en sanscrit *ô*) devant les désinences casuelles commençant par un *b*;
exemple : ⸱⸱⸱ *manëbis* (instrumental pluriel) pour le sanscrit *mânôbis*. On peut expliquer ce fait en admettant que l'*a* de
la diphthongue *au* (forme primitive de *ô*) s'est allongé en *e* long
pour remplacer l'*u* qui s'est perdu [1]. C'est par le même principe
que s'explique le ⸱ *ë* qui paraît quelquefois à la fin des mots
monosyllabiques, comme ⸱⸱⸱ *yë* « qui », ⸱⸱ *kë* « qui ? », et dans
les formes surabondantes des génitif et datif pluriels des pronoms de la 1re et de la 2e personne (1re personne ⸱⸱ *në*, 2e personne
⸱⸱ *vë*) : les formes ordinaires sont ⸱⸱⸱ *yô* (venant de *yas*) ⸱⸱ *kô*
(de *kas*), etc. (§ 56). Comparez à ces formes en ⸱ le ⸱⸱ *ê* qui
remplace la désinence ordinaire *ô* au nominatif singulier des
thèmes masculins en *a*, dans le dialecte mâgadha du prâcrit [2].

§ 32. Les sons ⸱ *i*, ⸱ *î*, ⸱ *u*, ⸱ *û*, ⸱ *o*, ⸱ *ô*, ⸱⸱ *âo*.

I bref et *i* long, ainsi que *u* bref et *u* long, sont représentés
par des lettres spéciales, ⸱ *i*, ⸱ *î*, ⸱ *u*, ⸱ *û*. Anquetil donne toutefois à ⸱ *i* la prononciation de l'*e*, et à ⸱ celle de l'*o*, tandis que,
d'après Rask, c'est seulement ⸱ qui a la prononciation d'un *o*
bref. En pârsi, ⸱ *o* précédé d'un ⸱ *a* (⸱⸱) représente la diphthongue *au* (Spiegel, *l. c.* p. 25), par exemple, dans ⸱⸱⸱ =

---

[1] On pourrait supposer aussi que l'*u* de la diphthongue *au* s'est affaibli en *i* et
que cet *i* s'est fondu avec l'*a* pour former un ⸱ *ë*.

[2] Voyez Lassen, *Institutiones linguæ prâcriticæ*, p. 394, et Hœfer, *De prâcrita
dialecto*, p. 122.

نَوْتَر *nautar*. Le zend ɞ, de son côté, ne paraît jamais que précédé d'un ﻭ *a*[1], et, en perse, c'est-à-dire dans la langue des Achéménides, c'est toujours la diphthongue primitive *au* qui répond à la voyelle sanscrite ओ *ô*, provenant de la contraction de *au* (§ 2, remarque). Il ne m'est donc plus possible de souscrire à l'opinion de Burnouf qui admettait que ɞ aussi bien que ɞ correspondent, sous le rapport étymologique, à ओ *ô* sanscrit; je crois plutôt que le zend a conservé au commencement et à l'intérieur des mots la prononciation primitive de la diphthongue ओ *ô*. C'est seulement à la fin des mots que le zend a opéré la contraction en ɞ *ô*, lequel ɞ *ô* toutefois est le plus souvent remplacé par ؟ *ëu* devant un *s* final, et quelquefois aussi devant un ؟ *d* final (§ 31); or, cette diphthongue ؟ *ëu* se rapporte comme le grec ευ à un temps où ओ *ô* se prononçait encore *au*. Il s'ensuit que les mots comme ⟨...⟩ «force» (= sanscrit *ôgás*, devant les lettres sonnantes *ôgô*), ⟨...⟩ «il fit» (= védique *ákrṇôt*), ⟨...⟩ «il parle» (sanscrit *ábravît* pour *ábrôt*, racine *brû*) doivent se prononcer *auṣô*, *kĕrĕnaud*, *mraud*. Comparez avec la désinence de ⟨...⟩ *kĕrĕnaud* celle de l'ancien perse *akunaus*[2].

---

[1] Abstraction faite des fautes de copiste, la confusion entre ɞ et ɞ étant extrêmement fréquente dans les manuscrits zends.

[2] En supposant que c'est à tort que j'attribue à ɞﻭ la prononciation *au*, il est du moins certain que ﻭ et ɞ dans cette combinaison ne forment qu'une seule et même syllabe, conséquemment une diphthongue : on ne peut admettre que le ﻭ *a* soit une voyelle insérée avant la diphthongue sanscrite *ô*, dont le zend ɞ *o* serait la représentation. Il est, au contraire, certain que l'*a* est identique à la voyelle *a* renfermée dans la diphthongue sanscrite *ô* (contractée de *au*) et que le ɞ *o* est, quant à son origine, identique à la seconde partie de la diphthongue perse *au* et à l'*u* renfermé dans l'*ô* sanscrit. On a donc, selon moi, le choix entre deux opinions : ou bien la diphthongue primitive *au* s'est conservée tout entière et sans altération en zend au commencement et à l'intérieur des mots, ou bien elle a laissé l'*u* se changer en *o*, à peu près comme en vieux haut-allemand l'*u* gothique est devenu très-souvent *o*. Il est certain que dans la prononciation la diphthongue *ao* diffère très-peu de *au*. Si, dans l'écriture, ɞ *ô* ne diffère de ɞ *o* que par le signe qui sert à distinguer les longues des brèves (comparez ﻭ *i* et ﻭ *î*, ﻭ *u* et ﻭ *û*), il ne s'ensuit pas que ɞ

ô se trouve, au contraire, quelquefois au milieu d'un mot comme transformation euphonique d'un *a* par l'influence d'un *v* ou d'un *b* précédent, notamment dans ولهو *vôhu*[1] «bon, excellent», comme substantif neutre «richesse» (en sanscrit *vásu*), et dans उभयो *ubôyô* «amborum», en sanscrit उभयोसु *ubáyôs*. Peut-être aussi le ô de पुरु *pôuru* est-il issu de *a* par l'influence de la labiale qui précède. Sur l'*u* placé devant le *r*, voyez § 46. La forme sanscrite correspondante est *purú*, venant de *parú*.

La diphthongue produite par le vriddhi, औ *âu*, est ordinairement remplacée en zend par *âo*; quelquefois aussi par *âu*, notamment dans le nominatif *gâus* «vache» = sanscrit गौस् *gâus*.

§ 33. Les diphthongues *ôi*, , *ê* et *ai*.

A la diphthongue sanscrite ए *ê* correspond en zend qu'on écrit aussi, surtout à la fin des mots, . Nous le transcrivons par *ê* comme le ए sanscrit. Comme équivalent étymologique d'un ए *ê* sanscrit, cette diphthongue ne paraît seule en zend qu'à la fin des mots, où l'on trouve aussi *ôi*, surtout après un *y*;

soit nécessairement la brève de . Il a pu se faire aussi qu'au moment où l'écriture a été fixée on ait ajouté à la lettre *u*, pour exprimer le son *ô*, le signe diacritique qui ordinairement indique les longues. En général, il faut se défier des conclusions qu'on pourrait être tenté de tirer du développement de l'écriture pour éclairer la théorie de la prononciation. On voit, par exemple, en sanscrit que l'écriture dévanâgarî exprime la diphthongue *âi* par le signe *ê* deux fois répété (au commencement des syllabes par le signe े, à la fin par ै). Cette notation provient évidemment de l'époque où ए et ै se prononçaient encore comme *ai*, de sorte qu'on exprimait dans l'écriture par *aiai* la diphthongue dans laquelle un *â* long réuni à un *i* ne formait qu'un seul son.

[1] Il faut admettre toutefois qu'outre l'influence de la labiale il y a aussi celle de la voyelle contenue dans la syllabe suivante (*u*, *ô*); nous voyons, en effet, que *vôhu* fait au comparatif *vahyas*, au superlatif *vahista* et non *vôhyas*, *vôhista*. C'est le même principe qui fait qu'un *a* se change en *ê*, quand la syllabe suivante contient un *i*, un *î*, un *ê* ou un *y* (§ 42).

A côté de la forme *vôhu* on a aussi *vaṅhu* (§ 56ᵃ).

exemples : ‍‍ yôi « lesquels », pour le sanscrit ये yê; ‍‍ maidyôi « dans le milieu », pour le sanscrit mádyê.

Il est de règle de mettre ‍‍ pour le sanscrit ê devant un ‍‍ s ou un ‍‍ d final; de là, par exemple : barôiḍ pour le sanscrit bárêt « qu'il porte »; patôis « domini » pour le sanscrit patês (à la fin des composés). Comparez avec patôis, en ce qui concerne la longue qui forme le premier élément de la diphthongue, les génitifs de l'ancien perse en âis, venant des thèmes en i[1]. Dans le dialecte dont nous parlions plus haut (§ 31), on trouve aussi, sans y qui précède et sans s ou ḍ final, ‍‍ ôi pour un ê sanscrit; par exemple dans môi, tôi, génitif et datif des pronoms de la 1re et de la 2e personne, en sanscrit mê, tê; dans hôi « ejus, ci » (= étymologiquement sui, sibi), pour la forme से sê (venant de स्वे svê), qui manque dans le sanscrit ordinaire, mais se trouve en prâcrit.

Au commencement et à l'intérieur des mots, ‍‍ remplace régulièrement le sanscrit ए ê. Je renonce toutefois à l'opinion qui fait de l'a de ce ‍‍ une voyelle insérée devant la diphthongue sanscrite ए ê; j'y vois l'a de la diphthongue primitive ai, de la même façon que dans l'a de ‍‍ (§ 32) je vois l'a de la diphthongue primitive au. Le groupe ‍‍ étant regardé comme l'équivalent de la diphthongue ai[2], on voit disparaître les formes barbares comme aêtaêsańm « horum », correspondant au sanscrit एतेषाम् êtêsâm (primitivement aitaisâm). En effet, ‍‍ n'est pas autre chose que aitaisańm, et le thème démonstratif ‍‍ répond par le son comme par l'étymologie à l'ancien perse aita et au sanscrit êtá (एत). A la fin des mots, la diphthongue en question s'est également conservée dans sa prononciation primitive ai (‍‍), quand elle est suivie de l'enclitique ća « et »; exemple : ‍‍ raiwaića « dominoque » contrai-

[1] Voyez Bulletin mensuel de l'Académie de Berlin, mars 1848, p. 136.
[2] La diphthongue ai est régulièrement représentée en pârsi par ‍‍. (Spiegel, Grammaire pârsie, p. 24.)

rement au simple *ratwê*. Il faut observer à ce propos que l'adjonction de *éa* préserve encore dans d'autres cas la terminaison du mot précédent et empêche, par exemple, l'altération de *aś* en *ô* (§ 56 [b]) et la contraction de ﮋﺳﺪ *ayê* en ﮋﮯ *ëê* (§ 31).

Il ne faut pas s'étonner de voir la diphthongue *ai* se conserver intacte au commencement et à l'intérieur des mots, tandis qu'elle se contracte à la fin des mots en *ê*; pareille chose a lieu dans le vieux haut-allemand; en effet, l'*ai* gothique s'y montre sous la forme *ei* dans les syllabes radicales, mais dans les syllabes qui suivent la racine, il se contracte en *ê*, lequel *ê* s'abrége s'il est final, au moins dans les mots polysyllabiques.

§ 34. Les gutturales ﻭ *k* et ﮋ *k*.

Examinons maintenant les consonnes zendes, et, pour suivre l'ordre sanscrit, commençons par les gutturales. Ce sont : ﻭ *k*, ﮋ *k*, ﺳ *q̇*, ﻉ *g*, ﻝ *ġ*. La ténue ﻭ *k* paraît seulement devant les voyelles et la semi-voyelle *v*; partout ailleurs, par l'influence de la lettre suivante, on trouve une aspirée à la place de la ténue du mot sanscrit correspondant. Nous reviendrons sur ce point.

La seconde lettre de cette classe (ﮋ *k*) correspond à l'aspirée sanscrite ख dans les mots ﮋﺍﻭﮋ *kara* «âne» et ﮋﺳﻮﯨ *haki* «ami», en sanscrit खर *kára*, सखि *sáki*. Devant une liquide ou une sifflante, le zend remplace par un ﮋ *kh* la ténue sanscrite क *k*; ce changement a pour cause l'influence aspirante que les liquides et les sifflantes exercent sur la consonne qui précède; exemples : ﮋﺭﻭﮋ *kruś* «crier», ﮋﺳﯨﮋ *kśi* «régner», ﮋﺳﻮﮋﻥ *ukśan* «bœuf»; en sanscrit क्रुश् *kruś*, क्षि *kśi*, उक्षन् *ukśán*. Devant les suffixes commençant par un *t*, le *k* sanscrit se change, en zend, en ﮋ *k*; exemple : ﮋﺳﻮﻮﺭ *hikti* «aspersion», en sanscrit सिक्ति *sikti*. De même, en persan, on ne trouve devant la lettre ت *t* que des aspirées au lieu de la ténue primitive; exemples : پختن *pukhten* «cuire», de la racine sanscrite पच् *pać*, venant de *pak*;

تافتن tâf-ten « allumer » de तप् tap « brûler »; خفتن khuf-ten « dormir » de स्वप् svap. Nous parlerons plus tard d'un fait analogue dans les langues germaniques.

§ 35. La gutturale aspirée ڡ q́.

Dans la lettre ڡ, je reconnais avec Anquetil et Rask [1] une aspirée gutturale que je transcris par q́, pour la distinguer de l'aspirée ڡ k = sanscrit ख k. Il n'est pas possible de déterminer exactement comment on distinguait dans la prononciation les lettres ڡ et ڡ. Mais il est certain que ڡ est une aspirée : cela ressort déjà de ce fait qu'en persan cette lettre est remplacée par خ ou خو. Si le و du groupe خو ne se fait plus sentir dans la prononciation, il ne s'ensuit pas qu'il n'ait pas eu dans le principe une valeur phonétique. Il est de même possible que le zend ڡ ait été prononcé primitivement kv; en effet, sous le rapport étymologique, il correspond presque partout au groupe sanscrit स्व sv, dont la représentation régulière en zend est hv (§ 53). Le rapport de ڡ q́ à ڡو hv (abstraction faite du v que le ڡ q́ a perdu) est donc à peu près le même que celui de l'allemand ch à h, sons qui ne se trouvent représentés en gothique que par une seule lettre, à savoir le h; exemple : nahts « nuit », aujourd'hui nacht. Quoi qu'il en soit, la parenté du zend ڡ avec ڡو hv montre bien que ڡ est une aspirée.

Un mot fréquemment employé, où cette lettre correspond étymologiquement au sanscrit sv, est ڡا q́a; ce mot est tantôt thème du pronom réfléchi, comme dans le composé q́a-dâta « créé par soi-même »[2], tantôt adjectif possessif « suus », auquel

---

[1] Burnouf transcrit ڡ par q et incline à y voir une mutilation ou, à l'origine, la vraie représentation du son kv. (Yaçna, Alphabet zend, p. 73.)

[2] De là vient le persan خدا khudâ « dieu ». En sanscrit svayam-bû, littéralement « existant par lui-même », est un surnom de Vichnou.

cas il s'écrit aussi *hva*. Voici d'autres exemples de ࿇ *q́* pour le sanscrit *sv* : *q́anha* « sœur », accusatif *q́anharĕm* = sanscrit *svásá*, *svásâram*, persan خواهر *khâher* ; *q́afna* « sommeil » = sanscrit *svápna* « rêve » (comparez le persan خواب *khâb* « sommeil »).

On trouve encore ࿇ *q́*, comme altération d'un *s* sanscrit [1], devant un *y* ; mais les exemples appartiennent au dialecte particulier dont nous avons déjà parlé (§ 3) ; tels sont ࿇ *q́yĕm* « que je sois », en sanscrit *syâm* ; ࿇ *spĕntaq́yâ* « sancti », *q́yâ* étant la terminaison du génitif répondant au sanscrit *sya*. Ces formes et d'autres semblables sont importantes à noter, car le *y* étant du nombre des lettres qui changent en aspirée la muette qui les précède (§ 47), la présence de ࿇ devant ࿇ *y* prouve bien que cette gutturale est une aspirée. On trouve aussi le ࿇ *k* prenant la place du ࿇ *q́* dans l'écriture : ainsi, pour le mot *spĕntaq́yâ* que nous venons de citer, tous les manuscrits ont ࿇ *k* au lieu de ࿇ *q́*, à l'exception du manuscrit lithographié [2].

La terminaison *sya* du génitif sanscrit est représentée ordinairement en zend par *hê*.

§ 36. Les gutturales ࿇ *g* et ࿇ *ġ*.

A la moyenne gutturale (ग्) et à son aspirée (घ्) répondent ࿇ *g* et ࿇ *ġ*. Mais le घ् *ġ* sanscrit a perdu quelquefois en zend l'aspiration : du moins ࿇ *garĕma* « chaleur » correspond au sanscrit घर्म *ġarmá* ; d'un autre côté ࿇ *ġna*, dans ࿇ *vĕrĕtraġna* « victorieux », représente le sanscrit घ्न *ġna* à la fin des composés, par exemple, dans शत्रुघ्न *śatru-ġna* « hostium occisor ». Le zend *vĕrĕtraġna*, ainsi que son synonyme *vĕrĕtraġan* signifient proprement « meurtrier de Vritra ». Nous avons ici une preuve

---

[1] Voyez Burnouf, *Yaçna*, notes, p. 84 et suiv.
[2] Voyez Burnouf, *Yaçna*, notes, p. 89.

de parenté entre la mythologie zende et la mythologie indienne; mais la signification de ce mot s'étant obscurcie en zend et les anciens mythes s'étant perdus, la langue seule reste dépositaire de cette preuve d'affinité. « Meurtrier de Vritra » est l'un des titres d'honneur les plus usités du plus grand d'entre les dieux inférieurs, *Indra*, lequel a tiré son surnom de la défaite du démon *Vritra*, de la race des *Dânavas*.

Nous traiterons plus loin (§ 60 et suiv.) des nasales.

§ 37. Les palatales ࿐ *ć* et ࿐ *ǵ*.

Des palatales sanscrites le zend ne possède que la ténue ࿐ *ć* = च, et la moyenne ࿐ *ǵ* = ज. Les aspirées manquent, ce qui ne peut étonner pour झ *ǵ́*, lequel est extrêmement rare, même en sanscrit. Pour छ *ć́* venant de *sk* (§ 14), le zend a ordinairement ࿐ *ś*; du groupe *sk*, la sifflante s'est donc seule conservée; exemples : ࿐ *përës* « demander », pour प्रच् *prać*; ࿐ *ǵaśaiti* « il va », pour गच्छति *gáćati*. Remarquez dans le dernier exemple, de même que dans la racine ࿐ *ǵam* « aller », pour le sanscrit गम् *gam*, l'altération de la gutturale primitive en *ǵ*, ce qui ne doit pas surprendre, le sanscrit ज *ǵ* étant également sorti partout d'un *g* primitif (§ 14). Un autre exemple du zend *ǵ* pour le sanscrit ग *g* est la racine ࿐ *ǵad* « parler », qui correspond à la racine sanscrite गद् *gad*. Pour le sanscrit ज *ǵ*, on trouve aussi en zend ࿐ *z* et ࿐ *ś*, le premier, par exemple, dans la racine ࿐ *zan* « engendrer », en sanscrit जन् *ǵan*; le second dans ࿐ *śënu* « genou », pour le sanscrit ग्नु *ǵânu*, et dans la racine ࿐ *śnâ* « savoir », pour le sanscrit ज्ञा *ǵñâ*. La prononciation, en zend, n'a conservé que la sifflante renfermée dans le *ǵ*, lequel équivaut à *dź* ou à *dś*.

Nous retournons à la lettre sanscrite छ *ć́* pour remarquer que ce son, qui est sorti de *sk*, s'est conservé quelquefois en zend dans sa forme primitive, par exemple, dans l'abstrait ࿖ࣨ࿖ *skĕnda*, si Burnouf[1], comme il est très-probable, a raison de rapprocher ce mot, que Nériosengh traduit par भङ्ग *bañga* « rupture, ouverture », de la racine छिद् *čid* « fendre » (§ 14). Je lis, par conséquent, dans les manuscrits et dans le texte lithographié *skĕnda* (et non *skanda*, comme Burnouf), attendu qu'un *i* primitif se change plus aisément en *ĕ* qu'en *a*[2]. Un autre mot dans lequel on trouve en zend *sk*, répondant probablement au छ *č* sanscrit, est ࿖ࣨ࿖ *yaska* (« désir », suivant Anquetil), que Burnouf (*l. c.* p. 332) rapporte à la racine sanscrite *iš* « désirer ». En ce qui concerne la première syllabe, on peut y voir un gouna retourné (*yaska* pour *aiska*), ou bien l'on peut supposer que la forme sanscrite *iš*, *ič* (venant de *išk*, *isk*) a subi une contraction de *ya* en *i*, comme dans *iṣṭá*, participe parfait passif de *yag* « sacrifier ». Quoi qu'il en soit, je crois qu'il faut regarder la forme secondaire इच् *ič* comme la plus ancienne, car elle se place naturellement à côté des formes suivantes : vieux haut-allemand *eiscôn* « demander » (voyez Graff, I, p. 493), vieux norrois *œskja*, anglo-saxon *œscján*, anglais *to ask*, lithuanien *jëskóju* « je cherche », russe *iskatj* « chercher », et celte (gaélique) *aisk* « requête »[3].

---

[1] *Études*, p. 420.

[2] La signification « ouverture » convient très-bien au passage en question (*kĕrĕnúidi skĕndĕm sē manō* « ouvre son cœur », mot à mot « fais ouverture son cœur »). Nériosengh, dont la traduction est très-utile en cet endroit, met *bañgan tasya manasah kuru*, c'est-à-dire « fais ouverture de son cœur ». Quant à la nasale de *skĕndĕm*, elle se retrouve en sanscrit dans le thème spécial *čind*, et en latin dans *scind*. Je rappelle, au sujet de la voyelle zende ε, tenant la place d'un *i* sanscrit devant un *n*, le rapport de *hĕndu* « Inde » avec *sindʻu*.

[3] Je préfère cette étymologie à celle qui, coupant le mot de cette façon, *eis-ca*, *œs-ca*, fait de *ca* un suffixe. En effet, le gothique *aihtrô* « je mendie », qui appartient à la même famille et qui suppose une racine *aih* (pour *ih*), est dans le même rapport avec le sanscrit *ič*, formé de *isk*, que *frah* « demander » avec le sanscrit *prač*, formé de *prask*. Rapprochez encore le grec ικ dans προ-ικ-ὸς, qui montre aussi que le *k* de *yaska* appartient à la racine.

90 SYSTÈME PHONIQUE ET GRAPHIQUE.

§ 38. Dentales. Les lettres 𐬙 *t* et 𐬚 *t̓*.

La troisième série de consonnes, renfermant les cérébrales ou linguales (§ 15), manque en zend : nous passons donc immédiatement aux dentales. Ce sont 𐬙 *t* (त), 𐬚 *t̓* (थ), 𐬛 *d* (द), 𐬜 *d'* (ध), ainsi qu'un *ḍ* particulier au zend (𐬜) dont nous parlerons plus bas. Au sujet de l'aspirée dure de cette classe, nous remarquerons qu'elle ne peut se trouver après une sifflante, de sorte que le थ *t̓* et le ठ *ṭ* sanscrits sont remplacés, dans cette position, en zend, par le 𐬙; exemple : स्था *stá* « se tenir », en zend 𐬯𐬙𐬁 *stá*; इष्ठ *iṣṭa*, suffixe du superlatif, en zend 𐬌𐬱𐬙𐬀 *ista*. La lettre थ *t̓* étant, suivant notre explication (§ 12), relativement récente, et ठ *ṭ* n'étant qu'une altération de थ *t̓*, il est naturel de supposer que la sifflante dure a préservé en zend la ténue et l'a empêchée de se changer en aspirée : c'est par une cause du même genre que dans les langues germaniques l'aspirée ne se substitue pas à la ténue quand celle-ci est précédée d'un *s*, d'un *f* ou d'un *h* (*ch*)[1]; ainsi le verbe gothique *standa* « je me tiens » a conservé le *t*, qui se trouve dans la même racine en zend, en grec, en latin et dans d'autres langues de l'Europe, et le suffixe du superlatif gothique *ista* correspond exactement à l'*ista* zend et au grec ιστο.

§ 39. Les dentales 𐬛 *d*, 𐬜 *d'* et 𐬜 *ḍ*.

𐬛 est le *d* ordinaire (द), et 𐬜, d'après la juste observation de Rask, en est l'aspirée (*d'*). Cette dernière lettre remplace le ध sanscrit; par exemple, dans 𐬨𐬀𐬌𐬜𐬌𐬌𐬀 *maidya* « milieu » (sanscrit *mádya*), et dans la terminaison de l'impératif 𐬌𐬜𐬌 *di* (धि); toutefois cette terminaison perd son aspiration après un 𐬱 *ṣ*, ce *ṣ* ne pouvant se joindre qu'à *d*, jamais à *d'*; exemples : 𐬛𐬀𐬱𐬛𐬌 *daṣdi*

---
[1] Voyez § 91.

« donne » (le ṣ est le substitut euphonique d'un d) et ꬰꬰꬰ *dâidi*, même sens. Au commencement des mots le ꬰ perd son aspiration; exemples : ꬰꬰ *dâ* « poser, placer, créer », en sanscrit *dâ*, en grec Θη; ꬰꬰ *dê* « boire », en sanscrit *dê*. Au contraire, le *d* sanscrit est fréquemment remplacé en zend par son aspirée, lorsqu'il est placé entre deux voyelles; exemples : ꬰꬰꬰ *pâda* « pied », pour पाद *pâda*; ꬰꬰꬰ *yêidi* « si », pour चदि *yádi*. Quant à la lettre ꬰ, je la regarde avec Anquetil comme une moyenne : c'est en cette qualité que nous la rencontrons en pârsi, où elle tient ordinairement à la fin des mots, surtout après une voyelle, la place de la lettre persane ذ (Spiegel, p. 28); exemple : ꬰꬰꬰ *dâḍ* « il donna » = داذ. Sous le rapport étymologique ꬰ correspond le plus souvent au त *t* sanscrit; ce *t* devient un ꬰ en zend à la fin des mots et devant les flexions casuelles commençant par un ꬰ *b*, de même qu'en sanscrit त *t* devient un द *d* devant भ *b*. Comme nous avons donc en sanscrit *marúd-byâm, marúd-bis, marúd-byas* du thème *marút*, de même en zend nous avons ꬰꬰꬰꬰꬰꬰ *amĕrĕtaḍbya* (pour -*tâḍbya*) du thème ꬰꬰꬰꬰꬰ *amĕrĕtât*. Nous rencontrons ꬰ *ḍ* tenant la place d'un *d* primitif dans la racine ꬰꬰꬰ *dbiś* « haïr » (en sanscrit *dviś*), d'où dérive ꬰꬰꬰꬰꬰ *dbaiśa* « haine » = sanscrit *dvêśa*. Le mot ꬰꬰꬰꬰꬰ *ḍkaiśa* (nominatif *ḍkaiśô*) fait exception en ce qu'un ꬰ *ḍ* initial s'y trouve devant une ténue; il n'a pas d'analogue connu en sanscrit; Anquetil le traduit par « loi, examen, juge », et Burnouf (*Yaçna*, p. 9) par « instruction, précepte », et le rapproche du persan کیش *kêś*. Peut-être le *ḍ* est-il le reste d'une préposition, comme dans le sanscrit *ádbuta* « merveilleux, merveille », dont la première syllabe est, selon moi, une corruption de *ati* (*atibúta* « ce qui dépasse la réalité »). Si cette conjecture est fondée, j'incline à reconnaître dans *ḍkaiśa* la préposition sanscrite *ádi* « sur, vers ». Le changement du *t* en ꬰ, à la fin des mots, s'expliquerait par cette hypothèse qu'en zend la dentale moyenne ou une modification de la dentale moyenne est préférée à la ténue comme lettre finale. Nous voyons quelque chose d'approchant en latin, où la ténue primitive est souvent remplacée, à la fin des mots, par la moyenne, notamment dans les neutres pronominaux, comme, par exemple, *id, quod*. Ce dernier mot répond au zend *kaḍ* «quoi?» pour lequel le dialecte védique a कात् *kat*. Le *b* de *ab* correspond à la ténue *p*, que nous retrouvons dans le sanscrit *ápa* et le grec ἀπό.

§ 40. Les labiales ⲡ *p*, ⲫ *f*, ⲃ *b*.

Les labiales comprennent les lettres ⲡ *p*, ⲫ *f*, ⲃ *b*, et la nasale de cette classe (ⲙ *m*), dont nous parlerons plus loin. ⲡ *p* répond au प *p* sanscrit et se change en ⲫ *f* quand il se trouve placé devant un ⲣ *r*, un ⲥ *s* ou un ⲛ *n*. La préposition प्र *pra* (*pro*, πρό) devient ⲫⲣⲁ *fra* en zend, et les thèmes ⲁⲡ *ap* «eau», ⲕⲉⲣⲉⲡ *kĕrĕp* «corps» font, au nominatif, ⲁⲫⲥ *áfs*, ⲕⲉⲣⲉⲫⲥ *kĕrĕfs*; au contraire, à l'accusatif, nous avons ⲁⲡⲉⲙ *ápĕm*, ⲕⲉⲣⲉⲡⲉⲙ *kĕrĕpĕm* ou ⲕⲉⲏⲣⲡⲉⲙ *kĕhrpĕm*. Comme exemple de l'influence aspirante exercée par le *n* sur le *p*, comparez ⲧⲁⲫⲛⲟⲩ *tafnu* «brûlant» avec le verbe ⲁⲧⲁⲡⲁⲩⲉⲓⲧⲓ *âtâpayêiti* «il éclaire», et ⲭⲁⲫⲛⲁ *q̇afna* «sommeil» avec le sanscrit *svápna* «rêve». Le *f* du génitif *nafĕdrô*, venant du thème *naptar* (accusatif *naptarĕm*) «neveu» et «nombril»[1], doit être expliqué autrement. Je crois que cette forme a été précédée par une autre plus ancienne, *nafdrô*, et que l'aspirée *f* a été amenée par le voisinage de l'aspirée *d̕*, de la même manière que le φ dans les formes grecques τυφθείς, ἐτύφθην; en effet, le zend et le grec ont la même propension à rapprocher les aspirées. Il y a seulement cette différence que, dans *nafdrô*, le *d̕* n'est pas plus primitif que le *f*; il est le substitut d'un ancien *t* (comparez le *d̕* du zend *duġdâ* «fille» = sanscrit *duhitâ*). Après que la voyelle de liaison *ĕ* eut été introduite dans *naf-ĕ-drô*, on

---

[1] Burnouf, *Yaçna*, p. 241 et suiv.

a conservé l'aspiration qui avait été produite dans le principe par le voisinage immédiat de la labiale et de la dentale; quelque chose d'analogue est arrivé dans *kaś-ĕ-twaṁm* « quis te? » pour *kaś twaṁm* (§ 47). L'accusatif pluriel féminin *hufĕdris* qu'Anquetil regarde comme un singulier et traduit par « heureuse » (comparez en sanscrit *subadra* « très-heureux » ou « très-excellent »), me semble également une forme où le *f* était d'abord immédiatement lié au *d*; ainsi *hufĕdris* viendrait, par l'insertion, d'ailleurs très-fréquente, de ɛ *ĕ*, d'un ancien *hufdris* pour *hubadris*. Comme il n'y a pas parmi les labiales zendes d'aspirée sonore, elle a été remplacée, dans le mot *hufdris*, par la sourde *f*; au contraire, dans *duǵda*, nous avons deux aspirées sonores de suite. Toutefois, on trouve aussi, quoiqu'il y ait un *ǵ*, le groupe *kd*; par exemple, dans ⟨zend⟩ *pukda* « le cinquième ».

Le remplaçant ordinaire du अ *b* sanscrit est, en zend, le ⟨zend⟩ *b*.

§ 41. Les semi-voyelles. — Épenthèse de l'*i*.

Nous arrivons aux semi-voyelles, et, pour suivre l'ordre de l'alphabet sanscrit, nous devons commencer par le *y*; en zend comme en sanscrit, nous représentons par cette lettre le son du *j* allemand ou italien. Cette semi-voyelle s'écrit, au commencement des mots, ⟨zend⟩ ou ⟨zend⟩, au milieu, ⟨zend⟩, c'est-à-dire par deux ⟨zend⟩ (*i*), de même qu'en vieux haut-allemand le *w* est marqué par deux *u*.

Par suite de la puissance d'assimilation du *y*, il arrive que, quand il est précédé d'une consonne simple, un *i* est adjoint à la voyelle de la syllabe précédente. La même influence euphonique sur la syllabe précédente est exercée par les voyelles ⟨zend⟩ *i*, ⟨zend⟩ *î* et ⟨zend⟩ *ê* final. Les voyelles auxquelles, en vertu de cette loi d'assimilation, vient s'ajouter un *i*, sont : ⟨zend⟩ *a*, ɛ *ĕ*, ⟨zend⟩ *â*, ⟨zend⟩ *u*, ⟨zend⟩ *û*, ⟨zend⟩ *ê*, ⟨zend⟩ *ai* (§ 33), ⟨zend⟩ *au* (§ 32). Il faut remarquer, en outre, que ⟨zend⟩ *u*, quand un ⟨zend⟩ *i* vient s'y ajouter, s'allonge à l'ordinaire. Exemples : *bavaiti*

« il est » pour *bavati*; *vĕrĕidī* « croissance, augmentation » pour *vĕrĕdī*, formé de *vardī* (§ 1); *nairê* « à l'homme » pour *narê*; *dadâiti* « il donne » pour *dadâti*, sanscrit *dádâti* (§ 39); *âtâpayêiti* « il éclaire » pour *âtâpayêti* (lequel lui-même est pour *âtâpayati* (§ 42); اویبیس *aiibis* « par ceux-ci » pour اویبیس *aibis* (sanscrit एभिस् *ébis*); کرناویتی *kĕrĕnauiti* pour *kĕrĕnauti* (védique *kṛṇóti*, formé de *kṛṇauti*); ستویدی *stûidī* « célèbre » (à l'impératif) pour *studī* (racine *stu*, sanscrit स्तु *stu*); کرنویته *kĕrĕnûitê* « il fait » (moyen) pour *kĕrĕnutê*, védique *kṛṇuté*; اویتی *uiti* « ainsi », du thème démonstratif *u*, de même qu'en sanscrit nous avons *íti* « ainsi » de *i*; مایدیه *maidya* « milieu » pour le sanscrit *mádya*; *yâirya* « annuel » de *yârĕ* (par euphonie pour *yâr*, § 30); تویریه *tûirya* « quatrième » pour le sanscrit *túrya*. L'influence régressive de *i, î, ê* et *y* sur la syllabe précédente est arrêtée par un groupe de deux consonnes jointes ensemble, excepté ـنت *nt*, groupe qui tantôt l'arrête, tantôt ne l'arrête pas; exemples : *asti* « il est » et non *aisti*; یسنیه *yêsnya* « venerandus », et non *yêisnya*. Au contraire, on peut dire *bavainti* et *bavanti* « ils sont » pour le sanscrit *bávanti*. Quelques consonnes, notamment les gutturales, y compris ه *h*, les palatales, les sifflantes, ainsi que *m* et *v*, arrêtent l'influence de l'*i*, même quand ces lettres sont seules. Au contraire, *n* laisse l'*i* exercer son influence sur un *a* bref [1], mais non sur un *a* long; de là, par exemple, *aini, ainê* au locatif et au datif des thèmes en *an*, et *ainî* au nominatif-accusatif-vocatif duel du neutre (*cásmain-î* « les deux yeux » de *cásman*); mais *âni*, à la 1re personne du singulier de l'impératif actif, et *ânê*, comme forme correspondante du moyen. Il n'y a pas non plus de loi constante pour le *b*; mais d'ordinaire, il arrête l'épenthèse de l'*i* (c'est ainsi qu'on appelle cette répétition de l'*i* dans la syllabe

---

[1] Le mot *anya* « autre », qui est le même en zend qu'en sanscrit, fait exception. Mais on voit, par l'exemple de *mainyu*, en sanscrit *manyú* (de la racine *man* « penser »), que le *n* n'arrête pas l'action de *y* sur l'*a* de la syllabe précédente.

précédente); ainsi, devant les terminaisons *bîs*, *byô*, toutes les voyelles, même l'*a*, repoussent l'*i*[1]. Il n'y a que la diphthongue ⟨ai⟩ *ai*, au datif-ablatif pluriel des thèmes en *a*, qui devienne ⟨aii⟩ *aii* par l'influence de l'*i* de la terminaison ⟨byô⟩ *byô*; exemple : ⟨yaiibyô⟩ *yaiibyô* « quibus », en sanscrit *yêbyas*.

La préposition sanscrite अभि *abí* devient *aibi* en zend; au contraire, अपि *ápi* reste invariable (⟨api⟩ *api*), à cause du *p* qui arrête l'épenthèse.

§ 42. Influence de *y* sur l'*a* de la syllabe suivante. — *Y* et *v* changés en voyelles.

La semi-voyelle *y* exerce aussi son influence euphonique sur un *a* ou un *â* placé après elle et change ces voyelles en ⟨ê⟩ *ê*, mais seulement dans le cas où la syllabe suivante contient un *i*, un *î* ou un *ê*; exemple : ⟨âvaidayêmi⟩ *âvaidayêmi*[2] « j'appelle », en sanscrit *âvêdáyâmi*; au contraire, au pluriel, nous avons ⟨âvaidayâmahî⟩ *âvaidayâmahî*; ⟨âyêsê⟩ *âyêsê* « je loue » (moyen); au contraire, à la seconde personne de l'impératif, nous avons ⟨âyâsanuha⟩ *âyâsanuha*[3]. Le thème *maskya* fait, au génitif singulier, *maskyêhê* (pour *maskyahê*), mais, au génitif pluriel, *maskyânañm*. A la fin des mots, les syllabes sanscrites य *ya* et या *yâ* se sont souvent changées, en zend, en ⟨ê⟩ *ê*; exemples : ⟨hê⟩ *hê*, terminaison du génitif correspondant au sanscrit *sya*; ⟨aêm⟩ *aêm* « celui-ci », ⟨vaêm⟩ *vaêm* « nous »[4], en sans-

---

[1] De là, par exemple, *dâmabyô* (et non *dâmaibyô*) au datif-ablatif pluriel du thème *dâman*.

[2] Remarquez que la terminaison *mi*, par elle-même, n'exercerait aucune influence euphonique sur la syllabe précédente, *m* étant (§ 41) une lettre qui arrête l'épenthèse.

[3] Je regarde यश् *yaś* comme la racine sanscrite correspondante; elle a formé le substantif यशस् *yáśas* « gloire »; mais le verbe n'est pas resté dans la langue; en zend, la voyelle radicale a été allongée.

[4] Je ne regarde pas ce ⟨ê⟩ comme étant la même diphthongue dont j'ai parlé au

crit *ayám, vayám*; کاینہ *kainê* « jeune fille », en sanscrit *kanyâ*. D'accord avec Burnouf, j'admets qu'il y a dans ces mots une transposition de lettres : la semi-voyelle *y*, devenue *i*, s'est placée après l'*a* et a formé avec lui, par le même principe qu'en sanscrit, un *ê* : *hê* vient donc de *hai*, pour *hay*, qui est lui-même pour *hya*[1].

Devant un *m* final, la syllabe sanscrite *ya* s'est ordinairement contractée en ﻰ *î*, et pareillement व *va* en ﻮ *û* : c'est-à-dire que l'*a* étant supprimé, la semi-voyelle s'est changée en la voyelle correspondante allongée (comparez § 64); exemples : تویریم *tûirîm* « quartum », du thème *tûirya*, et ثریشوم *irisûm* « tertiam partem », de *irisva*.

§ 43. *Y* comme voyelle euphonique de liaison.

En sanscrit, *y* est inséré quelquefois comme liaison euphonique entre deux voyelles (voy. Abrégé de la grammaire sanscrite, § 49[a]), sans que pourtant ce fait se produise dans tous les cas qui pourraient y donner lieu. En zend, on trouve presque toujours un *y* inséré entre un *u* ou un *û* et un *ê* final; exemples : *fraštu-y-ê* « je loue »[2]; *mrû-y-ê* « je dis », en sanscrit *bruv-ê* (par euphonie pour *brû-ê*); *du-y-ê* « deux » (duel neutre), en sanscrit *dvê*, avec le *v* vocalisé en *u*; *tanu-y-ê* « au corps », du fémi-

---

§ 33; c'est pour cela que je ne la transcris point par *ai*. Ici, en effet, *aê* n'est pas mis pour le sanscrit ए (formé de *ai*), mais il tient lieu de deux syllabes distinctes en sanscrit.

[1] On trouve des faits analogues en prâcrit. Ainsi les génitifs sanscrits en *âyâs* (des thèmes féminins en *â*) deviennent, en prâcrit, आए *âê*, par suite de la suppression de *s* final; exemples : मालाए *mâlâê*, en sanscrit मालायास् *mâlâyâs*, du thème *mâlâ*. Pour देवीए *dévîê* = sanscrit *dévy-âs*, il faut donc supposer une forme *dévî-y-âs*, et, pour बहूए *bahûê* = sanscrit *vadv-âs*, une forme *bahû-y-â*, avec insertion d'un *y* euphonique.

[2] *Fraštuyê* ferait en sanscrit *prastuv-ê*, si स्तु *stu* était usité au moyen. (Voyez Abrégé de la grammaire sanscrite, § 53.)

nin *tanu*; au contraire, *ratu* (masculin) « seigneur » fait au datif *ratw-ê*.

§ 44. La semi-voyelle *r*.

Il a été dit déjà (§ 30) qu'un *r*, à la fin d'un mot, est toujours suivi d'un ع *ĕ*. Au milieu des mots, quand on ne joint pas à *r* un ω *h* (§ 48), on évite ordinairement l'union de *r* avec les consonnes suivantes, soit en insérant un ع *ĕ* comme dans ‏‏‏‏ *dâdarĕṣa* (sanscrit ददर्श *dadárśa* « vidi, vidit »), soit en changeant la place de *r*, comme cela a lieu en sanscrit quand il est suivi de deux consonnes (Voyez *Abrégé de la Grammaire sanscrite*, § 34 b); exemples : ‏‏‏‏ *âtrava* « prêtre » (nominatif), accusatif ‏‏‏‏ *âtravanem*, du thème ‏‏‏‏ *âtarvan*, lequel dans les cas faibles (§ 129) se contracte en ‏‏‏‏ *ataurun* (§ 46)[1].

La langue zende souffre les groupes ‏‏‏‏ *ry*, ‏‏‏‏ *urv*, s'ils sont suivis d'une voyelle, et ‏‏‏‏ *ars* à la fin des mots, ainsi qu'au milieu devant ‏ *t*; exemples : ‏‏‏‏ *tûirya* « le quatrième », ‏‏‏‏ *urvan* « âme », ‏‏‏‏ *haurva* « entier », ‏‏‏‏ *âtars* « feu » (nominatif), ‏‏‏‏ *nars* « hominis », ‏‏‏‏ *karsta* « labouré »; mais ‏‏‏‏ *čaìrus* « quatre fois », et non ‏‏‏‏ *čaturs*, parce que ici *rs* n'est pas précédé d'un *a*.

§ 45. Les semi-voyelles *v* et *w*.

Il est remarquable que *l* manque en zend comme *r* en chinois, tandis qu'on trouve *l* en persan, même dans des mots qui ne sont pas d'origine sémitique.

Pour le व *v* sanscrit le zend a trois lettres : ‏, » et ‏. Des deux premières, le ‏ ne s'emploie qu'au commencement, le » qu'au milieu des mots, différence d'ailleurs toute graphique; exemples :

---

[1] Je regarde *âtarvan* et non *âtarvan* comme le thème véritable, lequel abrège l'*a* initial dans les cas faibles. En ce qui concerne la contraction de *van* en *un*, comparez le sanscrit *yuvan* « jeune », qui devient *yún* (pour *yu-un*) dans les cas les plus faibles.

وَاێم vaêm « nous » = वयम् vayám, تَوَ tava « de toi » = तव táva.

و que je transcris par w, se trouve surtout après un ت t : jamais on ne rencontre و après cette lettre. Après د d' on trouve l'un et l'autre, mais plus fréquemment le v. Il ne paraît pas que و w soit employé après d'autres consonnes que ت t et د d'; mais il est placé fréquemment entre deux i ou entre un i et un y, et jamais on ne rencontre و v dans cette position ; exemples : درویش driwis « mendiant », دَیویس daiwis « trompeur » (voyez Brockhaus, *Glossaire*, s. v.), ایویو aiwyô, latin « aquis ». Je fais dériver ce dernier mot du thème اَپ ap, le p étant supprimé[1], et la terminaison بیس (en sanscrit *byas*) ayant amolli son b en w ; quant à l'i, il s'est introduit dans la syllabe radicale en vertu de l'épenthèse (§ 41). Il reste à mentionner une seule position où nous avons encore trouvé la semi-voyelle و w, à savoir devant un ر r : le son plus mou du w convenait mieux dans cette position que le و v qui est plus dur. Le seul exemple est le féminin سُوورا śuwrâ « épée, poignard », que j'identifie avec le sanscrit *śubrá*, féminin *śubrá* « brillant »[2].

Quant à la prononciation du و w, je crois, comme Burnouf paraît l'admettre aussi, qu'elle se rapproche de celle du w anglais. C'est aussi la prononciation du व sanscrit après les consonnes. Toutefois, Rask attribue inversement au و la prononciation du v anglais, et aux lettres ب et و celle du w.

§ 46. Épenthèse de l'u.

Quand un v ou un u sont précédés d'un r, un u vient se placer

---

[1] Comparez अभ्र abra « nuage » pour अब्भ्र ab-bra « aquam ferens », et en zend اَپبرتَ â-bĕrĕta (nominatif) « celui qui porte l'eau ».

[2] L'accusatif سُوورَیم śuwraïm se trouve dans Olshausen, p. 13, avec la variante سُفرَیم śufraïm (cf. § 40). Nous avons, en outre, plusieurs fois l'instrumental uwrya, pour lequel il faut lire سُوورَیَ śuwraya, à moins d'admettre un thème uwrî analogue au sanscrit *sundarî* venant de *sundara*.

par épenthèse à côté de la voyelle de la syllabe précédente. Ce fait est analogue à celui dont nous parlions plus haut, en traitant de l'*i* (§ 41). Exemples : ꟽꟽꟽ *haurva* «entier», de *harva*, sanscrit *sárva*; ꟽꟽꟽ *aurvant* «currens» (thème), nominatif pluriel *aurvantô*, au lieu de *arvant*, *arvantô* (sanscrit *árvant*, *árvat* «cheval»); ꟽꟽꟽ *pauurva* «le premier», au lieu de *paurva* [1], ꟽꟽꟽ *tauruna* «jeune», sanscrit *táruṇa*, ꟽꟽꟽ *aîaurunô* «sacerdotis», du thème *âtarvan* (§ 44), pour lequel on aurait, d'après la loi phonique en question, *aîaurvan* [2], s'il se rencontrait des exemples de cette forme.

§ 47. *Aspiration produite en zend par le voisinage de certaines lettres. Fait identique en allemand.*

Les semi-voyelles *y*, *w* (non ꟽ *v*) et *r*, les nasales *m*, *n* (ꟽ) et les sifflantes, quand elles sont précédées d'une ténue ou bien de la moyenne gutturale, la changent en l'aspirée correspondante : ꟽ *k*, par exemple, devient ꟽ *ḱ*, ꟽ *t* devient ꟽ *t̄*, ꟽ *p* devient ꟽ *f*, et ꟽ *g* devient ꟽ *ǵ*. Aux exemples cités, §§ 34 et 40, j'ajoute *uǵra* «terrible», sanscrit *ugrá*; *takma* [3] «rapide, fort»; *ǵaǵmúsî*, sanscrit *ǵaǵmúsî* «celle qui a marché» (racine *gam*); *patnî* «maîtresse», sanscrit *pátnî* (grec πότνια); *mĕrĕtyu* «mort», sanscrit

---

[1] Sanscrit *púrva*. Le zend suppose une forme sanscrite différente frappée du gouṇa : *pôrva* venant de *paurva* (cf. *purás* «devant»).

[2] Il est à remarquer que les diphthongues ꟽ *ai* et ꟽ *au*, qui sont formées par l'épenthèse, et qui appartiennent à un âge relativement récent, sont représentées dans l'écriture d'une façon autre et, jusqu'à un certain point, plus claire que les diphthongues ꟽ, ꟽ dont nous parlions plus haut (§§ 32 et 33); cela tient, ou bien à la différence d'âge de ces deux sortes de diphthongues, ou bien à la nature même des sons ꟽ et ꟽ, qui, en réalité, ne forment pas une diphthongue, mais se prononcent séparément et font deux syllabes. Il faut prononcer ꟽ *païti* et non *paiti*, ꟽ *ta-u-runa* et non *tau-ru-na*.

[3] Comparez en sanscrit *tank* et *tańć* «aller, (courir?)», lithuanien *teku* «je cours», ancien slave *tekuń* (même sens), grec ταχύς, ce dernier avec une aspirée inorganique.

mrtyú, venant de *martyu*. Si *bitya* « secundus » et *iritya* « tertius » ont devant le *y* une ténue au lieu d'une aspirée, cela tient peut-être à ce que le rapprochement du *t* et du *y*, dans ces deux mots, n'est pas régulier, car les formes sanscrites correspondantes sont *dvitīya* et *trtīya*. Il faut, en général, dans l'étude des formes zendes, tenir compte de l'ancien état de la langue : par exemple, dans *kaśĕtwañm* « quis te » ? en sanscrit *kas tvâm*, ce n'est pas l'*ĕ* qui a été la cause de la conservation de la sifflante, mais le *t* qui vient après. Évidemment, on disait d'abord *kaś-twañm*, et la voyelle de liaison qui a été insérée est d'origine relativement récente : sans le voisinage du *t*, *kaś* serait devenu *kô*.

On peut remarquer dans le haut-allemand moderne un fait analogue, mais qu'il ne faudrait pourtant pas rapporter à la parenté originaire des deux idiomes. Les mêmes lettres, qui ont en zend le pouvoir de changer en aspirée la muette antécédente, changent en haut-allemand moderne un *s* antécédent en son aspirée *sch* (sanscrit श *ś*, slave ш *ś*). A ces sons il faut ajouter *l*, qui manque en zend. On peut comparer, sous ce rapport, l'allemand *schwitzen* « suer » (ancien haut-allemand *swizan*, qu'on écrivait *suizan*[1], sanscrit *svid*), avec les formes zendes comme *twâñm*, accusatif du pronom « toi » (nominatif *tûm*, génitif *tava*); l'allemand *schmerz* (vieux haut-allemand *smerzo*), avec *takma* pour *takma*; l'allemand *schnur* (sanscrit *snuśâ* « bru », vieux haut-allemand *snura*, ancien slave *snocha*), avec *tafnu-s* « brûlant » pour *tapnu-s* (§ 40). La combinaison *sr* manque dans les anciens dialectes germaniques, au lieu qu'en sanscrit c'est le groupe phonique स्ल *sl* qui manque. Au contraire, स्ल *sl* paraît être sorti, dans un certain nombre de racines, de स्र *sr*, par exemple, dans अस्रङ्ग् *sraṅg*, qu'on écrit aussi *sraṅk* « aller »; il est très-vraisemblable que la dénomination allemande du serpent, *schlange*

---

[1] Le son *w*, après une consonne initiale, était représenté dans l'écriture par un *u*.

(vieux haut-allemand *slango*, thème *slangon*, masculin), se rapporte à cette racine. Je ferai remarquer à ce propos que Vôpadêva, pour indiquer le sens de la racine *śrañk*, l'explique par le mot *sarpê* [1], qui est un nom abstrait, formé de la racine d'où sont dérivés en sanscrit et en latin les noms du serpent. Comme le श *ś* sanscrit est un *s* aspiré (§ 49), et qu'il se prononce aujourd'hui dans le Bengale de la même manière que le *sch* allemand, ainsi qu'on peut le voir par le *Lexique* de Forster, nous avons, selon toute apparence, pour l'exemple qui vient d'être cité, identité d'origine et identité de prononciation. C'est encore à la même racine *śrañg* que se rapportent probablement le vieux haut-allemand *slinga* et le vieux norrois *slanga* « fronde », c'est-à-dire « celle qui met en mouvement ».

§ 48. *H* inséré devant un *r* suivi d'une consonne.

Un fait qui se rattache à la loi que nous avons exposée dans le paragraphe précédent, c'est que le zend insère ordinairement un *h* devant *r*, quand celui-ci est suivi d'une consonne autre qu'une sifflante; exemples : ꭒꭒꭒ *mahrka* « mort », de la racine ꭒꭒ (sanscrit *mar, mṛ*), « mourir »; ꭒꭒꭒ *kĕhrpĕm* ou ꭒꭒꭒ *kĕrĕpĕm* « le corps » (à l'accusatif), nominatif ꭒꭒꭒ *kĕrĕfs*; ꭒꭒꭒ *vĕhrka* ou ꭒꭒꭒ *vĕrĕka* « loup » (sanscrit *vṛka*, de *varka*).

§ 49. La sifflante ꭒ *ś*.

Nous passons aux sifflantes. A la sifflante palatale, qui se prononce en sanscrit comme un *s* légèrement aspiré (श), correspond le ꭒ, que nous transcrivons *ś*, comme le श sanscrit. Il n'est guère possible de savoir si la prononciation de ces deux consonnes était exactement la même : Anquetil la rend par un *s* ordinaire. On

---

[1] Locatif du thème *sarpa*, qui, comme abstrait, signifie « marche, mouvement », et, comme appellatif, « serpent ».

trouve le ⵉ habituellement dans les mots qui ont श् en sanscrit : ainsi les mots *daśa* « dix », *śata* « cent », *paśu* « animal », sont à la fois sanscrits et zends ; mais le ⵉ *ś* zend est d'un emploi plus fréquent en ce qu'il a remplacé le *s* ordinaire (le स् *s* dental sanscrit) devant un certain nombre de consonnes, notamment devant ⵜ *t*, ⵇ *k*, ⵏ *n*, soit au commencement, soit au milieu des mots ; toutefois dans cette dernière position, seulement après ⵉ *a*, ⵉ *â* et ⵊ *añ*. Comparez ⵉⵉⵉⵉ *stârô* « les étoiles » avec तारस् *stâras* (dans le dialecte védique) ; ⵉⵉⵉⵉ *staumi* « je loue » avec स्तौमि *stáumi* ; ⵉⵉⵉⵉ *asti* « il est » avec अस्ति *ásti* ; ⵉⵉⵉⵉ *snâ* « purifier » avec स्ना *snâ* « se baigner ».

On pourrait conclure de ces rapprochements que ⵉ *ś* se prononçait comme un *s* ordinaire ; mais le changement de *s* en *ś* peut aussi résulter d'une disposition à aspirer cette consonne, comme cela a lieu pour le *s* allemand dans le dialecte souabe et, au commencement des mots, devant un *t* et un *p*, presque partout en Allemagne. Il faut encore observer qu'on trouve aussi ⵉ *ś* à la fin des mots après ⵊ *añ* au nominatif singulier masculin des thèmes en ⵉⵉ *nt*.

Sur ⵉ *ś* tenant la place du छ् *ć* sanscrit, voyez § 37.

§ 50. *V* changé en *p* après *ś*.

La semi-voyelle ⵉ *v*, précédée d'un ⵉ *ś*, se change toujours en ⵉ *p* ; exemples : ⵉⵉⵉⵉ *śpâ* « chien », accusatif ⵉⵉⵉⵉⵉ *śpânĕm* ; ⵉⵉⵉⵉⵉ *viśpa* « tout » ; ⵉⵉⵉⵉ *aśpa* « cheval » (en sanscrit श्वा *śvâ*, श्वानम् *śvânam*, विश्व *viśva*, अश्व *áśva*). Il n'y a pas, pour répondre au zend ⵉⵉⵉⵉⵉⵉ *śpĕnta* « saint », de mot sanscrit श्वन्त *śvanta* ; mais ce mot a dû exister dans le principe ; il faut y rapporter le lithuanien *świenta-s* « saint » et l'ancien slave *svańtŭ* (même sens).

§ 51. La sifflante ⵉ *s*.

La sifflante cérébrale sanscrite ष् *s* a en zend deux représentants, ꜱ et ꜱꜱ. La première de ces lettres a, selon Rask, la prononciation d'un *s* ordinaire, c'est-à-dire celle de *s* dental (स en sanscrit), tandis que ꜱꜱ se prononce comme l'aspirée श *ś* (le *ch* français dans *charme*). Le trait qui termine cette lettre dans l'écriture zende semble destiné à marquer l'aspiration. Nous transcrirons cette dernière lettre par *ś*. Dans les manuscrits ces deux signes sont souvent mis l'un pour l'autre, ce qui vient, suivant Rask, de ce que ꜱ s'emploie en pehlvi pour exprimer le son *ch*, et que les copistes parses furent longtemps plus familiers avec le pehlvi qu'avec le zend. Ces deux lettres correspondent le plus souvent, sous le rapport étymologique, au श *ś* sanscrit; il y a entre elles cette différence que ꜱ se place surtout devant les consonnes fortes (§ 25) et à la fin des mots. Il est vrai que dans cette dernière position ꜱ répond au sanscrit स *s*; mais il faut bien remarquer que ꜱ se trouve alors après des lettres qui exigeraient en sanscrit, au milieu d'un mot, le changement de स *s* en श *ś*, c'est-à-dire après d'autres voyelles que ꜱ *a*, ꜱ *â*, ou après les consonnes क *k* ou र *r*; exemples : les nominatifs ꜱꜱꜱ *paitis* « maître », ꜱꜱꜱ *paśus* « animal », ꜱꜱꜱ *âtars* « feu », ꜱꜱꜱ *vâks* « discours ». Nous avons, au contraire, ꜱꜱꜱ *fsuyańs* et non ꜱꜱꜱ *fsuyańs* du thème *fsuyant*. Dans le mot ꜱꜱꜱ *ksvas* « six » nous trouvons, il est vrai, un ꜱ *s* final après un ꜱ *a*; mais il ne représente pas un स *s* sanscrit; il est pour le श *ś* primitif de षष् *śaś*. Comme exemples de ꜱ *s* répondant au श sanscrit devant des consonnes fortes, nous pouvons citer le suffixe du superlatif ꜱꜱꜱ *ista* (comparez ιστο-ς), en sanscrit इष्ट *iśta*; ꜱꜱꜱ *asta* « huit », en sanscrit अष्ट *aśṭá*; ꜱꜱꜱ *karsta* « labouré », en sanscrit कृष्ट *kṛśṭá*.

Le mot ꜱꜱꜱ *sayana* « lit » semble avoir remplacé le *ś* palatal de la racine sanscrite *śî* « être couché, dormir » par un *s* ordinaire; mais il faut remarquer que ce mot, quand il est écrit ainsi, se trouve être le second membre d'un composé dont le premier membre finit par un 𐬋 *ô*, et c'est probablement l'influence euphonique de cette voyelle qui a fait changer le 𐬱 *ś* en 𐬴 *s* (comparez §§ 22 ᵇ et 55); ce qui prouve, d'ailleurs, que la racine sanscrite *śî* a ordinairement un 𐬱 *ś* en zend, c'est la 3ᵉ personne 𐬯𐬀𐬌𐬙𐬉 *śaitê* « il est couché, il dort »[1] = sanscrit *śêtê*, grec κεῖται.

Le nom de nombre 𐬙𐬌𐬱𐬀𐬭𐬋 *tisarô* « trois » semble une anomalie, en ce qu'il a un 𐬴 *s* à la place du स *s* de तिस्रस् *tisrás*, car on verra plus loin (§ 53) que le स *s* sanscrit devient toujours en zend un 𐬵 *h*. Mais cet स *s* se trouve ici après un इ *i*, c'est-à-dire dans une position où ordinairement le sanscrit change *s* en *ś*. D'un autre côté, le zend 𐬙𐬌𐬱𐬀𐬭𐬋 *tisarô* est pour une ancienne forme 𐬙𐬌𐬴𐬭𐬋 *tisrô*, l'*a* ayant été inséré après coup : autrement, nous aurions, d'après le § 52, 𐬙𐬌𐬱𐬀𐬭𐬋 *tiśarô*.

§ 52. La sifflante 𐬱 *ś*.

𐬱 *ś* est pour le sanscrit श *ś*, devant les voyelles et les semi-voyelles 𐬫 *y* et 𐬬 *v*. Comparez : 𐬀𐬌𐬙𐬀𐬌𐬱𐬀𐬧𐬨 *aitaiśaṁm* et 𐬀𐬌𐬙𐬀𐬌𐬱𐬬𐬀 *aitaiśva* avec एतेषाम् *êtêśâm* « horum » et एतेषु *êtêśu* « in his »; 𐬨𐬀𐬱𐬫𐬀 *maśya* « homme » avec मनुष्य *ma(nu)śyà*[2]. Cependant 𐬱 *ś*, après un 𐬐 *k* ou un 𐬟 *f*, est plus rare que 𐬴 *s* : on a, par exemple, 𐬑𐬱𐬀𐬌𐬙𐬭𐬀 *kśaitra* « roi », pour le sanscrit क्षत्र *kśatrá* « un homme de la caste guerrière ou royale ». Il faut encore observer que le groupe sanscrit क्ष perd, dans certains mots zends, la gutturale et ne paraît plus que comme 𐬱 *ś*; exemples : *dákśiṇa* « dexter » est en zend 𐬛𐬀𐬱𐬌𐬥𐬀 *daśina* (lithuanien *désiné* « la main droite »); *ákśi* « œil » est devenu 𐬀𐬱𐬌 *aśi*; mais ce dernier mot ne paraît se trouver qu'à la fin de composés possessifs.

---

[1] Voyez Grammaire sanscrite, § 101ᵃ.

[2] On écrit aussi 𐬨𐬀𐬯𐬐𐬫𐬀 *maskya*. Il y a encore quelques autres mots où devant 𐬫 on trouve 𐬴, qu'Anquetil lit *sch*, mais que Rask traduit par *sk*, comme semble l'indiquer aussi l'écriture, la lettre 𐬴 étant composée de 𐬯 *s* et de 𐬐 *k*.

§ 53. La lettre ‌‌ह h.

ह h ne correspond jamais, sous le rapport étymologique, au ह h sanscrit : il remplace constamment la sifflante dentale ordinaire स s, qui devient toujours ह h en zend, quand elle est placée devant des voyelles, des semi-voyelles ou *m*. Une exception unique, à savoir स्व sv, changé en ق́, a déjà été mentionnée (§ 35). Quand स s se trouve devant des consonnes qui ne pourraient se joindre dans la prononciation à un *h* antécédent (§ 49), il devient ś. Comparez :

Zend.		Sanscrit.	
hâ	«hæc, illa» (nominatif singulier féminin)	सा	sâ
hapta	«sept»	सप्त	saptá (accentué ainsi dans les Védas)
hakĕrĕḍ	«semel»	सकृत्	sakṛ́t
ahi	«tu es»	असि	ási
ahmâi	«huic»	अस्मै	asmâi
hvarĕ	«soleil»	स्वर्	svàr
hva	«suus»	स्व	sva.

Mentionnons encore le mot hiśva «langue», en sanscrit जिह्वा ǵihvấ : le son ǵ (dj) a été décomposé en *d* + *s* ; *d* a été supprimé, et *s* changé en *h* (cf. § 58).

§ 54. Le groupe hr.

Le groupe *hr*, comme représentant du sanscrit *sr*, est rare en zend, et partout où il paraît, si *hr* est précédé de *a*, on place un *n* entre *a* et *h* (§ 56ᵃ); exemples : hasanhra «mille», en sanscrit *sahásra*; 𐬀𐬢𐬭𐬀 *aṅhra* « méchant, cruel »[1]. Benfey (*Glossaire du Sâma-Véda*, p. 88) a rapproché d'une façon plausible ce dernier mot du védique *dasrá* « destructeur »; il faut admettre que le *d* est tombé, comme dans *dhan* « jour » et *áśru* « larme », que je rapproche, le premier, de la racine *dah* « brûler (éclairer) » et du mot allemand *tag*; le second, de la racine *danś* « mordre » (grec δακ), en sorte que *áśru* serait l'équivalent du grec δάκρυ.

§ 55. *Sê* pour *hê*.

Le thème pronominal *sya* subit, dans le dialecte védique, l'influence du mot précédent et devient, par exemple, ष *śya* après la particule उ (voyez *Grammaire sanscrite*, § 101ª). Un fait analogue se produit en zend pour certains pronoms : ainsi 𐬵𐬉 *hê* « ejus, ei », qui se rapporte à une forme से *sê* perdue en sanscrit (cf. मे *mê* « mei, mihi » et ते *tê* « tui, tibi »), devient 𐬵𐬉 *sê* (ou mieux, sans doute, 𐬴𐬉 *śê*) après 𐬫𐬉𐬰𐬌 *yêẑi* « si », par exemple, dans Olshausen, page 37, tandis que, sur la même page, il y a 𐬵𐬉 𐬫𐬉𐬰𐬌𐬀 *yêẑica hê*. A la page suivante, on trouve encore un fait analogue, si, comme il est probable, 𐬯𐬂 *sâo* (c'est ainsi que je lis avec la variante) correspond au sanscrit असौ *asâu* « ille, illa » : 𐬥𐬊𐬌𐬴 𐬰𐬌 𐬍𐬨 𐬯𐬂 𐬯𐬂 𐬫𐬃 𐬛𐬀𐬭𐬆𐬔𐬀 𐬀𐬐𐬀𐬭𐬯𐬙𐬀 𐬱𐬀𐬌𐬙𐬉 *nôiḍ ẑi îm sâo sâo yâ darĕga akarsta śaitê* « non enim hæc tellus, illa quæ diu inarata jacet ».

§ 56ª. Nasale *n* insérée devant un *h*.

Quand un 𐬵 *h* se trouve précédé d'un 𐬀 *a* ou d'un 𐬁 *â*, et suivi d'une voyelle, on place ordinairement un 𐬧 *n* entre la première voyelle et *h*; cette insertion paraît obligatoire quand la voyelle qui suit *h* est 𐬀 *a*, 𐬁 *â*, 𐬉 *ê*, 𐬋 *ô*, 𐬂 *âo*; exemple : 𐬀𐬢𐬵𐬀𐬌𐬌𐬀

---

[1] Certains manuscrits suppriment *h* devant *r* et écrivent *haṣaṇra*, *aṇra*.

uśaṣayaṇha « tu fus enfanté »; tandis qu'à l'actif la terminaison personnelle du présent ‏سي‎ *hi* n'amène aucune nasale, comme on le voit par ‏سي‎ *ahi* « tu es », ‏رسي‎ *baksahi* « tu donnes », et non ‏سي‎ *aṇhi*, ‏رسي‎ *baksaṇhi*.

§ 56ᵇ. *As* final changé en *ô*. *Ás* en *áo*.

La terminaison *as*, qui en sanscrit ne se change en *ô* que devant les consonnes sonores (§ 25) et devant अ *a*, paraît toujours en zend, de même qu'en prâcrit et en pâli, sous la forme *ô*. Au contraire, la terminaison *ás*, qui en sanscrit perd complètement le *s* devant toutes les lettres sonores, ne laisse jamais disparaître entièrement en zend la sifflante finale; je vois, en effet, dans la diphthongue ‏س‎ *áo*, qui remplace la terminaison *ás*, la trace de la vocalisation de *s* en *u*[1]. Il est remarquable que le changement de *ás* en *áo* s'opère même dans les cas où le *s* est représenté par *ṇh* (§ 56ᵃ) ou par *s* (devant l'enclitique ‏سي‎ *ća*), de sorte que la sifflante est doublement marquée par le son *o* d'abord, par la consonne ensuite. Pour expliquer ceci par quelques exemples, le nominatif *más* « luna », qui est dépourvu de flexion en sanscrit, le *s* appartenant au radical, prend en zend la forme ‏سي‎ *máo*, l'*o* remplaçant le स sanscrit; mais मास् *más-ća* « lunaque » devient ‏سي‎ *máośća*, et मासम् *másam* « lunam » devient ‏سي‎ *máoṇhĕm*, de sorte que la sifflante sanscrite est à la fois représentée par une voyelle et par une ou même deux consonnes. C'est d'après le même principe que nous avons, par exemple, ‏سي‎ *áoṇha* pour आस *ása* « il fut », et ‏سي‎ *áoṇhaṁm* pour आसाम् *ásáṁ* « earum ».

---

[1] Cf. § 22. Voyez aussi l'édition latine de la Grammaire sanscrite, § 78, note, où j'ai déjà exprimé l'hypothèse de cette vocalisation, avant de connaître la langue zende.

§ 57. La sifflante ꭷ ṣ tenant la place d'un ḣ sanscrit.

Il reste à mentionner deux sifflantes, ꭷ et ولم; la première doit être prononcée comme le z français : nous la représentons dans notre système de transcription par un ṣ. Le ꭷ ṣ zend répond le plus souvent, sous le rapport étymologique, à un ह ḣ sanscrit [1]. Comparez, par exemple :

Sanscrit.	Zend.
अहम् aḣám « moi »	aṣĕm
हस्त ḣásta « main »	ṣaśta
सहस्र saḣásra « mille »	haṣaṇhra
जिह्वा ǵiḣvá « langue »	hiṣva
वहति váḣati « il transporte »	vaṣaiti
हि ḣi « car »	ṣi.

§ 58. ꭷ ṣ pour le sanscrit ǵ ou g.

Quelquefois aussi ꭷ ṣ tient la place du ज् ǵ sanscrit, ce qui doit être entendu ainsi : le ज् ǵ, qui équivaut à dj, perd le son d et change le son j en z (comparez § 53). Ainsi, par exemple : yaṣ « adorer » équivaut à यज् yaǵ; ṣauśa « plaisir » dérive de la racine sanscrite ǵuś « aimer, estimer ».

Troisièmement, on trouve le ꭷ ṣ zend à la place du ग् g sanscrit; cela tient à ce que les gutturales dégénèrent aisément en sifflantes, comme on le voit par le changement du ह ḣ (= ǵ) sanscrit en ꭷ ṣ. Un exemple de ꭷ ṣ pour ग् g est ṣâo « terre » (nominatif) pour गौस् gâus, lequel, au féminin, signifie à la fois « vache » et « terre » : gâus fait irrégulièrement à l'accusatif gâm; à cette forme se rapporte le zend ṣaṁm (§ 61); d'après le no-

---

[1] Jamais le ḣ sanscrit n'est représenté en zend par ولم h.

minatif ﺳﺎو *sâo*, on devrait attendre en sanscrit *gâs* (§ 56 [b]), qui formerait l'analogue de l'accusatif *gâm*. Dans le sens de « bœuf, vache », le zend a conservé à ce mot sa gutturale, quoique, d'après Burnouf[1], il y ait aussi des cas où l'accusatif ﮔﺎوم *gâum* a le sens de « terre ».

§ 59. La sifflante ﺵ *ś*.

ﺵ est d'un usage plus rare : il se prononce comme le *j* français ; je le transcris *ś*. Il est remarquable que le ﺵ *ś* soit sorti quelquefois de la semi-voyelle sanscrite य *y*, absolument comme le *j* français, dans beaucoup de mots, est sorti de la semi-voyelle latine *j*. Ainsi यूयम् *yûyám* « vous » est devenu en zend ﯾﻮﺷﻢ *yûśĕm*. Quelquefois aussi ﺵ *ś* correspond au ज *ǵ* sanscrit (le *j* anglais), comme dans ﺷﻨﻮ *śĕnu* pour जानु *ǵấnu* « genou ». Enfin, la lettre ﺵ *ś* remplace quelquefois la dentale sanscrite स *s* après un *i* ou un *u*, quand elle se trouve, comme lettre finale d'un préfixe, devant une consonne sonore ; exemples : ﻧﺶ-ﺑﺮﺍﯾﺘﯽ *niś-baraiti* « exportat » = ﺩﺵ-ﺍﻭﺧﺘﻢ *duś-ûktĕm* « male dictum » ; mais on trouve, au contraire, ﺩﺱ-ﻣﺘﻢ *dus-matĕm* « male cogitatum ». Le sanscrit, qui manque de sifflantes molles, remplace, d'après des lois déterminées, le *s* par un *r* devant les consonnes molles ; il a, par conséquent, *nir-barati* au lieu du zend *niś-baraiti*, le *s* de निस् *nis* ne pouvant se trouver devant un *b*. De même, le préfixe दुस् *dus*, qui correspond au grec δυς, se montre toujours devant les lettres sonores (§ 25) sous la forme *dur*.

Il sera question plus loin de la formation des sifflantes zendes

---

[1] *Yaçna*, notes, p. 55. Pour expliquer cette forme *gâum*, il faut la rapporter à une forme sanscrite *gâvam*, dont *gâm* n'est que la contraction ; en effet, गो *gô* tire ses cas forts de *gâu* : nominatif *gâus*, pluriel *gâva-s*. Il se présente encore une autre explication : on peut supposer que l'accusatif zend *gâum* appartient à un thème *gava*, qu'on retrouve en sanscrit avec le sens de *veau* au commencement de certains composés ; exemples : *gava-râǵan* (littéralement « vitellorum-rex »). Dans ce cas, l'*â* long de *gâum* serait une compensation pour la contraction de *va* en *u*.

110 SYSTÈME PHONIQUE ET GRAPHIQUE.

(👁 ś, 👁 s, 👁 s̟, 👁 ṣ̌), issues d'un *t* ou d'un son de même famille, quand il est suivi d'un autre son dental (§ 102 b).

§ 60. Les nasales ۱ et 👁 *n*.

Nous avons différé jusqu'à présent de parler des nasales zendes, la connaissance du système phonique entier étant nécessaire pour bien déterminer le caractère de ces consonnes. Le zend diffère du sanscrit en ce qu'il n'a pas pour chaque classe de consonnes de nasale particulière; en ce qui concerne le son *n*, le zend distingue surtout deux cas, celui où *n* est suivi d'une consonne forte, et celui où il est suivi d'une voyelle. Telle est la différence de ۱ et de 👁 : le premier se trouve principalement devant les voyelles, les semi-voyelles *y* et *v*, et aussi à la fin des mots[1]; le second ne paraît qu'à l'intérieur des mots devant une consonne forte. On écrit 👁👁👁👁👁 *hankârayêmi* «je célèbre», 👁👁👁 *pança* «cinq», 👁👁👁 *hênti* «ils sont»; mais, au contraire, 👁 *nâ* (nominatif) «homme», 👁👁 *noiḍ* «ne...pas», 👁👁👁 *barayën* «ils porteraient» (potentiel), 👁👁 *anyô* «l'autre», 👁👁👁 *kërënvô* «tu fis». Quant à la prononciation de ces deux lettres, le 👁, étant toujours joint à une consonne forte, a dû avoir un son moins net et plus sourd que le ۱, et c'est sans doute à cause de cet affaiblissement et de cette indétermination du son que le 👁 peut se joindre indifféremment aux consonnes fortes de toutes les classes. Comme ces deux nasales se distinguent suffisamment l'une de l'autre par la place qu'elles occupent dans le mot, nous n'avons pas besoin de les marquer d'un signe distinct dans notre système de transcription.

§ 61. Le groupe 👁 *au*.

La nasale renfermée dans le groupe 👁, lequel n'est autre

---

[1] Sur ۱ *n* devant *b* voyez § 224.

chose, à en juger par sa forme, qu'un *a* joint à un *n*, a dû avoir une prononciation encore plus faible et plus indécise que ; c'est peut-être l'équivalent, quant au son, de l'anousvâra sanscrit. On rencontre cet , que nous transcrivons *añ*, premièrement devant les sifflantes, *h*, et les aspirées *th* et *f*; exemples : *kṣayañś* « regnans », accusatif *kṣayañtĕm*; *sañhyamana* (participe futur passif de la racine *san* « engendrer ») « qui nascetur »; *mañtra* « parole », de la racine *man*; *gañfnu* « bouche », probablement de la racine sanscrite जप् *ǵap* « prier » (§ 40) avec insertion d'une nasale. On trouve deuxièmement devant *m* ou *n* final; exemples : *pâdanañm* « pedum », en sanscrit पादानाम् *pâdânâm*; *barañn* « ferant »[1], au lieu de *barân*, comme on devrait l'attendre d'après l'analogie des autres personnes. Troisièmement, à la fin des mots, à l'accusatif pluriel des thèmes masculins en *a*, où je regarde la terminaison *añ* comme un reste de la désinence complète *añś*, laquelle s'est conservée devant l'enclitique *ća* « et »[2].

§ 62. Les nasales et *n*. — Le groupe *nuh*.

Le zend a deux lettres pour représenter la nasale qui vient s'ajouter, dans certains cas (§ 56ᵃ), comme surcroît euphonique à un *h*, tenant la place du स् *s* sanscrit : ce sont et , qu'Anquetil prononce tous deux *ng*, et que nous transcrivons *n*. Ces deux lettres différent l'une de l'autre dans l'usage en ce que se trouve toujours après *a* et *âo*, tandis que , qui est d'un emploi plus rare, ne se trouve qu'après *i* et *ê*; exemples : *yênhê* « qui » (pronom relatif, nominatif pluriel); *ainhâo* « hujus » (au féminin); mais on écrit,

---

[1] Imparfait du subjonctif avec le sens du présent. Voyez § 714.
[2] Voyez § 239, et cf. la terminaison védique *ăn̄* pour *ăn̄r*, venant de *ans*.

sans l'épenthèse de l'ࠊ *i*, ࠊࠊࠊࠊ *aṇhâo*, qui est tout aussi fréquent.

Il faut encore remarquer que le ࠊ *ṇ* s'emploie souvent devant ࠊ *u*, mais la syllabe ࠊࠊ *ṇu* est toujours le résultat de la transposition suivante. Le groupe *ṇhva* vocalise le *v* en *u* et le place devant le *h*; le *ṇ* est conservé, quoique en réalité il ne soit destiné qu'à se trouver devant le *h*. Les formes qui donnent surtout lieu à cette transposition sont : 1° les impératifs, qui, se terminant en sanscrit en *a-sva* (2° personne singulier moyen), font en zend ࠊࠊࠊࠊ *aṇuha* pour *aṇhva* (voyez des exemples au § 721); 2° les mots qui, dérivés d'un thème en *as*, prennent le suffixe *vant* (*vat* dans les cas faibles) : ces mots ont en zend, aux cas forts (§ 129) *aṇuhant* (nominatif *aṇuhâo*, venant de *aṇuhâs*), aux cas faibles *aṇuhat*. Nous y reviendrons.

§ 63. La nasale ࠊ *m*. Le *b* changé en *m* en zend; changement contraire en grec.

La nasale labiale ࠊ *m* ne diffère pas du म *m* sanscrit; mais il est remarquable qu'elle prend quelquefois la place du *b*. Du moins avons-nous la racine ब्रू *brû* «parler», qui fait en zend ࠊࠊ *mrû*; la forme sanscrite *ábravît*, qui est irrégulière, et qui devrait faire *ábrôt* (pour *ábraut*), correspond au zend ࠊࠊࠊࠊ *mrauḍ* «il parla». Le grec a devant le ρ le changement contraire, c'est-à-dire qu'il remplace un μ primitif par la moyenne de la même classe; exemples : βροτός, βραδύς pour μροτός (= sanscrit *mṛtás*, de *martás*), μραδύς (en sanscrit *mṛdús* «doux, lent»); le superlatif βράδιστος répond parfaitement au superlatif sanscrit *mrádiṣṭas*.

§ 64. Influence d'un *m* final sur la voyelle précédente.

Un ࠊ final exerce une double influence sur la voyelle qui précède; il affaiblit (§ 30) le ࠊ *a* en ࠊ *ĕ*, et allonge, au contraire, les voyelles *i* et *u*; exemples : ꬰ *paitîm* « dominum », ꬰ *tanûm* « corpus », accusatifs formés des thèmes ꬰ *paiti*, ꬰ *tanu*. Le vocatif ꬰ *aśâum* « ô pur! » semble être en contradiction avec cette règle. Mais ici l'*u* n'est pas primitif; *um* est une contraction de la syllabe *van* du thème *aśavan*, et l'allongement du second *a* est une compensation pour la suppression du troisième. Quant au changement de *n* final en *m*, c'est une singularité unique en son genre, au lieu que le changement contraire, de *m* final en *n*, est devenu une loi dans plusieurs langues de la famille indo-européenne.

§ 65. Tableau des lettres zendes.

Nous donnons ici un tableau complet des lettres zendes :

Voyelles simples.. ꬰ *a*, ꬰ *ĕ*; ꬰ *â*, ꬰ *ē*; ꬰ *i*, ꬰ *î*; ꬰ *u*, ꬰ *û*.
Diphthongues... ꬰ, ꬰ *ê*, ꬰ *ai* (§ 33), ꬰ *aî* (§ 41 et 46), ꬰ *ôi*; ꬰ *âi*; ꬰ *ô*, ꬰ *au* (§ 32), ꬰ *au* (§ 46), ꬰ *ĕu*; ꬰ *âo*, ꬰ *âu*.
Gutturales...... ꬰ *k*, ꬰ *k̆*, ꬰ *q*, ꬰ *g*, ꬰ *ğ*.
Palatales....... ꬰ *c*, ꬰ *ǵ*.
Dentales....... ꬰ *t*, ꬰ *ť*, ꬰ *d*, ꬰ *d̆*, ꬰ *d́*.
Labiales....... ꬰ *p*, ꬰ *f*, ꬰ *b*.
Semi-voyelles... ꬰ, ꬰ, ꬰ *y* (les deux premiers au commencement, le troisième au milieu d'un mot), ꬰ, ꬰ *r* (le dernier seulement après un ꬰ *f*), ꬰ, ꬰ *v* (le premier au commencement, le deuxième au milieu d'un mot), ꬰ *w*.
Sifflantes et *h*... ꬰ *ś*, ꬰ *š*, ꬰ *s*, ꬰ *ṣ*, ꬰ *s̆*, ꬰ *h*.
Nasales......... ꬰ *n* (devant les voyelles, *y*, *v* et à la fin des mots), ꬰ *n* (devant les consonnes fortes), ꬰ *aṅ* (devant les sifflantes, ꬰ *h*, ꬰ *t*, ꬰ *f*, ꬰ *m* et ꬰ *n*), ꬰ *n* (entre ꬰ *a*

ou ⟨⟩ *âo* et ⟨⟩ *h*), ⟨⟩ *ṇ* (entre ⟨⟩ *i* ou ⟨⟩ *ê* et ⟨⟩ *h*), ⟨⟩ *m*.

Remarquez encore les groupes ⟨⟩ pour ⟨⟩ *ah*, ⟨⟩ pour ⟨⟩ *st*, ⟨⟩ pour ⟨⟩ *sk* et ⟨⟩ pour ⟨⟩ *hm*.

ALPHABET GERMANIQUE.

§ 66. *De la voyelle a en gothique.*

Nous nous dispensons de traiter en particulier du système des lettres grecques et latines; pour ces deux langues, nous avons déjà, en parlant des lettres sanscrites, touché les points essentiels, et nous y reviendrons encore quand nous établirons les lois générales de la phonologie.

Nous allons nous occuper du système phonique du gothique et du vieux haut-allemand.

L'*a* gothique répond complétement à l'*a* sanscrit; les sons de l'ε et de l'*o* grecs, qui sont des altérations de l'*a*, manquent en gothique comme en sanscrit. Mais l'*a* ne s'est pas partout conservé pur : très-souvent, dans les syllabes radicales comme dans les terminaisons, il s'est affaibli en *i*, plus rarement en *u*; quelquefois aussi il a été supprimé tout à fait dans les syllabes finales.

§ 67. *A changé en i ou supprimé en gothique.*

C'est une loi que nous croyons avoir reconnue, que, partout où il y avait un *a* devant un *s* final, si le mot est polysyllabique, l'*a* s'est changé en *i*, ou bien a été supprimé; exemples : *vulfi-s* « lupi » (génitif) du thème *vulfa*, en sanscrit *vṛka-sya*; *bair-i-s* « tu portes », en sanscrit *bára-si*; *vulf-s* « lupus », en sanscrit *vṛka-s*; *auhsin-s* « bovis », en sanscrit *ukšan-as*; *auhsan-s* « boves » (nominatif-accusatif), en sanscrit *ukšân-as* (nominatif pluriel), et *ukšan-as* (accusatif pluriel).

De même, devant un *th* final, le gothique affaiblit volontiers l'*a* en *i*, sans toutefois éviter complétement la terminaison *ath*. Celle-ci se trouve, par exemple, dans *liuhath* « lumière » (nominatif-accusatif neutre), *magath* « jeune fille » (accusatif féminin), et dans l'adverbe *aljath* « ailleurs »; mais, dans tous les verbes gothiques de la conjugaison forte, à la 3° personne du singulier et à la 2° personne du pluriel, on trouve *i-th* à la place du sanscrit *a-ti*, *a-ta*; exemples : *bair-i-th* « fert » et « fertis », sanscrit *bár-a-ti, bár-a-ta*. L'*a* s'est, au contraire, maintenu dans les formes *bair-a-m* (sanscrit *bár-á-mas*) « ferimus », *bair-a-nd* (sanscrit *bár-a-nti*) « ferunt », *bair-a-ts* (sanscrit *bár-a-tas*, Φέρετον); *bair-a-sa* (§ 86, 5) « fereris », *bair-a-da* « fertur », *bair-a-nda* « feruntur », formes qui répondent aux formes moyennes sanscrites *bár-a-sê, bár-a-tê, bár-a-ntê* pour *bár-a-sai*, etc.

§ 68. *A* gothique changé en *u* ou en *o* en vieux haut-allemand.

En vieux haut-allemand, l'*a* gothique s'est conservé, ou bien il est affaibli en *u*, quelquefois aussi en *o*. On trouve *u* tenant la place de l'*a* gothique, par exemple : à la 1re personne du singulier du présent des verbes forts (*lisu* pour le gothique *lisa* « je lis »), au datif pluriel des thèmes en *a* (*wolfu-m* pour le gothique *vulfa-m*), à l'accusatif singulier et au nominatif-accusatif pluriel des thèmes en *an* (*hanun* ou *hanon* pour le gothique *hanan, hanans*), et au datif singulier de la déclinaison pronominale (*imu* pour le gothique *imma*).

§ 69, 1. L'*â* long changé en *ô* en gothique.

Pour l'*â* long sanscrit, le gothique, auquel l'*â* long manque tout à fait, met *ô* ou *ê*, et, de préférence, le premier, tandis que le grec, au contraire, remplace l'*ā* bien plus fréquemment par η que par ω. Quand il abrége l'*ô*, le gothique le fait revenir au son *ă*; ainsi les thèmes féminins en *ô* se terminent, au nominatif-accusatif singulier, par un *a* bref; exemple : *airtha* « terra, terram » (sans flexion casuelle); le génitif singulier et le nominatif pluriel ont, au contraire, *airthô-s*, la longue primitive s'étant conservée, grâce à l'appui de la consonne suivante.

En général, l'*â* primitif, dans les mots polysyllabiques, s'abrége à la fin des mots en *a* bref. Quand un mot polysyllabique se termine par *ô*, c'est qu'il avait encore primitivement une consonne qui est tombée, par exemple dans les génitifs pluriels féminins, comme *airth-ô* « terrarum », où l'*ô* représente la désinence sanscrite *âm* et la désinence grecque ων. Dans les formes comme *hva-thrô* « d'où ? », *tha-thrô* « d'ici », il est tombé une dentale.

Quand le gothique allonge l'*a*, il devient *ô*; exemple : *-dôg-s* (pour *-dôga-s*), dans le composé *fidur-dôg-s* « qui dure quatre jours », du thème *daga*, nominatif *dag-s* « jour ». La fusion de deux *a* ou celle d'un *ô* (= *â*) avec *a*, produit *ô*; par exemple dans les nominatifs pluriels comme *dagôs* « jours » de *daga-as*, *hairdôs* « troupeaux » de *hairdô-as* (thème *hairdô*, nominatif singulier *hairdu*); de même qu'en sanscrit *sutâs* « les fils » ou « les filles » est pour *sutá-as* ou *sutâ-as*.

En vieux haut-allemand, l'*ô* gothique est resté *ô*, par exemple au génitif pluriel, ou bien le son s'est divisé en *uo, ua, oa*, suivant les différents textes. En moyen haut-allemand, on trouve seulement *uo*, au lieu que, dans le haut-allemand moderne, ces deux voyelles brèves séparées se sont de nouveau fondues en une longue homogène. L'allemand *brûder* « frère », par exemple, est, en gothique, *brôthâr*, en vieux haut-allemand *bruoder*, *bruader*, en moyen haut-allemand *bruoder*, en sanscrit *brâtar*, en latin *frâter*.

Dans les terminaisons, on trouve aussi, en vieux haut-allemand, à la place d'un *ô* gothique, *â* et *û* (ce dernier peut-être seulement devant un *n*.) Nous y reviendrons.

§ 69, 2. L'*â* long changé en *ê* en gothique.

L'autre voyelle, qui remplace plus rarement en gothique l'*â* primitif, est l'*ê*; on peut regarder cette voyelle comme appartenant en propre, entre toutes les langues germaniques, au gothique, de sorte que celui-ci est, sous ce rapport, à l'égard du reste de la famille, ce que l'ionien est à l'égard des autres dialectes grecs. Il n'y a que le vieux frison qui, dans la plupart des cas, ait également l'*ê* gothique [1]. Les formes grammaticales les plus importantes où l'on rencontre cet *ê* sont : 1° les formes polysyllabiques du prétérit de la dixième et de la onzième conjugaison (Grimm); exemple: gothique *nêmum*, vieux frison *nêmon* «nous prîmes», en regard du vieux haut-allemand *nâmumês*; 2° la quatrième et la sixième conjugaison, où le gothique *slêpa* «je dors», *lêta* «je laisse», *rêda* (*ga-rêda* «je réfléchis», *und-rêda* «curo, procuro»), le vieux frison *slêpe, lête, rêde* [2], correspondent au vieux haut-allemand *slâfu, lâzu, râtu*; 3° les génitifs pluriels gothiques des masculins et des neutres, ainsi que des thèmes féminins en *i* et en *u*; au contraire, le vieux haut-allemand remplace, à tous les genres, par la désinence *ô*, la désinence *âm* du sanscrit et la désinence ων du grec. Comparez, par exemple, avec le sanscrit *ukṣan-âm* «boum», le gothique *auhsn-ê* (pour *auhsan-ê*) et le vieux haut-allemand *ohsôn-ô*. Je mentionne encore, parmi les cas isolés d'un *ê* gothique et vieux frison remplaçant un *â*, le mot *jêr* (thème *jêra*, neutre) «année», en vieux haut-allemand *jâr*, en zend *yârĕ*. Ce dernier, également du neutre, est pour *yâr* (§ 30); mais je regarde le *r*, dans ce mot, comme le reste du suffixe *ra*, et je fais dériver *yârĕ* de la racine sanscrite *yâ* «aller», les dési-

---

[1] On a toutefois en vieux haut-allemand quelques exemples de *ê* tenant la place d'un *â* primitif. Voyez § 109 ª 3.

[2] Je regarde *râd'* «faire, accomplir» comme la racine sanscrite correspondante, laquelle ne pouvait devenir, en gothique, que *rôd* ou *rêd*.

gnations du temps venant, en général, de verbes marquant le mouvement [1]. Il me paraît plus difficile de faire dériver ce mot, avec Lassen et avec Burnouf (*Yaçna*, p. 328), de la racine sanscrite *ir* «aller»; encore moins voudrais-je rapporter à cette dernière racine les termes germaniques qui expriment l'année et le grec ὥρα, qu'on ne saurait en séparer et qui est formé de la même manière (l'esprit rude pour *y*, § 19).

§ 70. Le son *ei* dans les langues germaniques.

Pour ि *i* et ी *î*, le gothique met *i* et *ei*. Je regarde *ei* comme l'expression graphique de l'*i* long; en effet, *ei* correspond, sous le rapport étymologique, à *î* dans toutes les autres langues germaniques, excepté en haut-allemand moderne, et, de plus, *ei* représente l'*î* sanscrit, notamment à la fin des thèmes féminins du participe présent et du comparatif. Il y a cette seule différence que, dans ces thèmes, le gothique ajoute encore à l'*î* un *n*, de même que l'*â* du féminin sanscrit (en gothique, *ô*) est très-souvent suivi d'un *n* dans les langues germaniques; exemple : gothique *viduvôn* (nominatif -*vô*, § 142) = sanscrit *vidavâ* «veuve» (thème et nominatif). Nous avons de même *bairandein* (nominatif -*dei*) pour le sanscrit *bárantî* «celle qui porte»; *juhisein* (nominatif -*sei*) pour le sanscrit *yávîyasî* «junior» (féminin). Il est digne de remarque aussi qu'Ulfilas, en transportant du grec en gothique des noms de personne ou de pays, remplace très-fréquemment *ι* par *ei*, et cela sans tenir compte de la quantité. Il écrit, par exemple, *Teitus* pour Τίτος, *Teibairius* pour Τιβέριος, *Thaiaufeilus* pour Θεόφιλος, *Seidôn* pour Σιδῶν, *rabbei* pour ῥαββί. S'il traduit aussi ει par *ei* (par exemple : Σαμαρείτης par *Sama-*

---

[1] Entre autres, le gothique *aivs*, thème *aiva*, qui vient, comme le grec αἰών et le latin *ævum*, de la racine *i* marquée du gouna. *Aiva* et *ævum* sont formés par un suffixe qui répond au *va* sanscrit. (Cf. Graff, t. I, p. 505 et suiv. et Kuhn, Journal, II, p. 235.)

reités), cela tient à ce que probablement au IV⁰ siècle *ei* se prononçait déjà *i* long, comme en grec moderne. Peut-être même Ulfilas a-t-il été conduit par cet $ει = \bar{\imath}$ à exprimer le son *î* par le groupe *ei* dans les mots gothiques d'origine.

Quand l'*ei* gothique répond à la diphthongue sanscrite *ê=ai*, cela tient ou bien à ce que l'*i* gouna (§ 27) s'est fondu avec un *i* radical, de manière à former un *î* long $(i + i = \bar{\imath})$, ou bien la diphthongue primitive *ai* a perdu son premier élément et a allongé le second par compensation. (Comparez en latin, par exemple, *acquiro* venant de *acquairo*, § 7). C'est ainsi que j'explique, par exemple, le rapport du thème neutre gothique *leika* (nominatif-accusatif *leik*) « corps, cadavre, chair » avec le sanscrit *déha* (masculin et neutre) « corps » (§ 17ᵃ), et celui de *veihsa* (nominatif neutre *veihs*) « bourg » avec le thème masculin singulier *véśa* (de *vaika*) « maison ». (Comparez le latin *vicus*.)

A l'appui de mon opinion que l'*ei* gothique se prononçait *î*, on peut encore mentionner cette circonstance que *ei* se forme souvent de la contraction de *ji*. Ainsi le thème *hairdja* « berger » fait, au nominatif et au génitif singuliers, *hairdei-s*, parce que *ja* est précédé d'une syllabe longue, tandis que le thème *harja* fait, aux mêmes cas, *harji-s* (pour *harja-s*, d'après le § 67). Suivant le même principe, *sôkja* « je cherche » fait, à la 2ᵉ personne, *sôkei-s* (= *sôki-s*), *sôkei-th*, tandis que *nasja* « je sauve » fait *nasji-s*, *nasji-th*. Il est certain que la contraction de *ji* en *î* est beaucoup plus naturelle qu'en *ei* prononcé comme une diphthongue; on peut remarquer, à ce propos, qu'en sanscrit aussi la semi-voyelle य *y* (= *j*) peut devenir un *î* long, après avoir rejeté la voyelle avec laquelle elle formait une syllabe; ainsi, au moyen, la syllabe *yâ*, qui sert à former le potentiel, se contracte en *î*, à cause des terminaisons plus pesantes qu'à l'actif; exemple : *dviś-î-tá* « qu'il haïsse », par opposition avec l'actif *dviś-yá-t*.

Le brisement de l'*î* long en *ei*, qui, en gothique, n'est qu'apparent, est devenu une réalité dans le haut-allemand moderne, de même que le brisement de l'*û* long en *au*. Nous avons, par exemple, au génitif des pronoms de la 1re et de la 2e personne, *mein, dein*, pour l'ancien et moyen haut-allemand, *mîn, dîn*, et le gothique *meina, theina* = *mîna, thîna*. Les verbes de la huitième conjugaison (Grimm), comme *scheine, greife, beisse*, correspondent au vieux haut-allemand *scînu, grîfu, bîzu*, au moyen haut-allemand *schîne, grîfe, bîze*, au gothique *skeina* (= *skîna*), *greipa, and-beita*. La voyelle du gouna, fondue avec l'*i* radical dans les anciens dialectes, a recouvré, en quelque sorte, une existence propre, de sorte que le moderne *scheine* répond au vieux et moyen haut-allemand *scein, schein* « je parus », et aux formes du présent grec frappées du gouna comme λείπω.

§ 71. *I* final supprimé à la fin des mots polysyllabiques.

Toutes les fois que *i*, dans la famille des langues germaniques, se trouvait primitivement à la fin d'un mot, si le mot était polysyllabique, l'*i* a été supprimé; ce fait s'explique par la nature de l'*i*, qui, étant la plus légère des voyelles fondamentales, ne pouvait subir d'autre altération qu'une suppression totale. Le gothique était d'autant plus exposé à cette suppression qu'il ne connaît pas encore le changement de l'*i* en *e* (vieux haut-allemand *ë*). On a donc, par exemple, en gothique, *i-m* « je suis », *i-s, i-st, s-ind*, pour le sanscrit *ás-mi, á-si, ás-ti, s-ánti; ufar* « sur » pour le sanscrit *upári; bairis, bairith, bairand*, vieux haut-allemand *biris, birit, bërant*, pour le sanscrit *bárasi, bárati, báranti* « fers, fert, ferunt ». L'*i* final s'est conservé dans la préposition monosyllabique *bi* « autour, sur, vers, chez », etc. (vieux haut-allemand, avec allongement de l'*i*, *bî*, en allemand moderne *bei*), dans laquelle je reconnais le sanscrit *abí* « vers », d'où vient *abí-tas* « par ici ». L'*a* initial de ce mot s'est perdu dans les langues germaniques.

§ 72. De l'*i* gothique.

Quand un mot polysyllabique, en gothique, se termine par un *i*, cet *i* est toujours le reste d'un *j* suivi d'une voyelle; la voyelle ayant été supprimée, le *j* s'est changé en *i*. Ainsi l'accusatif gothique *hari* « exercitum » (forme dénuée de flexion) est un reste de *harja*[1]. Le sanscrit aurait *karya-m*, et le zend *kari-m* (§ 42), qui se rapproche davantage de la forme gothique. Le 𐌹 *i* a été également supprimé à l'ordinaire, en gothique, devant un *s* final; la syllabe finale *is* est, la plupart du temps, une forme affaiblie de *as* (§ 67).

En vieux haut-allemand, et encore plus en moyen et en haut-allemand moderne, l'ancien *i* gothique s'est altéré en *e*. A l'exemple de Grimm, nous marquons cet *e* de deux points (*ë*) quand, soit en vieux, soit en moyen haut-allemand, il se trouve dans la syllabe accentuée. Remarquons encore que, dans l'ancienne écriture gothique, l'*i* est marqué de deux points quand il commence une syllabe.

§ 73. Influence de l'*i* sur l'*a* de la syllabe précédente.

On a vu (§ 41) qu'en zend la force d'attraction d'un *i*, d'un *î* ou d'un *y* (=*j*), introduit un *i* dans la syllabe précédente : les sons correspondants ont de même en vieux haut-allemand une puissance d'assimilation qui fait que l'*a* de la syllabe précédente est souvent changé en *e*, sans qu'il y ait de consonne ayant plus qu'une autre le pouvoir d'arrêter cette influence; même plusieurs consonnes réunies ne peuvent s'y opposer. Ainsi *ast* « branche » fait au pluriel *esti*; *anst* « grâce » fait au génitif-datif singulier et au nominatif-accusatif pluriel *ensti*; *fallu* « je tombe » fait à la 2ᵉ et à la 3ᵉ personne *fellis*, *fellit*. Au gothique *nasja* « je sauve »

---

[1] Ce thème correspond, quant à la racine, à l'ancien perse *kára* « armée », littéralement « ce qui agit », du verbe *karŏmi* « j'agis ».

correspond le vieux haut-allemand *nerju*. Toutefois cette loi ne prévaut pas encore partout en vieux haut-allemand ; on trouve, par exemple, *zahari* « lacrymæ », pour *zaheri*.

§ 74. Développement du même principe en moyen haut-allemand.

En moyen haut-allemand l'influence que nous venons de signaler s'est encore accrue : non-seulement l'*i*, et l'*e* qui est sorti de l'*i*, changent, à peu d'exceptions près (voyez Grimm, p. 332), en *e* tous les *a*, mais ils agissent encore sur *â, u, û, o, ô, uo, ou*, qu'ils changent respectivement en *æ, ü, iu, ö, œ, ue, öu*. Nous citerons comme exemples *geste* « hôtes », de *gast*; *jæric* « qui dure un an », de *jâr*; *tæte* « actions », de *tât*; *brüste*, de *brust* « poitrine »; *miuse*, de *mûs* « souris »; *köche*, de *koch* « cuisinier »; *lœne*, de *lôn* « récompense »; *stuele*, de *stuol* « chaise »; *betöuben* « étourdir », de *toup* (pour *toub*, § 93ᵃ). Au contraire, les *e* qui sont déjà en vieux haut-allemand l'altération d'un *i* ou d'un *a*, n'exercent pas d'influence de ce genre : on dit, par exemple, au génitif singulier *gaste-s*, parce que, au lieu du gothique *gasti-s*, l'on a *gaste-s* en vieux haut-allemand, ce dialecte ayant déjà obscurci en *e*, au génitif singulier, l'*i* radical des thèmes masculins en *i*.

§ 75. Effet du même principe dans le haut-allemand moderne.

L'*e*, sorti, en vieux et en moyen haut-allemand, de l'*a*, en vertu du principe précédent, est resté *e* dans le haut-allemand moderne lorsque le souvenir de la voyelle primitive s'est effacé ou n'est plus senti que vaguement ; exemples : *ende* « fin », *engel* « ange », *setzen* « poser », *netzen* « baigner », *nennen* « nommer », *brennen* « brûler », en gothique *andi, angilus, satjan, natjan, namnjan, brannjan*. Mais quand, en présence de la voyelle obscurcie, subsiste encore clairement la voyelle primitive, on emploie *ä*, qui est tantôt bref, tantôt long, suivant qu'il est l'obscurcissement d'un *a* bref ou d'un *a* long ; on emploie de même *ü* pour *u*, *ö* pour *o*, *äu* pour *au*; exemples : *brände, pfäle, dünste, flüge, köche, töne, bäume*, de *brand* « incendie », *pfäl* « pieu », *dunst* « vapeur », *flug* « vol », *koch* « cuisinier », *ton* « ton », *baum* « arbre ».

Cette influence d'un *i* ou d'un *e* sur la voyelle de la syllabe précédente s'appelle périphonie (*umlaut*).

§ 76. De l'*û* long dans les langues germaniques.

L'ancienne écriture gothique ne fait pas de distinction entre l'*u* bref et l'*û* long. Nous ne pouvons connaître la longueur de cette voyelle en gothique que par voie d'induction, en prenant pour point de départ le vieux haut-allemand; car les manuscrits de cette langue indiquent en partie la longueur des voyelles, soit par redoublement, soit par l'accent circonflexe. Je ne saurais croire avec Grimm (*Grammaire*, I, 3ᵉ édit. p. 61) que le gothique n'ait pas eu d'*u* long. Je pense, par exemple, qu'au vieux haut-allemand *mûs* « souris » (thème *mûsi*) a dû correspondre en gothique un mot que, d'ailleurs, nous n'avons pas conservé, ayant un *û* long; en effet, la longue se retrouve non-seulement dans le latin *mûs, mûris*, mais encore dans le sanscrit *mûśá-s*, masculin, *mûśâ, mûśî*, féminin. Les grammairiens indiens admettent même, à côté de la racine *muś* « voler » d'où vient le nom de la souris, une racine *mûś*.

Les autres mots qui ont un *û* long en vieux haut-allemand ne donnent pas lieu à des comparaisons avec des mots correspondants dans les autres langues indo-européennes, du moins avec des mots ayant également un *û* long. La longueur de *û* dans *hlût* (thème *hlûta*) « sonore », me paraît inorganique; car ce mot ne peut être qu'un participe passif, et il répond au sanscrit *śru-tá-s* « entendu » (de *krutás*), en grec κλυτός, en latin *clŭtus*. Le gothique *hliu-ma* (thème *-man*) « oreille » (c'est-à-dire « ce qui entend »), qui appartient à la même racine, a, au lieu de l'*a* gouna, pris le son plus faible de l'*i* gouna (§ 27). Il est clair aussi que l'*û* de *sûfu* « je bois » vient de *iu*, puisque, dans la conjugaison à laquelle appartient ce verbe, le présent exige l'*i* gouna (§ 109ᵃ, 1). On peut citer, dans d'autres langues, plusieurs exemples d'un allongement de la voyelle *u* tenant lieu du gouna; rapprochez, par exemple, le latin *dûco* (racine *dŭc*, comparez *dux*, *dŭcis*) du gothique *tiuha* et du vieux haut-allemand *ziuhu*. La racine sanscrite correspondante est *duḥ* « traire » (l'idée primitive est sans doute « tirer »), qui ferait au présent *dóḥ-â-mi* = *daúḥ-â-mi*, comme verbe de la première classe (§ 109ᵃ, 1). Il y a même en sanscrit quelques racines, entre autres *guḥ* « couvrir »[1], qui allongent l'*u* radical au lieu de le frapper du gouna : ainsi *gûḥ-â-mi* « je couvre », qui répond au grec κεύθω. En grec également certains verbes, au lieu de prendre le gouna, allongent la voyelle; exemple : στόρ-νῡ-μι, en sanscrit *str-nố-mi* (de *starnaú-mi*), pluriel *str-nŭ-más*, en grec στόρ-νῠ-μες. On trouve encore le manque de gouna compensé par l'allongement de l'*u* dans le vieux haut-allemand *bûan* « demeurer », pour le gothique *bauan*, de la racine sanscrite *bû* « être », au causatif *bấv-áyấ-mi*. Nous y reviendrons.

Si l'on pouvait toujours inférer avec assurance, de l'allongement en sanscrit, l'allongement des mots gothiques correspondants, il faudrait aussi faire de la première syllabe du gothique *sunu-s* « fils » une longue, car en sanscrit nous avons *sûnú-s*, de *su* ou *sû* « engendrer ». Mais une longue primitive a pu s'abréger en gothique depuis l'époque où cette langue s'est séparée du sanscrit; de même aussi que la voyelle peut s'être abrégée, pendant l'espace de quatre siècles qui sépare Ulfilas des plus anciens monuments du vieux haut-allemand, d'autant que, pendant ce laps de temps, beaucoup de voyelles se sont affaiblies.

Sur l'*û*, devenu *au* en haut-allemand moderne, voyez § 70. On peut citer comme exemples : *haus* « maison », *raum* « espace »,

---

[1] De *gud* (§ 23), en grec κυθ venant de γυθ.

maus « souris », *sau* « truie », pour le vieux et le moyen haut-allemand, *hûs*, *rûm*, *mûs*, *sû*.

§ 77. *U* bref gothique devenu *o* dans les dialectes modernes.

L'*u* bref gothique, soit primitif, soit dérivé d'un *a*, est devenu très-souvent *o* dans les dialectes germaniques plus modernes. Ainsi les verbes de la neuvième conjugaison (Grimm) ont bien conservé l'*u* radical dans les formes polysyllabiques du prétérit, en vieux et en moyen haut-allemand, mais au participe passif ils l'ont changé en *o*. Comparez, par exemple, avec les formes gothiques *bugum* « nous pliâmes » (sanscrit *bubugimá*), *bugans* « plié » (sanscrit *bugná-s*), le vieux haut-allemand *bugumês*, *boganêr*[1], et le moyen haut-allemand *bugen*, *bogener*. L'*u* gothique sorti d'un *a* radical dans les participes passifs de la onzième conjugaison (Grimm) éprouve en vieux et en moyen haut-allemand la même altération en *o*; exemple : vieux haut-allemand *nomanêr* « pris », moyen haut-allemand *nomener*, au lieu du gothique *numans*.

§ 78. Transformations des diphthongues gothiques *ai* et *au* dans les langues germaniques modernes.

Nous avons déjà parlé (§ 26, 3) des diphthongues gothiques *ai* et *au*, correspondant aux diphthongues sanscrites *ê* et *ô*, lesquelles sont formées de la contraction de *ai* et de *au*. En vieux et en moyen haut-allemand, dans les syllabes radicales, l'*a* de la diphthongue gothique *ai* s'est affaibli en *e* et celui de *au* en *o*, ou bien la diphthongue *au* tout entière s'est contractée en *ô* devant une dentale, ainsi que devant *s*, *h*, *ch*, *r* et *n*; exemples : vieux

---

[1] Quand l'orthographe d'un mot est flottante en vieux haut-allemand, par suite de la substitution de consonnes (§ 87, 1), j'adopte l'orthographe la plus ancienne et s'accordant en même temps le mieux avec le moyen haut-allemand et le haut-allemand moderne.

haut-allemand *heizu* « je nomme », moyen haut-allemand *heize*, pour le gothique *haita*; vieux haut-allemand *steig* « je montai », moyen haut-allemand *steic* (*c* pour *g*, § 93ᵃ) pour le gothique *staig* (racine *stig* = sanscrit *stig* « monter »); vieux haut-allemand *boug* « je pliai », moyen haut-allemand *bouc*, pour le gothique *baug*, sanscrit *bubôġa*, contracté de *bubauġa*. Au contraire, nous avons en vieux et en moyen haut-allemand *bôt* « j'offris, il offrit », pour le gothique *bauth* (pluriel *budum*) et le sanscrit *bubôda*, contracté de *bubauda* (racine *bud* « savoir »); vieux et moyen haut-allemand *kôs* « je choisis », pour le gothique *kaus* et le sanscrit *ġuġôsa*, contracté de *ġuġausa* (racine जुष् *ġuś* « aimer »); vieux haut-allemand *zôh* « je tirai », moyen haut-allemand *zôch*, pour le gothique *tauh* et le sanscrit *dudôha*, contracté de *dudauha* (racine दुह् *duh* « traire »). Au gothique *ausô* « oreille » répond le vieux haut-allemand *ôra*, moyen haut-allemand *ôre*; au gothique *laun* « récompense », le vieux et moyen haut-allemand *lôn*. Le haut-allemand moderne a retrouvé en plusieurs endroits la diphthongue gothique *au*, qui en vieux et en moyen haut-allemand était devenue *ou*; exemples : *laufen* « courir », pour le vieux haut-allemand *hloufan*, le moyen haut-allemand *loufen*, le gothique *hlaupan*. Peut-être ce fait s'explique-t-il de la façon suivante : *ou* est d'abord devenu *û* et, d'après le § 76, *û* s'est changé en *au*. C'est ainsi que dans la huitième conjugaison (Grimm) il ne reste en haut-allemand moderne de la diphthongue *ei* que le son *i*, soit bref, soit long (*ie* = *î*), selon la consonne qui suivait, et sans distinction des formes monosyllabiques ou polysyllabiques; exemples : *griff, griffen; rieb, rieben*, pour le moyen haut-allemand *greif, griffen; reip, riben*.

§ 79. La diphthongue gothique *ai*, quand elle ne fait pas partie du radical, se change en *ê* en vieux haut-allemand.

Dans les terminaisons ou en dehors de la syllabe radicale, l'*ai* gothique s'est contracté en *ê* en vieux haut-allemand, et cet *ê* fait pendant, au subjonctif et dans la déclinaison pronominale, à l'*ê* sanscrit, formé de *ai*. Comparez, par exemple, *bërês* « feras », *bërêmês* « feramus », *bërêt* « feratis », avec le sanscrit *bárês*, *bárêma*, *bárêta*, et avec le gothique *bairais*, *bairaima*, *bairaith*, dont les formes sont mieux conservées que les formes correspondantes du sanscrit. *Ê* répond en vieux haut-allemand au gothique *ai*, comme caractéristique de la troisième conjugaison faible (en sanscrit *aya*, en prâcrit et en latin *ê*, § 109ª, 6); exemple : *hab-ê-s* « tu as », *habê-ta* « j'avais », pour le gothique *hab-ai-s*, *hab-ai-da*. Au sanscrit *tyê* « hi, illi » (pluriel masculin du thème *tya*), répond le vieux haut-allemand *diê*; le gothique *thai* est, au contraire, mieux conservé que la forme sanscrite correspondante *tê* (dorien τοί) du thème *ta*, en gothique *tha*, en grec το.

§ 80. *Ai* gothique changé en *ê* à l'intérieur de la racine en vieux et en moyen haut-allemand.

Même à l'intérieur des racines et des mots, on rencontre, en vieux et en moyen haut-allemand, un *ê* résultant de la contraction de *ai*, sous l'influence rétroactive de *h* (*ch*), *r* et *w*; la contraction a même lieu quand le *w* s'est vocalisé en *o* (issu de *u*), ou quand il a été supprimé tout à fait, comme cela arrive en moyen haut-allemand. On a, par exemple, en vieux haut-allemand *zêh* « j'accusai », pour le gothique *ga-taih* « je dénonçai » (racine *tih*, sanscrit *diś*, formé de *dik* « montrer », latin *dic*, grec δεικ); *lêru* « j'enseigne », pour le gothique *laisja*; *êwig* « éternel » à côté du gothique *aivs* « temps, éternité »; *snêo* (thème *snêwa*, génitif *snêwes*) « neige », pour le gothique *snaivs*. En moyen haut-allemand *zêch*, *lêre*, *êwic*, *snê* (génitif *snêwes*).

§ 81. Des voyelles finales en vieux et en moyen haut-allemand.

L'*ê* sorti de *ai* par contraction (§ 79) s'abrége en vieux haut-allemand à la fin des mots polysyllabiques[1]; de là, par exemple, à la 1ʳᵉ et à la 3ᵉ personne du singulier du subjonctif *bëre* « feram, ferat »; au contraire, dans *bërës* « feras », *bërêt* « feratis », *bërên* « ferant », l'*ê* est resté long grâce à la consonne suivante. C'est d'après le même principe qu'au subjonctif du prétérit la voyelle modale *î* s'est abrégée à la fin des mots; exemple: *bunti* « que je liasse, qu'il liât », à côté de *buntîs*, *buntîmês*, etc. De même en gothique on a déjà *bundi* à la 3ᵉ personne du singulier. En général, les voyelles finales sont le plus exposées à être abrégées; à l'exception des génitifs pluriels en *ô*, il n'y a peut-être pas en vieux haut-allemand une seule voyelle finale longue (nous parlons des mots polysyllabiques) qui n'ait eu d'abord une consonne après elle, et cela dans un temps où la famille germanique existait déjà: tels sont les nominatifs pluriels comme *tagâ*, *gëbô*, pour le gothique *dagôs*, *gibôs*. En moyen haut-allemand, comme en haut-allemand moderne, toutes les voyelles, dans les terminaisons des mots polysyllabiques, se sont altérées en *e*; ainsi, par exemple, *gëbe* « don », *tage* « jours », *gibe* « je donne », *gibest*[2] « tu donnes », *habe* « j'ai », *salbe* « j'oins », pour le vieux haut-allemand *gëba*, *tagâ*, *gibu*, *gibis*, *habêm*, *salbôm*. Il y a une exception en moyen haut-allemand: c'est la désinence *iu* au nominatif singulier féminin et au nominatif-accusatif pluriel

---

[1] Graff (I, p. 22) doute si cet *é* est long ou bref, mais il regarde la brève comme plus vraisemblable. Grimm, qui était d'abord du même avis (I, p. 586), a changé (IV, 75). Je maintiens la brièveté de l'*e* jusqu'à ce que des manuscrits viennent me prouver le contraire, soit par l'accent circonflexe, soit par le redoublement des consonnes.

[2] Je regarde le *t* qui déjà en vieux haut-allemand est fréquemment ajouté à la désinence *s* de la 2ᵉ personne du singulier, comme un reste du pronom de la 2ᵉ personne; le pronom, dans cette position, a gardé le *t*, grâce à la lettre *s* qui précède: on trouve même le pronom, sous la forme pleine *tu*, ajouté fréquemment en vieux haut-allemand à la fin d'un verbe; exemples: *bistu*, *fahistu*, *mahtu*. (Voyez Graff, V, p. 80.)

neutre de la déclinaison pronominale, y compris les adjectifs forts, par exemple dans *disiu* « illa », *blindiu* « cæca ».

§ 82. L'*i* et l'*u* gothiques changés en *ai* et en *au* devant *h* ou *r*.

Une particularité dialectale qui n'appartient qu'au gothique, c'est que cette langue ne souffre pas un *i* ou un *u* pur devant un *h* ou un *r*, mais place toujours un *a* devant ces voyelles. Il y a, de la sorte, en gothique, outre les diphthongues primitives *ai*, *au*, dont nous avons parlé (§ 78), deux diphthongues inorganiques qui sont la création propre de cette langue. Grimm les marque de la façon suivante : *aí*, *aú*, supposant que, dans la prononciation, la voix s'arrête sur l'*i* ou sur l'*u*, tandis qu'il écrit *ái*, *áu* pour les diphthongues primitives, où il regarde l'*a* comme étant le son essentiel. Mais la vérité est que, même pour les diphthongues primitives, *i* et *u* sont les voyelles essentielles; *a* est seulement la voyelle de renfort ou le gouna. Si le sanscrit *duhitár* « fille » vient de *duh* « traire », il n'y a qu'une seule différence entre la syllabe radicale du gothique *tauh* « je tirai » (= *dudôha*) et celle de *dauhtar* : c'est que l'*a* de *tauh* y est de toute antiquité, et que celu de *dauhtar*, ainsi que celui de *tauhum* « nous tirâmes » (sanscrit *duduh-i-má*), y a été introduit seulement par le *h* qui suit l'*u* radical. Tel est aussi le rapport du thème gothique *auhsan* « bœuf » avec le sanscrit *úkšan*. Comme exemples de *au* pour *u* devant un *r*, on peut citer *daur* (thème *daura*) « porte », *faur* « devant » (sanscrit *purás*). Le rapport de *daura* avec le thème neutre sanscrit *dváːra* s'explique ainsi : après la suppression de l'*á*, la semi-voyelle précédente est devenue un *u* (comparez le grec θύρα) auquel, en vertu de la règle dont nous parlons, on a préposé un *a*.

Dans la plupart des cas où *au* est, en gothique, le remplaçant euphonique de *u*, l'*r* lui-même a été produit (§ 7) par l'affaiblissement d'un *a* radical, notamment dans les formes polysyllabiques du prétérit de la douzième conjugaison (Grimm), où la diphthongue *au* est opposée à l'*u* du vieux haut-allemand et à l'*a* du singulier, lequel nous présente la racine nue; on a, par exemple, *thaursum* «nous séchâmes» en regard du singulier *thars*, en sanscrit *tatársa*, de la racine *tars, tṛś* «avoir soif»[1]. L'*u* de *kaur-s* «lourd» pourrait être regardé comme primitif, et, par conséquent, la diphthongue *au* pourrait être considérée comme organique, et non comme occasionnée par le *r*, si le premier *u* du sanscrit *gurú-s*, qui correspond au mot *kaur-s*, était primitif. Mais le mot *guru* a éprouvé un affaiblissement de la première voyelle, comme le prouvent le comparatif et le superlatif *gárîyân* (nominatif), *gárishṭa-s*, le grec βαρύ-ς (§ 14) et le latin *gravi-s* (par métathèse pour *garu-is*). L'*a* du gothique *kaur-s* s'est donc changé en *u* d'une façon indépendante du sanscrit, et c'est à cause de la lettre *r* qui suivait qu'un *a* a été placé devant l'*u*. Au contraire, dans *gaurs* «triste», thème *gaura*, s'il est de la même famille que le sanscrit *ġórá-s* (pour *ġaurá-s*) «terrible»[2], la diphthongue gothique existe de toute antiquité et n'est pas due à la présence de *r*. A l'appui de cette étymologie, on peut encore invoquer la longue *ô* (venant de *au*), dans le vieux haut-allemand *gôr*; à un *au* gothique non organique ne pourrait correspondre, en vieux haut-allemand, qu'un *u*, ou un *o* bref dérivé de l'*u*.

La règle en question est violée dans le mot *uhtvô* «crépuscule du matin» et dans *huhrus* «faim», qui devraient faire *auhtvô*, *hauhrus*, à moins que peut-être l'*u*, dans ces mots, ne soit long.

§ 83. Comparaison des formes gothiques ainsi altérées et des formes sanscrites correspondantes.

Parmi les formes gothiques où *i* est devenu *ai*, par l'influence

---

[1] Le sens primitif est évidemment «sécher» (comparez le grec τέρσ-ο-μαι). Le gothique *thaursja* «je sèche», par euphonie pour *thursja* (et celui-ci pour *tharsja*), se rapporte, comme le latin *torreo* (de *torseo*), à la forme causative sanscrite *tarśáyâmi*.

[2] Le *ġ* sanscrit ne peut donner, en gothique, que *g*.

d'un *h* ou d'un *r* qui suivait, il y en a qui correspondent à des formes sanscrites ayant un *i*; telles sont, par exemple, *ga-taihum* « nous racontâmes », en sanscrit *didiśimâ* « nous montrâmes » (racine *diś* formée de *dik*); *aih-trô* « je mendie », en sanscrit *ić̃*, formé de *isk* (§ 37) « désirer », et probablement *maihs-tu-s* « fumier », sanscrit *mih* « mingere ». Mais, à l'ordinaire, dans les formes de ce genre, l'*i* gothique est résulté de l'affaiblissement d'un *a* primitif. Comparez, par exemple :

Gothique.	Sanscrit.
saihs « six »	*śaś*
taihun « dix »	*dáśan*
taihsvô « la main droite »	*dákṣiṇâ* « le côté droit »
faihu « bétail »	*paśú-s* « animal »
fraihna « j'interroge » (prétérit *frah*)	*prać̃* « demander »
baira « je porte » (prétérit *bar*)	*bárâmi*
dis-taira « je déchire » (prétérit *tar*)	*dár-i-tum* « fendre, déchirer »
stairnô « étoile »	(védique) *stár*
vair (thème *vaira*) « homme »	*vará-s*.

§ 84. Influence analogue exercée en latin par *r* et *h* sur la voyelle qui précède.

On peut comparer à la règle qui veut qu'en gothique *i* se change en *ai* devant un *r* ou un *h*, l'influence euphonique qu'un *r* exerce aussi en latin sur la voyelle qui précède; ainsi, au lieu d'un *i*, c'est la voyelle plus pesante *e* qu'on trouve de préférence devant *r* : *peperi* et non *pepiri*, comme on devait s'y attendre d'après le § 6; *veheris*, quoique la voyelle caractéristique de la troisième classe soit *i* (en sanscrit *a*, § 109ᵃ, 1); *veherem*, *veh-e-re*, par opposition à *veh-i-s*, *veh-i-t*, *veh-i-tur*, *veh-i-mus*, *veh-i-mur*. Le *r* empêche aussi l'affaiblissement de *e* en *i*, qui a lieu ordinairement quand la racine se charge du poids d'un préfixe, exemple : *affero, confero* et non *affiro, confiro*, comme on devrait dire, par analogie avec *assideo, consideo, colligo*.

H a aussi, en latin comme en gothique, le pouvoir de fortifier la voyelle précédente; mais les exemples sont beaucoup moins nombreux, *h* ne se rencontrant pas dans les formes grammaticales proprement dites, c'est-à-dire dans les flexions. Cependant, comme consonne finale des racines *veh* et *trah*, *h* protége la voyelle précédente contre l'affaiblissement en *i* dans les formes composées ; exemple : *attraho, adveho,* et non *attriho, adviho.*

§ 85. La diphthongue gothique *iu* changée en haut-allemand moderne en *ie, ü* et *eu.*

La diphthongue *iu*, sortie, en gothique, d'un *au* primitif, par l'affaiblissement de *a* en *i* (§ 27), s'est conservée en vieux et en moyen haut-allemand, mais est devenue, la plupart du temps, *ie* en haut-allemand moderne, notamment au présent et aux formes qui suivent l'analogie du présent de la neuvième conjugaison (Grimm). Cet *ie*, il est vrai, est un *î*, suivant la prononciation qu'on lui donne; mais il a, sans doute, été prononcé d'abord de manière à faire entendre l'*e* ainsi que l'*i*[1], de sorte que cette dernière voyelle doit être regardée comme une altération de l'*u*. Mais on trouve aussi, dans la même conjugaison, *ü* à la place de l'ancien *iu*, à savoir dans *lüge, betrüge* : ici *ü* n'est donc pas, comme à l'ordinaire, produit par l'influence régressive de la voyelle de la syllabe suivante (§ 74), mais il est, comme l'*υ* grec et le Ꙋ *ü* slave, un affaiblissement de *u*. On peut rapprocher, par exemple, le pluriel *müssen*, du singulier monosyllabique *muss* (moyen haut-allemand *muezen*, en regard de *muoz*); et de même on peut rapprocher *dürfen* de *darf*, quoique l'affaiblissement de *a* en *u* dût suffire dans les formes polysyllabiques.

On a encore en haut-allemand moderne *eu*, pour le vieux et le

---

[1] Comparez l'*ie* bavarois (Schmeller, les Dialectes de la Bavière, p. 15). Sur les différentes origines de l'*ie* allemand, voyez Grimm, I, 3ᵉ édit. p. 227.

moyen haut-allemand *iu*; exemples : *heute* « hodie », *heuer* « hoc anno », vieux haut-allemand *hiutu, hiuru; euch* « vous », moyen haut-allemand *iuch; fleugt, geusst* « volat, fundit » au lieu des formes ordinaires *fliegt, giesst*, vieux haut-allemand *fliugit, giuzit; neun, neune* « novem », vieux haut-allemand *niun* (thème et nominatif pluriel *niuni*); *neu* « novus », vieux haut-allemand *niwi, niuwi*, gothique *niuji-s*, thème *niuja*, sanscrit *návya-s*, lithuanien *nauja-s; leute* « homines », vieux haut-allemand *liuti* (gothique, racine *lud* « grandir », sanscrit *ruh*, venu de *rud́*, même sens, *rốdra-s* « arbre »); *leuchten* « briller », vieux haut-allemand *liuhtjan* (sanscrit, racine *ruć* « briller »; cf. grec λευκός).

§ 86, 1. Les gutturales.

Examinons maintenant les consonnes, en observant l'ordre de la classification sanscrite; commençons donc par les gutturales. En gothique, ce sont *k, h, g*. Ulfilas, par imitation du grec, se sert aussi de la dernière comme d'une nasale devant les gutturales. Mais, en gothique, comme dans les autres langues germaniques, nous exprimons la nasale gutturale simplement par un *n*; en effet, comme elle se trouve seulement à l'intérieur des mots devant une gutturale, elle est aisée à reconnaître[1]. J'écris donc, par exemple, *jungs* « jeune », *drinkan* « boire », *tungô* « langue », et non *juggs, drigkan, tuggô*.

Pour le groupe *kv* (= latin *qu*), l'écriture gothique primitive a une lettre à part, que je transcris, avec Grimm, par *qv*, quoique *q* ne soit, d'ailleurs, pas employé et que *v* se combine aussi avec *g*, de sorte que *qv* (= *kv*) est évidemment à *gv* ce que *k* est à *g*. Comparez *sinqvan* « tomber » et *singvan* « chanter, lire ». Le *v* gothique se combine volontiers aussi avec *h* : en vieux

---

[1] Il n'en est pas toujours ainsi du ङ *ñ* sanscrit, qui peut se trouver à la fin d'un mot (§ 13).

haut-allemand, ce *v* est représenté dans l'écriture par *u = w*. Comparez *huer* « qui? » avec le gothique *hvas*, le sanscrit et le lithuanien *kas*, l'anglo-saxon *hva*, le vieux norrois *hver*. Ulfilas a également pour cette combinaison une lettre simple (semblable pour la forme au *θ* grec); mais je ne voudrais pas transcrire cette lettre, avec Von der Gabelentz et Löbe (*Grammaire*, p. 45), par un simple *w*, attendu que presque partout où elle se rencontre le *h* est le son fondamental et le *v* un simple complément euphonique. Le gothique *hv* n'est véritablement d'une ancienneté incontestable que dans le thème *hveita* « blanc » (nominatif *hveit-s*, vieux norrois *hvit-r*, anglo-saxon *hvit*), pour lequel on a, en sanscrit, *śvêtá*, venu de *kvaitá*; peut-être aussi dans *hwaitei*, lithuanien *kwěčiei* (pluriel masculin) « froment », ainsi nommé d'après sa couleur blanche.

Le latin a le même penchant que le gothique à ajouter un *v* euphonique à une gutturale antécédente : voyez, par exemple, *quis*, à côté du védique *kis*; *quod*, à côté du védique *kat*, du zend *kad* et du gothique *hvata*; *quatuor*, à côté du sanscrit *ćatvâras*, venu de *katvâras*, lithuanien *keturi*; *quinque*, à côté du sanscrit *páńća* et du lithuanien *penki*; *coquo*, à côté du sanscrit *páćâmi* et du slave *pekuń*; *loquor*, à côté du sanscrit *lápâmi*; *sequor*, à côté du sanscrit *sáćâmi* (venu de *sákâmi*) et du lithuanien *seku*. Après *g* on trouve un *v* dans le latin *anguis*, en sanscrit *ahi-s* (védique *áhi-s*), en grec ἔχις; dans *unguis*, en grec ὄνυξ, en sanscrit *naká-s*, en lithuanien *naga-s*. Quelquefois, en latin, de même qu'en germanique, la gutturale a disparu et la semi-voyelle est seule restée. Ainsi, dans le moderne *wer*, pour le gothique *hva-s*, le vieux haut-allemand *hwêr* (quoique la forme *wêr* existe déjà); dans le latin *vermi-s*, venu de *quermis*, le gothique *vaurm-s*, le vieux haut-allemand *wurm*, thème *wurmi*, pour le sanscrit *krimi-s* et *kṛ́mi-s* [1],

---

[1] Je regarde maintenant, d'accord, sur ce point, avec le livre des *Uṇâdi*, et con-

le lithuanien *kirminis*, l'irlandais *cruimh*, l'albanais *krüm*, *krimb*.

En regard de l'allemand *warm* « chaud » et du gothique *varmjan* « chauffer », vient se placer le sanscrit *ġar-má-s* « chaleur », pour lequel on attendrait, en gothique, *gvarm(a)-s*. Mais *gv* ne se trouve pas au commencement des mots en germanique, non plus qu'en latin. Toutefois, le latin *vivo* vient d'un ancien *gvivo*; il doit être rapporté à la racine sanscrite *ġiv* « vivre », à laquelle appartient, entre autres, le thème gothique *qviva* « vivant », nominatif *quius*.

Il faut encore remarquer, au sujet de la lettre gothique *h*, qu'elle tient à la fois la place de *h* et de *ch* en allemand moderne, et que, par conséquent, elle n'avait probablement pas la même prononciation dans toutes les positions. Elle représentait, sans doute, le *ch* devant un *t*, par exemple dans *nahts*, haut-allemand moderne *nacht* « nuit »; *ahtau*, haut-allemand moderne *acht* « huit »; *mahts*, haut-allemand moderne *macht* « puissance »; de même, devant un *s*, par exemple dans *vahsja*, haut-allemand moderne *ich wachse* « je grandis » (sanscrit *vákšámi*), et à la fin des mots, où le *h* moderne ne s'entend plus; au contraire, devant des voyelles, le *h* gothique a eu, sans doute, le son de *h* initial en allemand moderne.

Le vieux et le moyen haut-allemand mettent, comme le gothique, un simple *h* devant *t* et *s* (*naht*, *aht*, *wahsu*, *wahse*). A la fin des mots, on voit paraître, en moyen haut-allemand, *ch*,

---

trairement à une supposition que j'avais émise autrefois, *kram* « aller » comme la racine de ce mot. On a déjà vu plus haut un verbe signifiant « aller », servant à former un des noms du serpent (§ 47). *Krími* serait donc un affaiblissement pour *krámi* (comparez l'ossète *kalm* « ver et serpent »; le latin *vermis*, le gothique *vaurm-s* et l'ossète *kalm* viendraient d'une forme secondaire *karmi*, le *r* se prêtant volontiers à la métathèse, tandis que l'irlandais et l'albanais *cruimh*, *crüm*, se rapporteraient à la forme primitive.

entre autres dans les formes monosyllabiques du prétérit de la huitième, neuvième et dixième conjugaison, par exemple dans *lêch* « je prêtai », *zôch* « je tirai », *sach* « je vis » (allemand moderne *ich lieh, ich zog, ich sah*), dont le présent est *lîhe, ziuhe, sihe*; cependant, dans la neuvième conjugaison, et, en général, dans les plus anciens manuscrits, on trouve aussi *h* (Grimm, p. 431, 7). Le vieux haut-allemand évite, au contraire, à en juger par le plus grand nombre de documents, de mettre *ch* (ou *hh*, qui le remplace) à la fin des mots; dans cette position, il emploie *h*, même là où l'aspirée est le substitut d'une ancienne ténue germanique, par exemple, dans l'accusatif des pronoms dépourvus de genre, où nous avons *mih, dih, sih*, pour le gothique *mik, thuk, sik*, moyen haut-allemand et haut-allemand moderne *mich, dich, sich*. A l'intérieur des mots, excepté devant *t*, le vieux haut-allemand a, dans la plupart des manuscrits, *ch*, ou, à sa place, *hh*, pour le gothique *k*, toutes les fois que celui-ci, en vertu de la loi de substitution, s'est changé en aspirée (§ 87); exemples: *suochu* ou *suohhu*, haut-allemand moderne *ich suche* « je cherche » (gothique *sôkja*), prétérit *suohta*, moyen haut-allemand *suoche, suohte* (gothique *sôkida*).

La ténue gutturale, en exceptant la combinaison *qu = kw*, est exprimée, en vieux et en moyen haut-allemand, par *k*, ainsi que par *c*; Grimm marque la différence de ces deux consonnes, en moyen haut-allemand, en n'employant *c* que comme consonne finale ou devant un *t*, et en exprimant le redoublement de *k* par *ck*. (Grammaire, p. 422 et suiv.)

La combinaison *kw* est exprimée, en vieux et en moyen haut-allemand, de même qu'en haut-allemand moderne, par *qu*; mais, à part le vieux haut-allemand, elle ne s'est conservée qu'en de rares occasions; en effet, le son *w* a disparu la plupart du temps, au commencement des mots et toujours à la fin, excepté quand le *w* s'est conservé au commencement, aux dépens de la gutturale, comme dans *weinen* « pleurer »[1], gothique *qvainôn*, vieux norrois *qveina* et *veina*, suédois *hvina*, anglo-saxon *cvanian* et *vanian*[2]. Laissant de côté le moyen haut-allemand, je ne mentionne ici que les formes où le gothique *qv* s'est conservé, en haut-allemand moderne, sous la forme *qu*; ce sont : *quick* « frais », pour le gothique *quiu-s*[3] (et le verbe *erquicken* « rafraîchir »); *queck* « vif » (dans *quecksilber* « vif-argent »), et *quem* (dans *bequem* « commode »), dont la racine, en gothique, est *qvam* « aller » (*qvima, qvam, qvêmum*); le verbe simple, au contraire, s'écrit *komme, kam, kunft* (*ankunft*), ce dernier pour le gothique *qvumths* (thème *qvumthi*). Je regarde l'*o* de *komme* comme une altération de l'*u* (comparez *chumu* « je viens », dans Notker[4], vieux saxon *cumu*), et cet *u* comme la vocalisation du *w* renfermé dans *quimu* (*qu = kw*). La vraie voyelle radicale (qui est *i* au présent au lieu de l'*a* primitif) a donc été supprimée, à peu près comme dans les formes sanscrites telles que *uśmás* « nous voulons », venant de *vaśmás* (§ 26, 1). Il en est déjà de même dans le vieux haut-allemand *ku* ou *cu* pour *qu* (*= kw*), par exemple dans *cum* « viens » (impératif), pour *quim = kwim, kunft*, dans Notker *chumft*, l'aspirée étant substituée à la ténue[5]. Le latin offre l'exemple de faits

---

[1] Déjà, en vieux haut-allemand, la gutturale a disparu sans laisser de traces (*weinôn*).

[2] Comparez l'exemple, cité plus haut, de *wér* pour *hwer*.

[3] Thème *qviva*. Sur le *w* endurci en gutturale, voyez § 19.

[4] Les divers textes cités dans ce paragraphe sont tous conçus en vieux haut-allemand, mais avec des différences d'âge et de dialecte. La traduction d'Isidore (*De nativitate Domini*) appartient probablement au vɪɪɪᵉ siècle. La traduction interlinéaire de la règle de saint Benoît, par Keron, paraît être du même temps. Otfrid, moine de Wissembourg (ɪxᵉ siècle), a composé un poëme rimé du Christ. C'est également du ɪxᵉ siècle qu'est la traduction de l'Harmonie évangélique de Tatien. Notker, moine de Saint-Gall (mort en 1022), traduisit les Psaumes, la Consolation de la philosophie de Boèce, les Catégories d'Aristote, Martianus Capella. La plupart de ces textes sont réunis dans le *Thesaurus antiquitatum teutonicarum* de Schilter; Ulm, 1728, in-f°, 3 volumes. — Tr.

[5] Grimm ne s'explique pas bien clairement sur ce fait, ou bien il l'interprète au-

analogues : *quatio*, par exemple (c'est-à-dire *qvatio*), quand il entre en composition, rejette la voyelle *a* pour s'alléger, et il vocalise le *v* (*concutio*); de même, la voyelle radicale du pronom interrogatif est supprimée au génitif et au datif, *cujus*, *cui* (pour les formes plus anciennes *quojus*, *quoi*). Dans *ubi* et *uter*, il n'est rien resté du tout de l'ancien thème interrogatif (sanscrit *ka*, gothique *hva*), excepté le complément euphonique *v*, changé en voyelle.

Dans les documents écrits en pur vieux haut-allemand, il y a aussi un *qu* aspiré, qui est le substitut d'une ancienne ténue; cette aspirée est écrite *quh*, ou, ce qui est plus naturel, *qhu*, ou bien encore *chu*; exemples : *quhidit* «il parle», dans la traduction d'Isidore, *qhuidit*, dans Keron, pour le gothique *qvithith*; *chuementemu* «venienti» dans les hymnes écrits en vieux haut-allemand.

Un fait qui mérite une attention particulière, c'est que *qu* et *chu* se rencontrent aussi comme altération de *zu = zw* (Grimm, p. 196); ce changement de la linguale en gutturale rappelle le changement inverse en grec, où nous avons vu (§ 14) τ comme altération de *k*. De même que, par exemple, τίς tient la place du védique *kis*, du latin *quis*, de même, quoique par un changement inverse, Keron a quelquefois *quei* «deux» (accusatif neutre), *quîfalôn* «douter», *quîfalt* «double», *quîro* «deux fois», *quiski* «double», *quiohti* «frondosa», pour *zuîfalôn*, etc.

trement. Il dit (p. 442), en parlant du moyen haut-allemand : «Quelquefois l'*u* (de «*qu = kw*) se mêle à la voyelle suivante et produit un *o* bref comme dans *kom* pour «*quam*, *kone* pour *quëne*, *komen* (infinitif) pour *quëmen*.» Il ne peut être question d'un mélange de *u* (c'est-à-dire *w*) avec la voyelle suivante, quand celle-ci est supprimée. Dans les formes où le gothique *qvu* répond à un *u* en vieux haut-allemand, par exemple dans *qvumft-s*, qui, en vieux haut-allemand, devient *chumft*, *kunft*, on peut douter si cet *u* provient, en effet, d'un *v*, comme je le crois, et comme cela est évident pour *cum* «viens» (impératif), ou bien si le *v* a été supprimé et la voyelle suivante conservée, comme dans le moderne *kam*.

§ 86, 2ᵃ. Les dentales.

Les dentales gothiques sont : *t, th, d.* Pour le *th* l'alphabet gothique a une lettre à part. En haut-allemand *z* (= *ts*) prend la place de l'aspiration du *t*, c'est-à-dire que l'aspiration est changée en un son sifflant. A côté de ce *z*, l'ancien *th* gothique continue toutefois à subsister en vieux haut-allemand [1].

Il y a deux sortes de *z*, lesquels ne peuvent rimer ensemble en moyen haut-allemand; dans l'un, c'est le son *t* qui l'emporte, dans l'autre, c'est le son *s*; ce dernier *z* est écrit par Isidore *zſ*, et son redoublement *zſſ*, au lieu qu'il rend le redoublement du premier par *tz*. En haut-allemand moderne le second n'a conservé que le son sifflant; mais l'écriture le distingue encore généralement d'un *s* proprement dit. Sous le rapport étymologique, les deux sortes de *z*, en vieux et en moyen haut-allemand, ne font qu'un, et répondent au *t* gothique.

§ 86, 2ᵇ. Suppression dans les langues germaniques des dentales finales primitives.

En comparant les langues germaniques avec les idiomes appartenant primitivement à la même famille, on arrive à établir la loi suivante : le germanique supprime les dentales finales primitives, c'est-à-dire les dentales qui se trouvaient à la fin des mots, au temps où la famille indo-européenne était encore réunie[2]. Cette loi ne souffre qu'une seule exception : la dentale finale primitive subsiste, quand, pour la protéger, une voyelle est venue

---

[1] Grimm (p. 525) regarde le *th* qui existe en haut-allemand moderne comme un son inorganique qui n'a aucune raison d'exister. «Il n'est aspiré ni dans la prononciation, ni par l'origine; en réalité, ce n'est pas autre chose qu'une ténue.»

[2] Je ne suis arrivé, dans la première édition, à la connaissance de ce principe qu'en m'occupant des adverbes gothiques en *thrô, tarô*, et des désinences personnelles (2ᵉ partie, 1835, p. 399). Mais j'avais déjà découvert la loi générale de la suppression des consonnes finales primitives en slave (p. 339).

se placer à son côté, comme dans les neutres pronominaux, tels que *thata* = sanscrit *tat*, zend *tad̑*, grec τό, latin *is-tud*. Au contraire, *thathrô* « d'ici », *aljathrô* « d'autre part », et d'autres adverbes du même genre ont perdu le *t* final ; ils répondent aux ablatifs sanscrits en *â-t* des thèmes en *a* (*áśvâ-t* « equo », de *áśva*) ; il en est de même de *bairai* « qu'il porte », qui répond au sanscrit *b́árê-t*, pour *b́árai-t*, zend *baró̑i-d̑*, grec φέροι.

Quant aux dentales qui se trouvent à la fin d'un mot dans le germanique tel qu'il est venu jusqu'à nous, elles étaient toutes dans le principe, suivies d'une voyelle, ou d'une voyelle suivie elle-même d'une consonne. Comparez *bairith* « il porte » avec le sanscrit *b́árati*, *bairand* « ils portent » avec *b́áranti*, *vait* « je sais » avec *véda*[1], *gaigrôt* « je pleurai » avec *ćakránda*. Les thèmes substantifs en *a* ou en *i*, qui suppriment cette voyelle ainsi que la désinence casuelle à l'accusatif singulier, nous fournissent en gothique des exemples de mots avec une dentale finale ; exemple *fath́* « dominum » (thème *fadi*, usité seulement à la fin des composés), pour le sanscrit *páti-m*.

D'accord en cela avec les langues germaniques, l'ancien perse rejette la dentale finale après *a*, *â* et *i* ; le grec la supprime toujours. Exemples : *abara* « il porta », grec ἔφερε, pour le sanscrit *ab́arat*, le zend *abarad̑* ou *barad̑* ; *ciy* (enclit.) pour *ćit* en sanscrit et en zend. Le persan moderne a bien des dentales à la fin des mots, mais seulement, comme en germanique, quand ces dentales n'étaient pas primitivement des finales : c'est ainsi qu'au gothique *bairith*, *bairand*, mentionné plus haut, correspondent en persan *bered*, *berend*.

§ 86, 3. Des labiales.

Les labiales sont en gothique *p*, *f*, *b*, avec leur nasale

[1] Un parfait avec le sens du présent et avec suppression du redoublement. Cf. grec οἶδα.

Le haut-allemand a pour cette classe, comme le sanscrit pour toutes, une double aspiration, l'une sourde (*f*), l'autre sonore (cf. § 25) qu'on écrit *v* et qui se rapproche du म *b* sanscrit. Dans le haut-allemand moderne nous ne sentons point dans la prononciation de différence entre le *f* et le *v*; mais en moyen haut-allemand on reconnaît à deux signes que *v* est un son plus mou que *f* : 1° à la fin des mots *v* est changé en *f*, d'après le même principe qui fait que dans cette position les moyennes sont changées en ténues; exemple : *wolf* et non *wolv*, mais au génitif *wolves*; 2° au milieu des mots *v* se change en *f* devant les consonnes sourdes; exemples : *zwelve, zwelfte; fünve, fünfte, funfzic*.

Au commencement des mots, *f* et *v* paraissent avoir en moyen haut-allemand la même valeur, et ils sont employés indifféremment dans les manuscrits, quoique *v* le soit plus souvent (Grimm, p. 399, 400). De même en vieux haut-allemand; cependant Notker emploie *f* comme l'aspirée primitive et *v* comme l'aspirée molle ou sonore : aussi préfère-t-il cette dernière dans le cas où le mot précédent finit par une de ces lettres qui appellent plutôt une moyenne qu'une ténue (§ 93[b]), par exemple : *demo vater* «patrem»; mais il mettra *des fater* «patris» (cf. Grimm, p. 135, 136)[1].

Beaucoup de documents écrits en vieux haut-allemand s'abstiennent complétement d'employer le *v* initial (en particulier Keron, Otfrid, Tatien) et écrivent constamment *f*.

L'aspiration du *p* est exprimée aussi quelquefois en vieux haut-allemand par *ph* : le *ph* initial ne se trouve guère que dans les mots étrangers, comme *phorta, phenning*; au milieu des mots et à la fin *ph* se trouve aussi dans des formes vraiment germaniques, comme *wërphan, warph, wurphumês*, dans Tatien; *limphan* dans Otfrid et Tatien. D'après Grimm *ph* a eu dans beaucoup de cas le

---

[1] Voyez aussi Graff, III, p. 373.

même son que *f*. « Mais dans des documents qui emploient à l'ordinaire *f*, le *ph* de certains mots a indubitablement le son du *pf*; par exemple, quand Otfrid écrit *kuphar* « cuprum », *scepheri* « creator », il n'est guère possible d'admettre qu'on doive prononcer *kufar, sceferi* (p. 132). »

En moyen haut-allemand le *ph* initial des mots étrangers a été changé en *pf* (Grimm, p. 326). Au milieu et à la fin on trouve *pf* dans trois cas : 1° Après un *m*, exemples : *kampf* « pugna », *tampf* « vapor », *krempfen* « contrahere ». Dans ce cas, *p* est un complément euphonique de *f*, pour faciliter la liaison avec le *m*. 2° En composition avec la préposition inséparable *ent*, qui perd son *t* devant l'aspirée labiale ; exemple : *enpfinden*, plus tard, par euphonie, *empfinden*, pour *ent-finden*. 3° Après les voyelles brèves on place volontiers devant l'aspirée labiale la ténue correspondante ; exemples : *kopf, kropf, tropfe, klopfen, kripfen, kapfen* (Grimm, p. 398). « On trouve aussi les mêmes mots écrits par deux *f*, exemples : *kaffen, schuffen*. » Dans ce dernier cas, le *p* s'est assimilé à *f* qui le suivait ; en effet, quoique *f* soit l'aspirée de *p*, on ne le prononce pas comme un *p* suivi d'une aspiration distincte, ainsi que cela arrive pour le फ *p* sanscrit ; mais il s'est produit un son nouveau, simple en quelque sorte, tenant le milieu entre *p* et *h*, et capable de redoublement. C'est par un principe analogue qu'en grec on peut joindre le φ au θ, ce qui ne serait pas possible si le φ se prononçait *ph* et le θ *th*.

§ 86, 4. Des semi-voyelles.

Aux semi-voyelles sanscrites correspondent en gothique *j*, *r*, *l*, *v*; de même en vieux haut-allemand. La seule différence est que, dans certains manuscrits, en vieux haut-allemand, le son du *v* indien et gothique est représenté par *uu*, et en moyen haut-allemand par *vv*; celui du *j* dans les deux langues par *i*. Nous mettrons avec Grimm pour toutes les périodes du haut-allemand *j*, *w*.

Après une consonne initiale le vieux haut-allemand représente dans la plupart des manuscrits la semi-voyelle *w* par *u*; exemple : *zuelif* « douze » (haut-allemand moderne *zwölf*), gothique *tvalif*.

De même qu'en sanscrit et en zend les semi-voyelles *y* (= *j*) et *v* dérivent souvent des voyelles correspondantes *i* et *u*, dont elles prennent la place pour éviter l'hiatus, de même aussi en germanique; exemple : gothique *suniv-ê* « filiorum », du thème *sunu*, avec *u* frappé du gouna (*iu*, § 27). Mais plus souvent c'est le cas inverse qui se présente en germanique, c'est-à-dire que *j* et *v* se sont vocalisés à la fin des mots et devant des consonnes (cf. § 72), et ne sont restés dans leur forme primitive que devant les terminaisons commençant par une voyelle. En effet, si, par exemple, *thius* « valet » forme au génitif *thivis*, ce n'est pas le *v* qui est sorti de l'*u* du nominatif, c'est au contraire *thius* qui est un reste de *thivas* (§ 135), la semi-voyelle s'étant vocalisée après avoir perdu l'*a* qui la suivait.

§ 86, 5. Les sifflantes.

Outre la sifflante dure *s* (le स *s* sanscrit), le gothique a encore une sifflante molle, qui manque à d'autres idiomes germaniques. Ulfilas la représente par la lettre grecque Z; mais de ce qu'il se sert de cette même lettre pour les noms propres qui en grec ont un ζ, je ne voudrais pas conclure avec Grimm que la sifflante gothique en question se prononçât *ds*, comme l'ancien ζ grec. Je conjecture plutôt que le ζ grec avait déjà au IVe siècle la prononciation du ζ moderne, c'est-à-dire d'un *s* mou : c'est pour cela qu'Ulfilas a pu trouver cette lettre propre à rendre le *s* mouillé de sa langue. Je le représente dans ma transcription latine par la lettre ș qui me sert à exprimer le ζ zend (§ 57) et le з slave (§ 92 [1]). Sous le rapport étymologique, ce ș, qui ne paraît jamais au commencement des mots, excepté dans les noms propres étrangers, est une transformation de *s* dur; au milieu des mots il ne paraît jamais qu'entre deux voyelles, ou entre une voyelle ou une liquide et une semi-voyelle, une liquide ou une moyenne, notamment devant *j*, *v*, *l*, *n*, *g*, *d*[1]. En voici des exemples : *thi-ṣôs*, *thi-ṣai*, pour le sanscrit *tá-syâs*, *tá-syâi* « hujus, huic »; féminin, *thi-ṣê*, *thi-ṣô* pour le sanscrit *tê-sâm*, *tá-sâm* « horum, harum »; *bair-a-sa* « tu es porté », pour le sanscrit *bár-a-sê* (moyen); *juhiṣan-s* « juniores » pour le sanscrit *yavîyâṅs-as*; *táls-jan* « docere »; *iṣva*[2] pour le sanscrit *yuśmá*; *saiṣlêp* « dormivi » pour le sanscrit *suśvâpa* (§ 21 ʰ); *mimṣa* (thème neutre) « caro » pour le sanscrit *mâṅsá* (nominatif-accusatif *mâṅsá-m*); *fairṣna* « talon » pour le vieux haut-allemand *fërsna*; *raṣn*, thème *raṣna* « maison » (§ 20); *aṣgô* « cendre » pour le vieux norrois *aska*, l'anglo-saxon *asca*. On trouve rarement *ṣ* à la fin d'un mot; quand il est employé dans cette position, c'est presque toujours que le mot suivant commence par une voyelle (Grimm, p. 65); ainsi l'on trouve le thème précité *mimṣa* seulement à l'accusatif sous la forme *mimṣ* (*Lettre aux Corinthiens*, I, VIII, 13), devant *aiv*, et le nominatif *riqviṣ*, du thème neutre *riqviṣa* « ténèbres » (sanscrit *rágas*), se trouve devant *ist* (Matthieu, VI, 23)[3]. Mais, entre autres faits qui prouvent que le gothique préfère à la fin des mots la sifflante dure à la sifflante molle, on peut citer celui-ci : le *s* sanscrit du suffixe du comparatif *îyâṅs* (*îyas* dans les cas faibles) est représenté par un *s* dur dans les adverbes gothiques comme *mais* « plus », tandis que dans la déclinaison il est représenté par un *s* faible, par exemple dans *maiṣa* « major », génitif *maiṣin-s*.

La longueur du mot paraît avoir influé aussi sur la préférence donnée à *s* ou à *ṣ* : dans les formes plus étendues on choisit le

---

[1] La grammaire et la formation des mots en gothique ne se prêtent pas à la rencontre d'une sifflante avec un *b*.

[2] Thème des cas obliques du pluriel du pronom de la 2ᵉ personne. (Cf. § 167.)

[3] On le trouve cependant au même endroit devant *hvan* « comment? ».

son le plus faible. Ainsi s'explique le changement de *s* en *ş* devant les particules enclitiques *ei* et *uh*, dans les formes comme *thişei* « cujus », *thanşei* « quos », *vileişuh* « veux-tu ? », par opposition à *this* « hujus » (sanscrit *tásya*), *thans* « hos », *vileis* « tu veux ». C'est sur le même principe que repose le rapport de la forme *saişlêp* « dormivi, dormivit », qui est chargée d'un redoublement, avec *slêpa* « dormir », et celui du génitif *Môsêşis* avec le nominatif *Môsês*.

Il faut enfin rapporter, selon moi, au même ordre de faits le phénomène suivant : le vieux haut-allemand, qui remplace, a plupart du temps, par *r* la sifflante molle qui lui manque, par exemple, dans les comparatifs et dans la déclinaison pronominale, conserve le *s* final de certaines racines dans les formes monosyllabiques du prétérit (c'est-à-dire à la 1re et à la 3e personne du singulier), et le change en *r* dans les formes polysyllabiques ; exemple : *lus* « perdre » (présent *liusu*) fait au prétérit, à la 1re et à la 3e personne, *lôs* « je perdis, il perdit », mais à la 2e *luri* « tu perdis », *lurumês* « nous perdîmes ».

§ 87, 1. **Loi de substitution des consonnes dans les idiomes germaniques. Faits analogues dans les autres langues.**

En comparant les racines et les mots germaniques avec les racines et les mots correspondants des langues congénères, on arrive à établir une remarquable loi de substitution des consonnes. On peut exprimer ainsi cette loi, en laissant de côté le haut-allemand, dont le système des consonnes a éprouvé une seconde révolution (§ 87, 2) :

Les anciennes ténues deviennent dans les langues germaniques des aspirées, les aspirées des moyennes, les moyennes des ténues ; c'est-à-dire que (si nous prenons le grec comme terme de comparaison) le ϖ devient en germanique un *f*, le φ

un *b* et le *β* un *p*; le *τ* devient un *th*, le *ϑ* un *d*, et le *δ* un *t*; le *κ* devient un *h*, le *χ* un *g* et le *γ* un *k*[1]. On peut comparer :

Sanscrit.	Grec.	Latin.	Gothique.
Păda-s	πούς	*pes*	*fŏtus*
páńćan	πέμπε	*quinque*	*fimf*
pûrṇá	πλέος	*plenus*	*fulls*
pitár	πατήρ	*pater*	*fadar*
upári	ὑπέρ	*super*	*ufar*
brătar	φράτωρ	*frater*	*brôthar*
bar	φέρω	*fero*	*baira*
tvam	τύ	*tu*	*thu*
tam (accusatif)	τόν	*is-tum*	*thana*
tráya-s	τρεῖς	*tres*	*threis*
dvău	δύο	*duo*	*tvai*
dákṣiṇá	δεξία	*dextra*	*taihsvó*
śvan pour *kvan*	κύων	*canis*	*hunths*
paśú pour *pakú*		*pecus*	*faihu*
śváśura pour *svákura*	ἑκυρός	*socer*	*svaihra*
dásan pour *dákan*	δέκα	*decem*	*taihun*
áśru pour *dákru*	δάκρυ	*lacrima*	*tagr*
haṅsá pour *gansá*	χήν	(h)anser	*gans*
hyas pour *gyas*	χθές	*heri*	*gistra*
liḣ pour *liġ*	λείχω	*lingo*	*laigô*
ġńâ pour *gnâ*	γιγνώσκω	*gnosco*	*kan*
ġăti pour *găti*	γένος	*genus*	*kuni*
ġănu pour *gănu*	γόνυ	*genu*	*kniu*.

Nous parlerons plus loin des exceptions à la loi de substitution des consonnes. Nous traiterons aussi de la seconde substitution qui a eu lieu en haut-allemand[2].

---

[1] L'auteur, qui suppose la loi de substitution connue de ses lecteurs, ne s'y arrête pas dans sa deuxième édition. Nous avons rétabli une partie des exemples cités dans la première édition. — Tr.

[2] Il m'avait échappé, dans la première édition de cet ouvrage, que Rask avait déjà clairement indiqué la loi de substitution dans ses Recherches sur l'origine du

En ce qui concerne la substitution de l'aspirée à la ténue, l'ossète rappelle, d'une manière remarquable, la loi de substitution germanique, mais seulement au commencement des mots: ainsi le *p* devient régulièrement *f*, *k* devient *k̇*, *t* devient *t̔*, tandis qu'au milieu et à la fin des mots l'ancienne ténue s'est la plupart du temps amollie en la moyenne. On peut constater le fait par le tableau suivant, pour lequel nous empruntons les mots ossètes à G. Rosen:

Sanscrit.	Ossète.	Gothique.
pitár «père»	*fid*	*fadar*
páñca «cinq»	*fonz*	*fimf*
pṛcʽámi (racine *pracʽ*) «je demande»	*farsin*	*fraihna*
pánthâ-s «chemin»	*fandag*	(anc. haut-allem.) *pfad*, *fad*.
pârśvá-s «côté»	*fars*	
paśú-s «animal»	*fos* «troupeau»	*faihu* «bétail»
ka-s «qui?»	*ka*	*hva-s*

vieux norrois et de l'islandais (Copenhague 1818), dont Vater a traduit la partie la plus intéressante dans ses Tableaux comparatifs des langues primitives de l'Europe. Toutefois Rask s'est borné à établir les rapports des langues du Nord avec les langues classiques, sans s'occuper de la seconde substitution de consonnes opérée par le haut-allemand, que Jacob Grimm a exposée le premier. Voici l'observation de Rask (Vater, p. 12):

«Parmi les consonnes muettes, on remarque fréquemment le changement de:

ϖ en *f*: ϖατήρ, *fadir*.

τ en *th*: τρεῖς *thrir*; *tego, eg thek*; τύ, *tu, thú*.

κ en *h*: κρέας, *hræ* «corps mort»; *cornu, horn*; *cutis, hud*.

β est souvent conservé: βλασϯάνω, *blad*; βρύω, *brunnr* «source d'eau»; *bullare, at bulla*.

δ en *t*: δαμάω, *tamr* «apprivoisé».

γ en *k*: γυνή, *kona*; γένος, *kyn* ou *kin*; *gena, kinn*; ἄγρος, *akr*.

φ en *b*: φηγός, danois *bög* «hêtre»; *fiber, bifr*; φέρω, *fero, eg ber*.

θ en *d*: θύρη, *dyr*.

χ en *g*: χύω, danois *gyder* «je verse»; ἔχειν, *ega*; χύτρα, *gryta*; χολή, *gali*.»

Sanscrit.	Ossète.	Gothique.
kásmin « dans qui ? »	*kami* « où »	
kadắ « quand ? »	*kad*	
kásmât « par qui ? »	*kamei* « d'où ? »[1]	
kart, kṛt « fendre »	*kard* « moissonner »[2]	
tanú-s « mince »	*tænag*	(vieux norrois) *thunn-r*.
trasyâmi « je tremble »	*tarsin* « je crains »	
tap « brûler »	*taft* « chaleur »	

Les moyennes aspirées sanscrites, au moins les dentales, sont devenues en ossète, de même que dans les langues lettes, slaves et germaniques (excepté le haut-allemand), des moyennes pures; exemples : *dalag* « inferior » pour le sanscrit *ádaras*[3]; il faut joindre aussi, je pense, à ce thème les adverbes gothiques *dala-thrô* « d'en bas », *dala-th* « en bas » avec mouvement, *dala-tha* « en bas » sans mouvement[4], ainsi que le substantif *dal* (thème *dala*) « vallée ». *Dimin* « fumer » se rapporte au sanscrit *dǘmá-s* « fumée », slave *dümŭ*, lithuanien *dûmai*, nominatif pluriel du thème *dûma*, qui se rapproche exactement du sanscrit *dǘmá*. *Ardag* « demi » répond au sanscrit *ardắ*; *müd* « miel » à *mádu*, en grec μέθυ, anglo-saxon *medu, medo*, slave *medŭ*; *midæ* « interior » à *mádya-s* « medius », gothique *midja* (thème). Pour le *b* sanscrit, l'ossète a *v* ou *f*, mais il n'y a que peu d'exemples, tels que *arvade*[5] « frère » pour le sanscrit *brắtắ* (nominatif); *arfug*

---

[1] On trouve fréquemment en ossète un *i* final tenant lieu d'un *t* ou d'un *s* supprimé. Je regarde, en conséquence, les ablatifs en *ei* (*e-i*) comme représentant les ablatifs sanscrits en *â-t*, des thèmes en *a*.

[2] Sur les formes correspondantes dans les langues de l'Europe, voyez Glossaire sanscrit, 1847, p. 81.

[3] *R* remplacé par *l* est un fait aussi ordinaire en ossète que dans les autres langues indo-européennes.

[4] Le suffixe *tha* représente le suffixe sanscrit *tas*, qui se trouve, par exemple, dans *yátas* « d'où, où ». Le *s* final est tombé.

[5] Le premier *a* de *arvade* sert à la prononciation; le *r* et le *v* ont changé de place comme dans *aria* « trois », venu de *tra* (sanscrit *tráyas*, nominatif masculin).

« sourcil » pour *frug*, en sanscrit *brû-s*, grec ὀ-φρύ-s. Peut-être, dans le mot ossète, l'aspirée a-t-elle été produite par l'influence de *r*, comme dans *firí* « fils » pour le sanscrit *putrá-s*.

L'ossète a conservé l'aspirée moyenne de la classe des gutturales; exemples : *ġar* « chaud » (sanscrit *ġarmá* « chaleur »), *ġarm-kanin* « chauffer » (dans ce dernier mot la racine sanscrite est conservée d'une façon plus complète); *ġos* « oreille » (sanscrit *ġóśáyâmi* « j'annonce », primitivement « je fais entendre »), zend et ancien perse *gauśâ* « oreille »; *mìġ* « nuage », en sanscrit *mêġá-s*.

En ce qui concerne la substitution de la ténue à l'ancienne moyenne, l'arménien moderne ressemble au germanique : en effet, la deuxième, la troisième et la quatrième lettre de l'alphabet arménien, lesquelles correspondent aux lettres grecques β, γ, δ, ont pris la prononciation de *p*, *k*, *t* (voyez Petermann, Grammaire arménienne, p. 24). Toutefois, j'ai suivi, dans ma transcription des mots arméniens, l'ancienne prononciation, qui se rapproche davantage du sanscrit.

Il y a aussi en grec des exemples de substitution de consonnes : une moyenne primitive se change quelquefois en ténue. Mais cela n'arrive, comme l'a démontré Agathon Benary, que pour certaines formes terminées par une aspirée; cette aspirée finale, molle à l'origine, a été remplacée par l'aspirée dure, qui est la seule aspirée que possède le grec, et alors, pour établir une sorte d'équilibre, la moyenne initiale s'est changée en ténue[1]. Remarquez le rapport de πιθ avec la racine sanscrite *band'* « lier » (§ 5), de πυθ avec *bud'* « savoir », de παθ avec *bâd'* « tourmenter », de πῆχυ-s avec *bâhu-s* « bras », de παχύ-s avec *bahú-s* « beaucoup », de κυθ avec *gud'* « couvrir », de τριχ « cheveu » (considéré comme

---

[1] A. Benary, Phonologie romaine, p. 194 et suiv. Il est question au même endroit de faits analogues en latin. Voyez aussi mon Système comparatif d'accentuation, note 19.

« ce qui croît ») [1] avec *dṛh* « croître » (venant de *drah* ou *darh*). Le latin, auquel manque l'aspirée du *t*, a *puto* et *patior* en regard des racines grecques ϖυθ, ϖαθ, et *fid*, avec recul de l'aspiration, pour le grec ϖιθ.

§ 87, 2. Deuxième substitution des consonnes en haut-allemand.

En haut-allemand il y a eu, après la première substitution des consonnes commune à toutes les langues germaniques, une seconde substitution qui lui est propre et qui a suivi absolument la même voie que la première, descendant également de la ténue à l'aspirée, de celle-ci à la moyenne, et remontant de la moyenne à la ténue. Cette seconde substitution, que Grimm a fait remarquer le premier, s'est exercée de la façon la plus complète sur les dentales, parmi lesquelles, comme on l'a déjà dit, le *z* = *ts* remplit le rôle de l'aspirée. Comparez, par exemple :

Sanscrit.	Gothique.	Vieux haut-allemand.
dánta-s « dent »	*tunthus*	*zand*
damáyâmi « je dompte »	*tamja*	*zamôm*
pấda-s « pied »	*fôtus*	*fuoz*
ádmi « je mange »	*ita*	*izu, izzu*
tvam « toi »	*thu*	*du*
tanŏmi « j'étends »	*thanja*	*denju*
brấtar « frère »	*brôthar*	*bruoder*
d'â « placer, coucher, faire »	*dê-di* [2] « action »	*tuom* « je fais »
d'arš, d'ṛš « oser »	*ga-dars* [3] « j'ose »	*ge-tar*, 2ᵉ pers. *ge-tars-t*
rud'irá-m [4] « sang »	(vieux-sax.) *rod* « rouge »	*rot*.

[1] Sur la cause du changement du τ en ϑ dans θρίξ, θριξί, voyez § 104.

[2] Thème dans les composés *ga-dédi*, *missa-dédi*, *vaila-dédi*.

[3] Prétérit avec le sens du présent. Comparez le lithuanien *drasùs* « hardi », le grec θρασύς, le celtique (irlandais) *dasachd* « férocité, courage ». (Voyez Glossaire sanscrit, éd. 1847, p. 186.)

[4] Primitivement « ce qui est rouge »; comparez *rôhita-s*, venu de *ród'ita-s*, et rap-

Si l'on excepte les documents qui représentent ce que Grimm appelle le *pur vieux haut-allemand*, les gutturales et les labiales se sont peu ressenties au commencement des mots de la seconde substitution des consonnes. Les lettres allemandes *k, h, g, f, b* se sont maintenues dans des mots comme *kinn* « menton », gothique *kinnu-s; kann* « je peux, il peut », gothique *kan; hund* « chien », gothique *hunds; herz* « cœur », gothique *hairtô; gast* « hôte », gothique *gasts; gebe* « je donne », gothique *giba; fange* « je prends », gothique *faha; vieh* (= *fieh*) « bétail », gothique *faihu; bruder* « frère », gothique *brôthar; binde* « je lie », gothique *binda; biege* « je courbe », gothique *biuga*. Au contraire, à la fin des racines, un assez grand nombre de gutturales et de labiales ont subi la seconde substitution. Comparez, par exemple, *breche* « je casse », *flehe* « j'implore », *frage* « je demande », *hange* « je pends », *lecke* « je lèche », *schlâfe* « je dors », *laufe* « je cours », *b-leibe* « je reste », avec les formes gothiques *brika, flêka, fraihna, haha, laigô, slêpa, hlaupa, af-lifnan* « être de reste ». Un exemple d'un *p* initial substitué à un *b* gothique ou germanique (= *b́* en sanscrit, φ en grec, *f* en latin) est l'allemand *pracht* (primitivement « éclat »), lequel se rattache par sa racine au gothique *bairht-s* « clair, évident », à l'anglo-saxon *beorht*, à l'anglais *bright*, ainsi qu'au sanscrit *b́râǵ* « briller », au grec φλέγω, au latin *flagro, fulgeo*.

Comme dans la seconde substitution des consonnes, en haut-allemand, c'est une particularité assez remarquable de voir l'aspirée du *t* remplacée par *z* = *ts* (voyez Grimm, I, p. 592), je ne dois pas manquer de mentionner ici que j'ai rencontré le même fait dans une langue qui, il est vrai, est assez éloignée du haut-allemand, mais que je range dans la famille indo-européenne, je

---

prochez, entre autres, le grec ἐρυθρός, le lithuanien *raudà* « couleur rouge », *raudóna-s* « rouge ».

veux dire le madécasse¹. Cet idiome affectionne, comme les langues germaniques, la substitution du *h* au *k*, du *f* au *p*; mais, au lieu du *t* aspiré, il emploie *ts* (le *z* allemand); de là, par exemple, *futsi* «blanc» (comparez le sanscrit *pûtá* «pur») en regard du malais *pûtih* et du javanais *puti*. Le *ts* dans ce mot se trouve, à l'égard du *t* des deux autres langues, dans le même rapport où est le *z* du vieux haut-allemand *fuoz* «pied», à l'égard du *t* renfermé dans le gothique *fôtus*; le *f* du même mot répond à un *p* sanscrit, comme le *f* du gothique et du haut-allemand *fôtus, fuoz*, comparés au sanscrit *páda-s*, au grec ποῦς, au latin *pes*. De même, entre autres, le mot madécasse *hulits* «peau», comparé au malais *kûlit*, présente un double changement dans le sens de la loi de substitution des consonnes en haut-allemand, à peu près comme l'allemand *herz* substitue le *z* au *t* gothique (*hairtô*), et le *h* au *c* latin et au κ grec (*cor*, κῆρ, καρδία)². De même encore *fehi* «lien» est pour le sanscrit *páśa-s* «corde» (venant de *pákas*, de la racine *paś* «lier»); *mi-feha* «lier». Toutefois, le changement de *t* en *ts*³ n'est pas aussi général en madécasse que celui du *k* en *h* et du *p* en *f*, et l'on conserve souvent le *t* primitif; par exemple, dans *fitu* «sept» à côté du tagalien *pito*⁴; dans *hita* «voir» à côté du nouveau-zélandais *kitea*, du tagalien *quita* (= *kita*), formes qui correspondent parfaitement à la racine sanscrite *kit* (*ćikêtmi* «je vois»).

A cause de l'identité primitive du *ć* sanscrit et du *k*, on peut

---

¹ Voyez mon mémoire Sur la parenté des langues malayo-polynésiennes avec les idiomes indo-européens, p. 133 et suiv. note 13.

² Le *h* sanscrit de *hrd* (pour *hard*) paraît n'être issu du *k* qu'après la séparation des idiomes : c'est ce qu'attestent les langues classiques aussi bien que les langues germaniques.

³ Ou en *tś* (le *tch* français).

⁴ Je crois reconnaître dans ce mot le sanscrit *saptá*, la syllabe initiale étant tombée et l'*i* ayant été inséré pour faciliter la prononciation, comme, par exemple, dans le tahitien *toru* «trois», pour le sanscrit *tráyas* (*Ouvrage cité*, p. 12 et suiv.).

aussi rapprocher du dernier mot la racine sanscrite *ćit* ou *ćint* « penser », d'où vient *ćétas* « esprit »[1].

§ 88. De la substitution des consonnes dans les langues letto-slaves.

En ce qui concerne la substitution des consonnes, les langues lettes et slaves ne s'accordent que sur un seul point avec les langues germaniques, c'est qu'elles changent les moyennes aspirées sanscrites en moyennes pures. Comparez, par exemple :

Sanscrit.	Lithuanien.	Ancien slave.	Gothique.
bû « être »	*bû-ti* (infinitif)	*bŭ-ti*	*baua*[2]
bhrátár « frère »	*brŏli-s*	*bratrŭ*	*brôthar*
ubháu « tous deux »	*abù*	*oba*	*bai* (pluriel)
lúbyâmi « je désire »	*lùbju*	*ljubŭ* « amour »	*-lubô* « amour »[3]
hańsá-s « oie »	*źasi-s*	(russe) *gusj*	(anglais) *goose*
laghú-s « léger »	*lengwa-s*	*lĭgŭkŭ*[4]	*leiht-s*
dhárś-i-tum « oser »	*drys-ti*	*drŭs-a-ti*	*ga-dars* « j'ose »
mádhu « miel »	*medù-s*	*medŭ*	(angl.-sax.) *mēdo*
vidhavâ « veuve »		*vĭdova*	*viduvô*.

[1] Je rappelle à ce propos que la racine sanscrite *vid* « savoir » a dû également avoir dans le principe le sens de « voir », lequel se retrouve encore dans le grec Ϝιδ et le latin *vid*. De même, la racine *bud* « savoir » a dû signifier primitivement « voir », sens qui s'est conservé seulement dans le zend *bud*. Je soupçonne aussi que la racine sanscrite *tark* « penser » est de la même famille que *darś*, toutes les deux venant de *dark* « voir » (δέρκω), la ténue s'étant substituée à la moyenne initiale (comme dans *tṛṅh*, venant de *dṛh* « grandir »). A *tark* il faut rapporter peut-être le madécasse *tsereq* « pensée » (*Ouvrage cité*, p. 135).

[2] « Je demeure », avec *u* frappé du gouna = sanscrit *av*, de *bháv-á-mi* « je suis ».

[3] Dans le composé *brôthra-lubô* « amour fraternel ». Sur la moyenne, dans le latin *lubet*, voyez § 17.

[4] ЛЬГЪКЪ est terminé par un suffixe et répondrait à un mot sanscrit *laghu-ka-s*. Le gothique *leiht-s*, thème *leihta*, est, quant à la forme, un participe passif, comme *mah-t-s*, thème *mahta*, de la racine *mag* « pouvoir » (slave *mogŭn* « je peux ») = sanscrit *maṅh* « grandir ». Le *h* de *leihts* est donc mis aussi, à cause du *t* suivant, pour le *g* que demanderait le *ġ* sanscrit. Sur le *h* sanscrit, tenant la place d'un χ prononcé mollement, voyez § 23.

Dans les langues lettes et slaves, les gutturales molles primitives, aspirées ou non (y compris le *ḥ* sanscrit, qui équivaut à un χ prononcé mollement), sont devenues très-souvent des sifflantes molles, à savoir *ź* (= le *j* français) en lithuanien, et en slave з *z* ou ж *ṡ*, par exemple, dans le lithuanien *żasis* «oie», cité plus haut. D'autres exemples du même genre sont : *żádas* «discours»; *żõdis* «mot» (sanscrit *gad* «parler»); *żinaù* «je sais», slave знати *sna-ti* «savoir», racine sanscrite *ġñâ* (venant de *gnâ*); *źiêma* «hiver», slave зима *sima*, sanscrit *himá-m* «neige»; *weżu* «je transporte», slave везѫ *veṡuṅ*, sanscrit *váhâmi*; *laiżau* «je lèche», slave *ob-liṡ-a-ti* (infinitif), sanscrit *léḥ-mi*, causatif *léḥáyâmi*, gothique *laigô*; *méżu* «mingo», sanscrit *méḥâmi* (racine *miḥ*).

Le ж *ṡ* slave est d'origine plus récente que le з *z*, et postérieur, comme il semble, à la séparation des langues slaves d'avec les langues lettes; celles-ci, dans les formes similaires, le représentent ordinairement par *g*. Comparez, par exemple, живѫ *ṡivuṅ* «je vis» (sanscrit *ġiv-â-mi*, venant de *ġiv*) avec le borussien *ġiv-a-si* «tu vis» (sanscrit *ġiv-a-si*) et le lithuanien *gywa-s* (*y*=î) «vivant», *gywênu* «je vis»[1]; жена *ṡena* «femme» avec le borussien *genna-n* (accusatif), le zend *ġĕna*, *ġĕna*, le sanscrit *ġáni-s*, *ġánî*; жрънов *ṡrŭnovŭ* «meule» avec le lithuanien *girna*, le gothique *qvairnu-s*, le sanscrit *ġar* (*ġṙ*), venant de *gar* «écraser».

Le ﺱ *s* et le ﺵ *ṡ* zends doivent, comme le з *z* et le ж *ṡ* slaves, leur origine à l'une des gutturales molles, y compris ﻩ *h* (§ 23), ou à un *ġ* dérivé d'un *g*. En conséquence, les mêmes sifflantes peuvent se rencontrer, par hasard, dans le même mot en letto-slave et en zend. Comparez, par exemple, le zend ﺳﻴﻤ *ṡima* «hiver» (= sanscrit *himá* «neige») avec le lithuanien *źiêma*, le slave зима *sima*; ﺳﺒﺎﻳﻤ *ṡbayêmi* «j'invoque» (sanscrit *hváyâmi* «j'appelle») avec звати *sva-ti* «appeler»; ﺳﻨﺎ *ṡnâ* «savoir» avec

---

[1] On trouve toutefois *żywijõ-s* «je me conserve» = *ġîváyâmi* «je fais vivre».

žinau «je sais», ЗНАТИ, *sna-ti*, «savoir»; ᥜᥙᥔᥜᥙᥗ *vaṣâmi* «je transporte» avec *weźú*, ВЕЗѪ *veṣuṅ*; ᥜᥙᥔᥜᥙᥔᥜ *maiṣâmi* «mingo» avec *myźú*; ᥲᥔ *ṣî*[1] «vivre» (sanscrit *ǵív*) avec la racine slave ЖИВ *śiv*; ᥱᥔᥜ *aṣĕm* «moi» (sanscrit *ahám*) avec ᥲᥔᥔ *aṣŭ*, lithuanien *aś*[2].

§ 89. *Exceptions à la loi de substitution en gothique, soit à l'intérieur, soit à la fin des mots.*

On trouve assez souvent, en gothique, à l'intérieur des mots, plus fréquemment encore à la fin, des cas où la loi de substitution des consonnes est violée, soit que la substitution n'ait pas eu lieu, soit qu'elle ait été irrégulière. Au lieu du *th*, qu'on devrait attendre d'après le § 87, on trouve un *d*, par exemple, dans *fadar*, «père», *fidvôr, fidur* «quatre». Pour le premier de ces mots, le vieux haut-allemand a *fatar*, de manière qu'en raison de la seconde substitution des consonnes, le *t* primitif du sanscrit *pitá* (thème *pitár*), du grec πατήρ et du latin *pater* est revenu. On rencontre *b* au lieu de *f*, par exemple dans *sibun* «sept» (anglo-saxon *seofon*) et *laiba* «reste» (substantif), tandis que le verbe *af-lif-nan* «être de reste» a le *f*[3]. Le *g* n'a pas éprouvé de substitution dans *biuga* «je courbe» (sanscrit *buǵ* «courber»). Le *d* est resté de même dans *skaida* «je sépare» et dans *skadus* «ombre», le pre-

---

[1] On trouve aussi, en zend, *ǵí*. Les deux formes sont pour *śiv*, *ǵív*. Une autre altération de la racine sanscrite *ǵív* est le zend *śu* ou *ǵu*, la voyelle ayant été supprimée et le *v* vocalisé. De ᥜ *ǵu* vient *ǵva* «vivant», et de ᥲᥔ *śu*, *śuvana* (même sens, suffixe *ana*, comme dans le sanscrit *ǵval-aná-s* «brillant»). Je renonce à l'hypothèse qui rapporterait le grec ζάω à la même racine, le ζ grec ne pouvant représenter qu'un *y* sanscrit, mais non un *g* ou un *ǵ*. Je crois, en conséquence, que la racine grecque ζᾶ doit être identifiée avec la racine sanscrite यत् *yá* «aller», d'où vient *yá-trá* «provision». La racine sanscrite *ćar*, qui signifie aussi «aller», a pris de même, en ossète, le sens de «vivre». Au sanscrit *ǵíva-s* «vie» répond le grec βίος, venant de βιϝος pour γιϝος. (Voyez Système comparatif d'accentuation, p. 217.)

[2] Il ne paraît pas qu'une sifflante molle puisse subsister, en lithuanien, à la fin des mots; voilà pourquoi nous avons *aś* et non *aź*.

[3] La racine sanscrite est *rić*, venant de *rik*, en latin *lic*, en grec λιπ.

mier venant de la racine sanscrite *čid* pour *skid* (§ 14) et le second de *čad* pour *skad* « couvrir ». Le *p* est resté dans *slêpa* « je dors », en sanscrit *sváp-i-mi* (§ 20).

§ 90. Exceptions à la loi de substitution au commencement des mots.

On trouve aussi, au commencement des mots, des moyennes qui n'ont pas subi la loi de substitution. Comparez.

Sanscrit.	Gothique.
band' « lier »	*band* « je liai »
bud' « savoir »	*budum* « nous offrîmes »
gard', gṛd' « désirer »	*grêdus* « faim » [1]
gâu-s « terre »	*gavi* « contrée » (thème *gauja*)
grab' « prendre »	*grip* « prendre »
duhitár (thème) « fille »	*dauhtar*
dvára-m « porte »	*daur* (thème *daura*)
dalá-m « partie » [2]	*dail-s*.

Par suite d'une substitution irrégulière, on trouve *g* pour le *k* sanscrit dans *grêta* « je pleure », prétérit *gaigrôt* = sanscrit *krándâmi, čakránda*. Une ténue, qui n'a pas subi de substitution, se voit dans *têka* « je touche », en latin *tango*, mais le mot sanscrit correspondant fait défaut.

§ 91, 1. Exceptions à la loi de substitution. La ténue conservée après *s*, *h* (*ch*) et *f*.

Par une loi sans exception en gothique et généralement obser-

---

[1] C'est-à-dire « désir de nourriture ». Je rapporte les mots *hungrja* « j'ai faim » et *huhrus* « faim » à la racine sanscrite *kâñkś* « désirer ». A *gard', gṛd'*, d'où vient *gṛdnú-s* « avide », il faut comparer vraisemblablement le gothique *gairnja* « je désire », l'anglais *greedy*, le celtique (irlandais) *gradh* « amour, charité », *graidheag* « femme aimée ». (Voyez Glossaire sanscrit, 1847, p. 107.)

[2] La racine *dal* signifie « se briser », éclater », et le causatif (*dâláyâmi*) signifie « partager ». En slave, ДѢЛИТИ *déliti* veut dire « partager ». (Cf. Glossaire sanscrit, p. 165.)

vée dans les autres dialectes germaniques[1], les ténues échappent à la loi de substitution quand elles sont précédées d'un *s* ou des aspirées *h* (*ch*) ou *f*. Ces lettres préservent la ténue de toute altération, contrairement à ce qui arrive en grec, où l'on trouve souvent σθ au lieu de στ (§ 12) et toujours χθ, φθ au lieu de χτ, φτ. Comparez, par exemple, en ce qui concerne la persistance de la ténue dans les conditions indiquées, le gothique *skaida* « je sépare » avec *scindo*, σκίδνημι, en sanscrit *činádmi* (§ 14); *fisk-s* (thème *fiska*) avec *pisci-s*; *speiwa* (racine *spiv*, prétérit *spaw*) avec *spuo*; *stairnô* « étoile » avec le sanscrit *stấr* (védique); *steiga* « je monte » (racine *stig*) avec le sanscrit *stignômi* (même sens), le grec στείχω; *standa* « je me tiens » avec le latin *sto*, le grec ἵστημι, le zend *histâmi*[2]; *is-t* « il est » avec le sanscrit *ás-ti*; *naht-s* « nuit » avec le sanscrit *nákt-am* « de nuit »'(adverbe); *dauhtar* « fille » avec *duḥitár* (thème); *ahtau* « huit » avec *áṣṭâu* (védique *aṣṭấú*), grec ὀκτώ.

§ 91, 2. Formes différentes prises en vertu de l'exception précédente par le suffixe *ti* dans les langues germaniques.

Par suite de la loi phonique que nous venons d'exposer, le suffixe sanscrit *ti*, qui forme surtout des substantifs abstraits féminins, conserve la ténue dans tous les dialectes germaniques, lorsqu'il est précédé d'une des lettres énoncées plus haut; mais, en gothique, le même suffixe, précédé d'une voyelle, fait une autre infraction à la loi de substitution, et, au lieu de changer la ténue en aspirée, la change en moyenne. Nous avons donc, d'une part, des mots comme *fra-lus-ti* (*verlust*)[3] « perte »; *mah-ti* (*macht*) « puis-

---

[1] Sur le *sch*, qu'on rencontre déjà en vieux haut-allemand, pour *sk*, voyez Grimm, I, 173, et Graff, VI, 402 et suiv.

[2] Sur les sifflantes préservant aussi en zend le *t* de toute altération voy. § 38.

[3] Les mots entre parenthèses sont les formes correspondantes en haut-allemand moderne. — Tr.

sance » (racine *mag* « pouvoir », sanscrit *maṅh* « croître »); *ga-skaf-ti* « création » (racine *skap*), et d'autre part *dê-di* (*that*) « action »; *sê-di* (*saat*) « semence » (tous les deux usités seulement à la fin d'un composé); *sta-di* (masculin) « place » (racine *sta* = racine sanscrite *stâ* « se tenir »); *fa-di* (masculin) « maître » (sanscrit *pá-ti* pour *pâ-ti*, racine *pâ* « dominer »). Après les liquides, ce suffixe prend tantôt la forme *thi* (conformément à la loi de substitution), tantôt la forme *di*. Nous avons, par exemple, les thèmes féminins *ga-baur-thi* (*geburt*) « naissance », *ga-faur-di* « assemblée », *ga-kun-thi* « estime », *ga-mun-di* « mémoire »[1], *ga-qvum-thi* « réunion ». On ne trouve point, comme il était d'ailleurs naturel de s'y attendre, de forme en *m-di*; mais, en somme, la loi en question s'accorde d'une façon remarquable avec un fait analogue en persan, où le *t* primitif des désinences et des suffixes grammaticaux s'est seulement maintenu après les sifflantes dures et les aspirées (ﺱ *f*, چ *ch*), et s'est changé en *d* après les voyelles et les liquides. Ainsi l'on a *bes-ten* « lier », *dâs-ten* « avoir », *tâf-ten* « allumer », *puch-ten* « cuire »; mais on a, d'un autre côté, *dâ-den* « donner », *ber-den* « porter », *âm-den* « venir », *mân-den* « rester ».

Par suite de la seconde substitution, le haut-allemand a ramené à la ténue primitive la moyenne du gothique *di*, tandis qu'après *s*, *h* (*ch*), *f*, la ténue de la première période est restée; exemples: *sâti* (*saat*) « semence », *tâ-ti* (*that*) « action », *bur-ti*, *gi-bur-ti* (*geburt*) « naissance », *fer-ti* (*fahrt*) « traversée ». Ces mots se trouvent avoir une ressemblance apparente avec les thèmes qui n'ont pas subi la substitution, comme *an-s-ti* « grâce », *mah-ti* « puissance », *hlouf-ti* « course ». Mais le haut-allemand ne manque pas non plus de formes ayant comme le gothique *di* après une liquide; par exemple : *scul-di* (*schuld*) « dette » (racine *scal* « devoir »).

---

[1] Identique, par la racine et le suffixe, au sanscrit *ma-tí* « raison, opinion »; racine *man* « penser ».

§ 91, 3. Le gothique change la moyenne en aspirée à la fin des mots et devant un *s* final.

A la fin des mots et devant un *s* final, le gothique remplace souvent la moyenne par l'aspirée. Conséquemment le nominatif du thème *fadi* est *fath-s*, et l'on aurait tort d'expliquer ce *th* comme étant substitué au *t* du thème sanscrit *páti*. Les participes passifs sanscrits en *ta*, dont le *t*, en gothique, s'amollit en *d*, lorsqu'il est placé, comme cela a lieu d'ordinaire, après une voyelle, se terminent régulièrement, au nominatif singulier masculin en *th-s* (pour *da-s*) et à l'accusatif en *th*; exemple : *sôkith-s* « quæsitus », accusatif *sôkith*. Mais je regarde *sôkida* comme étant le thème véritable, ce que prouvent, entre autres, les formes du pluriel *sôkidai*, *sôkida-m*, *sôkida-ns*, ainsi que le thème féminin *sôkidô*, nominatif *sôkida*.

Par suite de cette tendance à remplacer les moyennes finales par des aspirées, quand elles sont précédées d'une voyelle, on a, dans les formes dénuées de flexion de la première et de la troisième personne du singulier au prétérit des verbes forts, des formes comme *bauth*, de la racine *bud* « offrir »; *gaf*, de *gab* « donner » (présent *giba*). Toutefois *g* ne se change pas en *h*, mais reste invariable; par exemple, *staig* « je montai », et non *staih*.

§ 91, 4. Le *th* final de la conjugaison gothique. — Les aspirées douces des langues germaniques.

Il en est de même du *th* des désinences personnelles, que je n'explique pas comme provenant d'une ancienne ténue, mais comme résultant de la tendance du gothique à remplacer les moyennes finales par des aspirées. Je ne regarde pas, par conséquent, le *th* de *bairith* comme provenant par substitution du *t* du sanscrit *b'ár-a-ti* et du latin *fert*, mais je pense que la terminaison personnelle *ti* (de même que le suffixe *ti* après une voyelle) est devenue, en germanique, *di*, et que ce *di* s'est changé, en gothique, en *th*, l'*i* s'étant oblitéré. Le même rapport qui existe entre *fath* « dominum », du thème *fadi*, et le sanscrit *pátim*, existe aussi entre *bair-i-th* (pour *bair-a-th*) et *bár-a-ti*. Comme une preuve de ce fait, nous citerons le passif *bair-a-da* pour *bair-a-dai*, comparé au moyen sanscrit *bár-a-tê* (venant de *bár-a-tai*) et au grec φέρ-ε-ται; ici la moyenne est restée, étant protégée par la voyelle suivante. Cette moyenne est également restée, à la fin des mots, en vieux saxon, où les moyennes finales ne sont jamais remplacées par des aspirées (*bir-i-d* au lieu du gothique *bair-i-th*), tandis qu'en anglo-saxon la moyenne aspirée s'est substituée à la moyenne (*bër-e-dh*). En vertu de la seconde substitution de consonnes qui lui est propre (§ 87, 2), le haut-allemand a substitué la ténue au *th* gothique de la troisième personne du singulier, et est revenu de la sorte, par ce détour, à la forme primitive; ainsi nous avons *bir-i-t* à côté du vieux saxon *bir-i-d*, du gothique *bairi-th*, du sanscrit *bár-a-ti*.

A la troisième personne du pluriel, le gothique a un *d* au lieu du *t* primitif, à cause de *n* qui précède; en vertu de la loi de substitution (§ 87, 2), le vieux et le moyen haut-allemand rétablissent le *t*, de sorte que le vieux haut-allemand *bërant*, le moyen haut-allemand *bërent* s'accordent mieux, sous ce rapport, avec le sanscrit *báranti*, le grec φέροντι, le latin *ferunt* qu'avec le gothique *bairand* et le vieux norrois *bërand*.

A la 2ᵉ personne du pluriel, il faut considérer la terminaison sanscrite *ta* comme une altération de *tu* (§ 12), en grec τε, en lithuanien *te*, en slave тє; en gothique, *ta* devrait faire *da* à cause de la voyelle qui précède; mais, la voyelle finale étant tombée, *d* se change en *th* (§ 91, 3). Au contraire, le vieux saxon conserve la moyenne et a, par exemple, *bër-a-d* pour le gothique *bair-i-th* (au sujet de l'*i*, voyez § 67) et le sanscrit *bár-a-ta*. L'anglo-saxon et le vieux norrois aspirent la moyenne; en conséquence, ils ont *bër-a-dh*, qui se rapproche beaucoup de la forme sanscrite *bár-a-dvê* « vous portez ». Néanmoins les moyennes aspirées germaniques n'ont rien de commun avec les mêmes lettres en sanscrit; en effet, les moyennes aspirées germaniques se sont formées des moyennes non aspirées correspondantes de la même façon, bien que beaucoup plus tard, que les aspirées dures sont sorties des ténues. En sanscrit, au contraire, les aspirées molles sont plus anciennes que les aspirées dures : au moins ध् *d* est plus ancien que *t* (§ 12).

Il y a aussi quelques documents conçus en vieux haut-allemand qui présentent des moyennes aspirées, à savoir *dh* et *gh*; mais l'origine de ces deux lettres est fort différente. Le *dh* provient partout de l'amollissement d'une aspirée dure (*th*), par exemple dans *dhu* « toi », *dhrî* « trois », *widhar* « contre », *wërdhan* « devenir », *wardh* « je devins, il devint », pour le gothique *thu, threis, vithra, vairthan, varth*. Au contraire, le *gh* est la moyenne altérée par l'influence de la voyelle molle qui suit (*i, î, ë, e, ê, ei*). Exemples : *gheist* « esprit », *ghibu* « je donne », *ghibis* « tu donnes », *ghëban* « donner », *daghe* « au jour » (datif). Le *gh* disparaît quand cette influence cesse; ainsi *gab* « je donnai », *dagâ* « jours », au nominatif-accusatif pluriel [1].

ALPHABET SLAVE.

§ 92. Système des voyelles et des consonnes.

Nous passons maintenant à l'examen du système phonique et graphique de l'ancien slave, en le rapprochant, à l'occasion, du lithuanien, du lette et du borussien. Nous nous proposerons surtout de montrer les rapports qui unissent les sons de l'ancien slave avec ceux des autres langues plus anciennes, dont ils sont

---

[1] Grimm, p. 161 et suiv. 182 et suiv.

ou les équivalents fidèles ou les représentants plus ou moins altérés.

§ 92ᵃ. а, є, о, ѧ, ѫ, *a*, *e*, *o*, *aṅ*, *uṅ*.

L'ancien आ *a* sanscrit a eu le même sort en slave qu'en grec, c'est-à-dire qu'il est le plus souvent représenté par *e* ou par *o* (є, о), qui sont toujours brefs, plus rarement par *a* (а). Comme en grec, є et о alternent entre eux à l'intérieur des racines, et de même que nous avons, par exemple, λόγος et λέγω, nous avons en ancien slave возъ *vosŭ* « voiture » et *vesuṅ* « je transporte ». De même encore qu'il y a en grec, à côté du thème λογο, le vocatif λόγε, on a en ancien slave le vocatif *rabe* « esclave », venant du thème *rabo*, *rabŭ* « servus ». L'*o* est considéré comme plus pesant que l'*e*, mais l'*a* comme l'étant plus que l'*o*; aussi *a* remplace-t-il le plus souvent l'*â* long sanscrit. Les thèmes féminins en आ *â* sont notamment représentés en ancien slave par des formes en *a*, comme विधवा *vidavâ* « veuve », qui fait en ancien slave *vidova*. Au vocatif, ces formes affaiblissent l'*a* en *o* (*vidovo*), de la même manière que nous venons de voir *o* affaibli en *e*. A s'affaiblit encore en *o* comme lettre finale d'un premier membre d'un composé; exemple : *vodo-nosŭ* « cruche d'eau » (mot à mot « porteur d'eau »), au lieu de *voda-nosŭ*, absolument comme en grec nous avons Μουσο-τραφής, Μουσο-φίλης et autres composés analogues, où l'α ou l'η du féminin a été changé en ο. Si *a* est donc en ancien slave une voyelle brève, il n'en est pas moins la plupart du temps la longue de l'*o* sous le rapport étymologique. L'ancien slave est, à cet égard, le contraire du gothique, où l'*a* est, comme on l'a vu, la brève de l'*ô*, et où pour abréger l'*ô* on le change en *a*, de la même manière qu'en ancien slave on change *a* en *o*.

Le lithuanien manque, comme le gothique, de l'*o* bref, car son *o* est toujours long et correspond, sous le rapport étymologique, à l'*â* long des langues de même famille. Je le désigne, là où il n'est pas pourvu de l'accent, par *ō*, et j'écris, par exemple, *mótê* « femme » (primitivement « mère »), pluriel *móters* (§ 426), en sanscrit *mâtấ*, *mâtár-as*; de *rankà* « main » vient le génitif *rankô-s*, comme en gothique nous avons, par exemple, *gibô-s*, venant de *giba*. Dans les deux langues, la voyelle finale est restée longue devant la consonne exprimant le génitif, tandis qu'au nominatif, la voyelle, étant seule, s'est abrégée, mais en conservant le son primitif *a*. L'*a* long paraît surtout devoir son origine, en lithuanien, à l'accent; en effet, l'*a* bref s'allonge quand il reçoit le ton (excepté devant une liquide suivie d'une autre consonne)[1]. De là, par exemple, *nâga-s* « ongle », pluriel *nagaì*, pour le sanscrit *naká-s*, *nakấs*; *sâpna-s* « rêve », pluriel *sapnaì*, en sanscrit *svápna-s*, *svápnâs*.

Quelquefois aussi l'*â* long sanscrit ou l'*â* long primitif est représenté en lithuanien par *û* = *uo* (en une syllabe); exemples : *dûmi* « je donne », pour le sanscrit *dádâmi*; *akmû* « pierre », génitif *akmen-s*, pour le sanscrit *áśmâ*, *áśman-as* (§ 21ᵃ); *sesû* « sœur », génitif *seser-s*, pour le sanscrit *svásâ*, *svásur*. Comparez avec le lithuanien *û* = *uo*[2] le vieux haut-allemand *uo* pour le

---

[1] Voyez Kurschat, Mémoires pour servir à l'étude du lithuanien, II, p. 211. Il y a aussi en lithuanien des longues qui paraissent être la compensation d'une désinence grammaticale mutilée. Ainsi les thèmes masculins en *a* allongent cette voyelle devant la désinence du datif pluriel *ms*, pour *mus*; exemple : *pőnã-ms* au lieu de l'ancien *pőna-mus*. A l'instrumental et au datif du duel, *pőnã-m* est une mutilation de *pőna-ma*, comme on le voit par le slave. Si la longue primitive s'était maintenue en lithuanien devant la désinence, nous devrions avoir *pőnô-m* ou *pőnô-ma*, en analogie avec les formes sanscrites comme *áśvâ-byâm*. — Deux verbes seulement ont un *ā* long qui paraît inexplicable : *bālù* « je blanchis » et *śālù* « je gèle » (Kurschat, II, p. 155 et suiv.). Ce sont peut-être des formes mutilées pour *baltu*, *śaltu*, c'est-à-dire des dénominatifs formés des adjectifs *balta-s* « blanc », *śalta-s* « froid ».

[2] C'est là la prononciation première ou plus ancienne de *û* (Kurschat, *l. c.* pp. 2, 34); celle d'aujourd'hui est presque comme *ō*. Schleicher lui attribue (*Lituanica*, p. 5) le son de *ō* suivi du son *a*. En tous cas, la notation *û* fait supposer une prononciation *uo*, et il faut rappeler à ce propos qu'on trouve aussi dans certains dialectes germaniques *oa* pour le vieux haut-allemand *uo*.

gothique *ô* et le sanscrit *â*, par exemple, dans *bruoder*, pour le gothique *brôthar* et le sanscrit *brâtar*.

Au sujet de l'*e* long (*ê*), venant d'un *â* primitif, voyez § 92°.

Nous retournons à l'ancien slave pour remarquer qu'il conserve l'*a* bref sanscrit, quand il est suivi d'une nasale; je regarde, en effet, comme un *a* la voyelle renfermée dans ѧ[1], ce que donne déjà à supposer la forme de cette lettre, qui vient évidemment de l'A grec; aussi la lisait-on d'abord *ja*, c'est-à-dire comme est prononcé à l'ordinaire le russe я, qui correspond le plus souvent à l'ancien slave ѧ dans les mots d'origine commune. Comparez, par exemple, мѧсо *mańso* « viande » (sanscrit *mâṅsá-m*) avec le russe мясо *mjáso*, et имѧ *imań* « nom » (sanscrit *nấman*, thème) avec le russe имя *imja*. Si en ancien slave ѧ se trouve fréquemment aussi représenter l'*e* des langues slaves vivantes, et s'il remplace également un *e* dans des mots empruntés, par exemple, dans септѧбрь *septańbrĭ* « septembre », пѧтикости ($\pi\varepsilon\nu\tau\eta\kappa o\sigma\tau\acute{\eta}$), il est possible que ce changement de prononciation ait été produit par l'influence rétroactive de la nasale, comme dans le français *septembre*, *Pentecôte*, où l'*e* a pris le son *a*.

Je rends par *uń*, et devant les labiales par *um*, la lettre ѫ qu'on lisait d'abord *u*; exemples : дѫти *duńti* « souffler » (comparez доунѫти (même sens) et le sanscrit *dŭ-nŏ́-mi* « je meus »); голѫбь *golumbĭ* « colombe ». Toutefois, il ne manque pas non plus de raisons pour regarder l'élément vocal de ѫ comme un *o*[2]. Sous le rapport étymologique, cette lettre se rattache le plus souvent à un *a* primitif suivi d'une nasale; comparez, par exemple, пѫть *puńtĭ* « chemin », en russe путь *putj*, avec le sanscrit *pánťan* (thème fort); живѫ *śivuń* « je vis », en russe живу *śivu*, avec le sanscrit *ǵi̇́vâmi*; живѫть *śivuńtĭ* « ils vivent », en russe

---

[1] C'est Vostokov qui a reconnu le premier dans ѧ, comme dans ѫ, une voyelle nasalisée.

[2] Miklosich, Phonologie comparée des langues slaves, p. 43 et suiv.

живутъ *śivut'*, avec le sanscrit *ǵîvanti*; вьдовѫ *vĭdovuṅ* « viduam », en russe *vdovu*, avec le sanscrit *vidávâm*. Dans бѫдѫ *buṅduṅ* « je serai » (infinitif бъіти *bü-ti*, lithuanien *bú-ti*), en russe *budu*, ѫ est pour *û*, comme le montre le sanscrit *bû*.

§ 92 ᵇ. и, ь *i*, *ĭ*.

и *i* et ь *ĭ* figurent tous deux en ancien slave sous la forme и *i*, sans qu'il reste trace de la différence de quantité; du moins, je ne vois pas qu'on ait reconnu en ancien slave la présence d'un *i* long ni celle de quelque autre voyelle longue[1]. Comparez живѫ *śivuṅ* « je vis » avec le sanscrit *ǵîvâmi*, et, d'autre part, видѣти *vidêti* « voir » avec la racine sanscrite *vid* « savoir »; ce dernier verbe, dans sa forme frappée du gouna *vêd* (*vêd-mi* « je sais »), correspond à l'ancien slave вѣмь *vêmĭ* « je sais » (pour *vêdmĭ*), infinitif *vês-ti*, de sorte que *vid* et *vêd* sont devenus sur le terrain slave deux racines différentes. L'*i* bref s'est aussi altéré fréquemment en slave en *e* bref (ϵ), de même qu'en grec et en vieux haut-allemand (§ 72); notamment les thèmes en *i* ont à plusieurs cas, ainsi qu'au commencement de certains composés, ϵ *e* pour и *i*; de là, par exemple : гостєхъ *goste-chŭ* « dans les hôtes », du thème гости *gosti*, пѫтевождь *puṅte-voṣ́dĭ* « ὁδηγός » pour *puṅti-voṣ́dĭ*.

ь aussi tient assez souvent à l'intérieur des mots la place d'un *i* bref en sanscrit, et il a eu sans doute la prononciation d'un *i* très-bref (voyez Miklosich, Phonologie comparée, p. 71). Je le rends par *ĭ*[2]. Voici des exemples de l'emploi de cette voyelle :

---

[1] Voyez Miklosich, *l. c.* p. 163. En slovène, l'accent occasionne l'allongement de voyelles primitivement brèves; le même fait a lieu en lithuanien (§ 92 ᵃ) et en haut-allemand moderne.

[2] La lettre ь, qui correspond à ь, en russe, est définie par Gretsch comme étant la moitié d'un *i*, et Reiff, le traducteur de l'ouvrage de Gretsch, compare le son ь aux sons mouillés français dans les mots *travail*, *cigogne* (p. 47). En slovène, là où cette lettre s'est conservée, elle est représentée par *j*. Mais cela n'a lieu, comme

КЪДОВА *vĭdova* « veuve », en russe *vdova*, pour le sanscrit *vidává*; ВЬСЬ *vĭsĭ* « chacun » (en russe ВЕСЬ *vesj*, féminin *vsja*, neutre *vse*), pour le sanscrit *viśva* (thème), le lithuanien *wisa-s* « entier »; ІЄСТЬ *jestĭ* « il est », СѪТЬ *sunṭĭ* « ils sont », pour le sanscrit *ásti*, *sánti*.

§ 92°. ऊ *ŭ*, ऊ *ŭ*.

उ *u* et ऊ *û* sont devenus tous deux en ancien slave, dans les formes les mieux conservées, ъі[1]; c'est ainsi que nous avons, par exemple : БЪІ *bŭ* (infinitif БЪІТИ *bŭti*, lithuanien *búti*), qui correspond à la racine sanscrite *bû* « être »; МЪІШЬ *mŭšĭ* « souris » à côté de *mûśá-s*; СЪІНЪ *sŭnŭ* « fils » à côté de *sûnú-s*; ДЪІМЪ *dŭmŭ* « fumée » à côté de *dûmá-s*; ЧЕТЪІРИЄ *četŭrije* « quatre » à côté de *ćatúr* (thème faible). Les exemples où ъі *ŭ* est pour उ *u* sont cependant plus rares que ceux où ъі *ŭ* correspond à ऊ *û*; en effet, l'*u*

il semble, qu'à la fin des mots, après un *n* ou un *l*, quoique même dans cette position le ь de l'ancien slave ne se soit pas toujours conservé comme un *j*. Comparez, par exemple, *ogénj* « feu » avec ОГНЬ *ognĭ*; *kanj* « cheval » avec КОНЬ *konĭ*; *prijatelj* « ami » avec ПРИІАТЕЛЬ *prijatelĭ*; mais, d'un autre côté, *dan* « jour » avec ДЬНЬ *dĭnĭ* (en sanscrit, le thème masculin et neutre *dína* a le même sens). Je regarde l'*a* du slovène *dan* comme une voyelle insérée à cause de la suppression de la voyelle finale; il en est de même de l'*e* de *ves* « chacun », féminin *vsa*, neutre *vse*, à côté de l'ancien slave ВЬСЬ *vĭsĭ*, ВЬСІА *vĭsja*, ВЬСЕ *vĭse*. Si la prononciation du ь final n'était pas entièrement semblable à celle qu'il avait à l'intérieur des mots, il faudrait lui donner, dans le premier cas, celle du *j* allemand, et, dans le second, celle de l'*i* bref. Ce qui paraît certain, c'est que le ь ne formait pas une syllabe avec la consonne précédente, et que, par exemple, ВЬСЬ *vĭsĭ* « chacun », du thème *vĭsjŏ* (§ 92[k]), n'était pas un dissyllabe, mais un monosyllabe : on aurait pu transcrire *visj* ou *vĭsj*, s'il ne valait pas mieux adopter une seule et même transcription pour une seule et même lettre de l'écriture primitive. Pour le russe, je transcris ь par *j*.

[1] Nous transcrivons cette lettre double par *ŭ*. Sa prononciation est en russe, d'après Reiff (t. II, p. 666 de la traduction de l'ouvrage de Gretsch), celle du français *oui* prononcé très-rapidement et en une seule syllabe; d'après Heym, à peu près celle de l'*ü* allemand suivi d'un *i* très-bref. Toutefois, cette prononciation change suivant les lettres qui accompagnent la voyelle, et elle est, après d'autres consonnes que les labiales, celle d'un *i sourd ou étouffé* (Reiff, *l. c.*).

bref est en certains cas devenu *o*, en slave comme en vieux haut-allemand (§ 77); de là, par exemple, снохa *snocha* « belle-mère », pour le sanscrit *snuśấ*. Mais bien plus souvent, l'*u* bref sanscrit est remplacé en ancien slave par з, c'est-à-dire par la voyelle fondamentale de зı. Cette lettre, qui n'a plus de valeur phonétique en russe, a encore dû être prononcée en ancien slave comme un *u* bien distinct[1]; je le transcris par *ŭ*, pour le distinguer de оү *u*. Voici des exemples où ce з correspond, à l'intérieur des mots, à un *u* sanscrit : дзшти *dŭśti* « fille », en russe дочь *doćj*, pour le sanscrit *duhitấ*, le lithuanien *duktē*; бздѣти *bŭdēti* « veiller », en lithuanien *bundů* « je veille », *budrùs* « vigilant », en sanscrit *bud* « savoir », au moyen « s'éveiller »; cзпати *sŭp-a-ti* « dormir », sanscrit *suptá-s* « endormi » (de *svaptá-s*), *su-śupimá* « nous dormîmes »; рздѣти сѧ *rŭdēti sań* « rubescere », sanscrit *rudirá-m* « sang » (« ce qui est rouge »), lithuanien *raudà* « couleur rouge »; льгзкз *lĭgŭkŭ* « léger », sanscrit *laǵú-s*. Le з de дзва *dŭva* « deux », pour le sanscrit *dvâu*, sert à faciliter la prononciation; on a fait précéder dans ce mot la semi-voyelle в *v* de la voyelle brève correspondante, de même qu'en sanscrit, dans les thèmes monosyllabiques en *û*, nous avons des formes comme *bʰuv-ás* « terræ » (génitif) du thème *bʰû*, en opposition avec les formes comme *vadv-ấs* (« feminæ ») de *vadû*. з remplace l'*û* long sanscrit dans бpзвь *brŭvĭ* « sourcil » = sanscrit *bʰrû-s*.

A étant sujet, dans toutes les langues indo-européennes, à être affaibli en *u*, on ne sera pas étonné de trouver aussi en ancien slave з employé fréquemment pour un *a* ou un *â* sanscrit; exemples : кpзвь *krŭvĭ* (féminin) « sang », russe *krovj*, dans lequel je crois reconnaître le sanscrit *krávya-m* « viande », dont la semi-voyelle s'est changée dans le lithuanien *krauja-s* en *u*; cъ *sŭ* « avec », lithuanien *su*, grec σύν, pour le sanscrit *sam*; la termi-

---

[1] Voyez Miklosich, *l. c.* p. 71.

naison хъ du génitif pluriel de la déclinaison pronominale, pour le sanscrit *sâm*, le latin *rum*, le borussien *son* (§ 92 ^{g}), et la désinence du datif pluriel мъ *mŭ*, pour le sanscrit *byas*, le latin *bus*, le lithuanien *mus*.

§ 92 ^{d}. ꙋ *ŭ* pour *a*.

De même que ъ *ŭ*, on rencontre dans certains cas ꙋ *ŭ*, à la place d'un *a* ou d'un *â* primitif. ꙋ *ŭ* est pour l'*a* sanscrit à la 1re personne du pluriel, où мꙋ *mŭ* répond au sanscrit *mas* et au latin *mus*; exemple : везємꙋ *veẓ-e-mŭ*, en sanscrit *váh-â-mas*, en latin *veh-i-mus*. Au nominatif et à l'accusatif pluriels des thèmes féminins en *a a*, je regarde le ꙋ *ŭ* final comme une altération de ce *a₂a* ou de l'*â* sanscrit et latin, de sorte que, à vrai dire, il n'y a pas de désinence dans des formes comme вьдокꙋ *vĭdovŭ*, puisque la terminaison primitive, à savoir *s* (en sanscrit *vidavâ-s*, en latin, à l'accusatif, *viduâ-s*), a dû tomber d'après la loi que nous exposerons ci-dessous (§ 92 ^{m}). Quand nous examinerons plus loin la déclinaison, nous rencontrerons encore d'autres formes en ꙋ *ŭ*, pour lesquelles nous constaterons que l'*ŭ* n'est pas la désinence, mais une altération de la voyelle finale du thème.

§ 92 ^{e}. ѣ *ê*.

A la diphthongue sanscrite *ê*, venue de *ai*, correspond ordinairement, en ancien slave, un ѣ *ê* [1]. Comparez, par exemple, вѣмь *vêmĭ* «je sais» avec le sanscrit *védmi*; пѣна *pêna* «écume» avec *pêna-s* (même sens); свѣтъ *svêtŭ* «lumière» avec *svêtá*

---

[1] C'est ainsi que nous transcrivons la lettre ѣ, réservant la transcription *je* pour ѥ; cette dernière lettre se distingue du ѣ en ce que le son *e* qu'elle contient se rapporte à un *a* bref sanscrit, et que le *j* a souvent une valeur étymologique; exemple : морѥ *morje* «mer» (par euphonie pour *morjo*, avec *o* = sanscrit *a*, voyez § 257), dont le *j* est sorti d'un *i* primitif et répond à l'*i* du thème latin *mari*. Au nominatif pluriel, par exemple, dans гостиѥ («hôtes»), que je divise ainsi *gostĭj-e*, *ĭj* est le développement euphonique de l'*i* du thème.

(thème) « blanc », primitivement « brillant ». Les formes grammaticales les plus importantes, où ѣ est pour le sanscrit ए *ê*, sont : le locatif singulier des thèmes en *o* = sanscrit *a* (§ 92ª), exemple : новѣ *novê* « in novo », pour le sanscrit *návê*; le nominatif-accusatif-vocatif duel des thèmes féminins en *a a* et neutres en *o* = sanscrit *a*, exemples : вьдовѣ *vĭdovê* « deux veuves » = *vidávê*; мѧсѣ *mãsê* (du thème neutre *mañso* « viande ») = sanscrit *mâṅsê*; le duel et le pluriel de l'impératif, dans lequel je reconnais le potentiel sanscrit, exemple : живѣте *śiv-ê-te* « vivez », pour le sanscrit *gîv-ê-ta* « que vous viviez ».

Le *j*, qu'on entend dans la prononciation habituelle du ѣ, est une sorte de prosthèse très-familière aux voyelles slaves[1], et qui est même représentée graphiquement dans certains mots, comme ѥсмь *jesmĭ* « je suis » = sanscrit *ásmi*, ꙗмь *jamĭ* « je mange » = अद्मि *ádmi*. Quant au son *ê*, je le regarde comme résultant d'une contraction de *a* et de *i*, contraction qui s'est faite en slave, comme en latin et en vieux haut-allemand (§§ 5, 79), d'une façon indépendante du sanscrit. En effet, les langues lettes, qui sont les proches parentes du slave, ont souvent *ai* ou *ei* à la place du ѣ slave; en borussien, par exemple, nous trouvons au nominatif pluriel masculin de la déclinaison pronominale *stai* « ceux-ci », pour le sanscrit *tê*, l'ancien slave ти *ti*; cette dernière forme ainsi que l'impératif singulier n'ont conservé que le dernier élément de la diphthongue *ai*, tandis que le borussien a conservé *ai* ou *ei*; exemples : живи *śivi* « vis » (à l'impératif) = जीवेस् *gîvê-s* « que tu vives »; au contraire, nous avons en borussien *dais* « donne » (latin *dês*); *daiti* « donnez »; *imais* « prends » (gothique *nimais* « que tu prennes »); *idaiti* ou *ideiti* « mangez »[2]. *Ei* pour le sanscrit *ê* se

---

[1] Sur un fait analogue en albanais, voyez la dissertation citée § 5. Il suffit de rappeler ici le rapport de la 1ʳᵉ personne *jam* « je suis » avec la 3ᵉ personne, qui n'a pas de prosthèse, *iśte* ou *eśte* (*l. c.* p. 11).

[2] Gothique *itaith*. (Voyez mon mémoire Sur la langue des Borussiens, p. 29.)

rencontre aussi dans le borussien *deiwa-s* « dieu », pour le sanscrit *dêvá-s*, primitivement « brillant » (racine *div* « briller »), sens auquel se rapporte le slave дѣва *dêva* « vierge » (considérée comme « brillante »)[1]. Le lithuanien, pour un *ê* sanscrit ou pour sa forme primitive *ai*, met, comme on l'a dit (§ 26, 5), *ei* ou *ai*, ainsi que la forme contractée *ê*[2], cette dernière, par exemple, dans *dêweris*, pour le sanscrit *dêva-rá-s*, en latin *lêvir*.

De même que l'*ê* latin ne provient pas toujours de la contraction d'une diphthongue (§ 5), mais tient souvent, ainsi que l'*η* grec, la place d'un *â* primitif, de même aussi le slave ѣ et le lithuanien *ê*. Ils sont pour *â*, par exemple, dans дѣти *dê-ti* « faire », lithuanien *dê-mi* « je place », dont la racine, comme le grec Θη (τίθημι, Θήσω), se rapporte à la racine sanscrite *dâ* « placer », *vi-dâ* « faire »; мѣра *mêra* « mesure », lithuanien *mêrà* (*miêrà*), de la racine sanscrite *mâ* « mesurer »; вѣтръ *vê-trŭ* « vent »[3], lithuanien *wêjas*, de वा *vâ* « souffler », gothique *vô* (*vaivô* « je soufflai, il souffla »); dans le suffixe дѣ *dê*, à côté de la forme habituelle да *da* = sanscrit *dâ*, des adverbes de temps d'origine pronominale, notamment dans когдѣ *kŭgdê* « quand? », pour la forme ordinaire *kŭgda* (Miklosich, Phonologie comparée, p. 14), lithuanien *kadà*, sanscrit *kadá*. Au contraire, le suffixe locatif дє (de кдє *kŭde* « où? », инъдє *inŭde* « ailleurs ») répond au suffixe zend *da*, sanscrit *ha* (formé de *da*); exemple : en zend *i-da*, en sanscrit *i-há* « ici ».

§ 92ᶠ. оу *u*, ю *ju*.

Au sanscrit *ô*, venant de *au*, correspond le slave оу *u*, lequel,

---

[1] Voyez Miklosich, *Radices*, p. 27.

[2] On l'écrit *ê* ou *ie*, sans que l'*i* soit prononcé (voyez Kurschat, *Mémoires*, II, p. 6 et suiv.), ou *ê*.

[3] Le suffixe correspond au sanscrit *tra* (grec τρο, latin *trŏ*), et est de la même famille que *târ*, *tṛ*, dans *vâ-tár*, nominatif *vâ-tá* « air, vent ».

comme l'écriture l'indique, a dû se prononcer d'abord *ou*, quoique, dans les langues vivantes, il soit remplacé par un *u* bref (en russe y). Devant les voyelles, on a ов au lieu de оү, comme en sanscrit *av* pour *ô = au* (§ 26, 6); ainsi плові *plovuṅ* « je navigue, je nage », pour le sanscrit *plávâmi*[1] (racine *plu*), à côté de l'infinitif плоүти *pluti*, qui est identique au sanscrit *plô-tum*, venant de *plaútum*, abstraction faite de la différence des suffixes. A слові *slovuṅ* « j'entends » répondrait en sanscrit *śrávâmi*, si *śru* « entendre », infinitif *śrô-tum* (slave слоүти), appartenait à la première classe de conjugaison. Avec le causatif sanscrit *bôdáyitum* « faire savoir, éveiller » s'accorde l'ancien slave боүдити *bud-i-ti* « éveiller », tandis que бздѣти *büdêti* « veiller » se rencontre, quant à la voyelle з *ü*, avec l'*u* sanscrit de la racine *bud*.

Dans le causatif гоүбити *gubiti* « détruire », оү est la forme frappée du gouna de зı *ü* (§ 92 °) dans гзıбнѫти *gübnuṅti* « se perdre ». Au génitif duel, la terminaison slave оү *u* s'accorde avec le sanscrit *ôs* (= *aus*), le *s* étant nécessairement supprimé (§ 92 ᵐ); exemple : дзвою *düvoj-u* (ю = јоү) « duorum », pour le sanscrit *dváy-ôs*. Comparez encore оүста *usta* (pluriel neutre) « bouche », *ustna* « lèvre », avec le sanscrit *ôṣṭa* « lèvre »; *turŭ* « taureau » avec le latin *taurus*, le grec ταῦρος, le sanscrit *stiurá-s*[2], le gothique *stiur-s* (thème *stiura*); юнз *junŭ* « jeune », *junakŭ* « jeune homme », *junostĭ* « jeunesse », avec le lithuanien *jaunikátis* « jeune homme », *jaunystê* « jeunesse », *jaun-ménŭ* « la nouvelle lune », sanscrit *yúvan* (thème) « jeune »; соүхз *suchŭ* « sec » avec le lithuanien *sáusa-s*, grec σαυσαρός, sanscrit *śuṣkás*. Il ressort de quelques-uns de ces exemples que le slave оү se trouve dans certaines formes où le sanscrit emploie *u*, et plus souvent *û*, et le lithuanien *au*; on peut donc comparer le changement

---

[1] Nous mettons l'actif, quoique la racine soit surtout employée au moyen, *plávê*.

[2] Usité dans le dialecte védique. (Voyez Weber, Études indiennes, I, 339, note.)

— En zend, nous avons ڛٮاورا *staura* « bête de somme ».

de l'*u* primitif en оү (primitivement *ou*) avec celui qu'a subi le vieux haut-allemand *û*, qui est devenu régulièrement en haut-allemand moderne *au*; exemple : *haus* pour le vieux haut-allemand *hûs* (§ 76). On peut donc rapprocher la forme юнӡ *junŭ*, lithuanien *jaun* (dans *jaun-menŭ*), avec la forme contractée *yûn* des cas faibles (§ 109) en sanscrit.

On trouve encore l'ancien slave оү pour le sanscrit *û*, ou ю (= *j*оү) pour ॠ *yû*, entre autres dans доүнѫти *dunŭnti* « souffler », qu'il faut rapprocher de la racine sanscrite ॠ *dû* « mouvoir » (*dû-nó-mi* « je meus »), et dans юха *jucha* « jus » (en lithuanien *juka* « sorte de soupe »), comparés au sanscrit *yûsá-s*, masculin, *yûsá-m*, neutre [1], et au latin *jûs*, *jûris* pour *jûsis* (§ 22).

Pour оү joint à un *j* antécédent, l'alphabet cyrillien a ю, quoique cette combinaison doive proprement représenter la syllabe *jŏ*. Mais ce groupe ne se rencontre pas en slave, pour des raisons que nous donnerons plus bas (§ 92 ^{k}).

§ 92 ^{g}. **Tableau des consonnes dans l'ancien slave. — La gutturale x.**

Les consonnes sont, abstraction faite de la nasale renfermée dans ѧ et dans ѫ :

    Gutturales...... к, х (*ch*), г.
    Palatale........ ч (*ć*).
    Dentales....... т, д, ц (*z* = *ts*).
    Labiales....... п, б (*b*).
    Liquides....... л, м, н, р.
    Semi-voyelles... *j*, в (*v*).
    Sifflantes....... с (*s*), ш (*ś*), з (*ṣ*), ж (*ṣ́*).

Il est essentiel de remarquer, en ce qui concerne la lettre х,

---

[1] Sur х tenant la place du *s* ou *ś* sanscrit, voyez § 92 ^{g}.

que cette aspirée est relativement récente, et qu'elle ne s'est développée dans les langues slaves qu'après leur séparation d'avec les langues lettes : elle est sortie d'une ancienne sifflante [1]. Ce fait m'a expliqué un grand nombre de formes de la grammaire slave, qui auparavant étaient pour moi des énigmes, notamment la parenté de la terminaison хъ *chŭ*, mentionnée plus haut (§ 92 ^{c}), avec les désinences sanscrites *sâm* et *su*, et celle des prétérits en хъ avec les aoristes sanscrits et grecs en *sam* (*śam*) et σα, tandis qu'auparavant on voulait y voir une forme congénère des parfaits grecs en κα [2]. Le lithuanien met un *k* au lieu de la sifflante primitive dans la forme *juka*, citée plus haut (§ 92 ^{f}), et dans les impératifs en *ki*, 2e personne pluriel *ki-te*; je reconnais dans ces dernières formes le précatif sanscrit, c'est-à-dire l'aoriste du potentiel (en grec optatif), d'après la formation usitée au moyen ; je regarde donc le *k* renfermé dans *dû-ki-te* « donnez » comme identique avec le х slave de дахъ *dachŭ* « je donnai », дахомъ *dachomŭ* « nous donnâmes », et avec le *s* sanscrit de *dâ-si-dvâm* « que vous donniez ». Nous y reviendrons.

§ 92 ^{h}. La palatale ч *č*. Le lithuanien *dź*.

En ce qui concerne l'origine de la lettre slave ч *č*, je renvoie au § 14, où j'ai donné des exemples de la rencontre fortuite de cette

---

[1] Le changement inverse, à savoir celui des gutturales en sifflantes, par l'influence rétroactive d'une voyelle molle, ressort de la comparaison des langues slaves entre elles (voyez Dobrowsky, p. 39-41); comparez, par exemple, les vocatifs доуше *duše*, боже *bože* avec leurs thèmes доухо *ducho* «πνεῦμα, spiritus», бого *bogo* «dieu». Au contraire, le changement d'une ancienne sifflante en х, fait qui donne un aspect tout nouveau à certaines formes grammaticales, ne pouvait être découvert que par la comparaison avec des langues primitives de la même souche, comme le sanscrit et le zend, quoique les locatifs pluriels lithuaniens en *se* et *sa* eussent pu conduire également à la connaissance du même phénomène.

[2] Voyez Grimm, Grammaire, I, p. 1059. Dobrowsky, Grammaire, I, ch. II, § 19, ch. VII, § 90, regarde le х comme une désinence personnelle.

palatale avec la palatale *ć* en sanscrit et en zend. Le lithuanien *ć*[1] a une autre origine : à l'intérieur des mots il est sorti d'un *t*, par l'influence rétroactive d'un *i* suivi lui-même d'une autre voyelle[2]; exemple : *deganćiôs* (génitif singulier) à côté du nominatif *deganti* «brûlante» (en sanscrit *dáhantî*).

La moyenne palatale (ज़ *ǵ*) manque en slave, mais non en lithuanien, où *dź* tient dans la prononciation la place du sanscrit ज़ = *dj*; on aurait donc raison de le transcrire par *ǵ*. Au commencement des mots, cette lettre est très-rare dans les termes véritablement lithuaniens ; au milieu, elle provient d'un *d*, qui se change en *dź* dans les mêmes circonstances qui font changer un *t* en *ć*; exemples : *źôdźiô* «verbi», *źôdźiui* «verbo» (datif), *źôdźei* «verba», à côté du nominatif singulier *źôdis*. Le thème est proprement *źôdia*, qu'il faudrait toutefois prononcer, d'après la règle indiquée, *źôdźia* ou *źôdźie*.(§ 92 k).

§ 92 i. La dentale ц *z*.

ц *z* se prononce *ts* comme le *z* allemand ; mais il est, sous le rapport étymologique, comme ч *ć*, une altération de *k*, et il remplace *k* dans certaines circonstances, sous l'influence rétroactive de и *i* et de ѣ *ê* (Dobrowsky, p. 41). Exemples : пєци *pezi* «cuis» (impératif), пєцѣтє *pezête* «cuisez» (impératif), de la racine πεκ (sanscrit *pać* venant de *pak*), présent *pekuń*, 2ᵉ personne *peć-e-si* (sanscrit *páć-a-si*), infinitif *peś-ti*.

§ 92 k. Le *j* slave. ıa *ja*, ѩ *jań*, ѥ *je*, ю *ju*, ѭ *juń*.

L'alphabet cyrillien n'a pas de lettre à part pour le *j* : en effet, cette lettre, dont la forme est à peu près celle de l'ι grec, se joint par un trait d'union avec la voyelle simple ou la voyelle nasalisée

---

[1] C'est là l'orthographe ancienne du son *tch* ; on l'écrit ordinairement *cz* ; ce qui me paraît moins rationnel.

[2] Cet *i*, dans la prononciation actuelle, est presque imperceptible à l'oreille.

suivante, de manière à former corps avec elle. De là proviennent différentes combinaisons qui comptent comme lettres à part : ꙗ *ja,* ѩ *jań,* ѥ *je,* ю *ju* (§ 92 °) ѭ *juń.* La combinaison d'un *j* avec un *o* bref ne se trouve pas en ancien slave, attendu qu'un *j*, en vertu de sa puissance d'assimilation, change l'*o* suivant en є [1]; exemple : крає́мъ *krajemŭ* (datif pluriel) pour *krajomŭ*, du thème *krajo* «bord»; la voyelle finale de ce thème est supprimée au nominatif et à l'accusatif singuliers, et la semi-voyelle devient *i*, de sorte que nous avons краи *krai* «margo, marginem», pour *krajŭ*. Comparez à cet égard les nominatif et accusatif lithuaniens des thèmes masculins en *ia*, comme *jaunikis* «fiancé», *jaunikiń,* pour *jaunikia-s, jaunikia-ń* (génitif *jaunikiō*), et les mêmes formes en gothique comme *hairdei-s* (= *hairdî-s,* § 70), *hairdi*, du thème *hairdja.* Quelquefois il n'est resté en ancien slave que le є de ѥ, le *j* ayant été supprimé : par exemple, au nominatif-accusatif des thèmes neutres en *jo,* comme море «mer», pour морѥ, du thème *morjo.* Après les sifflantes, y compris ч *ć* et ц *z* qui, d'après la prononciation, se terminent par une sifflante, le *j* est généralement supprimé; exemples : доуша *duša* «âme» (lithuanien *dušià*) pour *dušja*, venant de *duchja;* мѫжемь *muńžemĭ* (instrumental) pour *muńšjemĭ*, venant de *muńšjomĭ*, du thème *muńšjo* « homme »(comparez le sanscrit *manušyà* « homme »), nominatif-accusatif мѫжь *muńž* [2].

Il y a, en lithuanien un fait analogue à ce changement, qui se produit en slave, de l'*o* en є, quand il est précédé d'un *j* : les thèmes masculins en *ia* (nominatif en *is*) changent à plusieurs cas leur *a* en *e*, sous l'influence de l'*i* qui précède, notamment au datif duel et au nominatif-vocatif, au datif et à l'instrumental pluriels; de sorte que dans cette classe de mots la forme *ia* est presque aussi

---

[1] Comparez l'influence du y zend (§ 42), lequel a besoin toutefois de la présence d'un *i, î* ou *ê* dans la syllabe suivante.

[2] Miklosich, Théorie des formes, p. 7.

rare que *jo* en slave[1]. Comparez *jaunikim, jaunikiei, jaunikiems, jaunikieis*, du thème *jaunikia*, avec les formes correspondantes *pōnam, pōnai, pōnams, pōnais*, du thème *pōna*, nominatif *pōnas* « seigneur ».

J'explique aussi par l'influence de l'*i* la différence de la troisième et de la deuxième déclinaison (voyez Mielcke ou Ruhig). Le nominatif devrait être en *ia*, et le génitif singulier et le nominatif pluriel en *iŏ-s*, au lieu qu'on a *e, ě-s*, l'*i* étant tombé après avoir changé l'*a* suivant en *e*, et l'*o* en *ě* (= *ē*); nous avons vu plus haut le même fait pour les formes slaves en ε au lieu de ιε. Je crois de même que l'*e* des féminins lithuaniens comme *żwăke* « lumière », *giesme* « chant » (Mielcke, p. 33), vient de *ia* ou *ja*, et leur *ě* (*ē*) de *iŏ* ou *jŏ* : ce qui tend à le faire croire, c'est le génitif du duel et du pluriel, où l'*i* ou le *j* se sont maintenus à cause de l'*û* qui suivait; exemples : *żwakiû, giesmjû*[2].

Les palatales *ć, dź* (= च, ग́) empêchent le changement de *ia, iŏ* en *e, ě*; exemples : *winicia* « vigne », génitif *winicios*, datif *winiciai*; *pradźia* « commencement » (*pra-dĕmi* « je commence »), *pradźiŏs, pradźiai*, et non *winice, pradźe*, etc. Il faut donc attribuer aussi l'exception *swecias* à l'influence du *ć*.

Je fais encore remarquer ici que l'*ē* de la cinquième déclinaison latine, que je regarde comme primitivement identique avec la première, peut s'expliquer également par l'influence euphonique de l'*i* qui presque toujours le précède. Mais la loi est moins absolue en latin qu'en lithuanien, car, à côté de la plupart des

---

[1] Le thème *swecia* « hôte » (Mielcke, p. 26) est, à ce qu'il semble, la seule exception; nous dirons plus tard pourquoi ce thème n'opère pas au nominatif la contraction en *i*, ni le changement en *ie* aux cas obliques mentionnés plus haut : il fait *swecia-s, swecia-m* (datif duel), etc.

[2] Ce dernier, seulement au génitif pluriel (Mielcke, p. 33), tandis que *żwăkiû* se trouve au duel comme au pluriel; mais il n'y a guère de doute que *giesmû* « duorum carminum », si tant est que cette forme soit juste, n'ait été précédé de *giesmjú*. D'après Ruhig, le génitif pluriel serait également *giesmú*, au lieu de *giesmjú*.

mots en *iê-s*, se trouvent les mêmes mots en *ia*; exemples : *effigia, pauperia, canitia, planitia*, à côté de *effigiê-s, pauperiê-s, canitiê-s, planitiê-s*.

En zend on trouve des nominatifs féminins singuliers en 𐬫𐬉 *yê* pour *ya* (forme abrégée de *yâ*), dont l'*ê* doit être expliqué sans aucun doute par l'influence du *y* : cela ne s'écarte pas beaucoup de la règle établie plus haut (§ 42), qu'il faut, pour changer en *ê* un *a* ou un *â*, outre le *y* qui précède, un *i*, *î* ou *ê* dans la syllabe suivante. Voici des exemples de nominatifs zends en *yê* : 𐬠𐬭𐬁𐬙𐬎𐬭𐬫𐬉 *brâturyê* « cousine », de *brâtar* ou *brâtarĕ* (§ 44) « frère », 𐬙𐬏𐬌𐬭𐬫𐬉 *tûiryê* « une parente au quatrième degré ». Dans 𐬐𐬀𐬌𐬵𐬉 *kainê* « jeune fille »[1], le son qui a produit l'*ê* est tombé, comme dans les formes lithuaniennes *żwáke, giesme*; au contraire, dans 𐬥𐬌𐬁𐬐𐬋 *nyâkô* « grand'mère », et 𐬞𐬆𐬭𐬆𐬥𐬉 *pĕrĕnê* « plena » (ce dernier mot se trouve souvent construit avec 𐬰𐬂 *sâo* « terre »), l'*ê* est sorti, sans cause particulière déterminante, d'un *a*, venant lui-même d'un *â*; les masculins correspondants sont : *nyâkô* « grand-père », *pĕrĕnô* « plenus », des thèmes *nyâka* (d'origine obscure) et *pĕrĕna*[2]. Mais l'*ê* féminin ne s'étend pas en zend au delà du nominatif singulier, et nous avons de *kainê* l'accusatif *kanyaṅm* = sanscrit *kanyâm*. Je ne connais pas de cas obliques de *brâturyê, nyâkê, pĕrĕnê*.

En ce qui concerne la représentation du son *j* en ancien slave, il faut ajouter que dans les cas où le *j* se réunit en une syllabe avec la voyelle qui précède, il est représenté dans les manuscrits les plus récents et dans les livres imprimés par й, et simplement par и dans les manuscrits plus anciens. La propension que le slave semble avoir pour la combinaison *ij* se retrouve dans l'an-

---

[1] Pour le sanscrit *kanyâ*, de la racine *kan* « briller », comme plus haut (§ 92*), nous avions en slave *djeva* « vierge », de दिव् *div* « briller ».

[2] En sanscrit *pûrṇâ*, de la racine *par* (*pṛ*), d'où vient *piparmi* « je remplis ». Le zend *pĕrĕna* suppose en sanscrit une forme *parṇa*.

cien perse, où les terminaisons sanscrites en *i* reçoivent régulièrement le complément de la semi-voyelle *y* (le *j* allemand), de même qu'un *u* final est complété par la semi-voyelle correspondante *v*. L'ancien slave préfère aussi aux diphthongues *ai, ei, ěi, oi, üi, ui*, les groupes *aj, ej, ěj, oj, üj, uj*, dont le *j* est représenté également dans les manuscrits plus récents et dans l'impression par й (аи, ҄еи, ѣи, ꙁи, оуи).

Mais là où и ne forme pas de diphthongue avec la voyelle précédente, il doit être prononcé *ji*, suivant Miklosich[1], de sorte que, par exemple, раи « paradis » se prononcera *raj*; mais le pluriel раи sera prononcé *raji*. Mais je ne transcris jamais и que par un *i*, en me contentant de faire observer ici que cet *i* forme à lui seul une syllabe après les voyelles : en effet, l'ancien slave ne connaît pas de diphthongue ayant *i* comme deuxième élément; il le remplace par la semi-voyelle correspondante, comme dans мои *moj* « meus » à côté du dissyllabe мои *moi*[2] « mei ».

§ 92[1]. Les sifflantes.

Des sifflantes énumérées plus haut (§ 92[g]), la première, с *s*, correspond, sous le rapport étymologique, aussi bien à la dentale स *s* qu'à la palatale *ś* (श) sortie du *k*. Au contraire, et cela est important à faire observer, le lithuanien distingue ces deux

---

[1] Phonologie comparée, p. 111 s. et p. 28.
[2] Nous ne discuterons pas s'il faut lire *mŏ-i* ou *mo-ji*; dans le dernier cas, il faudrait plutôt diviser ainsi : *moj-i*, car le thème est *mojo* (§ 258); le nominatif singulier serait, s'il ne dérogeait à l'analogie des thèmes en *jo*, *mojŭ* (мојъ) au lieu de мои *moj*, et le nominatif pluriel serait *moji*, comme *vlŭk-i* « loups » lithuanien = *wilkai* (à diviser ainsi *wilka-i*, dissyllabe). Si, au contraire, il faut lire *moï*, c'est que le signe casuel et la voyelle finale du thème sont tombés, et l'*i* est la vocalisation de la semi-voyelle *j* du thème *mojo*. En tout cas, la représentation graphique serait défectueuse, si la syllabe *ji* était seulement représentée par и, puisque d'autres syllabes qui commencent par *j* sont écrites par des lettres doubles comme ꙗ (= *ja*), ѥ (= *je*). (Voyez Kopitar, *Glagolita*, p. 51.)

ALPHABET SLAVE. § 92[1].

lettres et présente d'une façon régulière *s* pour le सू *s* sanscrit, et *ś*[1] pour le शू *ś*. Comparez sous ce rapport :

Sanscrit.	Lithuanien.	Slave.
sa « avec »[2]	*sa*	*sŭ*
svápna-s « rêve »	*sapna-s*	*sŭpanije* « sommeil »
svâdú-s « doux »	*saldùs* (§ 20)	*sladŭ-kŭ*
svásâ « sœur »	*sessú*	*sestra*
śatá-m « cent »	*śimta-s*	*sŭto*
dáśa « dix »	*deśimti-s*	*desanti*
śákâ « branche »	*śakà*	russe *suk*
śvit « être blanc »[3]	*śwéćiù* « j'éclaire »	*svêtŭ* « lumière »[4]
áśvâ « jument »	*áśwa*	. . . .
áśru « larme »	*aśara*	. . . .
aṣṭán[5] « huit » (thème)	*aśtúni*	*osmĭ*.

Le lithuanien ne manque pas non plus de formes où le *s* pur remplace le *ś* sanscrit. Nous en avons un exemple dans *wisa-s* « chaque », pour le sanscrit *viśva-s*.

Le ш slave a la prononciation du *ś* sanscrit ; mais il s'est formé d'une façon indépendante ; il est sorti comme celui-ci et comme le *sch* allemand, quand ce dernier remplace le *s* du vieux et du moyen haut-allemand (§ 47), d'un *s* pur. Ainsi, par exemple,

---

[1] J'écris ainsi au lieu de *sz*, qui doit être évidemment regardé comme une sifflante simple, ayant la prononciation du शू *ś* sanscrit, du slave ш *ś* et du *sch* allemand. Ce dernier est sorti, dans les cas énumérés § 47, d'un *s* ordinaire ; mais hors de là il est une altération de *sk*.

[2] Au commencement des composés.

[3] Primitivement « briller », védique *śvétyá* « aurore ».

[4] СВѢТ-а-ТИ « briller ». Le slave ѣ et le lithuanien *ê* se rapportent à la forme sanscrite frappée de gouna *śvét* (§ 92°).

[5] Accentuation védique ; comparez le grec ὀκτώ. Le *ś* de ce nom de nombre est la transformation euphonique d'un *ś* palatal (comparez *aśíti* « quatre-vingts »), produite par le *t* suivant, comme dans *daṣṭá* « mordu », de la racine *danś*, venant de *dank*, grec δάκ.

ши *śi*, désinence de la 2ᵉ personne du singulier du présent, répond à la désinence sanscrite *si*, et, à la différence du sanscrit, la terminaison lithuanienne ne varie pas, quelle que soit la lettre qui précède (comparez § 21ᵇ); de là, par exemple, живеши *śiveśi* (sanscrit *ǵiv-a-si*) «tu vis», имаши *imaśi* «tu as», malgré l'*a* du dernier exemple, lequel ne permet pas en sanscrit le changement de *s* en *ś*. Le *s* pur s'est, au contraire, conservé dans еси *jesi* «tu es» = sanscrit *á-si* pour *ássi*; вѣси *vêsi* «tu sais» = sanscrit *vét-si*, venant de *véd-si*; гаси *jasi* «tu manges» = sanscrit *át-si*, pour *ád-si*; да-си *dasi* «tu donnes» = sanscrit *dádâ-si*. Ce qui me paraît déterminer en slave la conservation de la sifflante dentale primitive, dans les désinences personnelles, c'est la longueur du mot : les thèmes verbaux monosyllabiques ont seuls conservé l'ancien *s*, tandis que les thèmes polysyllabiques l'ont affaibli en *ś*; de là l'opposition entre *imaśi* d'une part, et *jasi*, *dasi* de l'autre[1]. On peut regarder ш *ś*, partout où il tient la place du с *s*, comme un affaiblissement de cette lettre : il n'y a pas d'autre raison à donner de ce fait que la loi commune de toutes les langues, qui sont sujettes à s'user et à se détruire. C'est ainsi que la racine sanscrite *siv* «coudre» est devenue en ancien slave *śiv*, d'où vient *śivun* «je couds», tandis que la forme lithuanienne *suwù* a conservé la dentale sanscrite. шоун *śui* «gauche», thème *śujo*, a également un *ś* au lieu du *s* qui se trouve dans le thème sanscrit *savyá*. Au contraire, le *ś* slave se rencontre fortuitement avec le *ś* sanscrit dans мзишь *müśi* «souris», thème *müśjo*, en sanscrit *mûśá-s*, de la racine *mûś* «voler», laquelle a changé son *s* en *ś* d'après une loi euphonique particulière au sanscrit (§ 21ᵇ). C'est probablement aussi au hasard qu'il faut

---

[1] A la première personne, имамь *imamĭ* «j'ai» a tout aussi bien conservé la désinence que *jesmĭ* «je suis», *jamĭ* «je mange», et *damĭ* «je donne»; mais les autres verbes ont changé la terminaison *mĭ* en la nasale faible renfermée dans ѫ, que nous avons comparée (§ 10) à l'anousvâra sanscrit.

attribuer la rencontre d'un *s* initial dans *šestĭ* « six » et dans le lithuanien *šešini* avec le *s* initial du sanscrit *šaš* (§ 21[b]).

En ce qui concerne les sifflantes molles з *z* et ж *ź*, en lithuanien *z, ż*, je les transcris, comme les lettres zendes correspondantes (𐬰, 𐬲, §§ 57, 59) par *z, ź*. Sous le rapport étymologique, ces sons proviennent presque toujours de l'altération d'anciennes gutturales, et ils se rencontrent quelquefois avec les palatales sanscrites et zendes, parce que celles-ci sont également d'origine gutturale (§ 88). En lithuanien *z* a la prononciation du з slave, et *ż* celle de ж, quoique *z* soit moins fréquent en lithuanien que з en slave, et qu'on trouve ordinairement, là où la gutturale n'est pas restée, un *ż* à la place de з (§ 88). Un exemple de *z* pour le slave з *z*, est *zwána-s* « cloche », et le verbe *zwániju* « je sonne la cloche », à côté du slave звонъ *zvonŭ* « sonnette », звьнѣти *svĭnêti* « sonner ». Miklosich (*Radices*, p. 31) rapproche de ces expressions la racine sanscrit *dvan*; mais je les crois plutôt de la même famille que la racine sanscrite *svan* « résonner », en latin *son* (§ 3); en effet, quoique le slave з *z* soit ordinairement l'altération d'une gutturale molle, il n'y a rien de surprenant à ce qu'une sifflante dure se soit changée, dans certains cas, en sifflante molle. Aussi approuvons-nous Miklosich, quand il rapproche звѣзда *svêzda* « étoile » de la racine sanscrite *śvid* « briller » (ou plutôt *śvind*), зрѣти *zrêti* « mûrir », de श्रा *śrâ* « cuire » (d'où irrégulièrement *śrtá-s* « cuit »), зыбати *zübati* « agitare », de *kśub* (causatif *kśôbáyâmi* « j'ébranle »), avec perte de la gutturale qui est cause en sanscrit du changement de *s* en *ś*. Peu importe que dans les deux premières formes le з *z* slave corresponde en sanscrit à un *ś* palatal, lequel est sorti de la gutturale *k* : en effet, le slave remplace par с le श *ś* aussi bien que le स *s*, et le changement du *k* sanscrit en *ś* a eu lieu antérieurement à la naissance des langues slaves et lettes (§ 21[a]); il n'est donc question ici que du changement d'un *s* dur en *s* mou. Une transformation du même genre se rencontre dans le mot риза *riṣa* « habit » (sanscrit *vas* « habiller », latin *vestis*) et dans les mots de même famille, si j'ai raison d'admettre que le *v* s'est altéré en *r* (§ 20).

Il faut encore mentionner ici une autre loi particulière au slave : quand un д est suivi d'un *j*, ou d'un ь *ĭ* venu d'un *j* et d'une voyelle, on insère un ж *ṣ́* devant ce д ; dans les mêmes conditions on insère un ш *ś* devant le т. Exemples : гаждь *jaṣ́dĭ* « mange, qu'il mange », pour le sanscrit *adyấs* « edas », *adyất* « edat » ; даждь *daṣ́dĭ* « donne, qu'il donne », pour le sanscrit *dadyấs* « des », *dadyất* « det » ; вѣждь *vêṣ́dĭ* « sache, qu'il sache », pour le sanscrit *vidyấs* « scias », *vidyất* « sciat » ; вождь *voṣ́dĭ* « conducteur », du thème *voṣ́djo* (racine *ved, vod*, « conduire »). Le *j* tombe lui-même dans le cas où la voyelle qu'il précédait est conservée ; exemples : госпожда *gospoṣ́da* « domina », pour *gospodja* ; рождѫ *roṣ́dun* « gigno », imparfait рождаахъ *roṣ́daachŭ*, pour *roṣ́djun*, *roṣ́djaachŭ* ; мѫштѫ *munśtun* « j'obscurcis », pour *munśtjun*, par opposition à гаждь *jaṣ́dĭ*, etc. On aurait eu гажде *jaṣ́dje* (= sanscrit *adyấs, adyất*) si l'*â* long sanscrit des formes comme *adyấs* s'était affaibli en *o* (§ 92 [k]), ou гажда *jaṣ́dja*, si le आ *â* s'était simplement abrégé. Mais la voyelle du caractère modal *yâ* a été complètement supprimée dans le petit nombre de verbes slaves (il n'y en a que trois) qui se rapportent à la seconde conjugaison principale ; quant à la semi-voyelle, elle s'est vocalisée en и *i* devant les consonnes (exemple : гаждите *jaṣ́d-i-te* « mangez » = sanscrit *ad-yấ-ta*), et à la fin des mots elle est devenue ь *ĭ* (гаждь *jaṣ́dĭ* = sanscrit *ad-yấ-s* « edas », *ad-yấ-t* « edat »).

D'accord avec Miklosich[1], je regarde les groupes жд *ṣ́d* et шт *śt* comme provenant de la métathèse de *dṣ́, tś* (de même que le dorien σδ pour ζ = δς), sans voir toutefois, comme le fait le même savant, dans la sifflante une transformation de la lettre *j*.

---

[1] *Phonologie comparée*, p. 184 ss.

Les mots cités plus haut *jaṣdĭ, daṣdĭ, vêṣdĭ*, où le ь ĭ est, comme on l'a montré, un reste d'une syllabe commençant par *j*, parlent, suivant moi, contre cette hypothèse; il en est de même de formes comme вождь *voṣdĭ* « conducteur », du thème *voṣdjo*. Si l'on prenait le *ṣ*, par exemple, dans *daṣdĭ*, pour une transformation de *j*, le *y* sanscrit et l'*ι* grec (dans διδο-*ίη-s*, διδο-*ίη*) serait doublement représenté, une fois par ь ĭ et une autre fois par *ṣ*. Si, au contraire, on explique *daṣdĭ* par *dadṣĭ*, et celui-ci par une modification euphonique de *dadĭ*, on se trouve d'accord avec la loi mentionnée plus haut (§ 92ʰ) qui veut qu'en lithuanien on dise *żōdźiō* pour *żōdiō*, et qui a fait sortir *dź* (= slave дж *dṣ*) d'un *d* suivi d'un *i* accompagné d'une autre voyelle, et *ć* = тш, d'un *t* placé dans les mêmes conditions. Nous mettons donc dans les formes citées plus haut, comme *munṡtun* « j'obscurcis », le *ṡt* slave (résultant de la métathèse de *tṡ* ou ч = *tṡ*) à côté du *ć* lithuanien de formes comme *deganćiō* (venant de *degantiō*), et nous comparons, par exemple, *weżenćiō* (= *weżentsiō*) « vehentis », au génitif slave correspondant *veṡanṡta* (pour *veṡanштja*, lequel est lui-même pour *veṡantṡja*). Nous reviendrons plus tard sur le complément *ja*, en slave *jo*, qu'a reçu en lithuanien et en slave le suffixe sanscrit *nt* aux cas obliques.

Je rappelle encore ici qu'en ossète la 3ᵉ personne du pluriel du présent a changé en *ć* = *tṡ* le *t* primitif de la désinence, par l'influence de l'*i* qui précédait ce *t*; exemple : *ćarinć* « ils vivent »[1]. Le cas est d'autant plus remarquable, qu'en sanscrit le participe présent a, par son suffixe *nt*, une analogie apparente avec la 3ᵉ personne du pluriel *nti*, et que de cette dernière forme on peut toujours induire celle du participe présent : ainsi, par exemple, de l'irrégulier *uśánti* « ils veulent » (racine *vaś*, § 26, 1), on peut inférer le thème du participe *uśánt* (dans les cas forts).

---

[1] G. Rosen, Grammaire ossète, p. 18.

§ 92ᵐ. *Loi de suppression des consonnes finales dans les langues slaves et germaniques.*

La loi déjà mentionnée plus haut (§ 86, 2ᵇ), d'après laquelle toutes les consonnes finales primitives sont supprimées, à l'exception de la nasale faible renfermée dans ѫ et ѧ (§ 92ᵃ), a exercé, sur la grammaire des langues slaves, une influence considérable, mais destructive[1]. Par suite de cette loi, on ne trouve, dans les langues slaves vivantes, d'autres consonnes à la fin des mots que celles qui, primitivement, étaient encore suivies d'une voyelle, comme le slovène *delam* « je travaille », 2ᵉ personne *delaś*, venant de *delami, delaśi*; au contraire, à l'impératif, nous avons *delaj* aux trois personnes du singulier, parce que, dans le potentiel sanscrit correspondant, le mot est terminé par les désinences personnelles *m, s, t*[2]. Même dans l'ancien slave, beaucoup de

---

[1] J'ai cru, dans le principe (1ʳᵉ édit. § 255¹), que la loi de suppression des consonnes finales primitives se bornait aux mots polysyllabiques, et je comparais le génitif-locatif pluriel de la 1ʳᵉ et de la 2ᵉ personne, ндсъ, вдсъ, pour lesquels Dobrowsky écrit ндс *nas*, вдс *vas*, aux formes secondaires sanscrites नस् *nas*, वस् *vas* (*loc. cit.* § 338). Mais, plus tard, j'ai rapporté la sifflante contenue dans ces formes au génitif sanscrit *sâm* (borussien *son*) et au locatif sanscrit *su*, bien que croyant toujours qu'il fallait lire *na-s, va-s* au lieu de *na-sŭ, va-sŭ*. Si l'on donne au ъ la prononciation *ŭ*, le nominatif singulier азъ « je », que Dobrowsky écrit à tort аз *az*, cesse lui-même d'être un monosyllabe, et il n'y a que le *m* final du sanscrit *ahám* et du zend *aʂem* qui soit tombé. Au contraire, le gothique *ik* a perdu même la voyelle qui précède la consonne finale, comme cela est arrivé dans les dialectes slaves vivants, par exemple dans le slovène *jaz*. Il n'y a que très-peu de monosyllabes en ancien slave, tandis que, dans les dialectes plus récents, ils sont devenus extrêmement nombreux, à cause surtout de la suppression ou de la non-prononciation du ъ, et à cause de la chute fréquente du ь *ĭ* final.

[2] On peut dire qu'il n'y a pas de consonne finale en ancien slave, car là où Dobrowsky croit en trouver, il y a omission d'un ь *ĭ* ou d'un ъ *ŭ* (§ 92ᶜ). Il écrit, par exemple, несет pour несетъ *nesetĭ* « il porte », et несем pour несемъ *nesemŭ* « nous portons ». Ces erreurs n'empêchaient pas de reconnaître les rapports grammaticaux du slave avec le sanscrit, car on reconnaissait aussi dans *neset, nesem*, des formes analogues à *váh-a-ti* « vehit », *váh-â-mas* « vehimus », de même que, par

terminaisons n'ont trouvé d'explication et n'ont pu être comparées aux formes équivalentes des autres langues que par la découverte de cette loi. Des formes comme *nebes-e* « cœli », *nebes-ŭ* « cœlorum », *sŭnov-e* « filii » (pluriel), peuvent maintenant être rapprochées des formes sanscrites, comme *nábas-as*, *nábas-âm*, *sûnáv-as*, et des formes grecques comme νέφε(σ)-ος, νεφέ(σ)-ων, βότρυ-ες, au même droit que nous avons rapproché plus haut (86, 2ᵇ) le gothique *bairai* et le grec φέροι du sanscrit *bárêt* et du zend *barôiḍ*. Dans la déclinaison des thèmes féminins en *a a*, on trouve зı *ŭ* au génitif singulier aussi bien qu'au nominatif et à l'accusatif pluriel; il correspond, dans les deux premiers cas, au lithuanien *ō-s* (pour *ā-s*), et, dans le dernier, au lithuanien *as*. Comparez рѫкзı *ruṅkŭ* (χειρός, χεῖρες) avec le lithuanien *rankô-s*, qui a le même sens, et *vĭdovŭ* « viduæ » (nominatif pluriel) avec le nominatif pluriel sanscrit *vidavâs*. A l'instrumental pluriel, il y a, en slave, des formes en зı *ŭ*, venant de thèmes en *o* (sanscrit et lithuanien *a*), et des formes en *mi* venant d'autres classes de mots. Cette différence se retrouve en sanscrit, où les thèmes en *a* font leur instrumental pluriel en *âis*, de même qu'en lithuanien il est terminé en *ais*, au lieu que toutes les autres classes de mots forment le même cas en *bis*, en lithuanien *mis*, pour *bis*. Le slave блзкзı *vlukŭ* répond donc au lithuanien *wilkais*

exemple, les formes gothiques *bair-i-th* et *bair-a-m* se rapportent à भरति *bár-a-ti* et भरामस् *bár-â-mas* (§ 18). On aurait pu regarder le з, même en lui donnant, avec Miklosich, la prononciation *ŭ*, comme un complément euphonique des consonnes finales, de même que l'*a* gothique des neutres, comme *thata* (en sanscrit *tat*) et des accusatifs singuliers masculins, comme *tha-na* (en sanscrit *ta-m*, en grec τό-ν), ou de même que l'*o* italien des formes comme *amano*, venant de *amant*. Dans ces formes, l'addition d'une voyelle euphonique était nécessaire pour préserver la consonne, qui, sans cela, serait tombée aussi. C'est pour la même raison que nous avons le gothique *bairaina* « ferant »; le vieux haut-allemand, en supprimant plus tard cet *a* inorganique, est retourné à une forme plus rapprochée du type primitif. Nous avons, en vieux haut-allemand, *bërên*, en regard du gothique *bairaina*.

(du thème *wilka* = sanscrit *vṛka*, venant de *varka* « loup ») et au sanscrit *vṛkâis*; au contraire, le slave *ruṅka-mi* répond au lithuanien *rankō-mis* et le slave *vĭdova-mi* au sanscrit *vidavâ-bis*. Mais si, pour le sanscrit *sûnú-bis* et le lithuanien *sunu-mis*, on trouve, en ancien slave, au lieu de *sünü-mi* ou *sünŭ-mi* la forme *sünü*, cela vient de ce que les thèmes en *o* (venant de *a*) et les thèmes en *u* se sont mêlés dans la déclinaison slave. Nous y reviendrons.

Le lithuanien se distingue des autres langues slaves, en ce qui concerne la loi des consonnes finales, par certaines formes grammaticales où le *s* final est resté; il a, par exemple, *sunau-s* pour le sanscrit *sûnố-s* (de *sûnaú-s*) « filii » (génitif); *aswōs* « equæ » (nominatif pluriel), venant de *aswās* = sanscrit *áśvâs* (nominatif et accusatif pluriel); mais, dans les désinences personnelles, le *s* final est complétement perdu, contrairement à ce qui est arrivé dans la déclinaison, qui a conservé le *s* partout où elle l'a pu (excepté au génitif duel, où il est également perdu en zend). Nous avons donc *sek-a-wa* « nous suivons tous deux » au lieu du sanscrit *sáć-â-vas*; *sek-a-ta* « vous suivez tous deux » au lieu du sanscrit *sáć-a-tas*; *sek-a-me* « nous suivons » au lieu du sanscrit *sáć-â-mas*. On aurait pu trouver le *t* final, entre autres, à la 3ᵉ personne de l'impératif, qui remplace le potentiel sanscrit; mais il a été supprimé : *esie* « qu'il soit (*te esie* « afin qu'il soit ») au lieu de स्यात् *syât* (pour *asyât*), en vieux latin *siet*, en grec εἴη; *dŭdie* (*te dŭdie*) « qu'il donne », au lieu de *dadyât*, en slave ДАЖДЪ *daṣdĭ* (§ 92¹), en grec διδοίη. Pareille chose est arrivée dans les langues germaniques, qui, de toutes les consonnes finales primitives, n'ont guère conservé que le *s* (pour lequel on trouve aussi, en gothique, *z*) et le *r* dans des mots comme le gothique *brôthar* « frère » = sanscrit *brắtar* (thème et vocatif). Le vieux haut-allemand a déjà perdu le *s* final à beaucoup de désinences grammaticales qui l'ont encore en gothique. Comparez, par exemple :

Gothique.	Vieux haut-allemand.
vulfs « lupus »	*wolf*
vulfôs « lupi » (pluriel)	*wolfâ*
gibôs	*gëbô*
işôs « ejus » (féminin)	*irâ*
anstais « gratiæ » (génitif)	*ensti*
ansteis (nominatif pluriel)	*ensti.*

Hormis *s* et *r,* on ne trouve d'autres consonnes finales, dans les langues germaniques, que celles qui, à une période plus ancienne, étaient suivies d'une voyelle simple ou d'une voyelle accompagnée d'une consonne (§§ 18 et 86, 2^b). Mais par suite de cette mutilation, on trouve, à la fin des mots, des dentales, des gutturales, des labiales, ainsi que les liquides *l, m, n, r*; exemples: *baug* « je courbai, il courba », pour le sanscrit *bubóga; saişlêp* « je dormis, il dormit », pour le sanscrit *suşvấpa; vulf* « lupum » pour le sanscrit *vŕkam*, le lithuanien *wilkan; stal* « je volai, il vola », avec suppression de l'*a* final; *mêl* « temps » (thème *mêla*); *auhsan* « bovem », pour le sanscrit *ukşấn-am* (védique *ukşā́ṇ-am*); *bindan* « lier », pour le sanscrit *bándana-m* « l'action de lier ». La désinence *un* de la 3e personne du pluriel du prétérit est à remarquer : le *n* était suivi, dans le principe, d'un *d,* et, plus anciennement encore, de la syllabe *di* (comparez le dorien τετύφαντι); il y a, par conséquent, le même rapport entre *saişlêpun* « ils dormirent » et *saişlêpund*, venant de *saişlêpundi*, qu'entre l'allemand moderne *schlâfen* (*sie schlâfen* « ils dorment ») et le gothique *slêpand* = sanscrit *svápanti*.

MODIFICATIONS EUPHONIQUES AU COMMENCEMENT ET À LA FIN DES MOTS.

§ 93^a. Lois euphoniques relatives aux lettres finales en sanscrit. Comparaison avec les langues germaniques.

Nous retournons au sanscrit pour indiquer celles des lois phoniques les plus importantes qui n'ont pas encore été mentionnées.

En parlant de chaque lettre en particulier, nous avons dit de beaucoup d'entre elles qu'elles ne peuvent se trouver à la fin d'un mot, ni devant une consonne forte dans le milieu d'un mot ; nous avons ajouté par quelle lettre elles étaient remplacées dans cette position. Il faut observer, en outre, que les mots sanscrits ne peuvent être terminés que par les ténues, et que les moyennes ne peuvent se trouver à la fin d'un mot que si le mot suivant commence par une lettre sonore (§ 25) ; dans ce dernier cas, si le mot précédent est terminé par une moyenne, on la conserve, et, s'il est terminé par une ténue ou une aspirée, elle se change en moyenne. Nous choisissons comme exemples *harít* « vert » (comp. *viridis*), *véda-víd* « qui connaît les Védas », *dana-láb* « qui acquiert des richesses ». Ces mots n'ont pas de signe du nominatif (§ 94) ; on a donc, par exemple, *ásti harít, ásti véda-vít, ásti dana-láp;* au contraire, *haríd ásti, véda-víd ásti, dana-láb ásti;* ou encore *haríd bavati*, etc.

Le moyen haut-allemand a quelque chose d'analogue : il conserve, il est vrai, les aspirées à la fin des mots, en changeant seulement la lettre sonore *v* en lettre sourde *f* (§ 86, 3), mais il est d'accord avec le sanscrit en ce qu'il remplace régulièrement, à la fin des mots, les moyennes par des ténues [1], indépendamment de la substitution exposée au § 87 ; ainsi nous avons, à côté des génitifs *tages, eides, wibes*, les nominatifs et accusatifs singuliers *tac, eit, wîp,* lesquels ont perdu la désinence et la voyelle finale du thème (§ 116). De même encore dans les verbes : ainsi les racines *trag, lad, grab* forment, à la 1re et à la 3e personne du singulier du prétérit (laquelle est dépourvue de flexion) *truoc, luot, gruop;* au pluriel *truogen, luoden, gruoben*. Là, au contraire, où la ténue ou l'aspirée (excepté le *v*) appartiennent à la racine, il n'y a pas de changement dans la déclinaison et la conjugaison ; exemples :

---

[1] J'ai attiré l'attention sur un fait semblable, en albanais, dans ma Dissertation sur cette langue, p. 52.

wort « parole », génitif *wortes* et non *wordes*, de même qu'en sanscrit *dádat* « celui qui donne », fait au génitif *dádatas* et non *dádadas*; mais on aura *vit* « celui qui sait », génitif *vidás*, du thème *vid*. En vieux haut-allemand, les manuscrits ne sont pas d'accord; celui d'Isidore se conforme à la loi dont nous parlons, en ce sens qu'il change un *d* final en *t*, un *g* final en *c*; exemples : *wort, wordes; dac, dages.*

Le gothique n'exclut de la fin des mots que la moyenne labiale, mais il la remplace par l'aspirée et non par la ténue; exemples : *gaf* « je donnai », à côté de *gêbum*, et les accusatifs *hlaif, lauf, thiuf*, à côté des nominatifs *hlaibs, laubs, thiubs*, génitif *hlaibis*, etc. Les moyennes gutturale et dentale (*g, d*) sont souffertes à la fin des mots en gothique, quoique, dans certains cas, on rencontre également, pour les lettres de cette classe, une préférence en faveur de l'aspirée. Comparez *bauth* « j'offris » avec *budum* « nous offrîmes », de la racine *bud; aih* « j'ai » avec *aigum* « nous avons ».

Il peut sembler surprenant que l'influence de la lettre initiale d'un mot sur la lettre finale du mot précédent soit plus grande, en sanscrit, que l'influence de la lettre initiale de la désinence grammaticale, ou du suffixe dérivatif, sur la lettre finale du thème; en effet, les désinences et les suffixes commençant par une voyelle, une semi-voyelle ou une nasale, n'amènent aucun changement dans la consonne qui précède. On dit, par exemple, *yud-ás* « du combat », *yud-yá-tê* « on combat », *harit-as* « viridis » (génitif), *pát-a-ti* « il tombe », tandis qu'il faut dire युद् अस्ति *yúd asti* ou अस्ति युद् *ásti yút, harid asti*, etc. Je crois que Bœhtlingk[1] a indiqué la vraie cause de ce fait : c'est qu'il y a une union plus intime entre les deux parties d'un mot qu'entre la lettre finale et la lettre initiale de deux mots consécutifs. Dans

---

[1] *Bulletin historique de l'Académie de Saint-Pétersbourg*, t. VIII, n° 11.

le premier cas, l'union est aussi grande que s'il s'agissait des lettres composant la racine d'un mot; il n'y a pas moins d'affinité entre le *d́* de *yud́* et la syllabe *as,* qui marque le génitif (*yud́-ás* qu'il faudrait diviser phoniquement ainsi : *yu-d́ás*), ou entre *yud́* et la syllabe *ya,* indiquant le passif dans *yudyátê* (= *yu-dyátê*), ou encore entre la racine *śak* « pouvoir » et la syllabe *nu,* marquant la classe verbale dans *śaknumás* (*śa-knumás*) « nous pouvons », qu'il n'y en a, par exemple, entre le *d́* et l'*a* de *d́ána-m* « richesse », ou le *d́* et le *y* de la racine *d́yâi* « penser », ou le *k* et le *na* de la racine *knaí* « blesser ». En d'autres termes, la lettre finale de la racine ou du thème se rattache à la syllabe suivante et en devient partie intégrante. Au contraire, les consonnes finales appartiennent entièrement au mot qu'elles terminent; mais elles se conforment, pour des raisons euphoniques, à la lettre initiale du mot suivant, en ce sens que la ténue finale, devant une lettre sonore, devient elle-même une sonore. C'est la même opinion, au fond, qu'exprime G. de Humboldt [1], quand il dit que la lettre initiale d'un mot est toujours accompagnée d'une légère aspiration, et ne peut donc pas se joindre à la consonne finale du mot précédent d'une façon aussi étroite que la consonne se joint à la voyelle suivante à l'intérieur des mots.

Mais, d'un autre côté, si les groupes de consonnes qui paraissent à l'intérieur des mots ne se rencontrent pas ou ne sont pas possibles au commencement, si, par exemple, nous n'avons pas à côté de formes comme *badd́á* « lié », *labd́á* « acquis » (par euphonie pour *band́-tá, lab́-tá*), des mots ou des racines commençant par *dd́* ou *bd́,* cela nous obligera à ne pas prendre trop à la lettre le principe qui dit que, à l'intérieur du mot, la consonne finale de la racine doit être jointe à la syllabe suivante.

---

[1] *Sur la langue kavie,* introduction, p. 153.

Une racine commençant par *bd'* serait à la vérité possible, puisque nous trouvons en grec des mots commençant par ϖλ, βδ; mais ce qui est impossible, c'est de faire entendre deux muettes de la même classe (par exemple *dd'*) au commencement d'une syllabe, que ce soit au commencement ou au milieu d'un mot. Je crois donc qu'il faut attribuer dans la prononciation de *badda* le *d* à la première syllabe et le *d'* à la seconde, *bad-da*, et il paraît également plus naturel, ou du moins plus facile, de dire *lab-dá* que *la-bdá*.

La manière particulière dont sont prononcées les aspirées sanscrites (§ 12) est cause qu'une aspirée ne peut pas plus se trouver à la fin d'un mot sanscrit qu'elle ne peut se trouver, à l'intérieur d'un mot, devant une muette; en effet, la voix ne saurait s'arrêter sur *bh* ou *dh* prononcés à la façon indienne. Mais on voit que si, en réalité, le sanscrit unissait les consonnes finales aux lettres initiales du mot, ainsi que le prétendent les grammairiens indiens, il n'y aurait aucune raison pour éviter des rencontres comme *yúd asti* «pugna est». C'est donc la langue elle-même qui, par les modifications qu'elle impose aux lettres finales, nous invite à séparer les mots. Si le signe appelé *virâma* «repos» (͜) ne paraît pas approprié à séparer, dans l'écriture dévanâgarî, un mot terminé par une consonne du mot suivant, on pourra en inventer un autre ou renoncer à l'écriture dévanâgarî dans nos impressions. Pour ma part, je n'hésite pas à écrire युद् अस्ति pour qu'on ne prononce pas युदस्ति *yu-da-sti*. Dans certains cas pourtant, il est nécessaire de réunir les deux mots dans la prononciation; on ne peut pas prononcer, par exemple, *dêvy asti* «dea est» et *vadv asti* «femina est», sans réunir à la voyelle du mot suivant le *y* et le *v*, sortis, suivant les lois phoniques, d'un *î* et d'un *û*; mais cela ne doit pas nous empêcher de séparer les mots dans l'écriture, comme on ne peut se dispenser de les séparer dans l'esprit.

§ 93 ᵇ. La loi notkérienne. Changement d'une moyenne initiale en ténue.

On voit aussi, mais seulement dans Notker, que les lettres finales et initiales du vieux haut-allemand se combinent quelquefois d'une façon opposée à la loi sanscrite que nous venons de mentionner; c'est J. Grimm qui en fait le premier la remarque (I, 138, 158, 181). Notker préfère, au commencement des mots, la ténue à la moyenne, et ne conserve cette dernière que si elle est précédée d'une voyelle ou d'une liquide [1]; il la remplace par la ténue au commencement d'une phrase, ainsi qu'après les muettes (y compris *h*, *ch*, comme aspirée de *k*) et *s*; *b* devient donc *p*, *g* devient *k*, et *d* devient *t*; exemples : *ih pin* « je suis », mais *ih ne bin* « je ne suis pas »; *helphentpein* « ivoire », mais *miniu beine* « mes jambes »; *abkot* « idole », mais *minan got* « mon dieu » (accusatif); *lehre mih kan* « apprends-moi à marcher », mais *wir giengen* « nous allâmes », *laz in gan* « laisse-le aller »; *ih tahta* « je pensai », *arges tahton sie* « ils pensèrent à mal », mais *so dahta ih* « ainsi pensai-je ». Mais si le mot commence par une ténue provenant de la seconde substitution de consonnes (§ 87, 2), cette ténue reste invariable, même après les voyelles et les semi-voyelles, sans subir l'influence de la lettre finale du mot précédent [2]. Il n'y a guère, au reste, que les dentales qui permettent de constater ce fait, car pour les gutturales et les labiales, la moyenne gothique a généralement subsisté dans la plupart des documents, conçus en vieux haut-allemand, ainsi qu'en moyen haut-allemand et en haut-allemand moderne [3]. Je renvoie aux exemples cités dans Graff

---

[1] Le changement en question a lieu aussi bien dans les mots qui ont conservé la moyenne gothique ou primitive que dans ceux qui ont remplacé (§ 87, 2) une ancienne aspirée par la moyenne.

[2] Je m'écarte en ceci de l'opinion de Grimm et de celle que j'ai moi-même exprimée dans ma première édition (p. 90).

[3] Voyez § 87, 2. Même la racine d'où dérive l'allemand *pracht* doit être regardée comme ayant encore un *b* dans Notker; il en est de même de la forme notkérienne

pour constater cette persistance de la ténue, particulièrement du *t*. Je citerai seulement ici : *der tag chumet, in dien tagen, uber sie tages, alle taga, in tage, be tage, fore tage, fone tage ze tage, an demo jungestin tage, jartaga, wechetag, frontag, hungartag; do liez ih sie tuon, so tuondo, daz solt du tuon, ze tuonne, daz sie mir tuon, getan habet; mennischen tat, getat* « action », *ubiltat* « méfait », *ubiltatig* « malfaiteur », *wolatate* « bienfaits », *meintate* « méfaits », *missetat; fone demo nideren teile, geteilo* « particeps », *zenteilig* « qui a dix parties »; *getoufet* « baptisé ».

Il est très-rare que Notker ait un *d* pour le *t* qui remplace, en vertu de la seconde loi de substitution (§ 87, 2), le *d* gothique : le mot *undat* « méfait » est un exemple de ce changement; mais je regarde plutôt ce *d* comme un reste de l'ancienne moyenne gothique. De même on trouve quelquefois *dag;* mais ce qui rend cette forme suspecte, c'est que *tag* se trouve très-fréquemment après une voyelle ou une liquide; ainsi, à côté de *allen dag* (*Psaumes*, 55, 2), se trouve *allen tag*. Au contraire, il y a, parmi les mots qui, dans Notker, comme en moyen haut-allemand et en haut-allemand moderne, commencent par un *d* (pour le *th* gothique), un certain nombre de mots qui ne subissent que rarement le changement en *t*. Ainsi le pronom de la 2ᵉ personne; exemples : *daz solt du tuon* « tu dois faire cela » (*Psaumes* 10, b. 2); *daz du* (19, 5); *nes ist du* (27, 1); *gechertost du* (43. 19); *so gibo ih dir* (2, 8). Au commencement d'une phrase : *du bist* (3, 4); *du truhten* (4, 7); *du gebute* (7, 8). L'article aussi conserve volontiers son *d* : *der man ist salig, der* (ps. 1, 1); *daz rinnenta wazzer;*

---

correspondant à l'allemand *pein* et au verbe qui en dérive. La labiale de ces mots ne se trouve comme ténue, dans Notker, qu'au commencement d'une phrase et après d'autres consonnes que les liquides. Je n'attache pas grande valeur aux mots étrangers; il est cependant digne de remarque que *paradys* et *porta* conservent leur *p* invariable après des voyelles et des liquides (*fone paradyse*, ps. 35, 13; 108, 15; *diu porta*, 113, 1; *dine porta*, 147, 2).

ien weg dero rehton (1, 3). Abstraction faite de ces anomalies et de quelques leçons suspectes, je crois pouvoir réduire maintenant la loi notkérienne aux limites suivantes : 1° les moyennes initiales se changent au commencement d'une phrase, et après les consonnes autres que les liquides, en la ténue correspondante, mais elles restent invariables après les voyelles et les liquides; 2° les ténues et les aspirées initiales restent invariables dans toutes les positions. La seconde de ces deux règles pourrait même être supprimée, car elle va de soi, du moment qu'aucune loi ne prescrit le changement des ténues et des aspirées initiales.

§ 94. Modifications euphoniques à la fin d'un mot terminé par deux consonnes, en sanscrit et en haut-allemand.

Dans l'état où nous est parvenu le sanscrit, il ne souffre pas deux consonnes à la fin d'un mot[1], mais il rejette la dernière. Cet amollissement, qui n'a eu lieu qu'après la séparation des idiomes, car on ne retrouve cette loi ni en zend, ni dans les langues sœurs de l'Europe, a influé, en bien des points, d'une manière fâcheuse sur la grammaire; beaucoup de vieilles formes, que la théorie nous permet de reconstruire, ont été mutilées. On pourrait rapprocher de cette loi un fait analogue en haut-allemand : les racines terminées par une double liquide (*ll, mm, nn, rr*) ont rejeté la dernière dans les formes dépourvues de flexion et devant les consonnes des flexions. Il en est de même de deux *h* et de deux *t*; la dernière lettre tombe à la fin des mots; exemples : *stihhu* « pungo », *ar-prittu* « stringo » font, à la 1re et à la 3e personne du prétérit *stah, arprat*. En moyen haut-allemand, on rejette également dans la déclinaison la dernière lettre de *ck* et de *ff*, quand ils se trouvent à la fin d'un mot; exemples : *boc*, génitif *bockes*; *grif*, génitif *griffes*; dans *tz*, c'est le *t* qui disparaît; exemple : *schaz, schatzes*.

[1] Excepté dans les formes qui ont un *r* comme pénultième. (V. Gram. sansc. § 57.)

§ 95. *S euphonique inséré en sanscrit entre une nasale et une dentale, cérébrale ou palatale. Faits analogues en haut-allemand et en latin.*

Entre un न *n* final et une consonne sourde de la classe des dentales, des cérébrales ou des palatales [1], on insère, en sanscrit, une sifflante de même classe que la muette qui suit, et le *n* est changé, par l'influence de cette sifflante, en anousvâra ou anounâsika (*ṅ, ñ*); exemples : *ábavanstátra* ou *ábavañstátra* « ils étaient là », pour *ábavan tátra*; *asmiṅścáraṇê* ou *asmiñścáraṇê* « à ce pied », pour *asmín cáraṇê*. Ce fait a un analogue en haut-allemand : dans certains cas, on insère un *s* entre un *n* radical et le *t* d'une désinence ou d'un suffixe. De la racine *ann* « favoriser » vient, par exemple, en haut-allemand, *an-s-t* « tu favorises », *on-s-ta* ou *onda* « je favorisai », *an-s-t* « faveur »; de *brann* vient *brun-s-t* « chaleur »; de *chan* dérive *chun-s-t* « connaissance, science »; les mots modernes *gunst*, *brunst* et *kunst* ont conservé ce *s* euphonique. Le gothique ne suit peut-être cette analogie que dans *an-s-ts* et *allbrun-s-ts* « holocaustum ». En latin *manstutor* « qui manu tuetur » et *mon-s-trum* (de *moneo*) ont un *s* euphonique de même sorte.

§ 96. *Insertion de lettres euphoniques en sanscrit, en grec, en latin et dans les langues germaniques.*

Le *s* euphonique s'ajoute encore, en sanscrit, à certaines prépositions préfixes, à cause de la tendance qu'ont ces mots à s'unir avec la racine de la façon la plus intime et la plus commode. C'est ainsi que les prépositions *sam*, *áva*, *pári*, *práti*, prennent un *s* euphonique devant certains mots commençant par un *k*. Ce fait s'accorde d'une manière remarquable avec le changement de *ab*

---

[1] Il faut remarquer que la palatale se prononce comme si elle commençait par un *t* (*ć* = *tch*).

et de *ob* en *abs* et en *obs* devant *c*, *q* et *p* [1]; la préposition *ab* peut même se changer en *abs* à l'état isolé, devant les lettres que nous venons de nommer. Il faut aussi rapporter à cette règle le *cosmittere* pour *committere*, cité par Festus (voyez Schneider, p. 475), à moins qu'il n'y ait, dans ce composé, un verbe primitif, *smitto*, pour *mitto*. En grec, σ se combine volontiers avec τ, ϑ et μ, et paraît, devant ces lettres, comme liaison euphonique, surtout après des voyelles brèves, dans des cas qui n'ont pas besoin ici d'une mention spéciale. Dans les composés comme σακεσπάλος, je regarde le *s*, contrairement à l'opinion généralement adoptée, comme faisant partie du premier membre (§ 128).

Il reste à parler de l'insertion d'une labiale euphonique, destinée à faciliter la liaison de la nasale labiale avec un son dental. Ce fait est commun au vieux latin et aux langues germaniques : le latin insère un *p* entre un *m* et le *t* ou le *s* suivant; le gothique et le vieux haut-allemand mettent un *f* entre *m* et *t*; exemples : *sumpsi*, *prompsi*, *dempsi*; *sumptus*, *promptus*, *demptus*; en gothique *andanum-f-ts* « acceptation », vieux haut-allemand *chum-f-t* « arrivée ».

En grec, on a encore l'insertion d'un β euphonique après un μ, et d'un δ après un ν, pour faciliter la combinaison de μ, ν avec ρ (μεσημβρία, μέμβλεται, ἀνδρός; voyez Buttmann, Grammaire grecque détaillée, § 19, note 2). Le persan moderne insère un *d* euphonique entre la voyelle d'une préposition préfixe et celle du mot suivant, *be-d-ô* « à lui ».

§ 97. Modifications euphoniques à la fin des mots en grec et en sanscrit.

A la fin des mots, le grec nous offre peu de faits à signaler, à l'exception de quelques particularités de dialecte, comme ρ pour

---

[1] Il n'est pas nécessaire de dire que nous écrivons, comme Vossius, *ob-solesco*, et non, comme Schneider (p. 571), *obs-olesco*.

σ (§ 22). Le changement du ν en γ ou en μ, dans l'article (voir les anciennes inscriptions) et dans σύν, ἐν et πάλιν, quand ils sont employés comme préfixes, s'accorde avec les modifications que subit, en sanscrit, le म् *m* final de tous les mots (§ 18). Au reste, le ν final est ordinairement venu, en grec, d'un μ, et correspond à la lettre *m* (qui, en grec, ne peut se trouver à la fin des mots) dans les formes correspondantes du sanscrit, du zend et du latin. Souvent aussi le ν est sorti d'un σ final; ainsi, au pluriel, μεν (dorien μες), et, au duel, τον correspondent aux désinences personnelles sanscrites *mas, tas, tas*. J'ai trouvé la confirmation de cette explication, que j'ai déjà donnée ailleurs, dans le prâcrit, qui a pareillement obscurci le *s* de भिस् *bis,* terminaison de l'instrumental pluriel, et en a fait हिं *hiṅ* (voyez pour l'anousvâra § 9).

A l'égard des voyelles, il faut encore remarquer qu'en sanscrit, mais non en zend, on évite l'hiatus à la rencontre de deux mots, soit en combinant ensemble les deux voyelles, soit en changeant la première en la semi-voyelle correspondante. On dit, par exemple, अस्तीदम् *astîdám* « est hoc » et अस्त्यायम् *asty ayám* « est hic ». Pour plus de clarté, et pour éviter l'agglomération autrement très-fréquente de deux ou de plusieurs mots en un seul, j'écris, dans mes dernières éditions, अस्ती 'दम्, indiquant par l'apostrophe que la voyelle qui manque au commencement de दम् *dam,* est renfermée dans la voyelle finale du mot précédent. On écrirait peut-être encore mieux अस्तीˮदम्, pour indiquer, dès le premier mot, que sa voyelle finale est formée par contraction, et qu'elle renferme la voyelle initiale du mot suivant [1].

---

[1] Nous ne pouvons nous régler en ceci sur les manuscrits originaux, car ils ne séparent pas les mots et écrivent des vers entiers sans interruption, comme s'ils n'avaient à représenter que des syllabes dénuées de sens, et non des mots formant chacun un tout significatif. Comme il faut de toute nécessité s'écarter des habitudes indiennes, la méthode de séparation la plus complète est la plus raisonnable.

MODIFICATIONS EUPHONIQUES À L'INTÉRIEUR DES MOTS, PRODUITES PAR LA RENCONTRE DU THÈME ET DE LA FLEXION.

§ 98. Modifications euphoniques en sanscrit.

Considérons à présent les changements à l'intérieur des mots, c'est-à-dire ceux qui affectent les lettres finales des racines et des thèmes nominaux devant les terminaisons grammaticales; c'est le sanscrit qui montre, sous ce rapport, le plus de vie, de force et de conscience de la valeur des éléments qu'il met en œuvre; il sent encore assez la signification de chaque partie radicale pour ne point la sacrifier complétement et pour la préserver de modifications qui la rendraient méconnaissable, et il se borne à quelques changements légers, commandés par l'euphonie, et à certaines élisions de voyelles. C'est pourtant le sanscrit qui aurait pu donner lieu, plus que toute autre langue, à des modifications graves, car les consonnes finales de la racine ou du thème s'y trouvent souvent en contact avec d'autres consonnes qui les excluent. Les voyelles et les consonnes faibles (§ 25) des désinences grammaticales et des suffixes n'exercent aucune influence sur les consonnes précédentes; les consonnes fortes, si elles sont sourdes (§ 25), veulent devant elles une ténue, et, si elles sont sonores, une moyenne; exemples : t et $t̂$ ne souffrent devant eux que k, mais non $k̂$, g, $ĝ$; que t, mais non $t̂$, d, $d̂$, etc. Au contraire, $d̂$ ne souffre devant lui que g, mais non k, $k̂$, $ĝ$; que b, mais non p, $ṗ$, $b̂$. Les lettres finales des racines et des thèmes nominaux ont à se régler d'après cette loi, et l'occasion s'en présente souvent, car il y a beaucoup plus de verbes en sanscrit que dans les autres langues, qui ajoutent les désinences personnelles immédiatement à la racine, et il y a beaucoup de terminaisons casuelles commençant par des consonnes (भ्याम् *byâm*,

भिस् *bis*, भ्यस् *byas*, सु *su*). Pour citer des exemples, la racine अद् *ad* «manger» forme bien *ádmi* «je mange», mais non *ád-si*, *ád-ti*, *ad-tá*; il faut *át-si*, *át-ti*, *at-tá*; au contraire, à l'impératif, nous avons अद्धि *ad-d'i* «mange». Le thème पद् *pad* «pied» fait, au locatif pluriel, पत्सु *pat-sú*, et non *pad-sú*; au contraire, महत् *mahát* «grand» fait, à l'instrumental, *mahád-bis* et non *mahát-bis*.

§ 99. Modifications euphoniques en grec.

Le grec et le latin, tels qu'ils sont arrivés jusqu'à nous, ont éludé tout à fait cette collision de consonnes, ou bien ils laissent voir qu'ils ne sentent plus la valeur de la dernière consonne du radical; en effet, ils la suppriment tout à fait ou ils la modifient trop profondément, c'est-à-dire qu'ils substituent à une consonne d'une classe celle d'une autre. Dans les langues en question, il y a moins souvent qu'en sanscrit occasion à ces rencontres de consonnes, car, à l'exception de ἐς et de ἰδ en grec, de *es*, de *fer* et de *vel* en latin [1], et de *ed* dans l'ancienne langue latine, il n'y a pas de racine terminée par une consonne qui ne prenne les désinences personnelles, ou, du moins, certaines d'entre elles, avec le secours d'une voyelle de liaison. Le parfait passif grec fait une exception, et exige des changements euphoniques qui se font, en partie, dans la limite des lois naturelles observées en sanscrit, et en partie dépassent cette limite. Les gutturales et les labiales montrent le plus de consistance et observent, devant σ et τ, la loi sanscrite mentionnée plus haut (§ 98); ainsi l'on a $\varkappa$-σ (= ξ) et $\varkappa$-τ, que la racine soit terminée par $\varkappa$, γ ou χ, et l'on a π-σ (= ψ), π-τ, que la racine soit terminée par π, β ou φ; en effet, les lettres sourdes σ et τ ne souffrent devant elles ni moyenne, ni aspirée; exemples : τέτριπ-σαι, τέτριπ-ται, de τριβ; τέτυκ-σαι, τέτυκ-ται, de τυχ. Le grec s'éloigne au contraire du sanscrit en ce que le μ

---

[1] Ἐσ-τί, ἐσ-μέν, ἐσ-τέ, ἰδ-μεν, ἴσ-τε, *est*, *es-tis*, *fer-t*, *fer-tis*, *vul-t*, *vul-tis*.

ne laisse pas la consonne précédente invariable, mais qu'il s'assimile les labiales, et qu'il change en moyenne la ténue et l'aspirée gutturales. Au lieu de τέτυμ-μαι, τέτριμ-μαι, πέπλεγ-μαι, τέτυγ-μαι, il faudrait, d'après le principe sanscrit (§ 98) τέτυπ-μαι, τέτριβ-μαι, πέπλεκ-μαι, τέτυχ-μαι. Les sons de la famille du *t* n'ont pas la même consistance que les gutturales; ils se changent en σ devant τ et μ et ils sont supprimés devant σ (πέπεισ-ται, πέπει-σαι, πέπεισ-μαι au lieu de πέπειτ-ται, πέπειτ-σαι, πέπειθ-μαι ou πέπειδ-μαι). Dans la déclinaison, il n'y a que le σ du nominatif et celui de la désinence σι du datif pluriel qui peuvent donner lieu à une accumulation de consonnes; or, nous retrouvons ici les mêmes principes que dans le verbe et dans la formation des mots. *Kh* èt *g* deviennent *k*, comme en sanscrit (ξ = κ-ς), et *b* et *ph* deviennent *p* (ψ = π-ς). Les sons de la famille du *t* tombent, contrairement à ce qui a lieu en sanscrit, et conformément au génie de la langue grecque, déjà amollie sous ce rapport : on dit πού-ς pour πότ-ς, πο-σί pour ποτ-σί.

§ 100. Modifications euphoniques en latin.

En latin, il y a surtout lieu à changement phonique devant le *s* du parfait et devant le *t* du supin et des participes; la gutturale sonore se change, devant *s* et *t*, en *c*; la labiale sonore, en *p*, ce qui est conforme à la loi sanscrite mentionnée plus haut (§ 98); exemples : *rec-si* (*rexi*), *rectum*, de *reg*; *scrip-si*, *scrip-tum*, de *scrib*. Il est également conforme au sanscrit, que *h*, comme aspirée, ne puisse se combiner avec une consonne forte (§ 25). Quoique le ह *h* sanscrit soit une aspirée sonore, c'est-à-dire molle (§ 23), et que le *h* latin soit, au contraire, une consonne sourde ou dure, les deux langues s'accordent néanmoins en ce qu'elles changent leur *ḥ*, *h*, devant *s*, en la ténue gutturale. Nous avons, par exemple, en latin, *vec-sit* (*vexit*) pour *veh-sit*, de même qu'en sanscrit on a *avâkṣît*, de *vaḥ* « transporter », et, en grec, λείχ-σω (λείξω), de la racine λιχ; cette dernière forme est analogue au sanscrit *lêk-syâmi* « lingam », de *lih*. Devant *t* et *t*, le *h* sanscrit obéit à des lois spéciales, que nous ne pouvons exposer ici en détail; nous mentionnerons seulement que, par exemple, *dah* « brûler » fait, à l'infinitif, *dág-d'um* (pour *dáh-tum*), le *t* du suffixe se réglant sur la lettre finale de la racine et en empruntant l'aspiration; au contraire, les formes latines, comme *vec-tum*, *trac-tum*, restent fidèles au principe sur lequel reposent les parfaits *vec-si*, *trac-si*.

Quand, en latin, une racine se termine par deux consonnes, la dernière tombe devant le *s* du parfait (*mul-si*, de *mulc* et *mulg*; *spar-si*, de *sparg*); ce fait s'accorde avec la loi sanscrite, qui veut que de deux consonnes finales d'un thème nominal, la dernière tombe devant les désinences casuelles commençant par une consonne.

D devrait se changer en *t* devant *s* : *claud* devrait, par conséquent, donner une forme de parfait *claut-sit*, qui répondrait aux formations sanscrites, comme *á-tâut-sit* « il poussa », de *tud*. Mais le *d* est supprimé tout à fait (comparez ψεύ-σω, πεί-σω), et cette suppression amène, par compensation, l'allongement de la voyelle radicale, si elle est brève; exemple : *di-vî-si*; ou bien, ce qui est plus rare, le *d* s'assimile au *s* suivant, comme, par exemple, dans *ces-si*, de *ced*. Dans les racines terminées en *t*, qui sont moins nombreuses, c'est l'assimilation qui a lieu habituellement; exemple : *con-cus-si*, de *cut*; mais on a *mî-si*, et non *mis-si*, pour *mit-si*, de *mit* ou *mitt*.

On a aussi des exemples de *b*, *m* et *r* assimilés par le *s* dans *jus-si*, *pres-si*, *ges-si* [1].

---

[1] La racine *ger* n'a pas d'analogue bien certain en sanscrit ni dans les autres langues congénères, de sorte qu'on pourrait aussi regarder le *s* comme étant primitivement la lettre finale de la racine, comme cela est certain pour *uro*, *us-si*, *us-tum* (sanscrit *us* « brûler »). S'il était permis de regarder le *g* latin comme représentant ici, au

§ 101. *Modifications euphoniques produites en latin par les suffixes commençant par un t.*

Parmi les suffixes formatifs, ceux qui commencent par un *t* méritent une attention particulière, à cause du conflit que produit le *t* en se rencontrant avec la consonne antécédente; prenons pour exemple le suffixe du supin. D'après la loi primitive, observée par le sanscrit, un *t* radical devrait rester invariable devant *tum*, et *d* devrait se changer en *t*, comme fait, par exemple, भेत्तुम् *bët-tum* « fendre », de *bid*. D'après les lois phoniques du grec, qui dénotent une dégénérescence de la langue, un *d* ou un *t* radical devrait se changer, devant *t*, en *s*. On trouve des restes de ce second état de la langue dans *comes-tus*, *comes-tura*, *claus-trum* (comparez *es-t*, *es-tis*), de *edo*, *claudo*; mais, au lieu de *comes-tum*, *comes-tor*, on a *comêsum*, *comêsor*. On pourrait demander si, dans *comêsum*, le *s* appartient à la racine ou au suffixe, si c'est le *d* de *ed* ou le *t* de *tum* qui s'est changé en *s*. La forme *comes-tus* semblerait prouver que le *s* est radical; mais il est difficile d'admettre que la langue ait passé immédiatement de *estus* à *êsus*; il est plutôt vraisemblable qu'il y eut un intermédiaire *essus*, analogue aux formes *ces-sum*, *fis-sum*, *quas-sum*, etc. le *t* de *tum*, *tus*, etc. s'étant assimilé au *s* précédent. De *essum* est sorti *êsum*, par suppression de l'un des deux *s*, probablement du premier,

---

commencement du mot, le *h* sanscrit, ainsi que cela arrive fréquemment au milieu des mots, je rapprocherais volontiers *gero* de la racine sanscrite *har*, *hr* « prendre », à laquelle se rapporte probablement le grec χείρ « main » (« celle qui prend »). Mais si la moyenne latine est primitive, il faut rapprocher *gero*, comme l'a fait Benfey (Lexique des racines grecques, II, p. 140), du sanscrit *grah*, védique *grabʰ* « prendre », en y joignant aussi *grâ-tus*, dont le sens propre serait alors analogue à celui de *acceptus*. Si le *r* de *gero* est primitif, son changement en *s* devant *s* et devant *t* repose sur le même principe qui fait qu'en sanscrit un *r* final devient *s* devant un *t*, *i* ou *s* initial (devant *s* le *r* peut aussi se changer en *h*); exemple : *brấtas tấráya* « frère, sauve! » *brấtas sấca* « frère, suis! »

car, quand de deux consonnes l'une est supprimée, c'est ordinairement la première qui tombe (εἰμί de ἐσμί, ποσσί de ποδ·σί).

Une fois que, par des formes comme ê-sum, câ-sum, divî-sum, fis-sum, quas-sum, la langue se fut habituée à mettre un s dans les suffixes qui devraient commencer par un t, le s put s'introduire facilement dans des formes où il ne doit pas sa présence à l'assimilation. Cs (x) est un groupe fréquemment employé; nous avons fic-sum, nec-sum, etc. pour fic-tum, nec-tum. Les liquides, à l'exception de m, se prêtent particulièrement à cette introduction de s, et, parmi les liquides, surtout r; exemples : ter-sum, mer-sum, cur-sum, par-sum, versum. D'un autre côté, l'on a par-tum, tor-tum. S-t pour r-t se trouve dans gestum, si ger est la forme primitive de la racine (§ 100, note); tos-tum est pour tors-tum, et torreo par assimilation pour torseo [1]. R reste invariable devant t dans fer-tus, fer-tilis, comme dans le sanscrit bár-tum «porter», tandis qu'à la fin des mots r doit se changer en s devant un t initial (bráͭtas târáya, § 100, note).

L se trouve devant un s dans les formes latines fal-sum, pul-sum, vul-sum, mais devant t dans cul-tum. A la fin des mots cependant, le latin a évité le groupe ls, parce que les deux consonnes se seraient trouvées réunies en une seule syllabe; aussi les thèmes en l ont-ils perdu le signe du nominatif s; exemples : sal pour sal-s, en grec ἅλ-ς; sol pour sol-s; consul pour consul-s. C'est pour la même raison, sans doute, que volo ne fait pas, à la 2ᵉ personne, vul-s, mais vi-s, tandis qu'il fait vul-t, vul-tis.

N se trouve devant t dans can-tum, ten-tum, et devant s dans man-sum. Les autres formes en n-sum, excepté cen-sum, ont supprimé un d radical, comme ton-sum, pen-sum.

---

[1] Comparez le grec τέρσομαι, le sanscrit tars, trs «avoir soif» (primitivement «être sec»), le gothique ga-thairsan «se dessécher» (racine thars), thaursu-s «sec», thaursja «j'ai soif».

§ 102. *Modifications euphoniques produites dans les langues germaniques, en zend et en sanscrit par les suffixes commençant par un t.*

Dans les langues germaniques, il n'y a que le *t* qui occasionne le changement euphonique d'une consonne radicale antécédente, par exemple à la 2ᵉ personne du singulier du prétérit fort; toutefois, en vieux haut-allemand, le *t* ne s'est conservé, à cette place, que dans un petit nombre de verbes qui unissent à la forme du prétérit le sens du présent. Les prétérits faibles, dérivés de ces verbes, présentent les mêmes changements euphoniques devant le *t* du verbe auxiliaire affixé. Nous trouvons que, dans ces formes, le germanique suit la même loi que le grec : il change la dentale (*t, th, d,* et, de plus, en vieux et en moyen haut-allemand, *z*) en *s* devant un *t*. Ainsi, en gothique, nous avons *and-haihais-t* « confessus es », pour *and-haihait-t*; *qvas-t* « dixisti », pour *qvath-t*; *ana-baus-t* « præcepisti », pour *ana-baud-t*. En vieux et en moyen haut-allemand, *weis-t* « tu sais » est pour *weiz-t*. Le gothique forme de la racine *vit*, au prétérit faible, *vis-sa* « je sus », au lieu de *vis-ta*, venant de *vit-ta*; il ressemble en cela au latin qui a *quas-sum* pour *quas-tum*, de *quat-tum* (§ 101). Le vieux haut-allemand a également *wis-sa;* mais, à côté de cette forme, il en a d'autres, comme *muo-sa*, au lieu de *muos-sa*, venant de *muoz*, qui rappellent les formations latines *câ-sum, clau-sum*. Il n'en est pas de même, en vieux haut-allemand, pour les verbes de la première conjugaison faible, qui, ayant la syllabe radicale longue (dans la plupart, la syllabe radicale est terminée par deux consonnes), ajoutent immédiatement le *t* du verbe auxiliaire à la racine. La dentale ne se change pas alors en *s*[1], mais *t, z* et même *d* restent invariables; c'est seulement quand la dentale est précédée d'une autre consonne,

---

[1] Cette anomalie vient probablement de ce que l'*i*, inséré entre la racine et le verbe auxiliaire, n'est tombé qu'à une époque relativement récente (*gi-neiz-ta* pour *gi-neiz-i-ta*).

que *t, d* sont supprimés, *z,* au contraire, est maintenu; exemples: *leit-ta* « duxi », *gi-neiz-ta* « afflixi », *ar-ôd-ta* « vastavi », *walz-ta* « volvi », *liuh-ta* « luxi », pour *liuht-ta; hul-ta* « placavi », pour *huld-ta.* De deux consonnes redoublées on ne conserve que l'une, et de *ch* ou *cch* on ne garde que le *h;* les autres groupes de consonnes restent intacts; exemples: *ran-ta* « cucurri », pour *rann-ta; wanh-ta* « vacillavi », pour *wanch-ta; dah-ta* « texi », pour *dacch-ta.*

Le moyen haut-allemand suit, en général, les mêmes principes; seulement le *t* radical, quand il est seul, tombe devant le verbe auxiliaire, de sorte qu'on a, par exemple, *lei-te* à côté du vieux haut-allemand *leit-ta;* au contraire, dans les racines en *ld* et en *rd,* le *d* peut être maintenu, et le *t* du verbe auxiliaire être supprimé; exemple: *dulde* « toleravi » (à moins qu'il ne faille diviser *dul-de,* et expliquer le *d* par l'amollissement du *t* auxiliaire).

Le changement du *g* en *c* (comparez § 98), qui n'est, d'ailleurs, pas général, n'a rien que de naturel; exemple: *anc-te* « arctavi », pour *ang-te;* mais, contrairement à cette loi, le *b* reste invariable.

Devant les suffixes formatifs commençant par un *t*[1], il est de règle, en gothique comme en haut-allemand, que les ténues et les moyennes gutturales et labiales se changent en leurs aspirées, quoique la ténue soit bien à sa place devant un *t.* Ainsi nous avons, en gothique, *vah-tvô* « garde », de *vak; sauh-t(i)s* « maladie », de *suk; mah-t(i)s* « puissance », de *mag; ga-skaf-t(i)s* « création », de *skap; fragif-t(i)s* « fiançailles », de *gib,* affaibli de *gab;* vieux haut-allemand *suht, maht, gi-skaft* « créature », *gift* « don »[2]. Les dentales remplacent l'aspirée *th* par la sifflante (*s*), comme cela a lieu, en gothique, devant le *t* du prétérit, attendu que la

---

[1] A l'exception du participe passif à forme faible, en haut-allemand, lequel, en ce qui concerne la combinaison du *t* avec la racine, suit l'analogie du prétérit dont nous venons de parler.

[2] Sur des faits analogues en zend et en persan, voyez § 34.

combinaison de *th* avec *t* est impossible. Toutefois nous avons peu d'exemples de ce dernier changement : entre autres, l'allemand moderne *mast*, qui est de la même famille que le gothique *mats* « nourriture » et *matjan* « manger ». En gothique, le *s* de *blôstreis* « adorateur » vient du *t* de *blôtan* « adorer »; *beist* « levain » vient probablement de la racine *bit* « mordre » (§ 27, et Grimm, II, p. 208).

Le zend s'accorde sous ce rapport avec le germanique, mais plus encore avec le grec, car il change les dentales en ‍‍‍ *s* ou ‍‍‍ *ś*, non-seulement devant ‍‍‍ *t*, mais encore devant ‍‍‍ *m*; exemples : ‍‍‍ *irista* « mort », de la racine ‍‍‍ *irit*; ‍‍‍ *basta* « lié », de ‍‍‍ *band*, la nasale étant supprimée (comme dans le persan ‍‍‍ *besteh*, de ‍‍‍ *bend*); ‍‍‍ *aiśma* « bois », pour le sanscrit ‍‍‍ *idmá*. Le choix de la sifflante (‍‍‍ *ś* ou ‍‍‍ *s* devant *t*) dépend de la voyelle qui précède, c'est-à-dire que ‍‍‍ *ś* se met après le son *a* et ‍‍‍ *s* après les autres voyelles (comparez § 51); ainsi l'on aura ‍‍‍ *baśta* à côté de ‍‍‍ *irista*. Devant le *d*, qui ne comporte pas une sifflante dure, on met par euphonie la sifflante douce ‍‍‍ *s* après le son *a* et ‍‍‍ *ś* après les autres voyelles; exemples : ‍‍‍ *daśdi* « donne », pour *dad-di* (qui suppose en sanscrit une forme ‍‍‍ *dad-di*), ‍‍‍ *rusta* « il crût » (aoriste moyen), pour *rudta* (§ 51). On peut rappeler à ce propos que le zend remplace aussi quelquefois à la fin des mots la dentale par une sifflante, de même qu'en grec on a, par exemple, δός pour δοθ, venant de δόθι, πρός pour προτ, venant de προτί. Le même rapport qui existe entre πρός et προτί existe entre le zend ‍‍‍ *as* [1]

---

[1] Les leçons des manuscrits varient entre ‍‍‍ *as* et ‍‍‍ *aś*. Spiegel, dans son explication du dix-neuvième fargard du Vendidad, donne la préférence à la seconde forme, parce qu'elle se trouve dans les meilleurs manuscrits. Je regarde comme la meilleure la forme ‍‍‍ *aś* qui, à ce qu'il semble, ne se rencontre nulle part, et cela à cause de l'*a* précédant la sifflante. Quant à l'*a* qui se rencontre quelquefois après la sifflante, je le regarde comme une voyelle euphonique, analogue à l'*a* qui est inséré quelquefois entre la préposition préfixe *uś* « sur » et le verbe, par exemple, dans *uś-*

« très » (si c'est avec raison que je reconnais dans ce mot la préposition sanscrite *áti* « sur », laquelle signifie, en composition avec des substantifs et des adjectifs, « beaucoup, démesurément, très »), et la forme plus fidèlement conservée *aiti* (pour *ati*, § 41). De même qu'on a, par exemple, en sanscrit *atiyaśas* « ayant beaucoup de gloire » ou « ayant une gloire démesurée », *atisundara* « très-beau, démesurément beau », de même en zend on a *as-ġarĕnâo* « très-brillant », *as-ġarĕtĕmaiibyô* « très-dévorants » (superlatif, datif pluriel), *as-auġas* « très-fort », mot que Neriosengh traduit par *mahâbala* « très-fort ».

Le changement de *t* en ꣽ *ś* a été reconnu dans la préposition ꣽ *uś* « sur, en haut », laquelle correspond au sanscrit *ut*.

Dans l'ancien perse les dentales et les sifflantes finales sont supprimées après *a* et *â*; mais après les autres voyelles *ś* reste comme représentant du स *s* sanscrit, et त *t* se change en *ś*; exemple : *akúnauś* « il fit », pour le sanscrit *ákr̥ṇôt* (védique); il est hors de doute que *akúnauś* était en même temps en ancien perse la 2ᵉ personne, et répondait, par conséquent, au védique *ákr̥ṇôs* : de même, dans la déclinaison, *ś* répond à la fois à la désinence du nominatif et du génitif (*kúru-ś* « Cyrus », *kúrau-ś* « Cyri » = sanscrit *kuru-s, kurô-s*), et à celle de l'ablatif qui en zend est ꣽ *d* (venant de *t*, § 39), *bâbiru-ś* « de Babylone » (ablatif) [1].

Le sanscrit, qui supporte un *t* final après toutes les voyelles, a pourtant quelquefois un *s* au lieu d'un *t*; exemple : *adás* « celui-là » (nominatif-accusatif neutre), qui est sans aucun doute une altération de *adát*, car c'est cette dernière forme qui correspon-

---

a-histata « levez-vous ». La préposition *as* ou *aś* n'a rien de commun avec le substantif féminin *aśâ* « pureté » (nominatif *aśa*).

[1] Dans l'inscription de Behistun, II, 65. La leçon vraie est probablement *bâbirau-ś*; au lieu de ▬《 (*rᵘ*), qui ne s'emploie que devant *u*, il faudrait lire ⊒| (*r*), lettre qui peut renfermer en elle un *a*, comme cela a été remarqué ailleurs (Bulletin de l'Académie de Berlin, mars 1848, p. 144).

drait aux formes neutres analogues *tat* « celui-ci, celui-là », *anyát* « autre ». A la 3ᵉ personne du pluriel du prétérit redoublé, *us* est très-probablement pour *anti*; exemple : *tutupús* pour *tutupanti* (dorien τετύφαντι), et au potentiel pour *ânt* ou *ant*; exemples : *vidyús* « qu'ils sachent », pour *vidyânt*, *bârê-yus* pour *barê-y-ant*, en zend *barayĕn*, en grec φέροιεν. C'est aussi par le penchant à affaiblir un *t* final en *s* que j'explique l'identité de l'ablatif et du génitif singuliers dans le plus grand nombre des classes de mots. On peut, par exemple, inférer d'ablatifs zends en *ôi-ḍ* et *au-ḍ* (ܐܘܕ), venant des thèmes en *i* et en *u*, des formes sanscrites comme *agnê'-t* « igne », *sûnô'-t* « filio »; au lieu de ces formes nous avons *agnê-s*, *sûnô'-s*, comme au génitif : c'est ce dernier cas qui a déterminé, en quelque sorte, par son exemple, le changement du *t* en *s* à l'ablatif, changement qui n'a pas eu lieu pour les classes de mots qui ont *sya* au génitif, ou qui ont un génitif de formation à part, comme *máma* « de moi », *táva* « de toi ». Dans ces mots, on retrouve l'ancien *t* à l'ablatif; exemples : *áśvâ-t* « equo », génitif *áśva-sya*; *ma-t*, *tva-t*, génitif *máma*, *táva* : l'imitation du génitif par l'ablatif, au moyen du simple changement d'un *t* final en *s*, était ici impossible. Si, au contraire, l'ablatif était réellement représenté dans la plupart des classes de mots en sanscrit par le génitif, il serait inexplicable que les thèmes en *a* et le thème démonstratif *amú* (génitif *amú-sya*, § 21ᵇ, ablatif *amúśmâ-t*), sans parler des pronoms de la 1ʳᵉ et de la 3ᵉ personne, eussent un génitif distinct de l'ablatif, et que ces formes ne fussent pas également confondues au duel et au pluriel.

On voit encore l'étroite affinité de *t* et de *s* par le changement contraire, qui a lieu en sanscrit, de *s* en *t*. Il a lieu, quand un *s* radical se rencontre avec le *s* du futur auxiliaire et de l'aoriste; exemples : *vat-syắmi* « habitabo », *ávât-sam* « habitavi », de la racine *vas*. On observe encore ce changement dans le suffixe *vâns* (forme forte), et dans les racines *srans* et *dvans* « tomber », quand elles se trouvent, avec le sens d'un participe présent, à la fin d'un composé : le *s* de *vâṅs, sraṅs, dvaṅs* se change en dentale au nominatif-accusatif-vocatif singulier neutre et devant les désinences casuelles commençant par un *b* ou un *s*.

§ 103. Modifications euphoniques produites dans les langues slaves par les suffixes commençant par un *t*.

Les langues lettes et slaves se comportent à l'égard des dentales comme les langues classiques, le germanique et le zend : elles se rapprochent surtout du grec, en ce qu'elles changent en *s* la dentale finale de la racine, quand elle se trouve placée devant un *t*, et en ce qu'elles la suppriment devant un *s*; nous avons, par exemple, en ancien slave, de *jamĭ* « je mange » (pour *jadmĭ*, sanscrit *ádmi*), la 3ᵉ personne *jas-tĭ*, pour le sanscrit *át-ti*, venant de *ad-ti*, et en lithuanien de *êd-mi* « je mange » (en parlant des animaux), la 3ᵉ personne *ês-t* (comparez le vieux latin *es-t*) : de même en ancien slave *das-tĭ* « il donne », et en lithuanien *dûs-ti* (même sens), pour *dad-ti, dûd-ti*, sanscrit *dádâ-ti*, dorien δίδωτι. Au sanscrit *vêt-ti* « il sait », pour *véd-ti*, répond l'ancien slave вѣстъ *vês-tĭ*, venant de *vêd-tĭ*. Ce sont surtout les infinitifs en *ti* qui donnent occasion en lithuanien et en slave au changement des dentales en *s* : ainsi, en lithuanien, de la racine sanscrite *wed* « conduire », et, en ancien slave, de la racine вед, qui est identique à la précédente par le son comme par le sens, on a l'infinitif *westi*, вести. Pour la suppression de la dentale devant un *s*, c'est le futur qui fournit des exemples en lithuanien : de la racine *ed* « manger » se forme le futur *ê-siu*[1], en sanscrit *at-syâmi*, venant de *ad-syâmi*, qui donnerait en grec ἔ-σω (comme ψεύ(δ)-σω, πεί(θ)-σω); de *skut* « gratter », vient le futur *sku-siu*, pour *skut-siu*. En ancien slave, la

---

[1] La 1ʳᵉ personne du singulier du futur doit avoir un *i*, et cet *i* est encore distinctement entendu aujourd'hui : c'est ce que nous apprend Schleicher (Lettres sur les résultats d'un voyage scientifique en Lithuanie, p. 4).

désinence personnelle *si*, qui s'ajoute immédiatement à plusieurs racines en *d*, déjà mentionnées, et au thème redoublé du présent *dad*, fournit également des exemples de la suppression du *d*; exemple : іаси *ja-si* « tu manges », pour *jad-si*, sanscrit *át-si*. Il en est de même pour certains aoristes qui, au lieu du χ mentionné plus haut (§ 92 ^{g}), ont conservé le ς primitif; exemple іасз *ja-sŭ* « je mangeai », pour *jad-sŭ*, forme comparable à l'aoriste grec ἔψευ-σα pour ἔψευδ-σα (la dentale reste, au contraire, à l'aoriste sanscrit *átâut-sam* « je poussai », de la racine *tud*). En général, le slave ne permet pas la combinaison d'une muette avec un *s* : on a, par exemple, *po-gre-sań* « ils enterrèrent » (racine *greb*), pour *po-greb-sań* ou *po-grep-sań*. Au contraire, le lithuanien combine les labiales et les gutturales avec *s* et *t*, sans pourtant changer *b* et *g* en leur ténue, comme on pourrait s'y attendre; exemples : *dirbsiu*, *degsiu* (futur), *dirbti*, *degti* (infinitif), de *dirbau* « je travaille », *degù* « je brûle » (intransitif). Remarquons encore que l'ancien slave permet devant *st* le maintien de la labiale précédente, mais qu'il change alors *b* en *p*; exemple : погрепсти *po-grep-s-ti* « enterrer ». Le *s* est ici une insertion euphonique à peu près analogue à celle qu'on rencontre dans les thèmes gothiques comme *an-s-ti* « grâce » (racine *an*, § 95). Pour *po-grep-s-ti* on trouve cependant aussi *po-gre-s-ti*, et sans *s* euphonique, *po-gre-ti* (voyez Miklosich, *Radices*, p. 19). La première de ces deux formes a conservé le complément euphonique et perdu la consonne radicale, comme les formes latines *o-s-tendo* pour *ob-s-tendo*, *a-s-porto* pour *ab-s-porto*.

§ 104 ^{a}. Déplacement de l'aspiration en grec et en sanscrit.

Quand l'aspiration d'une moyenne doit être supprimée en sanscrit (§ 98), il se produit, dans certaines conditions et suivant des lois à part, un mouvement de recul qui reporte l'aspiration sur la consonne initiale de la racine, pourvu que cette consonne soit une moyenne, ou bien l'aspiration avance sur la consonne initiale du suffixe suivant. On dit, par exemple, *bôt-syấmi* « je saurai », pour *bôd́-syấmi*; *véda-bút* « qui sait le véda », pour *véda-búd́*; *bud-d́á* « sachant », pour *bud́-tá*; *dôk-syấmi* « je trairai », pour *dôḣ-syấmi*; *dug-d́á* « mulctus », pour *duḣ-tá*. En grec il subsiste une application remarquable de la première de ces deux lois[1] : dans certaines racines commençant par un τ et finissant par une aspirée, l'aspiration, quand elle doit être supprimée devant un σ, un τ ou un μ (car elle ne pourrait subsister devant ces lettres), est rejetée sur la lettre initiale, et le τ est changé en ϑ; exemples : τρέφω, ϑρέπ-σω (ϑρέψω), ϑρεπ-τήρ, ϑρέμ-μα; ταφή, ϑάπ-τω, ἐτάφην, τέθαμ-μαι; τρύφος, ϑρύπ-τω, ἐτρύφην, ϑρύμ-μα; τρέχω, ϑρέξομαι; ϑρίξ, τριχός; ταχύς, ϑάσσων. C'est d'après le même principe que ἐχ prend l'esprit rude, quand χ doit être remplacé par la ténue (ἐκτός, ἔξω, ἔξις)[2].

Le latin a aussi quelques mots où l'aspiration a reculé : entre autres *fido* (§ 5) et les mots de même famille, qui correspondent à la racine grecque πιθ, et qui ont remplacé la dentale aspirée, que le latin n'a pas, par l'aspiration de la consonne initiale. Quant au rapport du grec πείθω avec la racine sanscrite *band́* « lier », le changement du *b* sanscrit en π repose sur une loi assez générale

---

[1] Comparez J. L. Burnouf, *Journ. asiat.* III, 368, et Buttmann, p. 77, 78.

[2] On explique ordinairement ces faits en supposant deux aspirations, dont l'une serait supprimée, parce que le grec ne souffre pas que deux syllabes consécutives soient aspirées. Mais nous voyons que la langue a évité dès l'origine d'accumuler les aspirées : nous ne trouvons pas une seule racine en sanscrit qui ait une aspirée au commencement et une autre à la fin. Les formes grecques ἐθάφθην, τεθάφθαι, τεθάφθω, τεθάφαται, τεθράφθαι, ἐθρέφθην sont des anomalies : on peut les expliquer en supposant que la langue a fini par considérer dans ces mots l'aspirée initiale comme étant radicale, et qu'elle l'a laissée subsister là où elle n'avait pas de raison d'être. Ou bien l'on pourrait dire que φθ étant mis souvent pour πθ ou βθ, la langue a traité ce φ comme n'étant pas dans ces mots une véritable aspirée. Il est vrai que cette explication, qui me paraît la plus vraisemblable, ne peut s'appliquer à τεθάφαται.

qu'Agathon Benary a fait connaître le premier (*Phonologie romaine*, p. 195 ss.). Voici en quoi elle consiste : l'aspirée finale, en devenant dure de molle qu'elle était dans le principe, entraîne, pour les besoins, en quelque sorte, de la symétrie, le changement de la moyenne initiale en ténue : πιθ est pour *bidh*, en sanscrit *band*. Il en est de même pour πυθ comparé à *bud* « savoir », παθ comparé à *bâd* « tourmenter », πῆχυς comparé à *bâhú-s* « bras », παχύς comparé à *bahú-s* « beaucoup »[1], κυθ comparé à *gud* « couvrir », τριχ (« cheveu », considéré comme « ce qui pousse »), comparé à *dṛh* (de *drah* ou *darh*) « grandir ». Βαθύς fait exception à la règle, si, comme je le suppose avec Benfey, il doit être expliqué par γαθύς[2] et rapporté à la racine sanscrite *gâh*, venant de *gâd* « submergi », racine qui a peut-être formé le sanscrit *agâda-s* « très-profond »[3].

LES ACCENTS SANSCRITS.

§ 104 b. L'oudâtta et le svarita dans les mots isolés.

Pour marquer la syllabe qui reçoit le ton, le sanscrit a deux accents, dont l'un s'appelle *udâtta*, c'est-à-dire « élevé », et l'autre *svarita*, c'est-à-dire « sonore » (de *svara* « ton, accent »). L'oudâtta répond à l'accent aigu grec, et dans notre transcription en caractères latins nous emploierons ce signe pour le représenter[4]. Il peut se trouver sur n'importe quelle syllabe, quelle que soit la

---

[1] Voyez Système comparatif d'accentuation, p. 224 note.
[2] B pour γ, comme, par exemple, dans βίβημι, βαρύς, βοῦς, βίος, en sanscrit, ǵigâmi, gurú-s (de garú-s), gâu-s, ǵíva-s (de gíva-s).
[3] Voyez le Glossaire sanscrit, 1840, p. 2, et Benfey, Lexique des racines grecques, II, p. 66. On pourrait aussi rapporter à la même racine ǵâdá-s « vadosus, non profundus », et regarder, par conséquent, *agâda-s* comme la négation de *gâdâ-s*.
[4] Pour les voyelles longues, nous mettons le signe qui indique l'accentuation à côté du circonflexe qui marque la quantité.

longueur du mot : il est, par exemple, sur la première dans *ábubôdiṣámahi* « nous désirons savoir » (moyen), sur la deuxième dans *tanómi* « j'étends », et sur la dernière dans *babandhmá* « nous liâmes ». Le svarita est d'un usage beaucoup plus rare : par lui-même, c'est-à-dire quand il se trouve sur un mot isolé, en dehors d'une phrase, il ne se met qu'après les semi-voyelles *y* et *v*, au cas où celles-ci sont précédées d'une consonne ; néanmoins, même dans cette position, c'est l'accent aigu qui se rencontre le plus souvent, par exemple, dans les futurs comme *dâsyáti* « il donnera », dans les passifs comme *tudyáté* « il est poussé », dans les intensifs comme *bébidyáté* « il fend », dans les dénominatifs comme *namasyáti* « il honore » (de *námas* « honneur »), dans les potentiels comme *adyā́m* « que je mange », dans les impératifs moyens comme *yuṅkṣvá* « unis ». Voici des exemples du svarita, que je représente, comme le fait Benfey, par l'accent grave : *manuṣyà-s* « homme », *manuṣyè-byas* « aux hommes », *bâr-yà* « épouse », *vâkyà-m* « discours », *nadyàs* « fleuves », *svàr* « ciel », *kvà* « où ? », *vadvàs* « femmes ». Probablement *y* et *v* avaient, dans les formes marquées du svarita, une prononciation qui tenait plus de la voyelle que de la consonne, sans pourtant former une syllabe distincte [1]. C'est seulement dans les Védas que l'on compte quelquefois, à cause du mètre, la semi-voyelle pour une syllabe, sans que l'accent aigu soit cependant changé en svarita : ainsi, dans le Rig (I, 1, 6), *tvám* « tu » doit être prononcé comme un dissyllabe, probablement avec le ton sur l'*a* (*tu-ám*). Mais là où, à cause du mètre, une syllabe marquée du svarita se divise en deux, par

---

[1] Comparez Böhtlingk (Un premier essai sur l'accent en sanscrit, Saint-Pétersbourg, 1843, p. 4). Je ne m'éloigne de l'auteur, dans l'explication présente, qu'en ce que je réunis en une seule syllabe l'*i* et l'*u* contenus dans le *y* et le *v*, et la voyelle suivante. Je ne conteste d'ailleurs pas que des mots comme *kanyà* « fille », que je lis *kaniá* (dissyllabe), ont été trissyllabiques dans un état plus ancien de la langue (je dirais volontiers avant la formation du svarita), et qu'ils ont eu l'accent aigu sur l'*i*, comme dans le grec σοφία.

exemple, quand *dûtyàm = dûtîam* (dissyllabe), doit être prononcé en trois syllabes, le svarita qui n'a plus de raison d'être disparaît et est remplacé par l'aigu, *dûtí-am* [1]. Si l'on considère *i* et *u* (pour *y*, *v*) comme formant une diphthongue avec la voyelle suivante (et il n'est pas nécessaire que la syllabe pour cela devienne longue), on peut comparer *ua*, par exemple, dans *sùar* « ciel » (qu'on écrit *svàr*), avec la diphthongue *ua* en vieux haut-allemand, par exemple dans *fuaz* « pied » (monosyllabe, à côté de *fuoz*), et *ia*, par exemple, dans *nadìas* (dissyllabe, on écrit *nadyàs*) avec la diphthongue *ia* du vieux haut-allemand, par exemple, dans *hialt* « je tins »[2].

L'accentuation des formes grecques comme πόλεως repose également sur ce fait, que l'ε est prononcé si rapidement, que les deux voyelles ne font, par rapport à l'accent, qu'une seule syllabe (voyez Buttmann, § 11, 8, note 6).

Comme le svarita s'étend toujours sur deux voyelles à la fois (§ 104°), il doit être prononcé plus faiblement que l'oudâtta ou l'aigu, dont le poids tombe sur un seul point : en effet, quoique réunies par la prononciation en une seule syllabe, les deux voyelles qui reçoivent le svarita ne forment pas une unité phonique comme les diphthongues αι, ει, οι, αυ, ευ en grec, ou *ai*, *au*, *eu* en français ou en allemand ; mais elles restent distinctes comme *ua*, *ia* dans les formes précitées du vieux haut-allemand. Il peut sembler surprenant qu'en sanscrit des thèmes oxytons, comme *nadî'* « fleuve », *vadû'* « femme », prennent, quand c'est la syllabe finale qui est accentuée, l'accent le plus faible (le svarita) dans les cas forts (§ 129), et l'accent le plus fort (l'aigu) dans les cas faibles ; exemples : *nadyàs* (*nadìas*) « fleuves », *nadyàù* (*nadìàu*)

---

[1] C'est ainsi qu'accentue également Böhtlingk (*Chrestomathie*, p. 263). Voyez mon Système comparatif d'accentuation, note 30.

[2] De *kihalt*, pour le gothique *haihald*, ainsi que Grimm l'a montré avec beaucoup de sagacité.

« deux fleuves », *vadvás* (*vadúas*) « femmes », *vadvâu* (*vadúâu*) « deux femmes », et d'autre part, *nadyâs* « du fleuve », datif *nadyâi*, etc. *vadvâs* « de la femme », datif *vadvâi*. La raison ne peut être, selon moi, que celle-ci : c'est que dans les cas forts le thème a des formes plus pleines que dans les cas faibles (comparez *bárantas*, Φέροντες, avec *báratas*, Φέροντος); or, *nadî* et *vadû* nous montrent des formes plus pleines dans les cas forts, en ce sens qu'ils ne laissent pas s'effacer entièrement, devant les désinences commençant par des voyelles, le caractère de voyelle de leur lettre finale. En effet, *nadìas*, *nadìâu*, *vadùas*, *vadùâu*, quoique dissyllabes, obligent la voix à s'arrêter plus longtemps sur le thème que des formes comme *nadyâs*, *vadvâs*, où *y* et *v* sont décidément devenus des consonnes.

§ 104°. Emploi du svarita dans le corps de la phrase.

Dans l'enchaînement du discours le svarita prend la place de l'aigu :

1° Nécessairement, quand après un *ô* ou un *ê* final marqué de l'accent (*ô'*, *ê'*), un *a* initial sans accent est élidé; exemples : *kô'si* « qui es-tu? », pour *kô' asi*, *kás asi*; *tê 'vantu* « que ceux-ci te protégent », pour *tê' avantu*. Probablement ce principe d'accentuation appartient lui-même à un temps où l'*a* était encore entendu après l'*ô* et l'*ê*, sans cependant former une syllabe entière [1]. C'est le lieu de remarquer que, dans les Védas, l'*a* initial est souvent conservé après un *ô* final; exemple, *Rig-Véda*, I, 84, 16 : *kô' adyá*.

2° D'une façon facultative, quand une voyelle finale accentuée se contracte avec une voyelle initiale non accentuée : néanmoins, dans ce cas, l'accent aigu domine de beaucoup dans le *Rig-Véda*, et le svarita est borné, ce semble, à la rencontre d'un *i* accentué

[1] On peut rapprocher les diphthongues *ea*, *oa* en vieux haut-allemand, quoique la première partie de ces diphthongues soit brève par elle-même.

final avec un *i* initial non accentué; exemple, I, 22, 20, où *diví* « dans le ciel » est réuni avec le mot *iva* qui n'a pas d'accent, *divîva*[1].

§ 104ᵈ. Cas particuliers.

Quand une voyelle finale accentuée se change en la semi-voyelle correspondante devant un mot commençant par une voyelle, l'accent se transporte, sous la forme du svarita, sur la voyelle initiale, au cas où celle-ci n'est pas accentuée; exemples : *prthivy àsi* « tu es la terre » (pour *prthivî´ asi*); *urv ántáriksam* « la vaste atmosphère » (pour *urú antáriksam*). Mais si la voyelle initiale du second mot est accentuée, comme elle ne peut recevoir l'accent du mot précédent, il se perd; exemples : *nady átra* « le fleuve ici », pour *nadî´ átra*; *sváadv átra* « dulce ibi », pour *svâdú átra*. Quand des diphthongues accentuées se résolvent en *ay, áy, av, áv*, l'*a* ou l'*â* gardent naturellement l'accent qui revenait à la diphthongue; exemples : *táv áyâtam* « venez tous deux », pour *táu áyâtam* (*Rig-Véda*, I, 2, 5). La même chose a lieu devant les désinences grammaticales; exemples : *sûnáv-as* « filii », du thème *sûnú*, avec le gouna, c'est-à-dire avec un *a* inséré devant l'*u*; *agnáy-as* « ignes », de *agní*, avec le gouna; *náv-as* « naves », de *náu*. Quand des thèmes oxytons en *i, î, u, û* changent leur voyelle finale en la semi-voyelle correspondante (*y, v*) devant des désinences casuelles commençant par une voyelle, l'accent tombe sur la désinence, ordinairement sous la forme de l'aigu, et, dans certains cas que la grammaire enseigne (comparez § 104ᵇ), sous la forme du svarita.

[1] Le *Śatapaṭa-Brâhmaṇa* du *Yaǵur-Véda* emploie, sauf de rares exceptions, le svarita dans tous les cas où une voyelle finale oxytonée se combine avec une voyelle initiale non accentuée (voyez Weber, *Vâjasaneyi-Sanhitâ*, II, *præfatio*, p. 9 et suiv.). Quand une voyelle finale marquée du svarita se combine avec une voyelle initiale sans accent, le *Rig-Véda* conserve également le svarita; exemple, I, 35, 7 : *kvèdâním*, formé de *kvà* « où ? » et *idâním* « maintenant ».

§ 104°. Des signes employés pour marquer les accents.

Le signe du svarita sert aussi, dans l'écriture indienne, à marquer la syllabe qui suit immédiatement la syllabe accentuée, et qui se prononce plus fortement que celles qui se trouvent plus éloignées du ton [1]. Au contraire, la syllabe qui précède la syllabe accentuée se prononce moins fortement que les autres syllabes, et s'appelle à cause de cela chez les grammairiens *anudâttatara*, c'est-à-dire « moins accentué » (comparatif de *anudâtta* « non accentué »), ou *sannatatara* « plus abaissé ». Cette syllabe est marquée par un trait horizontal en dessous de l'écriture. Quant à la syllabe accentuée elle-même, elle ne reçoit aucun signe particulier, et on la reconnaît seulement par le moyen des syllabes qui précèdent ou qui suivent.

REMARQUE 1. — Le svarita comparé à l'accent circonflexe grec. — Les accents en lithuanien.

L'explication que nous avons donnée plus haut du svarita peut s'appliquer aussi aux combinaisons comme *divîva* pour *diví iva* (§ 104°); quoique les deux *i* ne forment qu'une syllabe, on les prononçait probablement de manière à faire entendre deux *i*, l'un accentué, l'autre sans accent, de même que, suivant les grammairiens grecs, le circonflexe réunit en lui un accent aigu et un accent grave, ce qui veut dire, sans doute, qu'il comprend une partie accentuée et une autre sans accent. En effet,

---

[1] C'est le svarita secondaire que Roth appelle *svarita enclitique* (*Yáska*, p. LXIV). On peut s'en faire une idée par certains composés allemands, où, à côté de la syllabe qui reçoit l'accent principal, il peut s'en trouver une autre marquée d'un accent secondaire, mais presque aussi sensible que le premier : tels sont les mots *füssgä'nger*, *mü'ssiggä'nger*. Il est en tout cas digne de remarque que l'allemand, dont l'accentuation repose sur un principe tout logique, ne supprime pas l'individualité des différents membres d'un composé comme le sanscrit ou le grec. Ainsi, les trois mots qui forment le composé *óberbü'rgermei'ster* ont conservé chacun leur accent, quoique le ton appuie plus fortement sur le premier membre *óber*.

l'accent grave représente en grec la négation ou l'absence de l'accent aigu, comme l'anoudâtta en sanscrit (§ 104°), excepté quand il se trouve sur une syllabe finale, où il représente l'accent aigu adouci. Il faut donc que le grec ποδῶν (en sanscrit padấm) ait été prononcé ποδόον, de manière à faire entendre deux o en une syllabe, ou à faire suivre un o long d'un o très-bref qui ne forme pas de syllabe. De toute façon, ce redoublement de son empêche l'accent de se produire dans toute sa force, et l'aigu qui est contenu dans ποδῶν (= ποδόον ou ποδώον) et dans le sanscrit divîva (= diví iva) ne peut être aussi marqué que l'accent de padấm «pedum». Les formes comme divîva, qu'en grec on écrirait διϝίϝα, se prêtent le mieux à une comparaison du svarita sanscrit avec le circonflexe grec, parce que l'accent tombe ici sur une voyelle longue résultant d'une contraction, comme dans le grec τιμῶ, τιμῶμεν, ποιῶ, ποιῶμεν. La seule différence est que la longue î en sanscrit résulte de la combinaison de deux mots, et qu'en sanscrit le svarita ne résulte jamais d'une contraction à l'intérieur du mot, à moins qu'on ne veuille rapporter à cette analogie les formes comme nadyầs «fleuves», vadvầs «femmes» = nadías, vadúas ($\smile \smile$)[1]; mais ces dernières formes diffèrent essentiellement des syllabes grecques marquées du circonflexe, en ce que les deux voyelles réunies par le svarita ne font qu'une syllabe brève. En général, dans toute la grammaire et tout le vocabulaire des deux langues, on ne trouve pas un seul cas où le svarita sanscrit soit à la même place que le circonflexe grec; il faut nous contenter de placer en regard des formes grecques, comme ποδῶν, νεῶν (dorien νᾱῶν), ζευκτοῖσι, ζευκταῖσι, δοτῆρες, νᾶες, des formes équivalentes par le sens et analogues par la formation, qui ont l'accent sur la même syllabe que le grec, mais l'aigu là où le grec a le circonflexe. Tels sont padấm, nâvấm, yuktḗṣu (de yuktaí-ṣu), yuktấsu[2], dâtấras, nấvas. Il résulte de là que les deux langues n'ont produit le circonflexe (si nous appelons le svarita de ce nom, comme le fait Böhtlingk) qu'après leur séparation et indépendamment l'une de l'autre; il provient dans les deux idiomes d'une altération des formes. C'est, par exemple, une altération en sanscrit qui fait que certaines classes de mots forment une partie de leurs cas d'un thème plein et une partie du thème affaibli : comparez le nominatif pluriel bárantas = φέροντες au génitif singulier báratas = φέροντος. Or, c'est la même altération qui fait que des thèmes comme nadî «fleuve» (féminin) et vadû «femme» traitent

---

[1] Voyez § 104 ᵇ.

[2] Nous regardons ces deux locatifs comme répondant aux datifs grecs (§ 250).

autrement leur *i* et leur *û* final dans les cas forts (§ 129) que dans les cas faibles; quoique cette différence de forme ne soit pas sensible dans l'écriture, il n'en est pas moins vraisemblable, comme on l'a dit plus haut, qu'à l'accusatif pluriel on prononçait *nadîas*, *vadûas*, et au nominatif *nadyā̃s*, *vadvū̃s*. D'un autre côté, c'est une altération, dont le sanscrit resta exempt, qui fait qu'en grec les voyelles longues reçoivent un autre accent, selon qu'elles sont suivies d'une syllabe finale brève ou longue : comparez, par exemple, le grec δοτῆρες au génitif δοτήρων, et au sanscrit *dâtâras*.

Dans les langues lettes, il y a aussi, outre l'aigu, qui devrait suffire à tous les idiomes, un accent qui a une grande ressemblance avec le circonflexe grec; seulement, dans les voyelles qui en sont marquées, c'est la partie non accentuée qui est la première et la partie accentuée la seconde. Je veux parler du *ton aiguisé*, qui joue un rôle beaucoup plus grand en lithuanien que le svarita en sanscrit et le circonflexe en grec; il s'est d'ailleurs produit d'une façon indépendante et n'a pas de parenté originaire avec ces deux accents. Kurschat, à qui nous devons une connaissance plus exacte du système d'accentuation lithuanien, décrit ainsi le *ton aiguisé*[1] : «Les voyelles «aiguisées ont ceci de particulier, qu'en les prononçant, le ton, après avoir «été d'abord assez bas, s'élève tout à coup, de manière que l'on croit en- «tendre deux voyelles, dont l'une est sans accent et l'autre accentuée.» Plusieurs mots de forme et de quantité identiques se distinguent dans la prononciation par l'accent, qui peut être *frappé* ou *aiguisé* ; exemples: *pajōdinti*[2] «laisser aller à cheval», *pajṓdinti* «noircir»; *soṹditi* «juger», *soúditi* «saler»; *doũman* «l'esprit» (accusatif), *doúman* «la fumée»[3] (même cas); *iŝdrŷks* «il arrachera», *iŝdrýks* «en chemise»; *primĩnsiu* «je rappellerai» (sanscrit *man* «penser», latin *memini*), *primínsiu* «je commencerai». Kurschat désigne le ton aiguisé sur les voyelles longues, où on le rencontre de préférence, par ́, excepté sur l'e ouvert long, auquel il donne le même signe renversé, exemple : *gḕras*. Sur les voyelles brèves, il emploie indifféremment l'accent grave pour le ton frappé et le ton aiguisé ; mais

---

[1] II, p. 39.

[2] Pour marquer simultanément la quantité et l'accentuation, nous employons les caractères grecs pour les syllabes accentuées, quoique cela ne soit pas nécessaire à la rigueur pour le son *o*, qui est toujours long en lithuanien.

[3] Ces deux derniers mots sont identiques sous le rapport étymologique, tous les deux étant de la même famille que le sanscrit *dhûmá-s* «fumée» et le mot grec θυμός.

comme ce dernier ne se trouve sur les voyelles brèves que si elles sont suivies d'une liquide, on reconnaît le ton aiguisé à un signe particulier dont Kurschat marque la liquide : *m, n, r* sont surmontés d'un trait horizontal et *l* est barré; exemples : *mir̃ti* « mourir », *gir̃diti* « abreuver »; le premier de ces mots a le ton aiguisé, le second le ton frappé sur l'*i* bref. Je préférerais que le ton frappé fût toujours représenté par l'aigu, auquel il correspond en effet, et que le ton aiguisé sur les voyelles brèves fût marqué par l'accent grave; j'écrirais donc *gírditi*, *mìrti*, le premier ayant le ton frappé, le second le ton aiguisé. Pour indiquer que la voyelle est longue, il faudrait inventer quelque autre signe que l'aigu, qui sert déjà à représenter l'accent.

REMARQUE 2. — Principe de l'accentuation en sanscrit et en grec.

Le principe qui régit l'accentuation sanscrite est, d'après moi, celui-ci : plus l'accent se trouve reculé, plus il a de relief et de force; ainsi l'accent placé sur la première syllabe est le plus expressif de tous. Je crois que le même principe s'applique au grec: seulement, par suite d'un amollissement qui n'a eu lieu qu'après la séparation des idiomes, le ton ne peut pas être reculé en grec au delà de l'antépénultième, et si la dernière syllabe est longue, elle attire l'accent sur la pénultième. Par exemple, à la 3ᵉ personne du duel de l'impératif présent, nous avons φερέτων au lieu de φέρετων, qui correspondrait au sanscrit *b́áratām* (« que tous deux portent »), et au comparatif nous avons ἡδίων pour ἥδιων, qui répondrait au sanscrit *svádīyān* « plus doux » (du thème positif *svádu* = grec ἡδύ). Au superlatif, au contraire, ἥδισ7ος correspond parfaitement au sanscrit *svádiṣṭas*, parce qu'ici il n'y a pas lieu pour le grec de s'écarter de l'ancienne accentuation. En reculant l'accent au comparatif et au superlatif, les deux langues ont l'intention de représenter le renforcement de l'idée par le renforcement du ton. Nous avons une preuve bien frappante de l'importance attachée par le sanscrit et le grec au reculement de l'accent, dans la règle qui veut que les mots monosyllabiques aient l'accent sur la syllabe radicale dans les cas forts (§ 129), qui sont regardés comme les plus marquants, tandis que les cas faibles laissent tomber l'accent sur la désinence; comparez, par exemple, le génitif sanscrit et grec *padás*, ποδός, et l'accusatif *pádam* et πόδα. Nous rencontrerons dans le cours de cet ouvrage d'autres preuves de la même loi, qui est absolue en sanscrit, mais qui, en grec est renfermée dans certaines limites.

DES RACINES.

§ 105. *Des racines verbales et des racines pronominales.*

Il y a en sanscrit et dans les langues de la même famille deux classes de racines : la première classe, qui est de beaucoup la plus nombreuse, a produit des verbes et des noms (substantifs et adjectifs); car les noms ne dérivent pas des verbes, ils se trouvent sur une même ligne avec eux et ont même provenance. Nous appellerons toutefois cette classe de racines, pour la distinguer de la classe dont nous allons parler tout à l'heure, et à cause de l'usage qui a consacré ce mot, *racines verbales*; le verbe se trouve d'ailleurs, sous le rapport de la forme, lié à ces racines d'une façon plus intime que le substantif, puisqu'il suffit d'ajouter les désinences personnelles à la racine, pour former le présent de beaucoup de verbes. De la seconde classe de racines dérivent des pronoms, toutes les prépositions primitives, des conjonctions et des particules; nous les nommons *racines pronominales*, parce qu'elles marquent toutes une idée pronominale, laquelle est contenue, d'une façon plus ou moins cachée, dans les prépositions, les conjonctions et les particules. Les pronoms *simples* ne sauraient être ramenés à quelque chose de plus général, soit sous le rapport de l'idée, soit sous le rapport de la forme : le thème

comme ce dernier ne se trouve sur les voyelles brèves que si elles sont suivies d'une liquide, on reconnaît le ton aiguisé à un signe particulier dont Kurschat marque la liquide : *m*, *n*, *r* sont surmontés d'un trait horizontal et *l* est barré; exemples : *mìrti* « mourir », *gìrditi* « abreuver »; le premier de ces mots a le ton aiguisé, le second le ton frappé sur l'*i* bref. Je préférerais que le ton frappé fût toujours représenté par l'aigu, auquel il correspond en effet, et que le ton aiguisé sur les voyelles brèves fût marqué par l'accent grave; j'écrirais donc *gírditi*, *mìrti*, le premier ayant le ton frappé, le second le ton aiguisé. Pour indiquer que la voyelle est longue, il faudrait inventer quelque autre signe que l'aigu, qui sert déjà à représenter l'accent.

Remarque 2. — Principe de l'accentuation en sanscrit et en grec.

Le principe qui régit l'accentuation sanscrite est, d'après moi, celui-ci : plus l'accent se trouve reculé, plus il a de relief et de force; ainsi l'accent placé sur la première syllabe est le plus expressif de tous. Je crois que le même principe s'applique au grec : seulement, par suite d'un amollissement qui n'a eu lieu qu'après la séparation des idiomes, le ton ne peut pas être reculé en grec au delà de l'antépénultième, et si la dernière syllabe est longue, elle attire l'accent sur la pénultième. Par exemple, à la 3ᵉ personne du duel de l'impératif présent, nous avons φερέτων au lieu de φέρετων, qui correspondrait au sanscrit *báratâm* («que tous deux portent»), et au comparatif nous avons ἡδίων pour ἥδιων, qui répondrait au sanscrit *svâdîyân* «plus doux» (du thème positif *svâdú* = grec ἡδύ). Au superlatif, au contraire, ἥδιστος correspond parfaitement au sanscrit *svâdiṣṭas*, parce qu'ici il n'y a pas lieu pour le grec de s'écarter de l'ancienne accentuation. En reculant l'accent au comparatif et au superlatif, les deux langues ont l'intention de représenter le renforcement de l'idée par le renforcement du ton. Nous avons une preuve bien frappante de l'importance attachée par le sanscrit et le grec au reculement de l'accent, dans la règle qui veut que les mots monosyllabiques aient l'accent sur la syllabe radicale dans les cas forts (§ 129), qui sont regardés comme les plus marquants, tandis que les cas faibles laissent tomber l'accent sur la désinence; comparez, par exemple, le génitif sanscrit et grec *padás*, ποδός, et l'accusatif *pádam* et πόδα. Nous rencontrerons dans le cours de cet ouvrage d'autres preuves de la même loi, qui est absolue en sanscrit, mais qui, en grec est renfermée dans certaines limites.

DES RACINES.

§ 105. Des racines verbales et des racines pronominales.

Il y a en sanscrit et dans les langues de la même famille deux classes de racines : la première classe, qui est de beaucoup la plus nombreuse, a produit des verbes et des noms (substantifs et adjectifs); car les noms ne dérivent pas des verbes, ils se trouvent sur une même ligne avec eux et ont même provenance. Nous appellerons toutefois cette classe de racines, pour la distinguer de la classe dont nous allons parler tout à l'heure, et à cause de l'usage qui a consacré ce mot, *racines verbales*; le verbe se trouve d'ailleurs, sous le rapport de la forme, lié à ces racines d'une façon plus intime que le substantif, puisqu'il suffit d'ajouter les désinences personnelles à la racine, pour former le présent de beaucoup de verbes. De la seconde classe de racines dérivent des pronoms, toutes les prépositions primitives, des conjonctions et des particules; nous les nommons *racines pronominales*, parce qu'elles marquent toutes une idée pronominale, laquelle est contenue, d'une façon plus ou moins cachée, dans les prépositions, les conjonctions et les particules. Les pronoms *simples* ne sauraient être ramenés à quelque chose de plus général, soit sous le rapport de l'idée, soit sous le rapport de la forme : le thème de leur déclinaison est en même temps leur racine. Néanmoins les grammairiens indiens font venir tous les mots, y compris les pronoms, de racines verbales, quoique la plupart des thèmes pronominaux s'opposent, même sous le rapport de la forme, à une pareille dérivation; en effet, le plus grand nombre de ces thèmes se terminent par un *a*, il y en a même un qui consiste simplement en un *a*; or, parmi les racines verbales il n'y en a pas une seule finissant en *ă*, quoique l'*â* long et les autres voyelles, excepté ओ *âu*, se rencontrent comme lettres finales des racines verbales. Il y a quelquefois identité fortuite entre une racine verbale et une racine pronominale; par exemple, entre इ *i* « aller » et इ *i* « celui-ci ».

§ 106. Monosyllabisme des racines.

Les racines verbales ainsi que les racines pronominales sont monosyllabiques. Les formes polysyllabiques données par les grammairiens comme étant des racines contiennent ou bien un redoublement, comme *gâgar, gâgr* « veiller », ou bien une préposition faisant corps avec la racine, comme *ava-d'îr* « mépriser », ou bien encore elles sont dérivées d'un nom, comme *kumâr* « jouer », que je fais venir de *kumârá* « enfant ».

Hormis la règle du monosyllabisme, les racines verbales ne sont soumises à aucune autre condition restrictive; elles peuvent contenir un nombre très-variable de lettres. C'est grâce à cette liberté de réunir et d'accumuler les lettres que la langue est parvenue à exprimer toutes les idées fondamentales par des racines monosyllabiques. Les voyelles et les consonnes simples ne lui suffirent pas : elle créa des racines où plusieurs consonnes sont rassemblées en un tout indivisible, comme si elles ne formaient qu'un son unique. Dans *stâ* « se tenir », le *s* et le *t* ont été réunis de toute antiquité, comme le prouvent toutes les langues indo-européennes; dans स्कन्द् skand « monter » (latin *scand-o*), la double combinaison de deux consonnes au commencement et à la fin de la racine est un fait dont l'antiquité est prouvée par l'accord du sanscrit et du latin. D'un autre côté, une simple voyelle suffisait pour exprimer une idée verbale : c'est ce qu'atteste la racine *i* signifiant « aller », qui se retrouve dans presque tous les idiomes de la famille indo-européenne.

§ 107. Comparaison des racines indo-européennes et des racines sémitiques.

La nature et le caractère particulier des racines verbales sanscrites se dessinent encore mieux par la comparaison avec les racines des langues sémitiques. Celles-ci exigent, si loin que nous puissions les poursuivre dans l'antiquité, trois consonnes; j'ai montré ailleurs[1] que ces consonnes représentent par elles-mêmes, sans le secours des voyelles, l'idée fondamentale, et qu'elles forment à l'ordinaire deux syllabes; elles peuvent bien, dans certains cas, être englobées en une seule syllabe, mais alors la réunion de la consonne du milieu avec la première ou la dernière est purement accidentelle et passagère. Nous voyons, par exemple, que l'hébreu *kâtûl* « tué » se contracte au féminin en *ktûl*, à cause du complément *âh* (*ktûlâh*), tandis que *kôtêl* « tuant », devant le même complément, resserre ses consonnes de la façon opposée et fait *kôtlâh*. On ne peut donc considérer comme étant la racine, ni *ktûl* ni *kôtl*; on pourra tout aussi peu chercher la racine dans *ktôl*, qui est l'infinitif à l'état construit; en effet, *ktôl* n'est pas autre chose que la forme absolue *kâtôl* abrégée, par suite de la célérité de la prononciation, qui a hâte d'arriver au mot régi par l'infinitif, mot faisant en quelque sorte corps avec lui. Dans l'impératif *ktôl*, l'abréviation ne tient pas, comme dans

---

[1] Mémoires de l'Académie de Berlin (classe historique), 1824, p. 126 et suiv.

le cas précédent, à une cause extérieure et mécanique[1] : elle vient plutôt d'une cause dynamique, à savoir la rapidité qui caractérise ordinairement le commandement. Dans les langues sémitiques, contrairement à ce qui se passe dans les langues indo-européennes, les voyelles n'appartiennent pas à la racine ; elles servent au mouvement grammatical, à l'expression des idées secondaires et au mécanisme de la structure du mot : c'est par les voyelles qu'on distingue, par exemple, en arabe, *katala* « il tua » de *kutila* « il fut tué », et, en hébreu, *kôtêl* « tuant » de *kâtûl* « tué ». Une racine sémitique ne peut se prononcer : car du moment qu'on y veut introduire des voyelles, on est obligé de se décider pour une certaine forme grammaticale, et l'on cesse d'avoir devant soi l'idée marquée par une racine placée au-dessus de toute grammaire. Au contraire, dans la famille indo-européenne, si l'on consulte les idiomes les plus anciens et les mieux conservés, on voit que la racine est comme un noyau fermé et presque invariable, qui s'entoure de syllabes étrangères dont nous avons à rechercher l'origine, et dont le rôle est d'exprimer les idées secondaires, que la racine ne saurait marquer par elle-même. La voyelle, accompagnée d'une ou de plusieurs consonnes, et quelquefois sans le secours d'aucune consonne, est destinée à exprimer l'idée fondamentale; elle peut tout au plus être allongée ou être élevée d'un ou de deux degrés par le gouna ou par le vriddhi, et encore n'est-ce pas pour marquer des rapports grammaticaux, qui ont besoin d'être indiqués plus clairement, que la voyelle est ainsi modifiée. Les changements en question sont dus, ainsi que je crois pouvoir le démontrer, uniquement à des lois mécaniques; il en est de même pour le changement de voyelle qu'on observe dans les langues germa-

---

[1] Voir, pour l'explication des mots *mécanique* et *dynamique*, page 1 de ce volume, note. — Tr.

niques, où un *a* primitif est tantôt conservé, tantôt changé en *i* ou en *u* (§§ 6 et 7).

§ 108. Classification générale des langues. — Examen d'une opinion de Fr. de Schlegel.

Les racines sémitiques ont, comme on vient de le dire, la faculté de marquer les rapports grammaticaux par des modifications internes, et elles ont fait de cette faculté l'usage le plus large; au contraire, les racines indo-européennes, aussitôt qu'elles ont à indiquer une relation grammaticale, doivent recourir à un complément externe : il paraîtra d'autant plus étonnant que Fr. de Schlegel[1] place ces deux familles de langues dans le rapport inverse. Il établit deux grandes catégories de langues, à savoir celles qui expriment les modifications secondaires du sens par le changement interne du son radical, par la *flexion*, et celles qui marquent ces modifications par l'addition d'un mot qui signifie déjà par lui-même la pluralité, le passé, le futur, etc. Or il place le sanscrit et les langues congénères dans la première catégorie et les idiomes sémitiques dans la seconde. « Il est vrai, « dit-il (p. 48), qu'il peut y avoir une apparence de flexion, « lorsque les particules ajoutées finissent par se fondre si bien avec « le mot principal, qu'elles deviennent méconnaissables; mais « si, comme il arrive en arabe et dans les autres idiomes de « la même famille, ce sont des particules déjà significatives par « elles-mêmes qui expriment les rapports les plus simples et les « plus essentiels, tels que la personne dans les verbes, et si le « penchant à employer des particules de ce genre est inhérent « au génie même de la langue, il sera permis d'admettre que le « même principe a été appliqué en des endroits où il n'est plus « possible aujourd'hui de distinguer aussi clairement l'adjonction

---

[1] Dans son ouvrage *Sur la langue et la sagesse des Indous.*

« de particules étrangères; du moins, il sera sûrement permis
« d'admettre que, dans son ensemble, la langue appartient à
« cette catégorie, quoique dans le détail elle ait déjà pris en
« partie un caractère différent et plus relevé, grâce à des mé-
« langes et à d'habiles perfectionnements. »

Nous devons commencer par rappeler qu'en sanscrit et dans les idiomes de cette famille, les désinences personnelles des verbes montrent pour le moins une aussi grande ressemblance avec les pronoms isolés qu'en arabe. Et comment une langue quelconque, exprimant les rapports pronominaux des verbes par des syllabes placées au commencement ou à la fin de la racine, irait-elle négliger précisément les syllabes qui, isolées, expriment les idées pronominales correspondantes?

Par *flexion*, Fr. de Schlegel entend le changement interne du son radical, ou (p. 35) la modification interne de la racine qu'il oppose (p. 48) à l'adjonction externe d'une syllabe. Mais quand en grec de $\delta\omega$ ou de δo se forment $\delta i\delta\omega$-$\mu\iota$, $\delta\omega$-$\sigma\omega$, δo-$\theta\eta\sigma\delta\mu\epsilon\theta\alpha$, qu'est-ce que les formes $\mu\iota$, $\sigma\omega$, $\theta\eta\sigma o\mu\epsilon\theta\alpha$, sinon des compléments externes qui viennent s'ajouter à une racine invariable ou changeant seulement la quantité de la voyelle? Si l'on entend donc par *flexion* une modification interne de la racine, le sans-
crit, le grec, etc. n'auront guère d'autre flexion que le redou-
blement, qui est formé à l'aide des ressources de la racine même. Ou bien, dira-t-on que dans δo-$\theta\eta\sigma\delta\mu\epsilon\theta\alpha$, $\theta\eta\sigma o\mu\epsilon\theta\alpha$ est une modification interne de la racine δo?

Fr. de Schlegel continue (p. 50): « Dans la langue indienne,
« ou dans la langue grecque, chaque racine est véritablement
« ce que dit son nom, une racine, un germe vivant; car les
« idées de rapport étant marquées par un changement interne,
« la racine peut se déployer librement, prendre des développe-
« ments indéfinis, et, en effet, elle est quelquefois d'une ri-
« chesse admirable. Mais tout ce qui sort de cette façon de la

« simple racine conserve la marque de la parenté, fait corps
« avec elle, de manière que les deux parties se portent et se
« soutiennent réciproquement. » Je ne trouve pas que cette déduction soit fondée, car si la racine a la faculté d'exprimer les idées de rapport par des changements internes, comment en peut-on conclure pour cette même racine (qui reste *invariable à l'intérieur*) la faculté de se développer indéfiniment à l'aide de syllabes étrangères s'ajoutant du dehors? Quelle marque de parenté y a-t-il entre $\mu\iota$, $\sigma\omega$, $\theta\eta\sigma\omicron\mu\epsilon\theta\alpha$ et les racines auxquelles se joignent ces compléments significatifs? Reconnaissons donc dans les flexions des langues indo-européennes, non pas des modifications intérieures de la racine, mais des éléments ayant une valeur par eux-mêmes et dont c'est le devoir d'une grammaire scientifique de rechercher l'origine. Mais quand même il serait impossible de reconnaître avec certitude l'origine d'une seule de ces flexions, il n'en serait pas moins certain pour cela que l'adjonction de syllabes extérieures est le véritable principe de la grammaire indo-européenne; il suffit, en effet, d'un coup d'œil pour voir que les flexions n'appartiennent pas à la racine, mais qu'elles sont venues du dehors. A. G. de Schlegel, qui admet dans ses traits essentiels cette même classification des langues[1], donne à entendre que les *flexions* ne sont pas des mo-

---

[1] Dans son ouvrage, *Observations sur la langue et la littérature provençales* (en français), il établit toutefois trois classes de langues (p. 14 et suiv.) : *les langues sans aucune structure grammaticale*, *les langues qui emploient des affixes*, et *les langues à inflexions*. Il dit des dernières : « Je pense, cependant, qu'il faut assigner le premier
« rang aux langues à inflexions. On pourrait les appeler les langues organiques,
« parce qu'elles renferment un principe vivant de développement et d'accroissement,
« et qu'elles ont seules, si je puis m'exprimer ainsi, une végétation abondante et
« féconde. Le merveilleux artifice de ces langues est de former une immense variété
« de mots, et de marquer la liaison des idées que ces mots désignent, moyennant
« un assez petit nombre de syllabes, qui, considérées séparément, n'ont point de
« signification, mais qui déterminent avec précision le sens du mot auquel elles sont
« jointes. En modifiant les lettres radicales, et en ajoutant aux racines des syllabes

difications de la racine, mais des compléments étrangers, dont le caractère propre serait de n'avoir pas de signification par eux-mêmes. Mais on en peut dire autant pour les flexions ou syllabes complémentaires des langues sémitiques, qui ne se rencontrent pas plus qu'en sanscrit, à l'état isolé, sous la forme qu'elles ont comme flexions. On dit, par exemple, en arabe *antum*, et non pas *tum* « vous »; et en sanscrit, c'est *ma, ta*, et non pas *mi, ti* qui sont les thèmes déclinables de la 1re et de la 2e personne; *at-TI* « il mange » est dans le même rapport avec *TA-m* « lui » (à l'accusatif) que le gothique *IT-a* « je mange » avec la forme monosyllabique *AT* « je mangeai ». La cause de l'affaiblissement de l'*a* radical en *i* est probablement la même dans les deux cas : c'est à savoir que le mot où nous rencontrons l'*i* est plus long que le mot où nous avons *a* (comparez § 6).

Si la division des langues proposée par Fr. de Schlegel repose sur des caractères inexacts, l'idée d'une classification rappelant les règnes de la nature n'en est pas moins pleine de sens. Mais nous établirons plutôt, comme fait A. G. de Schlegel (endroit cité), *trois* classes, et nous les distinguerons de la sorte : 1° idiomes sans racines véritables, sans faculté de composition, par conséquent, sans organisme, sans grammaire. A cette classe appartient le chinois, où tout, en apparence, n'est encore que racine[1], et où les catégories grammaticales et les

« dérivatives, on forme des mots dérivés de diverses espèces, et des dérivés des déri-
« vés. On compose des mots de plusieurs racines pour exprimer les idées complexes.
« Ensuite on décline les substantifs, les adjectifs et les pronoms, par genres, par
« nombres et par cas; on conjugue les verbes par voix, par modes, par temps, par
« nombres et par personnes, en employant de même des désinences et quelquefois
« des augments, qui séparément ne signifient rien. Cette méthode procure l'avantage
« d'énoncer en un seul mot l'idée principale, souvent déjà très-modifiée et très-
« complexe, avec tout son cortége d'idées accessoires et de relations variables. »

[1] Je dis *en apparence*, car, de racines véritables, on ne peut en reconnaître au chinois : en effet, une racine suppose toujours une famille de mots dont elle est le

rapports secondaires ne peuvent être reconnus que par la position des mots dans la phrase [1].

centre et l'origine; on n'arrive à la saisir qu'après avoir dépouillé les mots qui la contiennent de tous les éléments exprimant des idées secondaires, et après avoir fait abstraction des changements qui ont pu survenir dans la racine elle-même par suite des lois phoniques. Les composés dont parlent les grammaires chinoises ne sont pas des composés véritables, mais seulement des mots juxtaposés, dont le dernier ne sert souvent qu'à mieux déterminer la signification du premier; par exemple, dans *taó-lú* (Endlicher, *Éléments de la grammaire chinoise*, p. 170), il y a deux mots juxtaposés, qui ont tous les deux, entre autres significations, celle de «chemin», et qui réunis ne peuvent signifier autre chose que *chemin*. Les expressions citées par Endlicher (p. 171 et suiv.) ne sont pas plus des composés que ne le sont en français les termes comme *homme d'affaires*, *homme de lettres*. Pour qu'il y ait composé, il faut que les deux mots soient réellement combinés et n'aient qu'un seul et même accent. Ces expressions chinoises n'ont qu'une unité logique, c'est-à-dire qu'il faut oublier la signification particulière de chacun des mots simples pour ne penser qu'au sens de l'ensemble, sens souvent assez arbitraire; par exemple, la réunion des mots *shúi* («eau») et *sheú* («main») signifie «pilote» (*shúi sheú*), et celle des mots *gï* («soleil») et *tsè* («fils») désigne le «jour», qui est considéré comme le produit du soleil (*gï tsè*). — Les mots chinois ont l'apparence de racines, parce qu'ils sont tous monosyllabiques; mais les racines des langues indo-européennes comportent une plus grande variété de formes que les mots chinois. Ceux-ci commencent tous par une consonne et se terminent (à l'exception du chinois du sud), soit par une voyelle, diphthongue ou triphthongue, soit par une nasale (*n*, *ng*) précédée d'une voyelle. *L* seul fait exception et se trouve à la fin des mots après *eu*, dans *eul* «et», *eúl* «deux» et *eùl* «oreille». Pour montrer dans quelles étroites conditions est renfermée la structure des mots chinois, je cite les noms de nombre de 1 à 10, ainsi que les termes employés pour 100 et 1000. Je me sers du système de transcription d'Endlicher: *'ï* 1, *eúl* 2, *san* 3, *ssé* 4, *'u* 5, *lù* 6, *tsï* 7, *pá* 8, *kieù* 9, *shï* 10, *pé* 100, *tsian* 1000. On voit qu'ici chaque nom de nombre est une création à part, et qu'il n'est pas possible d'expliquer un nom de nombre plus élevé par la combinaison d'autres noms de nombre moins élevés. Ce qui, dans les langues indo-européennes, se rapproche le plus de la structure des mots chinois, ce sont les racines pronominales ou thèmes pronominaux, lesquels, comme on l'a fait observer plus haut (§ 105), se terminent tous par une voyelle. A ce point de vue, on pourrait comparer, par exemple, *pá*, *lù*, *shï* aux thèmes *ka*, *ku*, *ki*. On en pourrait rapprocher aussi quelques thèmes substantifs sanscrits, qui, d'après leur forme, sont des racines nues, aucun suffixe formatif n'étant joint à la racine à laquelle ils appartiennent; exemples: *bá* «éclat», *bí* «peur», *hrí* «pudeur».

[1] La langue chinoise a été parfaitement caractérisée par G. de Humboldt dans sa

2° Les langues à racines monosyllabiques, capables de les combiner entre elles, et arrivant presque uniquement par ce moyen à avoir un organisme, une grammaire. Le principe essentiel de la création des mots, dans cette classe de langues, me paraît être la combinaison des racines verbales avec les racines pronominales, les unes représentant en quelque sorte l'âme, les autres le corps du mot (comparez § 105). A cette classe appartiennent les langues indo-européennes, ainsi que tous les idiomes qui ne sont pas compris dans la première ou dans la troisième classe, et dont les formes se sont assez bien conservées pour pouvoir être ramenées à leurs éléments les plus simples.

3° Les langues à racines verbales dissyllabiques, avec trois consonnes nécessaires, exprimant le sens fondamental. Cette classe comprend seulement les idiomes sémitiques et crée ses formes grammaticales, non pas seulement par composition, comme la seconde, mais aussi par la simple modification interne des racines. Nous accordons d'ailleurs volontiers le premier rang à la famille indo-européenne, mais nous trouvons les raisons de cette prééminence, non pas dans l'usage de *flexions* consistant en syllabes dépourvues de sens par elles-mêmes, mais dans le nombre et la variété de ces compléments grammaticaux, lesquels sont significatifs et en rapport de parenté avec des mots employés à l'état isolé; nous trouvons encore des raisons de supériorité dans le choix habile et l'usage ingénieux de ces compléments, qui permettent de marquer les relations les plus diverses de la façon la plus exacte et la plus vive; nous expliquons enfin cette supériorité par l'étroite union qui assemble la racine et la flexion en un tout harmonieux, comparable à un corps organisé.

Lettre à M. Abel Rémusat, sur la nature des formes grammaticales en général, et sur le génie de la langue chinoise en particulier (en français).

§ 109ᵃ. Division des racines sanscrites en dix classes, d'après des caractères qui se retrouvent dans les autres langues indo-européennes.

Les grammairiens indiens divisent les racines en dix classes, d'après des particularités qui se rapportent seulement aux temps que nous avons appelés *temps spéciaux*[1], et au participe présent; ces particularités se retrouvent toutes en zend, et nous en donnerons des exemples au paragraphe suivant. Mais nous allons d'abord caractériser les classes sanscrites, et en rapprocher ce qui y correspond dans les langues européennes.

§ 109ᵃ, 1. Première et sixième classe.

La première et la sixième classe ajoutent अ *a* à la racine, et nous nous réservons de nous expliquer, en traitant du verbe, sur l'origine de ce complément et d'autres du même genre. La première classe comprend environ mille racines, presque la moitié de la somme totale des racines; la sixième en contient à peu près cent cinquante; la différence entre ces deux classes est que la première élève d'un degré la voyelle radicale par le gouna (§ 26) et la marque de l'accent, tandis que la sixième laisse la voyelle radicale invariable et fait tomber le ton sur la syllabe marquant la classe; exemples: *bṓdati* « il sait », de *bud* 1, mais *tudáti* « il frappe », de *tud* 6. Comme अ *a* n'a pas de gouna, il n'y a pour cette voyelle de différence entre la première et la sixième classe que dans l'accentuation: ainsi *maǵǵ-á-ti* « sub-

---

[1] Les temps qui correspondent en grec aux temps spéciaux sont: le présent (indicatif, impératif, optatif; le subjonctif manque au sanscrit ordinaire) et l'imparfait. Ils ont également en grec certains caractères qui ne se retrouvent pas dans les autres temps. Dans les langues germaniques, les temps spéciaux sont représentés par le présent de chaque mode.

mergitur » sera de la sixième. Mais, en général, les verbes ayant un *a* radical sont dé la première [1].

Quelques verbes de la sixième classe insèrent une nasale, qui naturellement devra appartenir au même organe que la consonne finale de la racine : exemples : *lump-á-ti*, de *lup* « fendre, briser »; *vind-á-ti*, de *vid* « trouver ».

En grec, le complément अ *a* est représenté par ε (par ο devant les nasales, § 3) : λείπ-ο-μεν [2], φεύγ-ο-μεν, de ΛΙΠ, ΦΥΓ (ἔλιπον, ἔφυγον), appartiennent à la première classe, parce qu'ils ont le gouna (§ 26); au contraire, γλίχ-ο-μαι sera de la sixième [3]. En latin, nous reconnaissons dans la troisième conjugaison, dont je ferais la première, les verbes correspondant à la première et à la sixième classe sanscrite; la longue de *dîco*, *fîdo*, *dûco* tient la place du gouna de la première classe, et le complément *i* est un affaiblissement de l'ancien *a* (§ 6); sous le rapport des voyelles, *leg-i-mus* est au grec λέγ-ο-μεν ce que le génitif *ped-is* est à ποδ-ός, qui lui-même est pour le sanscrit *pad-ás*. Dans *leg-u-nt*, venant de *leg-a-nti*, l'ancien *a* est devenu un *u* par l'influence de la liquide (comparez § 7).

De même que dans la sixième classe sanscrite, certains verbes en latin insèrent la nasale : *rump-i-t*, par exemple, répond à la forme *lump-á-ti*, citée plus haut. On peut comparer à *vind-á-ti*, en ce qui concerne la nasale, les formes latines *find-i-t*, *scind-i-t*, *tund-i-t*.

---

[1] Le chiffre placé après une racine verbale sanscrite indique la classe de conjugaison à laquelle elle appartient. — Tr.

[2] Nous mettons le pluriel, parce que le singulier, plus mutilé, rend le fait moins sensible.

[3] En sanscrit, les voyelles longues ne comportent le gouna que quand elles sont à la fin de la racine, non quand elles se trouvent au commencement ou au milieu; les voyelles brèves devant une consonne double ne le prennent pas non plus. Les racines ainsi conformées font partie de la première classe; exemple : *krîd-a-ti* « il joue ».

DES RACINES. § 109ᵃ, 1.

Dans les langues germaniques, tous les verbes forts, à l'exception de ceux qui seront mentionnés plus bas (§§ 109ᵃ, 2 et 5) et du verbe substantif, sont dans le rapport le plus frappant avec les verbes sanscrits de la première classe [1]. Le अ *a*, qui se joint à la racine, est, en gothique [2], resté invariable devant certaines désinences personnelles, et s'est changé, devant d'autres, en *i* (comparez § 67), comme en latin; exemple: *hait-a* «j'appelle», *hait-i-s, hait-i-th*; 2ᵉ personne duel *hait-a-ts*; pluriel: *hait-a-m, hait-i-th, hait-a-nd*.

Les voyelles radicales *i* et *u* prennent le gouna comme en sanscrit, avec cette seule différence que l'*a* du gouna s'est affaibli en *i* (§ 27), lequel, en se combinant avec un *i* radical, forme un *i* long (qu'on écrit *ei*, § 70); exemples: *keina* (= *kîna*, venant de *kïna*) «je germe», du verbe *kin*; *biuga* «je plie», du verbe *bug*, en sanscrit *b'ug'*, d'où vient *b'ugnâ* «plié» [3]. La voyelle radi-

---

[1] C'est à cette place, pour la première fois, que ce rapport est exposé d'une façon complète. La conjecture que l'*a* de formes comme *haita, haitam, haitaima*, etc. n'appartient pas aux désinences personnelles, mais est identique à l'*a* de la première et de la sixième classe sanscrite, a été émise pour la première fois par moi dans la Recension de la Grammaire de Grimm; mais je n'avais pas encore aperçu toute l'étendue de la loi du gouna dans les langues germaniques. (Voyez les Annales de critique scientifique, février 1827, p. 282; Vocalisme, p. 48.)

[2] Parmi les idiomes germaniques, nous mentionnons de préférence le gothique, parce qu'il est le point de départ de la grammaire allemande. On tirera aisément les conséquences qui en découlent pour le haut-allemand.

[3] La racine gothique *luk* «fermer» allonge son *u* au lieu de le faire précéder de l'*i* gouna: *us-lûk-i-th* «il ouvre», pour *us-liuk-i-th*. Il importe de remarquer, à ce propos, qu'il y a aussi, en sanscrit, un verbe de la première classe, qui, par exception, au lieu de prendre le gouna, allonge un *u* radical: *gûh-a-ti* «il couvre» (pour *gôh-a-ti*), de la racine *guh*, venant de *gud'* (en grec κυθ; voyez § 104ᵃ). De même, en latin, *dûc-i-t*, de *dûc* (*dux, dûcis*) et avec un changement analogue de l'*i*: *dico, fido* (comparez *judex, judicis, causidicus, fides*). Il faut encore rapporter ici les verbes grecs qui allongent au présent un υ et un ι bref radical, comme τρίβω (ἔτριβην, τρι-βήσομαι, τρίβάς, τριβεύς), θλίβω (ἐθλίβην), φρύγω (ἐφρύγην).

Comme l'écriture gothique primitive ne distingue pas l'*u* bref et l'*u* long (§ 76), on pourrait admettre aussi que le mot *us-luk-i-th*, mentionné plus haut, a un *u* bref;

cale sanscrite *a* se présente, en gothique, sous une triple forme. Ou bien *a* est resté invariable dans les temps spéciaux, par exemple dans *far-i-th* « il voyage », pour le sanscrit *cár-a-ti* (§ 14); ou bien l'ancien *a* s'est affaibli, dans les temps spéciaux, en *i*; exemple : *qvim-i-th* « il vient », à côté de *qvam* « je vins, il vint » (en sanscrit, racine *gam* « aller », § 6); ou bien, en troisième lieu, l'ancien *a* a complétement disparu, et l'*i*, qui en est sorti par affaiblissement, compte pour la vraie voyelle radicale; on traite alors cet *i* de la même façon qu'un *i* organique, qui aurait déjà subsisté en sanscrit, c'est-à-dire qu'on le frappe de l'*i* gouna dans

néanmoins je ne doute pas que Grimm n'ait eu raison d'écrire *ga-liuka* dans la deuxième édition de sa Grammaire (p. 842), attendu que tous les verbes forts, ayant un *u* radical, frappent au présent cette voyelle du gouna, et qu'il est beaucoup plus naturel d'admettre qu'ici le gouna a été remplacé par un allongement de la voyelle que de supposer qu'il a disparu sans compensation aucune. Mais si le gothique, ce qui a été contesté plus haut (§ 76), avait été absolument dépourvu de l'*u* long, cette circonstance aurait certainement contribué à conserver la forme *liuka*, parce qu'alors il eût été impossible de compenser la suppression de l'*i* par l'allongement de la voyelle radicale.

L'*u* de *truda* « je foule » est, comme le montrent les dialectes congénères, pour un *i*; je le regarde comme un affaiblissement de l'*a* radical, lequel, au lieu de se changer en *i*, s'est changé, par exception dans ce verbe, en la voyelle *u*, moins légère que l'*i*, et, par conséquent, plus proche de la voyelle *a* (§ 7) : *truda* est donc, aux formes comme *giba*, ce qu'en latin *conculco* est aux composés comme *contingo*, avec cette différence qu'ici le voisinage de *l* a contribué à faire préférer l'*u* à l'*i*. Il ne me paraît pas douteux que le prétérit de *truda*, qu'on ne trouve nulle part, a dû être *trath*, pluriel *trédum*, ainsi que l'admet Grimm (I, p. 842), quoique Grimm ait lui-même changé d'opinion au sujet de ce pluriel (Histoire de la langue allemande), et qu'il préfère actuellement *tródum* à *trédum*. Ce qui rend la dernière forme plus vraisemblable, ce sont les formes du vieux haut-allemand *dráti* (subjonctif) et *furtráti* (2ᵉ personne du singulier de l'indicatif). S'il y avait eu un prétérit pluriel gothique *tródum*, on aurait eu probablement, au singulier, *tróth*, en analogie avec *fôr*, *fôrum*, présent *fara*; alors le présent *truda* appartiendrait à la septième conjugaison de Grimm, et il serait, en ce qui concerne la voyelle radicale, dans le même rapport avec les autres formes spéciales de cette classe, que le sont les formes comme *bundum* « nous liâmes » avec les formes monosyllabiques du singulier, comme *band* (douzième conjugaison).

les temps spéciaux, et de l'*a* gouna au prétérit singulier, et on le conserve pur au prétérit pluriel. C'est ici que vient se ranger le verbe *kin* « germer », mentionné plus haut : présent *keina*, prétérit singulier *kain*, pluriel *kin-um*. La racine sanscrite correspondante est *ǵan* « engendrer, naître » (§ 87, 1). Même rapport entre *greipa, graip, gripum*, de *grip* « saisir » et ग्रभ् *grab* (forme védique) « prendre »[1]. Au contraire, *bit* « mordre »[2] (*beita, bait, bitum*) a déjà, en sanscrit, un *i*. Comparez भिद् *bid* « fendre ».

§ 109ª, 2. Quatrième classe.

La quatrième classe sanscrite ajoute aux racines la syllabe *ya* et se rencontre en cela avec les temps spéciaux du passif; les verbes appartenant à cette classe sont, d'ailleurs, en grande partie, des intransitifs, comme, par exemple, *náś-ya-ti* « il périt », *hŕṡ-ya-ti* « il se réjouit », *ŕd-ya-ti* « il croît », *kúp-ya-ti* « il se fâche », *trás-ya-ti* « il tremble ». La voyelle radicale reste, en général, invariable, et reçoit le ton[3], comme on le voit par les exemples précédents, au lieu que le passif laisse tomber le ton sur la syllabe *ya*. Comparez, par exemple, *nah-yá-tê* « il est lié » avec le moyen *náh-ya-tê* (actif *náh-ya-ti*) « il lie ». Cette classe comprend environ cent trente racines.

Je rapporte à cette classe les verbes gothiques en *ja*, qui, comme par exemple *vahs-ja* « je crois », *bid-ja* » je prie », rejettent ce complément au prétérit (*vôhs* « je crûs », *bath* « je priai », pluriel *bêdum*). Ils n'ont, dans les temps spéciaux, qu'une res-

---

[1] Le *p* gothique tient ici exceptionnellement la place d'un *b*, qui est le substitut ordinaire du *b* sanscrit (§ 88). Comparez le lithuanien *grė́bju* « je prends », ancien slave *grabljuṅ* « je pille ».

[2] Le verbe *bit* ne se rencontre qu'avec la préposition *and* et dans le sens de « injurier », mais il répond au vieux haut-allemand *biz* « mordre » (en allemand moderne *beissen*).

[3] Excepté aux prétérits augmentés, lesquels, dans cette classe comme dans toutes les autres, prennent le ton sur l'augment.

semblance fortuite avec la première conjugaison faible de Grimm (*nas-ja* « je sauve »), dont le *ja* a une autre origine, et est, comme on le montrera plus tard, un reste de *aja* (en sanscrit *aya*, § 109ª, 6). La racine sanscrite *vaks̀*, qui répond au gothique *vahs*, appartient à la première classe (*vàks̀-a-ti* « crescit »), mais la racine zende correspondante, qui se montre d'ordinaire sous la forme contractée ꝏꝏ *uks̀*[1], appartient à la quatrième ; c'est ainsi que nous avons, dans un endroit cité par Burnouf (*Yaçna*, notes, p. 17), *us-uks̀yanti* « ils croissent », forme qu'on peut comparer au gothique *vahs-ja-nd*. Je ferai encore observer que, si les verbes gothiques comme *vahsja* contenaient un mélange de la conjugaison forte et de la conjugaison faible, il faudrait attendre une forme *bad-ja* et non *bid-ja*, de même que nous avons *sat-ja* « je place » (« je fais asseoir »), de la racine *sat* (*sita*, *sat*, *sêtum*), *nasja* « je sauve », de *nas* (*ganisa* « je guéris », prétérit *ga-nas*). Dans les racines terminées en *ô* (= *â*, § 69, 1), l'*ô* s'abrége en *a* dans les temps spéciaux, et le *j*, devenu voyelle, se réunit avec l'*a* pour former une diphthongue ; exemple : *vaia* « je souffle », pour *va-ja*, lequel est lui-même pour *vô-ja*, de la racine *vô* (prétérit *vaivô*), en sanscrit *và* (parfait *va-vâu*), dont la 3ᵉ pers. du présent ferait, d'après la quatrième classe, *vâ-ya-ti*. Ainsi que *vaia*, je rapporte à cette classe les deux autres verbes de la cinquième conjugaison de Grimm, à savoir *laia* « maledico » et *saia* « je sème », des racines *lô*, *sô*. La forme *saijith* (Marc, IV, 14) « il sème » est mise par euphonie pour *saüth*, *i* étant évité après *ai*, tandis que, devant un *a*, on ne rencontre jamais *aij* pour *ai* (*saiada*, *saian*, *saiands*, *saians*; voyez Grimm, I, p. 845).

Le sanscrit présente également, dans cette classe de verbes,

---

[1] Sur l'orthographe suivie ici (*ks̀* au lieu de *ks̀*), voyez § 52. La contraction de *va* en *u* a lieu également dans le dialecte védique pour la même racine. En irlandais, *fasaim*, pour le sanscrit *vâks̀âmi*, signifie « je crois ». (Voyez d'autres mots de la même famille dans le Glossaire sanscrit, p. 304.)

des abréviations de *â* en *a*, si l'on y rapporte avec Bœhtlingk (Chrestomathie sanscrite, p. 279) des formes comme *dă-ya-ti* « il boit ». Ce qui vient à l'appui de cette manière de voir, c'est que toutes les racines terminées, selon les grammairiens indiens, en *ê*, *âi*, *ô*, suivent l'analogie des racines en *â* dans les temps généraux [1] ; ainsi *dâ-syắmi* « je boirai » ne vient pas de *dê*, mais de *dâ*. (Comparez le grec ϑῆσθαι.) Il y a donc lieu de supposer qu'il n'y a pas de racines terminées par une diphthongue, mais qu'à l'exception de *ǵyô* (en réalité *ǵyu*), toutes les racines auxquelles les grammairiens attribuent une diphthongue comme lettre finale appartiennent à la quatrième classe de conjugaison. En ce qui concerne la forme qu'elles prennent dans les temps spéciaux, ces racines se divisent en trois classes : 1° verbes qui laissent l'*â* final de la racine invariable devant la syllabe caractéristique *ya*; exemple : *gắ-ya-ti* « il chante », de *gâ* [2]; 2° verbes qui, comme *dă-ya-ti*, que nous venons de mentionner, abrègent l'*â*. Les grammairiens indiens divisent ainsi : *dăy-a-ti*, et rapportent le verbe, ainsi que les autres semblables, à la première classe; 3° verbes qui, devant la syllabe caractéristique *ya*, suppriment la voyelle radicale *â*, de sorte que le ton est nécessairement rejeté sur cette syllabe. Il n'y a que quatre verbes de cette espèce, parmi lesquels *d-yắ-ti* « abscindit », dont la racine *dâ* se montre clairement dans *dâ-tá-s* « coupé » et *dấ-tra-m* « faucille ». En ce qui touche la suppression de la voyelle radicale, dans les temps spéciaux, comparez la perte de l'*â* dans *dâ* « donner » et *dâ* « placer », au po-

---

[1] J'ai fait observer déjà, dans la première édition de ma grammaire sanscrite abrégée (1832, § 354) que les racines qui, suivant les grammairiens indiens, se terminent par une diphthongue, sont, en réalité, terminées par un *â*, à l'exception de गौ *ǵyô*. Mais, pour laisser ces verbes dans la classe de conjugaison qui leur avait été assignée par les grammairiens indiens, j'essayais alors d'expliquer le *y* d'une autre façon; de même dans la deuxième édition (1845, p. 211).

[2] D'après les grammairiens *gắi*, de sorte qu'il faudrait diviser ainsi : *gắy-a-ti*, et rapporter le verbe à la première classe.

tentiel *dad-yắ-m*, *dad́-yấ-m*, pour *dadâ-yắm*, *dadâ-yắm*, en grec διδοίην, τιθείην.

Nous retournons aux langues germaniques pour faire remarquer qu'en vieux haut-allemand le *j*, qui est le caractère de la classe, s'assimile souvent à la consonne radicale précédente; exemples : *hef-fu* « je lève », pour *hef-ju*, à côté du gothique *haf-ja*, prétérit *hôf*; *pittu* « je prie », pour *pit-ju*, gothique *bid-ja*. Ceci nous conduit aux verbes grecs comme βάλλω, πάλλω, ἅλλομαι (venant de βάλ-jω, πάλ-jω, etc. § 19), que je rapporte également à la quatrième classe sanscrite, le redoublement des consonnes se bornant aux temps spéciaux. Dans les formes comme πράσσω, φρίσσω, λίσσομαι se cache une double altération de consonnes, à savoir le changement d'une gutturale ou d'une dentale en sifflante, et, d'autre part, en vertu d'une assimilation régressive, le changement du *j*, qui se trouvait autrefois, en grec, en σ; ainsi πράσ-σω vient de πράγ-jω; φρίσ-σω de φρίκ-jω, λίσ-σο-μαι de λίτ-jo-μαι. J'explique de la même manière les comparatifs à double σ, comme γλύσσων pour γλύκjων (γλυκίων); κρείσσων pour κρείτjων. C'est par l'analyse de ces formes de comparatifs que je suis arrivé, dans la première édition [1], à découvrir le rapport des verbes grecs en σσω (attique τjω) et λλω avec les verbes sanscrits de la quatrième classe. Néanmoins, tous les verbes grecs en σσω ne se rapportent pas à la quatrième classe sanscrite; une partie de ces verbes viennent d'ailleurs, quoique également avec l'assimilation régressive d'un *j* primitif (sanscrit य *y*). Nous y reviendrons plus tard.

On a déjà fait observer plus haut que le *y* sanscrit de la quatrième classe paraît aussi dans les verbes grecs correspondants sous la forme du ζ; exemples : βύ-ζω, βλύ-ζω de βύ-jω, βλύ-jω; βρί-ζω, σχί-ζω de βρίγ-jω, σχίδ-jω (§ 19).

---

[1] Troisième partie, 1837, § 501, et deuxième partie, p. 413 et suiv.

Dans les verbes dont la racine se termine par une liquide, il arrive quelquefois que la semi-voyelle, après s'être changée en ι, passe dans la syllabe précédente; de même donc qu'on a les comparatifs ἀμείνων, χείρων, pour ἀμενίων, χερίων, venant de ἀμένjων, χέρjων, de même on a χαίρω, venant de χάρ-jω, pour le sanscrit hŕs-yâ-mi du primitif hárs-yâ-mi[1]; μαίν-ε-ται, venant de μάν-jε-ται, pour le sanscrit 1. 'n-ya-tê (racine मन् man « penser »).

Aux formes gothiques, mentionnées plus haut, comme vaia « je souffle » (de va-ja), saia « je sème » (de sa-ja), répondent en partie les verbes grecs en αίω, notamment δαίω « je partage », de δά-jω, lequel est resté plus fidèle à la forme primitive que le sanscrit d-yâ-mi « abscindo », en ce qu'il a conservé la voyelle radicale; il est sous ce rapport à la forme sanscrite ce que διδοίην, τιθείην sont au sanscrit dadyấm, dadyấm. L'ι de δαίω a fini par faire partie intégrante de la racine dans certaines formations nominales comme δαίς, δαίτη, δαιτρός, ainsi que dans le verbe δαίνυμι; un fait pareil a lieu en sanscrit, où nous trouvons à côté des verbes vá-ya-ti « il tisse », dấ-ya-ti « il boit », les thèmes substantifs vế-man (venant de vai-man) « métier à tisser » et dế-nú « vache nourricière », formes qui ne doivent pas nous induire à admettre avec les grammairiens indiens vế et dế comme étant des racines véritables. On pourrait cependant regarder aussi vế-man, dế-nú comme des altérations de vấ-man, dấ-nú, attendu qu'on trouve encore ailleurs des exemples d'un â affaibli en ê = ai, par exemple, au vocatif des thèmes féminins en â, comme sutế « fille », de sutấ, et au duel du moyen, comme âbốdếtâm « tous deux savaient », venant de âbốd-a-âtâm.

En ce qui concerne δαίω « je brûle, j'allume », j'ai émis, dans mon Glossaire, la conjecture qu'il répond au causatif dâh-áyâ-mi

---

[1] L'a de toutes les syllabes caractéristiques est allongé en sanscrit devant m et v, si ces consonnes sont suivies d'une voyelle, ce qui a toujours lieu pour le v.

« je fais brûler, j'allume »; cependant, je ne conteste pas que, sous le rapport de la forme, δαίω peut répondre aussi à l'intransitif *dáh-yâ-mi* « ardeo » : dans ce cas, la suppression de l'ι, dans les formes comme ἐδαόμην, δάηται, δέδηα, sera parfaitement régulière. Parmi les verbes en εω, ainsi que le fait remarquer G. Curtius[1], ceux dont la syllabe caractéristique ne sort pas des temps spéciaux peuvent être rapprochés des verbes sanscrits de la quatrième classe; l'ε sera alors une altération de l'ι, venant de *j* (§ 656), et ὠθέω, par exemple, sera pour ὤθjω. Mais pour le plus grand nombre de ces verbes en εω, je regarde l'ε comme une corruption de l'*a* sanscrit (§ 109ᵃ, 6). Dans γαμέω, venant de γάμjω, je crois reconnaître un verbe dénominatif, quoique les temps généraux dérivent immédiatement de γαμ : nous aurons de la sorte un verbe grec à rapprocher du mot sanscrit *ǵam* (venant de *gam*) qu'on ne rencontre que dans le composé *ǵam-patî* « épouse et époux »; il faut rappeler à ce sujet que les thèmes dénominatifs sanscrits en *ya* peuvent entièrement supprimer cette syllabe aux temps généraux, et qu'en grec les dénominatifs à deux lettres semblables, comme ἀγγέλλω, ποικίλλω, κορύσσω (formés par assimilation de ἀγγέλ-jω, ποικίλ-jω, κορύθ-jω), se débarrassent dans les temps généraux de la seconde lettre et font, par exemple, ἀγγελῶ, ἤγγελον, ποικιλῶ, κεκόρυθμαι.

Le latin présente des restes de la quatrième conjugaison sanscrite dans les formes en *io* de la troisième conjugaison, comme *cupio, capio, sapio*. Le premier de ces verbes répond au sanscrit *kúp-yâ-mi* « irascor », les deux autres au vieux haut-allemand *hef-fu* (gothique *haf-ja* « je lève »), *sef-fu* (*in-seffu* « intelligo »). En lithuanien, il faut rapporter ici les verbes comme *gnýbiu* « je pince », prétérit *gnýbau*, futur *gnýbsiu*; *grúdžu*

---

[1] Voyez G. Curtius, La formation des temps et des modes, en grec et en latin, p. 94 et suiv.

« je foule » (par euphonie pour *grúdiu*, § 92 ᵇ), prétérit *grúdau*, futur *grú-siu* (§ 103). Les verbes de même sorte, en ancien slave, ont tous une voyelle à la fin de la racine, de façon qu'on doit peut-être admettre que le *j* a été inséré par euphonie pour éviter l'hiatus; exemples : пиѭ *pijuń* « je bois », пиѥши *pijeśi* « tu bois » (comparez Miklosich, *Théorie des formes*, p. 49). Il faut dire, toutefois, qu'en sanscrit la racine *pî* « boire » (forme affaiblie de *pâ*) appartient en effet à la quatrième classe, de sorte que, si l'on divise ainsi les formes slaves : *pi-je-śi, pi-je-tŭ,* etc. elles concorderont parfaitement avec le sanscrit *pí-ya-sê, pí-ya-tê* (abstraction faite des désinences du moyen).

§ 109ᵃ, 3. Deuxième, troisième et septième classe.

Les deuxième, troisième et septième classes ajoutent les désinences personnelles immédiatement à la racine; mais, dans les langues de l'Europe, ces classes se sont en grande partie fondues avec la première, dont la conjugaison est plus facile; exemples : *ed-i-mus*, et non *ed-mus* (nous avons *es-t, es-tis,* comme restes de l'ancienne formation); gothique *it-a-m*; vieux haut-allemand *ëz-a-mês*, et non *ëz-mês*, à côté du sanscrit *ad-más*. La deuxième classe, à laquelle appartient *ad*, laisse la racine sans complément caractéristique, en marquant du gouna les voyelles qui en sont susceptibles, quand la désinence est légère[1]; exemple : *émi*, à côté de *imás*, de *i* « aller », comme en grec nous avons εἶμι à côté de ἴμεν. Cette classe ne comprend pas plus d'environ soixante et dix racines, les unes finissant par une consonne, les autres par une voyelle. Le grec n'a guère de cette classe et de la troisième que des racines terminées par des voyelles, comme *ἰ, φᾱ, βᾱ, δω, σ1ᾱ, θη*. La liaison immédiate des consonnes avec les consonnes

---

[1] On verra plus tard ce qu'il faut entendre par désinence *légère*, § 480 et suiv. où il est question aussi de l'influence que le poids de la désinence exerce sur le déplacement de l'accent. Voyez aussi Système comparatif d'accentuation, p. 92 et suiv.

des désinences a paru trop incommode; il n'est resté dans la seconde classe que la racine *ës*[1] (σμ, σϊ étant des groupes faciles à prononcer), laquelle est restée également de la même classe en latin, en lithuanien, en slave et en germanique : nous avons donc *ásti, ἐστί*, lithuanien *esti*, gothique et vieux haut-allemand *ist*, slave ЄСТЬ *jestĭ*. En slave, il y a encore de la même classe les racines *jad* « manger » et *vêd* « savoir », qui à toutes les personnes du présent s'adjoignent les désinences d'une façon immédiate; ainsi le lithuanien fait *êd-mi*, 3ᵉ personne *ês-t*; pluriel *êd-me* = sanscrit *ad-más*, *ês-te* = *at-tá*. Au sujet de quelques autres verbes lithuaniens qui suivent plus ou moins le principe de la deuxième classe sanscrite, je renvoie à Mielcke, p. 135. En latin, il y a encore les racines *i, da, stâ, fâ (fâ-tur), flâ, qua (in-quam)*[2], qui appartiennent à la deuxième classe sanscrite. *Fer* et *vel (vul)* ont conservé quelques formes de leur ancienne conjugaison. En vieux haut-allemand il y a encore quelques autres racines qui appartiennent à cette classe : 1° *gâ* « aller », qui fait *gân* (pour *gâ-m*), *gâ-s, gâ-t, gâ-mês, gê-t* (pour *gâ-t*), *gâ-nt* (voyez Graff, IV, 65), à comparer au sanscrit *ǵágâmi, ǵágâsi*, etc. (dans les Védas, on trouve aussi *ǵigâmi*, etc.); on voit que le verbe germanique a perdu le redoublement, de sorte qu'il a passé, comme, par exemple, le latin *do*, de la troisième classe dans la deuxième; 2° *stâ* « se tenir », d'où viennent *stâ-n, stâ-st* (dans Notker, pour *stâ-s*), *stâ-t; stâ-mês (ar-stâ-mês* « surgimus »), *stê-t* (« vous vous tenez », pour *stâ-t*), *stâ-nt* (voyez Graff, VI, p. 588 et suiv.); 3° *tuo* « faire » (on trouve aussi *tô*, venant de *tâ*, comparez § 69, 1; en vieux saxon *dô*), qui fait

---

[1] Il faut y ajouter ἧσ-ται; mais c'est seulement à cette 3ᵉ personne = sanscrit *ãs-tế* « il est assis », et à l'imparfait ἧσ-το = sanscrit *ãs-ta*, que la consonne finale primitive de la racine a été conservée.

[2] Comparez le sanscrit *k'yâ-mi* « je dis », *k'yâ-si, k'yâ-ti*. Je préfère actuellement considérer l'*i* de *in-qui-s*, etc. comme un affaiblissement de l'*â*, comme dans *sisti-s*, etc. J'y voyais autrefois le *y* sanscrit devenu voyelle.

tuo-n, *tuo-s*, *tuo-t*, *tuo-nt*[1] ; en vieux saxon *dô-m*, *dô-s*, *dô-d*; pluriel *dô-d* «vous faites». La racine sanscrite correspondante *dâ* «poser», qui, avec la préposition *vi* (*vidâ*), prend le sens de «faire»[2], appartient à la troisième classe.

La troisième classe comprend à peu près vingt racines, et elle se distingue de la deuxième par une syllabe réduplicative; elle s'est conservée, avec ce redoublement, en grec, en latin, en lithuanien et en slave, mais surtout en grec. Comparez δίδωμι avec le sanscrit *dádâmi* «je donne», le lithuanien *důdu* ou *důmi* (venant de *důdmi*), le slave *da-mĭ*, venant de *dad-mĭ*; la 3ᵉ personne sanscrite *dádâti* avec le dorien δίδωτι, le lithuanien *důda* ou *důs-ti*, *důs-t*, venant de *důd-ti* (§ 103), le slave *das-tĭ*, venant de *dad-ti*. Au sanscrit *dádâmi* «je pose», 3ᵉ personne *dádâti*, répondent le grec τίθημι, τίθητι, le lithuanien *dedù* (ou *dêmi*, venant de *dedmi*), *deda* ou *des-t* (venant de *ded-t*). En latin, l'*i* de *sisti-s*, *sisti-t*, etc. est un affaiblissement de l'*â* radical de *stâ*; de même, l'*i* de *bibi-s*, *bibi-t* est un affaiblissement de l'*â* sanscrit de la racine *pâ*, représentée par *pô* (§ 4) dans *pô-tum*, *pô-tor*, *pô-tio*, *pô-culum*, en grec πω dans πῶ-θι, πέ-πωκα, πῶμα, et πο dans πέπομαι, ἐπόθην, ποτός, etc.[3] A *bibo*

---

[1] Il n'y a pas d'exemple de la 1ʳᵉ ni de la 2ᵉ personne du pluriel.

[2] En zend, même sans préfixe, *dâ* (pour *dâ*, § 39) signifie «faire, créer».

[3] Dans les racines grecques où la brève et la longue alternent, on regarde ordinairement la brève comme la voyelle primitive. La comparaison avec le sanscrit prouve le contraire : par exemple, pour les racines *dâ* «donner», *dâ* «poser», nous n'avons jamais *da*, *da*. Dans les formes anomales, la langue supprime la voyelle plutôt que de l'abréger : elle met, par exemple, *dad-más* et non *dadamás*. On trouve aussi en sanscrit des affaiblissements irréguliers de l'*â* en *i*, par exemple, dans la racine *hâ* «abandonner» (en grec χη dans χη-ρός, χῆ-τις), qui fait *ǵahî-más* «nous abandonnons», à côté du singulier *ǵáhâ-mi*. Nous indiquerons plus tard (§ 480 et suiv.) la raison de ces affaiblissements ou de ces suppressions de la voyelle radicale. Pour la racine *pâ*, il y avait déjà, avant la séparation des idiomes, une racine secondaire *pi*, à laquelle appartiennent, entre autres, les verbes grecs et slaves déjà mentionnés (§ 109ᵃ, 2). La longue s'est conservée dans πῖθι.

correspond le védique *pibâmi*, qui a conservé l'ancienne ténue dans la syllabe réduplicative, et qui n'a substitué la moyenne que dans le thème; dans la langue sanscrite ordinaire, le *b* s'est encore amolli en *v*[1]. Toutefois, les grammairiens indiens regardent *pib* (ou *piv*) comme un thème secondaire, et font de l'*a*, par exemple dans *pibati*, la caractéristique de la première classe : ils divisent donc *pib-a-ti*, au lieu de *piba-ti*. Ce qui les autorise jusqu'à un certain point à mettre *pibati*, ainsi que plusieurs autres verbes, dans la première classe, c'est que la voyelle radicale de ce verbe et celle de quelques autres, dont nous parlerons plus tard (§ 508), suivent dans la conjugaison l'analogie de l'*a* adjonctif de la première classe, et que le poids des désinences n'amène aucun déplacement dans le ton, contrairement aux règles de l'accentuation pour les verbes de la troisième classe. Dans la syllabe réduplicative *pibâmi*, nous avons un *i* qui prend la place de la voyelle radicale, absolument comme dans δίδωμι; il en est de même dans le dialecte védique pour *ǵigâmi* «je vais» = βίβημι, qui est usité à côté de *ǵâ-gâmi*, de même encore pour *siśakti* «sequitur» pour *sásakti*. Mais ce sont là des rencontres fortuites, causées par des altérations qui n'ont eu lieu qu'après la séparation des idiomes, et desquelles on peut rapprocher aussi le latin *bibo*, *sisto* et *gigno*. Ce dernier verbe et le grec γίγνο-μαι s'éloignent du principe de la troisième classe sanscrite (à laquelle appartient aussi अजन्मि *ǵáǵanmi*), en ce que la racine reçoit encore l'adjonction d'une voyelle caractéristique, à moins qu'il ne faille admettre que la racine *gen*, γεν des deux langues classiques ait transposé la voyelle radicale, dans les temps spéciaux, du milieu à la fin : γίγνο-μαι serait alors pour γίγον-μαι, γίγνε-ται pour γίγεν-ται[2], et le la-

---

[1] Le *v* est du moins la leçon usuelle des manuscrits.

[2] Le sanscrit *ǵáǵanti* «il engendre» ferait au moyen, s'il était usité à ce mode, *ǵaǵanté*.

tin *gignis* pour *gigin-s* ou *gigen-s* (sanscrit *ǵágan-si*), *gignimus* pour *gigin-mus* ou *gigen-mus* (sanscrit *ǵaǵan-más*), à peu près comme nous avons en grec ἔδρακον pour ἔδαρκον, πατράσι pour πατάρ-σι (thème sanscrit *pitár*, affaibli en *pitṛ́*). Le verbe πίπτω (racine sanscrite *pat* «tomber, voler») s'expliquerait de même par une transposition. Il n'est pas douteux à mes yeux que l'ω de πέπτωκα et l'η de πεπτηώς, πεπτηυῖα ne sont pas autre chose que la voyelle radicale transposée et allongée. De même l'ω de πτῶμα, πτῶσις, et, entre autres, l'η (pour ā) de θνή-σκω, τέθνη-κα, l'ᾱ de τεθνᾶσι, l'ε de τεθνε-ώς; de même encore βέ-βλη-κα pour βέβαλ-κα, etc. Je rappelle enfin les thèmes mentionnés pour un autre but par G. Curtius (*De nominum græcorum formatione*, p. 17), ἀϐλή-τ, φυλοστρώ-τ (racine στορ, sanscrit *star*, *stṛ*), ἀδμή-τ (racine δαμ, sanscrit *dam*), ἀκμή-τ (racine καμ, sanscrit *śam*, venant de *kam*), ἰθυτμή-τ, ainsi que βροτό, venant de μορτό (racine sanscrite *mar*, *mṛ* «mourir»). Le sanscrit présente une transposition avec allongement de la voyelle dans la forme *mnâ* «songer, exprimer, vanter» (comparez μι-νήσκω, μνῆμα, etc.) : c'est cette forme que les grammairiens indiens donnent pour la racine, en faisant observer que, dans les temps spéciaux, elle est remplacée par *man*; mais c'est évidemment le contraire qui a eu lieu : *man* est la racine et a été changé en *mnâ* dans les temps généraux.

Il n'en est pas moins certain que les verbes redoublés suppriment volontiers la voyelle radicale, dans les formes qui comportent un affaiblissement du thème; c'est ce qu'on voit en sanscrit, par exemple dans *ǵagmús* «ils allèrent», qu'on peut opposer au singulier *ǵagā́ma*, de *gam*.

Nous avons encore à ranger dans la troisième classe sanscrite un verbe latin, dont les temps spéciaux[1] cachent un redouble-

---

[1] Parmi les temps spéciaux, il faut compter aussi en latin le futur de la troisième

ment assez difficile à reconnaître, quoique je ne doute pas que Pott n'ait raison, quand il considère le *r* de *sero* comme une altération d'un *s* (comparez § 22), et quand il regarde le tout comme une forme redoublée [1]. En ce qui concerne la syllabe réduplicative, c'est évidemment le *r* qui est cause qu'au lieu de renfermer un *i*, comme *bibo*, *sisto* et *gigno*, elle a un *e* (§ 84). Mais si *sero* est une forme redoublée, l'*i* de *seri-s*, *seri-t* n'est pas la syllabe caractéristique de la troisième conjugaison, mais l'affaiblissement de l'*a* radical renfermé dans *sa-tum* : *seri-s*, *seri-t* sera donc pour *sera-s*, *sera-t*, comme *bibi-s*, *bibi-t*, *sisti-s*, *sisti-t*, pour *biba-s*, etc.

La septième classe sanscrite, qui ne contient que vingt-cinq racines terminées par une consonne, insère la syllabe *na* dans la racine devant les désinences légères, une simple nasale du même organe que la consonne finale devant les désinences pesantes. La syllabe *na* reçoit le ton; exemples : *yunágmi* «j'unis»; *bináddmi* «je fends»; *čináddmi* (même sens), de *yuǵ*, *bid*, *čid*. Le latin, par l'adjonction d'une voyelle, a confondu les verbes de cette classe avec ceux de la sixième qui prennent une nasale (§ 109 ᵃ, 1); un assez grand nombre de verbes lithuaniens ayant une nasale dans les temps spéciaux se rapporte également à cette classe. Nous avons, par conséquent, en latin : *jung-i-t*, *find-i-t*, *scind-i-t*, *jung-i-mus*, *find-i-mus*, *scind-i-mus*, à côté du sanscrit *yunákti*, *bindtti*, *činátti*, *yuṅg-más*, *bind-más*, *čind-más*. En lithuanien, *limp-ù* «je colle» (intransitif), pluriel *limp-a-me*, est à son prétérit *lipaú*, *lip-ō-me*, ce qu'est en sanscrit *limp-ā́-mi* «j'enduis», pluriel *limp-ā́-mas*, à l'aoriste *álip-a-m*, *álip-â-ma* [2].

---

et de la quatrième conjugaison, ce temps n'étant pas autre chose, comme on le verra plus tard (§ 692 et suiv.), qu'un subjonctif présent.

[1] Recherches étymologiques, 1ʳᵉ éd. I, p. 216.

[2] Parmi les autres verbes lithuaniens de la même espèce, rassemblés par Schlei-

En grec, les verbes comme λαμβάνω, λιμπάνω, μανθάνω réunissent deux caractéristiques : par la première, λιμπάνω se rencontre avec le latin *linquo* et le sanscrit *riṇácmi*[1], pluriel *riṅcmás*, qui lui sont étymologiquement identiques. En gothique, le verbe *standa* «je me tiens» a pris une nasale qui ne se trouve que dans les temps spéciaux (prétérit *stôth*, pluriel *stôthum* pour *stôdum*; vieux saxon *standu, stôd, stôdun*), de sorte qu'on est autorisé à placer ce verbe, qui d'ailleurs est seul de son espèce, à côté des formes à nasale de la troisième conjugaison latine et de la sixième classe sanscrite. Le *d* de la racine gothique *stad* n'est cependant pas primitif : c'est un complément qui a fini par faire corps avec la racine, comme le *t* de *mat* «mesurer» (*mita, mat, mêtum*), qu'on peut rapprocher du sanscrit *mâ* «mesurer», et le *s* de la racine *lus* «lâcher», qui est parent du sanscrit *lû* «couper», en grec λῡ, λῠ.

§ 109ª, 4. Cinquième et huitième classe.

La cinquième classe, d'environ trente racines, a pour caractéristique la syllabe *nu*, dont l'*u* reçoit le gouna et le ton devant les désinences légères. Les désinences pesantes entraînent la suppression du gouna et attirent sur elles l'accent. En grec, les formes comme στόρ-νῡ-μι, στόρ-νῠ-μες, répondent aux formes sanscrites *str̥-nô-mi*[2] «j'étends», pluriel *str̥-ṇu-más*. Dans στορέ-ννῡ-μι, l'ε ne peut être qu'une voyelle auxiliaire destinée à aider la prononciation; quant au double ν, il s'explique par l'habitude qu'a le grec de redoubler les liquides après une

---

cher (*Lituanica*, p. 51 et suiv.), il n'y en a pas qui soit étymologiquement identique à un verbe sanscrit de formation analogue.

[1] Racine *riċ* (de *rik*) «séparer». Sur *ṇ* pour *n*, voyez § 17[b].

[2] Venant de *star-nô-mi*; au sujet de *ṇ* pour *n*, voyez § 17[b]. J'explique l'*u* du latin *struo* par la transposition et l'affaiblissement de l'*a* primitif de la racine *star*; de même eu gothique *strau-ja*, venant de *staur-ja*, en grec στρώ-ννῡ-μι.

voyelle : c'est ce que nous voyons constamment dans les verbes de cette classe, tels que τίννυμι, ζέννυμι, ζώννυμι, ῥώννυμι, στρώννυμι, χρώννυμι [1]. Au contraire, dans ἕννυμι, le premier ν vient d'une assimilation (ἔσ-νυ-μι, racine sanscrite *vas* « vêtir »). — Dans πετ-ά-ννυ-μι et σκεδ-ά-ννυ-μι, l'α est voyelle de liaison.

La huitième classe sanscrite, qui ne contient que dix racines, ne se distingue de la cinquième que par un seul point : au lieu de *nu*, elle ajoute simplement *u* à la racine. Comparez, par exemple, *tan-ô'-mi* « j'étends », pluriel *tan-u-más*, avec le verbe mentionné plus haut *str-ṇô'-mi, str-ṇu-más*. Ainsi que *tan*, toutes les autres racines de cette classe, à l'exception de *kar, kṛ* « faire », se terminent par une nasale (*n* ou *ṇ*), de sorte qu'on a toute raison d'admettre que la nasale de la caractéristique a été omise à cause de la nasale terminant la racine. Cette explication est d'autant plus vraisemblable que la seule racine de cette classe qui ne finisse pas par une nasale est de la cinquième classe dans le dialecte védique ainsi qu'en ancien perse ; nous avons dans les Védas *kṛ-ṇô'-mi* « je fais », zend 𐬐𐬆𐬭𐬆𐬥𐬀𐬊𐬨𐬌 *kĕrĕnaumi*, ancien perse *akunavam* « je fis », à côté des formes du sanscrit classique *kar-ô'-mi, ákar-av-am*. Avec la forme *tan-ô'-mi*, moyen *tan-v-ê'* (forme mutilée pour *tan-u-mê'*), s'accorde le grec τάν-υ-μαι, et avec la 3ᵉ personne *tan-u-tê'*, le grec τάν-υ-ται. Il faut encore rapporter ici ἄν-υ-μι et γάν-υ-μαι ; au contraire, ὄλλυμι est évidemment pour ὄλ-νυ-μι, par assimilation régressive, à peu près comme en prâcrit nous avons *aṇṇa* « autre » pour le sanscrit *anya* (§ 19).

§ 109*, 5. Neuvième classe. — Des impératifs sanscrits en *âna*.

La neuvième classe met *nâ* devant les désinences légères, et *nî*

---

[1] En sanscrit, on redouble un *n* final après une voyelle brève, quand le mot suivant commence par une voyelle ; exemples : *âsann átra* « ils étaient là », *âsann ádáu* « ils étaient au commencement ».

(§ 6) devant les désinences pesantes. L'accentuation est la même que dans la cinquième classe; exemples : *yu-nấ-mi* « je lie »; *mṛd-nấ-mi* (de *mard*; comparez *mordeo*) « j'écrase »; pluriel *yu-nî-más*, *mṛd-nî-más*. En grec, nous avons, comme représentants de cette classe, les verbes en νη-μι (de νᾱ-μι) qui, devant les désinences pesantes, changent la voyelle primitive ᾱ en sa brève; exemple : δάμ-νη-μι, pluriel δάμ-νᾰ-μεν. On trouve aussi, en sanscrit, dans l'ancienne langue épique, au lieu de l'affaiblissement de *nâ* en *nî*, l'abréviation de *nâ* en *nă*; exemples : *mat-na-dvám* (2ᵉ personne pluriel moyen), de *mant* « ébranler »; *práty-agṛh-ṇa-ta* (*ṇ*, d'après § 17ᵇ), de *prati-grah* « prendre, embrasser ». (Voyez Grammaire sanscrite abrégée, § 345.) Cette dernière forme répond comme 3ᵉ personne de l'imparfait moyen aux formes grecques comme ἐδάμ-να-το. On supprime, à l'intérieur de la racine, une nasale précédant une muette finale; c'est ainsi que nous avons *mat-na-dvám* au lieu de *mant-na-dvám*; de même *bad-nấ-mi* « je lie »; *grat-nấ-mi* (même sens), de *band*, *grant*. Du dernier verbe, Kuhn (Journal, IV, 320) rapproche, entre autres, le grec κλώθω, en se rapportant à la loi mentionnée § 104ᵃ. Je ne doute pas de cette parenté, car je regarde le verbe *śrant* (venant de *krant*), qui a le même sens, et qui fait, au présent, *śrat-nấ-mi*, comme primitivement identique avec *grant*[1]; l'explication de κλώθω par la racine *śrant* (= *krant*) ou par la racine *grant* revient donc au même. On pourrait plutôt avoir des doutes sur le θ grec remplaçant un *t* sanscrit, car त् *t* répond d'ordinaire, en grec, à un τ (§ 12), et le θ fait attendre, en sanscrit, un *d*. On pourrait donc supposer que, dans les racines sanscrites dont il est question, l'aspirée sourde est le substitut d'une aspirée sonore, comme on l'a conjecturé plus haut (§ 13) pour *nakấ-s* « ongle »,

---

[1] Voyez Glossaire sanscrit, 1847, p. 355 et p. 110, *grant*, duquel je rapproche le latin *glūt-en* « ce qui sert à lier ».

comparé au lithuanien *naga-s* et au russe *nogotj*. Je rappelle encore ici la racine गुण्ड् *gunt̃*, qui coexiste, en sanscrit, à côté de *gud̃* (*guḥ*) « couvrir »; or, c'est cette dernière racine, et non la première, qui répond au grec κυθ (§ 104ª). Au sujet de la racine श्रन्थ् *śrant*, il faut encore remarquer qu'elle est représentée, en latin, par la syllabe *crê*, de *crêdo* = sanscrit *śrad-dadâmi* « je crois » (littéralement : « je mets croyance »), car je ne doute pas que Weber n'ait raison de faire dériver le substantif renfermé dans ce composé sanscrit de la racine श्रन्थ् *śrant̃* ou *śrai* « lier »; je rappelle encore, à ce propos, que le grec πίστις vient également d'une racine dont le sens primitif est « lier »[1].

Des formes comme δάμ-νη-μι, δάμ-να-μεν, δάμ-να-τε sont nées, par l'affaiblissement en *o* ou en ε de la voyelle de la syllabe caractéristique, les formes comme δάκ-νο-μεν, δάκ-νε-τε; la 1ʳᵉ personne du singulier δάκ-νω (de δάκ-νο-μι) est à δάκ-νο-μεν ce que λείπ-ω (venant de λείπ-ο-μι) est à λείπ-ο-μεν. Il faut rapporter ici les formes latines comme *ster-no*, *ster-ni-s*, *ster-ni-t*, *ster-ni-mus*, comparées au sanscrit *str̥-ṇā́-mi*, *str̥-ṇā́-si*, *str̥-ṇā́-ti*, *str̥-ṇī-mas*; mais l'*i* bref latin n'a ici rien de commun avec le son sanscrit *î*; il n'est que l'affaiblissement d'un *a* primitif, comme on le voit par *veh-i-s*, *veh-i-t* = sanscrit *váh-a-si*, *váh-a-ti*. Il en est de même pour le seul verbe gothique qui appartienne à cette classe : *fraih-na* « je demande », *fraih-ni-s*, *fraih-ni-th* (de *fraih-na-s*, *fraih-na-th*, d'après § 67), prétérit *frah*. En lithuanien, nous comprenons dans cette classe de conjugaison les verbes comme *gaù-nu* « j'obtiens », duel *gau-na-wa*, pluriel *gau-na-me*;

---

[1] Voyez § 5, et, sur le composé *śrad-dadâmi*, § 63ª. A ne considérer ce composé qu'en lui-même, on ne peut pas reconnaître si le thème nominal qui en forme le premier membre se termine par un *t*, un *î*, un *d* ou un *d'*, car, dans tous les cas, la dentale ne pouvait paraître que sous la forme du *d* (§ 93ª). Mais comme il n'y a pas de racine *śrat*, *śrad*, *śrad'* ou *śrant*, etc. il ne nous reste que *śrant̃* ou *śrai* « lier », pour expliquer le mot qui, dans ce composé, veut dire « croyance » et qui, hors de là, a disparu de l'usage.

prétérit *gaw-au*, futur *gau-siu*, etc. L'ancien slave, au présent, a affaibli la voyelle de la syllabe caractéristique en *u* devant le *ṅ* de la 1ʳᵉ personne du singulier et de la 3ᵉ personne du pluriel; partout ailleurs, il l'affaiblit en ε; exemple : ДВИГНѪ *dvig-nu-ṅ* « je remue », 2ᵉ personne *dvig-ne-ṡi*, 3ᵉ personne *dvig-ne-tŭ*; duel *dvig-ne-vê* (ВѢ), *dvig-ne-ta*, *dvig-ne-ta*; pluriel *dvig-ne-me*, *dvig-ne-te*, *dvig-nu-ṅtŭ*. Mais le slave s'éloigne des autres membres de la famille indo-européenne en ce qu'il ne borne pas la syllabe caractéristique aux temps spéciaux, mais qu'il l'insère également dans les formes qui devraient provenir uniquement de la racine. Il ajoute à la caractéristique un *ṅ* devant les consonnes et à la fin des mots, un *v* devant les voyelles[1]; on a, par exemple, à l'aoriste : *dvig-nuṅ-chŭ*; 2ᵉ et 3ᵉ personne *dvig-nuṅ*; pluriel *dvig-nuṅ-ch-o-mŭ*, *dvig-nuṅ-s-te*, *dvig-nuṅ-śaṅ*. Mais (ce qu'il est important de remarquer), quand la racine se termine par une consonne, l'aoriste, les participes passés actifs et les participes présents et passés passifs peuvent renoncer à la syllabe caractéristique, et se ranger de la sorte au principe du sanscrit et des autres langues congénères. (Voyez Miklosich, *Théorie des formes*, p. 54 et suiv.) Si, comme le suppose Miklosich, nous devons reconnaître dans le présent *dvignuṅ* une mutilation de *dvignvuṅ* ou *dvignovuṅ*, et si, par conséquent, *dvig-ne-ṡi*, *dvig-ne-tŭ*, sont pour *dvig-nve-ṡi*, *dvig-nve-tŭ* ou *dvig-nove-ṡi*, *dvig-nove-tŭ*, il faudra rapporter cette classe de verbes à la cinquième classe sanscrite; on pourra comparer l'*e* de la syllabe dérivative avec l'*a* qui, en zend, vient quelquefois se joindre à la caractéristique *nu* : c'est ainsi que nous avons, par exemple, en zend, *kĕrĕ-nvô* « tu fis » (pour *kĕrĕ-nva-ṡ*), venant de ⟨zend⟩ *kĕrĕ-nau-s*, et de même, en grec, il y a une forme inorganique, δεικνύω, à côté

---

[1] Devant le *v*, ainsi que devant le *m* du suffixe du participe présent passif, la voyelle de la syllabe caractéristique est *o*.

de δείκνυμι. Mais je doute qu'il y ait jamais eu, en slave, des formes comme *dvig-nvuṅ, dvig-nvesi*, ou comme двигновѫ *dvig-novu-ṅ; dvig-nove-si*, etc. Les participes passifs comme *dvignove-nŭ* ne me paraissent pas à eux seuls un argument suffisant pour changer l'explication de toute la classe de conjugaison dont il est question, et pour cesser d'admettre que *-ne-mŭ, -ne-te, -nu-ṅŭ, -ne-ta,* correspondent au grec νο-μεν, -νε-τε, -νο-ντι, -νε-τον, dans les formes comme δάκ-νο-μεν, etc. et au lithuanien *na-me, -na-te, -na-wa, -na-ta* dans *gau-na-me*, etc. (§ 496). Mais si le participe passé passif, par exemple *dvignov-e-nŭ*, ne pouvait être considéré comme appartenant à lui seul à une classe de conjugaison qui n'est pas représentée autrement en slave ni en lithuanien, nous regarderions alors le *v* de cette forme comme un complément ou une insertion euphonique. De toute façon, nous persistons à ramener à la neuvième classe sanscrite la classe de conjugaison slave dont il est question ici; et nous faisons encore observer que, en zend aussi, la caractéristique *nâ* est quelquefois abrégée et traitée comme l'*a* de la première et de la sixième classe; exemples : ⁂ *stĕrĕnaita* « qu'il étende » (moyen), *stĕrĕnayĕn* « qu'ils étendent » (actif), formes analogues à *baraita* (φέροιτο), *barayen* (φέροιεν), et rappelant particulièrement les formes grecques comme δάκ-νοιτο, δάκνοιεν.

Les racines de la neuvième classe sanscrite terminées par une consonne ont, à la 2ᵉ personne du singulier de l'impératif actif, la désinence *âna*, au lieu de la forme *nĭhi* qu'on devrait attendre; exemple : *kliśânâ* « tourmente! », tandis que nous avons *yu-nĭ-hĭ* (venant de *yu-nĭ-dĭ*) « unis! » Si l'on admet un rapport entre cette syllabe *âna* et la caractéristique primitive de la neuvième classe, c'est-à-dire la syllabe *nâ* de *kliś-nấ-mi* « je tourmente », il faut considérer *ân* comme une transposition pour *nâ*[1],

---

[1] Comparez Lassen, Bibliothèque indienne, III, p. 90.

de même que, par exemple, *drakśyấmi* « je verrai » est une transposition pour *darkśyấmi* (en grec ἔδρακον pour ἔδαρκον), ou de même que, en sens inverse, θνη-τός est pour θαν-τός (en sanscrit *ha-tá-s* « tué », pour *han-tás*, venant de *dan-tá-s*). A la syllabe transposée *ân* serait encore venue s'adjoindre la caractéristique *a* de la première et de la sixième classe, comme en grec, par exemple, de δάμ-νη-μι, πέρ-νη-μι, sont sorties les formes δαμ-νά-ω, περ-νά-ω, et de δείκ-νυ-μι la forme δεικ-νύ-ω. Peut-être, à une époque plus ancienne de la langue, les impératifs comme *kliśấnâ* n'étaient pas isolés, mais accompagnés de formes du présent, comme *kliśâ-nâ-mi*, *kliśâ-na-si*, disparues depuis. C'est à des formes de ce genre qu'on pourrait rapporter les formes grecques comme αὐξάνω, βλαστάνω, et celles qui insèrent une nasale, c'est-à-dire qui réunissent les caractéristiques de deux classes, comme λιμπάνω, μανθάνω. Les impératifs grecs comme αὔξ-ανε, λάμβ-ανε, correspondraient parfaitement aux impératifs sanscrits comme *kliśấnấ*. Mais si cette ressemblance n'était qu'apparente, il faudrait diviser les formes grecques ainsi : αὔξ-α-νε, λάμβ-α-νε, et regarder la voyelle précédant le ν comme une voyelle de liaison, analogue à la voyelle de στορ-έ-ννυ-μι, πετ-ά-ννυ-μι (109ᵃ, 4). Ce qui est certain, c'est que les verbes en ανω tiennent par quelque côté à la neuvième classe sanscrite.

§ 109ᵃ, 6. Dixième classe.

La dixième classe ajoute *áya* à la racine et est identique avec la forme causative ; ce qui a déterminé les grammairiens indiens à admettre une dixième classe, c'est uniquement la circonstance qu'il y a beaucoup de verbes qui ont la forme causative, sans avoir le sens d'un causatif (par exemple *kâm-áya-ti* « il aime »). Cette classe se distingue, d'ailleurs, des autres en ce que la caractéristique s'étend à la plupart des temps généraux et même à la formation des mots, avec suppression toutefois de l'*a* final de *aya.* Plusieurs verbes, que les grammairiens indiens rapportent à cette classe, sont, suivant moi, des dénominatifs; ainsi *kumâr-áya-ti* « il joue » vient de *kumârá* « enfant » (§ 106); *śabd-áya-ti* « il résonne », de *śabdá* « son, bruit ». On verra plus tard que beaucoup de verbes dénominatifs, reconnus comme tels, ont la forme de cette classe.

Les voyelles susceptibles de prendre le gouna le prennent quand elles sont suivies d'une seule consonne, et, si elles sont finales, elles prennent le vriddhi; un *a* non initial et suivi d'une seule consonne est ordinairement allongé; exemples : *ćôr-áya-ti* « il vole », de *ćur*; *yâv-áya-ti* « il repousse », de *yu*; *grâs-áya-ti* « il avale », de *gras*. Dans les membres européens de notre famille de langues, je rapporte à cette classe de conjugaison : 1° les trois conjugaisons des verbes germaniques faibles; 2° les première, deuxième et quatrième conjugaisons latines; 3° les verbes grecs en αζω (= ajω, § 19), αω; εω, οω (de ajω, etc.); 4° une grande partie des verbes lithuaniens et slaves; nous y reviendrons.

Dans la première conjugaison faible de Grimm, le *aya* sanscrit a perdu sa voyelle initiale; par là cette conjugaison a contracté, comme nous l'avons déjà remarqué (§ 109ª, 2), une ressemblance extérieure avec la quatrième classe sanscrite; je m'y suis laissé tromper autrefois, et j'ai cru pouvoir rapprocher *tamja* « j'apprivoise » du sanscrit *dấm-yấ-mi* « je dompte » (racine *dam*, quatrième classe)[1]. Mais *tam-ja* correspond en réalité au causatif sanscrit *dam-áyâ-mi* (même sens); *tam-ja* lui-même est le causatif de la racine gothique *tam*, d'où vient *ga-timith* « il convient » (en allemand moderne *geziemt*); c'est de la même façon que *lag-ja* « je pose » appartient à la racine *lag* « être posé » (*liga, lag, lêgum*), dont il est le causatif (en allemand moderne *legen* et *liegen*).

---

[1] Annales de critique scientifique, février 1827, p. 283. Vocalisme, p. 50.

En latin, les verbes de la quatrième conjugaison ont éprouvé une mutilation analogue à celle des verbes gothiques de la première conjugaison faible; nous avons *-io*, *-iu-nt*, *-ie-ns*, par exemple, dans *aud-io*, *aud-iu-nt*, *aud-ie-ns*, de même qu'en gothique on a *tam-ja*, *tam-ja-nd*, *tam-ja-nds*, à côté des formes sanscrites *dam-áyâ-mi*, *dam-áya-nti*, *dam-áya-n*. Au futur (qui est originairement un subjonctif), nous avons le même accord entre *aud-iê-s*, *aud-iê-mus*, *aud-iê-tis*, venant de *aud-iai-s*, etc. (§ 5), et le gothique *tam-jai-s*, *tam-jai-ma*, *tam-jai-th*, en sanscrit *dam-áyê-s*, *dam-áyê-ma*, *dam-áyê-ta*. Là où deux *i* se seraient rencontrés, il y a eu contraction en *î*, lequel s'abrége, comme toutes les autres voyelles longues, devant une consonne finale, excepté devant *s*. Nous avons donc *aud-î-s*, *aud-i-t*, *aud-î-mus*, *aud-î-tis*, *aud-î-re*, *aud-î-rem*, pour *aud-ii-s*, etc. Le gothique est arrivé, par une autre cause, à une contraction analogue (comparez § 135); dans les formes comme *sôk-ei-s* « tu cherches » (= *sôk-î-s* pour *sôk-ji-s*, venant de *sôk-ja-s*, § 67). Mais on peut encore expliquer d'une autre façon l'*î* long de la quatrième conjugaison latine : le premier *a* de *aya*, affaibli en *i*, a pu se contracter avec la semi-voyelle suivante de manière à former un *î* long, lequel s'abrége devant une voyelle ou un *t* final. En tout cas, la caractéristique de la quatrième conjugaison latine est unie, d'une façon ou d'une autre, avec celle de la dixième classe sanscrite.

Dans la troisième conjugaison faible de Grimm, je regarde la caractéristique *ai* (vieux haut-allemand *ê*) comme produite par la suppression du dernier *a* de *aya*, après quoi la semi-voyelle, vocalisée en *i*, a dû former une diphthongue avec l'*a* précédent; nous avons, par conséquent, à la 2ᵉ personne du présent des trois nombres, *hab-ai-s*, *hab-ai-ts*, *hab-ai-th*. Devant les nasales, qu'elles existent encore dans les formes actuelles ou qu'elles aient disparu, l'*i* de la diphthongue a été supprimé;

exemple : *haba* « j'ai », pluriel *hab-a-m*, 3ᵉ personne *hab-a-nd*, qu'on peut comparer aux formes mieux conservées du vieux haut-allemand *hab-ê-m*, *hab-ê-mês*, *hab-ê-nt* (ou *hapêm*, etc.). A cet *ai* gothique et à cet *ê* vieux haut-allemand répond l'*ê* latin de la deuxième conjugaison; exemple : *hab-ê-s*, qui est complétement identique, par le sens comme par la forme, au vieux haut-allemand *hab-ê-s*. Il n'est pas nécessaire de rappeler que l'*ê* latin s'abrége en vertu des lois phoniques, par exemple, dans *hab-e-t*; en gothique, au contraire, et en vieux haut-allemand, la longue persiste dans *hab-ai-th* et *hab-ê-t*. A la 1ʳᵉ personne du singulier, l'*ŏ* de *habeo* représente l'*a* final de la caractéristique sanscrite *aya*, lequel est allongé à la 1ʳᵉ personne (*côr-áyâ-mi*).

Un fait digne de remarque, c'est que le prâcrit, d'accord en cela avec la deuxième conjugaison latine et la troisième conjugaison faible germanique, a rejeté le dernier *a* de la caractéristique sanscrite *aya*, et contracté la partie qui restait en *ê* : de là les formes *ćint-ê-mi* « je pense », *ćint-ê-si*, *ćint-ê-di*, *ćint-ê-mha*[1], *ćint-ê-da*, *ćint-ê-nti*, répondant au sanscrit *ćint-áyâ-mi*, *-áya-si*, *-áya-ti*, *-áyâ-mas*, *-áya-ta*, *-áya-nti*. Le prâcrit s'accorde, comme on le voit, parfaitement avec le vieux haut-allemand *hab-ê-m*, *hab-ê-s*, *hab-ê-t*, *hab-ê-mês*, *hab-ê-t*, *hab-ê-nt*, ainsi qu'avec les formes latines analogues.

Dans la deuxième conjugaison faible de Grimm et dans la première conjugaison latine, la caractéristique sanscrite *aya* a perdu sa semi-voyelle, et les deux voyelles brèves se sont contractées en une longue, à savoir *â* en latin (à la 1ʳᵉ personne du singulier *â* est remplacé par *ŏ*) et *ô* en gothique (§ 69, 1); exemple : *laig-ô* « je lèche », *laig-ô-s*, *laig-ô-th*, *laig-ô-m*, *laig-ô-th*, *laig-ô-nd*, en regard du causatif sanscrit *lêh-áyâ-mi* (*lêh* pour *laih*), *lêh-áya-si*, *lêh-áya-ti*, *lêh-áyâ-mas*, *lêh-áya-ta*, *lêh-áya-nti*,

---

[1] Cette forme contient le verbe substantif, *mha* étant une transposition pour *hma* qui représente le sanscrit *smas*.

de la racine *lih* « lécher »; le verbe faible gothique a le gouna, comme le causatif sanscrit, quoiqu'il soit retourné à la signification primitive du verbe. Comparez à ces formes les formes latines comme *am-â-s, am-â-mus, am-â-tis*, probablement pour *cam-â-s*, etc. = le sanscrit *kâm-áya-si* « tu aimes »[1]. Le prâcrit peut également rejeter la semi-voyelle de la caractéristique अय *aya*, mais il n'opère pas dans ce cas la contraction, et il a, par exemple, गणअदि *ganaadi* « il compte » pour le sanscrit *ganáyati*.

En grec αζο, αζε, venant de αjo, αje (§ 19), est le plus fidèle représentant de la caractéristique *aya*. Comparez δαμ-αζε-τε avec le sanscrit *dam-áya-ta* « vous domptez ». En lithuanien et en slave, le type des thèmes verbaux en *aya* s'est le mieux conservé dans les verbes qui ont à la 1ʳᵉ personne du singulier *ôju*, аѭ *ajun*, formes qui correspondent au sanscrit *áyâmi* et au grec αζω[2]. De même que le gothique *laigô* « je lèche » se rapporte au causatif sanscrit *lêh-áyâ-mi*, de même le lithuanien *raudóju* « je gémis » et le slave рѕідаѭ *rüdajun* (même sens) se rapportent au sanscrit *rôd-áyâ-mi* « je fais pleurer », de la racine *rud* (vieux

---

[1] Voyez Glossaire sanscrit, 1847, p. 65.

[2] Dans les formations lithuaniennes de cette espèce, le premier *a* de la caractéristique sanscrite s'est donc allongé, car l'*ô* lithuanien répond, ainsi que l'*a* slave (§ 92ᵃ), à un *â* sanscrit. Je rappelle donc ici provisoirement les verbes dénominatifs sanscrits en *áyá*, dont l'*á* n'est toutefois qu'un allongement de l'*a* final du thème nominal. Aux verbes lithuaniens dont nous parlons, répondent encore, même en ce qui concerne l'accentuation, les formes védiques comme *gṛb-áyâ-ti* « il prend », qui se distinguent, en outre, des verbes ordinaires de la 10ᵉ classe en ce que la racine n'a pas de gouna ni de vriddhi, mais éprouve, au contraire, un affaiblissement (*gṛbâyáti* pour *grabâyáti*, comparez Benfey, Grammaire développée, § 803, III, et Kuhn, Journal, II, p. 394 et suiv.). Je ne doute pas que ces verbes n'aient été aussi dans le principe des dénominatifs; *gṛbâyáti* suppose un adjectif *gṛba*, de même que nous trouvons à côté de *subâyáté* « il brille » un adjectif *subá* « brillant », et à côté de *priyáyáti* « il aime » un adjectif *priyá* « aimant » ou « aimé ». De ce dernier mot vient, entre autres, le gothique *fria-thva* (féminin) « amour » (thème *-thvô*), ainsi que *frij-ô* « j'aime », 2ᵉ personne *frij-ô-s*, lequel, en tant que dénominatif, s'accorde avec les formes comme *fisk-ô* « je pêche » (du thème *fiska*).

haut-allemand *ruz*, d'où vient *riuzu* « je pleure », prétérit *rouz*, pluriel *ruzumês*). Je mets ici les présents des trois langues pour qu'on les puisse comparer entre eux :

Singulier.

Sanscrit.	Ancien slave.	Lithuanien.
rôd-áyâ-mi	rüd-aju-ṅ	raud-óju
rôd-áya-si	rüd-aje-ši	raud-óji
rôd-áya-ti	rüd-aje-tï	raud-ója

Duel.

rôd-áyâ-vas	rüd-aje-vé	raud-ója-wa
rôd-áya-tas	rüd-aje-ta	raud-ója-ta
rôd-áya-tas	rüd-aje-ta	raud-ója

Pluriel.

rôd-áyâ-mas	rüd-aje-mŭ	raud-ója-me
rôd-áya-ta	rüd-aje-te	raud-ója-te
rôd-áya-nti	rüd-aju-ṅtï	raud-ója.

§ 109 [b], 1. De la structure des racines indo-européennes. — Racines terminées par une voyelle.

Pour montrer quelle variété il peut y avoir dans la structure des racines, nous allons en citer un certain nombre, en les disposant d'après les lettres finales. Nous ne choisirons que des exemples qui appartiennent à la fois au sanscrit et aux langues congénères, sans pourtant poursuivre chaque racine à travers toutes les formes qu'elle peut prendre en zend et dans les autres idiomes. Quelques formes celtiques entreront aussi dans le cercle de nos comparaisons.

Il n'y a en sanscrit, comme on l'a déjà fait remarquer (§ 105), aucune racine en *a*; au contraire, les racines en *â* sont assez nombreuses, et il faut y joindre encore, comme finissant en *â*, celles qui, d'après les grammairiens indiens, se termineraient en *ê*, *âi* et *ô* (§ 109 [a], 2). En voici des exemples :

ग *gâ* 3 « aller »[1]; vieux haut-allemand *gân* « je vais » (§ 109ᵃ 3); lette *gaju* (même sens); grec βη (βίβημι).

धा *dâ* 3 « placer, mettre », *vi-dâ* « faire »; zend *dâ* (§ 39), *dadâm* « je créai »; vieux saxon *dô-m* « je fais » (§ 109ᵃ, 3); grec θη (τίθημι = *dádâ-mi*); lithuanien *dê-mi, dedù* « je mets »; slave дѣти *dê-ti* « faire », *dê-ja-ti* « faire, mettre », *dê-lo* « œuvre »; irlandais *deanaim* « je fais », *dan* « œuvre »[2].

ज्ञा *ǵnâ* « savoir »; grec γνω (γνῶ-θι); latin *gna-rus, nosco, nô-vi*, venant de *gnosco, gnô-vi*; zend ܐܢܚ *ǵnâ*; slave зна *sna*, infinitif *sna-ti* « connaître » (§ 88); vieux haut-allemand *knâ*, *ir-knâ-ta* « il reconnut », *bi-knâ-t*, thème *bi-knâ-ti* « aveu » (comparez le grec γνῶ-σι-ς); irlandais *gnia* « connaissance », *gnic* (même sens), *gno* « ingénieux ».

वा *vâ* « souffler »; gothique *vô*[3]; slave вѣяти *vê-ja-ti* « souffler », *vê-trŭ* « vent ».

---

[1] Le chiffre qui se trouve à la suite des racines indique la classe à laquelle appartient le verbe sanscrit ou zend qui en est formé. — Tr.

[2] Sur la présence de cette racine en latin, voyez § 632.

[3] Voyez § 109ᵃ, 2. Cette racine, ainsi que *sô* « semer » et *lô* « railler », n'a nulle part de consonne complémentaire; je ne vois pas de raison suffisante pour admettre le principe que, dans les langues germaniques, il n'y aurait qu'en apparence des racines terminées par une voyelle longue, mais qu'en réalité elles auraient toutes rejeté une consonne (comparez Grimm, II, p. 1). Il y a, par contre, dans ces langues une tendance à ajouter encore une consonne aux racines terminées par une voyelle, soit *s*, soit une dentale, soit surtout *h*. Mais ce *h* est, en vieux haut-allemand, une lettre euphonique insérée entre deux voyelles, plutôt qu'un complément véritable de la racine; de *knâ* « connaître », nous avons dans Tatien *incnâhu* « je reconnais », *incnâhun* « ils reconnaissent », mais *in-cnâ-tun* « ils reconnurent » et non pas *in-cnâh-tun*. Toutefois, l'insertion de *h* entre deux voyelles n'a pas lieu partout en vieux haut-allemand pour ce verbe: nous trouvons, par exemple, dans Otfrid *ir-knait* « il reconnaît » (pour *ir-knahit*), *ir-knaent* « ils reconnaissent »; dans Notker *be-chnaet* « il reconnaît ». Il en est de même pour les formes du vieux haut-allemand qui appartiennent aux racines gothiques *vô* et *sô* (voyez Graff, I, 621, VI, 54). Au contraire, le *h* de *lahan* « rire » appartient certainement à la racine, comme le montre le vieux haut-allemand *lache, lachte*. On peut donc supposer que, en gothique, *lô* a réellement perdu une consonne. Si cette racine est de la même famille que la racine

स्था *stâ* « se tenir » (§ 16); zend ☧ *stâ*, *histaiti* « il se tient »; latin *stâ*; vieux haut-allemand *stâ* (§ 109ᵃ, 3); grec στη; slave *sta*, *sta-ti* « se tenir », *sta-nu-n* « je me tiens »; lithuanien *stô*, *sta*, *stówju* « je me tiens », *stô-na-s* « état », *sta-tù-s* « rétif ».

Racines en *i*, *î*:

इ *i* 2 « aller »; zend *i*, *upâiti* « il approche » (préfixe *upa*); grec ι; slave *i*, infinitif *i-ti*; latin *î*; lithuanien *ei*, *eimi* « je vais », infinitif *ei-ti*. En gothique, le prétérit irrégulier *i-ddja* « j'allai », pluriel *i-ddjêdum*, paraît se rapporter à la même racine, *i-ddja* étant pour *i-da*, *i-ddjêdum* pour *i-dêdum*. Mais l'impératif composé *hir-i* « viens ici », duel *hir-ja-ts*, pluriel *hir-ji-th*[1], appartient plutôt à la racine sanscrite *yâ* qu'à इ *i*.

श्वि *śvi* 1 « croître ». Le latin *crê*, dans *crê-vi*, *crê-tum* (§ 20), nous représente probablement la même racine frappée du gouna (§ 5); on trouve, au contraire, l'allongement de la voyelle au lieu du gouna dans *crî-nis* « cheveu » (« ce qui croît »)[2]. Le grec κύω (comparez Benfey, Lexique des racines grecques, II, 164 et suiv.) et le latin *cu-mulus* se rapportent à la forme contractée *śu*, à laquelle appartient très-probablement aussi le gothique *hau-hs* « haut » (suffixe *ha* = sanscrit *ka*).

स्मि *smi* 1 « rire »; slave смѣ *smê*, infinitif *smê-ja-ti*, dans lequel le ѣ *ê* répond à l'*ê* de la forme sanscrite frappée du gouna से

---

sanscrite *lagg* « avoir honte », comme le suppose Graff, elle a pris en germanique la signification causative et a passé du sens de « faire honte » à celui de « railler » et enfin à celui de « rire ».

Là où un *s* ou une dentale sont venus s'ajouter aux racines germaniques, ils ont fini par faire corps avec la racine : notamment *s* dans *lus* « perdre » (gothique *liusa*, *laus*, *lusum*); *t* dans *mat* « mesurer » (*mita*, *mat*, *métum*) pour le sanscrit *lû*, *mâ*; et *z*, dans le vieux haut-allemand *fluz* « couler » (*fliuzu*, *flôz*, *fluzumês*) = sanscrit *plu*.

[1] Sur *hi-r*, venant du thème démonstratif *hi*, voyez § 396.

[2] Comparez le grec τριχ qui se rapporte au sanscrit *drh* « croître » (§ 104ᵃ). Comparez aussi le sanscrit *rô-man* « poil » pour *rôh-man*, venant de *ruh* « croître », et *śirô-ruha* « cheveu » (« ce qui croît sur la tête »).

smê, d'où vient *smáy-a-ti* « il rit »; irlandais *smigeadh*[1] « le sourire », anglais *smile*; विस्मि *vi-smi* « s'étonner »; latin *mî-rus* (comme *pû-rus*, de पू *pû* « purifier »), d'où vient *mî-râ-ri*.

प्री *prî* « réjouir, aimer »; zend *frî-nâ-mi* (*â-frî-nâ-mi* « je bénis »); gothique *frijô* « j'aime » (§ 109ᵃ, 6) *faihu-fri-ks* « aimant l'argent, Φιλάργυρος »; slave приıати *pri-ja-ti* « avoir soin », *pri-ja-teli* « ami » en tant que « celui qui aime » (voyez Miklosich, *Radices*, p. 67); grec φιλ, transposé pour φλι; peut-être le latin *pius* de *prius* = प्रियस् *priy-á-s* « aimant, aimé ».

श्री *sî* 2 « être couché, dormir », avec un gouna irrégulier *sêtê* « il est couché, il dort »; zend *saitê*; grec κεῖται; latin *quiê* (*quiê-vi, quiê-tum*); gothique *hei-va* (thème) « maison » (dans le composé *heiva-frauja* « maître de la maison »), *hai-ms*, thème *hai-ma* « village, hameau »; slave *po-koi* « repos », *po-či-ti* « reposer » (Miklosich, *Radices*, p. 36); lithuanien *pa-kaju-s* « repos ».

Racines en *u, û* :

द्रु *dru* 1 « courir », *dráv-â-mi* « je cours »; grec ΔΡΕΜΩ, ἔδραμον, δέδρομα, venant de δρεϝω, etc.[2]

श्रु *śru* 5 (venant de *kru*) « entendre »; grec κλυ; latin *clu*; gothique *hliu-ma*, thème *hliu-man* « oreille », avec affaiblissement du gouna (§ 27); vieux haut-allemand *hlû-t*, thème *hlû-ta* « haut » (en parlant du son), *hlû-ti* « son »; irlandais *cluas* « oreille ». Au causatif *śráv-áyâ-mi* « je fais entendre », en zend *śrâv-ayê-mi* « je parle, je dis », appartiennent, entre autres, le

---

[1] Le *j* s'est endurci en *g*.

[2] Voyez § 20. Les grammairiens indiens ont aussi une racine *dram*, dont jusqu'à présent on n'a pas rencontré d'exemple, excepté dans le poëme grammatical *B'attikâvya*. En tous cas, *dram* et *drav* (ce dernier est formé de *dru* à l'aide du gouna et se met devant les voyelles) paraissent être parents entre eux, et s'il en est ainsi, *dram* ne peut être qu'une forme endurcie de *drav*; nous avons de même au duel du pronom de la 2ᵉ personne la forme secondaire *vâm*, qui est pour *vâv*, venant de *vâu* (comparez le *nâu* de la 1ʳᵉ personne), en zend *vâo* (§ 383).

latin *clâmo*, venant de *clâvo*, le lithuanien *slōwiju* «je loue, je vante», le slave *slav-i-ti* «vanter».

प्लु *plu* «nager, couler»; latin *plu*, *flu* (*plu-it*, *flu-it*); grec πλυ, πλέω, de πλέϜω = sanscrit *pláv-â-mi*; πλεύ-σο-μαι; πλύ-νω, φλύω, βλύω; slave ПΛΟΥΤИ *pluti* «naviguer»; lithuanien *plûd*, *plûs-tu* (de *plûd-tu*) «je nage», prétérit *plûd-au*; vieux norrois *flut*; vieux haut-allemand *fluz* «couler». En zend, où il n'y a pas de *l* (§ 45), cette racine s'est changée en *fru*, et a été reconnue d'abord sous cette forme par Spiegel, mais seulement au causatif[1], en composition avec la préposition *fra*[2].

पू *pû* 9 «purifier», *pu-nâ-mi* avec abréviation de l'*û* (voyez Abrégé de la Grammaire sanscrite, § 345ᵃ); latin *pû-rus*, *putare*.

लू *lû* 9 «fendre, couper»; grec λῦ, λῠ; latin *so-lvo*, *so-lû-tum* = संलू *san-lû*; gothique *lus*, *fra-liusa* «je perds» (prétérit pluriel *-lus-u-m*). Au causatif (*lâv-áyâ-mi*) appartient vraisemblablement le lithuanien *láu-ju* «je cesse», prétérit *lów-jau*, futur *láu-siu*; le slave РЪВАТИ *rŭv-a-ti* «arracher», et avec l'addition d'une sifflante РОУШИТИ *ruś-i-ti* «renverser» (Miklosich, *Radices*, p. 75).

भू *bû* 1 «être, devenir»; zend *bû*, *bav-ai-ti* «il est» (§ 41); lithuanien *bû*, *bû-ti* «être»; slave БЪІ *bü*, *bü-ti*; latin *fu*; grec φῦ, φῠ; gothique *bau-a* «je demeure» = *báv-â-mi* «je suis», 3ᵉ personne *bau-i-th* = *báv-a-ti*[3]; vieux haut-allemand *bi-m* (ou *pim*)

---

[1] Voyez Lassen, *Vendidadi capita quinque priora*, p. 62.

[2] Par exemple, *fra-frávayáhi* «fac ut fluat», 2ᵉ personne du subjonctif. La 1ʳᵉ personne *fra-frávayâmi* paraît aussi appartenir au subjonctif. A l'indicatif on attendrait, d'après le § 42, *fra-frávayémi*; mais le subjonctif (*lét*) conserve, à ce qu'il paraît, l'*â* qui est sa caractéristique, et empêche le changement euphonique de l'*â* en *ê*. On rencontre quelquefois le causatif même sans *fra* (voyez Brockhaus, index du Vendidad-Sadé, p. 288), *frávayéiti* (3ᵉ personne du présent), *frávayôid* (potentiel).

[3] Voyez Grimm, 3ᵉ édit. p. 101, où l'on conclut avec raison de la forme *bau-i-th* que ce verbe appartient à la conjugaison forte (c'est-à-dire, d'après notre théorie, à la 1ʳᵉ classe sanscrite). Le substantif *bau-ai-ns* (thème *bau-ai-ni*) «demeure» appar-

« je suis », venant de *ba-m*, pour le sanscrit *báv-á-mi*, à peu près comme en latin *malo*, de *mavolo*, pour *magis volo*; *bir-u-mês* « nous sommes », de *bivumês*, comme par exemple *scrir-u-mês*, de *scriv-u-mês* = sanscrit *śráv-áyá-mas* (§ 20).

109 b, 2. Racines terminées par une consonne.

Nous ne donnerons qu'un petit nombre d'exemples, en mettant ensemble les racines qui contiennent la même voyelle, et en les disposant d'après l'ordre suivant : *a, i, u*. Nous ne regardons pas comme radicales les voyelles ऋ *r* et ॠ *r̄* (§ 1). Il est rare de rencontrer une voyelle radicale longue devant une consonne finale, et les racines où ce cas se présente pourraient bien pour la plupart n'être pas primitives.

Les racines les plus nombreuses sont celles où la consonne finale est précédée d'un अ *a* :

अद् *ad* 2 « manger »; gothique *at* (*ita, at, êtum*); slave ɪΑΔ *jad* (§ 92 e); grec ἔδ; latin *ed*; lithuanien *êd* (*êdmi* = sanscrit *ádmi*); irlandais *ithim* « je mange ».

अन् *an* 2 « souffler »[1]; gothique *us-an-an* « expirer, mourir »; vieux haut-allemand *un-s-t*, thème *un-s-ti* « tempête »; grec ἄν-ε-μος[2]; latin *an-i-mus, an-i-ma*.

अस् *as* 2 « être »; zend ࿄࿄ *aś* (*aś-ti* « il est »); borussien *as*[3]; lithuanien *es*; slave ѥс *jes*; grec ἔς; latin *es*; gothique *is* (*is-t* = sanscrit *ás-ti*).

---

tient, au contraire, à la forme causative sanscrite. Le gothique *vas* « j'étais », présent *visa* « je reste », appartient à une racine sanscrite qui signifie « demeurer ».

[1] Cette racine et quelques autres de la 2 e classe insèrent, dans les temps spéciaux, un *i*, comme voyelle de liaison, entre la racine et les terminaisons commençant par une consonne ; exemple : *án-i-mi* « je souffle ».

[2] Les verbes qui marquent le mouvement servent souvent aussi à exprimer l'action, par exemple, *ćar* « aller » et « faire, accomplir ». Aussi peut-on rapprocher, comme le fait Pott, de cette racine le grec ἄν-υ-μι (§ 109 a, 4).

[3] *As-mai* « je suis ». (Voyez mon mémoire Sur la langue des Borussiens, p. 9).

सच् *sać* 1, moyen (dans les Védas il est aussi de la troisième classe et actif, avec *i* pour *a* dans la syllabe réduplicative), «suivre»; lithuanien *sek*; latin *sec*; grec ἐπ. Au causatif *sâć-áyâ-mi* je crois pouvoir rapporter le gothique *sôkja* «je cherche»[1], la ténue primitive n'ayant pas subi de substitution, comme cela est aussi arrivé pour *slêpa* «je dors» (§ 89).

बन्ध् *band* 9 «lier»; zend *band* 10 (même sens); gothique *band* (*binda, band, bundum*); slave ВАЗ *vaṅs*, infinitif *vaṅs-a-ti*; grec πιθ; latin *fid* (§ 104 ᵃ).

क्रन्द् *krand* 6 «pleurer»; gothique *grêt* (même sens)[2]; irlandais *grith* «cri».

Voici des exemples d'un *â* sanscrit devant une consonne finale :

भ्राज् *brâǵ* «briller»; grec φλεγ; latin *flam-ma* (venant par assimilation de *flag-ma*), *flag-ro*, qui vient d'un adjectif perdu *flag-rus*, comme, par exemple, *pû-rus*, du sanscrit *pû* «purifier»; *fulgeo*, par transposition de *flugeo*; gothique *bairh-tei* «lumière»[3]; anglais *bright*.

राज् *râǵ* 1 «briller, régner» (*râǵan* «roi»); zend رﺎﺲ *râs* 10 (§ 58); latin *rego*; gothique *rag-inô* (verbe dénominatif) «je règne», sans substitution de consonne (§ 89); *reik-s*, thème *reika* (= *rîka*) «prince»; irlandais *ruigheanas* «éclat».

Racines ayant इ *i*, ई *î*, devant une consonne finale :

स्तिघ् *stiǵ* 5 «monter»; gothique *stig* (*steiga, staig, stigum*); grec στιχ (ἔστιχον); lithuanien *staigiŭ-s* «je me hâte»; slave

---

[1] Le même changement de sens s'observe dans le sanscrit *anv-iś* «chercher», qui d'après l'étymologie devrait signifier «suivre».

[2] *Grêta, gaigrôt*. La suppression de la nasale a été compensée par l'allongement de la voyelle (*ê* = *â*, § 69, 2), comme dans *têka* «je touche», *flêka* «je me plains», qui répondent aux verbes latins *tango, plango*.

[3] H, à cause du *t* suivant (§ 91, 2); le verbe fort, aujourd'hui perdu, a dû faire au présent *bairga*.

стьза *stĭṣa* « sentier »; russe *stignu* et *stigu* « j'atteins »; irlandais *staighre* « pas, degré ».

दिश् *diś* 6, venant de *dik* « montrer »; zend ‫دیش‬ *diś* 10; grec δεικ, avec gouna; latin *dic*; gothique *ga-tih* « annoncer, publier » (*ga-teiha, -taih, -taihum*).

ईक्ष् *ikṣ* 1 (moyen) « voir » me paraît une altération de *akṣ*, d'où viennent *akṣa, ákṣi* « œil » (le premier à la fin des composés); grec ὀπ, venant de ὀκ; latin *oc-u-lus*; le gothique *sahv* « voir » (*saihva, sahv, sêhvum*; sur le *v* qui a été ajouté, voyez § 86, 1) contient peut-être une préposition qui s'est incorporée à la racine (comparez le sanscrit *sam-ikṣ* « voir »), de manière que la vraie racine serait *ahv*, qui lui-même est pour *akv* (§ 87, 1).

जीव् *ǵiv* 1 « vivre »; borussien *ǵiw-a-si* « tu vis » = जीवसि *ǵiv-a-si*; lithuanien *gywa-s* « vivant » (*y* = *î*); gothique *qviu-s*, thème *qviva* (même sens); latin *vivo*, de *guîvo* (§ 86, 1); grec βίος, de γίος, pour γίϝος[1]. Le zend a ordinairement supprimé, dans cette racine, la voyelle ou le *v*; exemples : *ǵva* « vivant », nominatif *ǵvô*, *hu-ǵî-ti-s* « ayant une bonne vie », pluriel *huǵîtayô*. On trouve aussi ‫ص‬ *ṣ* pour *ǵ* dans cette racine, notamment dans *ṣaya-dvĕm* « vivez » (moyen) et dans l'adjectif *ṣavana* « vivant », ce dernier dérivé de *ṣu* (venant de *ṣiv*), avec gouna et *ana* comme suffixe (§ 88); la racine est complétement conservée dans l'adjectif *ǵivya* « donnant la vie » (probablement d'un substantif perdu *ǵiva* « vie »). Le mot ‫گیه‬ *gaya* « vie » nous donne la gutturale primitive, d'accord en cela avec les formes borussiennes et lithuaniennes qui appartiennent à la même racine.

Racines contenant *u*, *û* devant une consonne finale :

जुष् *ǵuś* 1 « aimer »; gothique *kus* « choisir » (*kiusa, kaus, kusum*); irlandais *gus* « désir »; zend ‫ساوش‬ *sauśa* « plaisir »; latin *gus-tus*; grec γεύω.

---

[1] Sur ζάω = sanscrit *yâ-mi* « je vais » voyez § 88.

रुद् *rud* 2 «pleurer»; vieux haut-allemand *ruz* (*riuzu*, *rôz*, *ruzumês*); causatif *rôdáyâmi* (§ 109ᵃ, 6).

रुह् *ruh*, venant de *rud* 1 «grandir»[1]; zend *rud* (2ᵉ personne du présent moyen ܪܘܕܐܗܐ *raud-a-hê*); gothique *lud* (*liuda*, *lauth*, *ludum*); vieux celtique *rhodora*, nom d'une plante (dans Pline); irlandais *rud* «bois», *roid* «race», *ruaidhneach* «cheveu». En latin, on peut probablement rapporter à la même racine le substantif *rudis* «bâton» (en tant que «branche qui a poussé», comparez le vieux haut-allemand *ruota* «verge», le vieux saxon *ruoda*, l'anglo-saxon *rod*), ainsi que l'adjectif *rudis* (en quelque sorte «ce qui a poussé en liberté»). Peut-être aussi est-ce à l'idée de la croissance qu'est emprunté le nom de *rûs*, *rûr-is*, et le *r* est-il l'affaiblissement d'un ancien *d* (§ 17ᵃ). Au causatif sanscrit *rôh-áyâ-mi* se rapporte le slave *rod-i-ti* «engendrer», dont l'*o* représente toutefois la voyelle radicale pure *u* (§ 92ᶜ). Mais c'est de la racine primitive que vient probablement *na-rodŭ* «peuple». Le lithuanien *liudinu* «j'engendre» est, du moins quant à la signification, un causatif, et s'accorde, en ce qui concerne l'affaiblissement de la voyelle marquée du gouna, avec le gothique *liuda* «je crois». Le mot *rudŭ* «automne», thème *rud-en*, appartient vraisemblablement aussi à la racine en question et signifie, comme il me semble, primitivement «celui qui nourrit» ou «augmente»[2].

मुष् *bûs* 1 et 10 «orner». Comparez avec *bûs-áyâ-mi* 10 l'irlandais *beosaighim* «j'orne, j'embellis», en tenant compte de cette circonstance que les verbes irlandais en *aighi-m* se rapportent, en général, pour leur dérivation au sanscrit *aya*. Mais

---

[1] De la forme primitive *rud* vient *rôd-ra-s*, nom d'un arbre. Dans les autres mots, le sanscrit a moins bien conservé la consonne finale de la racine que le zend et les membres européens de la famille.

[2] Comparez le latin *auctumnus*. Sur d'autres dérivés de la racine sanscrite *ruh* voyez le Glossaire sanscrit, 1847, p. 292.

beos pourrait aussi appartenir à la racine sanscrite *bâs* « briller » (forme élargie de *bâ*), d'autant que l'adjectif *beasach* signifie « éclat ». Le verbe sanscrit *bûs* lui-même pourrait être considéré comme une altération de *bâs*, l'*û* étant pris pour un affaiblissement de l'*â* : nous trouvons souvent, en effet, à côté d'une racine ayant un *a* bref une racine semblable ayant un *u* bref; exemples : *mad* « se réjouir » et *mud*, *band* « lier » et *bund* 10 (d'après Vôpadêva).

Comme exemple d'une racine sanscrite ayant une diphthongue à l'intérieur, je mentionnerai seulement सेव् *sêv* 1 « honorer, servir », grec σεβ (σέβ-ε-ται = *sêv-a-tê*), dont l'ε représente l'*a* contenu dans ए *ê* (contracté de *ai*).

REMARQUE. — Racines des 7ᵉ, 8ᵉ et 6ᵉ classes en zend.

Parmi les racines citées dans le paragraphe précédent, il n'y a pas d'exemple de la 7ᵉ classe en zend : il n'y a pas de verbe de cette classe qui appartienne en commun au zend et au sanscrit. Mais le zend possède un verbe de la 7ᵉ classe dont nous retrouvons la racine en sanscrit dans une classe différente. Burnouf (*Yaçna*, p. 471 et suiv.) rapporte ᭯᭯᭯ *ćis-ti*, qu'Anquetil traduit partout par « science », à la racine *ćit* (§ 102), qu'il rapproche avec raison du sanscrit चित् *ćit* « apercevoir, connaître, penser ». Le verbe zend correspondant fait à la 3ᵉ et à la 1ʳᵉ personne du singulier du présent ᭯᭯᭯ *ćinaśti*, ᭯᭯᭯ *ćinahmi* (» *ś* à cause de l'*a* précédent), et à la 1ʳᵉ personne du pluriel actif et moyen *ćismahi*, *ćismaidê* [1]. Dans les deux dernières formes, le *n* qui, d'après le principe sanscrit, devrait rester devant les désinences pesantes (§ 129), a été supprimé et remplacé par l'allongement de la voyelle précédente, à peu près comme dans les formes grecques μέλᾱς, ἱστᾱ́ς, τύψᾱς, pour μέλανς, etc.

Pour la 8ᵉ classe en zend, laquelle n'est pas non plus représentée dans le paragraphe précédent, nous trouvons un exemple dans la forme ᭯᭯᭯ *ainauiti*[2] (*paiti ainauiti* « il censure ») : non-seulement la voyelle de la racine

---

[1] Pour les exemples, voyez Brockhaus, index du Vendidad-Sadé.

[2] Burnouf, *Yaçna*, p. 432, n. 289. Le texte lithographié a la leçon fautive ᭯᭯᭯ *ainθiti* (§ 41).

(*in*), mais encore la syllabe caractéristique reçoit le gouna, comme cela arrive en sanscrit pour le verbe *kar-ŏ́-ti* «il fait», qui frappe du gouna la caractéristique en même temps qu'il emploie la forme forte, ou, suivant la théorie des grammairiens indiens, la forme marquée du gouna (§ 26, 1). Dans le dialecte védique, nous avons *in-ŏ́-ti* qui répond à la forme zende, mais sans gouna de la voyelle radicale.

Au sujet de la 6ᵉ classe, il faut encore observer qu'elle est représentée en zend dans ses deux variétés, à savoir avec ou sans nasale; exemples: *pĕrĕś-a-hi* «tu demandes»[1], *vind-ĕ-nti* «ils trouvent», pour le sanscrit *pṛćʰ-á-si*, *vind-á-nti* (§ 109°, 1).

§ 110. Les suffixes sont-ils significatifs par eux-mêmes?

Des racines monosyllabiques se forment les noms, tant substantifs qu'adjectifs, par l'adjonction de syllabes que nous nous garderons bien de déclarer dénuées de signification, avant de les avoir examinées. Nous ne supposons pas, en effet, que les suffixes aient une origine mystérieuse que la raison humaine doive renoncer à pénétrer. Il paraît plus simple de croire que ces syllabes sont ou ont commencé par être significatives, et que l'organisme du langage n'a uni entre eux que des éléments de même nature, c'est-à-dire des éléments ayant un sens par eux-mêmes. Pourquoi la langue n'exprimerait-elle pas les notions accessoires par des mots accessoires, ajoutés à la racine? Toute idée prend un corps dans le langage : les noms sont faits pour désigner les personnes ou les choses auxquelles convient l'idée abstraite que la racine indique; rien n'est donc plus naturel que de s'attendre à trouver, dans les syllabes formatives, des pronoms servant à désigner ceux qui possèdent la qualité, font l'action ou se trouvent dans la situation marquée abstraitement par la racine. Il y a, en effet, comme nous le

---

[1] L'irlandais *fiafruighim* «je demande» et ses dérivés paraissent contenir une syllabe réduplicative. (Voyez Glossaire sanscrit, p. 225.)

montrerons dans le chapitre sur la formation des mots[1], une
identité parfaite entre les éléments formatifs les plus importants
et certains thèmes pronominaux qui se déclinent encore à l'état
isolé. Mais s'il est devenu impossible d'expliquer à l'aide des
mots restés indépendants plusieurs éléments formatifs, cela n'a
rien qui doive nous étonner, car ces adjonctions datent de
l'époque la plus reculée de la langue, et celle-ci a perdu le
souvenir de la provenance des mots qu'elle avait employés
pour cet usage. C'est pour la même raison que les modifications
du suffixe soudé à la racine n'ont pas toujours marché du même
pas que celles du mot resté à l'état indépendant; tantôt c'est
l'un, tantôt c'est l'autre qui a éprouvé de plus fortes altérations.
Il y a toutefois des cas où l'on peut admirer la merveilleuse
fidélité avec laquelle les syllabes grammaticales ajoutées aux
racines se sont maintenues invariables pendant des milliers
d'années; on la peut constater par le parfait accord qui existe
entre les divers idiomes de la famille indo-européenne, quoiqu'ils se soient perdus de vue depuis un temps immémorial
et que chacun ait été abandonné depuis à ses propres destinées.

§ 111. Des mots-racines.

Il y a aussi des mots qui sont purement et simplement des
mots-racines, c'est-à-dire que le thème présente la racine nue,
sans suffixe dérivatif ni personnel; dans la déclinaison, les syllabes représentant les rapports casuels viennent alors s'ajouter
à la racine. Excepté à la fin des composés, les mots de cette
sorte sont rares en sanscrit : ce sont tous des abstraits féminins,
comme भी *bî* «peur», युध् *yud'* «combat», मुद् *mud* «joie». En
grec et en latin la racine pure est également la forme de mot
la plus rare; cependant, quand elle se rencontre, elle n'appar-

---

[1] Voyez aussi mon mémoire De l'influence des pronoms sur la formation des
mots (Berlin, 1832).

tient pas exclusivement à un substantif abstrait; exemples : φλογ (φλόκ-ς), ὀπ (ὄπ-ς), νιφ (νίπ-ς), *leg* (*lec-s*), *pac* (*pac-s*), *duc* (*duc-s*), *pel-lic* (*pel-lec-s*). En germanique, même en gothique, il n'y a plus de vrais mots-racines, quoiqu'on puisse croire, à cause de la mutilation des thèmes au singulier, qu'il y en a beaucoup : car ce sont précisément les dialectes les plus jeunes qui, à cause de la dégradation toujours croissante des thèmes, ont l'air d'employer comme noms le plus de racines nues (comparez § 116).

FORMATION DES CAS.

GENRE ET NOMBRE.

§ 112. Du thème.

Les grammairiens indiens posent, pour chaque mot déclinable, une forme fondamentale, appelée aussi *thème*, où le mot se trouve dépouillé de toute désinence casuelle : c'est également cette forme fondamentale que donnent les dictionnaires sanscrits. Nous suivons cet exemple, et partout où nous citons des noms sanscrits ou zends, nous les présentons sous leur forme fondamentale, à moins que nous n'avertissions expressément du contraire ou que nous ne fassions suivre la terminaison, en la séparant du thème par un trait (-). Les grammairiens indiens ne sont d'ailleurs pas arrivés à la connaissance de la forme fondamentale par la voie d'un examen scientifique, par une sorte d'anatomie ou de chimie du langage : ils y furent amenés d'une façon empirique par l'usage même de leur idiome. En effet, la forme fondamentale est exigée au commencement des composés[1] : or, l'art de former des composés n'est pas moins nécessaire en sanscrit que l'art de conjuguer ou de décliner. La forme fondamentale pouvant exprimer, au commencement d'un composé, chacune des relations marquées par les cas, ou, en d'autres

---

[1] Sauf, bien entendu, les changements euphoniques que peut amener la rencontre des lettres initiales ou finales avec les lettres d'un autre mot.

termes, pouvant tenir lieu d'un accusatif, d'un génitif, d'un ablatif, etc. il est permis de la regarder en quelque sorte comme un *cas général*, plus usité que n'importe quel autre, à cause de l'emploi fréquent des composés.

Toutefois, la langue sanscrite ne reste pas toujours fidèle au principe qu'elle suit d'ordinaire dans la composition des mots; par une contradiction bizarre, et comme faite exprès pour embarrasser les grammairiens, les pronoms de la 1re et de la 2e personne, quand ils forment le premier membre d'un composé, sont mis à l'ablatif pluriel, et ceux de la 3e personne au nominatif-accusatif singulier neutre. Les grammairiens indiens ont donné dans le piége que la langue leur tendait dans cette circonstance : ils ont pris, par exemple, les formes *asmát* ou *asmád* «par nous», *yuśmát* ou *yuśmád* «par vous» comme thème et comme point de départ de la déclinaison, quoique en réalité, dans ces deux formes pronominales, il n'y ait que *a* et *yu* qui appartiennent (encore n'est-ce qu'au pluriel) au thème. Il va sans dire que, malgré cette erreur, les grammairiens indiens savent décliner les pronoms et qu'ils ne sont pas en peine de règles à ce sujet.

Le pronom interrogatif, quand il se trouve employé en composition, paraît sous la forme neutre किम् *kim;* mais ceux mêmes qui regardent cette forme comme étant le thème ne peuvent méconnaître que, dans sa déclinaison, le pronom en question suit l'analogie des thèmes en *a*. Pâṇini se tire de cette difficulté par la règle laconique suivante (VII, 11, 103) : किम: क: *kimah kah,* c'est-à-dire *à kim on substitue ka*[1]. Si l'on voulait appliquer cette méthode singulière au latin et prendre le neutre *quid* pour thème, il faudrait, pour expliquer, par exemple, le datif *cui,* faire une règle de ce genre, qui serait la traduction

---

[1] *Kimas* (devenu ici *kimah*, en vertu des lois phoniques) est un génitif qui n'existe pas dans la langue, et qui est forgé d'après *kim*, considéré comme thème.

de celle de Pâṇini : *quidis cus* ou *quidi cus*, c'est-à-dire *quid* substitue le radical *cu*, qui fait au datif *cui*, comme *fructus* fait *fructui*. Dans un autre endroit (VI, III, 90), Pâṇini forme de *idam* « ceci » (considéré également comme thème) et de *kim* « quoi ? » un composé copulatif, et par les mots इदङ्किमोर् इश्की *idaṅkimôr iški*, le grammairien enseigne que les prétendus thèmes en question substituent à eux-mêmes les formes *i* et *ki*.

§ 113. Des genres.

Le sanscrit et celles d'entre les langues de même famille qui se sont maintenues à cet égard sur la même ligne distinguent encore, outre les deux sexes naturels, un neutre que les grammairiens indiens appellent *klîva*, c'est-à-dire *eunuque*. Ce troisième genre paraît appartenir en propre à la famille indo-européenne, c'est-à-dire aux langues les plus parfaites. Il est destiné à exprimer la nature inanimée. Mais, en réalité, la langue ne se conforme pas toujours à ces distinctions : suivant des exceptions qui lui sont propres, elle anime ce qui est inanimé et retire la personnalité à ce qui est vivant.

Le féminin affecte en sanscrit, dans le thème comme dans les désinences casuelles, des formes plus pleines, et toutes les fois que le féminin se distingue des autres genres, il a des voyelles longues et sonores. Le neutre, au contraire, recherche la plus grande brièveté; il n'a pas, pour se distinguer du masculin, des thèmes d'une forme particulière : il en diffère seulement par la déclinaison aux cas les plus marquants, au nominatif, à l'accusatif, qui est l'antithèse complète du nominatif, ainsi qu'au vocatif, quand celui-ci a la même forme que le nominatif.

§ 114. Des nombres.

Le nombre n'est pas exprimé en sanscrit et dans les autres

langues indo-européennes par des affixes spéciaux, indiquant le singulier, le duel ou le pluriel, mais par une modification de la flexion casuelle, de sorte que le même suffixe qui indique le cas désigne en même temps le nombre; ainsi *byam*, *byâm* et *byas* sont des syllabes de même famille qui servent à marquer, entre autres rapports, le datif : la première de ces flexions est employée au singulier (dans la déclinaison du pronom de la 2ᵉ personne seulement), la deuxième au duel, la troisième au pluriel.

Le duel, comme le neutre, finit par se perdre à la longue, à mesure que la vivacité de la conception s'émousse, ou bien l'emploi en devient de plus en plus rare : il est remplacé par le pluriel qui s'applique, d'une façon générale, à tout ce qui est multiple. Le duel s'emploie de la façon la plus complète en sanscrit, pour le nom comme pour le verbe, et on le rencontre partout où l'idée l'exige. Dans le zend, qui sur tant d'autres points se rapproche extrêmement du sanscrit, on trouve rarement le duel dans le verbe, beaucoup plus souvent dans le nom; le pâli n'en a conservé que ce qu'en a gardé le latin, c'est-à-dire deux formes, dans les mots qui veulent dire *deux* et *tous les deux*; en prâcrit, il manque tout à fait. Des langues germaniques, il n'y a que la plus ancienne, le gothique, qui possède le duel, et encore dans le verbe seulement [1]. Parmi les langues sémitiques (pour les mentionner ici en passant), l'hébreu a, au contraire, gardé le duel dans le nom et l'a perdu dans le verbe; l'arabe qui, sous beaucoup d'autres rapports encore, est plus complet que l'hébreu, a le duel dans la déclinaison et dans la conjugaison; le syriaque, enfin, n'a gardé du duel, même dans le nom, que des traces à peine sensibles [2].

---

[1] Sur le duel inorganique des pronoms des deux premières personnes, voyez § 169.

[2] Sur l'essence, la raison d'être et les diverses nuances du duel, et sur sa pré-

§ 115. Des cas.

Les désinences casuelles expriment les rapports réciproques des noms entre eux : on peut comparer ces rapports à ceux des personnes entre elles, car les noms sont les personnes du monde de la parole. Dans le principe, les cas n'exprimèrent que des relations dans l'espace ; mais on les fit servir ensuite à marquer aussi les relations de temps et de cause. Les désinences casuelles furent originairement des pronoms, du moins le plus grand nombre, comme nous le montrerons dans la suite. Et où aurait-on pu mieux prendre les exposants de ces rapports que parmi les mots qui, en même temps qu'ils marquent la personne, expriment une idée secondaire de proximité ou d'éloignement, de présence ou d'absence? De même que dans le verbe les désinences personnelles, c'est-à-dire les suffixes pronominaux, sont remplacées ou, pour ainsi dire, commentées par des pronoms isolés dont on fait précéder le verbe, lorsque le sens de ces terminaisons a cessé avec le temps d'être perçu par l'esprit et que la trace de leur origine s'est effacée, de même on remplace, on soutient ou l'on explique les désinences casuelles, quand elles ne présentent plus d'idée nette à l'intelligence, d'une part, par des prépositions pour marquer la relation dans l'espace, et, de l'autre, par l'article pour marquer la relation personnelle.

THÈMES FINISSANT PAR UNE VOYELLE.

§ 116. De la lettre finale du thème. — Thèmes en *a*.

Avant de nous occuper de la formation des cas, il paraît à propos d'examiner les différentes lettres qui peuvent se trouver

sence dans les diverses familles de langues, nous possédons une précieuse dissertation de G. de Humboldt (Mémoires de l'Académie de Berlin, 1827).

à la fin des thèmes : c'est à ces lettres que viennent s'unir les désinences casuelles, et il convient de montrer les rapports qui existent à cet égard entre les langues indo-européennes[1].

Les trois voyelles primitives (a, i, u) peuvent se trouver en sanscrit à la fin d'un thème nominal, soit brèves, soit longues ($a, i, u; â, î, û$). L'a bref est toujours masculin ou neutre; il n'est jamais féminin. En zend et en lithuanien, il est représenté également par un a; il en est de même dans les idiomes germaniques; mais l'a ne s'est conservé que rarement dans cette dernière famille de langues, même en gothique[2], et il a été remplacé dans les dialectes plus jeunes par un u ou un e. En grec, l'a primitif est représenté par l'o de la 2ᵉ déclinaison (par exemple, dans λόγο-s, δῶρο-ν). Nous trouvons également cet o en latin à une époque plus ancienne : à l'époque classique, l'o latin se change en u, quoiqu'il ne disparaisse pas de tous les cas[3].

§ 117. Thèmes en i et en u.

A l'i bref, qu'on trouve pour les trois genres, correspond la même voyelle dans les autres langues. Dans les idiomes germaniques, il faut chercher cet i dans la 4ᵉ déclinaison forte de Grimm; mais il n'y a pas été moins maltraité par le temps que l'a de la 1ʳᵉ déclinaison. En latin, i alterne avec e, comme dans

---

[1] Si la désinence venait simplement se ranger après le thème, sans le modifier en rien, il n'y aurait qu'une seule et même déclinaison pour tous les substantifs (sauf, bien entendu, la différence des genres), et il ne serait pas nécessaire d'examiner les lettres qui peuvent se trouver à la fin des thèmes. Mais entre la dernière lettre du thème et la première lettre de la désinence, il se produit des combinaisons diverses, suivant que la lettre finale est une voyelle ou une consonne, suivant que les lettres qui se trouvent mises en contact s'attirent ou s'excluent, etc. On comprend donc qu'avant d'étudier la formation des cas il faille examiner les diverses rencontres qui pourront se produire et qui seront la cause de la multiplicité des déclinaisons. — Tr.

[2] Voyez la 1ʳᵉ déclinaison forte de Grimm.

[3] Il sera traité à part de la formation des cas en ancien slave.

facile pour *facili*, *mare* pour *mari*, en sanscrit वारि *vári* «eau». En grec, l'*ι* s'affaiblit ordinairement en ε devant les voyelles.

L'*u* bref se trouve comme l'*i* aux trois genres en sanscrit; de même υ en grec et *u* en gothique. Dans cette dernière langue, l'*u* se distingue de l'*a* et de l'*i*, en ce qu'il s'est conservé aussi bien devant le *s* du nominatif qu'à l'accusatif dépourvu de flexion. En latin, nous avons l'*u* de la 4ᵉ déclinaison, et en lithuanien également l'*u* de la 4ᵉ déclinaison des substantifs [1], qui ne contient que des masculins; exemple : *sūnù-s* «fils» = sanscrit *sûnú-s*. Parmi les thèmes adjectifs en *u*, nous avons, par exemple, le lithuanien *saldù* «doux», nominatif masculin *saldù-s*, neutre *saldù*, qui correspond au sanscrit *svâdú-s*, neutre *svâdú*, en grec ἡδύ-ς, ἡδύ. Nous parlerons plus tard du féminin lithuanien *saldì* répondant au sanscrit *svâdvî*.

§ 118. Thèmes en *â*.

Les voyelles longues (*â*, *î*, *û*) appartiennent principalement en sanscrit au féminin (§ 113); on ne les trouve jamais pour le neutre, très-rarement pour le masculin. En zend, l'*â* long final s'est régulièrement abrégé dans les mots polysyllabiques; il en est de même en gothique, où l'*â* des thèmes sanscrits féminins s'est changé en *ô* (§ 69); cet *ô*, au nominatif et à l'accusatif (sans flexion) du singulier s'est abrégé en *a*, à l'exception des deux formes monosyllabiques *sô* «la, celle-ci» = sanscrit सा *sâ*, zend *hâ*; *hvô* «laquelle?» = sanscrit et zend *kâ*. Le latin a également abrégé l'ancien *â* du féminin au nominatif et au vocatif, qui sont sans flexion; de même le lithuanien (§ 92ᵃ), et souvent aussi le grec, surtout après les sifflantes (σ et les consonnes doubles renfermant une sifflante), quoiqu'on trouve aussi après celles-ci η tenant la place d'un *ā*. Au contraire, les muettes,

---

[1] D'après la classification de Mielcke.

qui sont les consonnes douées de la plus grande force, ont, en général, protégé la longue primitive, qui est *η* dans la langue ordinaire, *ā* dans le dialecte dorien. Nous ne pouvons entrer ici dans le détail des lois qui ont présidé dans les différents cas au choix entre *ă*, *ā* ou *η* en remplacement de l'*â* sanscrit. En ce qui concerne les masculins latins en *a* et grecs en *ā-s*, *η-s*, je renvoie aux paragraphes qui traitent de la formation des mots (§§ 910, 914). Il a déjà été question de l'*ê* latin de la 5ᵉ déclinaison, laquelle est originairement identique avec la première, ainsi que des formes analogues en zend et en lithuanien (§ 92ᵏ).

§ 119. Thèmes féminins en *î*. — Formes correspondantes en grec et en latin.

L'*î* long en sanscrit sert ordinairement de complément caractéristique pour la formation des thèmes féminins : nous avons, par exemple, de *mahát*, le thème féminin *mahatî* « magna ». Il en est de même en zend. En grec et en latin, cet *î* du féminin a cessé d'être déclinable : il a disparu ou a été allongé d'un complément inorganique chargé de porter les désinences casuelles. Ce complément est en grec *α* ou *δ*, en latin *c*. Le grec ἡδεῖα correspond au sanscrit *svâdv-î'*, de *svâdú* « dulcis », et -τρια, -τριδ, dans ὀρχήστρια, ληστρίς, ληστρίδ-ος, répondent au *trî* sanscrit qui se trouve dans *ganitrî* « celle qui enfante ». Pour ce dernier mot, le latin a *genitrī-c-s*, *genitrī-c-is*.

D'autre part, dans le grec γενέτειρα et dans les formations analogues, l'ancien *i* du féminin recule d'une syllabe. Nous avons, d'après le même principe, les adjectifs féminins μέλαινα, τάλαινα, τέρεινα, et les substantifs dérivés comme τέκταινα, Λάκαινα. Dans θεράπαινα, λέαινα, le thème du primitif a perdu un τ, comme au nominatif masculin. Pour θέαινα, λύκαινα, il faut admettre ou bien que le primitif terminé en ν ou ντ s'est perdu, ou bien, ce que je crois plutôt, que ce sont des formations d'une autre sorte, correspondant aux féminins sanscrits comme *indrânî* « la femme d'Indra » (§ 837).

Dans les formes en εσσα, venant de thèmes masculins et neutres en εντ (pour Fεντ, sanscrit *vant*), j'explique le second σ comme venant d'un ancien *j* que le σ précédent s'est assimilé; le *j* lui-même provient du caractère féminin *ι*. Ainsi δολό-εσσα est pour δολό-εσja, qui lui-même est pour δολό-ετja, de même que plus haut (§ 109ᵃ, 2) nous avons eu κρείσσων, venant de κρείτjων, λίσσομαι, venant de λίτjομαι. Le ν du thème primitif en εντ a donc été supprimé, comme dans les féminins sanscrits correspondants, tels que *dăna-vatî*, de *dăna-vant* « riche », aux cas faibles (§ 129) *dăna-vat*. Mais il y a aussi des formations en σσα, où, selon moi, le second σ provient également d'un *j* assimilé, mais avec cette différence que la syllabe *ja* représente le suffixe sanscrit या *yâ* (féminin de य *ya*); par exemple : μέ-λισ-σα « abeille », pour μέλιτ-ja, du thème μέλιτ, comme nous avons en sanscrit le féminin *div-yâ* « céleste », venant de *div* « ciel ». Βασίλισ-σα et φυλάκισ-σα sont sortis très-vraisemblablement de βασιλίδ, φυλακίδ, et, par conséquent, sont pour βασι-λίδ-ja, φυλακίδ-ja. De même que plus haut, dans λησ-τρί-δ, la syllabe ιδ de φυλακ-ίδ représente le caractère féminin sanscrit ई *î*[1], lequel s'abrége toujours devant l'α, qui lui est adjoint, et presque toujours devant δ[2].

L'α grec, dans les thèmes participiaux en ντ, représente à lui seul le caractère féminin; mais je le regarde comme étant pour ια : la vraie expression du féminin a donc été supprimée,

---

[1] Voyez Système comparatif d'accentuation, remarques 253 et 254.

[2] La longue s'est conservée dans ψηφίδ, du thème ψῆφο, lequel est lui-même du féminin. Il faut rappeler à ce propos qu'en sanscrit aussi l'*a*, auquel correspond l'ο grec, tombe devant l'adjonction du caractère féminin *î*; exemple : *kumâr'-î* « jeune fille», de *kumâra* « jeune garçon»; de même, entre autres, en grec συμμαχ'-ίδ, féminin de σύμμαχο.

et le complément inorganique α est seul resté, après que l'ι, par son influence, eut changé le τ précédent en σ. Exemples : φέρουσ-α, ἱστᾶσ-α, venant de φεροντ-ια, ἱσταντ-ια, en regard des formes féminines sanscrites *bárant-î* « celle qui porte », *tíshant-î* « celle qui se tient ». Dans Θεραποντ-ίδ[1], forme unique en son genre, le vrai caractère féminin s'est conservé avec le complément habituel δ et avec abréviation de la longue primitive.

§ 120, 1. Thèmes féminins gothiques en *ein*.

Le gothique a conservé, au féminin du participe présent et du comparatif, la longue du caractère féminin sanscrit : mais à *ei* (= *î*, § 70) il a joint, comme le grec et le latin, un complément inorganique, à savoir *n*, lequel est supprimé au nominatif singulier (§ 142). Nous avons donc *bairand-ein, juhis-ein*, au nominatif *bairand-ei, juhis-ei*, en regard des féminins sanscrits *bárant-î* « celle qui porte », *yávîyas-î* « celle qui est plus jeune ». A côté des thèmes substantifs sanscrits en *î*, comme *dêvî* « déesse » (de *dêvá* « dieu »), *kumârî* « jeune fille » (de *kumârá* « jeune garçon »), on peut placer en gothique les féminins *aithein* « mère », *gaitein* « chèvre », qui toutefois n'ont pas de masculin, car si *aithein* peut être considéré comme étant de la même famille que *attan* « père » (nominatif *atta*), il est d'ailleurs impossible d'y voir un dérivé régulier de ce dernier mot.

§ 120, 2. Thèmes féminins gothiques en *jô*.

Par l'addition d'un *ô* (venant d'un *á*, § 69, 1), le caractère féminin sanscrit *î* est devenu en gothique *jô* : le son *i* s'est changé, pour éviter l'hiatus, en sa semi-voyelle, d'après le même principe qui, en sanscrit, a fait venir de *nadî* « fleuve » le génitif *nady-ás*

---

[1] Quant à la formation, c'est un participe présent féminin, sorti du thème masculin Θεράποντ.

pour *nadî-âs*. A cette sorte de féminins gothiques n'appartiennent toutefois que trois thèmes, à savoir : *frijônd-jô* (nominatif *frijônd-i*) « amie », du thème masculin *frijônd* (nominatif *frijônd-s*) « l'ami », considéré comme « celui qui aime », *thiu-jô* « servante », de *thiva* (nominatif *thiu-s*) « valet »[1], et *mau-jô*[2] « fille », de *magu* (nominatif *magu-s*) « garçon ». Dans tous les autres mots de la 2ᵉ déclinaison féminine forte, la syllabe *jô* se rapporte à un या *yâ* sanscrit. Au nominatif-vocatif-accusatif dépourvu de flexion, le gothique supprime la voyelle finale, dans le cas où le *j* est précédé d'une syllabe longue (y compris la longue par position), ou de plus d'une syllabe. Ainsi des thèmes mentionnés plus haut *frijônd-jô*, *thiu-jô*, *mau-jô*, viennent les formes *frijônd-i*, *thiv-i*, *mav-i*, qui, par suite de cette mutilation, se sont de nouveau rapprochées des types sanscrits comme *kumârî*.

§ 121. Thèmes féminins lithuaniens en *i*.

En lithuanien, le caractère féminin sanscrit *î* s'est conservé, sans prendre de complément, au nominatif-vocatif de tous les participes actifs : il s'est seulement abrégé. Comparez les féminins *degant-i* « brûlante », *degus-i* « ayant brûlé » et *degsent-i* « devant brûler » avec les formes sanscrites correspondantes *dâhant-î*, *dêhus-î*, *dakṣyant-î*. Mais à tous les autres cas, ces participes lithuaniens ont reçu un complément analogue à celui des thèmes gothiques mentionnés plus haut, *frijôndjô*, *thiujô*, *maujô*, et à celui des féminins grecs comme ὀρχήστρια, ψάλτρια : ils ont

---

[1] En ce qui concerne la suppression de l'*a* du thème primitif masculin, comparez les thèmes *dêvî*, *kumârî*, cités plus haut, ainsi que la loi qui veut que, en général, les voyelles finales des thèmes sanscrits tombent devant les voyelles et la semi-voyelle य *y*. Il n'y a d'exception que pour *u* et les diphthongues *ô* (*au*) et *âu*.

[2] Pour *magu-jô*, à peu près comme le comparatif latin *major*, pour *magior*. Le sanscrit *maṅh* « croître » est la racine commune de la forme gothique et de la forme latine.

par là changé de déclinaison. Ainsi les génitifs *degancio-s*[1], *degusio-s*, *degsencio-s* se rencontrent avec les génitifs gothiques comme *frijondjô-s* et les génitifs grecs comme ὀρχηστρία-ς, ou, sans aller si loin, avec le génitif *wynicio-s*, qui vient de la forme, mentionnée plus haut (§ 92 k), *wynicia* (nominatif) « vignoble ». Au sujet des cas où, dans les participes que nous avons cités, on a *e* au lieu de *ia*, par exemple, au datif *degancei*, etc. (pour *deganciai*), il faut se reporter à la 3ᵉ déclinaison de Mielcke, dont l'*e* est dû à l'influence d'un *i* qui est tombé; exemples : *giesme* « chant », datif *giesmei*, tandis que dans *wyniciai, deganciai, degusiai* la palatale ou la sifflante ont arrêté cette influence (comparez § 92 k). On pourrait conclure de là que le complément inorganique reçu par les participes féminins aux cas obliques a appartenu également au nominatif dans le principe, et que, par exemple, le nominatif lithuanien *deganti*, qui dans cette forme ressemble extrêmement au sanscrit *dáhantî*, a été d'abord *degancia*, d'après l'analogie de *wynicia*; on appuierait cette opinion de la circonstance suivante, à savoir que tous les thèmes adjectifs qui sont terminés au masculin en *ia* (nominatif *is* pour *ia-s*, § 134) ont au nominatif féminin *i* ou *e* (venant de *ia*); exemple : *didi* ou *dide* « magna », en regard du thème masculin *didia*, nominatif *didis*. Mais une objection à cette explication est que, dans tous les participes actifs, le nominatif-vocatif masculin est resté, comme on le montrera ci-après, plus fidèle au type primitif que tous les autres cas, et n'a rien ajouté à la forme première du thème; on peut objecter, en outre, que les adjectifs masculins et neutres en *u* prennent également un *i* au nominatif féminin; par exemple : *saldi* « douce », féminin de *saldù-s* (masculin) et *saldù* (neutre); enfin, qu'il y a encore, comme on le verra plus tard, bien d'autres classes de mots en lithua-

---

[1] Au sujet du *c*, tenant la place de *t*, voyez § 92 b.

nien, dont le nominatif singulier n'a rien de commun avec le thème des cas obliques, lequel a reçu un accroissement inorganique.

§ 122. Thèmes sanscrits en *û*. — Thèmes finissant par une diphthongue. — Le thème *dyô* «ciel».

L'*û* long est assez rare en sanscrit à la fin des thèmes, et il appartient ordinairement au féminin. Les mots les plus usités sont *vadû́* «femme», *b'û* «terre», *śvaśrû́* «belle-mère» (*socrus*), *b'rû* «sourcil». A ce dernier répond le grec ὀφρύς, qui a également un υ long; mais, en grec, la déclinaison de l'υ long ne s'écarte pas de celle de l'υ bref; tandis que, dans la déclinaison sanscrite, l'*û* long se distingue de l'*u* bref féminin de la même manière que l'*î* long de l'*i* bref.

Il n'y a qu'un petit nombre de thèmes monosyllabiques qui se terminent en sanscrit par une diphthongue; aucun ne finit par ए *ê*, un seul par ऐ *âi*, à savoir रै *râi* (masculin) «richesse», qui forme de *râ* les cas dont la désinence commence par une consonne : c'est à ce thème *râ* que se rapporte le latin *rê* (§ 5). Les thèmes en ओ *ô* sont rares également. Les plus usités sont *dyô* «ciel» et *gô*.

Le premier est féminin; il est sorti du mot-racine *div*, qui est formé lui-même de दिव् *div* «briller»; le *v* est devenu voyelle, après quoi l'*i* a dû se changer en semi-voyelle. Les cas forts (§ 129) des thèmes en *ô* se forment d'un thème élargi en ओ *âu*; on a donc au nominatif singulier *dyâu-s*, pluriel *dyâv-as*. A l'accusatif, la forme *âv-am*, qu'on devrait attendre, s'est contractée en *â-m*; exemple : *gâm*, pour *gâv-am*[1]. A *dyâu-s* répond le grec Ζεύς, mais avec amincissement de la première partie de la diphthongue. Le Ζ répond au य् *y* sanscrit et le δ est sup-

---

[1] L'accusatif de *dyô* n'est pas dans l'usage ordinaire, mais il se trouve dans le dialecte védique.

primé (§ 19), tandis que la forme éolique Δεύς a conservé la muette et supprimé la semi-voyelle. Avec Ζεύς, venant de Jεύς, s'accorde, en ce qui concerne la perte de la moyenne initiale, le latin *Jov-is*, *Jov-i*, etc. cette dernière forme représente le datif sanscrit *dyáv-ê*, qui est formé comme *gáv-ê*. Le nominatif vieilli *Jovi-s* a éprouvé un élargissement du thème analogue à celui de *návi-s*, comparé au sanscrit *náu-s* et au grec ναῦ-ς. Dans *Jú-piter*, proprement «père» ou «maître du ciel»[1], *Jú* représente le thème sanscrit *dyô*, venant de *dyau*, la suppression de la première partie de la diphthongue ayant été compensée par l'allongement de la deuxième partie, comme, par exemple, dans *conclûdo*, pour *conclaudo* (§ 7). Pour retourner au grec, les cas obliques de Ζεύς viennent tous du thème sanscrit *div* «ciel»: Διός, de ΔιϜός = sanscrit *div-ás*; ΔιϜί (§ 19), Διί = locatif *div-í*. Il faut encore mentionner une désignation latine du ciel qui ne s'est conservée qu'à l'ablatif, *sub dîvo*, et qui suppose un nominatif *dîvu-m* ou *dîvu-s*. Elle se rapporte au thème sanscrit *dêvá* (venant de *daivá*) «brillant, dieu», et a remplacé le gouna sanscrit par l'allongement de la voyelle radicale.

§ 123. Le thème *gô* «vache» et «terre».

Le second des thèmes précités en गो *ô* signifie ordinairement comme masculin «taureau» et comme féminin «vache». En zend, nous le trouvons sous la forme 𐬔𐬁𐬎 *gau*[2], qui devient *gav* devant les terminaisons commençant par une voyelle; en grec, nous avons βοῦ, qui, devant les voyelles, a dû être primitivement βοϜ, et, en latin, nous trouvons, en effet, *bov*. Le nominatif *bô-s* compense la suppression de la deuxième partie

---

[1] Le sanscrit *pitár* (pour *patár*) pourrait signifier «maître» aussi bien que «père», étant dérivé de *pâ* «protéger, gouverner». L'affaiblissement du latin *pater* en *piter*, dans le composé mentionné ci-dessus, est une conséquence de la composition (§ 6).

[2] Comparez *gau-mat* «pourvu de lait, portant du lait».

de la diphthongue par l'allongement de la première (comparez § 7). En ce qui concerne le changement de la moyenne gutturale en labiale, le grec βοῦς et le latin bô-s sont avec le sanscrit gâu-s dans le même rapport que, par exemple, βίβημι avec le sanscrit gágâmi (ou aussi, dans les Védas, gígâmi). Mais il est à remarquer que l'ancienne gutturale qui se trouvait dans le nom de la vache n'a pas entièrement disparu du grec; je crois du moins pouvoir affirmer que la première syllabe de γάλα désigne « la vache », de sorte que le mot entier marque proprement le « lait de la vache ». La dernière partie du composé s'accorde littéralement avec le thème latin lact : c'est, sans doute, à cause de la forme très-mutilée du nominatif qu'on n'a pas reconnu en γαλακτ un mot composé. Dans γλακτοφάγος, et autres mots du même genre, le nom de la vache n'est représenté que par le γ [1].

[1] Benfey, dans son Lexique des racines grecques (I, p. 490), voit dans cette forme γλακτ un mot simple désignant « le lait »; il l'explique par une racine hypothétique glaks, qu'il rapproche d'une autre racine non moins hypothétique mlaks. Dans le second volume du même ouvrage (p. 358), il donne une autre explication : prenant γλαγ pour racine, il y voit une altération de μλαγ, qui lui-même serait une métathèse pour μελγ. Grimm, au contraire, cite (Histoire de la langue allemande, p. 999 et suiv.), à l'appui de l'étymologie que j'ai donnée plus haut, des noms celtiques signifiant « lait » qui contiennent également le mot « vache », par exemple, l'irlandais b-leachd, pour bo-leachd (bo « vache »). De son côté, Weber a fait observer (Études indiennes, I, p. 340, note) qu'il y a même en sanscrit, parmi les mots qui servent à désigner le lait, un composé dont le premier terme signifie « vache », à savoir gô-rasa, littéralement « suc de vache ». En zend, gau désigne à lui seul l'idée de « lait ». Quant à la syllabe -λακτ, en latin lact, il est possible qu'elle soit de la même famille que la racine sanscrite duh (l pour d, § 17ª) « traire », d'où vient le participe dug-dá, qui aurait dû être duktá, sans une loi phonique particulière au sanscrit (comparez, par exemple, tyaktá, de tyag). Si cette parenté est fondée, il faudrait regarder l'a de lact, -λακτ comme l'a du gouna, et admettre que la voyelle radicale est tombée, de sorte que lact serait pour laukt. La syllabe γα de γάλακτ est elle-même pour γαυ = sanscrit gô (venant de gau) et en zend ⟨⟩ gau. On peut remarquer à ce propos que le zend a quelquefois aussi le gouna dans les participes passifs en ta; exemple : ⟨⟩ aukta, pour le sanscrit ukté.

Comme féminin, le sanscrit *gô* a, entre autres significations, celle de « terre », qui rappelle le grec γαῖα; mais γαῖα ne doit pas être rapproché directement du sanscrit *gô* : il suppose un adjectif dérivé *gávya*, féminin *gávyâ*, qui existe en sanscrit avec le sens de « bovinus », mais qui a pu signifier aussi « terrenus ». Γαῖα doit donc être considéré comme étant pour γαϝια ou γαϝja. Au sanscrit *gávya*, et particulièrement au neutre *gávyam*, se rapportent aussi le thème gothique *gauja*, nominatif-accusatif *gavi* « pays, contrée » (la moyenne a été conservée, § 90), et l'allemand moderne *gau*, que Döderlein a déjà comparé à γαῖα. Pour le nom de la vache, les langues germaniques ont observé la loi de substitution qui veut qu'une moyenne soit remplacée par la ténue, de sorte que *kuh* s'est distingué de *gau*, non pas seulement par le genre, mais encore par la forme. Quant au mot *kuh*, je le rapproche également du dérivé sanscrit *gávya*, avec suppression de la voyelle finale et vocalisation de la semi-voyelle य *y*. Le thème, qui est en même temps le nominatif dénué de désinence, est dans Notker *chuoe* (venant de *chuoi*) : l'*uo* représente un *ô* gothique, et celui-ci un *â* sanscrit (§ 60, 1), de manière que dans le sanscrit *gávya*, ou plutôt dans le féminin *gávyâ*, le *v* a été supprimé et la voyelle précédente allongée par compensation. Un autre document vieux haut-allemand a *chuai* (*ua* pour le gothique *ô = â*) à l'accusatif pluriel, lequel est d'ailleurs identique au nominatif. Les formes *chua*, *chuo* au nominatif singulier tiennent à ce que ce cas, ainsi que l'accusatif, a déjà perdu en gothique la voyelle finale des thèmes en *i*.

En ce qui concerne l'origine du thème sanscrit *gô*, nous voyons dans le livre des *Uṇâdi* qu'on le fait dériver de la racine *gam* « aller », laquelle aurait de la sorte remplacé la syllabe *am* par *ô*; il faudrait donc admettre que le *m* s'est vocalisé en *u*, comme nous voyons souvent en grec ν devenir υ (τύπτουσι, τύπ]ουσα), et comme, en gothique, la syllabe *jau*, par exemple, dans *êtjau* « que je mangeasse », répond à la syllabe *yâm* dans *adyâm* (§ 675). Je préfère toutefois faire venir गो *gô* de la racine गा *gâ*, qui veut dire également « aller ». Dans le dialecte védique il y a d'ailleurs un autre nom de la terre, *gmâ*, qui vient de *gam*. En zend, nous trouvons un mot *zĕm* « terre », qu'on ne rencontre qu'aux cas obliques, et qu'on pourrait également expliquer par la racine *gam* [1], à moins que le *m* ne provienne d'un *v* qui se soit endurci, de sorte que le datif *zĕmê* et le locatif *zĕmi* correspondraient au sanscrit *gáv-ê*, *gávi*; dans cette dernière hypothèse, les cas obliques, que nous venons de citer, seraient dans une relation étroite avec le nominatif ڙاؤس *sâo* « terra », et l'accusatif *saṁm* « terram » = sanscrit *gâus*, *gâm*.

Quoique le nom de la terre et celui du bœuf soient empruntés à l'idée de mouvement, je ne les regarde pas comme étant d'origine identique. Je crois que dans *gô* « terre », il y a une idée de passivité, c'est-à-dire qu'il faut la considérer comme « celle qui est foulée ». La route a reçu en sanscrit un nom analogue, *várt-man* (de *vart*, *vṛt* « aller »). C'est aussi par une racine sanscrite exprimant le mouvement que peut s'expliquer le gothique *airtha* (allemand moderne *erde* « terre »), qui vient de *ar*, *ṛ* « aller »[2] : *air-tha* viendrait donc de *ir-tha* (§ 82), forme affaiblie pour *ar-tha*, participe passif. La loi de substitution aurait été régulièrement suivie dans ce mot, au lieu qu'à l'ordinaire la ténue de ce participe devient un *d* en gothique [3].

§ 124. Le thème *nâu* « vaisseau ».

Je ne connais en sanscrit que deux mots terminés en नौ *âu* :

[1] ڙ ڛ pour *g*, § 58.
[2] Nous avons rapproché ailleurs de cette racine le gothique *air-u-s* « messager ».
[3] Voyez § 91, 3. Comme *ar*, *ṛ* signifie aussi « élever » (voyez le Lexique de Pétersbourg), le latin *al-tus* peut être considéré comme un participe passif de cette même racine, avec *l* pour *r* (§ 20).

नौ *nâu* (féminin) «vaisseau» et ग्लौ *glâu* (masculin) «lune». Quoique le premier de ces mots se retrouve dans un grand nombre de langues, il n'est pas facile de lui assigner une étymologie certaine. Je crois que *nâu* est une forme mutilée pour *snâu*, qui lui-même vient probablement de स्नु *snu* «couler»; nous avons, en effet, encore une autre désignation du vaisseau, *plav-a-s*, qui vient de la racine *plu*, à laquelle se rapportent le latin *fluo* et l'allemand *fliessen*. En tout cas, *nâu* a perdu une sifflante initiale, de même que le verbe grec νέω (de νέϝω) «nager», futur νεύσομαι, qui répond évidemment au sanscrit स्नु *snu*, a perdu le *s* du commencement. Le verbe sanscrit appartient à la 2ᵉ classe, et reçoit le vriddhi au lieu du gouna, toutes les fois que les désinences légères (§ 480 et suiv.) viennent se joindre immédiatement à la racine; nous sommes donc préparés d'avance, en quelque sorte, par la forme *snâú-mi* «je coule», à trouver dans *nâu* «vaisseau» la diphthongue résultant du vriddhi. On a déjà fait remarquer (§ 4) que l'*a* de la diphthongue de ναῦς est long par lui-même. Le latin *nâv-i-s*, pour *nâu-i-s*, témoigne également de la longueur primitive de l'*a*. Le composé *naufragus* et ses dérivés ne prennent pas le complément inorganique *i* : de même *nauta*, qu'on n'a pas besoin de prendre pour la contraction de *nâvita*.

En gothique, nous rencontrons également une racine *snu*, qui est unique en son genre[1], et qui répond exactement à स्नु *snu*; seulement elle a pris le sens général de «aller, partir, prévenir»; l'adverbe *sniu-mundô* «à la hâte» en dérive. Mais en se renfermant dans la langue gothique, on pourrait tout aussi bien prendre *snav* pour la racine, et cette forme correspondrait exactement à la forme que *snu* prend en sanscrit, quand il a le gouna et qu'il se trouve devant une voyelle, par exemple dans

---

[1] Il n'y a pas d'autre racine gothique terminée en *u*.

le nom abstrait *snáv-a-s*, qui marque «l'action de couler, de dégoutter». Du gothique *snav* dérive, en effet, le prétérit pluriel *snêvum* (Épître aux Philippiens, III, 16 : *ga-snêv-um*), qui ne se trouve que dans ce seul passage. Quant à la forme *snivun* (Marc, VI, 36 : *du-at-snivun* «ils abordèrent»), qui ne se rencontre également qu'une fois, on ne peut la rapporter à une racine *snav*; mais on peut la faire venir de *snu* par le même changement de l'*u* en *iv*, qu'on remarque au génitif pluriel des thèmes en *u*; exemple : *suniv-ê* «filiorum», de *sunu*; c'est-à-dire qu'il faut admettre que l'*u* a reçu le gouna le plus faible (§ 27) et que la diphthongue *iu* s'est changée en *iv*, à cause de la voyelle suivante. Les formes *snu-un* ou *snv-un*, auxquelles on aurait pu s'attendre, paraissent avoir été évitées, la première à cause de l'hiatus et de la cacophonie produite par deux *u* qui se suivent, la seconde pour éviter de faire précéder le *v* d'une consonne, combinaison que le gothique n'aime pas, à moins que la consonne ne soit une gutturale (§ 86, 1). C'est pour la même raison, sans doute, que le gothique évite aussi au génitif pluriel des formes comme *sunu-ê* ou *sunv-ê*, et les remplace par *suniv-ê*, contrairement aux génitifs pluriels comme *paśvaṁm* (du thème *paśu* «animal») en zend, comme *fructu-um* en latin, comme βοτρύ-ων en grec. Le fait qui a lieu en gothique a un analogue en sanscrit : au prétérit redoublé sanscrit, que représente le prétérit germanique, un *u* ou un *û*, placé à la fin d'une racine, ne peut pas se changer en un simple *v*; les voyelles en question, quand elles ne sont pas frappées du gouna, se changent en *uv* devant une désinence commençant par une voyelle; exemples : *nunuv-ús* «ils louèrent», de *nu*; *suśṇuv-ús* «ils coulèrent», de *snu*, formes qu'on peut comparer au gothique *sniv-un*.

THÈMES FINISSANT PAR UNE CONSONNE.

§ 125. Thèmes terminés par une gutturale, une palatale
ou une dentale.

Nous passons aux thèmes finissant par une consonne. Les consonnes qui en sanscrit paraissent le plus souvent à la fin de la forme fondamentale sont n, t, s et r[1]; toutes les autres consonnes ne paraissent qu'à la fin des mots-racines (§ 111), qui sont rares, et de quelques thèmes d'origine incertaine. Nous commencerons par les consonnes qui se trouvent seulement à la fin des mots-racines.

Aucune gutturale ne se trouve en sanscrit à la fin d'un thème véritablement usité; en grec et en latin cela arrive, au contraire, fréquemment; c se rencontre en latin à la fin des thèmes comme des racines, g seulement à la fin des racines; exemples : *duc, vorac, edac; leg, conjug*. En grec, x, $χ$ et $γ$ paraissent seulement à la fin des racines ou de mots d'origine inconnue, comme φριx, κόραx, ὄνυχ (sanscrit *naká*), φλογ.

Parmi les palatales, $ć$ et $ǵ$ paraissent le plus fréquemment en sanscrit; exemples : *vâć* (féminin) « discours, voix » (latin *vôc*, grec ὄπ); *rúć* (féminin) « éclat » (latin *lûc*); *râǵ* (masculin) « roi » (seulement à la fin des composés); *ruǵ* (féminin) « maladie ». En zend, nous avons : ࢫࢭࢫ *vâć* (féminin) « discours »; ࢫࢭ *druǵ* (féminin), nom d'un démon, probablement de la racine sanscrite *druh* « haïr ».

Les cérébrales (ट् *ṭ*, etc.) ne sont pas usitées à la fin des thèmes; les dentales, au contraire, le sont fréquemment, avec cette différence que द् *d*, ध् *d'* ne se rencontrent qu'à la fin des mots-racines, c'est-à-dire rarement, त् *t* peut-être seulement

---

[1] Les thèmes terminés, suivant les grammairiens indiens, en $ṛ$ (ऋ), doivent être considérés comme des thèmes en r (§ 1).

dans *pai*, thème secondaire de *paín* « chemin », tandis que त् *t* et न् *n* sont très-souvent employés. Voici des exemples de mots-racines terminés en *d* et en *d'*: *ad* « mangeant », à la fin des composés; *yud'* (féminin) « combat »; *kśud'* (féminin) « faim ». Plusieurs des suffixes les plus usités sont terminés en *t*, par exemple le participe présent en *ant*, forme faible *at*, grec *ντ* et latin *nt*. Outre le *τ*, le grec a aussi *δ* et *θ* à la fin des thèmes; toutefois *κόρυθ* me paraît être un composé, ayant pour second membre la racine *θη*, avec suppression de la voyelle, ce qui donne à ce mot le sens de « ce qui est posé sur la tête ». Sur l'origine relativement récente du *δ* dans les thèmes féminins en *ιδ*, il a déjà été donné des explications (§ 119); on peut comparer notamment les noms patronymiques en *ιδ* avec les noms patronymiques terminés en *î* en sanscrit; exemple : भैमी *bâimî* « la fille de Bhîma ». Le *δ* des noms patronymiques féminins en *αδ* est probablement aussi un complément ajouté à une époque plus récente : comme les noms en *ιδ*, les noms en *αδ* dérivent immédiatement de la forme fondamentale d'où est sorti également le masculin; ils ne se trouvent donc pas avec celui-ci dans un rapport de filiation.

En latin, le *d* du thème *pecud* est un complément de date récente, comme on le voit par le sanscrit et le zend *paśu*, et par le gothique *faíhu*.

En gothique, les formes fondamentales terminées par une dentale se bornent à peu près au participe présent, où l'ancien *t* a été changé en *d*; ce *d* toutefois ne reste seul que là où la forme est employée substantivement; autrement, il prend le complément *an* à tous les cas, excepté au nominatif, ce qui fait rentrer ces formes dans une déclinaison d'un usage plus général. Les dialectes germaniques plus jeunes ne laissent jamais l'ancienne dentale finale sans ajouter au thème un complément étranger.

En lithuanien, le suffixe participial *ant* fait au nominatif *ans*, pour *ants*, ce qui nous reporte à une époque de la langue représentée par le latin et le zend, mais antérieure au sanscrit, tel qu'il est venu jusqu'à nous. Toutefois, aux autres cas, le lithuanien ne sait pas non plus décliner les consonnes, c'est-à-dire les joindre immédiatement aux désinences casuelles. Il fait passer les consonnes dans une déclinaison à voyelle [1], à l'aide d'une addition de date récente : au suffixe participial *ant*, il ajoute la syllabe *ia*, par l'influence de laquelle le *t* subit un changement euphonique en *č*.

La nasale de la classe des dentales, c'est-à-dire le *n* ordinaire, est une des consonnes qui figurent le plus fréquemment à la fin des thèmes. Elle termine en germanique tous les mots de la déclinaison faible; ces mots, comme les noms sanscrits, et comme les masculins et les féminins en latin, rejettent au nominatif le *n* du thème, et finissent, par conséquent, par une voyelle. Le même fait a lieu au nominatif en lithuanien, mais dans les cas obliques les thèmes en *n* s'adjoignent soit la syllabe *ia*, soit simplement un *i*.

§ 126. Thèmes terminés par une labiale. — *I* ajouté en latin et en gothique à un thème finissant par une consonne.

Les labiales, y compris la nasale (*m*) de cette classe, se trouvent très-rarement en sanscrit à la fin des formes fondamentales; on ne les rencontre guère qu'à la fin des racines nues employées comme dernier membre d'un composé; encore, cela arrive-t-il peu fréquemment. Au nombre des mots employés séparément, nous trouvons cependant *ap* (féminin) « eau », et *kakúb* (féminin) « région du ciel », où la labiale est très-probablement radicale; tous deux sont d'origine incertaine. अप् *ap*, dans les

---

[1] Pour abréger, nous disons *déclinaison à voyelle*, *déclinaison à consonne*, au lieu de *déclinaison des thèmes finissant par une voyelle*, *des thèmes finissant par une consonne*. — Tr.

cas forts (§ 129) *âp*, n'est usité qu'au pluriel, mais le mot zend correspondant l'est également au singulier (nominatif *âfs*, § 47, accusatif *âpĕm*, ablatif *apaḍ*).

De même en grec et en latin, les thèmes en *p*, *b*, *φ* sont ou bien évidemment des mots-racines, ou bien des mots d'origine inconnue; il y a aussi en latin des thèmes où la labiale n'est finale qu'en apparence, un *i* ayant été supprimé au nominatif; exemple : *plebs*, pour *plebi-s*, génitif pluriel *plebi-um*. Comparez à ces formes, en faisant abstraction du genre, les nominatifs gothiques comme *hlaib-s* « pain », *laubs* « feuillage », génitif *hlaibi-s*, *laubi-s*, du thème *hlaibi*, *laubi*.

Sans la comparaison des langues congénères, on peut difficilement distinguer en latin les thèmes véritablement et primitivement terminés par une consonne de ceux qui ne sont ainsi terminés qu'en apparence; car il est certain que la déclinaison en *i* a réagi sur la déclinaison des mots finissant par une consonne, et a introduit un *i* en divers endroits, où il est impossible qu'il y en eût un dans le principe. Au datif-ablatif pluriel, on peut expliquer l'*i* de formes telles que *amantibus*, *vocibus*, comme voyelle de liaison servant à faciliter l'adjonction des désinences casuelles; mais il est plus exact, selon moi, de dire que les thèmes *vôc*, *amant*, etc. ne pouvant se combiner avec *bus*, ont, dans la langue latine, telle qu'elle est venue jusqu'à nous, élargi leur thème en *vôci*, *amanti*, de manière qu'il faudrait diviser ainsi : *voci-bus*, *amanti-bus*. Ce qui prouve que cette explication est plus conforme à la vérité, c'est que devant la terminaison *um* du génitif pluriel, et devant la terminaison *a* du neutre, nous voyons souvent aussi un *i*, sans qu'on puisse dire que, dans *amanti-um*, *amanti-a*, l'*i* soit nécessaire pour faciliter l'adjonction des désinences. Au contraire, les thèmes *juveni-s*, *cani-s* font au génitif pluriel *juven-um*, *can-um*, formes qui rappellent les anciens thèmes en *n*; nous avons, en effet, en sanscrit *śvan* « chien » (forme abrégée *śun*) et *yúvan* « jeune » (forme abrégée *yûn*), en grec *κύων* (forme abrégée *κυν*), qui ont un *n* à la fin du thème. On montrera plus tard que les nominatifs pluriels, comme *pedê-s, você-s, amantê-s*, dérivent de thèmes en *i*. Le germanique ressemble au latin, en ce qu'il a ajouté un *i*, pour faciliter la déclinaison, à plusieurs noms de nombre dont le thème se terminait primitivement par une consonne; c'est ainsi qu'en gothique le datif *fidvôri-m* suppose un thème *fidvôri* (sanscrit चतुर् *ćatúr*, aux cas forts *ćatvâr*). Les thèmes सप्तन् *saptán* « sept », नवन् *návan* « neuf », दशन् *dáśan* « dix » deviennent en vieux haut-allemand, par l'adjonction d'un *i*, *sibuni, niuni, zëhani*, formes qui sont en même temps le nominatif et l'accusatif masculins, ces cas ayant perdu en vieux haut-allemand le suffixe casuel. Les nominatifs gothiques correspondants seraient, s'ils étaient conservés : *sibunei-s, niunei-s, taihunei-s*.

§ 127. Thèmes terminés par *r* et *l*.

Parmi les semi-voyelles (*y, r, l, v*), य् *y* et ल् *l* ne se trouvent jamais à la fin d'un thème, व् *v* seulement à la fin du thème *div*, mentionné précédemment, qui, dans plusieurs cas, se contracte en *dyô* et en *dyu*; र् *r*, au contraire, est très-fréquent, surtout à cause des suffixes *tar* et *târ*[1], qui se retrouvent également dans les autres langues. En latin, on a souvent, en outre, un *r* tenant la place d'un *s* primitif, par exemple, dans le suffixe comparatif *iôr* (sanscrit ईयस् *íyas*, forme forte *íyâns*). En grec, *ἁλ* est le seul thème en *λ*; il appartient à la racine sanscrite

---

[1] Les thèmes en *tar, târ* et quelques autres contractent à plusieurs cas, ainsi que quand ils se trouvent sous la forme fondamentale au commencement d'un composé, la syllabe *ar, âr* en *ṛ* : ce *ṛ* est regardé par les grammairiens comme la vraie finale (§ 1). *Dvâr* « porte » est un exemple d'un thème en *âr* qui ne souffre pas la contraction en *ṛ*.

sal « se mouvoir », d'où vient *sal-i-lá* (neutre) « eau ». Le thème latin correspondant est *sal*; le thème *sôl*, au contraire, se rapporte au thème sanscrit *svår* (indéclinable) « ciel ». Ce mot *svår* ne vient certainement pas de la racine *svar*, *svṛ* « résonner »[1], mais de la racine *sur* 6 « briller », qui se trouve sur les listes de racines dressées par les grammairiens indiens, et que je regarde comme une contraction de *svar*; le zend *qarĕnaś* « éclat » (génitif *qarĕnaṇhô*, §§ 35 et 56ª), auquel correspondrait en sanscrit un mot *svarṇas*, génitif *svarṇasas*, dérive de cette racine. Mais comme le groupe sanscrit *sv* est représenté aussi en zend par *hv*, on ne sera pas surpris que *svår* « ciel » (en tant que « brillant ») ait donné en zend *hvar* (par euphonie *hvarĕ*, d'après le § 30) « soleil »; cette dernière forme, à la différence du mot sanscrit, est restée déclinable. Au génitif, et probablement aussi aux autres cas très-faibles (§ 130), *hvar* se contracte en *hûr*; exemple : *hûr-ô*, venant de *hûr-as* (§ 56ᵇ), lequel répond au latin *sôl-is*. Nous trouvons une contraction analogue dans les thèmes sanscrits *súra* et *súrya* « soleil » : le premier vient immédiatement de la racine *svar* « briller », le dernier probablement de *svår* « ciel ». En grec, ἥλιος (λ pour ρ) serait avec une forme *svárya* (nominatif *svárya-s*), qu'on peut supposer en sanscrit, dans le même rapport que ἡδύ-ς est avec *svâdú-s*. Il n'y a aucun doute que ἥλιο ne soit de la même famille que ἕλη (qui répondrait à une forme sanscrite *svarâ*); mais il est très-douteux qu'il en dérive, car il n'y aurait aucune raison pour allonger la voyelle initiale. Le rapport de ἕλη avec la forme supposée *svarâ* est le même que celui de ἑκυρός avec le sanscrit *svâśura-s* (pour *svâśura-s*). L'ε de σέλας[2] et de σελήνη tient de même la place d'une ancienne syllabe Fα; σελ répond donc au sanscrit *svar*. On pourrait encore

---

[1] Voyez Wilson, Dictionnaire sanscrit, s. v.

[2] Σέλας tient de près, par le suffixe comme par la racine, au zend *qarĕnaś* « éclat », mentionné plus haut; le *ν* ne fait pas partie intégrante du suffixe (§ 931ᵇ).

poursuivre la même racine en grec et en latin dans d'autres ramifications.

§ 128. Thèmes terminés par un *s*.

Des sifflantes sanscrites, les deux premières (स् *s*, ष् *ś*) ne paraissent qu'à la fin des mots-racines, et, par conséquent, rarement; स् *s*, au contraire, termine quelques suffixes formatifs très-usités, parmi lesquels अस् *as*, qui forme surtout des neutres; exemple : तेजस् *téǵas* «éclat, force», de तिज् *tiǵ* «aiguiser». Le grec semble manquer de thèmes en *s* : mais cela vient de ce que cette sifflante est ordinairement supprimée quand elle est entre deux voyelles, surtout dans la dernière syllabe; c'est pour cela que les neutres comme μένος, γένος font au génitif μένεος, γένεος, au lieu de μένεσος, γένεσος [1]. Quant au *s* du nominatif, il doit appartenir au thème et non à la désinence casuelle, puisqu'il n'y a pas de désinence *s* pour les neutres au nominatif. Dans la langue de l'ancienne épopée, le σ s'est conservé au datif pluriel, parce qu'il ne s'y trouvait pas entre deux voyelles; exemples : τεύχεσ-σι, ὄρεσ-σι; de même dans les composés comme σακές-παλος, τελες-φόρος, pour lesquels on supposait à tort l'adjonction d'un *s* à la voyelle du thème. Dans γῆρας, γήρα-ος, pour γήρασ-ος, le thème, une fois le σ rétabli, correspond au sanscrit जरस् *ǵarás* «vieillesse», quoique la forme indienne soit du féminin et non du neutre. En latin, dans cette classe de mots, le *s* primitif s'est changé entre deux voyelles en *r*; mais dans les cas dénués de flexion, il est, en général, resté invariable; exemples : *genus*, *gener-is* = grec γένος, γένε(σ)-ος;

[1] L'*o* (= *a* en sanscrit) du nominatif ne diffère pas, quant à l'origine, de l'*e* des cas obliques, lesquels feraient supposer un thème μενες, γενες. Toute la différence vient de ce que les cas obliques, pour alléger le thème qui est accru par l'adjonction des désinences, ont substitué à l'*o* la voyelle moins pesante ε. C'est pour la même raison que, dans la même classe de mots, le latin affaiblit l'*u* en *e*; exemple : *opus*, *oper-is*.

opus, oper-is = sanscrit (védique) *ápas* « action, œuvre », *ápas-as* [1].

Il y a dans la langue védique un thème féminin en *s* d'une forme assez rare : c'est *uṣā́s* « aurore », de la racine *uṣ* (« briller », ordinairement « brûler »); ce mot peut allonger l'*a* à tous les cas forts; exemples : *uṣā́sam*, nominatif-accusatif duel *uṣā́sâ* (védique *â* pour *âu*), pluriel *uṣā́s-as*. A l'accusatif *uṣā́sam* répond en zend ⟨...⟩ *uṣā́oṇhĕm*; au nominatif *uṣā́s*, le zend ⟨...⟩ *uṣā́o*.

Aux thèmes neutres en *as* correspondent les thèmes zends comme ⟨...⟩ *manaś* « esprit », ⟨...⟩ *vaćaś* « discours ». Le masculin sanscrit मास् *mā́s* [2], qui signifie à la fois « lune » et « mois », de la racine *mas* « mesurer », donne en zend au nominatif ⟨...⟩ *mão* « lune », à l'accusatif ⟨...⟩ *mâoṇhĕm* = sanscrit *mā́sam* (§ 56 b). En lithuanien, nous avons le thème *menes*, qui, comme en sanscrit, signifie en même temps « lune » et « mois » (voyez § 147).

CAS FORTS ET CAS FAIBLES.

§ 129. Les cas en sanscrit. — Division en *cas forts* et en *cas faibles*.

Le sanscrit et le zend ont huit cas, à savoir, avec ceux du latin, l'instrumental et le locatif. Ces deux cas se trouvent aussi en lithuanien; mais cette dernière langue n'a pas le véritable ablatif, celui qui répond à la question *unde*.

Comme avec certains thèmes et avec certains suffixes formatifs la forme fondamentale ne reste pas la même en sanscrit à tous les cas, nous diviserons pour cette langue la déclinaison en *cas forts* et en *cas faibles*. Les *cas forts* sont le nominatif et le vocatif des trois nombres, l'accusatif du singulier et du duel; au

---

[1] Sur d'autres formes que prend le suffixe sanscrit *as* en latin, voyez § 932.

[2] La forme *mā́s* est à la fois le thème et le nominatif.

contraire, l'accusatif pluriel et tous les autres cas des trois nombres appartiennent aux *cas faibles*. Cette division ne s'applique toutefois qu'au masculin et au féminin; pour le neutre, il n'y a de cas forts que le nominatif, l'accusatif et le vocatif pluriels, tous les autres cas des trois nombres sont faibles. Là où le thème affecte une double ou une triple forme, on observe d'une façon constante que les cas désignés comme forts ont la forme la plus pleine du thème, celle que la comparaison avec les autres idiomes nous fait reconnaître ordinairement comme étant la forme primitive; les autres cas ont une forme affaiblie du thème. Au commencement des composés, le thème dénué de flexion paraît sous la forme affaiblie : c'est pour cela que les grammairiens indiens ont considéré la forme faible comme étant la vraie forme fondamentale (§ 112).

Nous prendrons pour exemple le participe présent, qui forme ses cas forts avec le suffixe *ant*, mais qui rejette le *n* aux cas faibles et au commencement des composés; cette lettre reste, au contraire, à tous les cas dans les langues congénères de l'Europe, et la plupart du temps aussi en zend. D'après ce que nous venons de dire, les grammairiens indiens regardent अत् *at* et non अन्त् *ant* comme le suffixe de ce participe [1]. La racine भृ *bar*, भृ *br*, 1re classe, « porter », aura donc, au participe, *bárant* pour thème fort, thème primitif (comparez φέροντ, *ferent*), et *bárat* pour thème faible. La déclinaison du masculin est la suivante :

	Cas forts.	Cas faibles.
Singulier : Nominatif-vocatif	báran	....
Accusatif	bárantam	....
Instrumental	....	báratá
Datif	....	báraté

[1] L'*a* qui précède le *t* ou le *n* n'appartient pas proprement au suffixe participial, voyez § 782.

CAS FORTS ET CAS FAIBLES. § 130.

		Cas forts.	Cas faibles.
	Ablatif................	......	*báratas*
	Génitif................	......	*báratas*
	Locatif................	......	*bárati*
Duel :	Nominatif-accusatif-vocatif..	*bárantâu*	....
	Instrumental-datif-ablatif..	......	*báradbyâm*
	Génitif-locatif...........	......	*báratôs*
Pluriel :	Nominatif-vocatif.........	*bárantas*	....
	Accusatif...............	......	*báratas*
	Instrumental............	......	*báradbis*
	Datif-ablatif............	......	*báradbyas*
	Génitif................	......	*báratâm*
	Locatif................	......	*báratsu*

§ 130. Triple division des cas sanscrits en *cas forts, faibles* et *très-faibles*.

Quand, dans la déclinaison d'un mot ou d'un suffixe, paraissent alternativement trois formes fondamentales, la forme la plus faible appartient à ceux des cas faibles dont les désinences commencent par une voyelle, la forme intermédiaire aux cas qui ont une désinence commençant par une consonne. D'après cette règle, nous pouvons diviser les cas en cas forts, en cas faibles ou intermédiaires, et en cas très-faibles. Prenons pour exemple le participe actif du prétérit redoublé (parfait grec). Il forme les cas forts du masculin et du neutre avec le suffixe *vâns*, les cas très-faibles avec *uś* (pour *us*, § 21 [b]) et les cas intermédiaires avec *vat* (pour *vas*). La racine *rud* «pleurer» aura, par exemple, au nominatif et à l'accusatif du singulier masculin et du pluriel neutre, les formes *rurudvân*[1], *rurudvân̄sam*, *rurudvân̄si* (§ 786), au génitif masculin-neutre des trois nombres *rurudúśas, rurudúśôs, rurudúśâm*, et au locatif masculin-neutre du pluriel *rurudvát-su*. Le nominatif-accusatif singulier

---

[1] Avec suppression de *s*, d'après le § 94.

neutre est *rurudvát*, le vocatif *rúrudvat*. Le vocatif singulier masculin n'a pas toujours la forme complète du thème fort; il affectionne les voyelles brèves; exemple : *rúrudvan* (au nominatif, *rurudvấn*). Sur l'accentuation du vocatif, voyez § 204.

§ 131. Les cas forts et les cas faibles en zend.

Le zend suit, en général, le principe sanscrit qui vient d'être exposé, non-seulement dans la déclinaison des suffixes formatifs, mais aussi dans celle de certains mots dont le thème prend exceptionnellement en sanscrit plusieurs formes : toutefois, à la différence du sanscrit, le zend a ordinairement conservé, au participe présent, la nasale dans les cas faibles. On a, par exemple, le thème ࿇࿇࿇ *fsuyant*[1], qui fait au datif *fsuyantê*, au génitif *fsuyantô*, à l'accusatif pluriel *fsuyantô*; ࿇࿇࿇ *saućant* « brillant », qui fait à l'ablatif *saućantâd* et au génitif pluriel *saućêntanm*. Mais les formes faibles, au participe présent, ne manquent pas non plus : on a, par exemple, le thème *bĕrĕṣant* « grand, haut » (littéralement « grandissant » = sanscrit *vṛhánt*, védique *bṛhánt*), qui fait au datif *bĕrĕṣaitê* et au génitif *bĕrĕṣatô*, tandis que l'accusatif est *bĕrĕṣantĕm*. Le suffixe *vant* supprime le *n* dans les cas faibles dont la désinence commence par une voyelle, en d'autres termes, dans les cas très-faibles; on a donc au génitif *ǵarĕnanuhatô* (pour *ǵarĕnaṇhvatô*, § 62) « splendentis », mais à l'accusatif *ǵarĕnaṇuhantĕm*. Le suffixe *van* se contracte dans les cas très-faibles en *un*; si ce suffixe est précédé d'un *a*, l'*u* de *un* se combine avec lui pour former la diphthongue ࿇ *au* (§ 32); exemple : *asavan* « pur, doué de pureté », datif *asaunê* (࿇), nominatif-accusatif-vocatif duel neutre *asauni*[2]; au contraire, nous avons au nominatif-accusatif-voca-

---

[1] C'est le nom donné dans les livres zends au laboureur : littéralement « celui qui engraisse » (la terre).

[2] Au lieu de *asauni*; voyez § 212.

tif masculin pluriel *açvançô* ¹ et duel *açvaña*. Au reste, on trouve aussi en zend, dans les cas très-faibles du thème *açvan*, la diphthongue plus pleine ⸺ *ân* au lieu de ⸺ *an*; nous avons, par exemple, au datif et au génitif les formes *açûnê*, *açûnô* à côté de *açaunê*, *açaunô*; au génitif pluriel *açûnãm* à côté de *açaunãm*.

A la contraction de *açavan* en *açûn* ou *açun* ressemble en sanscrit celle du thème *maghávan* (surnom d'Indra), qui, dans les cas très-faibles, supprime l'*a* de la syllabe *va*, change le *v* en *u* et le combine avec l'*a* précédent : le génitif est donc *maghôn-as*, le datif *maghôn-ê*, tandis que l'accusatif a la forme forte *maghávan-am*. De *yuvan* "jeune" dérive, dans les cas très-faibles, la forme *yûn* (génitif *yûn-as*; l'accusatif est *yuvân-am*) : l'*û* long provient de la contraction de la syllabe *va* ou *vâ* en *u*, lequel s'est combiné avec l'*u* précédent en une seule voyelle longue.

Du thème contracté *yûn* dérive le thème féminin *yûnî*, la caractéristique du féminin *î* ayant été ajoutée au radical : en latin, nous avons le thème *jûni-c* ² (*juvix*, *juvicis*), qui s'est élargi par l'adjonction d'un *c*, et qui est dans le même rapport avec le thème sanscrit que les noms d'agents comme *dátri-c*, *génitri-c* avec les formes sanscrites *dâtr-î* "celle qui donne", *ganitr-î* "celle qui enfante" (§ 119). En général, la caractéristique du féminin *î* se joint en sanscrit à la forme affaiblie du thème, lorsque celui-ci est susceptible d'un affaiblissement au masculin et au neutre; exemple : *çunî* "chienne", du thème des cas très-faibles du masculin (génitif *çûn-as*, zend *çûn-ô*). Je rappelle encore en passant l'albanais *xjen-ë* "chienne" (de *xjen* "chien"),

¹ On voit qu'en zend l'accusatif pluriel appartient aux cas forts, même par la forme, tandis qu'en sanscrit il n'est un cas fort que par l'accent (§ 132, 1).

² C'est *jûni-c* et non *jûnic* qui est le thème en latin : autrement, les cas obliques n'auraient pas d'*î* long.

dans l'ε duquel je reconnais un représentant de l'*i*, caractéristique du féminin en sanscrit [1].

§ 132, 1. Les cas forts et les cas faibles en grec. — De l'accent dans la déclinaison des thèmes monosyllabiques, en grec et en sanscrit.

Le mot sanscrit précité *śvan* « chien » est du nombre des mots dont le thème passe par une triple forme : mais *śvan* lui-même est le thème des cas *intermédiaires* (§ 130); il fait, par conséquent, *śvá-byas*[2] « canibus ». Les cas forts dérivent, à l'exception du vocatif *śvan*, de *śván*, accusatif *śván-am* (zend *śpân-ĕm*, § 50). C'est à ce thème fort que se rapporte le grec κύων, dont les cas obliques se réfèrent tous au thème des cas très-faibles en sanscrit; le génitif κυνός, par exemple, répond bien au sanscrit *śún-as* (de *kún-as*), mais l'accusatif κύνα ne répond pas à *śvánam*. Il y a toutefois des mots grecs qui rappellent de plus près la division sanscrite en cas forts et en cas faibles; on voit notamment dans les thèmes πατερ, μητερ, θυγατερ, que l'ε se perd seulement aux cas qui correspondent aux cas faibles en sanscrit, tandis que dans les autres il se maintient ou s'allonge. Comparez, à ce point de vue, πατήρ, πάτερ, πατέρ-α, πατέρ-ε, πατέρ-ες avec le sanscrit *pitá́*, *pítar* (vocatif), *pitár-am*, *pitár-âu*, *pitár-as*, et, au contraire, le génitif et le datif πατρ-ός, πατρ-ί avec les affaiblissements de forme que le sanscrit fait subir aux mots irréguliers au génitif et au locatif (ce dernier cas répond au datif grec); exemples : *śún-as*, *śún-i*, pour *śván-as*, *śván-i*. Nous ne pouvons prendre ici comme terme de comparaison les mots sanscrits exprimant la parenté, parce que leur

---

[1] Voyez mon mémoire Sur l'albanais, p. 33.

[2] En sanscrit, comme en grec, le *n* est rejeté devant les désinences casuelles qui commencent par une consonne : ainsi au locatif pluriel *śvá-su*, en grec, au datif, κυ-σί. De même, au commencement des composés, le *n* sanscrit est supprimé, non pas seulement devant les consonnes, mais encore devant les voyelles.

génitif, qui est complétement irrégulier, a perdu toute désinence casuelle, et que leur locatif n'a pas subi la mutilation qu'éprouvent, en général, à ce cas, les mots qui affaiblissent leur thème; nous avons, en effet, *pitári*, et non *pitrí*, comme pourrait le faire attendre le grec πατρί. A la différence du sanscrit, le grec ne permet pas l'affaiblissement du thème au duel et au pluriel.

On peut admettre avec certitude qu'au temps où notre race n'avait encore qu'une seule et même langue, la division en cas forts et en cas faibles commençait seulement à se dessiner et n'avait pas encore toute l'étendue qu'elle a prise depuis en sanscrit; pour citer un exemple, elle ne s'appliquait pas encore aux participes présents, car aucune des langues européennes ne la reproduit au participe, et le zend lui-même n'y prend part qu'à un faible degré. La division en cas forts et en cas faibles a dû s'introduire d'abord par l'accentuation, car ce ne peut être un hasard qu'à cet égard le sanscrit et le grec se correspondent d'une manière si parfaite. En effet, les deux langues accentuent les mots dont le thème est monosyllabique (nous ne parlons pas de quelques exceptions isolées), tantôt sur la désinence, tantôt sur la syllabe radicale; or, ce sont précisément les cas que nous avons appelés, à cause de leur forme, les cas forts, qui prouvent également leur force, en ce qui concerne l'accentuation, en maintenant le ton sur la syllabe radicale, tandis que les cas faibles ne peuvent le retenir et le laissent tomber sur la désinence. C'est ainsi que nous avons, par exemple, le génitif *vâćás* «sermonis» par opposition au nominatif pluriel de même forme *vấćas*. L'accusatif pluriel qui, en ce qui touche l'accentuation, appartient aux cas forts, fait également *vấćas*; il n'est guère permis de douter que ce cas n'ait été dans le principe un cas fort, même dans sa forme, comme le sont l'accusatif singulier et l'accusatif duel.

Pour donner une vue d'ensemble, je place ici la déclinaison complète de *vâć* (féminin) « discours » en regard de la déclinaison du grec ὄπ, qui, bien qu'assez altéré (ὄπ pour Ϝοκ), a la même origine :

		CAS FORTS.		CAS FAIBLES.	
		Sanscrit.	Grec.	Sanscrit.	Grec.
Singulier :	Nominatif-vocatif	vấk	ὄπ-ς		
	Accusatif	vấć-am	ὄπ-α		
	Instrumental			vâć-ấ	
	Datif			vâć-ế	v. locatif
	Ablatif			vâć-ás	
	Génitif			vâć-ás	ὀπ-ός
	Locatif ; datif grec			vâć-í	ὀπ-í
Duel :	Nominatif-accusatif-vocatif	vâć-ấu	ὄπ-ε		
	Instrumental-ablatif			vâg-byấm	
	Datif			vâg-byấm	ὀποῖν
	Génitif-locatif			vâć-ỗs	
Pluriel :	Nominatif-vocatif	vấć-as	ὄπ-ες		
	Accusatif	vấć-as	ὄπ-ας		
	Instrumental			vâg-b'ís	
	Datif-ablatif			vâg-b'yás	v. locatif
	Génitif			vâć-ấm	ὀπ-ῶν
	Locatif ; datif grec			vâk-śú	ὀπ-σί

§ 132, 2. Variations de l'accent dans la déclinaison des thèmes monosyllabiques, en grec et en sanscrit.

Dans un petit nombre de mots sanscrits monosyllabiques, l'accusatif pluriel se montre à nous comme un cas faible, non-seulement en ce qui concerne la forme, mais encore en ce qui touche l'accentuation, c'est-à-dire qu'il laisse tomber le ton sur la désinence. Parmi ces mots, il faut citer *râi* « richesse », *niś* (de *nik*) « nuit », *pad* « pied », dont l'accusatif pluriel est *râyás*, niś-ás[1], pad-ás (en grec, au contraire, πόδας). D'un autre côté, il y a aussi en sanscrit quelques mots monosyllabiques qui ont absolument maintenu l'accent sur la syllabe radicale : par exemple, śvan « chien », gô « taureau, vache », dont les équivalents grecs ont suivi l'analogie des autres monosyllabes, de sorte que nous avons, par exemple, κυνός, κυνί, βο(F)ί, κυνῶν, βο(F)ῶν, κυσί, βουσί, répondant aux formes sanscrites śún-as, śún-i, gáv-i, śún-âm, gáv-âm, śvá-su, gô-śu. Il n'est pas douteux que ces formes sanscrites, qui se rapportent à une période où la division en cas forts et en cas faibles n'avait pas encore eu lieu, sont plus près de l'ancien état de la langue, en ce qui concerne l'accentuation, que les formes grecques. Il y a parité entre le sanscrit et le grec, pour les thèmes pronominaux monosyllabiques, plus résistants que les thèmes nominaux; exemples : tếṣu « in his », féminin tâsu (non têṣú, tâsú); en grec, dans la

---

[1] Comme le श् ś de निश् niś est sorti de k, on peut admettre une parenté originaire entre niś et náktam « noctu ». Náktam vient d'un ancien thème nakt; niś est probablement un affaiblissement de naś. Je suppose que ces deux désignations de la nuit viennent de la racine naś (anciennement nak), qui est encore employée en sanscrit (náś-ya-ti « il succombe »), et dont le sens premier, dans une autre classe de conjugaison que la quatrième, a dû être « nuire, détruire »; le latin noceo, qui, comme nex, necare, appartient à la même racine naś, nous représente la forme causative náś-áyâ-mi (noceo est donc pour nóceo). La nuit (en latin noc-t) serait donc proprement celle qui perd, qui nuit, qui est hostile; nous retrouvons la même racine servant à désigner la nuit en grec, en germanique, en lithuanien, en slave et en albanais (váts). Cette racine a affaibli en sanscrit son a en i dans les mots niś et niśá (ce dernier mot veut dire également « nuit »), de la même façon que le verbe kar (कृ kŕ) fait au présent kir-á-ti « il s'étend », et que le verbe gothique band « lier » fait bind-i-th. Peut-être l'ι du grec νίκη est-il également un affaiblissement de l'α, de sorte que « la victoire » serait proprement « la destruction ». A la racine sanscrite naś appartiennent aussi νέκυς et νεκρός, qui, comme νίκη, νικάω (dorien νίκημι), ne paraissent se rattacher à rien, si l'on considère le grec en lui-même. Il y a encore en sanscrit deux autres noms de la nuit qui la désignent comme étant « la pernicieuse, la nuisible » : śarvarí, de la racine śar (शृ śŕ) « briser, détruire », et śatvarí, de śad « succomber ».

langue épique, τοῖσι, ταῖσι. Le mot sanscrit exprimant le nombre « deux », qui est, à vrai dire, un pronom, garde également l'accent sur la syllabe radicale; exemple : *dvā́byām*; mais il en est autrement en grec, où nous avons δυοῖν [1]. Le nombre sanscrit « trois » suit, au contraire, la division en cas forts et en cas faibles : nous avons *tri-śú* « in tribus », *trî-n-ā́m* « trium » (forme védique), avec l'accent sur la dernière, comme en grec τρι-σί, τρι-ῶν, tandis qu'au nominatif-accusatif neutre, qui est un cas fort, l'accent est sur la syllabe radicale : τρία (en sanscrit *trî-n-i*).

§ 132, 3. Les cas forts et les cas faibles, sous le rapport de l'accentuation, en lithuanien.

L'accentuation donne lieu aussi en lithuanien à la division en cas forts et en cas faibles; tous les substantifs dissyllabiques qui ont l'accent sur la dernière le ramènent sur la syllabe initiale à l'accusatif et au datif singuliers et au nominatif-vocatif pluriel, c'est-à-dire, si l'on en excepte le datif, à des cas que le sanscrit et le grec considèrent comme les cas forts [2]. On a, par exemple :

Nominatif singulier.	Accusatif sing.	Datif sing.	Nom.-voc. sing.
sūnù-s « fils »	*sū́nu-n*	*sū́nu-i*	*sū́nū-s*
mergà « enfant » (féminin)	*mérga-n*	*mérga-i*	*mérgō-s*
akmũ « pierre »	*ákmeni-n*	*ákmeniu-i*	*ákmen-s*
duktė́ « fille »	*dùkteri-n*	*dùkterei*	*dùkter-s* [3].

Pour les adjectifs en *u*, ayant l'accent sur la dernière, il n'y a pas de changement dans l'accentuation au datif.

---

[1] Le nominatif et l'accusatif ont, comme cas forts, l'accent sur le radical : δύο, δύω. (Voyez Système comparatif d'accentuation, § 25.)

[2] Voyez Système comparatif d'accentuation, § 62 et suiv. et § 65.

[3] Voyez Schleicher, Grammaire lithuanienne.

On peut comparer ce recul de l'accent à celui qui a lieu en sanscrit au vocatif des trois nombres, et en grec à quelques vocatifs du singulier, ainsi qu'au recul que les deux langues font subir à l'accent dans les superlatifs en *istͅa-s*, *ισΊο-s*, et dans les comparatifs correspondants.

§ 132, 4. Les cas forts et les cas faibles en gothique.

Le gothique reproduit, dans certaines formes de sa déclinaison, la division sanscrite en cas forts et cas faibles : 1° Il supprime l'*a* des thèmes en *ar* aux cas faibles du singulier, et ne le conserve qu'aux cas forts, c'est-à-dire au nominatif-accusatif-vocatif; 2° dans les thèmes en *an*, il maintient l'*a* dans les cas que nous venons de nommer, tandis qu'au génitif et au datif il l'affaiblit en *i*. En sanscrit, l'*a* des thèmes en *an* est complètement supprimé aux cas très-faibles, s'il est précédé d'une seule consonne. Comparez le gothique *brôthar* «frère», comme nominatif-accusatif-vocatif, avec le sanscrit *brâtâ* (§ 144), *brâtaram*, *brâtar*, et, au contraire, le datif *brôthr* (sans désinence casuelle) avec भात्रे *brâtr-ê*. Le génitif gothique *brôthr-s* s'accorde avec le zend *brâtr-ô* (§ 191) et les formes comme *πατρ-ός*. Du thème gothique *ahan*, nous avons le nominatif *aha*, l'accusatif *ahan*, le vocatif *aha*, qui répondent aux formes sanscrites comme *râgâ* «roi», *râgân-am*, *râgan*, et, au contraire, le génitif *ahin-s*, le datif *ahin*, qui, en ce qui concerne l'affaiblissement du thème, répondent aux formes sanscrites *râgñ-as*, *râgñ-ê*, lesquelles ont supprimé la voyelle de la dernière syllabe du thème.

§ 133. Insertion d'un *n* euphonique entre le thème et la désinence à certains cas de la déclinaison sanscrite.

Quand un thème terminé par une voyelle doit prendre un suffixe casuel commençant par une voyelle, le sanscrit, pour éviter l'hiatus et pour préserver en même temps la pureté des deux voyelles, insère entre elles un *n* euphonique ; on ne rencontre guère cet emploi d'un *n* euphonique qu'en sanscrit et dans les dialectes les plus proches (pâli, prâcrit). Il n'a pas dû, dans la période primitive de notre famille de langues, avoir été d'un usage aussi général qu'il l'est devenu en sanscrit ; autrement on en trouverait des traces dans les langues européennes congénères, qui s'en abstiennent presque entièrement. Le zend même en offre peu de vestiges. Nous regardons donc l'emploi de ce *n* euphonique comme une particularité du dialecte qui, après la séparation des langues, a prévalu dans l'Inde et s'est élevé au rang de langue littéraire. Il faut ajouter encore que l'idiome védique ne se sert pas de ce *n* dans une mesure aussi large que le sanscrit ordinaire. C'est au neutre qu'il paraît le plus souvent ; il est moins usité au masculin et plus rarement encore au féminin. Le féminin en borne l'usage au génitif pluriel, où on le trouve aussi en zend, quoique d'une manière moins constante. Il est remarquable que précisément à ce cas les anciennes langues germaniques, à l'exception du gothique et du vieux norrois, insèrent aussi un *n* euphonique entre la voyelle du thème et celle de la désinence casuelle ; mais cette insertion n'a lieu que dans une seule déclinaison, celle qui est représentée en sanscrit et en zend par les thèmes féminins en *â*.

Outre l'emploi de la lettre euphonique *n*, il faut encore mentionner le fait qu'en sanscrit et en zend la voyelle du thème prend le gouna à certains cas ; le gothique, le lithuanien et l'ancien slave présentent des faits analogues (§ 26, 4, 5, 6).

SINGULIER.

NOMINATIF.

§ 134. La lettre *s*, suffixe du nominatif en sanscrit. — Origine de ce suffixe.

Les thèmes masculins et féminins terminés par une voyelle ont, sauf certaines restrictions, *s* pour suffixe du nominatif dans les langues indo-européennes. En zend, ce *s*, précédé d'un *a*, se change en *u*, lequel, en se contractant avec l'*a*, donne *ô* (§ 2); la même chose a lieu en sanscrit, mais seulement devant les lettres sonores (§ 25)[1]. On en verra des exemples au § 148. Ce signe casuel tire son origine, selon moi, du thème pronominal स *sa* «il, celui-ci, celui-là» (féminin सा *sâ*); nous voyons, en effet, que, dans la langue ordinaire, ce pronom ne sort pas du nominatif masculin et féminin : au nominatif neutre et aux cas obliques du masculin et du féminin, il est remplacé par त *ta*, féminin ता *tâ*.

§ 135. La lettre *s*, suffixe du nominatif en gothique. — Suppression, affaiblissement ou contraction de la voyelle finale du thème.

Le gothique supprime *a* et *i* devant le suffixe casuel *s*, excepté à la fin des thèmes monosyllabiques, où cette suppression est impossible. On dit *hva-s* «qui», *i-s* «il», mais *vulf-s* «loup», *gast-s* «hôte, étranger», pour *vulfa-s*, *gasti-s* (comparez *hosti-s*). Dans les thèmes des substantifs masculins en *ja*, la voyelle finale est conservée, mais affaiblie en *i* (§ 67); exemple : *harji-s* «armée». Mais si, ce qui arrive le plus souvent, la syllabe finale

---

[1] Par exemple : सुतो मम *sutó máma* «filius mei», सुतस् तव *sutá-s táva* «filius tui» (§ 22).

est précédée d'une longue ou de plus d'une syllabe, *ji* est contracté en *ei* (= *î*, § 70); exemples : *andei-s* «fin», *raginci-s* «conseil», pour *andji-s*, *raginji-s*. Cette contraction s'étend au génitif, qui a également un *s* pour signe casuel.

Aux nominatifs gothiques en *ji-s* correspondent les nominatifs lithuaniens comme *Atpirktōji-s* «Sauveur», dont l'*i* provient également d'un ancien *a*[1]; je tire cette conclusion des cas obliques, qui s'accordent, en général, avec ceux des thèmes en *a*. Mais quand en lithuanien la syllabe finale *ja* est précédée d'une consonne (ce qui a lieu ordinairement), le *j* devient *i*, et l'*i* suivant, qui provient de l'*a*, est supprimé; exemple : *lôbi-s* «richesse», pour *lôbji-s*, venant de *lôbja-s*.

Les thèmes adjectifs gothiques en *ja* ont au nominatif singulier masculin quatre formes différentes, pour lesquelles *sûtis*, *hrains*, *niujis*, *viltheis* peuvent servir de modèles[2]. La forme la plus complète est *ji-s*, qui tient lieu de *ja-s* (§ 67); *ji-s* est employé quand la syllabe *ja* du thème a devant elle une voyelle ou une consonne simple précédée d'une voyelle brève : *niu-ji-s* «nouveau», *sak-ji-s* «querelleur». Le nominatif masculin du thème *midja* serait donc, s'il s'en trouvait des exemples, *midjis* (= sanscrit *mádya-s*, latin *mediu-s*).

Si la syllabe *ja* des thèmes adjectifs gothiques est précédée d'une syllabe longue terminée par une consonne, *ja* se contracte au nominatif masculin en *ei*, comme pour les thèmes substantifs, ou bien il se contracte en *i*, ou, ce qui est le plus fréquent, il est supprimé tout à fait. Nous citerons, comme exemples du premier cas, *althei-s* «vieux», *vilthei-s* «sauvage»; du second cas, *sûti-s* «doux», *airkni-s* «saint»; du troisième cas, *hrain-s* «pur»,

---

[1] Par l'influence du *j*.

[2] Ce sont les mots choisis comme exemples par Von der Gabelentz et Lœbe (Grammaire, p. 74). Ces auteurs ont tort toutefois de regarder *i* comme appartenant au thème.

gamain-s « commun », *gafaur-s* « à jeun », *bruk-s* « utile », *bleith-s* « bon », *andanêm-s* « agréable ». On peut ajouter à ces derniers mots *alja-kun-s* « ἀλλογενής », au lieu duquel on aurait pu attendre *aljakunji-s*, l'*u* étant indubitablement bref; mais le suffixe paraît avoir été supprimé au nominatif pour ne pas trop charger ce mot composé, ou simplement parce que la syllabe *ja*[1] est précédée de plus d'une syllabe. Les cas obliques montrent partout clairement que c'est bien la syllabe *ja* qui termine le thème.

REMARQUE 1. — Nominatif des thèmes en *ra*, *ri*, en gothique. — Comparaison avec le latin.

Les thèmes gothiques en *ra* et en *ri* suppriment, au cas où le *r* est précédé d'une voyelle, le signe casuel *s*; mais ils le conservent quand *r* est précédé d'une consonne. Exemples : *vair* « homme », *stiur* « veau, jeune taureau », *anthar* « l'autre », *hvathar* « qui des deux? », des thèmes *vaira*, *stiura*, etc. *frumabaur* « premier-né », de *frumabauri*; mais *akr-s* « champ », *fingr-s* « doigt », *baitr-s* « amer », *fagr-s* « beau », de *akra*, etc. Aux formes qui suppriment le signe casuel ainsi que la voyelle finale du thème, répondent les formes latines comme *vir*, *puer*, *socer*, *levir*, *alter*, *pulcer*; aux thèmes gothiques en *ri* répondent en latin les formes comme *celer*, *celeber*, *puter*. Mais quand *r* est précédé en latin d'un *a*, d'un *u* ou d'un *o*, ainsi que d'un *ê* ou d'un *î*, la terminaison est conservée; exemples : *vêrus*, *sevêrus*, *sêrus*, *mîrus*, *vîrus*, *-parus* (*oviparus*), *cârus*, *nurus*, *pûrus*, *-vorus* (*carnivorus*). L'*e* bref n'a lui-même pas laissé périr partout la terminaison *us* (*mĕrus*, *fĕrus*).

Il y a aussi en gothique des thèmes en *sa* et en *si* qui, pour éviter la rencontre de deux *s* à la fin du mot, ont laissé tomber le signe casuel; exemples : *laus* « privé, vide », du thème *lausa*; *drus* « chute »[2]. Dans *us-stass* « résurrection », du thème féminin *us-stassi*[3], il y aurait, sans la suppression du signe casuel, jusqu'à trois *s*.

---

[1] *ja* = sanscrit य *ya*, voyez § 897, et, en ce qui concerne le lithuanien, § 898.

[2] Le thème est *drusa* ou *drusi* (voyez Grimm, I, 598, note 1).

[3] De *us-stas-ti*, qui vient lui-même de *us-stad-ti* (§ 102), à peu près comme *vissa* « je savais », de *vis-ta*, pour *vit-ta*.

REMARQUE 2. — Nominatif des thèmes en *va*, en gothique.

Les thèmes gothiques en *va* changent en *u* la semi-voyelle quand elle est précédée d'une voyelle brève; ce changement a lieu non-seulement devant le signe casuel du nominatif, mais encore à la fin du mot, à l'accusatif et au vocatif dénués de flexion des substantifs; exemples : *thiu-s* « valet », du thème *thiva*, accusatif *thiu*; *qviu-s* « vivant » (lithuanien *gywa-s*, sanscrit *ǵivá-s*), de *qviva*. Le thème neutre *kniva* « genou » fait de même au nominatif-accusatif *kniu*. Mais si le *v* est précédé d'une voyelle longue (la seule qu'on rencontre dans cette position est *ai*), le *v* reste invariable; exemples : *saiv-s* « mer », *snaiv-s* « neige », *aiv-s* « temps ». En vieux haut-allemand ce *v* gothique s'est vocalisé; très-probablement il est d'abord devenu *u*, et, par suite de l'altération indiquée au § 77, cet *u* s'est changé en *o*; exemples : *sêo* « mer », *snêo* « neige », génitif *sêwe-s*, *snêwe-s*, qu'on peut comparer au gothique *saiv-s*, *saivi-s*, *snaiv-s*, *snaivi-s*. De même *dëo* « valet », génitif *dëwe-s*, en gothique *thiu-s*, *thiwi-s*.

REMARQUE 3. — Nominatifs zends en *aś*.

En zend, devant la particule enclitique *ća*, les thèmes en *a*, au lieu de changer ⟨⟩ *aś* (= sanscrit अस् *as*) en *ô*, comme c'est la règle (§ 56 b), conservent la sifflante du nominatif. Nous avons bien, par exemple, *vĕhrkô* « loup », pour le sanscrit *vṛ́ka-s*, le lithuanien *wilka-s*, le gothique *vulf-s*; mais on aura ⟨⟩ *vĕhrkaśća* « lupusque » = sanscrit *vṛ́kaśća*. Le thème interrogatif *ka* « qui? » a aussi conservé la sifflante quand il est en combinaison avec *nâ* « homme » (nominatif du thème *nar*) et avec le pronom enclitique de la 2ᵉ personne du singulier : *kaśnâ* « quis homo? », *kaśtê* « quis tibi? ». Entre *kaś* et l'accusatif *twanm* on insère en pareil cas une voyelle euphonique, soit ⟨⟩ *ĕ*, soit ⟨⟩ *ē*; les manuscrits les plus anciens[1] ont ⟨⟩ *ĕ*, qui est préférable, attendu que ⟨⟩ comme voyelle longue ne convient pas bien au rôle de voyelle de liaison (§§ 30 et 31). Mais il est sûr que même ⟨⟩ *ĕ* ne s'est introduit dans *kaśĕtwanm* « quis te? » qu'à une époque relativement récente, car la conservation de ⟨⟩ *ś* peut s'expliquer seulement par la combinaison immédiate avec la dentale. Il faut observer à ce propos que l'enclitique *ća* a pour effet de préserver la sifflante, non-seulement au nominatif, mais à toutes les autres terminaisons qui en sanscrit finissent par *as*, et qu'elle empêche, en outre, d'autres altérations, telles qu'abréviation d'une voyelle primitivement longue ou contraction de la désinence *ayê* en ⟨⟩ *ëê*.

---

[1] Voyez Burnouf, *Yaçna*, notes, p. 135.

§ 136. Le signe du nominatif conservé en haut-allemand
et en vieux norrois.

Le haut-allemand a conservé jusqu'à nos jours l'ancien signe du nominatif sous la forme *r*; mais déjà en vieux haut-allemand on ne trouve plus ce *r* que dans les pronoms et dans les adjectifs forts qui, comme on le verra plus loin (§ 287 et suiv.), contiennent un pronom. Comparez avec le gothique *i-s* « il » et le latin *i-s* le vieux haut-allemand *i-r*.

Dans les substantifs, le signe du nominatif s'est conservé sous la forme *r*, mais seulement au masculin, en vieux norrois. C'est la seule langue germanique qu'on puisse comparer sous ce rapport au gothique; exemples : *hva-r* ou *ha-r* « qui? », en gothique *hva-s*; *ûlf-r* « loup »[1], en gothique *vulf-s*, venant de *vulfa-s*; *son-r* « fils », en gothique *sunu-s*, en sanscrit et en lithuanien *sûnú-s*, *sūnù-s*. Les féminins ont, au contraire, perdu en vieux norrois le signe casuel; exemples : *hönd* « main », en gothique *handu-s*; *dâdh* « action », du thème *dâdhi* (nominatif-accusatif pluriel *dâdhi-r*), en gothique *déd-s*, de *dédi-s*.

§ 137. Nominatif des thèmes féminins en sanscrit et en zend. —
De la désinence *ēs* dans la 5° et dans la 3° déclinaison latine.

Les thèmes féminins sanscrits en *â* et, à très-peu d'exceptions près, les thèmes polysyllabiques en *î*, ainsi que *strî* « femme », ont perdu l'ancien signe du nominatif, comme cela est arrivé pour les formes correspondantes des langues congénères (excepté en latin pour les thèmes en *ê*). En sanscrit, ces féminins paraissent sous la forme nue du thème; dans les autres langues, ils affaiblissent, en outre, la voyelle finale. Sur l'abréviation de l'*â*, voyez § 118. En zend, *î* s'abrége aussi, même dans le

---

[1] Il y a aussi *varg-r* qui veut dire « loup », et qui se rapproche beaucoup du sanscrit *várka-s*, forme primitive de *vṛka-s*.

monosyllabe स्त्री *strî* « femme »; nous avons, par exemple, स्त्रीच *stri-ća* « feminaque », quoique, à l'ordinaire, l'enclitique च *ća* protége la voyelle longue qui précède.

En ce qui concerne le *s* de la 5ᵉ déclinaison latine, laquelle, comme je l'ai montré plus haut (§ 92ᵏ), est au fond identique avec la première, je ne puis plus reconnaître[1] dans cette lettre un reste des premiers temps, qui aurait survécu en latin, tandis qu'il aurait disparu du sanscrit, du zend, de l'ancien perse, du grec, du lithuanien et du germanique. Je regarde la lettre en question comme ayant été restituée après coup à cette classe de mots, qui avait très-probablement perdu son signe casuel dès avant la séparation des idiomes. On peut comparer ce qui est arrivé à cet égard pour le génitif allemand *herzen-s*, qui a recouvré sa désinence *s*, tandis qu'en vieux haut-allemand tous les thèmes en *n* ont perdu leur *s* au génitif dans les trois genres, et qu'il faut, pour le retrouver, remonter jusqu'au gothique. Ce qui a pu amener le latin à restituer le *s* de la 5ᵉ déclinaison, c'est l'analogie des nominatifs de la 3ᵉ déclinaison terminés en *ê-s* (comme *cœdê-s*).

Pour ces derniers mots il se présente une difficulté : car si l'on regarde comme étant le thème primitif la forme *cœdi*, on aurait dû avoir au nominatif *cœdis*; en effet, en sanscrit, en zend, en grec et en lithuanien, tous les thèmes terminés par *i* font au nominatif *i-s*, à moins qu'ils ne soient du neutre. Mais parmi les substantifs latins en *ê-s*, génitif *i-s*, il y en a deux auxquels correspondent en sanscrit des thèmes en *as*, à savoir *nubês* et *sedês*; le premier est évidemment parent du thème sanscrit *nábas* « air, ciel », du slave *nebes* (nominatif-accusatif *nebo*, génitif

---

[1] Dans la première édition de sa Grammaire comparée (§ 121), l'auteur exprime, quoique d'une façon dubitative, l'opinion que le *s* de la 5ᵉ déclinaison latine, dans les mots comme *effigiês*, *pauperiês*, pourrait appartenir à la plus ancienne période des langues indo-européennes. — Tr.

nebes-e) et du grec νέφες, génitif νέφε(σ)-ος (§ 128). En sanscrit et en slave, ce mot est, comme en grec, du neutre ; mais s'il était du masculin ou du féminin, il ferait au nominatif *nabâs* en sanscrit et νεφης en grec. C'est ainsi que nous avons en sanscrit du thème féminin *usás* « aurore » le nominatif *usâs*, de *tavás* « fort » le nominatif masculin *tavâs* (védique), de *dúrmanas* « malveillant » (*mánas*, neutre, « esprit ») le nominatif masculin et féminin *dúrmanâs*, neutre (peut-être inusité) *dúrmanas*; c'est ainsi encore qu'en grec les thèmes neutres en ες ont un nominatif masculin et féminin en ης, quand ils sont à la fin d'un composé ; exemple : δυσμενής, neutre δυσμενές, qu'on peut comparer au sanscrit *dúrmanâs*, -*nas*, que nous venons de citer. Il est important de remarquer à ce propos que le latin décline d'après le modèle *cædês, nubês* les composés grecs analogues à δυσμενής, lorsqu'ils entrent en latin comme noms propres ; nous avons, par exemple, au nominatif *Socratês*, qui répond à Σωκράτης, mais les cas obliques dérivent d'un thème en *i*, ce qui donne *Socrati-s*, et non, comme on aurait dû s'y attendre d'après la forme complète du thème, *Socrateris* (comme *gener-is* = γένε(σ)-ος).

Le second mot latin en *ê-s*, *i-s*, qui répond à un thème neutre terminé en sanscrit en *as* et en grec en ες, est *sedês* : la forme sanscrite est *sádas* « siège », génitif *sádas-as*, la forme grecque ἕδος, génitif ἕδε(σ)-ος. On peut donc comparer *sedês* avec le dernier membre du composé εὐρυέδης. L'*i* qui paraît aux cas obliques, par exemple, dans *nubi-s, cædi-s, sedi-s*, etc. peut s'expliquer comme un affaiblissement de l'*a* primitif du thème ; quant à l'*e* de *oper-is, gener-is*, il a été produit par l'influence de *r*, qui, comme on a vu (§ 84), se fait précéder plus volontiers d'un *e* que d'un *i*. Si le *s* primitif était resté, nous aurions eu probablement *opis-is, genis-is*, au lieu de *oper-is, gener-is*.

Nous mentionnerons ici un féminin latin en *ês* qui s'est conservé sans mutilation aux cas obliques : *Cerê-s*, *Cerer-is* ; l'étymologie de ce mot est obscure, si l'on se borne à consulter à cet égard le latin. Si Pott a raison (Recherches étymologiques, I, 197, II, 224 et suiv.) de rapporter le nom de cette déesse, inventrice de l'agriculture, à une racine qui signifie en sanscrit « labourer », et dont nous avons fait dériver plus haut (§ 1) le zend *kars-ti* (en sanscrit *kṛś-ti* « le labourage »), la signification étymologique de *Cerê-s* serait « celle qui laboure », de même que la signification du sanscrit *uśás* « aurore » est « celle qui brille ». Le thème de *Cerê-s* serait donc *Cerer* (primitivement *Ceres*). Quant à la racine dont ce nom est formé, elle aurait perdu la sifflante qui suivait le *r*, à peu près comme en grec nous avons χαρ (χαίρω) en regard de la racine sanscrite *harś*, *hṛś* « se réjouir »[1].

De ce qu'il y a dans la 3ᵉ déclinaison latine des noms qui ont leur nominatif terminé à la fois en *ês* et en *is*, par exemple, *canês* et *canis*, on n'est pas autorisé à conclure que les deux terminaisons dérivent d'une source unique ; car l'analogie de mots tels que *cædês*, *nubês*, *sedês*, et, pour citer un masculin, *verrês*, qui aux cas obliques ne se distinguent pas des thèmes en *i*, a pu faire que quelques thèmes en *i* aient pris *ê-s* au nominatif au lieu de *i-s*. Il faut donc examiner dans chaque cas particulier si c'est la forme en *i-s* ou la forme en *ê-s* qui est la forme organique. Le mot *canis* n'aurait pas dû adopter, outre la forme en *is*, le nominatif en *ês*, car l'*i* est dans ce mot, comme dans *juvenis*, simplement ajouté à un thème primitif en *n* (§ 139, 2).

Il a pu se faire aussi quelquefois que la désinence *ês* de la 5ᵉ déclinaison ait réagi à son tour sur la troisième, et y ait introduit des nominatifs en *ês* qui tiennent la place de formes

---

[1] Le latin *hil-aris* appartient probablement à la même racine.

en *a* (venant d'un *â*). Ainsi le suffixe de *fa-mê-s*[1] ne me paraît pas différent, quant à son origine, du suffixe *ma* dans *flam-ma*, *fâ-ma*, etc. et du suffixe μη dans γνώ-μη, ὀλιγ-μή, etc. *Famelicus* se rapporte clairement à un thème primitif *famê*.

Sur les nominatifs zends en ‫ ‬ *ê* et sur les nominatifs lithuaniens en *e* (venant de *ia*) voyez § 92[k].

§ 138. Conservation du signe *s* après un thème finissant par une consonne.

Les thèmes masculins et féminins terminés par une consonne perdent en sanscrit le signe du nominatif *s*, conformément au § 94; et quand deux consonnes terminent le thème, l'une de celles-ci est également supprimée, en vertu de la même règle; exemples: *bíbrat*, pour *bíbrat-s* «ferens»; *'tudán*, pour *tudánt-s* «tundens»; *vâk* (de *vâć*, féminin), pour *vâk-ś* «discours». Le zend, le grec et le latin ont conservé le signe du nominatif après une consonne, plus conformes en cela à la langue primitive que le sanscrit; exemples: en zend ‫ ‬ *âf-s* (pour *âp-s*, § 40) «eau», ‫ ‬ *kĕrĕfs* «corps» (pour *kĕrĕp-s*), ‫ ‬ *druk-s* (du thème *druǵ*) «un démon», ‫ ‬ *âtar-s* «feu». Quand la consonne finale du thème ne s'unit pas facilement au signe du nominatif, le latin et le grec renoncent plutôt à une partie du thème qu'au signe casuel; exemples: χάρις, pour χάριτς; *virtûs*, pour *virtûts*. Il y a un accord remarquable entre le zend, d'une part, et le latin, l'éolien et le lithuanien, de l'autre, en ce que *nt* combiné avec *s* donne *ns*, *ńs*: ainsi *amans*, τιθένς, lithuanien *degans* «brûlant» répondent au zend ‫ ‬ *fsuyańs* «engraissant» (la terre).

Comme le *ń* lithuanien ne se fait plus sentir dans la pronon-

---

[1] La faim, considérée comme «désir de manger», en supposant que ce mot dérive en effet de la racine φαγ, en sanscrit *baḱś* «manger», et qu'il soit pour *fagmês* (voyez Agathon Benary, Phonologie romaine, p. 155).

ciation (§ 10), je rappelle encore les formes mieux conservées des participes borussiens comme *sîdans* « assis ». Les formes gothiques comme *bairand-s* « portant » et certains substantifs analogues comme *frijônd-s* « ami » (littéralement « celui qui aime »), *fijand-s* « ennemi » (littéralement « celui qui hait »), dépassent, par leur état de conservation, toutes les formes analogues des autres idiomes, en ce qu'elles ont conservé aussi la consonne finale du thème. Au sujet du zend, il convient encore de faire observer que les thèmes terminés par le suffixe *vant* (forme faible *vat*) forment leur nominatif d'une double manière : ou bien ils suivent l'analogie du participe présent et des formations latines en *lens* (comme par exemple *opulens*, nominatif de *opulent-*), ou bien ils suppriment les lettres *nt* et, par compensation, allongent l'*a* précédent, comme cela arrive en grec pour ἱστά-ς, venant de ἱστάντ, λύσα-ς, de λύσαντ. A la première formation se rapportent *twâvans* « tuî similis » et *čvans* (pour *či-vans*, § 410) « combien » (interrogatif); à la seconde formation appartiennent tous les autres nominatifs connus des thèmes en *vant* ou en *mant*; mais il faut remarquer que, d'après les lois phoniques du zend, *â-s* doit devenir *âo*, de sorte que l'analogie avec les formes grecques en ᾱς, pour αντ-ς, est assez peu apparente. Nous avons, par exemple, ‫‪avâo‬‬ « tel » du thème *avant*, venant lui-même du thème primitif *a* « celui-ci »; *vîvanhâo* (pour *-hvâo*), nom propre, en sanscrit *vivasvân*, du thème विवस्वन् *vivasvant*.

Mentionnons encore un mot qui, contrairement aux règles ordinaires du sanscrit, et d'accord en cela avec les formes latines et grecques telles que χάρις, *virtûs*, conserve au nominatif le signe casuel et rejette la consonne finale du thème : c'est अवयाज् *avayâǵ* (dans le dialecte védique « portion du sacrifice »), dont le nominatif est अवयास् *avayâ-s* (au lieu de *avayâk*).

§ 139, 1. Nominatif des thèmes en *n*, en sanscrit
et en zend.

Les thèmes masculins sanscrits en *n* rejettent la nasale finale au nominatif, et allongent la voyelle brève qui précède. Les thèmes neutres en *n* suppriment la nasale au nominatif, à l'accusatif et, facultativement, au vocatif; exemple : *dani'* « riche », de *danín*. Les suffixes *an, man, van*, ainsi que *śvan* « chien » et plusieurs autres mots en *an*, d'origine incertaine, allongent l'*a* à tous les cas forts, excepté au vocatif singulier; exemple : *rā́ǵā* « roi », accusatif *rā́ǵān-am*. Le zend suit généralement le même principe, avec cette seule différence qu'il abrége ordinairement, comme on l'a déjà fait observer, un *â* long à la fin des mots polysyllabiques; on aura, par exemple, *spâ* « chien », mais *aśava* (du thème *aśavan*) « pur ». Au contraire, le mot-racine *ǵan* « tuant » (= le sanscrit *han*), dans le composé *vĕrĕtra-ǵan* « victorieux » (littéralement « tuant Vĕrĕtra » = le sanscrit *vṛtra-han*), fait au nominatif ꜱꜱꜱꜱꜱꜱꜱ *vĕrĕtraǵâo*, pour *vĕrĕtraǵâ-ś* (en sanscrit *vṛtrahā́*). Les formes fortes des cas obliques conservent, en zend, l'*a* bref de la racine [1], comme *vṛtrahan* en sanscrit; je considère donc l'*â* long, renfermé au nominatif dans la diphthongue *âo* (pour *â-ś*), comme une compensation pour la suppression de *n*, ainsi que cela est arrivé dans les formes grecques μέλᾱ-ς, τάλᾱ-ς pour μέλαν-ς, τάλαν-ς. Il y a aussi, en sanscrit, trois thèmes en *n* qui conservent au nominatif le signe casuel et suppriment *n*; les deux plus usités sont *pántâ-s* « chemin » et *mántâ-s* « batte à beurre »[2], accusatif *pántân-am, mántân-am*. Comme les cas forts de ces mots ont tous un *â* long, celui du nominatif ne peut pas être regardé comme une compensation pour la suppression de *n*,

---

[1] Accusatif *vĕrĕtrâǵanĕm*, pour le sanscrit *vṛtra-hanam*.
[2] Voyez Abrégé de la grammaire sanscrite, § 198.

ainsi que nous l'avons supposé pour l'*â* des formes correspondantes en grec et en zend; il est vraisemblable toutefois que, lors même qu'il n'y aurait pas d'*â* long aux cas obliques forts de *pántâ-s*, *mánîâ-s*, il y en aurait un au nominatif.

§ 139, 2. Nominatif des thèmes en *n*, en latin.

Le *n* du thème et le signe casuel *s* sont supprimés tous deux, en latin, après un *ô* (= sanscrit *â*), mais non après une autre voyelle. Nous avons notamment les nominatifs *edô*, *bibô*, *errô*, *sermô* (racine *svar*, *svṛ* « résonner »), qui sont formés par un suffixe *ôn*, *môn*, auquel répond, en sanscrit, le suffixe des cas forts *ân*, *mân*, dans les mots comme *râǵâ* « roi », accusatif *râǵânam*, *âtmấ* « âme », accusatif *âtmân-am*. Les thèmes féminins, comme *actiôn*, sont probablement une forme élargie d'anciens thèmes en *ti*, auxquels répondraient, en sanscrit, les substantifs abstraits en *ti*. En effet, il y a, en sanscrit, très-peu de thèmes en *n* qui soient du féminin, et il n'y a pas, dans cette langue, de suffixe *tyân* ou *tyan* qui puisse être rapproché du *tiôn* latin.

L'*i* des cas obliques, dans les thèmes comme *homin*, *arundin*, *hirundin*, *origin*, *imagin*, et dans les mots abstraits en *tudin*, est un affaiblissement de l'*ô*; *homin-is* est, par exemple, une altération de *homônis*, et, en effet, dans une période plus ancienne de la langue, on trouve l'*ô* dans les cas obliques (*hemônem*, *homônem*), comme il est resté au nominatif. Mais, dans les thèmes qui ne se terminent ni ne se terminaient primitivement en *ôn*, il n'y a jamais suppression simultanée de *n* et du signe casuel; ou bien c'est le signe casuel qui est conservé, comme dans *sangui-s*, *sanguin-em* (rapprochez le sanscrit पन्थास् *pántâ-s*, *pántân-am*), ou bien c'est *n*, comme dans *pecten*, *flamen* (masculin), *-cen* (*tubi-cen*, *fidi-cen*, *os-cen*), *lien*, forme à côté de laquelle nous trouvons aussi *liênis*. Ce dernier mot pourrait nous servir à expliquer les trois autres, et nous autoriser à supposer que les nominatifs masculins en *en* sont des restes de formes en *ni-s*, comme plus haut nous avons vu de thèmes en *ri* se former des nominatifs en *er* (*celer* pour *celeri-s*, § 135). Les nominatifs en *ni-s* des mots que nous avons cités plus haut auraient perdu, plus tard, cet *i*, qui n'était qu'un complément inorganique, tandis qu'il serait resté dans *juveni-s* et *cani-s* (en sanscrit, au nominatif, *yúvâ*, *śvâ*, à l'accusatif *yuvân-am*, *śvân-am*). Le suffixe *en* de *pect-en*, comme le suffixe *ôn* de *edôn*, *bibôn*, etc. représente le suffixe sanscrit अन् *an*, et le suffixe *men*, dans *fla-men*, représente le suffixe sanscrit मन् *man* [1].

Le neutre latin s'éloigne, au contraire, du neutre sanscrit, zend et germanique, en ce qu'il ne rejette nulle part le *n* du thème; nous avons, par exemple, *nômen*, en opposition avec le nominatif-accusatif sanscrit *nâma* [2], zend *nâma* [3] et gothique *namô*.

Si la suppression de *n* au neutre se bornait aux deux langues de l'Asie, j'admettrais sans hésitation qu'elle n'a eu lieu qu'après la séparation des idiomes. Mais, comme les langues germaniques ont part à cette suppression, il est plus vraisemblable que le latin, après avoir d'abord rejeté, au nominatif et à l'accusatif, la nasale des thèmes neutres en *n*, l'a plus tard réintégrée (comparez § 143).

§ 140. Nominatif des thèmes en *n*, en gothique et en lithuanien.

Les dialectes les plus anciens des langues germaniques, et, en particulier, le gothique, sont dans le rapport le plus étroit

---

[1] Il faut remarquer toutefois que les suffixes *en*, *men*, ne passent pas par la triple forme des suffixes sanscrits *an*, *man*. Ils suivent partout la forme intermédiaire (§§ 129, 130).

[2] Vocatif *nâman* ou *nâma*.

[3] Il n'y a pas d'exemple de ce mot au nominatif-accusatif en zend; mais il doit suivre l'analogie de *dâma* et de *barĕsma*, qui viennent des thèmes neutres *dâman* « création, peuple » et *barĕsman* « un paquet de branches », le *barsom* d'Anquetil, littéralement « plante » (de *bĕrĕś* « croître »).

avec le sanscrit et le zend, en ce qu'ils rejettent le *n* final du thème au nominatif de tous les genres, ainsi qu'à l'accusatif des thèmes neutres. En gothique, cette règle ne souffre aucune exception. Nous avons, par exemple, le thème gothique masculin *ahman* « esprit », qui fait au nominatif *ahma*, à l'accusatif *ahman* (sans désinence casuelle), de même qu'en sanscrit *âtmán* « âme » fait au nominatif *âtmấ*, à l'accusatif *âtmấn-am* [1].

Le lithuanien supprime également, dans les thèmes en *n* (lesquels sont tous du masculin), cette nasale au nominatif; la voyelle qui précède (ordinairement c'est un *e*) est alors changée en *û*. Je reconnais dans cet *û* l'*â* long sanscrit (§ 92ª), tandis que l'*e* des autres cas représente l'*a* sanscrit des cas faibles. Mais si l'on admet que tous les cas de cette classe de mots ont eu primitivement, en sanscrit, un *â* long, il faut qu'en lithuanien il se soit d'abord abrégé en *a* et ensuite affaibli en *e*. Comparez le nominatif *akmû* « pierre » avec le sanscrit *áśmâ* (venant de *ákmâ*) et le génitif *akmèn-s* avec *áśman-as*. Je regarde le nominatif *sû* « chien » comme un reste de *swû* = sanscrit *svâ*, à peu près comme *sápna-s* « rêve » est pour le sanscrit *svápna-s*. L'*u* de *śun-s* « du chien » (génitif) et de tous les autres cas correspond, au contraire, comme l'υ de κυν-ός, etc. à la contraction des cas très-faibles en sanscrit.

§ 141. Nominatif des thèmes neutres en *an*, en gothique.

En gothique, les thèmes neutres en *an*, après avoir rejeté le *n*, changent l'*a* précédent en *ô*, c'est-à-dire qu'ils l'allongent. Ce changement a lieu au nominatif, ainsi qu'aux deux cas qui lui sont semblables, l'accusatif et le vocatif. On voit par là que le neutre gothique suit l'analogie des cas forts, au lieu qu'en sans-

---

[1] Le suffixe formatif du mot gothique est originairement identique à celui du mot sanscrit (§ 799).

crit le neutre, excepté au pluriel [1], n'a que des cas faibles. En gothique, au nominatif-accusatif pluriel neutre, les thèmes en *an* allongent également l'*a* en *ô*; exemples : *hairtôn-a* « les cœurs », *ausôn-a* « les oreilles », *augôn-a* « les yeux », *gajukôn-a* « les compagnons », des thèmes *hairtan, ausan, augan, gajukan*; c'est ainsi qu'on a, en sanscrit, *nâmân-i* « les noms », de *nâman*; *vártmâni* « les routes », de *vártman*. Mais, en gothique, on n'allonge ainsi la voyelle, et même on ne la conserve que quand la syllabe qui précède est longue par nature ou par position, ou quand il y a plusieurs syllabes qui précèdent: si la voyelle n'est précédée que d'une seule syllabe, et si cette syllabe est brève, comme dans les thèmes *naman* « nom », *vatan* « eau », non-seulement on n'allonge pas l'*a* devant le *n*, mais on le supprime tout à fait, comme cela arrive, en sanscrit, dans les cas très-faibles; exemple : *namna* « les noms » (pour *namôn-a* [2]), de même qu'en sanscrit nous avons *nâmn-as* « nominis », pour *nâman-as*.

On peut expliquer, par certains faits analogues, le pouvoir qu'a, en gothique, une syllabe longue de conserver l'*ô* de la syllabe suivante; c'est ainsi qu'en latin l'*â* long de la racine sanscrite *stâ* « être debout » est conservé presque partout, grâce à la double consonne qui précède (*stâ-mus, stâ-tis, stâ-tum*, etc.), tandis que l'*â* de दा *dâ* « donner » s'est abrégé dans les formes latines correspondantes. C'est ainsi encore qu'en sanscrit la désinence de l'impératif *hi* ne s'est conservée dans les verbes de la 5ᵉ classe qu'en un seul cas: celui où l'*u* de la syllabe caractéristique est précédé de deux consonnes; en d'autres termes, quand le *n* de la syllabe *nu* a une consonne devant lui; exemple : *śak-*

---

[1] Voyez § 129. C'est pourquoi on a eu plus haut (§ 130) *rurudvâṅs-i*, en analogie avec le masculin *rurudvâṅs-as*; on a de même *ćatvâr-i* (τέσσαρα), en opposition avec l'accusatif masculin faible *ćatúr-as* (τέσσαρας).

[2] Le thème *vatan* n'est employé nulle part au nominatif-accusatif-vocatif pluriel; mais du datif *vatn-a-m* on peut conclure qu'il devait faire *vatn-a*.

nu-hí, de *śak* « pouvoir », auquel on peut opposer *ći-nú* (et non *ći-nu-hí*), de *ći* « assembler ».

Si l'on voulait, en remontant, conclure du gothique au sanscrit, on pourrait tirer des formes comme *hairtô*, pluriel *hairtôn-a*, cette conséquence que non-seulement le nominatif-accusatif-vocatif du neutre pluriel, mais encore les mêmes cas du neutre singulier et du neutre duel (lequel a disparu en gothique), suivaient le principe des cas forts; on aurait donc eu primitivement, à côté du pluriel *nấmân-i* « les noms », le singulier *nấmấ* et non *nấmă*, et le duel *nấmân-î* et non *nấmn-î*.

§ 142. Adjonction, en gothique, d'un *n* final au nominatif des thèmes féminins.

Dans la déclinaison féminine je ne puis reconnaître, en germanique, de thème primitif terminé par *n*; je regarde cette lettre, aussi bien dans les substantifs que dans les adjectifs féminins, comme un complément inorganique. En gothique, les thèmes substantifs féminins terminés par *n* ont, devant cette consonne, soit un *ô* (= आ *â*, § 69), soit *ei* (= *î*, § 70); ce sont là de vraies voyelles finales du féminin, auxquelles un *n* n'a pu venir se joindre qu'à une époque plus récente; ainsi *viduvôn* (nominatif *viduvô*) s'éloigne par cette lettre *n* du thème correspondant en sanscrit, en latin, et en slave : *vidavâ*, *vidua*, вдова *vidova* (ces formes sont, en même temps, le thème et le nominatif singulier); de même *svaihrôn* « belle-mère » (nominatif *-rô*) s'éloigne par son *n* du grec ἑκυρά. En sanscrit, on aurait dû avoir, d'après l'analogie de *śvâśura* « beau-père » un féminin *śvâ-śurâ*; mais la forme usitée est *śvaśrû* (latin *socru*), qui vient, à ce que je crois, d'une métathèse [1]. Quant aux thèmes féminins

---

[1] Je suppose, en effet, que le masculin *śvâśura* a supprimé l'*a* final et a transposé *ur* en *rû*, en l'allongeant. En ce qui concerne l'allongement, il faut remarquer qu'il y a aussi un certain nombre de thèmes adjectifs en *u* qui peuvent allonger cette

gothiques en *ein*, ils ont déjà été comparés en partie avec des thèmes sanscrits en *î* (§ 120, 1). Dans les thèmes abstraits, comme *mikilein* « grandeur », *managein* « foule », *hauhein* « hauteur », qui dérivent des thèmes adjectifs *mikila*, *managa*, *hauha*, je regarde à présent *ei* comme une contraction du suffixe secondaire या *yâ* (féminin); nous y reviendrons (§ 896). De toute manière, le *n* n'est, dans cette classe de mots, qu'un complément inorganique. Dans les adjectifs de la déclinaison faible (Grimm), les thèmes féminins en *ôn* ou *jôn* ne dérivent pas, comme on pourrait le croire, des thèmes masculins et neutres correspondants en *an*, *jan*, mais ils viennent, selon moi, des thèmes féminins correspondants (thèmes forts) en *ô*, *jô*, avec adjonction d'un *n*. Je reconnais, par exemple, dans les thèmes gothiques féminins *qvivôn* « viva », *niujôn* « nova », *midjôn* « media » (nominatif *qvivô*, *niujô*, *midjô*), ainsi que dans les thèmes forts (féminins) correspondants, les thèmes sanscrits ayant même signification *gîvâ*, *návyâ*, *mádyâ*. Semblablement le substantif féminin *daura-vardôn* « portière » est dérivé de *daura-vardô* (nominatif *-da*), dont le thème s'est élargi, et il est avec celui-ci dans le même rapport que le thème mentionné plus haut, *viduvôn*, avec le sanscrit *viduvâ*. Rappelons encore qu'Ulfilas élargit aussi, par l'adjonction d'un *n*, le thème du grec ἐκκλησία, et tire d'*aikklêsjôn* le génitif *aikklêsjôn-s*, tandis qu'on aurait plutôt attendu un nominatif *aikklêsja*, génitif *aikklêsjô-s*.

§ 143, 1. Rétablissement de *n* au nominatif des mots grecs et de certains mots germaniques.

Quand deux ou trois membres d'une grande famille de langues ont éprouvé, sur un seul et même point, une même perte, on

---

voyelle au féminin; ainsi *tanú* (masculin-neutre) « mince » a le thème du féminin semblable, ou bien il fait, avec l'*û* long, *tanû*.

peut l'attribuer au hasard, et à cette raison générale que tous les sons, dans toutes les langues, surtout à la fin des mots, sont exposés à s'oblitérer ; mais, sur le point qui nous occupe, c'està-dire sur la suppression de *n* à la fin du thème au nominatif, l'accord a lieu entre un trop grand nombre d'idiomes pour que nous puissions l'attribuer au hasard. Ce *n* devait déjà être supprimé au nominatif, avant le temps où les langues qui composent la famille indo-européenne commencèrent à se séparer. Il n'en est que plus surprenant de voir le grec s'écarter, à cet égard, des langues congénères, et se contenter de supprimer, dans ses thèmes en *v*, soit le signe du nominatif, soit le *v*, selon la nature de la voyelle qui précède, mais presque jamais l'un et l'autre à la fois. La question est de savoir si nous sommes ici en présence d'un fait contemporain du premier âge de la langue, ou bien si, après avoir éprouvé la même perte que le sanscrit, le zend, etc. les thèmes en *v* sont rentrés en possession de leur consonne finale, grâce à l'analogie des autres mots terminés par une consonne et par une réaction des cas obliques sur le nominatif ; dans cette dernière hypothèse, nous serons conduits à admettre d'anciennes formes de nominatif, comme εὐδαίμω, εὔδαιμο, τέρη, τέρε. Je me range à la seconde supposition, et je citerai, à ce sujet, l'exemple de certains dialectes germaniques qui, dans beaucoup de mots, ont restitué au nominatif, suivant l'analogie des cas obliques, le *n* que le gothique supprime constamment. Déjà, en vieux haut-allemand, les thèmes féminins en *in* (gothique *ein*, § 70) font au nominatif *in*, tandis que le gothique a la forme mutilée *ei*; exemple : *guotlihhîn* « gloire ». En haut-allemand moderne, il est à remarquer que beaucoup de thèmes masculins, primitivement terminés en *n*, sont, par une erreur de l'usage, traités au singulier comme s'ils avaient été terminés primitivement en *na*, c'est-à-dire comme s'ils appartenaient à la 1ʳᵉ déclinaison forte de Grimm. On a, par conséquent, le *n* au nominatif, et le génitif recouvre le signe *s*, qui, il est vrai, se trouve, en gothique, après les thèmes en *n*, mais qui avait déjà été retranché en haut-allemand il y a plus de dix siècles. On dit, par exemple, *brunnen, brunnen-s* «fons, fontis», au lieu du vieux haut-allemand *brunno, brunnin*, et du gothique *brunna, brunnin-s*. Dans quelques mots on voit, au nominatif, à côté de la forme qui a repris le *n*, comme *backen* «joue», *samen* «semence», l'ancienne forme sans *n* : *backe, same*; mais, même dans ces mots, le génitif a pris le *s* de la déclinaison forte.

Parmi les neutres, le mot *herz* «cœur» mérite d'être mentionné. Le thème du mot est, en vieux haut-allemand, *hërzan*, en moyen haut-allemand *hërzen*; les nominatifs sont *hërza, hërze*; l'allemand moderne supprime à la fois le *n* et l'*e* du thème *herzen*, comme il fait aussi pour beaucoup de thèmes masculins en *n*, tels que *bär*, au lieu de *bäre*. Comme nous ne sommes pas ici en présence d'un mot qui passe dans la déclinaison forte, mais que ce mot subit, au contraire, un nouvel affaiblissement du nominatif faible, la forme du génitif *herzens*, au lieu d'une forme dénuée de flexion *herzen*, est d'autant plus surprenante.

§ 143, 2. Suppression d'un *ν* en grec, à la fin des thèmes féminins en *ων*.

C'est seulement dans les thèmes féminins en *ον* ou en *ων* que le grec supprime le *ν* au nominatif : encore la suppression n'at-elle pas toujours lieu. Mais là où l'on trouve concurremment *ω* et *ων*, *ω* est ordinairement la forme employée chez les écrivains les plus anciens. Ainsi Γοργώ, Μορμώ[1], Πυθώ, à côté de Γοργών,

---

[1] On peut rapprocher ce mot, dont l'étymologie n'est pas bien claire, de la racine sanscrite *smar, smṛ* «se souvenir», laquelle a perdu également son *s* dans le mot redoublé latin *memor*; j'en ai rapproché ailleurs (Vocalisme, p. 164) l'allemand *schmerz* «douleur», vieux haut-allemand *smër-zo*, thème *smër-zon*. Le terme sanscrit

Μορμών, Πυθών. La déclinaison de ce dernier mot, telle que nous la trouvons dans Pindare, est presque de tout point conforme au principe sanscrit ; il y a seulement cette différence que le sanscrit fait peu d'usage des thèmes féminins en *n* et préfère, dans l'état de la langue qui est connu de nous, même dans le dialecte védique, ajouter la marque du féminin *î* aux thèmes masculins et neutres en *n*. On ne trouve guère de thèmes féminins en *n* qu'à la fin des composés, et même dans cette position ils sont très-rares [1]. Nous comparerons donc la déclinaison du thème Πυθών, telle qu'elle est dans Pindare [2], avec celle du masculin sanscrit *âtmân* :

Nominatif............	Πυθώ	âtmấ
Accusatif............	Πυθών-α	âtmấn-am
Datif; en sanscrit locatif.	Πυθῶν-ι	âtmắn-i
Génitif.............	Πυθῶν-ος	âtmắn-as

En ce qui concerne les dérivés Πύθιος, Πυθῶος, et les composés comme Πυθοκλῆς, Πυθοδῶρος, nous rappellerons qu'en sanscrit on supprime régulièrement un *n* final, ainsi que la voyelle qui précède, devant les suffixes dérivatifs commençant par une voyelle ou par un य *y*; exemple : *râǵya-m* « royaume », de *râǵan* « roi »; en outre, qu'un *n* final est toujours supprimé au commencement d'un composé. A propos de la suppression des *ν* dans cette classe de mots et de la contraction qui s'opère

---

pour « douleur » (*védanâ*, du causatif de la racine *vid* « savoir ») signifie étymologiquement « celle qui fait souvenir ». Μορμώ comme « épouvantail » serait donc primitivement « ce qui ramène à la raison ». Le suffixe répond au suffixe sanscrit *man*, forme forte *mân*, qui est représenté en grec par les formes μον, μων, μεν et μιν (§ 797 et suiv.).

[1] De -*han* « tuant », on trouve dans le Yajour-Véda (V, 23) -*hanam* comme accusatif féminin, forme identique à l'accusatif masculin.

[2] Voyez Ahrens, dans le Journal de Kuhn, III, p. 105.

ensuite, Buttmann[1] rappelle avec raison le fait analogue qui se passe dans la déclinaison des comparatifs en ων.

On peut être surpris, après ce que nous venons de dire, de voir les mots féminins dont le nominatif est en ω former leur vocatif en οῖ, surtout si l'on voit dans cette forme de vocatif l'analogue du vocatif sanscrit en ê = ai, appartenant aux thèmes en â, comme *sútê* « ô fille! », de *sutá* (§ 205). Aussi sont-ce principalement ces vocatifs, ainsi que les nominatifs en ῳ, assez fréquents sur les inscriptions, comme Ἀρτεμῷ, Διονυσῳ, Φιλυτῳ, qui paraissent avoir conduit Ahrens à admettre des thèmes en οι pour tous les mots ayant ω au nominatif[2]. Mais ces vocatifs peuvent s'expliquer autrement: on peut regarder l'ι de Γοργοῖ, ἀηδοῖ, χελιδοῖ, comme tenant la place du ν; c'est par un changement analogue que nous avons τιθείς, κτείς, au lieu de τιθένς, κτένς; en éolien μέλαις, τάλαις, au lieu de μέλανς, τάλανς; et en ionien μείς, au lieu de μήν[3]. Γοργοῖ, venant de Γοργόν, serait donc, avec le nominatif Γοργώ, dans le même rapport que le vocatif sanscrit *rā́gan* avec le nominatif *rā́gâ*.

A côté des noms qui, comme Γοργώ, ἀηδώ, χελιδώ, sont évidemment d'anciens thèmes en ν, il y a un grand nombre d'autres mots féminins en ω, tels que des noms mythologiques et des noms abstraits comme πειθώ, μελλώ, φειδώ, pour lesquels

---

[1] Grammaire grecque développée, I, p. 214. [L'auteur fait allusion aux formes comme μείζω pour μείζονα, μείζους pour μείζονες. — Tr.]

[2] Journal de Kuhn, III, p. 82. — Ahrens cherche à appuyer cette opinion sur la comparaison des autres idiomes, notamment du sanscrit, où nous avons, par exemple, à côté de *dárâ* « terre » (thème et nominatif) le génitif-ablatif *dáray-âs*, le datif *dáray-âi*, le locatif *dáray-âm* et l'instrumental *dáray-â*. Mais si, pour expliquer ces formes, il fallait admettre un thème en ê (= ai) ou âi, il faudrait en faire autant pour l'*a* bref des thèmes masculins et neutres; on aurait alors un thème *ásvé* pour expliquer l'instrumental *ásvé-n-â*, le génitif-locatif duel *ásvay-ôs*, le datif-ablatif pluriel *ásvé-byas*, le locatif *ásvé-śu*.

[3] Il est vrai que dans ces exemples le changement de ν en ι a lieu au milieu du mot devant un σ, tandis que dans χελιδοῖ il a lieu à la fin.

il est difficile de dire s'ils ont laissé disparaître un ancien *v* sans qu'il ait laissé de trace [1], ou s'ils n'en ont jamais eu. Quant au principe qui a présidé à leur formation, il est certain que ces noms sont de la même sorte que les thèmes féminins sanscrits en *â* : on peut, par exemple, rapprocher πειθώ, μελλώ, φειδώ, aussi bien que φορά, φθορά, χαρά, φυγή, φαγή, τομή, et les thèmes abstraits gothiques comme *vrakô* « poursuite », *bidô* « prière » (nominatif *vraka*, *bida*, § 921), des abstraits sanscrits comme *kśipấ* « l'action de jeter » [2], *bidấ*, *čidấ* « l'action de fendre ». Il est même vraisemblable que plusieurs noms mythologiques et quelques autres noms propres, surtout ceux qui ont simplement ajouté un ω a la racine, ne sont que des abstractions personnifiées; exemples : Κλωθώ, proprement « l'action de filer » [2], Κλειώ « l'action de publier », Νικώ = νίκη « la victoire » (comparez *Victoria* « la déesse de la victoire »). Καλλιστώ et Ἀριστώ sont évidemment des superlatifs et rappellent par leur ω, tenant la place d'un *â* sanscrit (par exemple, dans *svấdiṣṭâ* « dulcissima »), les thèmes de superlatifs féminins en gothique, par exemple, *batistô* « la meilleure », *juhistô* « la plus jeune ». Mais si, comme j'en doute à peine, les noms grecs dont il s'agit ont, à une époque plus ancienne, ajouté un *v* à leur thème, ils ressemblent, à cet égard, aux noms gothiques que nous citions plus haut (§ 142), tels que *viduvô* « veuve », du thème *viduvôn*, et les féminins de la déclinaison faible des adjectifs, comme *blindô* « cæca », du thème *blindôn*; *batistô* « la meilleure », de *batistôn*, génitif *batistôn-s*. Les thèmes grecs comme Ἀριστών, Δεινών seraient alors aux thèmes masculins correspondants ἄριστο, δεινό ce que *batistôn*, *blindôn* (*ô* = *â*, § 69) sont aux thèmes masculins

---

[1] Le vieux norrois a perdu de même le *n* des thèmes masculins à tous les cas, excepté au génitif pluriel.

[2] Le nom de Λάχεσις, à en juger d'après sa formation, doit être également un abstrait.

forts *batista*, *blinda*. On peut surtout appuyer cette opinion sur les nominatifs en ῳ qu'on trouve sur les vieilles inscriptions, si l'on regarde cet ῳ comme la vocalisation d'un ν, et si l'on admet que le rapport entre Ἀρτεμῴ (venant de Ἀρτεμών) et le vocatif Ἀρτεμοῖ est le même qu'en sanscrit le rapport entre le thème fort *âtmấn* « âme » (nominatif *âtmấ*) et le vocatif, qui est en même temps le thème faible, *ấtman*.

Il en est de même pour les autres cas singuliers des mots qui se déclinent sur ἠχώ; ils s'expliquent le plus naturellement par la suppression d'une consonne, qui n'a pu être ici que ν, tandis que dans la déclinaison de τριήρης il faut admettre la suppression d'un σ (§ 128), ce qui d'ailleurs ne fait pas de différence entre les deux déclinaisons, hormis au nominatif (§ 146). Au pluriel, les féminins en ώ sont, en général, passés dans la 2ᵉ déclinaison; mais les exemples en sont rares (voyez Ahrens, Journal de Kuhn, III, p. 95). Il reste aussi des formes qui se rapportent au type de déclinaison primitif et qui font supposer la suppression d'un ancien ν : ainsi le pluriel Κλωθῶες répondrait, sauf la différence du genre, après la restitution du ν, au pluriel sanscrit *âtmấnas*.

§ 144. Suppression de *r* au nominatif des thèmes sanscrits et zends en *ar*. — Fait analogue en lithuanien.

Les thèmes en *ar*, *âr*[1] rejettent en sanscrit le *r* au nominatif et allongent, comme les thèmes en न् *n*, la voyelle précédente : de *pitár* « père », *brấtar* « frère », *mâtár* « mère », *duhitár* « fille », viennent les nominatifs *pitấ*, *brấtâ*, *mâtấ*, *duhitấ*. De *svásâr* « sœur », *nấptâr* « petit-fils », *dâtấr* « donateur » (§ 810) viennent *svásâ*, *nấptâ*, *dâtấ*. L'allongement de l'*a* des thèmes en *ar* sert, à ce que je crois, à compenser la suppression de *r*.

[1] Y compris les thèmes que les grammairiens indiens regardent comme terminés en ऋ *r̥* (§§ 1 et 127).

Le zend suit l'analogie du sanscrit et rejette *r* au nominatif ; mais si ce *r* est précédé d'un *â* long, il l'abrége, suivant la règle qui veut que l'*â* soit toujours abrégé à la fin des mots polysyllabiques[1] ; exemples : ﺑﺮﺍﺗﺎ *brâta* « frère », ﺩﺍﺗﺎ *dâta* « donateur, créateur » ; accusatif *brâtar-ĕm*, *dâtâr-ĕm*.

Il y a aussi en lithuanien quelques thèmes en *r* qui suppriment cette lettre au nominatif ; ces thèmes sont tous du féminin et, dans la plupart des cas obliques, ils se sont élargis par l'addition d'un *i*. Ainsi *mótė* « femme », *duktė́* « fille » répondent à माता *mâtấ*, दुहिता *duhitấ*, et le pluriel *mótėr-s*, *dùktėr-s* à मातरस् *mâtár-as*, दुहितरस् *duhitár-as*. Au génitif singulier je regarde la forme *mótėr-s*, *duktėr-s* comme la plus ancienne et la mieux conservée, et *mótėriės*, *duktėriės* comme la forme altérée, appartenant aux thèmes en *i*. Au génitif pluriel, le thème n'a pas reçu cet *i* inorganique : on a *mótėr-ų̃*, *duktėr-ų̃*, et non *mótėri-ų̃*, *duktėri-ų̃*. Outre les mots précités, il faut encore ranger dans cette classe le thème *seser* « sœur » ; il répond au sanscrit *svásâr*, nominatif *svásâ* ; mais il s'éloigne au nominatif de *mótė* et *duktė́*, en ce que l'*e* se change en *ů*, d'après l'analogie des thèmes en *en*. Le nominatif est donc *sesų̃*.

§ 145. Suppression du signe du nominatif après les thèmes en *r*, en germanique, en celtique, en grec et en latin.

Les langues germaniques s'accordent avec le grec et le latin, en ce que, contrairement à ce qui se passe en sanscrit et en zend, elles conservent au nominatif le *r* final des thèmes[2] ; à πατήρ, μήτηρ, θυγάτηρ, *frater*, *soror* répondent en gothique *fadar*, *brôthar*, *svistar*, *dauhtar*, en vieux haut-allemand *fatar*,

---

[1] Partout ailleurs qu'au nominatif singulier, le zend conserve, aux mêmes cas que le sanscrit, l'*â* long des noms d'agents comme *dâtâr*.

[2] Il n'y a d'ailleurs dans les langues germaniques qu'un petit nombre de thèmes terminés par *r* : ce sont des mots exprimant une relation de parenté.

bruodar, suëstar, tohtar. La question est de savoir si ce *r* est au nominatif un reste de la langue primitive, ou si, après avoir été anciennement supprimé, il a été restitué au nominatif d'après l'analogie des cas obliques. Je pense que c'est la première hypothèse qui est la vraie; j'explique l'accord du lithuanien et de l'ancien slave [1] avec le sanscrit et le zend, par cette circonstance que les langues lettes et slaves se sont séparées de leurs sœurs de l'Asie plus tard que les langues classiques, germaniques et celtiques, ainsi que nous l'avons reconnu d'après des raisons tirées du système phonique. Je ferai observer à ce sujet qu'en celtique, notamment en gadhélique, on supprime bien au nominatif singulier le *n* final [2], mais jamais le *r* final du thème. En voici des exemples en irlandais : *athair* «père» (pour *pathair*), *brathair* «frère», *mathair* «mère», *piuthair* [3] «sœur», *dear* «fille», gen-

---

[1] Nous reparlerons plus loin de l'ancien slave, où l'on a, par exemple, le nominatif *mati* «mère» à côté du génitif *mater-e*.

[2] On a, par exemple, en irlandais *comharsa* «voisine», génitif *comharsain-e*, du thème *comharsan*; *naoidhe* «enfant», génitif *naoidhin*, de *naoidhean*; *guala* (féminin) «épaule», génitif *gualann*, nominatif pluriel *guailne*; *cu* «chien de chasse» (de *cun*, sanscrit *śun*, comme thème très-faible), génitif *con* ou *cuin*, nominatif pluriel *con* ou *cuin* ou *cona*.

[3] Pour *piuthair*, avec endurcissement du *v* en *p*, comme dans *speur* «ciel», qui répond au sanscrit *svâr* (voyez Pictet, *De l'affinité des langues celtiques avec le sanscrit* (en français), p. 74). Le sanscrit, le zend, le latin et le lithuanien ont évidemment perdu un *t* dans le terme qu'ils emploient pour désigner «la sœur»; ce *t* s'est conservé en germanique, en slave (ancien slave *sestra*) et dans une partie des langues celtiques. Si l'on rétablit cette lettre en sanscrit, on obtient *svastâr* comme thème des cas forts. D'accord avec Pott (Recherches étymologiques, II, p. 554, 1ʳᵉ édit.), je reconnais dans la dernière partie de ce nom un mot de la même famille que *strî* «femme» littéralement «celle qui enfante», de la racine *sû*, *strî* étant par conséquent pour *sû-trî*), et dans la première syllabe, je reconnais le possessif *sva* «suus» (marquant l'appartenance, comme dans *svagana* «parent»). *Svâsâr* est donc pour *sva-stâr*, venant de *sva-sûtâr*. L'*î* du féminin manque, mais il faut observer qu'il manque aussi dans *mâtâr* «mère», *duhitâr* «fille», et, comme le rappelle Pott, dans le latin *uxor* et *auctor* «celle qui commence une chose».

Le nom de la fille दुहितर् *duhitár*, de la racine *duh* «traire», est expliqué par

teoir (*geinim* «j'engendre») = sanscrit *ğanitâ*, latin *genitor*, grec γενετήρ. On ne sera pas étonné, après ce qui a été dit § 135, de voir que le signe casuel manque au nominatif de cette classe de mots, en gothique et en latin; on pourrait attendre en grec des formes comme πατής, μητής, au lieu de πατέρ-ς, μητέρ-ς, c'est-à-dire le signe casuel maintenu préférablement à la consonne finale du thème et la perte de celle-ci compensée par l'allongement de la voyelle précédente. Les termes d'agents en τη-ς comme δό-τη-ς, γεν-έ-τη-ς sont probablement identiques, quant à leur origine, avec ceux qui sont terminés en τηρ, et, en effet, on les voit souvent se remplacer (δο-τήρ, γεν-έ-τήρ); ces noms en τη-ς ont conservé le signe du nominatif de préférence à la consonne finale du thème; mais entraînés en quelque sorte par l'exemple du nominatif, ils ont renoncé au ρ dans les cas obliques et sont passés complétement dans la 1re déclinaison; on a donc δότου, δότη, etc. au lieu de δότηρος, δότηρι ou de δότερος, δότερι [1]. Ces deux dernières formes, en ce qui con-

---

Lassen (Anthologie sanscrite, s. v.) comme celle *quæ mulgendi officium habuit in vetusta familiæ institutione*. *Duhitár* peut certainement signifier «celle qui trait»; et le nom donné à la fille peut être emprunté à cette circonstance de la vie de pasteurs que menaient les ancêtres de la race. Mais il me paraît plus vraisemblable de regarder *duhitár* comme le «nourrisson femelle»; ce terme a pu être détourné de son sens primitif pour désigner la fille déjà adulte, à une époque où l'étymologie du mot avait cessé d'être sentie ou d'être prise en considération. Il est encore possible, et c'est l'hypothèse qui me semble la plus probable, que la racine *duh* ait ici un sens causatif et signifie «allaiter», de sorte que *duhitár* désignerait «la femme» en général, et, par conséquent, aussi «la jeune fille». La racine *dê* «boire» (*dâ*, § 109ᵃ, 2) dans *dê-nú* «vache laitière» a également le sens causatif; il en est de même de la racine correspondante en grec Θᾱ, Θη dans le dérivé θῆλυς «femelle». En zend, le mot ࿇࿇࿇ *dainú*, qui est de même origine que θῆλυς, désigne «la femelle des animaux».

[1] Un fait analogue a lieu en lette et en borussien, où non-seulement le nominatif, mais encore les cas obliques, perdent le *r*: nous avons, par exemple, en borussien, *múti* «mère», accusatif *mútin*, comme en grec δότη-ς, accusatif δότη-ν. En lette, *máte* (mahte) «mère» fait au génitif *mátes*, au datif *máte*, à l'accusatif *máti*, au lieu qu'en lithuanien nous avons *môtèrs*, *môterei*, *môterin*.

cerne la voyelle brève devant le ρ, concorderaient avec les formes comme ἄκτορ-ος, ἄκτορ-ι, dont le suffixe τορ se rapporte comme τηρ au sanscrit *târ*, forme faible *tr, tṛ*. Rappelons encore, comme un exemple unique en son genre, μάρ-τυ-ς, éolien μάρ-τυρ, dont le suffixe est évidemment de même origine que τηρ et τορ. L'υ est donc l'affaiblissement d'un *a* primitif (§ 7). Pott fait dériver ce mot, et avec raison, à ce que je crois, de la racine sanscrite *smar, smṛ* « se souvenir » (comparez § 143, 2, note), de sorte que le témoin serait proprement « celui qui fait souvenir » ou « qui se souvient » (*memor*).

En général, même pour les mots qui n'appartiennent pas aux classes dont nous parlons, toutes les fois qu'un thème finit par un ρ, le grec conserve cette lettre et sacrifie le signe du nominatif. On peut comparer à cet égard θήρ, κήρ, χείρ aux nominatifs sanscrits comme *dvâr* (féminin) « porte », *gîr* (féminin) « voix »[1], *dûr* (féminin) « timon », qui ont dû, suivant une loi phonique constante en sanscrit, abandonner le signe casuel (§ 94). Le seul exemple dans toute la famille indo-européenne qui nous montre *r* final du thème à côté du signe *s* du nominatif est le mot zend *âtars* « feu »; on ne peut, en effet, compter comme exemples les mots latins tels que *pars, ars, iners, concors*, attendu que leur thème ne se termine pas simplement en *r*, mais en *rt, rd*, et que la langue a craint en quelque sorte de sacrifier l'expression du rapport casuel en même temps qu'une portion du thème. Cette circonstance a aussi préservé le signe casuel à la fin du mot *pul(t)-s*, malgré l'aversion du latin pour le groupe *ls* à la fin d'un mot (§ 101).

§ 146. Thèmes en *s*, en sanscrit et en grec.

Les thèmes masculins et féminins en अस् *as* allongent l'*a* en

---

[1] Au lieu de *gir*; de même *dûr* au lieu de *dur*; voyez § 73ᵃ de l'Abrégé de la Grammaire sanscrite.

sanscrit au nominatif singulier. Ce sont, en général, abstraction faite du dialecte védique, des composés dont le dernier membre est un substantif neutre en *as*, comme, par exemple, *dúr-manas* « qui a un mauvais esprit » (de *dus*, devant les lettres sonores *dur*, et *mánas* « esprit »), dont le nominatif masculin et féminin est *dúrmanâs*, le neutre *dúrmanas*. Le grec présente ici avec le sanscrit un accord remarquable : nous avons, en effet, en grec, δυσμενής (ὁ, ἡ) qui fait au neutre τὸ δυσμενές. Il y a toutefois cette différence que le स *s* de *dúrmanâs* appartient indubitablement au thème, et que le caractère du nominatif manque (§ 94); au contraire, en grec, le *s* de δυσμενής a l'apparence d'une flexion, parce que le génitif et les autres cas ne sont pas δυσμενέσ-ος, etc. comme en sanscrit *dúrmanas-as*, mais δυσμενέος, etc. Mais si l'on tient compte de ce qui a été dit § 128, à savoir que le *s* de μένος appartient au thème et que μένεος est pour μένεσ-ος, on pourra aussi admettre que le *s* de δυσμενής et de tous les adjectifs de même sorte appartient au thème, et que δυσμενέος est pour δυσμενέσος. Ou bien donc le *s* du nominatif appartient au thème, et l'accord avec *dúrmanâs* est complet, ou le *s* du thème est tombé devant le *s* signe casuel, d'après le même principe qui fait qu'une dentale finale est supprimée devant le signe du nominatif, parce qu'elle ne peut exister à côté de lui (ἔρω-ς, κόρυ-ς, παῖ-ς). Cette dernière hypothèse me paraît la plus vraisemblable, parce que le grec, s'écartant en cela du sanscrit, cherche à conserver autant que possible dans les masculins et les féminins la sifflante du nominatif. Au neutre, au contraire, lequel n'a pas droit à cette sifflante, le *s* de δυσμενές fait tout aussi certainement partie du thème que celui de μένος (§ 128). Nous pouvons donc, en nous bornant aux mots grecs, regarder l'allongement de la voyelle, au nominatif masculin et féminin δυσμενή-ς, comme une compensation pour la suppression de la consonne finale du thème, ainsi que cela a lieu pour μέλᾱ-ς, τάλᾱ-ς, de μέλαν, τάλαν; de même l'ω de αἰδώ-ς, ἠώ-ς, des thèmes αἰδός, ἠός.

Ce dernier mot a évidemment perdu un σ qui se trouvait entre la racine et le suffixe (comparez νυός, venant de νυσός, en latin *nurus*, en sanscrit *snusá*); il correspond, en effet, au thème védique उषस् *uśás* « aurore »[1], qui est également du féminin; la forme éolienne αὔως a conservé l'*u* de la forme sanscrite, mais en la frappant du gouna, comme cela a eu lieu aussi pour *aurora* et le lithuanien *auszra* (védique उस्रा *usrá* « aube »). A la contraction védique de l'accusatif singulier *uśásam* en *uśám* et de l'accusatif pluriel *uśásas* en *uśás* on peut comparer les formes éoliennes comme δυσμένην, pour δυσμενέα = δυσμενέσα(ν), sanscrit *dúrmanasam* (Ahrens, *De dialectis*, I, p. 113). On peut encore rapprocher à cet égard de la seconde partie d'εὐρυνέφην le latin *nubem*, si l'explication que j'ai donnée plus haut (§ 137) de cette classe de mots est fondée.

Il y a un certain accord entre la déclinaison de αἰδώς et ἠώς et celle de ἥρως; mais le thème de ce dernier mot se termine en ν, et non pas en ς; nous avons conservé ce ν dans le dialecte syracusain (ἥρωνας, ἡρώνεσσι, voyez Ahrens, *Ibid.* II, p. 241). Il faut donc rapprocher ἥρω-ς, comme ἅλω-ς, ταώ-ς, τυφώ-ς, quant à la formation du nominatif, de τάλᾱ-ς, μέλᾱ-ς (§ 139, 1); il y a cette différence seulement que dans les premières de ces formes la voyelle de la syllabe finale du thème est longue par elle-même, tandis que dans τάλᾱ-ς, μέλᾱ-ς elle devient longue, pour compenser la suppression du ν.

---

[1] Voyez §§ 128 et 26, 2. Comme उषस् *uśás* signifie originairement « la brillante », le mot grec ἠώς se prête aussi au sens de « jour » (voyez Ahrens, *De græcæ linguæ dialectis*, I, p. 36, et dans le Journal de Kuhn, III, p. 142). Une preuve que le thème du mot a un ς, et que le génitif ἠοῦς est pour ἠόσος = sanscrit *uśásas*, c'est le composé ἑωσφόρος (comparez § 128). On ne saurait expliquer ce σ comme tenant la place d'un τ, ainsi que cela a lieu dans φωσφόρος : la parenté indubitable de ἠώς avec *uśás* s'y oppose.

§ 147, 1. Thèmes en *s*, en latin. — Changement de *s* en *r*.

Comme le latin, d'accord sur ce point avec le grec, conserve au nominatif masculin et féminin le signe casuel de préférence à la consonne finale du thème, il est très-vraisemblable que c'est aussi le *s* du nominatif qui a été conservé dans *mâs*, *flôs*, *rôs* (sanscrit *rása-s* « suc », grec δρόσο-ς), *môs*, *arbôs*, *mûs*, *tellûs*, *Venus*, *lepus*, *Cerês* (§ 137), *cinis* (§ 935), et autres formes semblables; la consonne finale du thème a dû disparaître, dans cette hypothèse, au nominatif, mais elle reparaît aux cas obliques sous la forme d'un *r* (lequel tient la plupart du temps, sinon toujours, la place d'un ancien *s*). Au contraire, dans les neutres comme *ôs* (sanscrit *âsyà-m* « bouche »), *pecus*, *fœdus*, *genus* = γένος, γένε(σ)-ος, *gravius* (sanscrit *gárîyas*, thème des cas faibles et nominatif-accusatif neutre), *majus* (sanscrit *máhîyas*), le *s* appartient au thème, car le neutre n'a pas de *s* pour signe casuel (§ 152); c'est ce *s* du thème qui se change en *r* aux cas obliques. Il ne faut donc pas, si l'on admet la distinction que nous venons de faire entre les thèmes masculins et féminins, d'une part, et les neutres, de l'autre, dire que le latin *mûs* et le grec μῦς (génitif μυ-ός, venant de μυσ-ός) sont complétement identiques avec le vieux haut-allemand *mûs* (thème *mûsi*, § 76); en effet, le *s* du mot germanique appartient indubitablement au thème. Au contraire, dans les composés latins *mus-cipula*, *mus-cerda*, et dans le dérivé *mus-culus*, comme dans *flos-culus*, *masculus*, le *s* du thème s'est conservé grâce au *c* qui suivait.

Dans un grand nombre de thèmes latins, terminés par un *r* tenant lieu d'un *s* primitif, la puissance de l'analogie a eu pour effet d'introduire *r* au nominatif, quoiqu'il n'y eût pas pour ce cas la même raison que pour les cas obliques de changer *s* en *r*, puisqu'il ne s'y trouve pas entre deux voyelles. Il est arrivé alors que ces thèmes ont perdu le signe du nominatif comme les thèmes véritablement terminés en *r* (*pater, datôr,* § 145). A cette classe appartiennent notamment les abstraits comme *pudor, amor* (§ 932), lesquels toutefois n'ont pas entièrement perdu leur nominatif pourvu du signe casuel, car à côté de *labor* existe aussi *labô-s,* qu'on peut rapprocher, à la différence du genre près, du grec αἰδώ-ς; de même, à côté de *clamor,* la forme archaïque *clamô-s.*

Parmi les mots cités plus haut, il y en a un où le *r* des cas obliques peut sembler organique et non sorti d'un *s;* c'est *mô-s, môr-is,* que je faisais autrefois dériver de la racine *smar, smṛ* « se souvenir ». Mais, comme ce serait le seul mot ayant un *r* primitif avec *s* comme signe du nominatif, je préfère maintenant regarder le *r* comme tenant la place d'un *s,* et je fais venir *mô-s* de la racine *mâ* « mesurer », qui a donné aussi, en abrégeant la voyelle, *mŏ-dus.* *Mō-s,* en tant que signifiant « loi, règle », est l'équivalent, quant au sens, de l'ancien perse *framânâ,* qui signifie, d'après Rawlinson, « loi », principalement « loi divine » (en sanscrit *pra-mâṇa-m* « autorité »). Le persan *fermân* « ordre » (*fermâjem* « je commande ») est de la même famille; la racine *mâ* en composition avec la préposition *fra* a sans doute eu aussi en ancien perse le sens de « commander », comme cela ressort du nom d'agent *framâtôr* « commandant, souverain ». Parmi les adjectifs latins, le *s* final de *vetus* pourrait, au moins au neutre, faire douter s'il fait partie du thème (*veter-is,* venant de *vetisis, e* à cause de *r*), ou si le signe casuel du masculin et du féminin s'est étendu par abus au neutre. Ce qui est certain, c'est que *vetus* est identique, quant à son origine, avec ἔτος, Ϝέτος, Ϝέτε(σ)-ος, et signifiait, par conséquent, dans le principe « année »[1]. On pourrait donc rapprocher *vetus*

---

[1] En albanais *vjet* et *vjeð* signifient « année » et *vjetǎr* « annuel ». Ce dernier ré-

au masculin et au féminin des formes grecques comme τριετή-ς, et au neutre des formes comme τριετές.

C'est ici le lieu de rappeler que le latin a aussi dans sa conjugaison une forme avec *s* final, où l'on peut douter si ce *s* appartient au thème ou à la flexion : c'est la forme *es* « tu es », de la racine *es*, que nous voyons dans *es-t*, *es-tis*, *er-am*, *er-o* (venant de *es-am*, *es-o*). Le fait en question n'est pas sans analogie avec ce que nous avons vu pour *Cerê-s* (au lieu de *Ceres-s*), génitif *Cerer-is*, avec cette différence que dans *Cerê-s* le dernier *e* a été allongé pour compenser la suppression de la consonne. On peut admettre que le *s* de *es* « tu es » appartient à la désinence personnelle et non à la racine, d'autant plus que le latin a l'habitude de marquer partout par une désinence la seconde personne du singulier, excepté à l'impératif. Il en est de même pour le gothique *i-s* « tu es », où le *s* appartient à la désinence personnelle, et non, comme le *s* de la 3ᵉ personne (*is-t*), à la racine; en effet, le gothique ne laisse jamais disparaître la désinence personnelle *s* au présent (nous ne parlons pas des prétérits ayant la signification du présent). Il faut donc expliquer *is* comme venant de *is-s*, mais avec suppression du premier *s* et non pas du second, de même que, dans le sanscrit *âsi* « tu es » (pour *âs-si*, dorien ἐσ-σί), c'est le premier, et non le second *s*, qui a été supprimé.

§ 147, 2. Suppression d'un *s* au nominatif dans le thème lithuanien *mênes*.

Nous passons au lithuanien pour faire remarquer que le thème *mênes* « lune » et « mois »[1] supprime le *s* au nominatif singulier et élargit la voyelle précédente en *û*; on a donc *mênû*,

---

pond au sanscrit *vatsara-s* « année », les deux premiers à *vatsâ-s* (même sens). Voyez mon mémoire Sur l'albanais, p. 2 et suiv. et p. 83, n. 56.

*[1] *Mênes* = sanscrit *mâs*, qui a probablement fait d'abord en lithuanien *mêns*,

en analogie avec les formes comme *akmŭ* «pierre» (venant de *akmèn*, § 140), et *sesŭ* «sœur» (venant de *sesèr*, § 144). Dans les cas obliques, le thème *mēnes* s'élargit ordinairement par l'addition d'un complément monosyllabique *ia*, ou simplement d'un *i*. Ainsi, l'on a au génitif *mēnesio* et à l'instrumental singulier *mēnesi-mi*.

§ 148. Nominatif des thèmes neutres. — Tableau comparatif du nominatif.

Le nominatif des thèmes neutres est identique avec l'accusatif dans toute la famille indo-européenne (§ 152 et suiv.).[1]

Avant de présenter une vue générale de la formation du nominatif, il convient de faire connaître les thèmes qui nous serviront d'exemples. Nous avons choisi des thèmes qui diffèrent entre eux, les uns par le genre, les autres par la lettre finale. Autant qu'il sera possible, nous conserverons les mêmes exemples pour les autres cas.

Thèmes sanscrits et zends :

Sanscrit.	Zend.
अश्व *áśva* (masculin) «cheval»;	aspa (masculin) «cheval» (§ 50);
क *ka* (masculin) «qui?»;	*ka* (masculin) «qui?»;
दान *dăna* (neutre) «don»;	*dâta* (neutre) «datum»;
त *ta* (neutre) «ceci»;	*ta* (neutre) «ceci»;
अश्वा *áśvâ* (féminin) «jument»;	*hiṣvâ* (fém.) «langue»;
का *kâ* (féminin) «qui?»;	*kâ* (fém) «qui?»;

et, par l'insertion d'un *e*, *mēnes*. Comparez le latin *mensi-s*, le grec μήν, pour μήνς (génitif μην-ός, pour μηνο-ός).

[1] L'auteur attend, pour traiter des thèmes neutres, qu'il soit arrivé à l'accusatif, parce qu'il admet que le signe du neutre est originairement identique avec celui de l'accusatif (§ 152). — Tr.

FORMATION DES CAS.

Sanscrit.	Zend.
पति *páti* (masc.) «maître, mari»;	پَیتی *paiti* (masc.) «maître» (§ 41);
प्रीति *príti* (fém.) «amour, joie»;	آفریتی *âfríti* (féminin) «bénédiction»;
वारि *vâri* (neutre) «eau»;	وایری *vairi* (neutre) «eau»;
भवन्ती *bávantî* (féminin) «celle qui est»;	بَوَینتی *bavaintî* (fém.) «celle qui est»;
सूनु *sûnú* (masculin) «fils»;	پَسو *paśu* (masculin) «animal apprivoisé»;
हनु *hánu* (féminin) «os maxillaire»;	تَنو *tanu* (féminin) «corps»;
मधु *mádu* (neutre) «miel, vin»;	مَذو *madu* (neutre) «vin»;
वधू *vadû* (féminin) «femme»;	. . . .
गो *gó* (masculin, féminin) «taureau, vache»;	گَاو *gau* (masc. fém.) «taureau, vache» (§ 123);
नौ *nâu* (féminin) «vaisseau»;	. . . .
वाच् *vâć* (féminin) «discours»;	واچ *vâć* (fém.) «discours»;
भरन्त् *bárant* (masc.), forme faible भरत् *bárat* (§ 129) «portant, soutenant», de भृ *bar*, भू *br* (1re classe);	بَرَنت *barant* ou بَرِنت *barĕnt*, forme faible بَرَت *barat* (masc.) «portant»;
अश्मन् *áśman* (masculin) «pierre»[1];	اَسمَن *aśman* (masc.) «ciel»;
नामन् *náman* «nom»;	نَامَن *nâman* (neutre) «nom»;
भ्रातर् *brâtar* (masculin) «frère»;	برَاتَر *brâtar* (masc.) «frère»;
दुहितर् *duhitár* (féminin) «fille»;	دُغدَر *duġdar* (fém.) «fille»;
दातार् *dâtâr* (masculin) «donateur» (§ 127);	دَاتَار *dâtâr* (masculin) «donateur, créateur»;
वचस् *váćas* (neutre) «discours».	وَچَس *vaćas* (neut.) «parole»[2].

[1] Signifie aussi «éclair» et «nuage» dans le dialecte védique. A ce sens se rapportent très-probablement le zend اَسمَن *aśman* «ciel» et le persan آسمان *asmân* (même sens).

[2] Quoique le sanscrit *as* devienne en zend à la fin des mots ô (§ 56°), je crois

NOMINATIF SINGULIER. § 148.

Les exemples grecs et latins n'ont pas besoin d'être mentionnés ici. En lithuanien et en gothique, nous choisissons les thèmes suivants :

Thèmes lithuaniens et gothiques.

Lithuanien.	Gothique.
póna (masculin) «maître»;	*vulfa* (masculin) «loup»;
ka (masculin) «qui?»;	*hva* (masculin) «qui?»;
géra (neutre) «bon»;	*daura* (neutre) «porte» (sanscrit *dvára*, neutre);
ta (neutre) «ceci»;	*tha* (neutre) «le, ceci»;
áśwa (féminin) «jument»;	*gibô* (féminin) «don» (§ 69);
. . . .	*hvô* (féminin) «laquelle?»;
genti (masculin) «parent»;	*gasti* (masculin) «étranger»;
. . . .	*i* (masculin et neutre) «hic, hoc»;
awì (féminin) «mouton» (sanscrit *avi*, latin *ovis*, grec ὄϊς);	*ansti* (féminin) «faveur»;
sünù (masculin) «fils»;	*sunu* (masculin) «fils»;
. . . .	*handu* (féminin) «main»;
platù (neutre) «large» (sanscrit *pṛiú*, grec πλατύ);	*faihu* (neutre) «fortune»;

pourtant devoir conserver au thème la forme en *as*, attendu qu'un thème *vaćô* n'aurait jamais pu donner aux cas obliques des formes comme *vaćaṅha*, *vaćaṅhô*. Je fais observer à ce propos qu'en sanscrit on ne trouverait pas non plus de thème *vácas*, si l'on voulait, dans les tables qu'on dresse des thèmes, se conformer aux lois phoniques; en effet, un स् *s* final ne reste invariable que devant un *t*, *ṭ* initial; devant une pause il se change en visarga (ः *h*). Mais puisque nous négligeons les lois phoniques en citant les thèmes sanscrits, nous pouvons en faire autant pour le zend. Brockhaus, dans son Glossaire du Vendidad-Sadé, termine par ﯨ *ṅh* les thèmes qui en sanscrit finissent par *as*; mais cette forme me paraît employée à tort, car le स् *s* sanscrit ne se change en *ṅh* qu'entre deux voyelles, et non pas à la fin des mots. Encore dans certains cas trouve-t-on simplement un *h*, comme quand la seconde voyelle est un *i*, par exemple, *vaćahi* et non *vaćaṅhi* (§ 56*). La forme qui rend le mieux compte de ces diverses modifications est *vaćaś*, dont le ش *ś* est d'ailleurs le représentant régulier du स् *s* sanscrit; on trouve, en effet, les formes comme *vaćaś* non-seulement devant la particule *ća*, mais encore devant les enclitiques *té* et *iwá* (§ 135, remarque 3).

FORMATION DES CAS.

Lithuanien.	Gothique.
áugant[1] (masculin) «grandissant»;	*fijand* (masculin) «ennemi»;
akmèn (masculin) «pierre»;	*ahman* (masculin) «esprit»;
....	*naman* (neutre) «nom»;
....	*brôthar* (masculin) «frère»;
duktèr (féminin) «fille».	*dauhtar* (féminin) «fille».

Nous faisons suivre le tableau comparatif du nominatif[2]:

	Sanscrit.	Zend.	Grec.	Latin.	Lithuanien.	Gothique.
masculin.	*áśva-s*	*aspô*[3]	ἵππο-ς	*equu-s*	*póna-s*	*vulf'-s*[4]
masculin.	*ka-s*	*kô*	....	....	*ka-s*	*hva-s*
neutre...	*dána-m*	*dâtĕ-m*	δῶρο-ν	*dónu-m*	*géra*	*daur'*
neutre...	*ta-t*	*ta-ḍ*	τό	*is-tu-d*	*ta-i*	*tha-ta*
féminin.	*áśvâ*	*hiśva*	χώρᾱ	*equa*	*áśwa*	*giba*
féminin.	*kâ*	*kâ*	....	....	....	*hvô*
masculin.	*páti-s*	*paiti-s*	πόσι-ς	*hosti-s*	*genti-s*	*gast'-s*
masculin.	....	....	....	*i-s*	....	*i-s*
féminin.	*príti-s*	*âfriti-s*	πόρτι-ς	*turri-s*	*awi-s*	*anst'-s*
neutre...	*vári*	*vairi*	ἴδρι	*mare*	....	....
neutre...	....	....	....	*i-d*	....	*i-ta*
féminin.	*bávantî*	*bavainti*	.?......	....	V. § 121.	....
féminin.	*sûnú-s*	*paśu-s*	νέκυ-ς	*pecu-s*	*sûnù-s*	*sunu-s*
féminin.	*hánu-s*	*tanu-s*	γένυ-ς	*socru-s*	....	*handu-s*

[1] Nous nous abstiendrons de citer ce thème, ainsi que les autres thèmes terminés par une consonne, dans les cas où ils ont passé dans la déclinaison à voyelle, par suite de l'addition d'un complément inorganique.

[2] Dans ces tableaux comparatifs, l'auteur rapproche autant que possible des mots de même origine et de même formation, comme : sanscrit *áśva-s*, zend *aspô*, grec ἵππο-ς, latin *equu-s*. Mais il est obligé souvent, pour compléter la série de ses comparaisons, de prendre des mots différents, soit que le terme correspondant manque dans une langue, soit qu'il ait passé dans une autre classe de déclinaison. C'est donc uniquement sur la lettre finale du thème et sur la désinence que porte la comparaison. — Tr.

[3] Avec *ća* : *aspaśća*, § 135, remarque 3.

[4] L'apostrophe, dans *vulf'-s* et dans les autres mots gothiques, rappelle que la lettre finale du thème a été supprimée (§ 135). — Tr.

ACCUSATIF SINGULIER. § 149.

	Sanscrit.	Zend.	Grec.	Latin.	Lithuanien.	Gothique.
neutre...	mádu	madu	μέθυ	pecû	platù	faihu
féminin..	vadû-s	....	....	....	....	....
mas.-fém.	gâu-s¹	gâu-s²	βοῦ-s	bô-s	....	....
féminin..	nâu-s	....	ναῦ-s	....	....	....
féminin..	vâk	vâk-s	ὄπ-s	....	....	....
masculin.	báran	baran-s	Φέρων	feren-s	áugan-s	fijand-s
masculin.	ásmâ	aśma	δαίμων	sermo	akmů	ahma
neutre...	nắma	nâma	τάλαν	nômen	....	namô
masculin.	brắtắ	brâta	πατήρ	frâter	....	brôthar
féminin..	duhitâ	dugdá	θυγάτηρ	mâter	dukté	dauhtar
masculin.	dâtắ	dâta	δοτήρ	dator	....	....
neutre...	vácas	vacô³	ἔπος	genus	....	....

ACCUSATIF.

§ 149. Du signe de l'accusatif. — L'accusatif dans les langues germaniques.

Le caractère de l'accusatif est *m* en sanscrit, en zend et en latin; en grec et en borussien, il est *v*, *n* (§ 18). En lithuanien, nous avons une nasale qui est représentée dans l'écriture par des signes ajoutés aux voyelles, mais qui, dans la prononciation actuelle, n'est plus sensible pour l'ouïe (§ 10); ainsi *déwa-n* « deum » qui se prononce *déwa*. Le borussien a la forme *deiwa-n*, en regard du sanscrit *dévâ-m*.

En gothique, la terminaison de l'accusatif a disparu dans les substantifs, sans laisser de trace; mais, dans les pronoms de la 3ᵉ personne, y compris l'article, ainsi que dans les adjectifs forts, c'est-à-dire combinés avec un pronom (§ 287 et suiv.), la terminaison de l'accusatif s'est conservée, en gothique et en haut-

---

¹ Voyez § 122.
² Voyez § 123.
³ Avec *ća* : *vaćaśća*, § 135, remarque 3.

allemand ancien et moderne, mais seulement dans les masculins; le féminin a perdu, même dans ces classes de mots, le signe casuel. Le *m* primitif s'est changé en *n*, auquel est venu se joindre, pour le protéger en quelque sorte (§ 18), un *a*; on a donc le gothique *tha-na* en regard du sanscrit *ta-m*, du borussien *sta-n*, *sto-n*, du lithuanien *ta-ṅ* (prononcez *ta*), du grec τό-ν, du latin *is-tu-m*; au contraire, le féminin est, en gothique, *thô*, qu'on peut comparer au sanscrit *tâ-m*, au dorien τά-ν, au borussien *stan*, *sto-n*, au lithuanien *ta-ṅ* (prononcez *ta*), au latin *is-ta-m*. Le haut-allemand a perdu la voyelle complémentaire que le gothique avait ajoutée à la désinence de l'accusatif; mais on ne peut guère douter qu'il ne l'ait eue dans le principe, autrement la nasale finale aurait très-vraisemblablement été supprimée, comme elle l'est au génitif pluriel et à la 1re personne du singulier du subjonctif présent (§§ 18 et 92^m). Comparez le vieux haut-allemand *i-n* « eum » avec le gothique *i-na* et le vieux latin *i-m*. Le haut-allemand l'emporte sur le gothique en ce qu'il n'a pas laissé périr entièrement le signe de l'accusatif dans les substantifs; il s'est conservé, en vieux et en moyen haut-allemand, dans les noms propres masculins; exemples: vieux haut-allemand *hluodowiga-n*, *hartmuota-n*, *petrusa-n*; moyen haut-allemand *sîvride-n*, *parzifâle-n*, *jôhannese-n*. Même, en haut-allemand moderne, on permet des accusatifs comme *Wilhelme-n*, *Ludwige-n*, quoiqu'ils aient vieilli (voyez Grimm, Grammaire allemande, I, pp. 767, 770, 773). Outre les noms propres, le vieux haut-allemand a conservé le signe casuel *n* dans les substantifs *kot* « dieu », *truhtin* « seigneur », *fater* « père » et *man* « homme »; on a, par conséquent, *kota-n*, *truhtina-n*, *truhtine-n*, *fatera-n*[1], *manna-n*. Il faut remarquer que, à l'exception du der-

---

[1] Je partage le mot ainsi, *fatera-n*, et non *fater-an* comme pour le sanscrit *pitáram*, parce qu'en vieux haut-allemand ce mot a passé, dans la plupart des cas, grâce à l'addition d'une voyelle, dans la 1re déclinaison forte.

nier, ce sont tous des termes qui doivent être prononcés avec un sentiment de respect, ce qui nous aide à comprendre pourquoi ils ont conservé plus longtemps l'ancienne forme. Au sujet de *manna-n*, observons que le gothique possède à la fois un thème *mana* et un thème élargi *mannan*, qui sert, en même temps, d'accusatif; on pourrait identifier le vieux haut-allemand *mannan* avec ce dernier mot, en sorte que le *n* final appartiendrait au thème. Quoi qu'il en soit, je ne voudrais pas dire, avec Grimm, que les accusatifs en *n* des noms propres et des termes qui signifient « dieu », « maître » et « père » appartiennent à la déclinaison des adjectifs, car primitivement les substantifs germaniques avaient une nasale à l'accusatif masculin et féminin (les thèmes en *a* également au neutre), absolument comme les pronoms et les adjectifs; il n'est donc pas étonnant que les noms propres et certains mots privilégiés aient conservé l'ancienne forme héréditaire.

Il est encore à remarquer qu'en zend les thèmes en *ya* et en *va* contractent ces syllabes en *i* et en *û* devant le *m* de l'accusatif (§ 42). Le gothique fait à peu près de même pour les thèmes substantifs en *ja*, *va*: des thèmes *harja* « armée », *hairdja* « berger », *thiva* « valet », il forme les accusatifs *hari*, *hairdi*, *thiu* (§ 135, remarque 2); au contraire, quand la désinence casuelle *na* est conservée, l'*a* final du thème subsiste; exemples: *midja-na* « medium » (adjectif), *qviva-na* « vivum », de même qu'en sanscrit *mâdya-m*, *ǵiva-m*.

§ 150. Accusatif des thèmes terminés par une consonne.

Les thèmes terminés par une consonne placent, en sanscrit, en zend et en latin, devant le signe casuel *m*, une voyelle de liaison, à savoir *a* en sanscrit, *ĕ* en zend et en latin; exemples: *brâtar-a-m*, zend *brâtar-ĕ-m*, latin *fratr-e-m*. Le grec a laissé tomber, après l'*α*, qui a été ajouté comme voyelle de liaison, le vrai caractère de l'accusatif; comparez, par exemple, φέροντ-α au sanscrit *bárant-a-m*, au zend *barant-ĕ-m*, au latin *ferent-e-m*.

§ 151. Accusatif des thèmes monosyllabiques en sanscrit. — De la désinence latine *em*.

Les mots monosyllabiques en *î*, *û* et *âu* prennent, en sanscrit, *am* au lieu de *m* pour désinence de l'accusatif, comme les thèmes terminés par une consonne; de cette façon ils deviennent polysyllabiques. Ainsi *bî* « peur » et *nâu* « vaisseau » ne font pas *bî-m*, *nâu-m*, comme on pourrait s'y attendre d'après le grec ναῦ-ν, mais *biy-am*, *nâv-am*. Un fait analogue a lieu pour les thèmes grecs en ευ, qui, au lieu de ευ-ν, font ε-α, venant de εϜ-α; exemple : βασιλέ(Ϝ)-α au lieu de βασιλευ-ν.

Mais il ne faudrait pas, comme on l'a fait, regarder en latin *em* comme la vraie et unique terminaison primitive de l'accusatif, et voir dans *lupu-m*, *hora-m*, *fructu-m*, *die-m*, une contraction pour *lupo-em*, *hora-em*, *fructu-em*, *die-em*. La nasale suffisait pour marquer l'accusatif, et on la faisait précéder d'une voyelle par nécessité seulement; c'est ce qui ressort de l'histoire de toute la famille indo-européenne, et ce qui pourrait se démontrer même sans le secours du sanscrit et du zend, à l'aide du grec, du lithuanien, du borussien et du gothique. Le *em* de la 3ᵉ déclinaison latine a une double origine : ou bien l'*e* appartient au thème et tient, comme cela arrive très-souvent, la place d'un *i*; alors la syllabe *e-m*, par exemple dans *igne-m* (sanscrit *agni-m*), correspond à *i-m* en sanscrit, *î-m* en zend, ι-ν en grec, *i-n* en borussien (*asti-n* « rem »), *i-ṅ* en lithuanien, *i-na* (dans *ina* « lui ») en gothique. Ce n'est que par exception que certains mots conservent l'*i* du thème[1]; exemples : *siti-m*, *tussi-m*, *Tiberi-m*, *Albi-m*, *Hispali-m*. Au contraire, l'*e* qui est à l'accusatif des thèmes ter-

[1] Parmi les mots qui sont vraiment d'origine latine, il n'y a que des féminins qui conservent l'*i*; on a vu plus haut (§§ 119, 131) que le féminin affectionne l'*i*.

minés par une consonne correspond à l'*a* sanscrit; exemple : *pedem* = sanscrit *pád-am*, grec πόδ-α(ν). De même, pour les formes uniques en leur genre : *gru-em, su-em* (de *grû, sû*), qui concordent parfaitement avec les accusatifs sanscrits comme *bʰúv-am* (par euphonie pour *bʰû-am*), de *bʰû*, nominatif *bʰû-s* « terra ». Le rapport est le même entre le génitif *gru-is, su-is*, et les génitifs sanscrits comme *bʰuv-ás*. C'est évidemment parce que les thèmes *grû, sû* sont monosyllabiques, qu'ils ne suivent pas la 4ᵉ déclinaison [1]; c'est pour la même raison qu'en sanscrit *bʰû, bʰî*, ne se déclinent pas comme *vadʰû́, nadî́*.

§ 152. Accusatif neutre en sanscrit, en grec et en latin. — Nominatif semblable à l'accusatif.

Les thèmes neutres en *a*, en sanscrit et en zend, et leurs congénères en grec, en latin et en borussien, prennent, comme le masculin et le féminin, une nasale pour signe de l'accusatif; cette terminaison, qui paraît avoir quelque chose de moins personnel, de moins vivant que le *s* du nominatif, convenait bien pour le neutre, qui ne s'est pas contenté de l'adopter pour l'accusatif, mais qui l'a introduite en outre dans son nominatif; exemple : sanscrit *śáyana-m*, zend *śayanĕ-m* « couche »; de même, en latin et en grec, *donu-m*, δῶρο-ν, en borussien *kawyda-n* « quoi ? », *billito-n* « dictum »[2].

Les thèmes substantifs et adjectifs neutres non terminés par *a* en sanscrit et en zend, ainsi que leurs congénères dans les autres langues, sauf quelques exceptions en latin, que nous verrons plus loin, restent sans signe casuel au nominatif et à l'accusatif, et présentent à ces deux cas le thème nu. Un *i* final se

---

[1] Comparez le grec σῦ-ς, ὗ-ς, le vieux haut-allemand *sú* « porc, truie », le sanscrit *sú*, qui, à la fin des composés, signifie « celle qui enfante ». L'accusatif *su-em* répond à सुवम् *súv-am*, le génitif *su-is* à *suv-ás*.

[2] Voyez mon mémoire Sur la langue des Borussiens, p. 25.

change, en latin, en *e*; nous avons, par exemple, *mare* au lieu de *mari*, qui répond au sanscrit *vấri* « eau ». Le grec conserve l'*i*, ainsi que le sanscrit, le zend et le borussien; exemple : ἴδρι-ς, ἴδρι; de même, en sanscrit, *śúći-s*, *śúći* « pur »; en borussien *arwi-s*, *arwi* « vrai ». Voici des exemples de thèmes neutres en *u* qui, en même temps, tiennent lieu de nominatif et d'accusatif : en sanscrit *mấdu* « miel, vin », *áśru* « larme », *svấdu* « doux »; en zend, *vôhu* « richesse » (sanscrit *vásu*); en grec, μέθυ, δάκρυ, ἡδύ; en latin, *pecû, genû*; en gothique, *faihu* « fortune » (primitivement « bétail »), *hardu* « dur »; en lithuanien, *saldù* « doux »; en borussien, *pecku* « bétail ». C'est à tort que l'*u* est long en latin; ce sont probablement les cas obliques, où l'*u* est long à cause de la suppression des flexions casuelles, qui ont amené, par imitation, l'allongement de l'*u* final du nominatif-accusatif-vocatif. La règle qui veut qu'un *u* final soit toujours long en latin trouve généralement son explication dans les faits : ainsi, à l'ablatif, l'*u* qui, primitivement, était bref, a été allongé à cause de la suppression du *d*, qui était le signe casuel; c'est la même raison qui fait que l'*ŏ* de la 2ᵉ déclinaison devient long à l'ablatif. Au reste, le datif pluriel *ŭ-bus* montre encore clairement que l'*u* de la 4ᵉ déclinaison était primitivement bref.

On a déjà montré (§ 128) que le *s* des mots grecs comme γένος, μένος, εὐγενές, appartient au thème; il en est de même pour le *s* des neutres comme *genus, corpus, gravius*. Ce *s* est la forme plus ancienne de *r*, que nous trouvons aux cas obliques comme *gener-is, corpor-is, graviôr-is* (§ 127).

Je regarde également comme appartenant au thème le *s* des mots comme τετυφός, τέρας. Ce *s* tient, selon moi, la place d'un ancien τ; en effet, ou bien le grec rejette un τ final (μέλι, πρᾶγμα), ou bien il le change en *s*; exemple : πρός, venant de προτί, sanscrit *práti*[1].

[1] La même opinion est exprimée par Hartung dans son estimable ouvrage Sur les

C'est par une sorte d'aberration de la langue qu'en latin la plupart des thèmes adjectifs terminés par une consonne conservent au neutre le *s* du masculin et du féminin, comme s'il appartenait au thème; exemples : *capac-s*, *felic-s*, *soler(t)-s*, *aman(t)-s*. En général, le sentiment du genre est fort émoussé en latin pour les thèmes terminés par une consonne; nous voyons, en effet, que dans ces thèmes le féminin ne se distingue pas du masculin, contrairement au principe suivi par le sanscrit, le zend, le grec et le gothique.

§ 153. Nominatif-accusatif des thèmes neutres, en gothique et en lithuanien.

Le signe casuel *m* manque aux substantifs gothiques, aussi bien au neutre qu'au masculin; les thèmes neutres en *a* sont

cas, p. 152 et suiv. Nous ne pouvons toutefois approuver l'auteur, quand il explique également le ρ du mot ἧπαρ comme venant d'un τ. La forme sanscrite est यकृत् *yákṛt* (venant de *yákart*) «foie» (également du neutre); le latin a conservé le son guttural dans *jecur*, et le grec a changé le *k* en *π*, comme dans beaucoup d'autres mots. *Jecur* et ἧπαρ doivent tous les deux leur *r* à la forme primitive; quant au τ de ἧπατ-ος (pour ἧπαρτ-ος), nous le retrouvons aussi dans *yákṛt*, génitif *yákṛt-as*, pour *yákart-as*. — Il y a en sanscrit une forme secondaire, *yákan*, qui a donné une deuxième série de cas faibles, tels que le génitif *yákn-as* à côté de *yákṛt-as*. — On peut rapprocher de *yákṛt* le mot *śakṛt* «fumier», génitif *śakṛt-as* ou *śakn-as*, dont la racine paraît avoir été *śak*, venant de *kak* (comparez le latin *caco*, le grec κακκάω, le lithuanien *šiku̇*, l'irlandais *cac*, *cacach*, *cachaim*, *seachraith*). — De ce que nous venons de dire pour ἧπαρ, il ne s'ensuit pas que tous les mots analogues, comme φρέαρ, φρέατ-ος, εἶδαρ, εἶδατ-ος (voyez Kuhn, Journal, II, p. 143) aient eu dans le principe un ρ et un τ à la fin du thème. Il est possible que φρέαρ soit pour φρέας, qui lui-même viendrait de φρέατ, comme κέρας de κέρατ (§ 22). Pour πεῖραρ nous trouvons, en effet, une forme πεῖρας (ainsi que πέρας). Dans certains cas, c'est le σ qui a pu être la forme la plus ancienne, de sorte que les formes αρ, ατ-ος seraient originairement identiques avec ος, ε(σ)-ος, et en sanscrit *as*, *as-as* (§ 128). Ainsi δέαρ, δέατος viendrait de δέας, δέασος, qui a formé aussi δέος, δέους (δέε(σ)-ος). — Il ne faut pas confondre avec ces mots le féminin δάμαρ, δάμαρτος, qui est unique en son genre, et qui appartient évidemment à un thème δάμαρτ; à l'égard de la suppression du τ final, comparez le latin *cor* dont le thème est *cord* = sanscrit *hṛd*, venant de *hard*.

donc dénués de flexion au nominatif et à l'accusatif, absolument comme les thèmes terminés par *i*, par *u* ou une consonne dans les langues congénères. On a, par exemple, le gothique *daur(a)* « porte » en regard du sanscrit *dvâra-m* (même sens). Il n'y a pas en gothique de thèmes neutres en *i*, excepté le thème numéral *thri* (§ 310) et le thème pronominal *i* (§ 362). Mais les substantifs en *ja* prennent l'apparence de thèmes en *i*, par la suppression de l'*a* au nominatif et à l'accusatif singuliers (comparez § 135); exemple : *reikja* « empire » (sanscrit *râǵya*, également du neutre), nominatif et accusatif *reiki* (en sanscrit *râǵya-m*). L'absence de thèmes neutres en *i* dans les langues germaniques n'a rien qui doive nous étonner; en sanscrit, en zend et en grec, les thèmes neutres terminés par cette voyelle sont également assez rares.

En lithuanien, le neutre a tout à fait disparu pour les substantifs; il n'a laissé de trace que parmi les pronoms et parmi les adjectifs, quand ces derniers se rapportent à des pronoms. Les thèmes adjectifs en *u* sont alors dépourvus, en lithuanien comme dans les langues congénères, de signe casuel au nominatif-accusatif singulier : ainsi *darkù* « laid » est le nominatif-accusatif neutre de l'adjectif, qui fait au nominatif masculin *darkù-s*, à l'accusatif masculin *dárku-n*. Mais il en est de même en lithuanien pour les thèmes adjectifs en *a*, de sorte que nous avons, par exemple, *géra* « bonum » comme nominatif-accusatif de l'adjectif, qui fait au nominatif masculin *géra-s* et à l'accusatif masculin *géra-n*.

§ 154. Les thèmes neutres en *i* et en *u* avaient-ils primitivement un *m* au nominatif et à l'accusatif ?

On peut se demander si le *m* qui sert de signe au nominatif et à l'accusatif neutres[1] était borné dans le principe aux thèmes

---

[1] En sanscrit et en zend, le *m* est exclu du vocatif.

en *a*, ou s'il ne s'ajoutait pas aussi aux thèmes en *i* et en *u*, de sorte qu'on aurait eu primitivement, au lieu de *vấri*, une forme *vấri-m*, au lieu de *mấdu*, une forme *mấdu-m*. Je suis loin de croire que des formes pareilles n'aient pu exister dans le principe : car pourquoi les thèmes en *a* auraient-ils seuls eu le privilége de distinguer le nominatif et l'accusatif neutres par un signe marquant la relation ou la personnalité? Je suppose que les thèmes en *a* ont plus fidèlement maintenu leur terminaison que les autres, parce que, étant de beaucoup les plus nombreux, ils devaient plus aisément résister à l'action du temps; c'est pour une cause analogue que le verbe substantif a conservé des formes plus archaïques que les autres verbes, et que, par exemple, dans les langues germaniques il est le seul verbe qui ait retenu la nasale à la 1re personne : *bi-n*, vieux haut-allemand *bi-m*, sanscrit *bấvấ-mi*. Nous avons encore en sanscrit un exemple unique de *m* ajouté comme signe du nominatif à un thème en *i* : c'est la déclinaison pronominale, toujours plus archaïque que celle des noms, qui nous fournit cet exemple. Nous voulons parler de la forme interrogative *ki-m* «quoi?» du thème *ki*. Le même thème a, sans doute, produit aussi en sanscrit un neutre *ki-t*, qui s'est conservé dans le latin *qui-d*, et que je reconnais aussi dans l'enclitique sanscrite *ćit*, forme amollie pour *ki-t*. La déclinaison pronominale n'a pas d'autre thème neutre en *i* ou en *u*, car *amú* «ille» substitue *adấs* «illud» et *i* «hic» se combine avec *dam* (*idấm* «hoc»). Elle ne fournit pas non plus d'éclaircissement sur le nominatif et l'accusatif neutres des thèmes finissant par une consonne, tous les thèmes pronominaux étant terminés par une voyelle (ordinairement par *a*).

§ 155. Le signe du neutre dans la déclinaison pronominale.

Les thèmes pronominaux en *a* prennent en sanscrit *t*, en zend *d* comme flexion du nominatif et de l'accusatif neutres. Le gothique, de même qu'à l'accusatif masculin il prend *na* au lieu de *m* ou *n*, prend au neutre *ta* au lieu de *t*; il transporte cette particularité de la déclinaison pronominale, ainsi que plusieurs autres, dans la déclinaison des thèmes adjectifs en *a*, et les autres dialectes germaniques font sur ce point comme le gothique. Nous avons, par exemple, le neutre gothique *blinda-ta* « cæcum », *midja-ta* « medium »[1]. Le haut-allemand a dans sa période ancienne *z* au lieu du *t* gothique (§ 87), dans sa période moderne *s*. Le thème pronominal *i* (plus tard *e*) suit en germanique, comme en latin, l'analogie des anciens pronoms en *a*[2]. Le grec a sacrifié toutes les dentales finales (§ 86, 2); la différence entre la déclinaison pronominale et la déclinaison ordinaire des thèmes en *o* consiste donc simplement ici dans l'absence de la flexion; mais c'est cette différence, ainsi que le témoignage des langues congénères, qui nous montre que, par exemple, τό a dû être primitivement τοτ ou τοδ, car s'il y avait eu τον, il serait resté invariable comme l'accusatif masculin. Peut-être avons-nous un reste d'une flexion neutre dans le premier τ de ὅττι, de sorte qu'il faudrait partager le mot ainsi : ὅτ-τι; le double τ serait alors parfaitement motivé. Il ne serait pas plus nécessaire de l'expliquer par des raisons métriques qu'il n'est besoin d'invoquer ces raisons pour le double σ de formes comme ὄρεσ-σι (§ 128)[3].

§ 156. Origine des désinences *t* et *m* du neutre.

L'origine du signe casuel *t* pour le neutre est, à ce que nous croyons, le thème pronominal त *ta* « il, celui-ci » (grec τo, gothique *tha*, etc.). Il y a, en effet, à l'égard du thème, la

---

[1] Sur la cause de ce fait, voyez § 287 et suiv.
[2] Le thème pronominal latin *i* affaiblit, au neutre, le *t* en *d*, comme à l'ablatif archaïque latin nous avons, par exemple, *gnaivo-d*, au lieu de *gnaivo-t*.
[3] Voyez Buttmann, Grammaire grecque développée, p. 85.

même opposition entre तत् *ta-t* « hoc » et les formes masculine et féminine स, सा, *sa*, *sâ* « hic, hæc », qu'entre le *t*, signe casuel du neutre, et le *s*, signe casuel du nominatif des noms masculins et féminins (§ 134). Je ne doute pas que le *m* de l'accusatif, que les neutres mettent aussi au nominatif, ne soit également d'origine pronominale. Il est remarquable que les thèmes pronominaux composés *i-má* « hic, hoc » et *a-mú* « ille, illud » (féminin *imấ*, *amú́*) ne s'emploient pas plus que *ta*, *tâ*, au nominatif masculin et féminin; au thème *amú*, le sanscrit substitue au nominatif masculin-féminin la forme *asâú*, où nous retrouvons un *s*. Il y a entre ce *s* et le *m* de *amú-m* « illum », *amú-sya* « illius » (et, en général, de tous les cas obliques), le même rapport que nous trouvons dans les désinences casuelles entre le *s* du nominatif masculin-féminin et le *m*, signe casuel de l'accusatif et du nominatif-accusatif neutre. En zend, nous avons la même opposition : si ⁌⁌⁌ *imaḍ* « hoc » est la forme du neutre, celle du masculin n'est pas *imô* « hic », mais ⁌⁌⁌ *aêm* (répondant à अयम् *ayám*, § 42) et ⁌⁌ *îm* (répondant à इयम् *iyám*) « hæc ». En grec, on peut rapprocher le thème pronominal μι, qui ne s'emploie qu'à l'accusatif, et qui, à l'égard de la voyelle, est dans le même rapport avec म *ma* (du thème composé इम *i-má*) que किम् *ki-m* « quoi ? » avec कस् *ka-s* « qui ? ». En gothique, la désinence neutre *ta* répond, suivant les lois de substitution (§ 86), au *d* latin (*id*, *istud*); or, ce *d* me paraît un affaiblissement d'un ancien *t*, comme, par exemple, le *b* de *ab* est sorti du *p* de अप *ápa*, ἀπό, et le *d* de l'ancien ablatif latin (§ 181) du *t* sanscrit.

§ 157. Le neutre pronominal *tai* en lithuanien. — Tableau comparatif de l'accusatif.

Au neutre sanscrit *ta-t*, zend *ta-ḍ*, gothique *tha-ta*, grec τό, correspond en lithuanien la forme *tai* « hoc ». Je crois reconnaître dans ce son *i* une ancienne dentale qui s'est fondue avec l'*a*, de la même façon qu'en ossète la voyelle *i* tient lieu d'un *t* ou d'un *s* (§ 87, 1). Il y a aussi en lithuanien des formes où l'*i* tient la place d'un ancien *s*; ainsi à la 2ᵉ personne du singulier de l'aoriste, *ai* répond au sanscrit *a-s*. Exemple : *sukai* « tu tournas », qui nous représente un aoriste sanscrit comme *ábudas* « tu connus ». Nous reviendrons plus tard sur ce point : rappelons seulement ici que dans une langue qui n'appartient pas à la famille indo-européenne, en tibétain, on écrit, par exemple, *las* et l'on prononce *lai*[1].

Le borussien a laissé disparaître complétement la dentale des neutres pronominaux; exemples : *sta* « hoc », *ka* « quid? »; ce dernier mot répond au védique कत् *kat*, au zend ⁕⁕⁕ *kad*.

Nous faisons suivre le tableau comparatif de l'accusatif. Les exemples cités sont les mêmes qu'au § 148.

	Sanscrit.	Zend.	Grec.	Latin.	Lithuanien.	Gothique.
masculin.	*áçva-m*	*açpĕ-m*	ἵππο-ν	*equu-m*	*pŏna-ṅ*	*vulf'*
masculin.	*ka-m*	*kĕ-m*	....	....	*ka-ṅ*	*hva-na*
neutre...	*dắna-m*	*dátĕ-m*	δῶρο-ν	*dŏnu-m*	*gẽra*	*daur'*
neutre...	*ta-t*	*ta-ḍ*	τό	*is-tu-d*	*ta-i*	*tha-ta*
féminin..	*áçvā-m*	*hiçva-ṅm*	χώρᾱ-ν	*equa-m*	*áśwa-ṅ*	*giba*
féminin..	*kā-m*	*ka-ṅm*	....	....	....	*hvô*[2]
masculin.	*páti-m*	*paiti-m*	πόσι-ν	*hoste-m*	*gentĭ-ṅ*	*gast'*
masculin.	....	....	....	*i-m*	....	*i-na*
féminin..	*prĭti-m*	*áfrĭti-m*	πόρτι-ν	*turri-m*	*áwi-ṅ*	*anst'*

---

[1] Bœhtlingk, Mémoire sur la grammaire russe, dans le Bulletin hist. philol. de l'Académie de Saint-Pétersbourg, t. VIII.

[2] On devrait avoir *hvó-na*, ou, avec abréviation du thème, *hva-na*, ce qui est la forme du masculin. Au sujet de la perte de la désinence casuelle, il faut remarquer qu'en général les féminins conservent moins bien les anciennes flexions (comparez § 136). Ainsi le sanscrit a déjà, au nominatif, *kā*, au lieu de *kā-s* (§ 137); le gothique, poussant plus loin cette suppression des désinences féminines, retranche la terminaison de l'accusatif.

INSTRUMENTAL SINGULIER. § 158.

	Sanscrit.	Zend.	Grec.	Latin.	Lithuanien.	Gothique.
neutre...	vắri	vairi	ἴδρι	mare	......	......
neutre...	......	......	......	i-d	......	i-ta
féminin..	bávantî-m	bavaintî-m	......	......	......	......
masculin.	sûnú-m	paśû-m	νέκυ-ν	pecu-m	sŭnu-ń	sunu
féminin..	hánu-m	tanû-m	γένυ-ν	socru-m	......	handu
neutre...	mádŭ	madŭ	μέθυ	pecŭ	platŭ	faihu
féminin..	vaďû-m	......	......	......	......	......
mas.-fém.	gâ-m[1]	ga-ṁm	βοῦ-ν	bov-em	......	......
féminin..	nắv-am	......	ναῦ-ν	......	......	......
féminin..	vắć-am	......	ὄπ-α	vôc-em	......	......
masculin.	bárant-am	barĕnt-ĕm	Φέροντ-α	ferent-em	......	fijand
masculin.	áśmân-am	aśman-ĕm	δαίμον-α	sermón-em	......	ahman
neutre...	nắma	nâma	τάλαν	nômen	......	namô
masculin.	brắtar-am	brâtar-ĕm	πατέρ-α	frâtr-em	......	brôthar
féminin..	duhitár-am	duġdar-ĕm	θυγατέρ-α	mâtr-em	......	dauhtar
masculin.	dắtâr-am	dâtâr-ĕm	δοτῆρ-α	datór-em	......	......
neutre...	váćas	vaćô[2]	ἔπος	genus	......	......

INSTRUMENTAL.

§ 158. L'instrumental en zend et en sanscrit.

L'instrumental est marqué en sanscrit par *â*; cette flexion est, comme je le crois, un allongement du thème pronominal *a*, et elle est identique avec la préposition *â* « vers, jusqu'à », sortie du même pronom. En zend, au lieu de *â* nous avons ordinairement un *ă* bref pour désinence de l'instrumental[3], même dans les mots dont le thème se termine par *a*, de sorte qu'il n'y a pas de différence entre l'instrumental et la forme fondamentale; exemples : ﷲﷲﷲ *śauśa* « avec volonté », ﷲﷲﷲ *aśauśa* « sans volonté », ﷲﷲﷲ *skyauina* « action », ﷲﷲ *ana*

---

[1] De *gâv-am*, voyez § 122.
[2] Avec *ća* : *vaćaśća*.
[3] Voyez § 118.

« par lui », 𐬞𐬀𐬌𐬙𐬌𐬠𐬆𐬭𐬆𐬙𐬀 *paiti-bĕrĕta* « allevato ». Ce n'est que dans les thèmes monosyllabiques en ◌ *a* qu'on trouve à l'instrumental un *â* long ; exemple : ◌◌ *q̂â* « proprio », venant du thème ◌◌ *qa* (sanscrit स *sva*, § 35). En sanscrit, quand le thème est terminé par une voyelle brève, on insère devant l'*â* de l'instrumental un *n* euphonique[1] ; si le thème est terminé par *a*, cette voyelle est changée à l'instrumental, comme à plusieurs autres cas, en ए *ê*, et l'*â* de la désinence casuelle est alors abrégé, probablement à cause de cette surcharge du radical ; exemples : *áśvê-n-a*, *agní-n-â*, *vấri-n-â* (§ 17[b]), *sûnú-n-â*, *mádu-n-â*, de *áśva*, *agní*, etc. Les Védas nous présentent encore des restes de formations sans le secours d'un *n* euphonique, comme, par exemple, *mahitvấ*, pour *mahitva-â*, de *mahitvá* « grandeur » ; *mahitvanấ*, de *mahitvaná* (même sens) ; *vṛsatvấ*, de *vṛsatvá* « pluie » ; *svápnay-â* (formé de *svapnê-â*, § 143, 2), de *svápna* « sommeil » ; *urú-y-â*, pour *urú-n-â*, de *urú* « grand », avec य *y* euphonique (§ 43) ; *prabâhav-â*, de *prabâhu*, venant de *bâhú* « bras », avec la préposition *pra* ; *mádv-â*, de *mádu* (neutre) « miel ». On trouve encore dans la langue ordinaire les analogues des formes comme *svápnayâ* : ainsi *máyâ* « par moi », *tváyâ* « par toi », des thèmes *ma* et *tva*, dont l'*a* se change dans ce cas, comme au locatif, en *ê*. *Páti* (masculin) « maître » et *sákhi* (masculin) « ami » sont encore deux exemples de mots de la langue ordinaire formant leur instrumental sans le secours de *n* : ils font *páty-â*, *sákhy-â*[2]. Les féminins ne prennent jamais le *n* euphonique ; mais *â* se change en *ê*, comme devant plusieurs autres désinences commençant par une voyelle, en d'autres termes, l'*â* s'abrége et se combine avec un *i* (§ 143, 2) ; exemple : *áśvay-â* (pour *áśvê + â*). Le zend suit à cet égard l'analogie du sanscrit.

[1] Cette règle ne s'applique qu'aux thèmes masculins et neutres.
[2] A la fin des composés *páti* suit à tous les cas la déclinaison régulière ; quelquefois même, il est régulier à l'état simple : ainsi, *páti-n-â* (*Nalas*, XVII, vers 41).

§ 159. De quelques formes d'instrumental en gothique.

Comme l'*â* sanscrit est représenté en gothique par *ê* aussi bien que par *ô* (§ 69, 2), les formes *thê*, *hvê*, du thème démonstratif *tha* et du thème interrogatif *hva*, correspondent parfaitement aux instrumentaux zends et védiques, tels que ~~~ *ĝâ*, du thème ~~~ *ĝa*, et त्वा *tvâ* «par toi». Il faut ajouter à ces formes gothiques, que Grimm avait déjà reconnues comme des instrumentaux, la forme *svê*, venant de *sva*, qui répond exactement au zend ~~~ *ĝâ*[1]. Le sens de *svê* est «comme» (ώς), et la forme *sô*, qui, en haut-allemand, est dérivée de *sva* ou *svê*, signifie à la fois «comme» et «ainsi». Or les relations casuelles exprimées par «comme» et «ainsi» sont de vrais instrumentaux[2]. La forme anglo-saxonne pour *svê* est *svâ*, et se rapproche encore plus du zend ~~~ *ĝâ*. Le gothique *sva* «ainsi» est simplement une forme abrégée de *svê*, puisque l'*a* est la brève de l'*ê* aussi bien que de l'*ô*; mais par cette abréviation *sva* est devenu identique avec la forme fondamentale, de la même façon que, par exemple, l'instrumental zend ~~~ *ana* ne peut pas être distingué de son thème (§ 158).

§ 160. L'instrumental en vieux haut-allemand.

Au gothique *thê* et *hvê* répondent, abstraction faite du thème, les formes du vieux haut-allemand *diu*, *hwiu*[3]. Il s'est conservé

---

[1] La forme zende et la forme germanique se correspondent même pour l'étymologie; voyez § 35. Les conjectures de Grimm sur les formes *sva* et *svê* (III, p. 43) me paraissent peu fondées; il est impossible d'expliquer ces mots sans le secours du sanscrit et du zend. Nous y reviendrons en parlant des pronoms.

[2] «Comment» équivaut à «par quel moyen», et «ainsi» signifie «par ce moyen». Au lieu de *sô* on trouve aussi *suo* = *svô*. La forme usitée en haut-allemand moderne est *so*.

[3] Peut-être faut-il prononcer *dju*, *hwju* (§ 86, 4). Le thème du premier répond au sanscrit त्य *tya* (§ 355), qui ferait à l'instrumental त्या *tyâ* d'après le principe védique et zend. Sur le thème de *hwiu* (*huiu*), voyez § 388.

aussi d'un thème démonstratif *hi* la forme d'instrumental *hiu*, dans le composé *hiutu*, pour *hiu-tagu*[1] « à ce jour, aujourd'hui », en haut-allemand moderne *heute*, quoique, d'après la signification, nous ayons plutôt ici un locatif. Le gothique emploie le datif, *himma-daga* (§ 396).

Cette désinence *u* s'est conservée aussi avec des thèmes substantifs et adjectifs masculins et neutres en *a* et en *i*; les exemples, il est vrai, sont peu nombreux; ordinairement les mots ainsi terminés sont précédés de la préposition *mit* « avec »; exemples: *mit eidu* « cum jurejurando », *mit wortu* « cum verbo », *mit cuatu* « cum bono », *mit kast-u* « cum hospite », des thèmes *eida, worta, cuata, kasti*. Il faut observer à ce propos que très-fréquemment en sanscrit l'instrumental, soit construit avec la préposition *sahá* « avec », soit, plus souvent, employé seul, sert à marquer le rapport d'association.

Il y a une différence entre les formes comme *kast-u* (pour *kasti-u* ou *kesti-u*[2]) et les formes comme *wortu*; c'est que, dans les premières, l'*u* appartient uniquement à la désinence, et représente l'*â* sanscrit de पत्या *páty-â* (venant de *páti-â*), et l'*a* zend de 𐬞𐬀𐬙𐬀𐬫𐬀 *patay-a*. On supprime en vieux haut-allemand l'*i* final du thème, de la même manière qu'on peut le supprimer au génitif pluriel, où nous trouvons à la fois *kesti-o*, *keste-o* et *kest-o*. La forme *hiu* (de *hiu-tu* « aujourd'hui ») est digne d'attention : c'est, je crois, le monosyllabisme du thème *hi* qui est cause, en partie, que la voyelle finale du thème s'est conservée devant la désinence de l'instrumental.

Au contraire, l'*u* des formes comme *eidu, wortu, swertu* (*mit swertu* « avec l'épée », du thème *swerta*) est, selon moi, produit par la fusion de l'*a* final du thème avec l'*a* de la désinence ca-

---

[1] Voyez Grimm, Grammaire allemande, I, p. 794.
[2] *Kasti* se change en *kesti*, en vertu de la loi phonique exposée au § 73.

suelle; c'est-à-dire que le ा *â* (venant de *a* + *â*) des formes védiques comme महित्वा *mahitvấ*, pour *mahitva-â*, s'est d'abord abrégé comme en zend et ensuite affaibli en *u*[1].

§ 161. L'instrumental en lithuanien.

Le lithuanien, à l'instrumental de ses thèmes masculins en *a*, s'accorde avec le vieux haut-allemand, en ce qu'il a également un *u* au lieu de l'*â* qu'aurait dû produire la réunion de l'*a* du thème et de l'*a* de la désinence; exemple : *dēwù*, qu'on peut comparer au védique *dēvấ*[2] et au zend ⁧داⲉⲱⲁ⁩ *daiva*. Les thèmes féminins en *a* (primitivement *ā*, § 118) ne font point de différence en lithuanien entre la voyelle du nominatif et celle de l'instrumental; mais on peut admettre que l'*a* du thème a absorbé celui de la désinence casuelle, et que, par exemple, *mergà* « servante » (nominatif) a fait d'abord à l'instrumental *merga-a*. On trouve aussi dans la langue védique des formes analogues pour les thèmes féminins en *â*; exemple : *dắrâ*, de *dắrâ-â*, au lieu de la forme ordinaire *dắray-â* (voyez Benfey, Glossaire du Sâma-Véda, s. v.). Dans toutes les autres classes de mots, le lithuanien a *mi* pour désinence de l'instrumental singulier[3];

---

[1] Contrairement à l'opinion de Grimm, je ne puis regarder l'*u* de l'instrumental comme long, même en faisant abstraction de son origine. Premièrement, dans Notker, les formes pronominales *diu*, etc. ne sont pas marquées de l'accent circonflexe (il n'y a pas dans cet écrivain d'autres exemples de l'instrumental); deuxièmement, nous voyons cet *u* se changer en *o*, comme d'autres *u* brefs (§ 77); exemples : *wio*, *wëo* (à côté de *wiu*), *wio-lih;* troisièmement, on ne peut rien conclure des formes gothiques *thê*, *hvê*, *svê*, parce que, selon toute vraisemblance, elles ont conservé la longue à cause de leur monosyllabisme (comparez § 137).

[2] Nous formons cet instrumental *dēvấ* à l'imitation de *mahitvấ*, etc. (§ 158). Sur l'accent lithuanien qui, dans un grand nombre de thèmes masculins en *a*, change de place, voyez Kurschat (Kuhn et Schleicher, Mémoires de philologie comparée, II, p. 47 et suiv.), et Schleicher, Grammaire lithuanienne, p. 176 et suiv.

[3] Les formes comme *akiẽ* (à côté de *aki-mi*) appartiennent à un thème qui s'est élargi en *ia* (par euphonie *ie*, voyez § 92[k]).

cette terminaison est évidemment en rapport avec la désinence *mis* (= sanscrit *bis*, zend *bis* ou *bîs*) du même cas au pluriel (§ 216). On peut comparer *awi-mi* « par le mouton », *sūnu-mi* « par le fils » avec les cas correspondants du pluriel *awi-mis*, *sūnu-mis*, et avec les formes correspondantes du sanscrit *âvi-bis* « par les moutons », *sûnú-bis* « par les fils ».

§ 162. De quelques formes particulières de l'instrumental en zend.

Nous revenons au zend, pour faire remarquer que la terminaison *a* de l'instrumental peut devenir ⲟ *ô* par l'influence euphonique d'un *v* qui précède, lequel lui-même est sorti d'un *u*[1]. C'est ainsi que nous avons plusieurs fois ⲃⲁⲥⲩⲟ *bâṣvô* avec la signification de l'instrumental[2]. (L'*a* est, au contraire, conservé dans ce même mot dans la forme *bâṣv-a* « brachio », avec la variante *bâṣava*[3].) Les thèmes féminins en *i* suppriment la désinence casuelle et présentent le thème nu, par exemple, ⲫⲣⲁⲥⲣⲩⲓⲧⲓ *fraśrûiti*, que Nériosengh traduit par l'instrumental स्वरेण *svâreṇa* « avec le son »[4]. Le dialecte védique permet des suppressions analogues à l'instrumental des thèmes féminins en *i*, mais la voyelle finale du thème est allongée par compensation ; exemples : *matî*, *dîtî*, *suṣṭutî*, de *mati*, etc. Un fait analogue a lieu dans le

---

[1] Comparez § 32.

[2] *Daśina bâṣvô* « avec le bras droit », *havôya bâṣvô* « avec le bras gauche » (*Vendidad*, chapitre 3).

[3] Ibidem, chapitre 18. Le deuxième *a* de *bâṣava* est une voyelle euphonique. C'est ainsi que nous trouvons un *a* inséré par euphonie entre deux consonnes dans l'instrumental ⲥⲁⲕⲁⲩⲁ *hakay-a*, pour le sanscrit *sákhy-â*, de *sákhi* « ami ». On trouve aussi un *a* euphonique dans le possessif *hava* « suus », forme employée fréquemment au lieu de *hva* (sanscrit *sva*) ; au lieu d'un *a* c'est un *ô* euphonique que nous avons dans *havôya* « gauche » (en sanscrit *savyá*), à cause du *v* qui précède. — A l'instrumental zend *bâṣv-a* répondent les instrumentaux védiques comme *paśv-â*, de *paśú* « bétail ».

[4] Burnouf, *Études sur la langue et sur les textes zends*, p. 220. La forme sanscrite correspondante est *praśruti* (de la racine *śru* « entendre »). Sur l'allongement de l'*u* dans *fraśrûiti*, voyez § 41.

sanscrit classique, au duel des thèmes masculins et féminins en *i* et en *u* (§ 210).

§ 163. Tableau comparatif de l'instrumental.

Voici le tableau comparatif de l'instrumental pour les thèmes cités au § 148 et pour quelques autres :

	Sanscrit.	Zend.	Lithuanien.	Vieux haut-allemand.
masculin . .	áśvê-n-a [1]	aspa	pōnù	eidu
neutre	mahitvā́	dâta	. . . .	wortu
féminin . . .	áśvay-â	hiçvay-a	. . . .	. . . .
féminin	d'ā́rā́ [2]	. . . .	áśwa	. . . .
masculin . . .	páty-â	patay-a	genti-mì	kast'-u
féminin	prī́ty-â	âfrîti [3]	awi-mì	. . . .
féminin	bávanty-â	bavainty-a	. . . .	. . . .
masculin . . .	sûnú-n-â	paśv-a	sūnu-mì	. . . .
féminin	hánv-â	tanv-a	. . . .	. . . .
féminin	vadv-ā́	. . . .	. . . .	. . . .
masc.-fém. .	gáv-â	gav-a	. . . .	. . . .
féminin	nâv-ā́	. . . .	. . . .	. . . .
féminin	vâć-ā́	vâć-a	. . . .	. . . .
masculin . . .	bárat-â	barĕnt-a	. . . .	. . . .
masculin . . .	áśman-â	aśman-a	. . . .	. . . .
neutre	nā́mn-â	nâman-a	. . . .	. . . .
masculin . .	brā́tr-ā́	brâtr-a	. . . .	. . . .
féminin	duhitr-ā́	dugdĕr-a	. . . .	. . . .
masculin . .	dâtr-ā́	dâtr-a	. . . .	. . . .
neutre	váćas-â	vaćaṅh-a	. . . .	. . . .

[1] Je ne connais point, dans le dialecte védique, de thème masculin en *a* ayant à l'instrumental *â*, au lieu de *ê-n-a*, à moins qu'on ne veuille compter parmi les thèmes masculins *tvâ* «par toi», dont le nominatif pluriel *yuśmê* (védique) et l'accusatif *yuśmân* appartiennent au masculin par la forme. Je regarde comme d'anciens instrumentaux neutres les mots suivants que le sanscrit classique considère comme des adverbes : *dakśinấ* «au sud» (proprement «à droite»), *uttarấ* «au nord», ainsi que le védique *savyấ* «à gauche». Comparez à ces mots les instrumentaux d'adjectifs en vieux haut-allemand, comme *cuatu* (*mit cuatu* «cum bono»).

[2] Voyez § 161.

[3] Comparez le védique *matî́*.

DATIF.

§ 164. Le datif en sanscrit et en zend.

La marque du datif en sanscrit et en zend est *ê* (pour les féminins *ê* ou *âi*). Cette désinence doit probablement son origine au pronom démonstratif *ê*, qui fait au nominatif *ayám* (de *ê + am*) «celui-ci»; mais ce pronom *ê* ne paraît être lui-même que le thème *a* élargi, comme le prouvent la plupart des cas de ce pronom (*a-smâi, a-smât, a-smín*, etc.). On doit remarquer à ce sujet que, dans la déclinaison sanscrite ordinaire, les thèmes en *a* changent de même à beaucoup de cas cette voyelle en *ê*, c'est-à-dire qu'ils l'élargissent en y mêlant un *i*.

Parmi les thèmes féminins, il y en a qui font toujours leur datif en *âi*, au lieu de *ê* : ce sont les thèmes simples[1] en आ *â* (par exemple, *bâ* «éclat», *sutá* «fille»), et les thèmes polysyllabiques en ई *î* et en ऊ *û*. Au contraire, le datif est tantôt *ê*, tantôt *âi* pour les thèmes monosyllabiques en *î* et en *û*[2], et pour les thèmes féminins en *i* et en *u*, qui sont tous polysyllabiques. Un *â* final devant la terminaison *âi* s'élargit en *ây*; exemple : *ásvây-âi*, de *ásvâ*. Les thèmes en *i* et en *u* reçoivent toujours au masculin, mais au féminin seulement devant *ê* et non devant la désinence plus pleine et plus pesante *âi*, la gradation du gouna; les thèmes neutres terminés par une voyelle insèrent un *n* euphonique (qui devient *ṇ* dans les cas indiqués au § 17[b]); exemples : *agnáy-ê, sûnáv-ê*, de *agní* (masculin) «feu», *sûnú*

---

[1] L'auteur dit, *les thèmes simples*, parce qu'il faut excepter certains thèmes comme *dmá*, qui, à la fin d'un composé, font leur datif masculin et féminin en *ê*; exemple : *śańka-dmá* «qui souffle dans une conque», datif masculin-féminin *śańka-dmé*. (Voyez l'Abrégé de la Grammaire sanscrite, § 156.) — Tr.

[2] Excepté les racines nues placées à la fin des composés avec le sens de participes présents, lesquelles prennent toujours *ê*.

(masculin) « fils »; *prîtay-ê* ou *prîty-âi*, *dênáv-ê* ou *dênv-âi*, de *prîti* (féminin) « joie », *dênú* (féminin) « vache laitière »; *vári-ŋ-ê*, *mádu-n-ê*, de *vári* (neutre) « eau », *mádu* (neutre) « miel, vin ».

En zend, les thèmes féminins en *â* et en *î* ont, comme en sanscrit, *âi* pour désinence; mais on abrége souvent la voyelle de l'avant-dernière syllabe, si le thème est polysyllabique : ainsi l'on ne dit pas *hiẓvây-âi*, mais ࢙࢙࢙࢙࢙ *hiẓvay-âi* (sanscrit *ǵih-váy-âi*), au datif du thème *hiẓvá* « langue ». Les thèmes en *i*, joints à la particule ࢙࢙ *ća*, ont conservé le plus fidèlement la forme sanscrite; ils font ࢙࢙࢙࢙ *ay-ai-ća* (§ 33); exemple : ࢙࢙࢙࢙࢙࢙࢙ *karstayaića* « et pour la culture », de *karsti* (féminin). En l'absence de *ća* on ne trouve guère que la forme ࢙࢙ *ëê* (§ 31); exemple : ࢙࢙࢙࢙࢙ *ġarëtëê* « pour le manger », de ࢙࢙࢙࢙࢙ *ġarëti* (féminin) « le manger ». Les thèmes en ࢙ *u* peuvent prendre le gouna, comme, par exemple, ࢙࢙࢙࢙࢙ *vaṅhav-ê*, de ࢙࢙࢙࢙ *vaṅhu* « pur », ou bien ils forment le datif sans gouna, comme ࢙࢙࢙࢙࢙ *ratw-ê*, de ࢙࢙࢙ *ratu* « grand, maître ». La forme sans gouna est la plus fréquemment employée. On trouve aussi un ࢙ *y* euphonique inséré entre le thème et la désinence (§ 43); exemple : ࢙࢙࢙࢙࢙ *tanu-y-ê*, de *tanu* (féminin) « corps ».

§ 165. Datif des thèmes en *a*, en sanscrit et en zend.

Les thèmes sanscrits en *a* font suivre la désinence casuelle *ê* (= *a+i*) d'un autre *a*, ce qui donne *aya*, et, avec l'*a* du thème, *âya*; exemple : *áśvâya* « equo ». Le zend ࢙࢙࢙࢙࢙ *aśpâi* peut être regardé comme appartenant à cette forme, avec suppression de l'*a* final, ce qui a ramené la semi-voyelle *y* à son état premier de voyelle. Mais je préfère admettre que le zend n'a jamais ajouté un *a* à l'*ê* du datif, et que le fait en question n'a eu lieu pour le sanscrit qu'après la séparation des deux idiomes. En effet, *a+ê* donne régulièrement la diphthongue *âi* que nous avons en zend. Nous avons d'ailleurs un exemple de formation analogue en sanscrit : le pronom annexe *sma*, qui se combine avec les pronoms de la 3ᵉ personne, fait au datif *smâi* (*sma-ê*) : ainsi *kásmâi* « à qui ? » correspond au zend ‏‏ *kahmâi*.

§ 166. Le pronom annexe *sma*. — Sa présence en gothique[1].

Le pronom annexe *sma*, dont il vient d'être question, qui s'introduit entre le thème et la désinence au singulier des pronoms de la 3ᵉ personne et au pluriel des pronoms de la 1ʳᵉ et de la 2ᵉ, fait paraître, si l'on n'a soin de le séparer, la déclinaison pronominale plus irrégulière qu'elle ne l'est en effet. Comme cette particule se retrouve dans les langues européennes, où plus d'une énigme de la déclinaison s'explique par sa présence, nous profitons de la première occasion où nous la rencontrons pour la poursuivre autant que possible à travers ses diverses transformations.

En zend, *sma* s'est changé régulièrement en *hma* (§ 53); il en a été de même en prâcrit et en pâli, où, au pluriel des deux premières personnes le *s* de *sma* est devenu ह *h* (§ 23), et où, de plus, la syllabe *hma* s'est changée en *mha* par la métathèse des deux consonnes : exemples : अम्हे *amhê* « nous » (ἄμμες), pâli अम्हाकम् *amhâkam*, zend ‏‏ *ahmâkĕm* « ἡμῶν ». La forme prâcrite et pâlie *mha* nous achemine vers le gothique *nsa*, dans *u-nsa-ra* « ἡμῶν », *u-nsi-s*[2] « nobis, nos ». Le gothique l'emporte en fidélité sur le pâli et le prâcrit, en ce qu'il a conservé la sifflante; mais il a changé *m* en *n* pour l'unir plus facilement à *s*. Nous ne pouvons donc plus, comme nous l'avons admis autre-

---

[1] Ce paragraphe et les suivants (166-175) forment une parenthèse qui n'appartient pas directement à l'étude du datif. Mais comme le pronom annexe *sma*, qui joue un rôle essentiel dans la déclinaison pronominale, s'est introduit aussi dans la déclinaison des noms et des adjectifs (§§ 173, 280), l'auteur n'a pas voulu attendre qu'il fût arrivé aux pronoms, pour nous donner ses observations les plus importantes sur ce sujet. — Tr.

[2] Avec changement de l'*a* en *i*, d'après le § 67.

fois avec Grimm[1], regarder *ns* de *uns* «nos» comme la désinence ordinaire de l'accusatif, telle que nous la trouvons, par exemple, dans *vulfa-ns, gasti-ns, sunu-ns*, ni supposer que de là cette terminaison, devenue en quelque sorte la propriété du thème, serait entrée dans quelques autres cas et se serait combinée avec de nouvelles désinences casuelles. Une autre objection contre cette explication peut être tirée du pronom de la 2ᵉ personne, qui fait *izvis* (*i-ṣvi-s*) à l'accusatif : or, les pronoms des deux premières personnes ont la même déclinaison. *Uns* «nobis, nos» est donc pour *unsi-s* (venant de *unsa-s*), et ce dernier mot a *s* pour suffixe casuel et le composé *u-nsa* (affaibli en *u-nsi*) pour thème[2].

§ 167. Formes diverses du pronom annexe *sma* en gothique. — *Nsa* et *ṣva*.

De même qu'en zend le possessif sanscrit स्व *sva* change d'aspect suivant la place qu'il occupe[3], de même je crois pouvoir démontrer la présence en gothique du pronom annexe स्म *sma* sous six formes différentes, à savoir : *nsa, ṣva, nka, nqva, mma* et *s*. Il vient d'être question de la première; la seconde, c'est-à-dire *ṣva*, et par affaiblissement *ṣvi*, se trouve dans le pro-

---

[1] Grammaire allemande, I, p. 813. «*Unsara* paraît dérivé de l'accusatif *uns*; de même le datif *unsis*, qui, ainsi que *izvis*, a les mêmes lettres finales que le datif singulier.»

[2] Nous regardions autrefois l'*u* de *unsa-ra* «nostri», comme la vocalisation du *v* de *veis* «nous»; c'est une opinion qu'il faut abandonner, quoique l'*i* de *iṣvara* «vestri», soit, en effet, le *j* de *jus* «vous». En sanscrit, la syllabe यु *yu* (nominatif *yûyám* «vous», § 43) appartient à tous les cas obliques, tandis qu'à la 1ʳᵉ personne le व् *v* de वयम् *vayám* «nous» est borné au nominatif : les cas obliques unissent le pronom annexe *sma* à un thème अ *a*. C'est cet *a* qui est devenu *u* en gothique par l'influence de la liquide qui suit; de là *unsa-ra*, pour *ansa-ra* (§ 66).

[3] Voyez Annales de critique scientifique, mars 1831, p. 376 et suiv. [Ce pronom devient, par exemple, *ḋa*, au commencement des composés, mais il fait *hva* ou *hava* quand il est employé seul. — Tr.]

nom de la 2ᵉ personne à la même place où celui de la 1ʳᵉ a *nsa* (*nsi*). Aussi, à la différence de ce qui se passe en sanscrit (y compris le pâli et le prâcrit), en zend, en grec et en lithuanien, où les deux pronoms ont au pluriel une déclinaison parfaitement parallèle, le pronom annexe se trouvant renfermé sous sa forme primitive ou sous une forme modifiée de même façon, dans le pronom de la 1ʳᵉ et dans celui de la 2ᵉ personne, au contraire, en gothique, il y a eu scission, causée par la double forme qu'a adoptée la syllabe *sma*, à savoir *nsa* pour la 1ʳᵉ et *ṣva* pour la 2ᵉ personne. Cette dernière forme *ṣva* s'explique par l'amollissement de *s* en *ṣ* (§ 86, 5) et par le changement, qui n'a rien d'insolite, de *m* en *v*[1].

§ 168. Le pronom annexe *sma* dans les autres langues germaniques.

Dans les dialectes germaniques plus modernes que le gothique, la particule *sma*, enclavée dans le pronom de la 2ᵉ personne, est devenue encore plus méconnaissable par la suppression de la sifflante. Le vieux haut-allemand *i-wa-r* est au gothique *i-ṣva-ra* à peu près ce que le génitif homérique τοῖο est au sanscrit *tásya*. Si, sans tenir compte du gothique, on comparait le vieux haut-allemand *i-wa-r*, *i-u*, *i-wi-h* avec le sanscrit *yu-ṣmā́-kam*, *yu-ṣmā́-byam*, *yu-ṣmā́-n*, et avec le lithuanien *jū́-su*, *jū́-mus*, *jū́-s*, on ne douterait pas un instant que le *w* ou l'*u* n'appartînt au thème, et l'on partagerait à tort ces mots de cette façon : *iw-ar*, *iw-ih*, *iu*. Aussi ai-je été d'abord de cet avis : c'est une nouvelle étude de la question, ainsi que la comparaison du zend, du prâcrit et du pâli, qui me permettent aujourd'hui d'affirmer que la particule *ṣva* subsiste en haut-allemand et s'est maintenue en partie jusque dans l'allemand moderne (*e-ue-r*, de *i-ṣva-ra*). Au contraire, l'*u* du thème *ju* (यु *yu*) s'est déjà effacé

---

[1] Voyez § 20 (à la fin) et Système comparatif d'accentuation, remarque 24.

en gothique et dans la plus ancienne forme du haut-allemand, aux cas obliques du pluriel et du duel [1]; le gothique *i-sva-ra*, vieux haut-allemand *i-wa-r*, etc. est pour *ju-sva-ra, ju-wa-r*. Le vieux saxon et l'anglo-saxon ont, du reste, mieux conservé le thème que le gothique, et gardent à tous les cas obliques l'*u*, devenu *o* en anglo-saxon; exemples : *iu-we-r, ëo-ve-r* « vestri », etc. Si, parmi les formes dont il vient d'être question, on ne prenait que les deux extrêmes, à savoir le sanscrit *yuṣmākam* et l'allemand moderne *euer*, on aurait l'air de soutenir un paradoxe, en affirmant leur parenté, surtout si l'on ajoutait que l'*u* de *euer* n'a rien de commun avec l'*u* de *yu* dans *yuṣmākam*, mais qu'il provient de la lettre *m* dans la syllabe *sma*.

§ 169. Autres formes du pronom annexe *sma* en gothique. — *Nka, nqva.*

La différence que le gothique fait entre le duel et le pluriel, aux cas obliques des deux premières personnes, n'a rien de primitif. En effet, le duel et le pluriel ne se distinguent dans le principe que par les désinences; or, elles sont les mêmes, en gothique, pour les pronoms dont il est question. La différence qui existe entre les deux nombres a l'air de résider dans le thème : on a *unka-ra* « νῶϊν », mais *unsa-ra* « ἡμῶν »; *inqva-ra* « σφῶϊν », mais *iṣva-ra* « ὑμῶν ». Mais une analyse plus exacte et la comparaison des autres langues indo-européennes démontrent que le thème ne change pas et que les différences proviennent de ce que le pronom annexe *sma* affecte deux formes, dont le duel a adopté l'une et le pluriel l'autre [2].

---

[1] Il n'en est que plus remarquable de retrouver cet *u* dans le frison du Nord (voyez Grimm, Grammaire, I, 814), par exemple, dans *ju-nke-r, ju-nk*, formes qui, sous le rapport de la conservation du thème, sont plus archaïques que le gothique *i-nqva-ra, i-nqvi-s*.

[2] On peut remarquer une certaine analogie, d'ailleurs fortuite, entre les formes

Le pronom de la 2ᵉ personne a en gothique *qv* (= *kv*) au lieu de *k*, pendant que les autres dialectes ont la même lettre dans les deux personnes : vieux haut-allemand *u-ncha-r*, *i-ncha-r*; vieux saxon *u-nke-r*, *i-nke-r*; anglo-saxon *u-nce-r*, *i-nce-r*. Entre le duel et le pluriel des deux premières personnes il n'y a donc pas de différence organique et primitive, mais leur diversité provient des altérations diverses subies par une seule et même forme ancienne. Ces deux pronoms n'ont pas plus conservé l'ancien duel que les autres, ni que les substantifs. Quant au *v* du gothique *i-nqva* (= *i-nkva* pour *ju-nkva*), il tient au penchant qu'a le gothique (§ 86, 1) à faire suivre une gutturale d'un *v* euphonique; le pronom annexe s'en est toutefois abstenu dans la 1ʳᵉ personne, et c'est là-dessus que repose toute la différence entre *nqva*, de *i-nqva*, et *nka*, de *u-nka*.

§ 170. Autre forme du pronom annexe *sma* en gothique : *mma*.

La cinquième forme sous laquelle on rencontre स्म *sma* dans la déclinaison gothique est *mma*; par exemple, au datif singulier *thamma* « à lui, à celui-ci », lequel est pour *tha-sma*. En borussien, le *s* s'est conservé; on a, par exemple, *ka-smu* « à qui? », qu'on peut comparer au sanscrit *ká-smâi* et au gothique *hva-mma*[1].

§ 171. Restes du pronom annexe *sma* en ombrien.

L'ombrien a également conservé au datif de la déclinaison

gothiques du duel *unkara*, *inqvara* et la forme prâcrite *mha*; dans les deux langues, il y a métathèse et changement de *s* en gutturale. Un autre exemple, unique en son genre, du même changement en sanscrit, est la 1ʳᵉ personne du singulier moyen du verbe substantif, हे *hé*, pour *sé*, qui lui-même est pour *as-mé* (3ᵉ personne *s-té*, pour *as-té*).

[1] C'est sous cette forme que j'ai d'abord reconnu la présence de la particule *sma* en gothique. Voyez le recueil anglais des Annales de littérature orientale (1820, p. 16).

pronominale le groupe *sm* de notre pronom annexe, particulièrement dans *e-smei* ou *e-sme* « à celui-ci » et dans *pu-sme* « à qui » (relatif et interrogatif)[1]. Ce dernier mot, qui a un *p* au lieu d'un ancien *k*, répond au sanscrit *ká-smâi*, au borussien *kasmu*, et au gothique *hva-mma*. Quant à *e-smei*, nous ne savons si l'*e* du thème représente un *a* sanscrit (comme, par exemple, l'*e* de *es-t* « il est » = अस्ति *ás-ti*) ou s'il tient lieu d'un इ *i*. Dans le premier cas, *e-smei*, *e-sme* représenterait le sanscrit *a-smâi* « à celui-ci » (§ 366); dans la seconde hypothèse, il faudrait supposer une forme *i-śmâi* (par euphonie pour *i-smâi*), perdue en sanscrit, mais à laquelle se rapportent le datif gothique *i-mma*, le vieux haut-allemand *i-mu* et l'allemand moderne *ihm* (§ 362).

Il sera question plus tard des traces que le pronom annexe *sma* a laissées en latin et en grec.

§ 172. Autre forme du pronom annexe *sma* en gothique : *s*.

La sixième forme gothique du pronom annexe sanscrit *sma* se réduit à la lettre *s*; elle figure entre autres dans les datifs *mi-s* « mihi », *thu-s* « tibi », *si-s* « sibi »: on voit que le pronom annexe *sma*, qui, en sanscrit, ne se combine au singulier qu'avec le pronom de la 3ᵉ personne, pénètre en gothique dans les deux premières personnes; la même chose est arrivée en zend et en prâcrit. En zend nous avons le locatif de la 2ᵉ personne 𐬚𐬡𐬀𐬵𐬨𐬌 *tva-hm'-î* « dans toi » (venant de *tva-smî*), au lieu du sanscrit *tváy-i*, et on peut induire pour la 1ʳᵉ personne le locatif *ma-hm'-î*. Le prâcrit a *tu-ma-sm'-i* « en toi », et avec assimilation, *tu-ma-mm'-i*; on trouve aussi *tu-mê* (de *tu-ma*) et *taï* (de *tvaï* = sanscrit *tváy-i*). Pour la 1ʳᵉ personne, on a *ma-ma-sm'-i* ou *ma-ma-mm'-i*, à côté de *ma-ê* (venant probablement de *ma-mê* = *ma-ma-i*) et de *maï*. Plusieurs de ces formes contiennent le pronom

---

[1] Voyez Aufrecht et Kirchhoff, Monuments de la langue ombrienne, pp. 133 et 137.

annexe deux fois : du moins je ne doute pas que, par exemple, *tu-ma-smi, tu-ma-mmi, ma-ma-smi, ma-ma-mmi* ne soient des formes mutilées pour *tu-sma-smi*, etc. Le même redoublement a lieu dans les formes gothiques comme *u-nsi-s* « nobis », *i-svi-s* « vobis », et les formes analogues du duel, car le dernier *s* répond évidemment à celui des formes du singulier *mi-s, thu-s*, et n'a de la désinence casuelle que l'apparence. Il en est de même, selon moi, pour le *s* de *vei-s* « nous » et de *ju-s* « vous », qui, à son origine, ne marquait pas la relation casuelle, mais était un reste du pronom annexe स्म *sma*. Dans le dialecte védique il s'est, en effet, conservé de ce pronom un nominatif pluriel *smê* (*śmê* d'après le § 21) dans *a-smê'* « nous », *yu-śmê'* « vous ». En zend la syllabe *mê* est tombée et la voyelle *u* s'est allongée, ce qui a donné ⲙⲁⲩⲥ *yûs*[1], forme extrêmement curieuse, qui semble faite exprès pour nous montrer l'origine de la forme correspondante en germanique et en lithuanien ; le zend *yûs* répond, en effet, lettre pour lettre au lithuanien *jūs*, et si, d'autre part, l'*u* du gothique *ju-s* est bref, il répond en cela au védique *yu-śmê'* et au thème des cas obliques dans le sanscrit classique. L'allongement de l'*u* dans le zend *yûs* n'est probablement qu'une compensation pour la mutilation du pronom annexe.

§ 173. Le pronom annexe *sma* dans la déclinaison des substantifs et des adjectifs.

En lithuanien, le pronom annexe *sma* a aussi pénétré dans la déclinaison des adjectifs ; le *s* initial est alors supprimé, comme dans les formes prâcrites précitées, telles que *tuma-mmi*, et dans les datifs en vieux haut-allemand comme *i-mu* « à lui ». Nous trouvons, par exemple, la syllabe en question dans les datifs lithuaniens comme *gerã-mui* (forme mutilée *gerã-m*) « bono » et

---

[1] Burnouf, *Yaçna*, notes, pp. 75 et 121.

dans les locatifs comme *gera-mê* (forme mutilée *gera-m*). Une fois admis dans la déclinaison des adjectifs, le *m* du pronom annexe s'est encore introduit en lette dans les substantifs masculins; ils prennent tous ce *m*, qui a l'air dès lors d'être l'expression du datif; exemples : *wêja-m* (qu'on écrit *wehja-m*) « vento », *lêtu-m* (*leetu-m*) « pluviæ », en regard des datifs féminins comme *akkai* « puteo » (nominatif *akka*), *uppei* « rivo » (nominatif *uppe*, venant de *uppia*, comparez § 92^k), *sirdî*[1] « cordi » (à la fois thème et datif, nominatif *sirds* pour *sirdi-s*, comme en gothique *ansts* pour *ansti-s*).

Le pâli et le prâcrit emploient également le pronom annexe dans la déclinaison des substantifs et des adjectifs (à l'exclusion du féminin); dans la première de ces deux langues, on le trouve à l'ablatif et au locatif[2] toutes les fois que le thème finit par une voyelle ou qu'il rejette une consonne finale.

§ 174. Le pronom annexe *sma*, au féminin, en sanscrit et en zend.

Au féminin, le pronom annexe sanscrit *sma* devrait faire *smâ* ou *smî* (comparez § 119) : la déclinaison pronominale, en sanscrit, n'offre pas trace d'une forme *smâ*; quant à *smî*, il expliquerait très-bien les datifs comme *tá-sy-âi*, les génitifs et ablatifs comme *tá-sy-âs* et les locatifs comme *tá-sy-âm*, qui seraient des formes mutilées pour *-smy-âi*, *-smy-âs*, *-smy-âm*. Qu'à une époque plus ancienne il y ait eu en effet des formes comme *ta-smy-âi*, etc. c'est ce que nous pouvons conclure du zend, où l'on rencontre encore *hmî* (venant de *smî*), au locatif et à l'instrumental féminins de certains pronoms, par exemple dans *yahmya* (à diviser ainsi : *ya-hmy-a*). Au locatif, le zend remplace

---

[1] Par *s*, je désigne, en lette, le *s* dur (qu'on représente ordinairement par un *ſ* barré); par *ş* (comme en slave, § 92¹) le *s* doux; par *ś* le *s* dur aspiré, et par *ṣ* le *s* doux aspiré.

[2] Le datif est remplacé par le génitif.

régulièrement la désinence sanscrite *âm* par *a* : *ya-hmy-a* suppose donc une forme sanscrite यस्याम् *ya-smy-âm*, au lieu de la forme existante *yá-sy-âm*[1]. A l'instrumental, le sanscrit ne nous présente rien que nous puissions comparer au zend *ya-hmy-a*, attendu qu'à ce cas les pronoms sanscrits suivent la déclinaison ordinaire, c'est-à-dire s'abstiennent de prendre le pronom annexe, et font, par exemple, *yé-n-a* (masculin-neutre), *yáy-â* (féminin) et non *ya-smé-n-a*, *ya-s(m)y-â*. Au zend *a-hmy-a* « par celle-ci » (instrumental) correspond, dans le dialecte védique, la forme simple *ay-â'*, d'après l'analogie de l'instrumental des substantifs en *â*, par exemple *áśvay-â*; au masculin et au neutre, l'instrumental du pronom védique est *ê-n-a* ou *ê-n-â'*, tandis que dans le sanscrit classique le thème *a* et son féminin *â* ont perdu tout à fait leur instrumental. Au locatif féminin nous avons en sanscrit *a-syấ-m* (venant de *a-smyấ-m*) en regard de la forme zende *a-hmy-a*. Aux datif, génitif et ablatif, le zend n'a pas non plus conservé dans son intégrité le pronom annexe; non-seulement il a perdu le *m*, comme le sanscrit, mais il a laissé tomber le caractère du féminin *i*, ou plutôt son remplaçant euphonique *y*; exemple : ‏سودیں‎ *aṇhâo* (§ 56ª) « hujus » (féminin), au lieu de *a-hmy-âo*. Au lieu de *aṇhâo* = sanscrit *a-sy-âs* on trouve aussi ‏سکيدیں‎ *aiṇhâo*, où le *y*, qui autrefois se trouvait dans le mot, a en quelque sorte laissé son reflet dans la syllabe précédente (§ 41).

Nous trouvons en zend, comme datif féminin d'un autre thème démonstratif, ‏سودیںءءء‎ *avaṇhâi*, au lieu de *ava-hmy-âi*, et comme ablatif ‏مسودیںءءء‎ *avaṇhâḍ*, au lieu de *ava-hmy-âḍ*.

§ 175. Le pronom annexe *sma*, au féminin, en gothique. — Le datif gothique.

Nous venons de voir les altérations que le sanscrit et le zend

---

[1] On comprend aisément que l'accumulation de trois consonnes ait paru un poids trop lourd pour une syllabe enclitique.

DATIF SINGULIER. § 175.

font subir au pronom annexe *sma* dans la déclinaison féminine : le gothique ne conserve de la syllabe *smî,* qui, comme nous l'avons vu, serait la forme complète du féminin, que la lettre initiale, qu'il donne sous la forme *s* (*z* d'après § 86, 5). Nous avons, par exemple, le datif *thi-s-ai,* le génitif *thi-s-ôs,* en regard du sanscrit *tá-sy-âi, tá-sy-âs.* Nous reviendrons plus tard sur *thi-s-ôs;* quant à *thi-s-ai* et aux formes analogues de la déclinaison pronominale en gothique, nous voyons dans la diphthongue finale *ai* le représentant de la désinence *âi,* qui caractérise les datifs féminins en sanscrit et en zend.

Il est difficile de décider si, en gothique, au datif des thèmes féminins en *ô* (= *â,* § 69), il faut attribuer à la désinence la diphthongue *ai* tout entière, ou simplement l'*i,* qui serait un reste de la désinence *âi;* en d'autres termes, si, par exemple, dans *gibai* «dono», il faut diviser *gib-ai* ou *giba-i.* Dans le dernier cas *giba-i* répondrait aux formes latines comme *equæ = equa-i* et lithuaniennes comme *áśwai* (*áśwa-i*). On pourrait supposer aussi que la voyelle finale du thème, au temps où elle ne s'était pas encore altérée d'*â* en *ô,* s'était fondue avec le son *a* de la désinence *ai;* c'est ainsi qu'en sanscrit *âi* est également le résultat de la fusion *â + ê* ou de la fusion *â + âi.*

Dans les langues germaniques, même en gothique, les thèmes masculins et neutres, ainsi que les thèmes féminins en *i, u, n* et *r,* ont entièrement perdu la terminaison du datif. Cela est évident pour les thèmes finissant par une consonne ou par *u* : on peut comparer *brôthr, dauhtr* avec les datifs sanscrits correspondants *brâtr-ê, duhitr-ê; namin* avec नाम्ने *nâmn-ê* et le latin *nômin-i; sunau* «filio» et les formes féminines analogues, par exemple *kinnau* «genæ», avec le sanscrit *sûnáv-ê, hánav-ê.* De même que l'*au* de *sunau, kinnau,* est simplement le gouna de l'*u* du thème, de même l'*ai* de *anstai* ne peut être que le अय् *ay* (venant de *ê=ai*) des datifs féminins sanscrits comme *prítay-ê.* Au contraire, dans les datifs comme *gasta*, du thème *gasti*, c'est l'*i* du thème qui est tombé, et l'*a* introduit par le gouna est seul resté ; *gasta* est donc pour *gastai*, de même que, dans les formes passives comme *bairada*, au lieu de *bairadai* (en grec Φέρεται, en sanscrit, au moyen, *bárate* pour *báratai*), le dernier élément de la diphthongue *ai* a disparu. L'*a* de formes comme *vulfa* «lupo», *daura* «portæ» (1ᵣₑ déclinaison forte de Grimm), appartient au thème et se distingue par là de celui des formes comme *gasta*; mais il faut que même après l'*a* de *vulfa*, *daura*, il y ait eu dans le principe un *i* comme signe du datif. Il a disparu de ces mots, comme il s'est effacé dans *thamma* = तस्मै *tásmâi* et dans les formes analogues, et comme il est tombé dans le borussien *kasmu* = sanscrit *kásmâi*. Au féminin, certains datifs pronominaux borussiens ont, au contraire, conservé une forme beaucoup plus complète, à savoir, *si-ei*, et, après une voyelle brève, *ssi-ei*[1], qu'on peut rapprocher du sanscrit *-sy-âi* et du gothique *-s-ai* ; exemples : *stei-si-ei* ou *ste-ssi-ei*, en sanscrit *tá-sy-âi*, en gothique *thi-s-ai*.

§ 176. Le datif lithuanien.

Les substantifs, en lithuanien, ont *i* ou *ei* comme désinence du datif : *ei* ne s'emploie toutefois qu'avec les thèmes féminins en *i*[2] ; on peut, par conséquent, rapprocher cette désinence de l'*ei* borussien, que nous venons de rencontrer dans la déclinaison pronominale féminine (*stei-si-ei*). Il y aurait donc identité, en ce qui concerne la désinence comme en ce qui regarde le thème, entre *ávi-ei* (dissyllabe) «ovi» et le sanscrit *ávy-âi*, par euphonie pour *ávi-âi*, de *avi* (féminin) «brebis»; nous avons, en outre, en sanscrit, une forme commune au masculin et au féminin *ávay-ê* : le gothique représenterait cette forme par *avai* au féminin et

---

[1] Voyez mon mémoire Sur la langue des Borussiens, p. 10.

[2] Les thèmes masculins en *i* forment le datif d'un thème élargi en *ia* ; exemple : *gènčiui*, dissyllabe, comme *pónui* (voyez Kurschat, II, p. 267).

ava au masculin (§ 340), si le thème en question, qui a donné le dérivé *avistr* « étable de brebis » (thème *avistra*) s'était conservé en gothique et appartenait aux deux genres.

La désinence *i*, qui n'a gardé de la diphthongue sanscrite *ê = ai* que la partie finale, ne se rencontre pas en lithuanien au datif des thèmes terminés par une consonne : ces thèmes s'élargissent au datif, comme à la plupart des cas, en prenant comme complément la syllabe *i* ou *ia*[1]. Quand le thème est terminé par une voyelle, *i* se fond avec celle-ci de manière à former une diphthongue, et l'*a* masculin s'affaiblit alors en *u*; exemple : *wilkui* « lupo », du thème *wilka*, comme nous avons *sūnui* de *sūnŭ*. L'*a* féminin, qui primitivement était long, reste invariable; exemple : *áswai* « equæ ». Avec les formes comme *wilkui* s'accordent d'une façon remarquable les datifs osques comme *Maniúí, Abellanúí, Núvlanúí*, qui appartiennent à la même déclinaison, c'est-à-dire aux thèmes masculins et neutres terminés par *a* en sanscrit (voyez Mommsen, Études osques, p. 32). Des rencontres de ce genre sont fortuites; mais on se les explique aisément, car des idiomes réunis par une parenté primitive et qui vont se corrompant doivent souvent éprouver les mêmes altérations.

§ 177. Le datif grec est un ancien locatif. — Le datif latin.

Les datifs grecs répondent, au singulier comme au pluriel, aux locatifs sanscrits et zends (§§ 195, 250 et suivants). Quant à l'*î* long du datif latin, je le regarde maintenant, d'accord avec Agathon Benary, comme le représentant du signe du datif sanscrit *ê* (venant de *ai*). La seconde partie de la diphthongue primitive s'est allongée pour compenser la suppression de la première partie; c'est le même fait qui s'est produit dans les nominatifs pluriels comme *istî, illî, lupî* (§ 228). On ne sau-

---

[1] Sur le datif des thèmes terminés par une consonne en ancien slave, voyez § 267.

rait voir un locatif dans le datif latin : en effet, le signe casuel du locatif est l'*i* bref; or, en latin, un *i* bref, partout où il se trouvait primitivement à la fin d'un mot, a été ou bien supprimé comme en gothique[1], ou bien changé en *e* (§ 8) : il n'y a aucun exemple certain d'un *i* bref changé en *î*. Il faut aussi remarquer qu'au pluriel le datif-ablatif latin se rapporte au cas correspondant en sanscrit et en zend, et non pas, comme le datif grec, au locatif (§ 244); en outre, il faut considérer que *mi-hî*, *ti-bî*, *si-bî* appartiennent évidemment par leur origine au datif (§ 215), dont nous trouvons encore la désinence, mais avec le sens du locatif, dans *i-bî*, *u-bî*, *ali-bî*, *ali-cu-bî*, *utru-bî*. On doit encore tenir compte, pour décider la question en litige, de l'osque et de l'ombrien, qui ont à côté du datif un véritable locatif; on trouve même en ombrien *ê* = sanscrit *ê* comme désinence du datif pour les thèmes terminés par une consonne[2]. Exemples : *nomn-ê*, pour le sanscrit *nâmn-ê*, le zend *nâmain-ê*, le latin *nomin-i*; *patr-ê*, pour le sanscrit *pitr-ê'* (venant de *patr-ê*).

Le datif latin étant originairement un vrai datif, nous ne devrons pas rapprocher *ped-i* du grec ποδ-ί, qui équivaut au locatif

---

[1] Par exemple, dans *sum*, *es*, *est*, qu'on peut comparer au gothique *im*, *is*, *ist*, et d'autre part au grec ἐμ-μί, ἐσ-σί, ἐσ-τί, au sanscrit *ás-mi*, *á-si*, *ás-ti*, au lithuanien *es-mi*, *es-i*, *es-ti*.

[2] L'écriture ombrienne ne fait pas de différence entre l'*e* bref et l'*e* long; mais je ne doute pas que dans les formes citées par Aufrecht et Kirchhoff (p. 41) l'*e* ne soit long; en osque, cet *e* est souvent remplacé par *ei*. Comparez l'*é*, qui, en latin et en vieux haut-allemand, nous représente une diphthongue (§ 2, note, et § 5). L'osque a pour désinence du datif, aux thèmes terminés par une consonne, *ei*, et cet *ei* équivaut à l'*é* ombrien, sanscrit et zend, de la même façon que l'*ει* grec, par exemple, dans εἶμι, équivaut à l'*é* sanscrit dans *émi* « je vais »; exemples : *quaistur-ei* « quæstori », *medikei* « magistratui ». L'*í* long latin tient d'ailleurs presque toujours la place d'une ancienne diphthongue, soit *ai*, soit *ei*, soit *oi*. D'autres fois, en latin, l'allongement de l'*i* est une compensation pour la suppression de la syllabe suivante : la désinence *bi*, par exemple, tient lieu du sanscrit *byam* (*túbyam* « tibi »), pour lequel on aurait pu s'attendre à avoir, en latin, *bium*.

sanscrit *pad-i*, mais nous le comparerons avec le datif sanscrit *pad-ê'* (venant de *pad-ai*); de même *ferent-î* ne devra pas être rapproché du grec φέροντ-ι, ni du locatif zend *barĕnt-i* (en sanscrit *bárat-i*), mais du datif zend *barĕnt-ê*, *barĕntai-ća* (ﮊﻭﻪ § 33) « ferentique », et du datif sanscrit *bárat-ê*. Dans la 4ᵉ déclinaison, *fructu-î* répond, abstraction faite du nombre des syllabes et de la quantité de l'*i*, aux datifs lithuaniens comme *súnui* (dissylabe), en sanscrit *sûnáv-ê*. La déclinaison en *ŏ* a perdu dans le latin classique le signe du datif, et pour le remplacer elle allonge l'*ŏ* du thème : mais la vieille langue nous offre des formes comme *populoi Romanoi*, que nous pouvons mettre sur la même ligne que les datifs osques comme *Maniúí* et lithuaniens comme *pónui* « au maître ». Dans la déclinaison pronominale, le signe casuel s'est conservé au détriment de la voyelle finale du thème : on a *ist'-î* au lieu de *istoi* ou *istô*, et au féminin *ist'-î* au lieu de *istai* ou *istæ*. Les datifs archaïques comme *familiai* et les formes osques comme *toutai* « populo » répondent aux datifs lithuaniens comme *áśwai* « equæ ». L'ombrien contracte *ai* en *ê*, comme le sanscrit (*tutê*, plus tard *totê*). Dans les thèmes latins en *i*, l'*i* final du thème se fond avec l'*i* de la désinence casuelle : *hostî* est pour *hosti-i*.

§ 178. Tableau comparatif du datif.

Nous donnons ici le tableau comparatif du datif, à l'exclusion des thèmes neutres terminés par une voyelle :

Sanscrit.	Zend.	Latin.	Lithuanien.	Gothique.
áśvâya	aspâi	equô	pónui	vulfa
ká-smâi	ka-hmâi	cu-i [1]	ka-m [2]	hva-mma
áśvây-âi	hiçvay-âi	equa-i	áśwa-i	gibai [3]

[1] Voyez § 389.
[2] Borussien *ka-smu*.
[3] Voyez § 175.

Sanscrit.	Zend.	Latin.	Lithuanien.	Gothique.
pátay-ê [1]	patë-ê ? [2]	hostî	.... [3]	gasta
prîtay-ê [4]	âfritê-ê [5]	turrî	áwi-ei	anstai
bávanty-âi	bavainty-âi	....	....	....
tá-sy-âi	aita-ṅh-âi [6]	....	....	thi-s-ai
sûnáv-ê	paśv-ê	pecu-î	sûnu-i [7]	sunau
hánav-ê [8]	tanu-y-ê	socru-î	....	kinnau
vadv-âi	....	....	....	....
gáv-ê	gáv-ê	bov-î	....	....
nâv-ê	....	....	....	....
váć-ê	váć-ê	vôc-î	....	....
bárat-ê	barĕnt-ê	ferent-î	....	fijand
áśman-ê	aśmain-ê	sermôn-î	....	ahmin
námn-ê	nâmain-ê	nômin-î	....	namin
bråtr-ê	brâir-ê	frâtr-î	....	brôthr
duhitr-ê	duġdĕr-ê [9]	....	....	dauhtr
dåtr-ê	dâir-ê	datôr-î	....	....
vácas-ê	vaćaṅh-ê	gener-î	....	....

ABLATIF.

§ 179. L'ablatif en sanscrit.

Le signe de l'ablatif en sanscrit est *t*; si l'on admet avec nous l'influence des pronoms sur la formation des cas, on ne

---

[1] Je prends la forme régulière, c'ést-à-dire la forme frappée du gouna, laquelle s'est conservée à la fin des composés (§ 158).

[2] En combinaison avec *ća* on trouve (*Vendidad-Sadé*, p. 473) ⟨zend⟩ *pai-iyaića* = sanscrit *pátyêća*, voyez §§ 41, 47.

[3] Voyez § 176.

[4] Ou *prîty-âi*.

[5] Avec *ća* ⟨zend⟩ *âfrîtayai-ća*.

[6] Voyez §§ 174, 349.

[7] Dissyllabe.

[8] Ou *hánv-âi*.

[9] Le ε ĕ de ⟨zend⟩ *duġdĕrê* et de l'instrumental ⟨zend⟩ *duġdĕra* n'est là que pour éviter la réunion des trois consonnes.

peut pas hésiter sur la provenance de cette lettre : elle nous représente le thème démonstratif *ta*, qui, comme nous l'avons vu, sert également de signe casuel au nominatif-accusatif neutre, et qui, ainsi que nous le verrons plus tard, remplit aussi dans le verbe les fonctions d'une désinence personnelle. Cette marque de l'ablatif ne s'est du reste conservée en sanscrit qu'avec les thèmes en *a*, qui allongent l'*a* devant le *t*. Les grammairiens indiens, induits en erreur par cet allongement de l'*a*, ont regardé आत् *ât* comme la désinence de l'ablatif; il faudrait alors admettre que dans *âsvât* l'*a* du thème se fond avec l'*â* de la terminaison [1].

§ 180. L'ablatif en zend.

C'est Eugène Burnouf [2] qui a reconnu le premier en zend le signe de l'ablatif dans une classe de mots qui l'a perdu en sanscrit, à savoir dans les mots en 𐬎 *u*, sur lesquels nous reviendrons plus bas. Ce fait seul nous montre que le caractère de l'ablatif est *t* et non pas *ât*. Quant aux thèmes en *a*, ils allongent aussi en zend la voyelle brève, de sorte que 𐬬𐬆𐬵𐬭𐬗𐬁𐬜 *vĕhrkâ-ḍ* « lupo » correspond à वृकात् *vŕkâ-t* (§ 39). Les thèmes en 𐬌 *i* ont à l'ablatif *ôi-ḍ*, ce qui nous doit faire supposer d'anciens ablatifs sanscrits comme *patê-t*, *pritê-t* (§ 33), qui, en ce qui concerne le gouna de la voyelle finale, s'accordent bien avec les génitifs en *ê-s*. L'Avesta ne nous fournit du reste qu'un petit nombre d'exemples d'ablatifs en 𐬋𐬌𐬜 *ôi-ḍ*; j'ai constaté d'abord cette forme dans le mot 𐬀𐬭𐬌𐬙𐬋𐬌𐬜 *âfritôiḍ* « benedictione »; peut-être

---

[1] Plusieurs circonstances montrent clairement que cette hypothèse des grammairiens indiens est peu fondée : 1° les ablatifs des pronoms des deux premières personnes (*mat*, *tvat*) ont pour terminaison *at* avec *a* bref, ou plutôt simplement le *t*; 2° dans l'ancienne langue latine on a comme suffixe de l'ablatif uniquement le *d*; 3° le zend, comme nous allons le montrer, a *t* pour signe de l'ablatif.

[2] *Nouveau Journal asiatique*, 1829, t. III, p. 311.

avons-nous un exemple masculin dans ragóiḍ ṣaratustróiḍ «institutione ṣaratustrica »[1].

Les thèmes en *u* ont à l'ablatif au-ḍ, ëu-ḍ, v-aḍ et av-aḍ; exemples : aṇhau-ḍ «mundo», de aṇhu; tanau-ḍ, ou tanv-aḍ, ou tanav-aḍ «corpore», de tanu. L'ablatif en ëuḍ se trouve attesté par la forme mainyëu-ḍ, de mainyu «esprit».

Les thèmes finissant par une consonne, ne pouvant pas joindre le ḍ immédiatement au thème, prennent aḍ pour désinence; exemples : ap-aḍ «aquâ», âtr-aḍ «igne», ćaśman-aḍ «oculo», nâoṇhan-aḍ «naso», druǵ-aḍ «dæmone», vîs-aḍ «loco» (comparez *vicus*, § 21). Le â étant souvent confondu avec le a, on trouve aussi quelquefois la leçon fautive âḍ au lieu de aḍ; ainsi śaućant-âḍ, au lieu de śaućant-aḍ «lucente».

Les thèmes féminins en â et en î ont, au contraire, comme terminaison régulière de l'ablatif âḍ[2]; exemples : dahmay-âḍ «præclarâ», de dahmâ; urvaray-âḍ «arbore», de urvarâ; barëtry-âḍ «genitrice», de barëtrî[3].

On voit que le zend ne manque pas de formes pour exprimer l'ablatif dans toutes les déclinaisons; malgré cela, et quoique la relation de l'ablatif soit représentée, en effet, la plupart du

---

[1] Je n'ai rencontré le mot raǵi que dans ce seul endroit (*Vendidad-Sadé*, p. 86), ce qui rend le genre du mot incertain, le thème ṣaratustri étant des trois genres.

[2] Nous avons comme terminaison correspondante, en sanscrit, la désinence féminine आस् *âs*, qui sert à la fois pour le génitif et pour l'ablatif. Au génitif, le *âs* sanscrit est représenté par ḍo en zend (§ 56 ᵇ).

[3] *Vendidad-Sadé*, p. 463 : yaṯa vëhrkô ćatwarë-ǵangrô niṣḍarëdairyâḍ barëtryâḍ haća puṯrëm «tanquam lupus quadrupes eripiat a genitrice puerum». Le manuscrit divise, mais à tort, niṣḍarë dairyâḍ.

temps par l'ablatif, on trouve souvent aussi en son lieu et place le génitif, et même des adjectifs au génitif se rapportant à des substantifs à l'ablatif. Nous avons, par exemple : ܗܘܡܝܢܕܓܢ ܘܝܣܕܝܕܡܙܕܝܣܢܘܝܫ *haċa avaṇhâḍ*[1] *viśaḍ yaḍ mâzdayaśnôis* « ex hac terra quidem mazdayasnica ».

§ 181. L'ablatif dans l'ancienne langue latine et en osque.

On peut rapprocher du zend, en ce qui concerne le signe de l'ablatif, la vieille langue latine ; sur la Colonne rostrale et dans le sénatus-consulte des Bacchanales tous les ablatifs se terminent par *d*[2], de sorte qu'on peut s'étonner qu'on ait pendant si longtemps méconnu le vrai rôle de cette lettre, et qu'on se soit contenté du mot vide de *d* paragogique. Les thèmes finissant par une consonne prennent *ed* ou *id* comme suffixe de l'ablatif, de même qu'à l'accusatif ils prennent *em*, au lieu d'avoir simplement *m*. Les formes comme *dictator-ed, covention-id* s'accordent donc avec les formes zendes comme *śauċant-aḍ âtr-aḍ* « lucente igne », tandis que *navale-d*[3] *præda-d, in alto-d mari-d* ont simplement une dentale pour signe de l'ablatif, comme en zend *raġôi-ḍ* « institutione », *tanau-ḍ* « corpore », et en sanscrit *áśvâ-t* « equo ».

L'osque a également le signe de l'ablatif *d* à toutes les déclinaisons ; dans les monuments de cette langue qui nous ont été conservés, il n'y a pas une seule exception à cette règle, tant pour les substantifs que pour les adjectifs ; exemples : *touta-d*

---

[1] Voyez sur cette forme § 174, à la fin.

[2] Il faut excepter, dans le sénatus-consulte, les derniers mots *in agro Teurano*, qui, par cela même, sont suspects, et sur la Colonne rostrale le mot *præsente*, lequel est évidemment mutilé. Voyez, dans Ritschl, le fac-simile (*Inscriptio quæ fertur Columnæ Rostratæ Duellianæ*) : *præsente* est à la fin de la partie conservée de la neuvième ligne. La lacune comprend le *d* de la désinence, ainsi que *sumod* et le *d* initial de *dictatored*.

[3] Ici l'*e* appartient au thème, qui a tantôt *e*, tantôt *i*.

« populo », *eitiuva-d* « pecuniâ », *suva-d* « suâ », *preivatú-d* « privato », *dolu-d mallu-d* « dolo malo », *slaagi-d* « fine », *præsent-id* « præsente », *convention-id* « conventione », *lig-ud* « lege ».

§ 182. Restes de l'ancien ablatif dans le latin classique.

Dans le latin classique, il semble qu'il se soit conservé une sorte d'ablatif pétrifié sous la forme du pronom annexe *met*, qui répondrait à l'ablatif sanscrit *mat* « de moi », et qui, de la 1re personne, se serait étendu à la deuxième et à la troisième. Du reste, il est possible aussi que *met* ait perdu un *s* initial et soit pour *smet*, de sorte qu'il appartiendrait au pronom annexe *sma*, dont nous avons parlé plus haut (§ 165 et suiv.); (*s*)*met* répondrait donc à l'ablatif *smât*, avec lequel il serait dans la même relation que *memor* (pour *smesmor*) avec *smar*, *smr* « se souvenir ». L'union de cette syllabe avec les pronoms des trois personnes serait alors toute naturelle, puisque *sma*, comme on l'a montré, se combine aussi en sanscrit avec toutes les personnes, quoique par lui-même il soit de la troisième.

La conjonction latine *sed* n'est pas autre chose originairement que l'ablatif du pronom réfléchi; on trouve *sed* employé encore comme pronom dans le sénatus-consulte des Bacchanales. Il y est régi par *inter*, ce qui peut s'expliquer par une double hypothèse : ou bien *inter* pouvait se construire avec l'ablatif, ou bien, dans l'ancienne langue latine, l'accusatif et l'ablatif avaient même forme dans les pronoms personnels. Cette dernière supposition semble confirmée par l'usage que fait Plaute de *ted* et de *med* à l'accusatif.

§ 183ᵃ. 1. Les adverbes grecs en ως, formés de l'ablatif.

En sanscrit, l'ablatif exprime l'éloignement d'un lieu : il répond à la question *unde*. C'est là la vraie signification primitive de ce cas, signification à laquelle le latin est encore resté fidèle pour ses noms de ville. De l'idée d'éloignement on passe aisément à l'idée de cause, le motif pour lequel une action se fait étant considéré comme le lieu d'où elle vient ; l'ablatif, en sanscrit, répond donc aussi à la question *quare*, et de cette façon il arrive dans l'usage à se rapprocher de l'instrumental : ainsi तेन *téna* (§ 158) et तस्मात् *tásmât* peuvent signifier tous les deux « à cause de cela ». Employé adverbialement, l'ablatif prend encore un sens plus général et désigne dans certains mots des relations ordinairement étrangères à ce cas. En grec, les adverbes en ως peuvent être considérés comme des formes de même famille que l'ablatif sanscrit : le ω-ς des thèmes en *o* est avec le *â-t* sanscrit des thèmes en *a* dans le même rapport que δίδω-σι avec *dádâ-ti*. Il y a donc identité, pour le thème comme pour la désinence, entre ὁμῶ-ς et le sanscrit *samá-t* « simili ». A la fin des mots, en grec, il fallait que la dentale fût changée en ς ou bien qu'elle fût supprimée tout à fait[1] ; nous avons déjà vu (§ 152) des thèmes neutres en τ changer, aux cas dénués de flexion, leur τ final en σ, pour ne pas le laisser disparaître. Nous expliquons donc les adverbes tels que ὁμῶ-ς, οὕτω-ς, ὡ-ς, comme venant de ὁμῶ-τ, οὕτω-τ, ὡ-τ, ou bien de ὁμῶ-δ, etc. C'est la seule voie par laquelle on puisse rendre compte de ces formations grecques, et il n'est pas vraisemblable de supposer que le grec ait créé une forme qui lui soit propre pour exprimer cette relation adverbiale, quand nous ne rencontrons d'ailleurs aucune désinence casuelle qui soit particulière à cette langue. La relation exprimée par ces adverbes est la même que marquent en latin les formes d'ablatif comme *hoc modo, quo modo, raro, perpetuo*.

[1] Comme, par exemple, dans οὕτω, à côté de οὕτω-ς, dans ὧδε, ἄφνω, et dans les adverbes formés de prépositions, comme ἔξω, ἄνω, κάτω, etc. Remarquons, à ce propos, qu'on voit aussi en sanscrit la désinence de l'ablatif dans les adverbes formés de prépositions, par exemple, dans *adástât* « en bas », *purástât* « devant », etc.

Pour les thèmes finissant par une consonne on devrait avoir comme désinence adverbiale *os*, venant de *οτ*, d'après l'analogie des ablatifs zends comme ‏چشمنذ‎ *ćasman-ad* « oculo »; mais alors ces ablatifs adverbiaux se confondraient avec le génitif. Cette raison, ainsi que la supériorité numérique des adverbes venant de thèmes en *o*, expliquent les formes comme σωφρόν-ως; à l'égard de la désinence, on peut rapprocher ces formes des ablatifs féminins zends comme ‏بارثریاذ‎ *barĕtry-âd*. Nous rappellerons encore, en ce qui concerne l'irrégularité de la syllabe longue dans cette terminaison adverbiale, le génitif attique *ως*, au lieu de *ος*.

On peut considérer aussi comme des ablatifs ayant perdu leur dentale les adverbes pronominaux doriens πῶ, τουτῶ, αὐτῶ, τηνῶ[1], d'autant qu'ils ont en effet la signification de l'ablatif et qu'ils tiennent la place des adverbes en θεν = sanscrit *tas*, latin *tus* (§ 421); πῶ, par exemple, qui est pour πωτ, équivaut, quant au sens, à πόθεν = sanscrit *kútas* « d'où? ». Dans τηνῶθεν, τηνῶθε, il y aurait, par conséquent, deux fois l'expression de l'ablatif, comme quand, en sanscrit, on joint aux ablatifs *mat* « de moi », *tvat* « de toi », le suffixe *tas*, qui par lui seul peut suppléer le signe de l'ablatif (*mat-tas*, *tvat-tas*).

§ 183*, 2. Les adverbes gothiques en *ô*, formés de l'ablatif.

Comme le gothique a supprimé, en vertu d'une loi générale (§ 86, 2ᵇ), toutes les dentales qui primitivement se trouvaient à la fin des mots, la désinence sanscrite *â-t* ne pouvait être représentée plus exactement que par *ô* (§ 69, 1). Je regarde donc comme des ablatifs les adverbes dérivés de pronoms ou de prépositions, tels que *thathrô* « d'ici », *hvathrô* « d'où? », *aljathrô* « d'ailleurs », *dalathrô* « d'en bas ». On voit, en effet, qu'ils expriment

---

[1] Ahrens, *De græcæ linguæ dialectis*, II, p. 374.

l'idée d'éloignement, qui est l'idée essentielle marquée par l'ablatif. Tous ces adverbes sont formés d'un thème terminé en *thra* : ce suffixe est évidemment le même que le suffixe *thara*, dont nous parlerons plus tard (§ 292), qui a perdu une voyelle devant le *r*, comme cela est arrivé en latin dans les formes comme *utrius, utrî, ex-trâ* (à côté de *exterâ*), *con-trâ*. *Hva-thrô* se rapporte donc à *hvathar* (thème *hvathara*) « qui des deux ? » (avec suppression de l'idée de dualité) : *thathrô* se rattacherait de même à une forme hypothétique sanscrite *ta-tara* « celui-ci des deux »; *alja-thrô* à अन्यतर *anyatará* « l'un des deux »; *dalathrô* « d'en bas » (comparez *dal*, thème *dala* « vallée ») à *adara* « celui qui est en bas », dont le comparatif serait *adaratara*; mais *adara* lui-même contient déjà le suffixe du comparatif, si, comme je le crois, *dara* est pour *tara*. Les autres adverbes gothiques formés de la même manière sont : *allathrô* « de tous côtés », *jainthrô* « de là, de ce lieu-là », *fairrathrô* « de loin », *iupathrô* « d'en haut », *utathrô* « du dehors ».

Il y a encore beaucoup d'adverbes gothiques en *ô* qu'on peut regarder comme des ablatifs, quoiqu'ils aient perdu la signification de l'ablatif, ainsi qu'il arrive en latin pour quantité d'adverbes (*raro, perpetuo, continuo*, etc.). Tels sont : *sinteinô* « toujours » (du thème adjectif *sinteina*, « continuus, sempiternus »), *galeikô* « similiter » (thème *galeika* « similis »), *sniumundô* « avec empressement », *sprantô* « subito », *andaugjô* « palam » (comparez le sanscrit *sâkshât* « à la vue de », formé de *sa* « avec » et *aksa* « œil » à l'ablatif). Les adverbes que nous venons de citer viennent de thèmes adjectifs en *a, ja*, les uns perdus, les autres subsistant encore en gothique. On pourrait, il est vrai, être tenté de rapporter ces adverbes à l'accusatif neutre d'adjectifs faibles dont le thème serait terminé en *an* (voyez Grimm, III, p. 101); mais ces adjectifs datent d'une époque postérieure à celle où ont été créés les adverbes comme *sprantô, sniumundô, andaugjô*, formes congénères des adverbes tels que *subitò* en latin, σπουδαίως en grec, *sâksât* en sanscrit.

Il y a, en gothique, un certain nombre d'expressions adverbiales qui sont, à la vérité, des accusatifs : tel est *thata andaneithô* « au contraire », littéralement « le contraire », traduction ou imitation du grec τοὐναντίον (Deuxième aux Corinthiens, II, 7). Ici *andaneithô* est évidemment le nominatif-accusatif neutre du thème *andaneithan*. Mais je ne voudrais en tirer aucune conclusion pour les vrais adverbes terminés en *ô* et non précédés de l'article. J'en dirai autant de *thridjô*, qui est suivi, dans les deux passages où nous le rencontrons (Deuxième aux Corinthiens, XII, 14; XIII, 1), du démonstratif *thata* : *thridjô thata* « pour la troisième fois », littéralement « ce troisième », à l'imitation du grec τρίτον et τρίτον τοῦτο. Ici *thridjô* est le neutre du nom de nombre ordinal, avec la suppression obligée, au nominatif-accusatif, de la lettre finale *n* du thème (§ 140) et avec l'allongement de l'*a* en *ô*.

§ 183ª, 3. L'ablatif en ancien perse. — Adverbes slaves formés de l'ablatif.

L'ancien perse, qui supprime régulièrement la dentale ou la sifflante finale quand elle est précédée d'un *a* ou d'un *â*, ne peut opposer aux ablatifs sanscrits en *â-t* et aux ablatifs zends en ᵨᵤᵤ *â-ḍ* que des formes en *â*; dans cet idiome ce cas est donc devenu extérieurement semblable à l'instrumental. Cela ne doit pas nous empêcher de regarder comme de véritables ablatifs les mots 𒁹 · 𒁶 · 𒀸 · 𒄀 · 𒀸 · 𒅆 · 𒁹 *kabugiyâ* « Cambyse » (Inscription de Béhistoun, I, 40), *pârsâ* « Persiâ » (Inscription de Nakshi-Roustem, 18) et autres formations analogues en *â*, que nous trouvons régies par la préposition *haćâ* « a, ex »[1]. Mais, le

---

[1] Je me sépare sur ce point de Benfey, qui regarde les formes en question comme des instrumentaux et fait gouverner à la préposition *haćâ* l'instrumental aussi bien

plus souvent, l'ablatif est exprimé en ancien perse par le suffixe *ta*, de même qu'en prâcrit il est marqué par दो *dô*; l'un et l'autre sont pour le suffixe sanscrit *tas*.

On vient de voir que les ablatifs gothiques en *ô = â*, comme *hvathrô* « d'où? », ont éprouvé la même mutilation que les ablatifs perses : il y a seulement cette différence, qu'en gothique la suppression de la consonne finale a lieu en vertu d'une loi plus générale qu'en perse (§ 86, 2 ᵇ). Nous remarquerons à ce propos qu'on trouve aussi en ancien slave des restes de l'ablatif, naturellement avec suppression du *t* final (§ 92 ᵐ), en quoi ils ressemblent à l'ablatif en ancien perse et en gothique. C'est dans la déclinaison pronominale qu'on trouve ces restes d'ablatif, qui sont considérés comme des adverbes : deux ont changé la signification de l'ablatif contre celle du locatif; le troisième signifie : *quô?* Il y a eu un changement de sens analogue pour les ablatifs latins *quô, eô, illô*, qui, en tant qu'adverbes de lieu, marquent le mouvement vers un endroit. Pareille chose est encore arrivée en sanscrit pour le suffixe *tas*, qui, quoique destiné à marquer l'éloignement d'un lieu, c'est-à-dire la relation de l'ablatif, se rencontre dans des formes pronominales avec le sens du locatif et même de l'accusatif[1]. On ne peut donc s'étonner si nous regardons comme d'anciens ablatifs les formes de l'ancien slave *tamo* « illîc », *jamo* « ubi » (relatif) et *kamo* « quô? ». Elles contiennent le pronom annexe dont il a été question plus haut (§ 167 et suivants), avec suppression de *s*, comme en lithuanien et en haut-allemand. Or, le datif томоү *tomu* « huic » répond au sanscrit *tásmâi*, au borussien *ste-smu*, au lithuanien *ta-m*, au

---

que l'ablatif. (Comparez ce que j'ai dit sur ce sujet dans le Bulletin mensuel de l'Académie de Berlin, 1848, p. 133.)

[1] Par exemple, dans un passage du *Mahâbhârata* (la Plainte du Brahmane, I, 20, p. 53) : *Yatah kshêman tatô gantum* (*yatah*, par euphonie pour *yatas*, *tatô* pour *tatas*) « là où (est) le bonheur, là (il faut) aller ».

gothique *tha-mma*; le locatif томь *tomĭ* « in hoc » répond au sanscrit *tá-smin*, au zend *ta-hmi*[1]; *tamo* « illîc » ne peut donc être rapporté qu'à l'ablatif *tásmât*, car, en dehors du datif, du locatif et de l'ablatif, il n'y a pas addition du pronom annexe. Il faut admettre que l'*â* long du sanscrit *-smâ-t* s'est abrégé, et que l'*a* bref est devenu *o*, comme il est de règle à la fin des thèmes en ancien slave (§§ 92ª et 257). Le premier *a* bref du sanscrit *tá-smâ-t* s'est, au contraire, conservé dans la forme *ta-mo*; il s'est affaibli en *o* et en *ĭ* dans *to-mu* et *to-mĭ*, ce qui n'empêche pas de reconnaître dans ces trois formes un même thème, à savoir *ta* = le sanscrit et le lithuanien *ta*, le gothique *tha* et le grec το. De même que *tamo* a conservé son *a* médial, de même ѩмо *jamo* « où » (relatif) = sanscrit *yá-smâ-t* « a quo, ex quo, quare », a résisté à l'influence euphonique de la semi-voyelle : *jamo* présente encore ceci de remarquable qu'il a conservé la signification relative du thème sanscrit य *ya*, lequel, partout ailleurs, a pris, dans les langues lettes et slaves, le sens de « il »; exemples : lithuanien *ja-m*, ancien slave, ѥмоу *je-mu* « à lui »; locatif lithuanien, *ja-mè*, slave, ѥмь *jemĭ*[2]. — *Kamo* « où ? » (avec mouvement), en slovène *ko-mo*, répond au sanscrit *ká-smâ-t*, et n'admet pas de composition comme les autres pronoms interrogatifs slaves (§ 388).

§ 183ª, 4. L'ablatif en arménien. — Tableau comparatif de l'ablatif.

Il a déjà été question de l'ablatif ossète, qui est terminé en *eï*, pour *e-t*[3].

---

[1] Cette forme ne se trouve pas dans les textes zends, mais théoriquement elle ne fait pas de doute (§ 201).

[2] A côté du mot *jamo* nous trouvons un pronom *amo* qui a le même sens. Il est difficile de décider si *jamo* vient de *amo* par la prosthèse ordinaire du *j*, ou si, au contraire, le *j* de *jamo* a été supprimé dans *amo*. Dans le premier cas, *a-mo* appartiendrait au thème démonstratif sanscrit *a*, et le tout nous représenterait l'ablatif *a-smâ-t*.

[3] Voir § 87, 1. C'est ici le lieu de remarquer que *kamei* ne signifie pas seulement

ABLATIF SINGULIER. § 183*, 4.

Nous passons donc à l'arménien, dont l'ablatif est particulièrement digne d'attention. Dans son traité Sur les origines ariennes de l'arménien[1], Fr. Windischmann appelle encore l'ablatif une forme énigmatique.

Nous croyons qu'il faut partir de cette observation, que l'arménien, qui appartient au rameau iranien de notre famille de langues, a supprimé, comme plusieurs autres idiomes dont nous avons déjà parlé, la dentale qui se trouvait primitivement être finale. Ainsi il fait, à la 3ᵉ personne du présent, *ber-ê*[2] «il porte», qu'on peut mettre en regard de la 1ʳᵉ *ber-e-m* et de la 2ᵉ *ber-e-s* : à la 3ᵉ personne, la caractéristique ե *e*, qui tient la place de l'*a* sanscrit et zend, s'est allongée en է *ê* pour compenser la suppression de la dentale. D'après le même principe, je regarde le է *ê* des ablatifs tels que *himan-ê* (thème *himan* «base») comme un reste de *et* : je rapproche *himan-ê* des ablatifs zends tels que *ćasman-ađ* et des anciens ablatifs latins tels que *covention-id, dictator-ed*[3]. Dans la déclinaison des thèmes

«d'où?», mais encore «de qui?» et «par qui?». En général, dans le dialecte décrit par G. Rosen, et qui appartient à l'ossète du Sud, l'ablatif et l'instrumental se confondent. Mais ce qui prouve que la désinence *ei* se réfère à l'ablatif sanscrit et zend, et non pas à l'instrumental, c'est le pronom annexe : en effet *kamei* (*ka-me-i*) répond au sanscrit *ká-smá-t*, au zend *ka-hmâ-đ*; *u-mei* (*u-me-i*) «de lui, par lui» répond au sanscrit *a-smá-t*, au zend *a-hmâ-đ* «par celui-ci». Si c'était l'instrumental, au lieu de *ka-mei*, il devrait y avoir *kei* = zend *ká*, sanscrit *ké-n-a*.

[1] Dans les Mémoires de l'Académie de Bavière, 1ʳᵉ classe, 2ᵉ section, t. IV, p. 28.

[2] Comme les désinences *m, s* de la 1ʳᵉ et de la 2ᵉ personne ont perdu l'*i* des désinences sanscrites *mi, si*, il n'est pas nécessaire de tenir compte de l'*i* de ति *ti* à la 3ᵉ personne : nous expliquons donc *ber-ê* par une forme ancienne *ber-e-t*.

[3] Petermann (Grammaire arménienne, p. 108 et suiv.) regarde *én* comme la terminaison primitive de l'ablatif singulier, et il fait venir cette forme *én* de la préposition ընդ *ënd* «in, eum, per, propter, sub» (ouvrage cité, p. 255). Il reconnaît la terminaison *én* dans les pronoms des deux premières personnes (ablatif *inén, qén*) et dans les pronoms démonstratifs, dont il regarde la syllabe finale *né* comme une métathèse pour *én* (*nmané, ainmané*). En supposant que *né* fût en effet une transposition pour *én*, j'expliquerais l'*é* de *én* comme étant un reste de l'ancien ablatif *et*, et dans *n* je

en a[1], է é répond au sanscrit â-t, au zend ࡙࡛ â-ḍ, à l'ancien perse et au pâli â. Par exemple stanê[2], du thème arménien stana « pays », répond au sanscrit stânâ-t, au zend stânâ-ḍ, au pâli tânâ; en effet le է é arménien représente, la plupart du temps, le आ â sanscrit. Dans la déclinaison pronominale, qui, comme l'a montré Windischmann, a gardé le pronom annexe sma (§ 167 et suiv.), mais en supprimant le s de sma, nous trouvons des ablatifs en mê correspondant aux ablatifs en smâ-t du sanscrit, en hmâ-ḍ du zend et en smâ ou hmâ du pâli. En effet, la comparaison des ablatifs pronominaux en mê avec les datifs en m

---

[1] reconnaîtrais une enclitique pronominale, comparable au c du latin hô-c ou au nam de quisnam, etc. ou bien encore au ch des accusatifs allemands mi-ch, di-ch, si-ch (gothique mi-k, thu-k, si-k, § 326). Mais il n'en est pas ainsi, selon moi, et je regarde né comme la forme primitive et iné-n, qé-n comme étant pour iné-né, qé-né. Cette syllabe né est une particule qui est venue se joindre à l'ablatif de ces pronoms : ce qui le prouve, c'est que nous la retrouvons à l'ablatif pluriel (նոցանու̂ nož-a-nu̇ « de ceux-ci ») jointe à la désinence ordinaire y ż (voyez §§ 215 et 372, 3). Je ne vois pas de raison pour admettre que dans une période plus ancienne de la langue les autres pronoms, ainsi que tous les substantifs et adjectifs, aient eu cette enclitique né ou n. Mais en admettant même que cela ait eu lieu, et que né ou n soit en effet le reste d'une ancienne préposition, il n'en résulte pas moins que l'ablatif régi par cette préposition a dû avoir primitivement une désinence casuelle, dans laquelle on pourrait reconnaître la mutilation de la terminaison t de l'ablatif sanscrit. Je rappelle l'ablatif du pronom de la 1ʳᵉ personne, en ancien perse, ma «de moi», qui correspond au sanscrit mat, avec suppression régulière du t final.

[1] L'instrumental est, parmi les cas du singulier, celui où l'on reconnaît le mieux quelle est la vraie voyelle finale du thème. Le v de l'instrumental, qui devient b après une consonne, correspond, ainsi que l'a reconnu avec pénétration Fr. Windischmann (ouvrage cité, p. 26 et suiv.), au b̓ sanscrit de quelques désinences casuelles de même famille (§ 215 et suiv.). On peut noter à ce propos une rencontre curieuse, bien que fortuite, de l'arménien avec les langues lettes et slaves, qui ont également à l'instrumental singulier une désinence rappelant de près celle de l'instrumental pluriel. En lithuanien, par exemple, mi au singulier, mis (= sanscrit b̓is) au pluriel.

[2] Je laisse de côté à dessein la préposition, qui paraît sous la forme i devant les consonnes, sous la forme h (venant de j) devant les voyelles : dans le dernier cas elle se joint dans l'écriture avec le mot régi.

prouve bien que *mê* tient la place du sanscrit *-smâ-t*, et *m* celle de *smai* : rapprochez, par exemple, *or-mê* (avec la préposition : *h-or-mê*) « quô » (relatif) de *oru-m* « cui ». On voit qu'au datif la déclinaison pronominale a éprouvé exactement la même mutilation en arménien qu'en lithuanien et en haut-allemand moderne. On peut comparer le *m* de *oru-m* « cui » (d'après la prononciation d'aujourd'hui, *worum*) avec le *m* des formes lithuaniennes comme *ka-m* « à qui? » (pour le borussien *ka-smu*, le sanscrit *ká-smâi*) et le *m* du haut-allemand moderne, par exemple dans *we-m, de-m*.

En arménien, comme en pâli et en prâcrit, et comme en lette, le pronom annexe a pénétré de la déclinaison pronominale dans la déclinaison des substantifs; les seuls toutefois qui l'admettent sont les thèmes en *o* (4ᵉ déclinaison), lequel *o* devient ու *u* devant le *m* en question; exemple : *mardu-m* « homini » à côté de *mardoi* (prononcez *mardô*). Le pronom annexe se trouve aussi à l'ablatif des mots de cette classe (Petermann, p. 109), mais la voyelle finale du thème est supprimée (*aġ-mê*, au datif *aġu-m*). Il n'y a d'ailleurs aucune raison pour faire dériver l'ablatif du datif, puisqu'on sait, par la comparaison avec les autres idiomes, que le pronom annexe appartient également à ces deux cas.

Dans les thèmes en *i*[1], je regarde la désinence de l'ablatif *ê*,

---

[1] 3ᵉ déclinaison de Petermann : c'est la plus nombreuse de toutes. Ce qu'on appelle d'ordinaire la lettre caractéristique n'est pas autre chose que la voyelle finale du thème : l'arménien supprime au nominatif-accusatif-vocatif cette voyelle finale. Pareille chose a lieu en gothique pour les thèmes en *a* et en *i*. De même qu'en gothique le thème *gasti* fait *gast-s, gast*, de même le thème arménien *srti* « cœur » fait dans les trois cas սիրտ *sirt* (abstraction faite de la préposition, qui, à l'accusatif, se met devant le thème). Au contraire, à l'instrumental, nous avons *srti-v*, au génitif-datif-ablatif pluriel սրտից *srti-ż*, à l'instrumental pluriel *srti-vḱ*. Il est vrai que le thème correspondant, en sanscrit et en latin, se termine par un *d* (sanscrit *hṛd* venant de *hard*, latin *cord*); mais l'arménien a, comme le lithuanien *śirdi-s*, élargi le thème par l'adjonction d'un *i*, pour faciliter la déclinaison. On peut donc rapprocher, à l'ins-

par exemple dans սրտէ *srté* « du cœur », comme le gouna de l'*i* du thème ; je rapproche ces ablatifs arméniens des génitifs-ablatifs sanscrits en *ê-s* (§ 102) et des ablatifs zends en ـِོ‎ *ôi-ḍ*. Comparez *srté* avec les ablatifs sanscrits comme *agnế-s* « igne », venant de *agnế-t*, du thème *agní*. Voici quelques exemples où le է *é* arménien correspond à la diphthongue sanscrite *ê*, venant de *ai* : գէսք *gês-q̇* « cheveu », en sanscrit केश *kêśa* ; մէգ *mêg* « brouillard », en sanscrit *mêǵá* « nuage » ; տէգ *têg* « lance », de la racine sanscrite *tiǵ* « aiguiser » (venant de *tig*), avec le gouna *têǵ* ; de là le substantif तेजस् *téǵas* « pointe, éclat »[1]. En ce qui concerne la double origine de l'*ê* arménien, qui répond à la fois à l'*â* et à l'*ê* en sanscrit, on peut comparer l'*ê* latin (§ 5).

Pour la formation de l'ablatif, on peut consulter le tableau comparatif suivant :

Sanscrit.	Zend.	Latin.	Osque.	Arménien.
áśvâ-t[2]	*aspâ-ḍ*	alto-d	preivatú-d	stanê
ká-smâ-t	*ka-hmâ-ḍ*	....	....	or-mê
urvárây-âs[3]	*urvarayâ-ḍ*	præda-d	touta-d	....
prí'tê-s	*âfrîtôi-ḍ*	navale-d[4]	slaagi-d	srté

trumental singulier, l'arménien *srti-v* (venant de *srdi-v*) du lithuanien *širdi-mi* (venant de *širdi-bi*, § 161).

[1] Voyez Bötticher dans le Journal de la Société orientale allemande, IV, p. 363.

[2] Il est entendu que la comparaison se borne à la désinence ; il serait impossible, dans les tableaux comparatifs de ce genre, de n'admettre que des mots ayant même thème.

[3] Voyez § 102. Le zend *urvarâ* signifie « arbre », le sanscrit *urvárâ* « champ cultivé ».

[4] On pourrait aussi attendre *navali-d*, par analogie avec *mari-d*. Si, dans un temps où les consonnes finales n'avaient pas encore pour effet d'abréger la voyelle précédente, cet *e* était long, on pourrait le regarder comme le gouna de l'*i* et comme le représentant régulier de l'*ê* sanscrit (§ 5). L'*é* de *navalé-d* serait alors le même *é* qui s'est conservé au pluriel *navalé-s* (§ 230). Au sujet de *mari-d*, on pourrait faire observer qu'en sanscrit les thèmes neutres en *i* et en *u* ont moins de propension pour le gouna que les masculins et les féminins : ainsi, au vocatif, nous avons à côté de *vấrê*, *mádô*, les formes *vấri*, *mádu*.

ABLATIF SINGULIER. § 183ᵇ, 1.

Sanscrit.	Zend.	Latin.	Osque.	Arménien.
bartry-ās	barĕiry-ād̦	....	....	....
sûnṓ-s	añhau-d̦, mainyëu-d̦	magistratu-d	....	....
tanṓ-s, tanv-ā́s	tanau-d̦, tanv-ad̦	....	....	....
viś-ā́s [1]	vîs-ad̦	....	....	....
śṓćat-as (védique)	śaućant-ad̦	præsent-ed	præsent-id	....
vártman-as	ćaśman-ad̦	covention-id [2]	....	himan-ê
....	dâir-ad̦ [3]	dictatôr-ed	....	dster-ê.

Comparez encore à *áśvâ-t* les formes grecques comme ὁμῶ-s (= sanscrit *samā́-t*) et les formes ossètes comme *arsei* (= sanscrit *r̥kśâ-t*, venant de *árkśâ-t*); à *kā́-smâ-t* l'ossète *ka-mei*, le slave *ka-mo*.

§ 183ᵇ, 1. De la déclinaison arménienne en général [4].

L'ablatif a été pour nous la première occasion de comparer, d'une façon détaillée, l'arménien aux autres langues indo-européennes; nous examinerons à ce propos les faits les plus saillants de la déclinaison arménienne.

Parmi les thèmes terminés par une consonne, la plupart

---

[1] En zend, *viś* signifie « endroit »; en sanscrit, *viś* signifie au féminin « entrée », au masculin « homme de la troisième caste ».

[2] Comme il n'y a pas à l'ablatif de différence dans la flexion pour les divers genres, nous pouvons placer ici un mot féminin en regard des mots neutres. Quant à l'arménien, il ne distingue nulle part les genres.

[3] J'infère cette forme d'après le génitif *dâtr-ô*, ainsi que d'après la forme usitée *âtr-ad̦* « igne » (du thème *dtar*). L'ablatif de *duġdar* « fille » ne pouvait être autre que *duġdĕr-ad̦* (par euphonie pour *duġdr-ad̦*, comparez § 178); on peut en rapprocher l'arménien *dster-ê*, qui a changé l'ancienne gutturale en sifflante à cause du *t* qui suivait, comme cela est arrivé aussi pour l'ancien slave ДЪШТИ *düśti* (nominatif), génitif *düśter-e*.

[4] L'auteur, qui, au paragraphe précédent, à propos de l'ablatif, a fait entrer pour la première fois l'arménien dans le cercle de ses comparaisons, revient maintenant sur l'ensemble de la déclinaison arménienne et sur le système phonique de cette langue (comparez ci-dessus la Préface de la deuxième édition, p. 11). — Tr.

finissent en arménien, comme dans les langues germaniques, par *n* ou par *r*. Les premiers sont très-nombreux et suppriment, comme en général tous les thèmes finissant par une consonne, le signe casuel au génitif et au datif; exemples : *akan* « oculi, oculo », *dster* « filiæ » (génitif et datif). Au nominatif, le thème est mutilé; exemples : *akn* « oculus », *dustr* « filia »[1]. Il ne faut donc pas, quand on étudie la déclinaison arménienne, partir, comme on le fait d'ordinaire, du nominatif singulier, ni admettre qu'une portion des cas obliques des mots en *n* et en *r* insèrent une voyelle entre cette lettre et la consonne précédente, ou que le thème s'élargit à l'intérieur (Windischmann, ouvr. c. p. 26). Au contraire, le nominatif abrége le thème et opère des contractions souvent fort dures. Pendant que les thèmes terminés par une voyelle suppriment la voyelle finale au nominatif, les thèmes terminés par une consonne rejettent la voyelle qui la précède. Il est certain que *akn* « oculus » n'appartient pas au thème sanscrit *ákśi*, mais au thème secondaire *akśan*, d'où dérivent les cas très-faibles de ce mot irrégulier (voyez mon Abrégé de grammaire sanscrite, § 169); *akśan* rejette dans ces cas le dernier *a*, comme le fait le thème arménien au nominatif-accusatif-vocatif. On peut donc, en ce qui concerne la mutilation du thème, rapprocher ակն *akn* des datif et génitif sanscrits *akśn-ê*, *akśn-as*; inversement, le datif et génitif arménien *akan*[2] répondra, en sanscrit, au thème complet *akśan*. La même comparaison pourrait se faire pour les thèmes en *r* : ainsi *dster*

---

[1] Il en est de même au vocatif et à l'accusatif, avec cette différence seulement que ce dernier, dans la déclinaison des noms déterminés, prend le préfixe զ *s*. La mutilation dont il est question peut être rapprochée de celle qu'éprouvent en gothique les formes comme *bróthar*, *dauhtar*, qui font au génitif et au datif *bróthr-s*, *bróthr*, *dauhtr-s*, *dauhtr*.

[2] Au nominatif pluriel ակունք *akunḳ* l'*a* s'est affaibli en *u*, comme cela arrive très-fréquemment, à peu près comme nous avons, en vieux haut-allemand, le datif pluriel *tagu-m* en regard du gothique *daga-m*.

(datif et génitif) répond au sanscrit *duhitár*, au grec Θυγατερ, au gothique *dauhtar*, tandis que le nominatif *dustr* correspond au sanscrit *duhitr*, au grec Θυγατρ, au gothique *dauhtr* des cas faibles.

Le mot *himan-ē* (ablatif), cité plus haut, est formé d'un suffixe qu'on retrouve en sanscrit sous la forme *man*, et qui joue aussi un grand rôle dans la déclinaison faible des langues germaniques (§ 799). Peut-être Հիման *himan* « base », nominatif *himn*, est-il identique au sanscrit *sīman* « frontière » (racine *si* « lier »), avec le changement ordinaire aux langues iraniennes de *s* en *h*. Je crois retrouver dans *at-a-man* « dent », nominatif *atamn*, la racine sanscrite *ad* « manger », qui est commune à toute la famille indo-européenne. Le verbe arménien dérivé de la même racine a affaibli l'ancien son *a* en *u* (ուտեմ *utem* « je mange »), au lieu que dans le mot *ataman* « dent » l'*a* s'est conservé; de plus, une voyelle euphonique a été insérée dans ce dernier mot entre la racine et le suffixe, comme, par exemple, dans le vieux haut-allemand *wahs-a-mon* (nominatif *wahs-a-mo*) « fruit », littéralement « ce qui croît », qui ferait, en gothique, *vahs-man*, nominatif *vahs-ma* (§ 140). Au nombre des mots arméniens en *n*, je mentionne encore le thème շան *śan* « chien » (= sanscrit *śvan*), dont le nominatif *śun* se rapporte à la forme contractée des cas très-faibles (*śun*, grec κυν).

Parmi les thèmes arméniens en *n* (ces thèmes, dans le *Thesaurus linguæ Armenicæ* de Schröder, comprennent les trois premières déclinaisons), il ne manque pas non plus de formes rejetant la nasale au nominatif, suivant un principe que nous avons reconnu être fort ancien (§ 139 et suiv.). Mais comme en même temps on supprime la voyelle de la syllabe finale, de la même manière que si *n* était conservé, on arrive à des formes comparables aux mots *bär*, *ochs*, *mensch*, *nachbar* du haut-allemand moderne, lesquels viennent des thèmes *bären*, *ochsen*[1] (sanscrit *úkśan*, nominatif *úkśâ*), *menschen*, *nachbarn*. Voici des exemples de mots de cette sorte en arménien : գալուստ *galust* « arrivée », պահուստ *pahust* « protection », սնունդ *snund* « éducation »; génitif : *galustean*, *pahustean*, *snundean* (voyez la 2ᵉ déclinaison de Schröder).

Outre les thèmes en *n* et en *r* (ր *r* ou ռ *ṙ*), il n'y a d'autres thèmes terminés par une consonne que ceux qui finissent en ղ *ġ* (4ᵉ déclinaison de Schröder). Mais, comme cette lettre est de la famille de *l*[2], et comme les liquides *r* et *l* sont presque identiques (§ 20), on peut admettre aussi une parenté primitive entre ղ *ġ* et *r*, et on peut s'attendre à voir le ղ *ġ* remplacer un ancien *r*. C'est ce qui arrive, en effet, pour le mot եղբայր *eġbair* « frère », dans lequel je reconnais, comme Diefenbach[3],

---

[1] Le thème arménien եզան *eṣan*, nominatif *eṣn* (sanscrit *úkśan*, nominatif *úkśâ*) a perdu la gutturale, comme cela est arrivé pour le zend *aśi* « œil », en sanscrit *ákśi*. En ce qui concerne l'affaiblissement de l'*a* en *i* dans la syllabe finale du thème, le génitif-datif *eṣin* s'accorde très-bien avec le vieux haut-allemand *ohsin* (mêmes cas) et avec le gothique *auhsin-s*, *auhsin*. De même que le thème gothique *auhsan* et toutes les formations analogues, le mot arménien congénère et tous les autres mots de la 3ᵉ déclinaison de Schröder ont tantôt *a*, tantôt *i* dans la syllabe finale. On a, par exemple, à l'instrumental *eṣamb* (pour *eṣan-b*) et au pluriel եզանց *eṣanż* comme datif-ablatif-génitif (§ 215), tandis que le nominatif est *eṣin-ġ*. En général, dans cette déclinaison l'*a* prédomine; la voyelle affaiblie *i* ne paraît au pluriel qu'au nominatif (qui est porté, comme le nominatif singulier, à affaiblir le thème) et dans les cas qui se forment du nominatif; au singulier, on ne rencontre l'*i* qu'au génitif-datif, tandis que l'ablatif, comme le nominatif, supprime tout à fait la voyelle (*eṣn-é*), d'accord en cela avec les formes sanscrites telles que *nâmn-as*.

[2] Dans l'alphabet arménien le *ġ* occupe, en effet, la place du λ grec. Les lettres particulières à l'arménien ont été, il est vrai, intercalées parmi les lettres communes au grec et à l'arménien; mais ղ *ġ* prend véritablement la place du λ et se range après le *k* (կ), dont il est séparé par deux lettres qui manquent à l'alphabet grec, le հ *h* et le ձ que nous transcrirons par ζ. La place du ζ grec est occupée par le զ *s*, ce qui prouve qu'à l'époque où l'alphabet arménien a été arrangé, le ζ avait la valeur d'un *s* doux.

[3] *Annales de critique scientifique*, 1843, p. 447.

le mot *brair*, avec la métathèse de la liquide, si ordinaire en arménien, et la prosthèse d'une voyelle euphonique. La désignation arménienne de « frère » ressemble, sous ce double rapport, au mot correspondant en ossète, *arvade* (§ 87, 1). Dans ուղտ *uġt* « chameau », forme très-altérée du sanscrit *úṣtra*, l'ancien *r* a également été déplacé; en effet, je reconnais dans le ղ *ġ*, non pas le *ṣ* sanscrit, mais le *r* transformé. Parmi les thèmes de la 4ᵉ déclinaison de Schröder, qui se terminent tous en ղ *ġ*, mais qui, au nominatif et dans les cas de forme identique, suppriment l'*e* dont ce ղ *ġ* est précédé, nous trouvons, entre autres, le thème աստեղ *asteġ* « étoile », nominatif *astġ*, qui, étant admise l'identité de *ġ* et de *r*, rappelle aussitôt le védique *stâr*, *str*, le zend *stâr* (*stârĕ*, § 30) et le grec ἀστήρ. Il y a même entre le mot arménien et le mot grec ce rapport particulier, qu'ils ont pris tous les deux au commencement une voyelle euphonique, sans laquelle le nominatif arménien (*stġ*) serait impossible à prononcer. Cette prosthèse pourrait faire passer le mot arménien pour un terme emprunté à la langue hellénique, si nous ne savions que le procédé en question est tout aussi familier à l'arménien et à l'ossète qu'au grec; nous venons d'en avoir un exemple dans *e-ġbair* [1].

Parmi les thèmes arméniens en եղ *eġ*, il y a plusieurs composés en կետեղ *keteġ*, nominatif *ketġ*; exemple : *ġarketġ* « amas de pierres ». Ce *keteġ* rappelle le sanscrit *kṣêtra* « lieu, place », dont la syllabe finale a pu aisément se transposer en *tar*, qui a dû donner en arménien *teġ*, ե *e* étant le représentant le plus ordinaire d'un अ *a* sanscrit.

Outre la lettre ե *e*, on trouve très-fréquemment ո *o* et ու *u*

---

[1] Le thème sanscrit *nâman* « nom » donne de même en arménien la forme *a-nun*, où ու *u* est l'affaiblissement de l'*â* sanscrit, et où il ne reste de la syllabe *man* que la nasale. A l'égard de la prosthèse, l'arménien se rencontre encore pour ce mot avec le grec (ὄ-νομα).

comme tenant lieu de l'*a* sanscrit; aussi les mots sanscrits en *a*, qui ont fourni au grec et au latin la 2ᵉ déclinaison et au gothique la 1ʳᵉ (forte), se sont-ils divisés en arménien en trois déclinaisons[1] : la 1ʳᵉ comprend les thèmes en ա *a*, la 2ᵉ les thèmes en ո *o*, la 3ᵉ les thèmes en ու *u*; l'instrumental pour ces trois classes de mots est *a-v*, *o-v* et *u* (ce dernier sans désinence casuelle)[2]. On a déjà donné plus haut (§ 183ᵃ, 4) un exemple de la déclinaison en *a*, à savoir *stana*, nominatif *stan* (= sanscrit *stā́na-m* «place»), instrumental *stana-v*; *mardo* «homme» est un exemple de la déclinaison en *o*; il fait au nominatif *mard*, au génitif *mardoi*, à l'instrumental *mardo-v*. Le sens étymologique de *mardo* est «mortel»; par sa forme, *mardo* se rapporte au thème sanscrit *mṛiá*, ou plutôt *marta* «mort»; comparez le grec βροτό, pour μροτό, qui est lui-même pour μορτό. L'*o* du thème arménien est donc identique avec la voyelle finale du mot grec congénère. A la même racine qui a donné *mard*, je rapporterai *marmin* «corps», en tant que «mortel, périssable»[3] (thème *marmno* ou *marmni*); dans la seconde syllabe, je reconnais le représentant du suffixe sanscrit *mâna*, zend *mana* ou *mna*, grec μένο, latin *mnŏ* (*al-u-mnŏ*, *Vert-u-mnŏ*). Au thème grec δῶ-ρο répond, quant à la racine et au suffixe, l'arménien տուրո *turo* «don», nominatif *tur*, de la racine sanscrite *dâ*, dont l'*â* s'est probablement d'abord abrégé en arménien et ensuite affaibli en ու *u*. Dans le thème *dio* (pour *divo*), nominatif *di* «idole, faux dieu», génitif *dioi* (prononcez *diŏ*), je reconnais le sanscrit *dêvá* avec mutilation de la diphthongue *ai* (devenue par contraction *ê*) en ի *i*. արծաթ *arẓat*, thème *arẓato*, se rattache au sanscrit *raǵatá-m* «argent», avec métathèse de *ra* en *ar*, comme dans le latin *argentum* et le grec

---

[1] ե *e* manque comme lettre finale des thèmes.

[2] Voyez Schröder, 6ᵉ, 9ᵉ et 10ᵉ déclinaisons.

[3] Le sanscrit *mûr-ti* «corps» appartient à la même racine.

ἄργυρος, qui appartiennent à la même racine sanscrite राज् *râǵ*
« briller » (venant de *râg*). Dans le suffixe *uno*, nominatif *un*,
de formes comme զիտուն *getun* « sciens, conscius », je reconnais le suffixe *ana*, grec ανο (§ 930). Comme exemples de
thèmes ayant ու *u* (10⁰ déclinaison de Schröder), au lieu de l'*a*
sanscrit, nous pouvons citer *hênu* « troupe », ուղտու *uǵtu* « chameau », կովու *kowu* « vache », nominatif *hên*, *uǵt*, *kow*. Le
premier de ces mots répond au sanscrit *sênâ* (féminin) « armée »[1]; mais comme l'arménien, qui ne distingue pas les genres,
n'a, en réalité, que des masculins[2], il faut supposer un thème
masculin *sêna* coexistant à côté de *sênâ*. Nous en dirons autant
pour le thème arménien *kowu* « vache », nominatif կով *kow*,
qui, par sa forme, est un masculin et se rattache au thème sanscrit *gava* « veau », lequel ne paraît qu'en composition[3]. On peut
encore expliquer le thème arménien *kowu* d'une autre façon :
on peut le faire dériver du sanscrit *gô* (venant de *gau*), en supposant que l'arménien, ne pouvant décliner la diphthongue *ô*
(ou plutôt *au*), lui a adjoint un *a*, qui s'est affaibli en *u*; de là
le thème *kowu*, et, par apocope, le nominatif *kow*[4]. Le thème
sanscrit *nâu* « vaisseau » s'est élargi de la même façon en նաւու
navu, d'où vient le nominatif *nav*; le thème latin *navi* est formé
d'une manière analogue, par l'adjonction d'un *i*.

[1] De *si* « lier »; comparez le mot français *une bande*.

[2] Nous avons de même en sanscrit les pronoms des deux premières personnes qui ne distinguent pas les genres, mais qui néanmoins se font reconnaître comme étant du masculin par leur accusatif pluriel *asmắn*, *yuṣmắn*.

[3] Il se réunit avec पुंस् *puṅ* (au lieu de *puṅs*; dans les cas forts *pumâṅs*), qui veut dire « mâle », pour former le mot composé *puṅgava-s* « taureau », littéralement « veau mâle ».

[4] Le ո *o* médial est l'altération d'un *a* primitif, comme l'*o* grec dans βο(F)ός, etc. et l'*ŏ* latin dans *bovis*, etc.

§ 183ᵇ, 2. Alphabet arménien. — Du *g* ż arménien.

Comme l'arménien reviendra encore souvent dans la suite de cet ouvrage, nous donnerons ici, comme nous l'avons fait plus haut pour les autres idiomes, l'alphabet avec la transcription adoptée pour chaque lettre.

1. ա *a;*
2. բ *b* [1];
3. գ *g;*
4. դ *d;*
5. ե *e* [2];
6. զ *s* (*s* doux);
7. է *ê;*
8. ը *ĕ;*
9. թ *t;*
10. ժ *ž* (le *j* français, le ж slave);
11. ի *i;*
12. լ *l;*
13. խ *k̕;*
14. ծ *ζ* (*dṣ*) [3];

---

[1] Sur la valeur actuelle de toutes les muettes, voyez § 87, 1. Mais il faut remarquer qu'après avoir fait subir autrefois aux muettes la substitution dont nous avons parlé, la prononciation arménienne est souvent revenue aujourd'hui au son primitif. Ainsi la moyenne de la racine sanscrite दा *dâ* était devenue ա = *t* (տամ *tam* «je donne»), d'après une loi de substitution analogue à celle des langues germaniques. Mais ա a repris dans la prononciation actuelle la valeur de *d* : de sorte que nous avons aujourd'hui une forme *dam* «je donne» qui répond au sanscrit *dâdâmi*, et *das* «tu donnes», qui sonne comme la forme équivalente en latin.

[2] Cette voyelle se prononce aujourd'hui comme si elle était précédée d'un *j*; la même chose a lieu pour le ѣ slave (§ 92 ᵃ). Voyez aussi, sur des faits analogues en albanais, mon mémoire sur cette langue.

[3] Dans cette lettre, que Schröder transcrit *dz*, est contenue, selon lui, une sifflante molle (*s* doux), dans ծ (n° 17), au contraire, une sifflante dure; aussi transcrit-il cette dernière lettre *ds*. Je les représente toutes les deux par le ζ grec, auquel je souscris un point quand il doit marquer la combinaison du *d* avec un *s* doux (*ṣ*). Sous le rapport étymologique, les deux consonnes arméniennes sont,

15. 4 *k*;
16. ꞓ *h*;
17. ծ ձ (*dś*):
18. ղ *ǵ* (venant de *l* ou de *r*, § 183ᵇ, 1);
19. ձ *ǵ* (*dś*);
20. ՟ *m*;
21. յ *h̆* (*h* doux initial), *i*[1];
22. ն *n*;
23. շ *ś*;
24. ո *o*[2];

jusqu'à un certain point, identiques, car elles représentent toutes les deux la moyenne palatale (ज् *ǵ*) dans les mots dont la forme correspondante existe en sanscrit (sur ज् = *dś*, voyez § 14). Toutefois ծ ձ représente plus souvent le ज् que ne le fait ձ ձ. On peut comparer ծնանել *ǵnanel* «engendrer» avec la racine sanscrite *ǵan* (même sens); ծեր *ǵer* «vieux» avec *ǵárant* (thème faible *ǵárat*) «vieux», grec γέροντ; արծաթ *arǵat* «argent» avec *raǵatá*; գանձ *ganǵ* «trésor» avec *gaṅǵá* «lieu où l'on met les trésors». Mais de même que les palatales sanscrites sont sorties d'anciennes gutturales, de même il est arrivé fréquemment qu'une ancienne gutturale, notamment *h* (= χ prononcé mollement, § 23), s'est changée en arménien en ծ ձ ou en ձ ձ; exemples : օձ *óǵ* «serpent» = sanscrit *ahi-s* (védique *áhi-s*, grec ἔχι-s); ձիւն *ǵiun* «neige», en sanscrit *himá-m* (racine *hi*); ձի *ǵi* «cheval», en sanscrit *hayá-s* (racine *hi*); ձեռն *ǵeṙn* «main» (thème *ǵeṙan*, génitif-datif *ǵeṙin*) répond, quant à la racine, au sanscrit *hárana-m* «main», en tant que «celle qui prend», et, quant au suffixe, à अन् *an* (§ 924). Nous avons un exemple de *h* sanscrit changé en ծ ձ dans մեծ *meǵ* «grand» (thème *meǵa*, instrumental *meǵa-v*) = védique *máha-s*.

[1] Le յ initial, qui se prononce aujourd'hui comme un *h*, est l'altération du son य् *y* : ainsi յազել *hazel* «sacrifier» répond à la racine sanscrite यज् *yaǵ* (même sens). De même pour les noms propres H·akobus, H·udas, H·osep, etc. A l'intérieur des mots, et à la fin de quelques mots monosyllabiques, յ précédé de ա *a* et de ո *o* forme avec ces voyelles les diphthongues *ai* et *ui*, ո *o* se prononçant *u* quand il se trouve dans cette combinaison (voyez Petermann, p. 31); exemples : այլ *ail* «alius» = sanscrit *anyá-s*; լոյս *luis* «lux» = sanscrit *ruć*, nominatif *ruk*. A la fin des mots, excepté dans quelques monosyllabes, le յ *i* de ces diphthongues n'est plus prononcé : je le conserve toutefois dans la transcription. On peut comparer cet *i* muet avec l'iota souscrit en grec. La voyelle précédente devient alors longue; exemple : մարդոյ *mardoi* = *mardǭ*.

[2] Cette voyelle se prononce aujourd'hui avec un *v* prosthétique (*vo*); avec յ elle forme la diphthongue *ui*, qui anciennement se prononçait peut-être *oi*. On a déjà fait

25. ճ *ć* (*tś*);
26. պ *p*;
27. ջ *ǵ* (*dś*);
28. ռ *ṙ* (*r* dur);
29. ս *s*;
30. վ *w*;
31. տ *t*;
32. ր *r* (*r* mou);
33. ց *ż* (*ts*);
34. ւ *v* devant les voyelles, *u* devant les consonnes et à la fin des mots[1];
35. փ *ṗ*;
36. ք *q̇* (souvent pour le *sv* sanscrit, comme ڡ *q̇* en zend, § 35);
37. օ *ô*;
38. ֆ *f*.

On voit que l'alphabet arménien contient un grand nombre de lettres marquant un son dental suivi d'une sifflante, à peu près comme le ζ grec (= δσ), le *j* anglais (= *dś*), ou le *z* allemand (= *ts*). La question se présente donc naturellement, si une ou plusieurs de ces lettres ne proviennent pas, comme on l'a montré plus haut pour le ζ grec (§ 19), du son य *y*. Or, pour le ց *ż* = *ts*, qui joue un si grand rôle dans la déclinaison des noms et des pronoms et dans la conjugaison des verbes, j'ai pu constater que, partout où il sert à la flexion, il s'explique par le य *y* sanscrit, et que les formes en question répondent à des formes sanscrites ayant la lettre य *y*. Il sera bientôt question (§§ 215, 244) des désinences casuelles qui contiennent un

observer (§ 183[b], 1) que le ո simple répond étymologiquement à l'*a* sanscrit, comme ὀ μικρόν en grec et О en slave. Schröder attribue dans toute position à la voyelle ո la prononciation *uĕ* ou *uo*.

[1] Précédée de ո *o*, la lettre ւ exprime la voyelle brève *u*; exemple : դուստր *dustr* «fille» (thème *duster*), pour le sanscrit *duhitā́* (thème *duhitár*), slave *dŭšti*, génitif *dŭšter-e*.

g ż; mais il me paraît à propos de jeter par avance un coup d'œil sur la conjugaison, parce qu'elle répand du jour sur la déclinaison des noms et des pronoms, de même qu'elle en reçoit à son tour des éclaircissements.

Nous commencerons par le subjonctif présent. Nous avons pour le verbe substantif *իցեմ iżem*, qui correspond au potentiel sanscrit *syâm*; ce dernier est pour *asyâm*, comme *s-mas* « nous sommes » est pour *asmás*, dorien ἐσμές, lithuanien *es-me*. L'arménien a conservé, comme le grec, la voyelle radicale, en affaiblissant, ainsi qu'il arrive très-souvent, l'*a* en *i*, comme, par exemple, en grec dans l'impératif ἴσ-θι. La sifflante a complètement disparu en arménien du verbe substantif, à moins qu'elle ne se trouve, comme je le crois, sous la forme d'un *r* à la 3ᵉ personne du singulier de l'imparfait : էր *êr* (*erat*) = védique *âs*, zend *âs̆*, dorien ἦς (§ 532). Le *r* de la 2ᵉ personne էիր *êir* (= sanscrit *âsîs*) est, au contraire, pour le *s* de la flexion. Le է *ê* initial de toutes les personnes de l'imparfait doit probablement, comme l'η grec, son origine à l'augment. Si nous prenons donc le *g ż* du subjonctif pour le représentant du *j*, et si, comme en sanscrit, nous exprimons ce son par la lettre *y*, nous aurons une correspondance frappante entre les formes arméniennes *iyem, iyes, iyê* et le grec εἴην, εἴης, εἴη (venant de ἐσιην, etc. pour ἐσjην), ainsi qu'avec le sanscrit (*a*)*syâm,* (*a*)*syâs,* (*a*)*syât.* Les verbes attributifs se combinent, comme je crois, au subjonctif présent avec le verbe substantif; on a, par conséquent, *sir-iżem* « amem », venant de *sir-iyem*, à peu près comme le vieux latin *fac-sim*, qui est, au moins sous le rapport de la forme, la combinaison de la racine avec le subjonctif de *sum*. Dans la 2ᵉ conjugaison arménienne, l'*i* de *iżem*, en se combinant avec l'*a* qui précède, forme la diphthongue *ai*; exemple : աղայցեմ *ağaiżem* « molam », venant de *ağa-iyem*. Après le ու *u* de la 3ᵉ conjugaison, l'*i* du verbe auxiliaire tombe : ainsi de *toğ-u-m* « sino » vient le subjonctif թոողողեմ *ioġuźum*, *ioġuźus*, *ioġuźu*, formé de *ioġuyum*, *-yus*, *-yu*. Dans les désinences, nous trouvons ici un *u*, au lieu de l'*e* des deux premières conjugaisons; ce changement s'explique par l'influence assimilatrice exercée par l'*u* de la syllabe précédente, qui lui-même tient la place d'un ancien *â*[1].

Je regarde le futur arménien comme étant originairement un subjonctif aoriste, de même que le futur latin de la 3ᵉ et de la 4ᵉ conjugaison est, comme on l'a montré depuis longtemps, un subjonctif présent (§ 692). Rappelons-nous à ce sujet que, dans le dialecte védique, il n'y a pas de différence pour la signification entre les modes de l'aoriste et ceux du présent, et que dans le sanscrit classique ce qu'on appelle le précatif n'est pas autre chose que le potentiel ou l'optatif de l'aoriste: comparez *bû-yấ-t* « qu'il soit » avec *ábû-t* « il était ». Mais si le futur arménien est identique avec le précatif sanscrit, ou avec l'optatif aoriste grec, il renfermera sans doute l'équivalent de l'expression modale या *yâ*, en grec *ιη* (venant de *jη*), que nous avons, par exemple, dans δο-*ίη*-ν, δο-*ίη*-ς, δο-*ίη* (pour δο-*jη*-ν, etc.). C'est cet équivalent que je trouve, en effet, dans la syllabe ձե *że* ou *żu*, venant l'une et l'autre de *ża*, et étant, comme on l'a montré plus haut, pour *ye* et *yu*; je retrouve encore le même équivalent dans le simple ձ *ż* de la 1ʳᵉ personne du singulier; exemple: տաց *ta-ż* « dabo », *ta-że-s* « dabis », *ta-żé* « dabit », *ta-żu-ք* (pour *ta-żu-mք*) « dabimus », *ta-że-n* « dabunt ». A la 2ᵉ personne du pluriel, où l'ancien *â* de la syllabe या *yâ* s'est affaibli en *i*, le ձ *ż* devient, par l'influence de cet *i*, un ջ *ǵ* (= *dś*); exemple:

---

[1] En supposant que l'hypothèse émise ne soit pas fondée, et que le verbe substantif ne soit pas contenu dans le subjonctif présent de la 3ᵉ conjugaison, il faudrait rapprocher les formes comme *toġ-u-żum* des potentiels sanscrits de la 8ᵉ classe (§ 109ᵃ, 4), tels que *tan-u-yấ-m* « extendam », *-yấ-s*, *-yấ-t*; mais, même en expliquant ainsi ces formes, il faudrait encore voir dans l'*u* de la troisième syllabe un effet de l'influence assimilatrice de l'*u* de la deuxième.

աաջիք *tagiq* «dabitis». Nous arrivons de la sorte au même point que le prâcrit, où le य़ *y* sanscrit devient très-ordinairement ज़ *ģ*, c'est-à-dire qu'il passe de la prononciation du *j* italien ou allemand à celle du *j* anglais. Si nous remplaçons donc ց *z* et Ձ *ģ* par le son primitif *j*, qu'en sanscrit exprime le *y*, le futur arménien répondra, comme nous l'avons dit, à l'optatif aoriste en grec et au précatif en sanscrit; mais il sera plus semblable au premier qu'au second, en ce que le précatif sanscrit, à la plupart des personnes, joint à la racine principale le verbe substantif, comme cela arrive en grec dans δοίησαν. L'accord le plus complet a lieu à la 2ᵉ personne du singulier des trois langues. On peut comparer :

Sanscrit.	Grec.	Arménien.
dê-yấ-sam[1]	δο-ίη-ν	ta-y
dê-yấ-s	δο-ίη-ς	ta-ye-s
dê-yấ-t	δο-ίη	ta-yê
dê-yấ-sma	δο-ίη-μεν	ta-yu-ǵ
dê-yấ-sta	δο-ίη-τε	ta-yi-ǵ
dê-yấ-sus[2]	δο-ῖε-ν	ta-ye-n.

À l'aoriste de l'indicatif, le verbe arménien en question a affaibli l'*a* radical en *u*, affaiblissement fréquent dans cette langue; à la 3ᵉ personne du singulier, l'*a* est supprimé tout à fait. On a donc : *e-tu*, *e-tu-r* (venant de *e-tu-s*), *e-t*, en regard des formes sanscrites *á-dâ-m*, *á-dâ-s*, *á-dâ-t*, et grecques ἔ-δω-ν, ἔ-δω-ς, ἔ-δω. À la 3ᵉ personne du pluriel, si l'on fait abstraction de l'altération des voyelles, il y a accord entre l'arménien *e-tu-n* et le dorien ἔ-δο-ν, au lieu qu'en sanscrit la forme primitive *a-dâ-nt* s'est affaiblie en *á-du-s*.

Les aoristes de l'indicatif, qui se terminent à la 1ʳᵉ personne

---

[1] Pour *dd-yấ-sam*, § 705.
[2] Venant de *dê-yấ-sant*.

du singulier en *ղի ži*, doivent être rapportés à la 10ᵉ classe sanscrite, à laquelle se rattache aussi, dans les langues germaniques, la conjugaison faible. J'explique donc *g ž*, par exemple, dans *լղի lži* «implevi» par le च् *y* sanscrit, par exemple, dans *pâr-áyâmi* «impleo»[1]. Cette classe de verbes n'a pas d'aoriste en sanscrit; elle le remplace par des formes redoublées, comme *áćúćuram* «je volai»; où il n'y a pas trace du caractère *aya, ay*[2], et qui n'ont de commun avec le présent *ćôr-áyâ-mi* et l'imparfait *áćôr-aya-m* que la racine, et non la formation. Mais l'arménien qui, à l'imparfait, ajoute le verbe substantif au thème du verbe principal, se sert, pour l'aoriste de cette classe, de la forme de l'imparfait sanscrit[3]. Toutefois, de ce que les aoristes des verbes réguliers de la 1ʳᵉ et de la 2ᵉ conjugaison arménienne se rattachent par leurs formes en *եցի eži, ացի aži*, à la syllabe finale *ay* de la 10ᵉ classe sanscrite, il ne suit pas nécessairement que les temps spéciaux de ces verbes appartiennent aussi à la 10ᵉ classe sanscrite; il se pourrait, en effet, que les temps spéciaux appartinssent à la conjugaison forte et les temps généraux à la conjugaison faible (s'il est permis d'appliquer à l'arménien la terminologie de Grimm), à peu près comme en latin *sero* (venant de *seso*, § 109ᵃ, 3) et *strepo* appartiennent à la conjugaison forte, mais *sê-vi, strep-ui*, à la conjugaison faible, à cause du verbe auxiliaire qui est venu se joindre au thème, et comme, en sens inverse, *spondeo* appartient à la conjugaison faible et *spopondi* à la conjugaison forte. Il se pourrait encore

---

[1] *Pâr-áyâmi* vient de la racine *par, pṛ* (10ᵉ classe), qui a formé aussi le verbe arménien en question, *l* dans *lži* étant pour *pl*.

[2] *Aya* dans les temps spéciaux, *ay* dans les temps généraux.

[3] Comparez, sous ce rapport, les aoristes lithuaniens comme *jėškójau* (4ᵉ conjugaison de Ruhig), où le caractère de la 10ᵉ classe se montre d'une façon plus apparente qu'au présent *jėškau* «je cherche» (§ 109ᵃ, 6). En lithuanien, comme on voit, les verbes de la 10ᵉ classe ont également conservé leur aoriste indicatif, quoique la classe correspondante en sanscrit l'ait perdu.

qu'en arménien *sir-e-m* « j'aime » et *aġ-a-m* « je mouds » (les deux verbes pris pour modèles de conjugaison par Petermann) eussent éprouvé une abréviation ou une mutilation dans la voyelle caractéristique, de sorte que *sir-e-m* fût pour *sir-ê-m*, et *aġ-a-m* pour *aġ-ai-m*; *ê-m* serait alors une contraction pour *ayâ-mi*, comme le prâcrit *ê-mi* et le vieux haut-allemand *ê-m* (3ᵉ conjugaison faible de Grimm, § 109ᵃ, 6); il en serait de même pour *ai* renfermé dans la forme supposée *aġ-ai-m*.

Au futur, ou plutôt au subjonctif, qui tient lieu de futur (c'est le potentiel sanscrit), on ajoute l'exposant du mode au thème de l'aoriste indicatif. Nous avons vu que le thème de l'aoriste se termine par *g ż*; de son côté, l'exposant modal commence, ainsi qu'on vient de le dire, par *g ż* = le sanscrit यू *y*. A la 1ʳᵉ personne du singulier, qui n'a pas de signe pour marquer la personne, on intercale un *i* euphonique (սիրեցիցէ *sireż-i-ż*, աղացից *aġaż-i-ż*). Mais, aux autres personnes, on fait suivre le second *g ż* immédiatement, et alors le premier se change en *s* (Petermann, p. 207 et suiv.) : *sires-że-s* « amabis », *aġas-że-s* « moles », pour *sireż-że-s*, *aġaż-że-s*. Au sujet de ce changement, on peut rappeler un fait analogue qui a lieu en ancien et moyen haut-allemand, à savoir le changement en *s* des dentales (y compris le *z* = l'arménien *g ż*) devant d'autres dentales (§ 102 et suiv.); exemple : *weis-t* « tu sais », au lieu de *weiz-t*.

Ramené au système phonique sanscrit, *aġasżes*, ou la forme plus ancienne *aġażżes*, donnerait *aġay-yâ-s* (nous faisons abstraction de la valeur étymologique du *ġ* arménien, qui, en sanscrit, serait un *r* ou un *l*). Mais, en sanscrit, le précatif, qui n'est pas autre chose que le potentiel de l'aoriste, rejette la syllabe अयू *ay*, qui sert de caractéristique dans les temps généraux aux verbes de la 10ᵉ classe et aux verbes causatifs; on a, par conséquent, *côr-yâ-s* « que tu voles », *vêd-yâ-s* « que tu fasses savoir », au lieu de *côray-yâ-s*, *vêday-yâ-s*. Ce sont ces deux dernières formes que je regarde comme les formes organiques et primitives ; je ferai remarquer à ce propos un autre fait du même genre qui jette du jour sur celui que nous étudions. En sanscrit, cette même syllabe caractéristique *ay* est encore supprimée devant le suffixe du gérondif *ya* (*â-vêd-ya*, pour *â-vêd-ay-ya*) ; mais ici elle ne disparaît pas entièrement, car on la conserve, si la syllabe radicale a un *a* bref. Comparez *vi-gaṇ-ay-ya* aux formes comme *ni-pât-ya* (de *ni-pât-ay* « faire tomber »), où l'allongement de l'*a* radical annonce suffisamment le causatif, même après la suppression de la syllabe *ay*. C'est ainsi que dans *bôd́-yấ-s* « que tu fasses savoir » (au lieu de *bôd́-ay-yâs*), le causatif est suffisamment marqué par le gouṇa, qui distingue cette forme de *bud́-yấ-s* « que tu saches ». Je fais encore observer que le sanscrit, pour empêcher la rencontre de deux य *y*, qu'il évite autant que possible, supprime aussi la caractéristique causale अय *ay* devant la caractéristique du passif *ya* ; exemple : *mâr-yá-tê* « il est tué » (littéralement « il est fait mourir »), au lieu de *mâray-ya-tê*.

L'arménien ج *ź*, comme venant de य *y* (*j*), a aussi des analogues en zend. Ainsi la racine *mar*, *mṛ* « mourir » change au causatif le य *y* sanscrit en ڡ *ć*, qui dans la prononciation équivaut à *tś* ; elle fait donc *mĕrĕć*, et, avec insertion d'une nasale, *mĕrĕnć* « tuer », c'est-à-dire « faire mourir » (= sanscrit *mâray*). A ce verbe se rattachent l'impératif moyen *mĕrĕnćaṇuha* « tue » (= sanscrit *mârayasva*, § 721) et le nom d'agent *mĕrĕktâr*[1] « meurtrier », ainsi que le désidératif moyen *mimarĕksaṇuha* (2ᵉ personne de l'impératif moyen), *mimarĕksâitê* (3ᵉ personne du subjonctif). Il y a encore, selon toute vraisemblance, une autre forme zende, où nous voyons la semi-voyelle sanscrite य *y* se changer en ڡ *ć = tś*, et ensuite, à cause de la sifflante qui suit, en ک *k* : c'est la forme ڡسمک *ksmad* (sur *ks*, voyez § 52),

---

[1] Avec changement de *ć* en ک *k*, à cause du *t* suivant.

au lieu du sanscrit *yuśmát* (pronom pluriel de la 2ᵉ personne). Il est difficile de croire que le चु़ *y* de la syllabe initiale चु़ *yu*, que le zend a laissée intacte [1] dans les formes comme *yûsmad*, *yûsmâkĕm*, soit devenu une gutturale sans transition; je pense que *yu* est devenu d'abord *ću* ou *ćû*, et ensuite, après la suppression de la voyelle, ք *k*; en effet, une fois la voyelle supprimée, la combinaison *ćs* ou *ćś* devenait aussi insupportable en zend que le seraient en sanscrit चुसु़ *ćs* ou चुषु़ *ćś*, qui doivent se changer en चु़ *kś*, par exemple dans *vákś-ú*, de *vâć* « parole »[2].

Je ne mentionnerai plus qu'un mot arménien, unique en son genre, où un चु़ *y* sanscrit s'est changé en Ձ *ǵ* = *dś*, comme nous avons vu ci-dessus que cela est arrivé pour la 2ᵉ personne plurielle du futur : c'est մէջ *méǵ* « milieu », qui répond évidemment au sanscrit *mádya*. Mais le Ձ *ǵ* arménien ne doit pas être considéré comme représentant à la fois les deux lettres sanscrites *d* et *y* : il faut supposer que le चु़ *d* est tombé et que, par compensation, la voyelle précédente a été allongée (*ê* = *â*). Le Ձ *ǵ* est donc une altération du चु़ *y* sanscrit, et s'explique de la même façon que le ζ grec dans σχί-ζα, φύ-ζα, qui sont pour σχιδ-jα, φυγ-jα (§ 19).

GÉNITIF.

§ 184. Désinence du génitif.

A aucun cas les divers membres de la famille indo-européenne ne s'accordent d'une façon aussi complète qu'au génitif singulier. Il n'y a d'exception que pour le latin : dans les deux premières déclinaisons et dans la cinquième, ainsi que dans les pronoms des deux premières personnes, le latin a perdu la désinence pri-

---

[1] Nous faisons abstraction du changement de quantité dans la syllabe *yu*.
[2] Le mot *kśmad* a donné ensuite, par l'insertion d'un *a* euphonique, *ksamad*, *ksamâkĕm*, etc. (Voyez Brockhaus, Index du Vendidad-Sadé, p. 250.)

mitive et l'a remplacée par celle de l'ancien locatif. Les désinences sanscrites pour le génitif sont *s*, *as*, *sya* et *âs*. Les deux premières sont communes aux trois genres; cependant *as*, dans le sanscrit classique, est principalement réservé aux thèmes terminés par une consonne[1]. *As* est, par conséquent, à *s*, ce qu'à l'accusatif *am* est à *m*, ou ce qu'à l'ablatif zend *ad* est à *d*.

§ 185. Gouna d'un *i* ou d'un *u* devant le signe du génitif. — Le génitif en haut-allemand.

Devant le signe du génitif सु *s*, les voyelles *i* et *u* reçoivent le gouna; le zend et, dans une mesure plus restreinte, le lithuanien et le gothique prennent part à cette gradation du son. Tous les thèmes en *u* prennent en lithuanien et en gothique un *a* devant la voyelle finale; le lithuanien *sūnaŭ-s* et le gothique *sunau-s* répondent donc au sanscrit *sûnố-s* « filii » (venant de *sûnau-s*). Pour les thèmes en *i*, le gouna se borne en gothique aux féminins : ainsi *anstai-s* « gratiæ » répond à प्रीतेः *prîtê-s*. Au sujet du génitif des thèmes lithuaniens en *i*, voyez § 195. Le haut-allemand a, dès la période la plus ancienne, abandonné pour tous les féminins le signe du génitif; avec les thèmes terminés par une consonne (§§ 125, 127), il renonce aussi au signe du génitif pour les autres genres.

§ 186. Génitif grec en *os*. — Génitif latin en *is* (archaïque *us*).

En sanscrit, les thèmes terminés par une consonne ne prennent, pour ainsi dire, que par nécessité au génitif la forme *as*, au lieu de *s* (§ 94); en grec, cette désinence, sous la forme *os*, est adoptée non-seulement par les thèmes qui finissent par une

---

[1] *As* sert en outre de désinence aux thèmes monosyllabiques en *â* (à la fin des composés), *î*, *û*, *âi* et *âu* (*biy-âs*, *bruv-âs*, *nâv-âs*), et aux thèmes neutres en *i* et en *u* : ces derniers entrent, à la plupart des cas, par l'addition d'un *n* euphonique, dans la catégorie des thèmes terminés par une consonne.

consonne, mais encore par ceux qui se terminent par ι, par υ, et par les diphthongues ayant υ pour seconde voyelle. On ne dit pas au génitif ποσει-ς, νεκευ-ς, comme on pourrait s'y attendre d'après le § 185, mais πόσι-ος, νέκυ-ος. Le latin, au contraire, se rapproche davantage de la formation sanscrite, gothique et lithuanienne, mais il ne prend pas le gouna : nous avons de la sorte le génitif *hosti-s* qui répond au génitif gothique *gasti-s*. Dans les thèmes en *u* (4ᵉ déclinaison), l'allongement de l'*u* remplace peut-être le gouna, ou, ce qui est plus vraisemblable, cette classe de mots suit le même principe que les mots grecs dont nous venons de parler, et la voyelle qui est tombée devant *s* a été remplacée par l'allongement de l'*u*. Le Sénatus-consulte des Bacchanales nous donne le génitif *senatu-os*, qui rappelle le génitif grec. La terminaison *is* des thèmes finissant par une consonne s'explique d'ailleurs mieux par le sanscrit *as* que par le grec *os*, l'ancien *a* sanscrit s'étant affaibli en *i* dans beaucoup de formes latines, ainsi que cela est souvent arrivé aussi en gothique (§§ 66, 67). Mais on trouve également en vieux latin *us* comme représentant de la désinence du génitif *as*; exemple : *nôminus*, pour *nôminis* = sanscrit *nấmn-as* (Sénatus-consulte des Bacchanales). D'autres inscriptions donnent les génitifs *Venerus, Castorus, Cererus, exercituus* (Hartung, *Des cas*, p. 161).

§ 187. Génitif des thèmes en *i* et en *u*, en zend et dans le dialecte védique.

Au sujet de la forme *senatu-os* que nous venons de citer, il est important de faire observer que le zend, au lieu d'ajouter simplement un *s* au génitif des thèmes en *u*, comme dans ࿋࿋࿋ *mainyëu-s* (venant de *mainyu*), peut aussi former le génitif en ajoutant un ࿋ *ô* (pour *as*), comme s'il s'agissait d'un thème finissant par une consonne; exemple : ࿋࿋࿋ *daṇhv-ô* ou ࿋࿋࿋ *daṇhav-ô*, au lieu de *daṇhëu-s* « loci » (de ࿋࿋࿋ *daṇhu*).

Dans le dialecte védique, les thèmes en *i* et en *u* peuvent prendre au génitif la forme *as*, avec suppression du gouna : ainsi *ary-ás*, *paśv-ás* (de *ari* « ennemi », *paśú* « animal ») répondent aux génitifs grecs comme πόσι-ος, νέκυ-ος. De *as*, par l'affaiblissement de l'*a* en *u*, est sortie la désinence *us*, qui est usitée en sanscrit classique pour les thèmes *páti* « seigneur, époux », et *sákhi* « ami », au génitif *páty-us*, *sákhy-us*. A la fin des composés, le premier de ces noms a toutefois la forme régulière *paté-s*. La terminaison *us* est usitée aussi pour une classe rare d'adjectifs en *tî* (ou *nî*) et *kî* (voyez Abrégé de la Grammaire sanscrite, § 162). On peut comparer avec ces génitifs en *us* les anciens génitifs latins comme *nomin-us* dont nous parlions plus haut; mais pour ces formes latines, ainsi que pour les génitifs étrusques comme *Arnthial-us*, *Tanchfil-us* [1], où la désinence *us* se joint aux thèmes terminés par une consonne, nous croyons que l'*u* est sorti directement de l'*a* primitif, sans qu'il soit nécessaire de supposer une relation particulière entre ces formes et les génitifs comme *páty-us*, *sákhy-us*.

§ 188. Génitif des thèmes en *a*, en sanscrit et en zend. — Génitif arménien.

Les thèmes en अ *a* et les pronoms de la 3ᵉ personne, parmi lesquels il n'y en a d'ailleurs qu'un seul, *amú*, qui finisse par une autre voyelle que *a*, ont en sanscrit, au génitif masculin et neutre, la terminaison plus pleine *sya*; exemples : *vŕka-sya* « lupi », *tá-sya* « hujus », *amú-sya* « illius » (§ 21ᵇ). En zend, cette terminaison paraît d'ordinaire sous la forme *hê* (§ 42); exemples : ‫ﯟﮩﺮﮐﮩﮯ‬ *vĕhrkahê* « lupi », ‫ﺗﻮﯾﺮﯾﮩﮯ‬ *tûiryê-hê* « quarti », au lieu de *tûirya-hê*. La désinence *sya* est encore représentée en zend par deux autres formes, ‫ﮨﯿﺎ‬ *hyâ*

---

[1] Voyez O. Müller, Les Étrusques, p. 63.

et ܓܝܐ *ǵyâ* (§ 35). Elles appartiennent toutes les deux à ce dialecte plus ancien dont nous avons déjà parlé (§ 31), dans lequel, comme en ancien perse et comme dans certaines formes du dialecte védique, l'*a* bref sanscrit s'est allongé à la fin du mot. La forme dialectale zende *hyâ* est identique à la forme *hyâ* employée en ancien perse [1], par exemple, dans *martiya-hyâ* « hominis ». Comme exemple d'un génitif zende en *hyâ*, nous citerons *asa-hyâ* « puri »; d'un génitif en *ǵyâ*, *spĕntaǵyâ* « sancti ». On trouve aussi la désinence *hyâ* combinée avec le thème *twa* du pronom de la 2ᵉ personne : *twa-hyâ* « tui », forme à laquelle devrait répondre en sanscrit un génitif *tva-sya*. Ce génitif a dû exister en effet, ainsi qu'un génitif *ma-sya* pour la 1ʳᵉ personne : ce qui nous autorise à le croire, ce n'est pas seulement la forme zende que nous venons de mentionner, mais ce sont encore les formes borussiennes *twai-se* « tui », *mai-sei* « mei », où la désinence *se, sei* (après les voyelles brèves *ssei*) représente évidemment la désinence sanscrite *sya*.

Il est difficile de dire si en arménien la désinence *r*, au génitif des pronoms, par exemple dans *no-r-a* « illius »[2], a quelque rapport avec la désinence sanscrite *sya*. Comme *s*, dans les langues iraniennes, devient ordinairement *h*, ou disparaît tout à fait devant les voyelles et les semi-voyelles, nous pouvons être tentés de voir dans *r* le représentant du *y* de *sya*, *hyâ*; on sait, en effet, qu'en arménien *y* devient souvent *l*[3], et que *l* et *r* peuvent être regardés comme presque identiques. Mais nous trou-

---

[1] L'*â* long du génitif perse est abrégé dans les noms de mois, probablement parce qu'ils forment une sorte de composé avec le terme générique *mâhyâ* qui suit. Comparez § 193 et voyez le Bulletin mensuel de l'Académie de Berlin (mars 1848, p. 135). En voici un exemple : *v'iyaknahya mâhyâ* « du mois de *V'iyakna* ».

[2] Nominatif *na*. L'*o* du génitif est donc l'affaiblissement d'un ancien *a*. Quant à l'*a* final de *no-r-a*, il provient d'un pronom annexe (§ 372, 3).

[3] Voyez § 20. On peut ajouter comme exemples ⱡⱳⱦ *luǵ* « joug », ⱡⱬⱡ *lçel* « unir » (en sanscrit *yuǵ* « jungere »). (Voyez Windischmann, ouvrage cité, p. 17.)

vons aussi *r* au génitif pluriel des deux premières personnes, où il est impossible de rattacher cette liquide à un य *y* sanscrit. J'aime donc mieux considérer ces génitifs arméniens, tant singuliers que pluriels, comme des possessifs, en me référant à un fait analogue en hindoustani (§ 340, note); quant à la désinence *sya*, j'en retrouve le य *y* dans le յ des génitifs arméniens en այ, ոյ, et dans le ի *i* de la 6ᵉ déclinaison de Schröder, laquelle supprime l'*a* du thème devant la désinence casuelle. On aura alors un génitif *stan'-i* répondant au sanscrit *stâna-sya* et au zend *stâna-hyâ*[1]. Dans մարդոյ *mardo-i* «hominis» (Petermann, 4ᵉ déclinaison), je crois que le յ répond au *y* du sanscrit *mrtá-sya* (venant de *marta-sya*), quoique le յ ne soit plus prononcé aujourd'hui et ne soit représenté que par l'allongement de la voyelle précédente (§ 183ᵇ, 2); de même aussi le յ du pronom relatif որոյ *oro-i* (prononcez *orô*) «cujus» répond au *y* de *yá-sya*[2]. Comparez encore avec le génitif sanscrit *anyá-sya* et le génitif grec ἄλλοιο le génitif arménien այլոյ *ailo-i*, du thème *ailo* «autre», qui est évidemment de la même famille (§ 189). Après ու *u* (altération d'un ancien *a*), le signe du génitif arménien a disparu même dans l'écriture, ce qui prouve que le յ dans cette position est tombé de très-bonne heure: on peut comparer ուղտու *uġtu* «cameli» avec le sanscrit *ústra-sya* (§ 183ᵇ, 1). C'est ainsi que nous avons également un instrumental dénué de flexion *uġtu* ou, en conservant l'*a* primitif, *uġta-v*. Le génitif de ժամ *žam* «heure» est *žamu*, l'instrumental *žamu*

---

[1] On pourrait aussi supposer que l'*a* du thème s'est affaibli en *i* au génitif et au datif, et que, par exemple, l'*i* de *stani* «regionis» est identique avec le second *a* de l'instrumental *stana-v*.

[2] Le य *y* initial du pronom sanscrit est devenu en arménien un *r*, lequel a pris un *o* prosthétique, comme cela arrive souvent dans cette langue. Si l'on n'admet pas cette explication du pronom relatif, il n'en faut pas moins regarder *oro* comme le thème et admettre qu'au nominatif *or* il y a suppression de la voyelle finale.

ou *șama-v*[1]. Avec les thèmes en ए *i*, il est impossible de distinguer si la voyelle (par exemple, dans *srti* « cordis, cordi », § 183[a], 4) appartient au thème ou à la désinence.

Les génitifs en ոյ ne sont guère employés, ce semble, que pour les noms propres étrangers, dont le thème est élargi de la même façon qu'en vieux haut-allemand, où, par exemple, *petrus* a pour accusatif *petrusa-n* (§ 149 et Grimm, I, p. 767).

Il reste encore à résoudre une question : les datifs arméniens qui ont la même flexion que le génitif sont-ils originairement identiques avec ce cas? La réponse doit être négative, car en supposant que le génitif à lui seul exprimât en arménien, comme il le fait en prâcrit, les relations marquées par les deux cas, il y aurait vraisemblablement identité du génitif et du datif dans toutes les classes de mots, et au pluriel comme au singulier : le génitif *ailoi*, par exemple, signifierait à la fois « de l'autre » et « à l'autre ». Or, nous voyons que dans la déclinaison pronominale (excepté pour les deux premières personnes) le datif est terminé en *m* ou en *ma*; nous avons notamment *ailu-m*, qui répond au datif sanscrit *anyá-smâi*, au lieu que dans la déclinaison des substantifs l'*i* devenu muet, par exemple dans *mardoi* « homini », répond à l'*i* des datifs zends comme *aspâi*. Pour la prononciation, *mardoi* (lisez *mardô*) nous rappelle les datifs latins comme *lupo* (venant de *lupoi*). Les datifs arméniens qui (comme *stâni* = le zend *stânâi*) ont supprimé devant la désinence la voyelle finale du thème rappellent les datifs latins de la déclinaison pronominale, comme *illî*, *ipsî*, venant de *illoi*, *ipsoi*[2].

[1] Je crois reconnaître dans ce mot le thème sanscrit *yâma* « la huitième partie du jour, une veille de trois heures »; le *ș* arménien, qui équivaut au *j* français, tiendrait donc la place du य *y* sanscrit. On trouve aussi en zend ज़ *ș* au lieu du य *y*, par exemple dans *yúșem* « vous », en sanscrit *yúyám*. Ce sont d'ailleurs les deux seuls exemples de ce changement que je connaisse en arménien et en zend.

[2] Frédéric Müller, dans les Mémoires de philologie comparée de Kuhn et Schlei-

§ 189. Les génitifs grecs en *o-ιο*. — La désinence pronominale *ius*, en latin. — Le génitif en osque et en ombrien.

Le grec a conservé, ainsi que nous l'avons déjà montré ailleurs [1], des restes de la désinence du génitif स्य *sya*. Comme il était naturel de s'y attendre, c'est dans la déclinaison des thèmes en *o*, qui correspondent aux thèmes en अ *a*, que nous rencontrons les traces de cette ancienne terminaison. Nous voulons parler de la désinence épique *ιο*, par exemple dans τοῖο. Comme le σ doit être supprimé en grec quand il se trouve entre deux voyelles à l'extrême limite du mot, je ne doute pas que *ιο* ne soit une forme mutilée pour σιο. Dans τοῖο = तस्य *tá-sya* (d'après la prononciation du Bengale *tósyo*) le premier *o* appartient au thème, et il n'y a que *ιο* qui marque la flexion casuelle. Quant à la suppression du σ dans τοῖο, la grammaire grecque nous fournit encore un autre *οιο* où personne ne peut douter qu'il n'y ait eu anciennement un σ : en effet, διδοῖο est pour διδοισο, comme ἐλέγου est pour ἐλεγεσο; cela est prouvé par ἐδίδοσο et par tout l'organisme de la conjugaison, puisque le σ est la marque ordinaire de la deuxième personne. C'est par une suppression analogue du σ que nous avons τοῖο au lieu de το-σιο (en sanscrit *tá-sya*). Dans la langue ordinaire, outre le σ, l'ι qui suit est tombé également, et l'*o* qui restait s'est contracté

---

cher (t. II, p. 487), regarde le յ du génitif arménien comme représentant le *s* de la désinence sanscrite *sya*. Il soutient que les lois phoniques de la langue arménienne s'opposent à la disparition d'une sifflante. Je rappellerai seulement ici les noms de nombre *evín* «sept» pour le sanscrit *sáptan*, *ut* «huit» pour le sanscrit *áṣṭan* et le datif pronominal *ailu-m* «à l'autre» pour le sanscrit *anyá-smái*. Si la lettre *s* de *sya* s'était conservée en arménien, elle aurait sans doute pris la forme d'un հ *h* et non celle d'un յ, car cette dernière lettre, qui a pu dégénérer en aspirée au commencement des mots, n'en est pas moins, même dans cette position, le représentant d'un *j* primitif (§ 183[b], 2).

[1] Du pronom démonstratif et de l'origine des cas, dans les Mémoires de l'Académie de Berlin, 1826, p. 100.

avec l'o du thème, de sorte que nous avons τοῦ pour το-ο. La forme homérique αο (Βορέαο, Αἰνείαο) est de la même origine : elle est pour α-ιο qui lui-même est pour α-σιο.

Le latin, à ce qu'il semble, a transposé la syllabe स्य *sya* en *jus*, avec changement de l'*a* en *u*, changement ordinaire en latin devant un *s* final, comme nous le voyons par les formes *equu-s*, *ovi-bus*, *ed-i-mus*, qu'on peut comparer aux formes sanscrites équivalentes *áśva-s*, *ávi-byas*, *ad-más*[1]. On peut encore expliquer autrement la terminaison latine *jus*, en y voyant une forme mutilée pour *sjus*, qui se rapporterait à la terminaison féminine *syâs*, usitée en sanscrit au génitif des pronoms. Le latin *cu-jus* répondrait alors au sanscrit *ká-syâs*, au gothique *hvi-sôs* (§ 175), et aurait passé, par abus, du féminin dans les deux autres genres : ce fait serait encore moins surprenant que ce que nous voyons en vieux saxon, où le signe de la 2ᵉ personne du pluriel du présent sert aussi pour la 1ʳᵉ et pour la 3ᵉ personne. Quoi qu'il en soit, il est certain qu'il y a confusion des genres au génitif de la déclinaison pronominale latine : car si, par exemple, *cu-jus* (archaïque *quoius*) répond au masculin-neutre sanscrit *ká-sya*, cette forme ne peut convenir pour le féminin, car la désinence स्य *sya* et ses analogues en zend, en ancien perse, en borussien et en ancien slave (§ 269), ne sont employées que pour le masculin et le neutre. Il nous reste donc le choix de rapporter *cujus* à *ká-sya*, ou au féminin *ká-syâs*, en admettant dans ce dernier cas la suppression de *s* devant *j*, et le changement de l'*â* long en *u*, changement qui a pu s'opérer par l'intermédiaire d'un *a* bref, comme cela a

---

[1] Une circonstance a pu produire ou aider ici la métathèse : c'est le sentiment confus que le génitif doit avoir pour marque caractéristique un *s* final. Les métathèses sont d'ailleurs fréquentes dans notre famille de langues, surtout pour les semi-voyelles et les liquides : en ce qui concerne le latin, je me contente de citer ici *tertius* de *tretius* pour *tritius*; *ter* de *tre*, en sanscrit *tris*, en grec τρίς; *creo* de *cero*, en sanscrit *kar*, *kr* «faire»; *argentum* de *ragentum*, en sanscrit *ragatám* (183ᵇ, 1); *pulmo* de *plumo*, en grec πνεύμων.

dû avoir lieu pour la désinence du génitif *rum*, qui est pour le sanscrit साम् *sâm*.

Corssen propose une autre explication [1], d'après laquelle la terminaison *sya* serait représentée en latin par *ju*, et le *s* final serait une nouvelle désinence du génitif qui serait venue se surajouter à l'ancienne. Nous avons dans les formes éoliennes et doriennes comme ἐμοῦς, ἐμέος, ἐμεῦς (au lieu de ἐμοῖο) un exemple d'une double désinence au génitif. Cette explication, qu'on peut admettre pour le masculin et le neutre, n'exclurait pas l'hypothèse que la désinence féminine -*jus* répond au sanscrit *syâs* (pour *smy-âs*) [2].

Si l'on admet, comme le font Aufrecht et Kirchhoff [3], que dans la terminaison osque *eis* (au génitif de la 2ᵉ déclinaison), l'*e* est un affaiblissement de l'*u* ou de l'*o* du thème, et que la désinence casuelle est marquée seulement par *is*, on pourra voir aussi dans cet *is* une métathèse : *Abellaneis*, par exemple, serait pour *Abellane-si*, et de même *eisc-is* « hujus » pour *eise-si* [4]. En effet, la seconde déclinaison, à laquelle appartiennent la plupart des pronoms, doit avoir au génitif masculin et neutre une désinence finissant par une voyelle et commençant par un *s* : or, si l'on explique *is* comme provenant par métathèse de *si*, l'analogie avec le sanscrit sera parfaite, car, après la chute de l'*a*, *sya* devait devenir *si* [5]. Au génitif des thèmes osques en *i*, je

---

[1] Nouvelles Annales de philologie et de pédagogie, 1853, p. 237.

[2] C'est aussi à cette désinence féminine *syâs* qu'il faut rapporter en ancien slave la syllabe *jan* de ТОІА *to-jan* « hujus » (féminin); le masculin-neutre fait *to-go* (§ 271).

[3] Monuments de la langue ombrienne, p. 118.

[4] Le thème pronominal sanscrit *êśá* « celui-ci », qui n'est usité qu'au nominatif, ferait au génitif *êśá-sya*.

[5] Il y a une autre explication qui rendrait compte également des génitifs en *eis* de la 2ᵉ déclinaison osque. On y peut voir des formes mutilées pour *ei-si*, comme en mes-sapien nous avons *ei-hi*. L'*i* de *ei-s* proviendrait par épenthèse de l'*i* final qui s'est ensuite perdu.

regarde *ei*, par exemple dans *Herentatei-s*, comme le gouna de l'*i* du thème, de sorte que la désinence casuelle est représentée par *s*, comme en sanscrit, et que l'*ei* répond à l'*ê* du sanscrit *agnê-s* (pour *agnai-s*) « du feu »[1]. Les thèmes terminés par une consonne s'élargissent par l'addition d'un *i* qui est frappé du gouna, exactement comme les thèmes latins de même sorte au nominatif pluriel (§ 226). Nous n'avons donc nulle part, au génitif osque, de désinence organique en *is*, qu'on puisse rapprocher de l'*as* sanscrit dans *pad-ás*, de l'*os* grec dans ποδ-ός, de l'*is* latin dans *ped-is* ou de l'*us* de l'ancienne langue latine dans *nomin-us*, *Venerus*. Nous sommes, par conséquent, d'autant plus autorisés à regarder comme une métathèse de *si* la désinence osque *is*, qui, dans la 2ᵉ déclinaison et dans celle des pronoms, correspond au *sya* sanscrit, au *se* borussien et au grec ιο (ο-ιο).

Les anciens dialectes italiques n'ont pas, comme le latin, effacé au génitif pronominal la distinction des genres. Du moins l'ombrien a un génitif féminin *era-r* « illius » (venant de *era-s*), qui nous induit à croire que l'osque, dont nous n'avons pas conservé de génitif pronominal féminin, a dû opposer à la forme masculine *eise-is* mentionnée plus haut une forme féminine *eisa-s*. D'après cette analogie, l'ancien latin aurait dû avoir des génitifs féminins pronominaux comme *quâ-s*, *hâ-s*, *eâ-s*, *illâ-s*, *ipsâ-s*, *istâ-s*. Le pronom ombrien que nous venons de citer fait au génitif masculin *erêr* (venant de *ereis*)[2].

---

[1] Les thèmes osques en *i* finissent au datif en *ei*; exemple : *Herentatei*. Mais je ne saurais voir dans cette syllabe *ei* la vraie marque du datif. Je regarde, en effet, *ei* comme répondant à l'*ay* du sanscrit *agnáy-ê* « igni » : après la suppression de la désinence casuelle, ce mot a dû devenir *agnê* (pour *agnai*). C'est la forme que nous trouvons dans l'osque *Herentatei* (avec *e* pour *a*) ainsi que dans les datifs gothiques comme *anstai* (§ 175). En ombrien, le caractère du datif s'est également perdu dans la 4ᵉ déclinaison (qui s'est confondue en osque avec la 2ᵉ); on a donc *manu*, comme on a en gothique *handau*, avec cette différence qu'en ombrien il n'y a pas de gouna.

[2] Le pronom ombrien en question est peut-être de la même famille que le pronom

§ 190. Génitif des thèmes en *a*, en lithuanien et en borussien.

En lithuanien, les thèmes masculins en *a* ont le génitif terminé en *ō*; exemples : *dēwō* « dei »; *kō* « cujus ». Cet *ō* n'est pas autre chose que la voyelle finale du thème qui a été allongée (§ 92ª) pour compenser la suppression de la désinence casuelle; cette désinence est, au contraire, restée en borussien, où nous avons au génitif *deiwa-s* = le lithuanien *dēwō* et le sanscrit *dēvá-sya*. Le lette a, comme le slave, conservé au génitif la voyelle *a* du thème, mais il a également perdu le signe casuel; exemple : *deewa* (*dēwa*). Une autre explication de cette forme est donnée par Schleicher [1] : il regarde l'*ō* lithuanien comme une contraction pour *aja*, venant de *asja*. Les deux *a* brefs se seraient donc combinés, après la chute du *j*, pour former la longue correspondante. Si je partageais cette opinion, je rappellerais un fait analogue qui a lieu en gothique, où les formes *laig-ô-s, laig-ô-th* sont pour le sanscrit *lêh-áya-si, lêh-áya-ti* [2]. Cet exemple viendrait appuyer l'explication de Schleicher; mais je ne puis admettre son principe, qu'un *s* final ne saurait être supprimé en lithuanien. Je rappellerai deux exemples qui prouvent le contraire : les désinences du présent (1ʳᵉ et 2ᵉ personne du duel) *wa* et *ta* sont pour les formes sanscrites *vas* et *tas*, et pour les formes gothiques *ôs* (venant de *a-vas*) et *ts* (venant de *tas*). En outre, au génitif

---

sanscrit *adá-s* « celui-là », avec changement de *d* en *r*, comme dans le latin *meridies* (§ 17ª).

[1] Mémoires de philologie comparée de Kuhn et Schleicher, I, pp. 115, 119.

[2] Voyez § 109ª, 6. Dans l'*ō* du lithuanien *jěśk-ō-me* « nous cherchons » (c'est l'exemple donné par Schleicher, recueil cité, p. 119), je reconnais seulement le premier *a* du caractère sanscrit *aya*. C'est ce que prouvent le prétérit *jěśkójau*, pluriel *jěśkójōme*, ainsi que les formes du présent *raudóju* = sanscrit *ród-áyá-mi* (§ 109ª, 6). L'allongement de l'*a* en *ō* est inorganique. En général, le lithuanien prodigue un peu l'*ō* long : ainsi, au duel et au pluriel de l'aoriste, il a aussi un *ō* long pour représenter le dernier *a* de *aya* : *jěśk-ójō-wa*, *jěśk-ójō-ta*, *jěśk-ójō-me*, *jěśk-ójō-te*.

duel, *s* final tombe, comme il tombe aussi en zend, où nous avons ৳ *ô* au lieu du sanscrit *ôs* (§ 225). Quoi qu'il en soit, pour expliquer la forme lithuanienne *déwō*, il faut tenir grand compte des génitifs borussiens comme *deiwa-s*. Or, il se pourrait que les génitifs borussiens en *a-s* provinssent de *a-sja* = sanscrit *asya*, par la suppression de la syllabe य *ya* : dans cette hypothèse, la syllabe स्य *sya* aurait été défigurée de deux façons différentes, d'abord par la suppression de la semi-voyelle, ce qui a donné *se* (pour *sje*), et ensuite par la suppression de la voyelle [1]. Le borussien a conservé l'*a*, qui est le son le plus pesant, devant la terminaison la plus mutilée, tandis que devant la désinence plus pleine *se*, il a changé l'*a* en *e* ou en *ei*. On pourrait aussi expliquer l'*i* de *ei*, par exemple dans *stei-se*, d'une autre façon : on pourrait supposer que l'*i* de la terminaison a passé dans la syllabe précédente, en sorte que *stei-se* serait pour *ste-sie*, et de même *mài-se* « de moi » pour *ma-sie*, *twai-se* « de toi » pour *twa-sie*. C'est ainsi qu'en grec nous avons à la seconde personne du présent et du futur φέρ-ει-s pour φερ-ε-σι = sanscrit *bár-a-si*, δώ-σει-s pour δω-σε-σι = sanscrit *dâ-syá-si*.

§ 191. *Génitif gothique.* — Génitif des thèmes en *ar*, en zend et en sanscrit.

La désinence pleine *sya* s'est aussi peu conservée en gothique qu'en lithuanien et en lette : les thèmes gothiques en *a* se confondent au génitif avec les thèmes en *i*, leur *a* s'étant affaibli en *i* devant *s* final (§ 67); exemple : *vulfi-s* au lieu de *vulfa-s*. Mais en vieux saxon les thèmes de cette déclinaison ont conservé au génitif la désinence *a-s* à côté de la désinence *e-s*, quoique la première soit moins usitée que la seconde; exemple : *daga-s* « du jour », au lieu du gothique *dagi-s*.

[1] C'est ainsi qu'en grec la désinence de la 2ᵉ personne σι a perdu l'*ι* (excepté dans le dorien ἐσ-σί), de sorte qu'on a, par exemple, δίδω-s au lieu du sanscrit *dádási*.

§ 190. Génitif des thèmes en *a*, en lithuanien et en borussien.

En lithuanien, les thèmes masculins en *a* ont le génitif terminé en *ō*; exemples : *děwō* « dei »; *kō* « cujus ». Cet *ō* n'est pas autre chose que la voyelle finale du thème qui a été allongée (§ 92ᵃ) pour compenser la suppression de la désinence casuelle; cette désinence est, au contraire, restée en borussien, où nous avons au génitif *deiwa-s* = le lithuanien *děwō* et le sanscrit *děvá-sya*. Le lette a, comme le slave, conservé au génitif la voyelle *a* du thème, mais il a également perdu le signe casuel; exemple : *deewa* (*děwa*). Une autre explication de cette forme est donnée par Schleicher[1] : il regarde l'*ō* lithuanien comme une contraction pour *aja*, venant de *asja*. Les deux *a* brefs se seraient donc combinés, après la chute du *j*, pour former la longue correspondante. Si je partageais cette opinion, je rappellerais un fait analogue qui a lieu en gothique, où les formes *laig-ô-s*, *laig-ô-th* sont pour le sanscrit *lêḥ-áya-si*, *lêḥ-áya-ti*[2]. Cet exemple viendrait appuyer l'explication de Schleicher; mais je ne puis admettre son principe, qu'un *s* final ne saurait être supprimé en lithuanien. Je rappellerai deux exemples qui prouvent le contraire : les désinences du présent (1ʳᵉ et 2ᵉ personne du duel) *wa* et *ta* sont pour les formes sanscrites *vas* et *tas*, et pour les formes gothiques *ôs* (venant de *a-vas*) et *ts* (venant de *tas*). En outre, au génitif

---

sanscrit *adá-s* « celui-là », avec changement de *d* en *r*, comme dans le latin *meridies* (§ 17ᵃ).

[1] Mémoires de philologie comparée de Kuhn et Schleicher, I, pp. 115, 119.

[2] Voyez § 109ᵃ, 6. Dans l'*ō* du lithuanien *jěsk-ō-me* « nous cherchons » (c'est l'exemple donné par Schleicher, recueil cité, p. 119), je reconnais seulement le premier *a* du caractère sanscrit *aya*. C'est ce que prouvent le prétérit *jěskójau*, pluriel *jěskójōme*, ainsi que les formes du présent *raudóju* = sanscrit *rôd-áyá-mi* (§ 109ᵃ, 6). L'allongement de l'*a* en *ō* est inorganique. En général, le lithuanien prodigue un peu l'*ō* long : ainsi, au duel et au pluriel de l'aoriste, il a aussi un *ō* long pour représenter le dernier *a* de *aya* : *jěsk-ójō-wa*, *jěsk-ójō-ta*, *jěsk-ójō-me*, *jěsk-ójō-te*.

duel, *s* final tombe, comme il tombe aussi en zend, où nous avons 𐬋 *ô* au lieu du sanscrit *ôs* (§ 225). Quoi qu'il en soit, pour expliquer la forme lithuanienne *dêwō*, il faut tenir grand compte des génitifs borussiens comme *deiwa-s*. Or, il se pourrait que les génitifs borussiens en *a-s* provinssent de *a-sja* = sanscrit *asya*, par la suppression de la syllabe य *ya*: dans cette hypothèse, la syllabe स्य *sya* aurait été défigurée de deux façons différentes, d'abord par la suppression de la semi-voyelle, ce qui a donné *se* (pour *sje*), et ensuite par la suppression de la voyelle[1]. Le borussien a conservé l'*a*, qui est le son le plus pesant, devant la terminaison la plus mutilée, tandis que devant la désinence plus pleine *se*, il a changé l'*a* en *e* ou en *ei*. On pourrait aussi expliquer l'*i* de *ei*, par exemple dans *stei-se*, d'une autre façon : on pourrait supposer que l'*i* de la terminaison a passé dans la syllabe précédente, en sorte que *stei-se* serait pour *ste-sie*, et de même *mài-se* « de moi » pour *ma-sie*, *twai-se* « de toi » pour *twa-sie*. C'est ainsi qu'en grec nous avons à la seconde personne du présent et du futur φέρ-ει-ς pour φερ-ε-σι = sanscrit *bár-a-si*, δώ-σει-ς pour δω-σε-σι = sanscrit *dâ-syá-si*.

§ 191. Génitif gothique. — Génitif des thèmes en *ar*, en zend et en sanscrit.

La désinence pleine *sya* s'est aussi peu conservée en gothique qu'en lithuanien et en lette : les thèmes gothiques en *a* se confondent au génitif avec les thèmes en *i*, leur *a* s'étant affaibli en *i* devant *s* final (§ 67); exemple : *vulfi-s* au lieu de *vulfa-s*. Mais en vieux saxon les thèmes de cette déclinaison ont conservé au génitif la désinence *a-s* à côté de la désinence *e-s*, quoique la première soit moins usitée que la seconde; exemple : *daga-s* « du jour », au lieu du gothique *dagi-s*.

[1] C'est ainsi qu'en grec la désinence de la 2ᵉ personne σι a perdu l'ι (excepté dans le dorien ἐσ-σί), de sorte qu'on a, par exemple, δίδω-ς au lieu du sanscrit *dádási*.

Les thèmes gothiques terminés par une consonne, excepté ceux qui finissent en *nd*, ont également pour signe casuel simplement un *s*; exemples: *ahmin-s, brôthr-s* (§ 132). Au contraire les thèmes participiaux terminés en *nd* (§ 125) ont le génitif en *is*; exemples: *nasjandis* «salvatoris»[1]. Mais peut-être faut-il attribuer cette forme à la nécessité de distinguer le génitif du nominatif singulier et du nominatif-accusatif pluriel: en effet, la forme *nasjand-s* se confondait avec ces cas, au lieu que le même danger n'existe pas pour des génitifs comme *ahmin-s, brôthr-s, dauhtr-s*. Il est possible aussi que des génitifs comme *vulfi-s, gasti-s*, venant des thèmes *vulfa, gasti*, aient égaré l'instinct populaire, et fait croire qu'il fallait diviser ainsi: *vulf-is, gast-is*. Dès lors on aura fait d'après cette analogie *nasjand-is*. Quoique dans cette dernière forme *is* puisse aisément s'expliquer par la désinence *as*, qui est, en sanscrit, la terminaison du génitif pour les thèmes finissant par une consonne, je ne crois pas cependant que les thèmes en *nd* aient conservé une désinence plus pleine que les thèmes en *r* ou en *n*; j'aime mieux supposer que le thème a été élargi, en sorte que les thèmes en *nd* = sanscrit et latin *nt*, grec *ντ*, ont passé soit dans la déclinaison des thèmes en *i*, soit dans la déclinaison des thèmes en *a*. Je divise donc *nasjandi-s*. Au lieu de *nasjandi*, il faudrait admettre un thème *nasjanda*, si les datifs pluriels comme *nasjanda-m*, donnés par Von der Gabelentz et Löbe, se rencontrent en effet, ou si, au commencement des mots composés, on trouve des formes en *nda*, appartenant à des substantifs participiaux.

Aux génitifs gothiques comme *brôthr-s* correspond le zend *nar-s* «viri, hominis». Mais, ce mot excepté, la désinence du génitif pour les thèmes zends en *r* est *ô* (venant de *as*, § 56 ᵇ), comme en général pour tous les thèmes zends terminés par une

---

[1] C'est l'exemple cité à l'appui de cette forme par Massmann (*Skeireins*, p. 153).

consonne : seulement la voyelle qui précède *r* est supprimée conformément au principe des cas très-faibles (§ 130), et comme on le voit dans les formes grecques telles que ϖατρ-ός, μητρ-ός, et les formes latines telles que *patr-is*, *mâtr-is*. On peut comparer à ces mots les génitifs zends *dâtr-ô* « datoris » ou « creatoris », *nafĕdr-ô* « nepotis », ce dernier par euphonie pour *naptr-ô* (§ 40)[1]. Le génitif de *âtar* « feu » est employé fréquemment en combinaison avec *ća* (*âtraś-ća* « ignisque »). Il ressort de là que si *nar* a au génitif une forme à part *nar-s*, qui se trouve être plus près de la forme du génitif gothique, cela vient uniquement de ce que le mot en question est monosyllabique.

En sanscrit, le génitif et l'ablatif de tous les thèmes en *ar* ou en *âr*, à forme alternant avec *r* (§ 127), sont dénués de flexion et finissent en *ur*; exemple *brâtur* « fratris », *mâtúr* « matris », *dâtúr* « datoris ». L'*u* est évidemment un affaiblissement de l'*a* : *dâtúr* est donc pour *dâtár*, lequel probablement est par métathèse pour *dâtra* : si nous rétablissons le signe casuel qui est tombé, nous avons le génitif *dâtr-as*, analogue au zend *dâtr-ô*.

§ 192. Le génitif féminin.

Les thèmes féminins terminés par une voyelle ont en sanscrit une terminaison plus pleine au génitif, à savoir *âs* au lieu de *s* (§ 113) : ceux qui sont terminés par un *i* ou par un *u* bref peuvent à volonté prendre *s* ou *âs*; on a, par exemple, de *prîti*, *hánu*, tout à la fois les génitifs *prîtê-s*, *hánô-s* et *prîty-âs*, *hánv-âs*. Les voyelles longues *â*, *î*, *û*, ont toujours आस् *âs*[2]; exemples: *ásváy-âs*, *bávanty-âs*, *vadv-ấs*. Cette terminaison *âs* devient en zend *âo* (§ 56ᵇ); exemples : ‍‍hiṣvay-âo, ‍‍bavainty-âo. Je n'ai pas rencontré cette désinence pour les thèmes en

---

[1] Voyez Burnouf, *Yaçna*, p. 363, note, et p. 241 et suiv.
[2] A l'exception seulement du petit nombre des mots monosyllabiques terminés en *î* et en *û*. (Voyez l'Abrégé de la Grammaire sanscrite, § 136.)

, *i*, et en , *u*; c'est-à-dire qu'à côté des formes *âfrîtôi-s*, *tanëu-s* ou *tanv-ô*, *tanav-ô*, je n'ai point vu de forme *âfrîty-âo*, *tanv-âo*. Les langues de l'Europe n'ont point, au féminin, des désinences plus fortes qu'au masculin et au neutre; en gothique, toutefois, le génitif féminin montre un certain penchant à prendre des formes plus pleines : les thèmes féminins en *ô* conservent cette voyelle au génitif, contrairement à ce qui a lieu au nominatif et à l'accusatif; les thèmes en *i* prennent, comme on l'a vu plus haut, le gouna, au lieu que les masculins ne reçoivent aucun renforcement. On peut comparer *gibô-s* avec le nominatif-accusatif *giba*, qui est dénué de flexion et qui abrége la voyelle finale du thème, et *anstai-s* avec *gasti-s*. Sur les génitifs pronominaux comme *thi-sô-s*, voy. § 175.

En grec aussi, les féminins de la 1re déclinaison conservent la longue primitive, contrairement au nominatif et à l'accusatif qui l'abrégent : on a par exemple σφύρᾱς, Μούσης, tandis que le nominatif et l'accusatif sont σφῦρᾰ, σφῦρᾰν, Μοῦσᾰ, Μοῦσᾰν [1]. Nous trouvons aussi en latin *â-s*, avec l'ancien *â* long, dans *familiâ-s*, *escâ-s*, *terrâ-s*, au lieu qu'il est bref dans *familiă*, *familiă-m*, etc. Il ne peut être question d'un emprunt fait à la Grèce : ces formes du génitif sont précisément telles qu'on pouvait les attendre d'une langue qui a *s* pour caractère du génitif. Que cette désinence, qui dans le principe était certainement commune à tous les thèmes en *â*, se soit peu à peu effacée, hormis dans un petit nombre de mots, et que la langue l'ait remplacée comme elle a pu (§ 200), il n'y a rien là que de conforme à la destinée ordinaire des idiomes, qui est de voir disparaître tous les jours un débris de leur ancien patrimoine.

---

[1] La désinence attique ως est peut-être l'équivalent du sanscrit *âs*, de sorte que les formes comme πόλε-ως répondraient aux formes comme *prîty-âs*. Bien que la terminaison ως ne soit pas bornée en grec au féminin, elle est du moins exclue du neutre (ἄσ7εος), et le plus grand nombre des thèmes en *ι* est du féminin.

En osque, tous les génitifs de la 1ʳᵉ déclinaison finissent en *a-s* (*â-s*); de même en ombrien, avec cette différence, qu'ici les monuments les plus récents ont *r* au lieu de *s*, ce qui fait ressembler ces génitifs aux formes correspondantes en vieux norrois, telles que *giöfa-r*, au lieu du gothique *gibô-s*. Voici des exemples de génitifs osques : *eitua-s* « familiæ, pecuniæ », *scrifta-s* « scriptæ », *maima-s* « maximæ », *molta-s* « mulctæ ». En ombrien, nous trouvons : *fameria-s Pumperia-s* « familiæ Pompiliæ », *Nonia-r* « Noniæ ». On a aussi reconnu, en étrusque, des génitifs en *as* ou en *es* venant de noms propres féminins en *a*, *ia* (Ottfried Muller, Les Étrusques, p. 63); ainsi *Marchas, Senties*, de *Marcha, Sentia* [1].

§ 193. Génitif des thèmes en *i*, en lithuanien et en ancien perse.

Par son génitif *áswô-s*, au lieu de *áswâ-s*, le lithuanien se rapproche du gothique; il remplace encore à plusieurs autres cas l'*â* du féminin par *ô*. Les thèmes en *i*, qui, pour la plupart, appartiennent au féminin, ont le gouna comme en gothique, mais avec contraction de *ai* en *ê*, comme en sanscrit; comparez *awê-s* [2] « de la brebis » au sanscrit *ávê-s* (de अवि *avi* « brebis ») et aux génitifs gothiques comme *anstai-s*. Le lithuanien, l'emportant sur ce point en fidélité sur le gothique, a conservé aussi le gouna avec les thèmes masculins; exemple : *genté-s*.

L'ancien perse emploie la gradation du vriddhi (§ 26, 1) au lieu du gouna, c'est-à-dire *â* au lieu de *a*; exemples : *ćispâi-s*, génitif du thème *ćispi* « Teispes » (nom propre, Inscription de Bi-

---

[1] Dans les formes en *es*, il est possible que l'*i* qui précède ait exercé une influence assimilatrice sur la voyelle suivante (comparez § 92ᵏ).

[2] La forme usuelle *awiés* paraît reposer uniquement sur un abus graphique, attendu que l'*i*, d'après Kurschat, n'est pas prononcé, s'il est suivi d'un *e* long. Cet *i* n'ayant aucune raison d'être sous le rapport étymologique, je le supprime ainsi que fait Schleicher. On peut d'ailleurs s'autoriser, en ce qui concerne le génitif des thèmes en *i*, de l'exemple du borussien, qui n'a pas de gouna, et qui forme les génitifs *pergimni-s, préigimni-s*, des thèmes *pergimni* « naissance », *préigimni* « sorte ».

soutoun, I, 6), *ćićikrâi-ś*, génitif de *ćićikri* (nom propre, *ib.* II, 9). L'*â* de ces formes répond donc à l'*ô* des génitifs zends en *ôis* (§ 33). Si, pour les noms de mois, nous avons des génitifs en *ais* au lieu de *âis*, cela tient à la même raison pour laquelle les noms de mois ont des génitifs en *hya* au lieu de la forme ordinaire *hyâ* (§ 188). C'est que ces génitifs en *ais* sont toujours accompagnés du mot *mâhyâ* « du mois », avec lequel ils forment une sorte de composé; exemple : *bâgayadais mâhyâ* « du mois de Bâgayadi (*ibid.* I, 55).

§ 194. Origine de la désinence du génitif. — Génitif albanais. — Tableau comparatif du génitif.

L'essence du génitif est de personnifier un objet en y attachant une idée secondaire de relation locale. Si nous recherchons l'origine de la forme qui exprime le génitif, il nous faut revenir au même pronom qui nous a servi à expliquer le nominatif, c'est-à-dire स *sa* (§ 134). La désinence plus pleine *sya* est formée aussi d'un pronom, à savoir स्य *sya*, qui ne paraît que dans les Védas (comparez § 55) et dont le *s* est remplacé par *t* dans les cas obliques et au neutre (§ 353), de sorte que *sya* est avec *tya-m* et *tya-t* dans le même rapport que *sa* avec *ta-m*, *ta-t*. Il ressort de là que *sya*, *tya* renferment les thèmes *sa*, *ta*, privés de leur voyelle et combinés avec le thème relatif य *ya*.

L'albanais, qui a en grande partie perdu les anciennes désinences casuelles, s'est créé pour le génitif une terminaison nouvelle, d'après un principe tout à fait conforme au génie de notre famille de langues: je crois voir, en effet, des pronoms de la 3ᵉ personne dans l'*u* et l'*i* du génitif indéterminé[1]. Ce n'est cer-

---

[1] Voyez mon mémoire Sur l'albanais, pp. 7 et 60. Sur l'origine pronominale de la désinence du génitif féminin *ε*, par exemple dans δι-ε ϲαἰγόϲη, voyez le même écrit, p. 62, n. 17.

tainement pas un hasard que les seuls substantifs qui prennent *u* au génitif de la déclinaison indéterminée soient ceux qui, dans la déclinaison déterminée, ont *u* comme article postposé; et que, d'autre part, ceux qui prennent *ι* comme article aient *ι* au génitif de la déclinaison dépourvue d'article. On peut comparer, dans la 2ᵉ déclinaison de Hahn, κjέν-ι « κυνός » (nominatif-accusatif κjεν) avec le nominatif à article κjέν-ι « ὁ κύων », et, dans la 3ᵉ déclinaison de Hahn, μίκ-u[1] « φίλου » avec le nominatif à article μίκ-u « ὁ φίλος ». La déclinaison déterminée ajoute au génitif (qui sert en même temps de datif) après les désinences du génitif *ι, u*, un *τ* comme article[2]; du moins je crois devoir décomposer les formes comme κjένιτ « τοῦ κυνός », μίκuτ « τοῦ φίλου », de telle sorte que le *τ* représente l'article, et la voyelle qui précède, la terminaison; κjένιτ, μίκuτ seront donc les équivalents de κυνός-τοῦ, φίλου-τοῦ. L'origine de cet *ι*, qui sert tantôt d'article et tantôt de désinence du génitif, est le démonstratif sanscrit *i*, ou bien, ce qui me paraît encore plus vraisemblable, le thème relatif य *ya*, lequel en lithuanien signifie « il ». L'origine de l'*u* de μίκu « amici » et « amicus » est, selon moi, le *v* du thème réfléchi sanscrit *sva*, qui, en albanais, s'est encore contracté en *u* dans beaucoup d'autres fonctions. Mais si *ι* appartient au thème relatif sanscrit, lequel constitue une partie intégrante des thèmes démonstratifs *s-ya* et *t-ya*, il s'ensuit que la désinence du génitif dans κjέν-ι « du chien » et l'*ι* des génitifs grecs comme το-ῖο sont identiques avec le ɩ *i*, devenu muet, des génitifs arméniens comme մարդոյ *mardoi* = βροτοῖο (§ 188).

Nous faisons suivre le tableau comparatif de la formation du génitif:

---

[1] La rencontre de l'*u* avec la désinence grecque *ου* est fortuite.
[2] Ce *τ* est de la même famille que le thème démonstratif *ta* (§ 349), le gothique *tha* (§ 87) et le grec *το*.

	Sanscrit.	Zend.	Grec.	Latin.	Lithuanien.	Gothique.
masculin	áśva-sya	aspa-hê	ἵππο-ιο	....	pṓnō	vulfi-s
masculin	ká-sya	ka-hê	....	cuj-us	kō	hvi-s
féminin	áśvây-âs	hiçvay-âo	χώρᾱ-ς	terrā-s	áśwō-s	gibô-s
masculin	pátê-s [1]	patôi-s	....	hosti-s	gentế-s	gasti-s
masculin	ary-ás	....	πόσι-ος	....	....	....
féminin	prîtê-s	âfritôi-s	....	turri-s	awế-s	anstai-s
féminin	prîty-âs	....	Φύσε-ως	....	....	....
féminin	bávanty-âs	bavainty-âo	....	....	....	....
masculin	sûnố-s	paśëu-s	....	pecû-s	sūnaú-s	sunau-s
masculin	paśv-ás	paśv-ô [2]	νέκυ-ος	senatu-os	....	....
féminin	hánô-s	tanëu-s	....	socrû-s	....	kinnau-s
féminin	hánv-âs	tanv-ô	γένυ-ος	....	....	....
féminin	vadv-ấs	....	....	....	....	....
mas.-fém.	gố-s	gëu-s	βο(F)-ός	bov-is	....	....
féminin	nâv-ás	....	νᾱ(F)-ός	....	....	....
féminin	vâć-ás	vâć-ô	ὀπ-ός	vôc-is	....	....
masculin	bárat-as	barĕnt-ô [3]	Φέροντ-ος	ferent-is	....	....
masculin	áśman-as	aśman-ô	δαίμον-ος	sermôn-is	akmèn-s	ahmin-s
neutre	nắmn-as	nâman-ô	τάλαν-ος	nômin-is	....	namin-s
masculin	brấtur	brâtr-ô	πατρ-ός	frâtr-is	....	brôthr-s
féminin	duhitúr	dughdĕr-ô	Θυγατρός	mâtr-is	duktèr-s	dauhtr-s
masculin	dâtúr	dâtr-ô	δοτῆρ-ος	datôr-is	....	....
neutre	váćas-as	vaćaṇh-ô	ἔπε(σ)-ος	gener-is	....	....

LOCATIF.

§ 195. Caractère du locatif en sanscrit, en zend et en grec.

Ce cas a *i* pour caractère en sanscrit et en zend : de même en grec, où il a pris l'emploi du datif, sans pourtant perdre la signification locative. Nous avons, par exemple, Δωδῶνι, Μαραθῶνι,

---

[1] A la fin des composés; comme mot simple, *páty-us*, voyez § 187.
[2] Voyez § 135.
[3] ... *baratô*, voyez § 131.

Σαλαμῖνι, ἀγρῷ, οἴκοι, χαμαί, et, en passant de l'idée de l'espace à celle du temps, τῇ αὐτῇ ἡμέρᾳ, νυκτί. De même en sanscrit दिवसे *divasê* « dans le jour », निशि *niśi* « dans la nuit ».

§ 196. Locatif des thèmes en *a*, en sanscrit et en zend. — Formes analogues en grec.

L'*i* du locatif, quand le thème finit par अ *a*, se combine avec lui et forme *ê* (§ 2). Il en est de même en zend; mais à côté de ߊ *ê*, on trouve aussi ߊ *ôi* (§ 33), de sorte que le zend se rapproche beaucoup de certains datifs grecs comme οἴκοι, μοί et σοί, où l'*i* n'a pas été souscrit et remplacé par l'élargissement de la voyelle radicale. Aux formes que nous venons de citer, on peut ajouter ߊ *maidyôi* « au milieu », auquel il faut comparer le grec μέσσοι (venant, par assimilation, de μεσjοι, § 19). Mais il faut se garder de conclure, d'après cette forme et quelques autres semblables, à une parenté spéciale entre le grec et le zend.

§ 197. Locatif des thèmes en *a*, en lithuanien et en lette.

Dans la langue lithuanienne, qui dispose d'un véritable locatif, les thèmes en *a* s'accordent à ce cas d'une façon remarquable avec le sanscrit et le zend; ils contractent en *e* cet *a* combiné avec l'*i* locatif, qui d'ailleurs ne se montre nulle part dans sa pureté; on a, par conséquent, du thème *dêwa* le locatif *dêwè* « en Dieu », qui répond à देवे *dêvê* et à ߊ *daivê*. Il est vrai qu'en lithuanien l'*e* du locatif des thèmes en *a* est bref (Kurschat, II, p. 47); mais cela ne doit pas nous empêcher d'y voir originairement une diphthongue, car les diphthongues, une fois qu'elles sont contractées en un seul son, deviennent sujettes à l'abréviation. On peut comparer à cet égard le vieux haut-allemand, où l'*e* du subjonctif est bref dans *bëre* « feram, ferat », tandis qu'il est long dans *bërê-s*, *bërêmês*, *berêt* (§ 81), et le latin, où nous avons *amĕm, amĕt* à côté de *amês, amêmus, amêtis*. Une autre preuve que l'*e* lithuanien a dû primitivement être long, c'est qu'en slave, dans la classe de mots correspondante (§ 268), il y a au locatif un ѣ *ê* : or, le ѣ représente à l'ordinaire l'*ê* sanscrit (§ 92 ᵉ). Le lette a supprimé l'*i* du locatif et, pour le remplacer, a allongé l'*a* qui précède; exemple : *ratā* « dans la roue », qu'on peut comparer au lithuanien *ratė* (même sens) et au sanscrit *râtê* « dans le char ». La forme lette prouve que c'est à une époque relativement récente qu'au locatif lithuanien de cette classe de mots *ai* a été contracté en *e*. Il est important d'ajouter que le lette a conservé la dernière partie de la diphthongue *ai* au locatif pronominal, et qu'il a même allongé l'*i* dans ces formes; exemple : *taî* « dans le, dans celui-ci ». En lithuanien, ce pronom fait au locatif *ta-mė*, par l'adjonction du pronom annexe, dont il a été question plus haut (§ 165 et suiv.). Le sanscrit aurait *tásmê*, si à ce cas *sma* suivait la déclinaison régulière.

§ 198. Locatif des thèmes en *i* et en *u*, en sanscrit.

Les thèmes masculins en इ *i* et en उ *u*, et à volonté les thèmes féminins ainsi terminés, ont en sanscrit au locatif une désinence irrégulière : ils prennent à ce cas la terminaison *âu*, devant laquelle *i* et *u* tombent, excepté dans *páti* « maître » et *sákî* « ami », où l'*i* se change en य् *y* suivant la règle euphonique ordinaire (*páty-âu, sáky-âu*).

Si l'on examine l'origine de cette désinence, il se présente deux hypothèses. Suivant la première, et c'est celle que nous préférons, औ *âu* vient de आस् *âs* et est un génitif allongé, une sorte de génitif attique; en effet, les thèmes masculins en *i* et en *u* ont également en zend les désinences du génitif avec le sens du locatif; il faut de plus se rappeler la vocalisation de *s* en *u*, dont il a été question au § 56ᵇ, et en rapprocher le duel औ *âu*, qui, suivant toute vraisemblance, est sorti de आस् *âs* (§ 206).

Suivant l'autre hypothèse, qui serait très-vraisemblable si la désinence locative *âu* était bornée aux thèmes en *u*, *âu* serait simplement une gradation de la voyelle finale du thème[1]; c'est ainsi que nous avons expliqué (§ 175) les datifs gothiques comme *sunau, kinnau,* auxquels on pourrait alors comparer les locatifs sanscrits comme *sûnâú, hánâu*. Mais cette explication ne peut guère convenir aux locatifs comme *agnâú,* venant de *agní* « feu »; en effet, *u* est plus lourd que *i,* et les altérations des voyelles consistent ordinairement en affaiblissements. On ne trouve nulle part en sanscrit un exemple d'un *i* changé en *u*: il est donc difficile d'admettre que, par exemple, *agní* « feu », *ávi* « mouton », dont l'*i* est primitif, ainsi que cela ressort de la comparaison des autres langues, aient formé leur locatif d'un thème secondaire *agnu, avu,* et qu'un procédé analogue ait été suivi pour tous les autres thèmes masculins en *i* (et à volonté pour les thèmes féminins). Il est bien entendu qu'il faudrait excepter les locatifs, mentionnés plus haut, *páty-âu, sáky-âu,* où *âu* est évidemment une désinence casuelle, et *y* la transformation régulière de l'*i* final du thème.

§ 199. Locatif des thèmes en *i* et en *u,* en zend.

Au lieu du locatif, le zend emploie ordinairement pour les thèmes en *u* la terminaison du génitif ó (venant de अस् *as*), tandis que, pour exprimer l'idée du génitif, il préfère la forme *éu-s;* ainsi nous avons dans le Vendidad-Sadé[2]: *aitahmi anhvô yaḍ ustvainti* « in hoc mundo quidem existente ». Cette terminaison zende *ó* (*a + u*) est, par rapport à la désinence sanscrite *âu,* ce que l'*a* bref est à l'*â* long, et les deux locatifs se distinguent seulement par la quantité de la première partie de la diphthongue. Au contraire, nous

---

[1] Voyez Benfey, Grammaire sanscrite développée, p. 302.
[2] Page 337 du manuscrit lithographié.

trouvons très-fréquemment, pour le thème féminin 𐬙𐬀𐬥𐬎 *tanu* « corps », la vraie forme locative 𐬙𐬀𐬥𐬎𐬌 *tanv-i*[1].

Il y a, dans le dialecte védique, des formes analogues en *v-i*, ou, avec le gouna, en *av-i*, telles que *tanv-i*, de *tanú* (féminin) « corps » et avec le gouna विष्णवि *víṣṇav-i*, du thème masculin *víṣṇu* (voyez Benfey, Glossaire du Sâma-véda). Pour *sûnú* « fils », Benfey (Grammaire développée, p. 302) mentionne le locatif *sûnáv-i*, avec lequel s'accorde parfaitement l'ancien slave *sünov-i* (locatif et datif).

Pour les thèmes en *i*, le zend emploie la désinence ordinaire du génitif *ôi-s*, avec la signification du locatif; ainsi dans le Vendidad-Sadé[2] : 𐬀𐬵𐬨𐬌 𐬥𐬀𐬨𐬁𐬥𐬉 𐬫𐬀𐬛 𐬨𐬁𐬰𐬛𐬀𐬫𐬀𐬯𐬥𐬋𐬌𐬯 *ahmi namânê yaḍ mâzdayaśnôis* « in hac terra quidem mazdayaśnica ».

§ 200. Le génitif des deux premières déclinaisons latines est un ancien locatif. — Le locatif en osque et en ombrien. — Adverbes latins en *ê*.

Nous venons de voir que le génitif en zend peut se substituer à l'emploi du locatif; nous allons constater le fait opposé en latin, où le génitif est remplacé par le locatif. Fr. Rosen a reconnu le premier un ancien locatif dans le génitif des deux premières déclinaisons : l'accord des désinences latines avec les désinences sanscrites ne laisse aucun doute sur ce point; ce qui vient encore à l'appui de cette identité, c'est que le génitif n'a en latin la signification locative que dans les deux premières déclinaisons (*Romæ, Corinthi, humi*), et seulement au singulier. On dira par exemple *ruri* et non *ruris*. Une autre preuve est fournie par la comparaison de l'osque et de l'ombrien; ces deux dialectes ne donnent jamais le sens locatif à leur génitif, qui a

---

[1] Burnouf relève un locatif en 𐬀𐬊 *âo* appartenant à un thème féminin en *u* : c'est 𐬞𐬆𐬭𐬆𐬙𐬁𐬊 *përëtâo*, de 𐬞𐬆𐬭𐬆𐬙𐬏 *përëtu* « pont » (*Yaçna*, p. 513).

[2] Page 234 du manuscrit lithographié.

conservé partout sa désinence propre. On trouve dans ces deux langues, ou au moins en ombrien, un véritable locatif distinct du génitif.

En osque, nous avons pour exprimer le locatif, dans la 1re déclinaison, une forme *aí* qui est semblable à la désinence du datif, et dans la 2e une forme *eí*, distincte du datif, lequel se termine en *úí*[1]. En voici des exemples : *esaí viaí mefiaí* « in ea via media »; *múínikeí tereí* « in terra communi » (*terum* est du neutre). Dans la diphthongue *eí*, l'*e* représente la voyelle finale du thème, comme elle est représentée par *e* au vocatif de la 2e déclinaison latine (§ 204) : l'on peut comparer la diphthongue *eí* à l'*ê* (contracté de *ai*) du sanscrit *ásvê* « in equo ».

Nous arrivons au locatif ombrien, sur lequel je me vois obligé de retirer, après un examen répété, l'opinion que, d'accord avec Lassen, j'avais exprimée dans mon Système comparatif d'accentuation (p. 55). Si je renonce à y voir le pronom annexe *sma* (§ 166 et suiv.), je ne peux pas non plus partager l'opinion émise par Aufrecht et Kirchhoff (ouvrage cité, p. 111), qui, rapprochant de la forme ordinaire *me* la forme plus complète *mem*[2], y voient la désinence du datif sanscrit *byam*. Ce n'est pas que le changement de *b* en *m* me paraisse impossible (compar. § 215), ou que la désinence du datif ne puisse servir à former des locatifs[3]; mais ce qui, selon moi, s'oppose à cette explication, c'est le fait suivant : toutes les fois que, dans la 1re déclinaison, les formes en *mem, men, me*, ou simplement *m*, expriment une véritable relation locative (c'est-à-dire toutes les fois qu'elles

---

[1] Voyez Mommsen, Études osques, p. 26 et suiv. et 31 et suiv.

[2] *Mem* ne se trouve que deux fois, *men* trois fois (ouvrage cité, § 24, 3 et 4^b); *me*, au contraire, est très-fréquent. Au lieu de *me*, on trouve quelquefois simplement *m*.

[3] J'ai moi-même fait dériver de la terminaison *byam* la syllabe *bi* des adverbes locatifs *ibi, ubi*, etc.

répondent à la question *ubi*), la voyelle qui précède n'est pas l'*a* du thème, mais *e* : ainsi l'on dit en ombrien *tote-me* « in urbe », et non *tota-me*. Si cet *e* se retrouvait également quand les formes dont nous parlons indiquent la direction vers un endroit (question *quô*), on pourrait voir simplement dans l'*e* un affaiblissement de l'*a* du thème, affaiblissement dû à la surcharge que produit l'adjonction d'une syllabe. Mais il n'en est pas ainsi, et l'*a* reste invariable quand il s'agit d'exprimer le mouvement vers un endroit. Ainsi l'on dirait *tota-me* « in urbem »[1]. Si donc *tote-me* « in urbe » contient une désinence de locatif, cette désinence doit être renfermée dans l'*e* de la seconde syllabe, lequel très-probablement est long et est une contraction de *ai*. Mais il n'est pas nécessaire de reconnaître dans *tote-me* une désinence de locatif, car le datif de *tota* est *tote* (*totê*), et, par conséquent, rien ne s'oppose à ce que nous supposions que le datif combiné avec *mem*, *me*, etc. et même quelquefois le datif seul[2], exprime la relation locative.

Quant à la direction vers un endroit, elle est exprimée en sanscrit par l'accusatif, et nous admettons qu'en ombrien elle est marquée par l'accusatif combiné avec les syllabes précitées, que nous regardons comme des postpositions. Mais, comme le redoublement d'une consonne n'est pas indiqué dans l'écriture ombrienne, non plus que dans l'ancienne écriture latine[3], on supprime le *m* de l'accusatif devant des enclitiques commençant par *m*. Au lieu de *Akeruniamem, arvamen, rubiname*, il faut donc lire *Akeruniam-mem, arvam-men, rubinam-me*.

On pourrait encore admettre que l'accusatif perd son *m* de-

---

[1] Ce mot n'est pas ainsi employé ; mais nous pouvons nous appuyer sur des formes analogues.

[2] Aufrecht et Kirchhoff (p. 113) citent *rupinie, sate, Akerunie, Iovine, tote rubine, sahate*, exprimant le lieu où l'on est.

[3] Voyez Aufrecht et Kirchhoff, p. 13.

vant la postposition, d'autant plus que, même à l'état simple, il se trouve souvent sans *m* (ouvrage cité, p. 110). Comme l'accusatif est plus propre qu'aucun autre cas à marquer le mouvement vers un endroit, ainsi que nous le voyons, non-seulement par le sanscrit, mais encore par le latin (pour les noms de ville), il n'y a pas lieu de s'étonner si quelquefois la direction est marquée en ombrien par des mots en *a*, sans adjonction d'aucun mot indiquant la relation.

Dans la 2° déclinaison ombrienne, le lieu où l'on est n'est pas distingué du lieu où l'on va, c'est-à-dire qu'on ne trouve la postposition qu'en combinaison avec l'accusatif, ou l'on emploie l'accusatif seul et dépouillé de son signe casuel; exemples : *vukumen, esunu-men, esunu-me, anglo-me, perto-me, carso-me, somo* (ouvrage cité, p. 118); on pourrait lire aussi *vukum-men*, etc. Pour les thèmes en *i*, les formes locatives en *i-men, i-me, i-m, e-me, e-m, e* correspondent aux accusatifs en *im, em, e*. Dans *rus-e-me*, du thème *rus*, lequel est terminé par une consonne, l'*e* est probablement voyelle de liaison (ouvrage cité, p. 128) et la forme dénuée de flexion *rus* l'accusatif neutre. On peut aussi regarder comme voyelle de liaison l'*e* des locatifs pluriels en *em*, si *em* n'est pas ici une simple transposition pour *me*, destinée à faciliter la prononciation à cause de la lettre *f*, signe de l'accusatif pluriel (§ 215, 2), qui précède. Il est important de remarquer à ce propos que les formes en *f-em* ne sont jamais de vrais locatifs, mais qu'elles marquent le lieu où l'on va (ouvrage cité, p. 114), ce qui nous autorise d'autant plus à les expliquer comme des accusatifs avec postposition. L'ombrien suit dans les formations de ce genre son penchant ordinaire à rejeter un *m* final, de sorte que la plupart du temps la postposition au pluriel consiste simplement dans un *e*; il faudrait même admettre qu'elle a disparu tout à fait, si l'on regarde *e* comme une simple voyelle de liaison. On pourrait à ce sujet rappeler les accusatifs grecs comme ὅπ-α comparés avec les accusatifs sanscrits comme *vâć-am*.

Ce qui porte encore à croire que la terminaison apparente des locatifs ombriens est une préposition devenue postposition, c'est que, en général, l'ombrien aime à placer après les noms les mots exprimant une relation (même ouvrage, p. 153 et suiv.). C'est ainsi que la préposition *tu* ou *to*, qui appartient en propre à l'ombrien et qui signifie « de, hors », ne se trouve qu'en combinaison avec les ablatifs qu'elle régit. De même l'ombrien *ar* = latin *ad* est toujours annexé au substantif qu'il gouverne, quoiqu'il paraisse quelquefois aussi comme préfixe devant une racine verbale.

Nous retournons au latin pour dire que les adverbes en *ê* de la 2ᵉ déclinaison peuvent être considérés comme des locatifs, au lieu que les adverbes terminés en *ô* sont des ablatifs : *novê*, par exemple, représenterait le sanscrit *nâvê* « in novo ».

§ 201. Locatif des pronoms en sanscrit et en zend. — Origine de l'*i* du locatif.

Les pronoms sanscrits de la 3ᵉ personne ont इन् *in*, au lieu de *i*, au locatif, et l'*a* du pronom annexe *sma* (§ 165) est élidé; exemples : *tásm'in* « en lui », *kásm'in* « en qui? ». Ce *n* ne s'étend pas aux deux premières personnes, dont le locatif est *máy-i*, *tváy-i*, et il manque également à la 3ᵉ personne en zend; exemple : ahmi « dans celui-ci ».

On peut se demander quelle est l'origine de cet *i*, qui indique la permanence dans l'espace et dans le temps : nous considérons *i* comme la racine d'un pronom démonstratif. Si cette racine a échappé aux grammairiens indiens, il ne faut pas s'en étonner, car ils ont méconnu de même la vraie forme de toutes les racines pronominales.

§ 202. Locatif féminin. — Locatif des thèmes en *i* et en *u*, en lithuanien.

Les thèmes féminins terminés par une voyelle longue ont en sanscrit une désinence particulière de locatif, à savoir *âm*. Les thèmes féminins en *i* et en *u* brefs peuvent prendre la même terminaison. Les thèmes féminins monosyllabiques en *î* et en *û* longs ont également part aux deux désinences, et peuvent prendre *âm* ou इ *i*; exemples : *bhiy-âm* ou *bhiy-i* « dans la peur », de *bhî*.

En zend, au lieu de la désinence *âm* nous n'avons plus que *a* (comparez § 215); exemples : *yahmy-a* « in quâ » de *yahmî* (comparez § 172). Mais cette terminaison paraît avoir moins d'extension en zend qu'en sanscrit, et ne semble pas s'appliquer aux thèmes féminins en *i* et en *u*.

Le lithuanien a perdu comme le zend la nasale de la désinence *âm*: pour les thèmes féminins en *a* il termine le locatif en *ōj-e*, forme qui répond au sanscrit *ây-âm*; exemple : *áswōj-e* (= sanscrit *áśvây-âm*). Le *j* a probablement exercé une influence assimilatrice sur la voyelle qui suit (comparez § 92 [k]). Si le thème est terminé en *i*, à cet *i*, qui s'allonge en *y* (= *ī*), vient encore s'associer la semi-voyelle *j*; exemple : *awyj-ė*, qu'on peut comparer au sanscrit *ávy-âm* (par euphonie pour *avi-âm*) de अवि *ávi* « brebis »[1]. La désinence casuelle des thèmes lithuaniens en *i* peut aussi être supprimée, comme dans *awý* (*awí*).

Comme la plupart des thèmes lithuaniens en *i* sont du féminin, il est possible que cette circonstance ait influé sur les masculins

---

[1] Notons à ce propos qu'en pâli l'*i* final d'un thème devient régulièrement *iy* (= lithuanien *ij*) devant les désinences casuelles commençant par une voyelle. Exemple : *ratti* (féminin) « nuit », locatif रत्तियं *rattiy-añ* ou, avec suppression de la nasale, रत्तिया *rattiy-â*; cette dernière forme, si nous faisons abstraction de la quantité de la voyelle finale, se rapproche beaucoup des formes lithuaniennes comme *awyj-ė*.

qui font également au locatif *ij-e;* exemple : *gentij-ė* « dans le parent ». Ce qui est plus étonnant, c'est que les thèmes en *u*, qui sont tous du masculin, ont part à la terminaison *j-e :* c'est ainsi que nous avons *sūnuj-ė*[1], au lieu duquel on trouve toutefois aussi, suivant Schleicher (p. 190), *sūnùi*, qui ne se distingue du datif *sūnui* (§ 176) que par l'accentuation. Si la forme *sūnùi*, que Ruhig et Mielcke ne citent pas, est primitive, et ne vient pas d'une contraction de *sūnujė*, elle s'accorde très-bien avec le védique et le zend *tanv-i* (du thème féminin *tanu*), que nous avons mentionné plus haut : la forme lithuanienne ne s'en distinguerait que par le maintien de l'*u*, qui, en sanscrit et en zend, est devenu un *v*, conformément aux lois phoniques de ces langues. On peut comparer aussi la forme védique masculine *sûnáv-i*, qui est frappée du gouna, avec le slave *sünov-i*.

§ 203. Tableau comparatif du locatif.

Nous donnons le tableau comparatif du locatif sanscrit, zend et lithuanien, ainsi que du datif grec, qui par sa formation est un locatif.

	Sanscrit.	Zend.	Lithuanien.	Grec.
masculin...	*áśvé*[2]	*aspé*	*pōnè*	ἵππῳ
mas.-neutre	*ká-sm'-in*	*ka-hm'-i*	*ka-mè*	....
féminin...	*áśvây-âm*	*hiṣvay-a?*	*áśwōj-e*	χώρᾳ[3]
masculin...	*páty-âu*[4]	....	[5]	πόσι-ι
féminin...	*prît'-âu*	....	....	πόρτι-ι

---

[1] Peut-être vaut-il mieux diviser *sūnu-j-ė*, comme au locatif pâli des thèmes en *u*, tels que *yágu-y-aṅ* ou *yâgu-y-â* (comparez § 43) « dans le sacrifice ».

[2] Comparez le latin *equi*, *humi*, *Corinthi*, venant de *equoi*, etc. Rapprochez aussi *nové* (venant de *novoi*) de नवे *návé* « in novo » (§ 200).

[3] Comparez le lat... *quæ*, *Romæ*, archaïque *equai*, *Romai* (§ 5).

[4] Voyez § 198.

[5] Le locatif masculin est formé d'après l'analogie des locatifs féminins.

LOCATIF SINGULIER. § 203.

	Sanscrit.	Zend.	Lithuanien.	Grec.
féminin...	prîty-âm	....	awyj-è	....
neutre....	vắri-ṇ-i	....		ἴδρι-ι
féminin...	bávanty-âm	bavainty-a?	....	....
masculin...	sûn'-âú	....		....
masculin...	sûnáv-i [1]	....	sūnùi	νέκυ-ι
féminin...	hán-âu	....		....
féminin...	tanv-í	tanv-i	....	γένυ-ι
neutre....	mádu-n-i	....		μέθυ-ι
féminin...	vadv-ắm	....		....
masc.-fém..	gáv-i	gav-i?	....	βο(F)-ί
féminin...	nâv-í	....		νᾱ(F)-ί
féminin...	vâć-i	vâć-i	....	ὀπ-ί
masculin...	bárat-i	barĕnt-i	....	Φέροντ-ι
masculin...	áśman-i	aśmain-i	....	δαίμον-ι
neutre....	nắmn-i [2]	nâmain-i	....	τάλαν-ι
masculin...	brắtar-i [3]	brâir-i? [4]	....	πατρ-ί
féminin...	duhitár-i	duġdĕr-i [5]	....	θυγατρ-ί
masculin...	dâtár-i	dâir-i?	....	δοτῆρ-ι
neutre....	váćas-i	vaćah-i	....	ἔπε(σ)-ι.

[1] Forme védique, § 199.

[2] Ou nắman-i. (Voyez l'Abrégé de la grammaire sanscrite, § 191.)

[3] Les thèmes qui, dans leur syllabe finale, font alterner ar et âr avec r̥, ont tous au locatif ar-i, au lieu que, d'après la théorie générale des cas très-faibles, nous devrions supprimer l'a qui précède r, ce qui nous donnerait pitr-í et non pitár-i. La première de ces formes s'accorderait mieux avec le datif grec πατρ-ί. (Voyez § 132, 1.)

[4] Je ne connais pas d'exemple de ces formes; mais la voyelle précédant r doit vraisemblablement être supprimée, comme elle l'est au génitif singulier brâtr-ô, dâtr-ô, et au génitif pluriel brâtr-aṁm, dâtr-aṁm. Au contraire, dans les thèmes zends en an, la voyelle, même précédée d'une seule consonne, est conservée à tous les cas faibles : ainsi nous avons nâmain-i, au lieu du sanscrit nắmn-i ou nắman-i; nous avons au datif et au génitif nâmainê, nâmanô, au lieu du sanscrit nắmn-ê, nắmn-as. (Voyez, dans l'index du Vendidad-Sadé de Brockhaus, les cas formés de dắman et nắman.)

[5] Pour duġdr-i, voyez § 178. Mais on pouvait aussi s'attendre à trouver duġdĕiri et, par analogie, au datif, duġdĕirê (§ 41).

VOCATIF.

§ 204. Accentuation du vocatif en sanscrit et en grec. — Vocatif des thèmes en *a*.

Au vocatif des trois nombres, le sanscrit ramène l'accent sur la première syllabe du thème, s'il ne s'y trouve déjà placé [1]. Exemples : *pítar* « père », *dévar* « beau-frère » (frère du mari), *mấtar* « mère », *dúhitar* « fille », *rấǵaputra* « fils de roi » tandis qu'à l'accusatif nous avons *pitáram*, *deváram*, *matáram*, *duhitáram*, *rấǵaputrám*. Le grec a conservé quelques restes de cette accentuation : nous avons notamment les vocatifs πάτερ, δᾶερ, μῆτερ, θύγατερ [2], qui sont, sous le rapport de l'accent, avec leurs accusatifs πατέρα, δαέρα, θυγατέρα, dans le même rapport que les vocatifs sanscrits que nous venons de mentionner avec leurs accusatifs respectifs. Dans les mots composés, le recul de l'accent

---

[1] Les grammairiens indiens posent comme règle que les vocatifs et les verbes n'ont d'accent qu'au commencement d'une phrase, à moins, en ce qui concerne ces derniers, qu'ils ne soient précédés de certains mots ayant le pouvoir de préserver leur accent. Je renvoie sur ce point à mon Système comparatif d'accentuation, remarque 37. Il suffira de dire qu'il est impossible que des vocatifs comme *rấǵaputra*, où des formes verbales comme *abavišyâmahi* « nous serions » (moyen) soient, à quelque place de la phrase qu'ils se trouvent, entièrement dépourvus du ton.

[2] Le nominatif des deux dernières formes a dû être dans le principe un oxyton, comme en sanscrit *mâtấ*, *duhitấ* : car il ressort de toute la déclinaison de ces mots que le ton appartient à la syllabe finale du thème. La déclinaison de ἀνήρ mérite, en ce qui concerne l'accent, une mention à part. Ici l'α n'est qu'une prosthèse inorganique, mais qui s'approprie le ton à tous les cas forts (§ 129), excepté au nominatif singulier. Nous avons donc non-seulement ἄνερ = sanscrit *nar*, mais encore ἄνδρα, ἄνδρε, ἄνδρες, ἄνδρας, en regard du sanscrit *náram*, *nárâu*, *náras* (nominatif-vocatif pluriel). Dans les cas faibles, au contraire, le ton vient tomber sur la désinence, suivant le principe qui régit les mots monosyllabiques : on a donc, par exemple : ἀνδρί, qui répond au locatif sanscrit *nar-í* (comparez § 132, 1). Le datif pluriel fait exception, parce qu'il est de trois syllabes : on a ἀνδρά-σι venant de ἀνάρ-σι (§ 254), en regard du locatif sanscrit *nr̥-ṣú* venant de *nar-ṣú*.

au vocatif singulier a, en grec, une cause différente : il se fait en vertu du principe qui veut que l'accent des mots composés soit le plus loin possible de la fin ; on a, par conséquent, au vocatif, εὔ-δαιμον, au lieu qu'au nominatif, pour des raisons que l'on connaît, l'accent se rapproche : εὐδαίμων.

Si de l'accent nous passons à la forme du vocatif, nous observons, ou bien qu'il n'a pas de signe casuel dans les langues indo-européennes, ou bien qu'il est semblable au nominatif. L'absence de désinence casuelle est la règle, et c'est par une sorte d'abus que le vocatif reproduit dans certains mots la forme du nominatif. Cet abus est borné en sanscrit aux thèmes monosyllabiques terminés par une voyelle; exemple : भीस् *bî-s* « peur ! », de même qu'en grec nous avons κί-ς; *gâu-s* « vache ! », *nâu-s* « navire ! ». Ici, au contraire, le grec a βοῦ, ναῦ.

En sanscrit et en zend l'*a* final des thèmes reste invariable : en lithuanien il s'affaiblit en *e*[1]. Le grec et le latin, dans la déclinaison correspondante, préfèrent également pour leur vocatif dénué de flexion le son de l'*e* bref à l'*o* et à l'*u* des autres cas. On comprend en effet que la voyelle finale du thème a dû s'altérer plus vite au vocatif qu'aux autres cas où elle est protégée par la terminaison. Il faut donc se garder de voir dans ἵππε, *equĕ* des désinences casuelles : ces formes sont avec *áśva* dans le même rapport que πέντε, *quinque*, avec *páńća*; l'ancien *a*, devenu *o* dans ἵππος, *ŭ* dans *equus*, est devenu *ĕ* à la fin du mot.

En zend, les thèmes terminés par une consonne, s'ils ont un *s* au nominatif, le gardent au vocatif : c'est ainsi que nous avons trouvé plusieurs fois au participe présent la forme du nominatif avec le sens du vocatif.

---

[1] Le borussien peut, dans les thèmes masculins en *a*, prendre indifféremment *a* ou *e*, ou employer la forme du nominatif. Exemple : *deiwa* « Dieu ! » (= sanscrit *déva*) ou *deiwe* (= lithuanien *déwe*) ou, comme au nominatif, *deiws* (le nominatif peut aussi faire *deiwas*). Le lette a perdu le vocatif et le remplace partout par le nominatif.

§ 205. Vocatif des thèmes en *i* et en *u* et des thèmes terminés par une consonne. — Tableau comparatif du vocatif.

Les thèmes masculins et féminins en *i* et en *u* ont en sanscrit le gouna : les neutres peuvent prendre le gouna ou garder la voyelle pure. Au contraire, les féminins polysyllabiques en *î* et en *û* abrégent cette voyelle. Un आ *â* final devient *ê*, c'est-à-dire qu'il affaiblit en *i* le second *a* (*â* = *a* + *a*) et le combine avec le premier de manière à former la diphthongue *ê*. C'est évidemment le même but que poursuit la langue, soit qu'elle allonge ou qu'elle abrége la voyelle finale : elle veut insister sur le mot qui sert à appeler.

A la forme ओ *ô*, produite par le gouna (*a*+*u*), correspondent des formes analogues en gothique et en lithuanien : comparez au sanscrit *sûnô* les vocatifs *sunau*, *sūnaŭ*[1]. On ne trouve pas dans Ulfilas de vocatif d'un thème féminin en *i*; mais comme, sous d'autres rapports, ces thèmes forment le pendant exact des thèmes en *u*, et comme ils ont, ainsi que ceux-ci, le gouna au génitif et au datif, je ne doute pas qu'il n'y ait eu en gothique des vocatifs comme *anstai*. On ne rencontre pas non plus de vocatif d'un thème féminin en *u*; mais comme, à tous les autres cas, les thèmes féminins en *u* suivent l'analogie des masculins, on peut, à côté des vocatifs *sunau*, *magau*, placer sans hésitation des vocatifs féminins comme *handau*[2]. Les thèmes masculins en *i*

---

[1] En zend, le gouna est facultatif pour les thèmes en ⟩ *u* ; exemple : ⟩⟩⟩⟩⟩⟩ *mainyô* et ⟩⟩⟩⟩⟩⟩ *mainyu*. Mais il n'y a pas, à ma connaissance, d'exemple de thème en *i* prenant le gouna.

[2] C'est par inadvertance que Von der Gabelentz et Löbe donnent la forme *sunu* au vocatif, car on trouve déjà dans la 1re édition de la Grammaire de Grimm les formes *sunau* et *magau*. Les exemples sont d'ailleurs rares, attendu que pour les objets inanimés on n'a guère occasion d'employer le vocatif. Je n'ai pu constater, pour cette raison, si le vocatif des thèmes en *n* (déclinaison faible) est semblable au nominatif,

ont, comme les thèmes masculins et neutres en *a*, perdu en gothique leur voyelle finale au vocatif, ainsi qu'à l'accusatif et au nominatif; exemples : *vulf'*, *daur'*, *gast'*. Le lithuanien, au contraire, marque, dans les deux genres, l'*i* final, comme l'*u* final, du gouna; exemples : *genté* « parent! », *awé* « mouton! », de même qu'en sanscrit nous avons *páté*, *ávé*.

Les adjectifs germaniques se sont écartés, au vocatif, de la règle primitive : ils conservent le signe casuel du nominatif. Ainsi, en gothique, nous avons *blind's* « aveugle! ». En vieux norrois les substantifs participent à cette anomalie et conservent le signe du nominatif.

Le grec a assez bien conservé ses vocatifs : dans plusieurs classes de mots il emploie le thème nu, ou le thème ayant subi les altérations que les lois euphoniques ou l'amollissement de la langue ont rendues nécessaires; exemples : τάλαν, par opposition à τάλας; χαρίεν au lieu de χαρίεντ, par opposition à χαρίεις; παῖ, au lieu de παιδ, par opposition à παῖς. Les thèmes terminés par une gutturale ou une labiale n'ont pu se débarrasser au vocatif du σ du nominatif, κσ et πσ (ξ, ψ) étant des combinaisons qu'affectionne le grec et pour lesquelles il a même créé des lettres spéciales. Remarquons toutefois le vocatif ἄνα, qui coexiste à côté de ἄναξ, et qui est conforme à l'ancien principe : en effet, un thème ἄνακτ, privé de flexion, ne pouvait conserver le κτ, ni même, selon les règles ordinaires du grec, le κ. « Au reste, ainsi que le fait observer Buttmann (Grammaire grecque développée, p. 180), on comprend sans peine que des mots qui ont rarement occasion d'être employés au vocatif, comme ὦ πούς par exemple, prennent plutôt, le cas échéant, la forme du nominatif [1]. » Le latin est allé encore plus loin dans cette voie que le

---

ou si, comme en sanscrit, on emploie la forme nue du thème; en d'autres termes, si, pour le thème *hanan*, on dit au vocatif *hana* ou *hanan*.

[1] C'est à cette circonstance sans doute qu'est due, dans la déclinaison des thèmes

grec : hormis pour les masculins de la 2ᵉ déclinaison, il emploie partout le nominatif au lieu du vocatif.

Je fais suivre le tableau comparatif du vocatif pour les thèmes cités au § 148.

	Sanscrit.	Zend.	Grec.	Latin.	Lithuanien.	Gothique.
masculin.	áśva	aśpa	ἵππε	eque	póne	vulf'
neutre...	dấna	dâta	δῶρο-ν	dônu-m	....	daur'
féminin..	áśvê	hiṣva¹	χώρᾱ	equa	áśva	giba
masculin.	páté	paiti	πόσι	hosti-s	genté	gast'
féminin..	prî'ié	âfrîti	πόρτι	turri-s	awé	anstai?
neutre...	vấri	vairi	ἴδρι	mare	....	....
féminin..	bấvanti	bavainti	....	....	....	....
masculin.	sűnô	paśu	νέκυ	pecu-s	sûnaú	sunau
féminin..	hánô	tanu	γένυ	socru-s	....	kinnau
neutre...	mádu	madu	μέθυ	pecû	....	....
féminin..	vádu	....	....	....	....	....
mas.-fém.	gâu-s	gâu-s	βοῦ	bô-s	....	....
féminin..	nâu-s	....	ναῦ	....	....	....
féminin..	vấk	vâk-s?	ὄπ-s	voc-s	....	....
masculin.	báran	baran-s	φέρων	feren-s	áugân-s	fijand?
masculin.	áśman	aśman	δαῖμον	sermo	akmű	ahma?
neutre...	nấman	nâman	τάλαν	nômen	....	namô?

neutres en o, l'introduction au vocatif du signe casuel v. Il ne faut pas oublier d'ailleurs que le grec a dû se déshabituer d'autant plus aisément d'employer la forme nue du thème, qu'au commencement des composés on trouve beaucoup plus rarement qu'en sanscrit le thème dans sa pureté primitive (§ 112).

[1] C'est ainsi que nous avons *drvâśpa*, vocatif de *drvâśpâ*, nom d'une divinité (littéralement, *qui a des chevaux solides*), de *drva* = sanscrit *dhruva*, et *aśpa* (voyez Burnouf, *Yaçna*, p. 428 et suiv.). Le dialecte védique a également des vocatifs de ce genre, c'est-à-dire abrégeant l'*â* long du féminin au lieu de le changer en *ê*. Dans le sanscrit classique, trois mots, qui signifient tous les trois «mère», suivent cette analogie : *akkâ*, *ambâ*, *allâ*; vocatif *ákka*, *ámba*, *álla*. On trouve aussi dans le dialecte védique *ámbé* au lieu de *ámba*.

VOCATIF SINGULIER. § 205.

	Sanscrit.	Zend.	Grec.	Latin.	Lithuanien.	Gothique.
masculin.	*brătar*	*brâtarĕ*[1]	πάτερ	*frâter*	. . . .	*brôthar*
féminin..	*dŭhitar*	*dugdărĕ*	θύγατερ	*mâter*	*duktĕ́*	*dauhtar*
masculin.	*dắtar*	*dâtarĕ*	δοτήρ	*dator*	. . . .	. . . .
neutre...	*váćas*	*váćô*	ἔπος[2]	*génus*	. . . .	. . . .

[1] Voyez § 44.
[2] Voyez § 128.

FIN DU PREMIER VOLUME.

TABLE DES MATIÈRES.

	Pages.
Introduction	iii
Préface de la première édition	1
Préface de la deuxième édition	11

SYSTÈME PHONIQUE ET GRAPHIQUE.

ALPHABET SANSCRIT.

§ 1.	Les voyelles simples en sanscrit. — Origine des voyelles ऋ *r̥* et ॡ *l̥*	23
§ 2.	Diphthongues sanscrites	28
§ 3.	Le son *a* en sanscrit et ses représentants dans les langues congénères	31
§ 4.	L'*â* long sanscrit et ses représentants en grec et en latin	32
§ 5.	Origine des sons *a*, *œ* et *œ* en latin	33
§ 6.	Pesanteur relative des voyelles. — *A* affaibli en *i*	35
§ 7.	*A* affaibli en *u*	38
§ 8.	Pesanteur relative des autres voyelles	40
§ 9.	L'anousvâra et l'anounâsika	41
§ 10.	L'anousvâra en lithuanien et en slave	43
§ 11.	Le visarga	43
§ 12.	Classification des consonnes sanscrites	44
§ 13.	Les gutturales	46
§ 14.	Les palatales	47
§ 15.	Les cérébrales ou linguales	49
§ 16.	Les dentales	49
§ 17ᵃ.	*D* affaibli en *l* ou en *r*	51
§ 17ᵇ.	*N* dental changé en *ṇ* cérébral	51
§ 18.	Les labiales	52
§ 19.	Les semi-voyelles	53
§ 20.	Permutations des semi-voyelles et des liquides	58

§ 21ª. La sifflante *s*..	61
§ 21ᵇ. La sifflante *s*..	63
§ 22. La sifflante *s*..	64
§ 23. L'aspirée *h*...	65
§ 24. Tableau des lettres sanscrites...........................	66
§ 25. Division des lettres sanscrites en *sourdes* et *sonores*, *fortes* et *faibles*...	68

LE GOUNA.

§ 26, 1. Du gouna et du vriddhi en sanscrit....................	68
§ 26, 2. Le gouna en grec.....................................	70
§ 26, 3. Le gouna dans les langues germaniques.................	71
§ 26, 4. Le gouna dans la déclinaison gothique.................	73
§ 26, 5. Le gouna en lithuanien...............................	73
§ 26, 6. Le gouna en ancien slave.............................	74
§ 27. De l'*i* gouna dans les langues germaniques..............	75
§ 28. Du gouna et de la voyelle radicale dans les dérivés germaniques......	76
§ 29. Du vriddhi..	78

ALPHABET ZEND.

§ 30. Les voyelles *a*, *ĕ*, *â*...............................	79
§ 31. La voyelle *ë*..	80
§ 32. Les sons *i*, *î*, *u*, *û*, *o*, *ô*, *âo*..............	81
§ 33. Les diphthongues *ôi*, *é* et *ai*.......................	83
§ 34. Les gutturales *k* et *k̇*................................	85
§ 35. La gutturale aspirée *q*.................................	86
§ 36. Les gutturales *g* et *ġ*................................	87
§ 37. Les palatales *ć* et *ġ*.................................	88
§ 38. Dentales. Les lettres *t* et *ṭ*.........................	90
§ 39. Les dentales *d*, *d'* et *ḍ*............................	90
§ 40. Les labiales *p*, *f*, *b*...............................	92
§ 41. Les semi-voyelles. — Épenthèse de l'*i*..................	93
§ 42. Influence de *y* sur l'*a* de la syllabe suivante. — *Y* et *v* changés en voyelles...	95
§ 43. *Y* comme voyelle euphonique de liaison..................	96
§ 44. La semi-voyelle *r*......................................	97
§ 45. Les semi-voyelles *v* et *w*.............................	97
§ 46. Épenthèse de l'*u*.......................................	98
§ 47. Aspiration produite en zend par le voisinage de certaines lettres. — Fait identique en allemand...............................	99
§ 48. *H* inséré devant un *r* suivi d'une consonne............	101
§ 49. La sifflante *s*...	101

TABLE DES MATIÈRES.

Pages.

§ 50. *V* changé en *p* après *s*.. 102
§ 51. La sifflante ࿘ *s*... 102
§ 52. La sifflante ࿘ *š*... 104
§ 53. La lettre ࿘ *h*... 105
§ 54. Le groupe *hr*... 105
§ 55. *Sé* pour *hé*... 106
§ 56ᵃ. Nasale *n* insérée devant un *h*............................ 106
§ 56ᵇ. *As* final changé en *ô* ; *ās* changé en *āo*................ 107
§ 57. La sifflante ࿘ *s* tenant la place d'un *h* sanscrit........... 108
§ 58. ࿘ *s* pour le sanscrit *ǵ* ou *ǰ*............................. 108
§ 59. La sifflante ࿘ *š*.. 109
§ 60. Les nasales ࿘ et ࿘ *n*..................................... 110
§ 61. Le groupe ࿘ *aṅ*.. 110
§ 62. Les nasales ࿘ et ࿘ *ṇ*. — Le groupe ࿘ *ṇuh*............... 111
§ 63. La nasale ࿘ *m*. — Le *b* changé en *m* en zend ; changement contraire en grec... 112
§ 64. Influence d'un *m* final sur la voyelle précédente.............. 112
§ 65. Tableau des lettres zendes..................................... 113

ALPHABET GERMANIQUE.

§ 66. De la voyelle *a* en gothique................................ 114
§ 67. *A* changé en *i* ou supprimé en gothique.................... 114
§ 68. *A* gothique changé en *u* ou en *o* en vieux haut-allemand... 115
§ 69, 1. L'*â* long changé en *ô* en gothique...................... 115
§ 69, 2. L'*â* long changé en *é* en gothique...................... 117
§ 70. Le son *ei* dans les langues germaniques...................... 118
§ 71. *I* final supprimé à la fin des mots polysyllabiques............ 120
§ 72. De l'*i* gothique.. 121
§ 73. Influence de l'*i* sur l'*a* de la syllabe précédente.......... 121
§ 74. Développement du même principe en moyen haut-allemand....... 122
§ 75. Effet du même principe dans le haut-allemand moderne......... 122
§ 76. De l'*u* long dans les langues germaniques................... 123
§ 77. *U* bref gothique devenu *o* dans les dialectes modernes...... 125
§ 78. Transformations des diphthongues gothiques *ai* et *au* dans les langues germaniques modernes....................................... 125
§ 79. La diphthongue gothique *ai*, quand elle ne fait pas partie du radical, se change en *é* en vieux haut-allemand........................... 126
§ 80. *Ai* gothique changé en *é* à l'intérieur de la racine en vieux et en moyen haut-allemand... 127
§ 81. Des voyelles finales en vieux et en moyen haut-allemand........ 127
§ 82. L'*i* et l'*u* gothiques changés en *ai* et en *au* devant *h* ou *r*... 129

TABLE DES MATIÈRES.

Pages.

§ 83. Comparaison des formes gothiques ainsi altérées et des formes sanscrites correspondantes.................................. 130

§ 84. Influence analogue exercée en latin par *r* et *h* sur la voyelle qui précède. 131

§ 85. La diphthongue gothique *iu* changée en haut-allemand moderne eu *ie*, *ü* et *eu*... 132

§ 86, 1. Les gutturales... 133

§ 86, 2ª. Les dentales... 139

§ 86, 2ᵇ. Suppression dans les langues germaniques des dentales finales primitives.. 139

§ 86, 3. Des labiales... 140

§ 86, 4. Des semi-voyelles... 142

§ 86, 5. Les sifflantes... 143

§ 87, 1. Loi de substitution des consonnes dans les idiomes germaniques. — Faits analogues dans les autres langues....................... 145

§ 87, 2. Deuxième substitution des consonnes en haut-allemand........ 150

§ 88. De la substitution des consonnes dans les langues letto-slaves..... 153

§ 89. Exceptions à la loi de substitution en gothique, soit à l'intérieur, soit à la fin des mots... 155

§ 90. Exceptions à la loi de substitution au commencement des mots..... 156

§ 91, 1. Exceptions à la loi de substitution. — La ténue conservée après *s*, *h* (*ch*) et *f*... 156

§ 91, 2. Formes différentes prises en vertu de l'exception précédente par le suffixe *ti* dans les langues germaniques....................... 157

§ 91, 3. Le gothique change la moyenne en aspirée à la fin des mots et devant un *s* final.. 159

§ 91, 4. Le *th* final de la conjugaison gothique. — Les aspirées douces des langues germaniques.. 159

ALPHABET SLAVE.

§ 92. Système des voyelles et des consonnes....................... 161

§ 92ª. а, є, о, ѧ, ѫ, *a, e, o, an, un*............................... 162

§ 92ᵇ. и, ь, *i, ĭ*... 165

§ 92ᶜ. ꙋ, *ŭ*, ꙋ *ŭ*... 166

§ 92ᵈ. ꙋ *ü* pour *a*... 168

§ 92ᵉ. ѣ *ê*... 168

§ 92ᶠ. оу *u*, ю *ju*.. 170

§ 92ᵍ. Tableau des consonnes dans l'ancien slave. — La gutturale х.... 172

§ 92ʰ. La palatale ч *č*. — Le lithuanien *dź*..................... 173

§ 92ⁱ. La déntale ц *z*.. 174

§ 92ᵏ. Le *j* slave. ꙗ *ja*, ѩ *jan*, ѥ *je*, ю *ju*, ѭ *jun*....... 174

TABLE DES MATIÈRES. 453

Pages.

§ 92^l. Les sifflantes.. 178
§ 92^m. Loi de suppression des consonnes finales dans les langues slaves et germaniques.. 184

MODIFICATIONS EUPHONIQUES AU COMMENCEMENT ET À LA FIN DES MOTS.

§ 93^a. Lois euphoniques relatives aux lettres finales en sanscrit. — Comparaison avec les langues germaniques........................... 187
§ 93^b. La loi notkérienne. — Changement d'une moyenne initiale en ténue. 192
§ 94. Modifications euphoniques à la fin d'un mot terminé par deux consonnes, en sanscrit et en haut-allemand................................. 194
§ 95. *S* euphonique inséré en sanscrit entre une nasale et une dentale, cérébrale ou palatale. — Faits analogues en haut-allemand et en latin.. 195
§ 96. Insertion de lettres euphoniques en sanscrit, en grec, en latin et dans les langues germaniques... 195
§ 97. Modifications euphoniques à la fin des mots en grec et en sanscrit.... 196

MODIFICATIONS EUPHONIQUES À L'INTÉRIEUR DES MOTS, PRODUITES PAR LA RENCONTRE DU THÈME ET DE LA FLEXION.

§ 98. Modifications euphoniques en sanscrit........................... 198
§ 99. Modifications euphoniques en grec.............................. 199
§ 100. Modifications euphoniques en latin............................. 200
§ 101. Modifications euphoniques produites en latin par les suffixes commençant par un *t*... 202
§ 102. Modifications euphoniques produites dans les langues germaniques, en zend et en sanscrit, par les suffixes commençant par un *t*....... 204
§ 103. Modifications euphoniques produites dans les langues slaves par les suffixes commençant par un *t*.................................. 209
§ 104^a. Déplacement de l'aspiration en grec et en sanscrit.............. 210

LES ACCENTS SANSCRITS.

§ 104^b. L'oudâtta et le svarita dans les mots isolés.................... 212
§ 104^c. Emploi du svarita dans le corps de la phrase................... 215
§ 104^d. Cas particuliers.. 216
§ 104^e. Des signes employés pour marquer les accents................. 217

DES RACINES.

§ 105. Des racines verbales et des racines pronominales................ 221
§ 106. Monosyllabisme des racines................................... 222
§ 107. Comparaison des racines indo-européennes et des racines sémitiques.. 223
§ 108. Classification générale des langues. — Examen d'une opinion de Fr. de Schlegel.. 225

TABLE DES MATIÈRES.

Pages.

§ 109ᵃ. Division des racines sanscrites en dix classes, d'après des caractères qui se retrouvent dans les autres langues indo-européennes....... 231
§ 109ᵃ, 1. Première et sixième classes......................... 231
§ 109ᵃ, 2. Quatrième classe................................. 235
§ 109ᵃ, 3. Deuxième, troisième et septième classes.............. 241
§ 109ᵃ, 4. Cinquième et huitième classes..................... 247
§ 109ᵃ, 5. Neuvième classe. — Des impératifs sanscrits en *âna*.......... 248
§ 109ᵃ, 6. Dixième classe................................... 253
§ 109ᵇ, 1. De la structure des racines indo-européennes. — Racines terminées par une voyelle................................. 258
§ 109ᵇ, 2. Racines terminées par une consonne................. 263
§ 110. Les suffixes sont-ils significatifs par eux-mêmes?........... 268
§ 111. Des mots-racines..................................... 269

FORMATION DES CAS.

GENRE ET NOMBRE.

§ 112. Du thème... 271
§ 113. Des genres.. 273
§ 114. Des nombres...................................... 273
§ 115. Des cas... 275

THÈMES FINISSANT PAR UNE VOYELLE.

§ 116. De la lettre finale du thème. — Thèmes en *a*............ 275
§ 117. Thèmes en *i* et en *u*.............................. 276
§ 118. Thèmes en *â*..................................... 277
§ 119. Thèmes féminins en *î*. — Formes correspondantes en grec et en latin. 278
§ 120, 1. Thèmes féminins gothiques en *ein*.................. 280
§ 120, 2. Thèmes féminins gothiques en *jô*.................. 280
§ 121. Thèmes féminins lithuaniens en *i*.................... 281
§ 122. Thèmes sanscrits en *û*. — Thèmes finissant par une diphthongue. — Le thème *dyô* «ciel»................................. 283
§ 123. Le thème *gô* «vache» et «terre»..................... 284
§ 124. Le thème *nâu* «vaisseau».......................... 287

THÈMES FINISSANT PAR UNE CONSONNE.

§ 125. Thèmes terminés par une gutturale, une palatale ou une dentale..... 290
§ 126. Thèmes terminés par une labiale. — *I* ajouté en latin et en gothique à un thème finissant par une consonne..................... 292
§ 127. Thèmes terminés par *r* et *l*........................ 294
§ 128. Thèmes terminés par un *s*.......................... 296

TABLE DES MATIÈRES.

CAS FORTS ET CAS FAIBLES.

§ 129. Les cas en sanscrit. — Division en *cas forts* et en *cas faibles*........ 297
§ 130. Triple division des cas sanscrits en *cas forts*, *faibles* et *très-faibles*.... 299
§ 131. Les cas forts et les cas faibles en zend...................... 300
§ 132, 1. Les cas forts et les cas faibles en grec. — De l'accent dans la déclinaison des thèmes monosyllabiques, en grec et en sanscrit....... 302
§ 132, 2. Variations de l'accent dans la déclinaison des thèmes monosyllabiques, en grec et en sanscrit......................... 304
§ 132, 3. Les cas forts et les cas faibles, sous le rapport de l'accentuation, en lithuanien... 306
§ 132, 4. Les cas forts et les cas faibles en gothique.................. 307
§ 133. Insertion d'un *n* euphonique entre le thème et la désinence à certains cas de la déclinaison sanscrite............................. 307

SINGULIER.

NOMINATIF.

§ 134. La lettre *s*, suffixe du nominatif en sanscrit. — Origine de ce suffixe.. 309
§ 135. La lettre *s*, suffixe du nominatif en gothique. — Suppression, affaiblissement ou contraction de la voyelle finale du thème............ 309
§ 136. Le signe du nominatif conservé en haut-allemand et en vieux norrois. 313
§ 137. Nominatif des thèmes féminins en sanscrit et en zend. — De la désinence *és* dans la 5ᵉ et dans la 3ᵉ déclinaison latine.............. 313
§ 138. Conservation du signe *s* après un thème finissant par une consonne.. 317
§ 139, 1. Nominatif des thèmes en *n*, en sanscrit et en zend........... 319
§ 139, 2. Nominatif des thèmes en *n*, en latin...................... 320
§ 140. Nominatif des thèmes en *n*, en gothique et en lithuanien......... 321
§ 141. Nominatif des thèmes neutres en *an*, en gothique............... 322
§ 142. Adjonction, en gothique, d'un *n* final au nominatif des thèmes féminins. 324
§ 143, 1. Rétablissement de *n* au nominatif des mots grecs et de certains mots germaniques....................................... 325
§ 143, 2. Suppression d'un *ν* en grec, à la fin des thèmes féminins en ων... 327
§ 144. Suppression de *r* au nominatif des thèmes sanscrits et zends en *ar*. — Fait analogue en lithuanien................................ 331
§ 145. Suppression du signe du nominatif après les thèmes en *r*, en germanique, en celtique, en grec et en latin...................... 332
§ 146. Thèmes en *s*, en sanscrit et en grec......................... 335
§ 147, 1. Thèmes en *s*, en latin. — Changement de *s* en *r*............ 338
§ 147, 2. Suppression d'un *s* au nominatif, dans le thème lithuanien *ménes*.. 340
§ 148. Nominatif des thèmes neutres. — Tableau comparatif du nominatif... 341

ACCUSATIF.

§ 149. Du signe de l'accusatif. — L'accusatif dans les langues germaniques.. 345
§ 150. Accusatif des thèmes terminés par une consonne. 347
§ 151. Accusatif des thèmes monosyllabiques en sanscrit. — De la désinence latine *em* 348
§ 152. Accusatif neutre en sanscrit, en grec et en latin. — Nominatif semblable à l'accusatif. 349
§ 153. Nominatif-accusatif des thèmes neutres, en gothique et en lithuanien. . 351
§ 154. Les thèmes neutres en *i* et en *u* avaient-ils primitivement un *m* au nominatif et à l'accusatif ?. 352
§ 155. Le signe du neutre dans la déclinaison pronominale. 353
§ 156. Origine des désinences *t* et *m* du neutre. 354
§ 157. Le neutre pronominal *tai* en lithuanien. — Tableau comparatif de l'accusatif. 355

INSTRUMENTAL.

§ 158. L'instrumental en zend et en sanscrit. 357
§ 159. De quelques formes d'instrumental en gothique. 359
§ 160. L'instrumental en vieux haut-allemand. 359
§ 161. L'instrumental en lithuanien. 361
§ 162. De quelques formes particulières de l'instrumental en zend. 362
§ 163. Tableau comparatif de l'instrumental. 363

DATIF.

§ 164. Le datif en sanscrit et en zend. 364
§ 165. Datif des thèmes en *a*, en sanscrit et en zend. 365
§ 166. Le pronom annexe *sma*. — Sa présence en gothique. 366
§ 167. Formes diverses du pronom annexe *sma* en gothique : *nsa* et *sva*. . . . 367
§ 168. Le pronom annexe *sma* dans les autres langues germaniques. 368
§ 169. Autres formes du pronom annexe *sma* en gothique : *nka*, *nqva*. 369
§ 170. Autre forme du pronom annexe *sma* en gothique : *mma*. 370
§ 171. Restes du pronom annexe *sma* en ombrien. 370
§ 172. Autre forme du pronom annexe *sma* en gothique : *s*. 371
§ 173. Le pronom annexe *sma* dans la déclinaison des substantifs et des adjectifs. 372
§ 174. Le pronom annexe *sma*, au féminin, en sanscrit et en zend. 373
§ 175. Le pronom annexe *sma*, au féminin, en gothique. — Le datif gothique. 374
§ 176. Le datif lithuanien. 376
§ 177. Le datif grec est un ancien locatif. — Le datif latin. 377
§ 178. Tableau comparatif du datif. 379

ABLATIF.

§ 179. L'ablatif en sanscrit.................................... 380
§ 180. L'ablatif en zend....................................... 381
§ 181. L'ablatif dans l'ancienne langue latine et en osque............... 383
§ 182. Restes de l'ancien ablatif dans le latin classique................. 384
§ 183ª, 1. Les adverbes grecs en ως, formés de l'ablatif................ 384
§ 183ª, 2. Les adverbes gothiques en *ô*, formés de l'ablatif............. 386
§ 183ª, 3. L'ablatif en ancien perse. — Adverbes slaves formés de l'ablatif... 388
§ 183ª, 4. L'ablatif en arménien. — Tableau comparatif de l'ablatif....... 390
§ 183ᵇ, 1. De la déclinaison arménienne en général.................... 395
§ 183ᵇ, 2. Alphabet arménien. — Du *g ż* arménien................... 402

GÉNITIF.

§ 184. Désinence du génitif....................................... 411
§ 185. Gouna d'un *i* ou d'un *u* devant le signe du génitif. — Le génitif en haut-allemand... 412
§ 186. Génitif grec en *os*. — Génitif latin en *is* (archaïque *us*)........... 412
§ 187. Génitif des thèmes en *i* et en *u*, en zend et dans le dialecte védique.. 413
§ 188. Génitif des thèmes en *a*, en sanscrit et en zend. — Génitif arménien. 414
§ 189. Les génitifs grecs en οιο. — La désinence pronominale *ius*, en latin. — Le génitif en osque et en ombrien............................ 418
§ 190. Génitif des thèmes en *a*, en lithuanien et en borussien........... 422
§ 191. Génitif gothique. — Génitif des thèmes en *ar*, en zend et en sanscrit. 423
§ 192. Le génitif féminin.. 425
§ 193. Génitif des thèmes en *i*, en lithuanien et en ancien perse......... 427
§ 194. Origine de la désinence du génitif. — Génitif albanais. — Tableau comparatif du génitif..................................... 428

LOCATIF.

§ 195. Caractère du locatif en sanscrit, en zend et en grec............... 430
§ 196. Locatif des thèmes en *a*, en sanscrit et en zend. — Formes analogues en grec.. 431
§ 197. Locatif des thèmes en *a*, en lithuanien et en lette................ 431
§ 198. Locatif des thèmes en *i* et en *u*, en sanscrit.................... 432
§ 199. Locatif des thèmes en *i* et en *u*, en zend...................... 433
§ 200. Le génitif des deux premières déclinaisons latines est un ancien locatif. — Le locatif en osque et en ombrien. — Adverbes latins en *ê*.... 434
§ 201. Locatif des pronoms, en sanscrit et en zend. — Origine de l'*i* du locatif.. 438

§ 202. Locatif féminin. — Locatif des thèmes en *i* et en *u*, en lithuanien... 439
§ 203. Tableau comparatif du locatif.................................... 440

VOCATIF.

§ 204. Accentuation du vocatif en sanscrit et en grec. — Vocatif des thèmes en *a*... 442
§ 205. Vocatif des thèmes en *i* et en *u* et des thèmes terminés par une consonne. — Tableau comparatif du vocatif......................... 444

FIN DE LA TABLE DES MATIÈRES.

www.ingramcontent.com/pod-product-compliance
Lightning Source LLC
Chambersburg PA
CBHW051130230426
43670CB00007B/753